Iqaluit
QUÉBEC
PROVINCES
MARITIMES
TARIO
OTTAWA
Montréal
Toronto
Halifax
St. John's
0 500 km
0 500 miles

GUIDES VOIR

CANADA

GUIDES VOIR

CANADA

HACHETTE

HACHETTE TOURISME
43, quai de Grenelle 75905 Paris Cedex 15

DIRECTION
Nathalie Pujo

RESPONSABLE DE PÔLE ÉDITORIAL
Cécile Petiau

RESPONSABLE DE COLLECTION
Catherine Laussucq

ÉDITION
Sophie Berger

TRADUIT ET ADAPTÉ DE L'ANGLAIS PAR
Anne-Marie Térel et Josée Bégaud

AVEC LA COLLABORATION DE
Hélène Bertini

MISE EN PAGES (PAO)
Maogani

CRÉATION GRAPHIQUE COUVERTURE
Laurent Muller

CE GUIDE VOIR A ÉTÉ ÉTABLI PAR
Paul Franklin, Sam Ion, Philip Lee, Cam Norton, Lorry Patton, Geoffrey Roy, Michael Snook, Donald Telfer, Paul Waters

Publié pour la première fois en Grande-Bretagne en 2000, sous le titre *Eyewitness Travel Guides : Canada*

IMPRIMÉ ET RELIÉ EN CHINE PAR SOUTH CHINA PRINTING CO

DÉPÔT LÉGAL : 70905, janvier 2008
ISBN : 978-2-01-240622-3
ISSN : 1246-8134
COLLECTION 32 – Édition 01
N° DE CODIFICATION : 24-0622-1

Aussi soigneusement qu'il ait été établi, ce guide n'est pas à l'abri des changements de dernière heure. Faites-nous part de vos remarques par e-mail à l'adresse suivante : **voir@hachette-livre.fr**

◁ **Le feuillage éblouissant des forêts d'érables du Québec**

SOMMAIRE

PRÉSENTATION DU CANADA

LES PROVINCES MARITIMES

Reconstitution de la forteresse de Louisbourg, en Nouvelle-Écosse

LE QUÉBEC

Le lac Moraine dans le parc national de Banff, Rocheuses

Le Château Frontenac, à Québec

L'Ontario

Les Prairies

La Colombie-Britannique et les Rocheuses

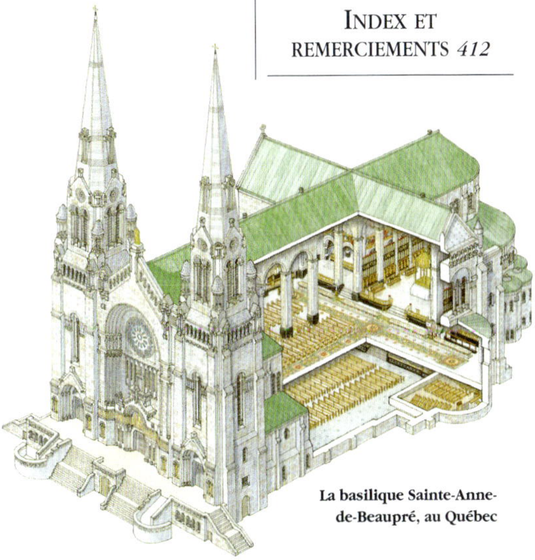

La basilique Sainte-Anne-de-Beaupré, au Québec

Le nord du Canada

Les bonnes adresses

Renseignements pratiques

Présentation du Canada

L'Ouest et le Nord dans leur environnement

Le Canada occupe une superficie de 9 970 610 kilomètres carrés à l'extrémité nord du continent américain. Plus de 70 % du territoire est inhabité, car le Nord est une immensité glacée, mais c'est en Colombie-Britannique que se trouve l'unique forêt pluviale tempérée du pays.

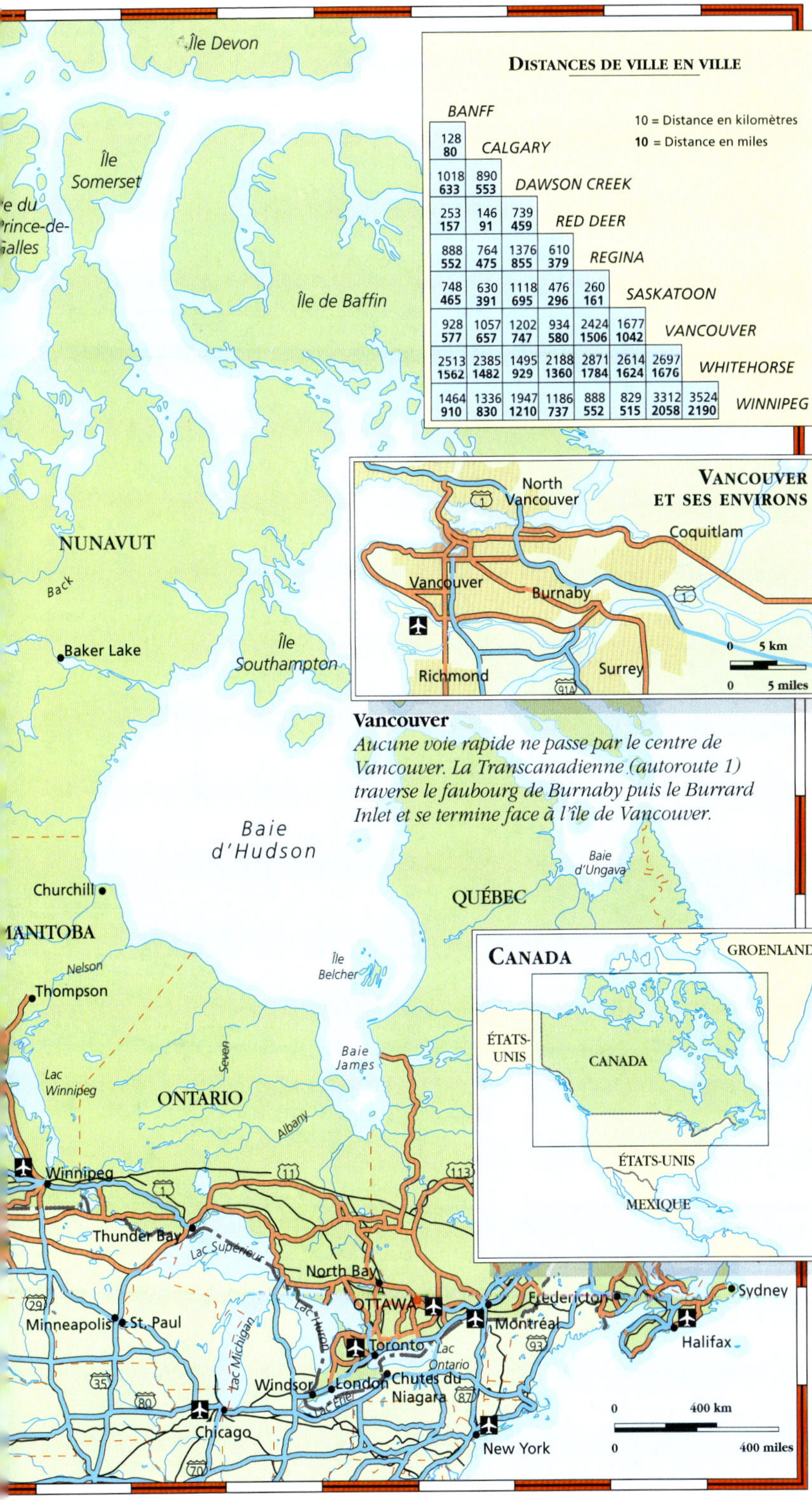

DISTANCES DE VILLE EN VILLE

10 = Distance en kilomètres
10 = Distance en miles

	BANFF	CALGARY	DAWSON CREEK	RED DEER	REGINA	SASKATOON	VANCOUVER	WHITEHORSE
CALGARY	128 **80**							
DAWSON CREEK	1018 **633**	890 **553**						
RED DEER	253 **157**	146 **91**	739 **459**					
REGINA	888 **552**	764 **475**	1376 **855**	610 **379**				
SASKATOON	748 **465**	630 **391**	1118 **695**	476 **296**	260 **161**			
VANCOUVER	928 **577**	1057 **657**	1202 **747**	934 **580**	2424 **1506**	1677 **1042**		
WHITEHORSE	2513 **1562**	2385 **1482**	1495 **929**	2188 **1360**	2871 **1784**	2614 **1624**	2697 **1676**	
WINNIPEG	1464 **910**	1336 **830**	1947 **1210**	1186 **737**	888 **552**	829 **515**	3312 **2058**	3524 **2190**

Vancouver
Aucune voie rapide ne passe par le centre de Vancouver. La Transcanadienne (autoroute 1) traverse le faubourg de Burnaby puis le Burrard Inlet et se termine face à l'île de Vancouver.

L'Est dans son environnement

Les 30 millions de Canadiens habitent en majorité une bande qui longe la frontière américaine, de la côte est à la Colombie-Britannique, à l'ouest. Les provinces de l'Ontario et du Québec, à l'est, regroupent plus de 60 % de la population. Là bat le cœur de l'industrie canadienne : électronique, hydroélectricité, transformation du bois et papeterie. Avec leurs superbes paysages, les Provinces maritimes – Nouvelle-Écosse, Nouveau-Brunswick et île du Prince-Édouard –, qui sont les plus petites du pays, attirent chaque année des milliers de touristes. Terre-Neuve et le Labrador sont également connus pour leur charme rude.

Toronto

Avec 4,6 millions d'habitants, c'est la plus grande ville du Canada. Les conditions de circulation peuvent y être difficiles, surtout aux heures de pointe, et les parkings sont assez chers.

Distances de ville en ville

10 = Distance en kilomètres
10 = Distance en miles

	Charlottetown	Fredericton	Halifax	Montréal	Niagara Falls	Ottawa	Québec	Sept-Îles	Thunder Bay
Fredericton	356 **221**								
Halifax	239 **148**	473 **294**							
Montréal	1149 **714**	834 **518**	1003 **623**						
Niagara Falls	1860 **1156**	1510 **938**	1925 **1196**	676 **420**					
Ottawa	1339 **832**	1016 **631**	1456 **905**	200 **124**	536 **333**				
Québec	954 **593**	598 **371**	1071 **665**	257 **160**	946 **588**	724 **450**			
Sept-Îles	1412 **877**	1267 **787**	1512 **939**	859 **534**	1569 **975**	1074 **667**	637 **396**		
Thunder Bay	2794 **1736**	2471 **1535**	2910 **1808**	1654 **1028**	1521 **945**	1503 **934**	1963 **1220**	2613 **1624**	
Toronto	1689 **1049**	1366 **849**	1806 **1122**	549 **341**	137 **85**	399 **248**	809 **503**	1449 **900**	1384 **860**

Une image du Canada

Avec ses forêts centenaires, ses montagnes déchiquetées et ses métropoles cosmopolites, le Canada est un pays extraordinairement vaste qui, d'est en ouest, s'étend de l'Atlantique au Pacifique, et, du sud au nord, de la frontière américaine à l'océan Arctique. Les peuples des Premières Nations arrivèrent il y a environ 10 000 ans, et au XVIIe siècle, les Français commencèrent à coloniser le pays.

La tolérance qui caractérise le Canada est en partie le legs des conflits européens, et un siècle de cohabitation fut nécessaire pour en jeter les bases. Les guerres qui eurent lieu dans les années 1750 entre l'Angleterre et la France se soldèrent par l'instauration du régime britannique après la chute de la Nouvelle-France en 1760. Les colonies de l'Amérique du Nord britannique étudièrent pendant trois ans le projet qui, en 1867, les réunit en confédération. Terre-Neuve n'y adhéra qu'en 1949.

Masque inuit en bois

Les puissantes divergences régionales, notamment entre les régions francophones et anglophones, révélèrent la difficulté de développer une identité nationale. Quand on demanda à l'historien Pierre Berton, un des écrivains les plus prolifiques du Canada, ce qu'était un Canadien, il éluda la question en répondant : « Quelqu'un qui sait faire l'amour dans un canoë. »

Le Canada, avec sa superficie de 9 970 610 kilomètres carrés, est le deuxième plus vaste pays du monde. Plus de 40 % du territoire est au-delà de 60° de latitude : avec une moyenne de - 30 °C, ces solitudes exceptionnellement hostiles et faiblement peuplées sont glaciales en hiver et infestées d'insectes en été.

Les toits enneigés de Québec surplombant le Saint-Laurent, au crépuscule

◁ Wapiti paissant dans le parc national de Jasper, dans les Rocheuses

C'est pourquoi la majorité des Canadiens habitent le sud du pays, plus tempéré. Plus de 80 % des 32 millions d'habitants vivent à moins de 200 kilomètres de la frontière américaine.

La flore et la faune

Dans le Grand Nord, les sols gelés en profondeur de la toundra – le permafrost – dictent le type de végétation : lichens, mousses et certaines fleurs et herbes extrêmement résistantes. Au printemps et en automne, la terre se couvre en revanche de fleurs aux couleurs éclatantes. La vie animale est foisonnante : ours polaire, renard arctique, loup, phoque, bœuf musqué et caribou.

Fleur printanière de la péninsule de Bruce

Plus au sud, la forêt boréale recouvre une large bande entre Terre-Neuve, à l'est, et le Yukon, à l'ouest. Cette étendue de conifères – épinette, sapin baumier et pin gris – est le domaine des animaux considérés comme les plus typiques du Canada : orignal, lynx, ours noir et, surtout, castor. Celui-ci est un symbole national. C'est la popularité des feutres de castor en Europe qui explique la vitalité du commerce des fourrures dont la Nouvelle-France devint le centre névralgique au XVIIe siècle.

À l'est, les forêts décidues plantées de l'érable emblématique sont peuplées de cerfs, mouffettes et visons. Au centre se déroulent les herbages des Prairies, où vivent wapitis, spermophiles et quelques milliers de bisons, survivants des vastes troupeaux qui parcouraient jadis la région.

Les forêts pluviales tempérées de la Colombie-Britannique abritent une faune riche : cerf à queue noire, ours brun et couguar. De rares orchidées et fougères y poussent parmi les imposants thuyas, sapins et épinettes.

Les Premières Nations

Bien que le Canada soit considéré comme un pays neuf, son histoire remonte à la fin de la première période glaciaire, il y a environ 10 000 ans. Des chasseurs nomades sibériens empruntèrent le pont terrestre qui reliait à l'époque la Sibérie à l'Alaska.

Le pygargue à tête blanche est répandu dans les îles de la Reine-Charlotte, en Colombie-Britannique

Au cours des siècles suivants, leurs descendants essaimèrent peu à peu vers le sud. Lors des fouilles archéologiques du bassin de la rivière Old Crow, au Yukon, a été mis au jour un ensemble d'outils qui remonterait à cette première période de migration. Ces nomades sibériens sont les ancêtres des peuples amérindiens du continent, qui s'adaptèrent de diverses façons à leur nouvel environnement.

Enfants inuits à Bathurst Inlet, Nunavut

Au XVIe siècle, des pêcheurs bretons, basques, normands et portugais furent les premiers à établir des contacts avec les peuples autochtones. Suivant l'usage établi en Europe depuis les voyages de Christophe Colomb, ceux-ci furent d'abord nommé « Indiens » et, plus tard, à cause de l'habitude qu'avaient certains groupes d'enduire en partie leur corps de peinture ocre, « Peaux-Rouges ». Les habitants du Grand Nord furent aussi appelés contre leur gré « Esquimaux », c'est-à-dire « mangeurs de viande crue ». On comprend que les dirigeants de ces peuples aient rejeté ces noms et préféré ceux d'Amérindiens, de Canadiens autochtones et de Premières Nations. Les peuples du Nord ont opté pour Inuits (« les hommes »). Les Métis, descendant d'unions consacrées ou libres entre Indiennes et Européens, sont assimilés aux peuples autochtones.

La société

Les deux langues officielles du Canada sont le français et l'anglais. L'interaction des deux principaux groupes linguistiques et culturels est manifeste au parlement du Canada, à Ottawa, où tous les discours et textes fédéraux doivent être rédigés dans les deux langues. La population canadienne compte environ 24 % de francophones, qui descendent en majorité des Français arrivés dans la colonie de la Nouvelle-France aux XVIIe et XVIIIe siècles *(p. 40-41)*. Leurs compatriotes anglophones sont pour la plupart les descendants des immigrants britanniques des XVIIIe et XIXe siècles. L'image multiethnique du Canada s'est dessinée au XIXe siècle, quand les vagues successives d'immigration et les programmes de colonisation amenèrent des hommes des quatre coins du monde dans les villes et les campagnes canadiennes. C'est en visitant les trois métropoles – Toronto, Montréal et Vancouver – que l'on perçoit le mieux le vigoureux brassage culturel du Canada.

Vue de la CN Tower de Toronto depuis les jardins de Centre Island, sur le lac Ontario

Relève de la garde devant le Parlement à Ottawa

Gouvernement et politique

Le Canada est une démocratie parlementaire fondée sur le fédéralisme. Chaque province ou territoire a sa propre assemblée législative démocratiquement élue, présidée par un Premier ministre, et délègue des députés élus au parlement fédéral d'Ottawa. La Chambre des communes détient le pouvoir législatif au niveau fédéral. Le Premier ministre, au sommet de l'édifice politique, est chef de parti et membre élu de cette Chambre où il doit disposer de la majorité. Les lois votées par les communes sont ratifiées par la Chambre haute ou Sénat. À l'heure actuelle, les sénateurs sont nommés par le Premier ministre, mais des pressions s'exercent pour qu'ils soient eux aussi élus. Le chef de l'État est officiellement le souverain britannique, actuellement la reine Élisabeth II, représenté au Canada par le gouverneur général.

Cérémonie d'inauguration du drapeau du Nunavut en 1999

Ces dernières années, la tendance au régionalisme a dominé la politique. Les provinces ont tenté d'accroître leur pouvoir et il est donc difficile pour un parti politique quel qu'il soit d'obtenir la majorité dans toutes les régions en même temps. Ce phénomène est surtout manifeste au Québec où il existe un puissant mouvement « souverainiste » (séparatiste). Deux fois depuis 1980, les Québécois ont été appelés aux urnes pour se prononcer sur l'abandon de la Confédération. Deux fois ils ont voté « non », mais à une courte majorité. Le problème des relations entre le Québec et le reste du pays est loin d'être résolu, et d'autres débats politiques semblent inévitables.

Depuis les années 1980, les peuples autochtones occupent le devant de la scène, menant campagne pour obtenir droits constitutionnels, territoriaux et miniers. L'Assemblée des Premières Nations a joué un rôle capital dans la création du Nunavut, patrie des Inuits. Les problèmes actuels concernent l'autonomie, l'enseignement pour préserver les langues autochtones, et les droits de chasse et de pêche.

Au cours du XXe siècle, le Canada s'est fait une place importante sur la scène internationale, prenant part aux grands événements comme les deux guerres mondiales. Il est membre de l'OTAN et du G8 (avec les États-Unis, le Royaume-Uni, l'Italie, le Japon, la France, l'Allemagne et la Russie), discutant des accords commerciaux internationaux.

Art et culture

Les immensités superbes du pays ont eu une influence déterminante sur la culture canadienne. Randonnée, ski et canotage arrivent en tête des activités pratiquées. Les Canadiens sont aussi de fervents supporters : les matchs de hockey sur glace, de base-ball, de basket et de football canadien attirent les foules. Même passion pour les arts. Le Canada est la patrie du pianiste Glenn Gould, de renommée mondiale, et toutes les grandes villes peuvent s'enorgueillir de soutenir un orchestre de qualité. Le pays a aussi vu naître de nombreuses vedettes du rock et de la variété, de Joni Mitchell et Neil Young à Céline Dion, Bryan Adams, K. D. Lang ou Shania Twain. Avec sa culture cosmopolite, le Canada propose aux visiteurs tous les styles de musique dans ses bars, cafés et festivals. Au célèbre festival annuel de Stratford en Ontario, le théâtre montre toutes ses facettes, des œuvres de Shakespeare aux pièces modernes.

Alanis Morisette, rock-star internationale

Mats Sundin, du Maple Leaf de Toronto

Pour nombre d'artistes canadiens, la nature a été une source d'inspiration. Avec ses paysages caractéristiques du nord de l'Ontario, Tom Thomson fut le premier à tenter d'exprimer un sentiment d'identité canadienne. Après sa mort, le groupe des Sept *(p. 160-161)*, peintres les plus célèbres du pays, créa un style de peinture original pour représenter les régions sauvages du Canada. Ce thème fut développé par leurs contemporains et leurs successeurs, notamment Emily Carr. Musées et galeries de niveau international illustrent la fierté que le Canada tire de ses trésors artistiques : ainsi, la remarquable Art Gallery of Ontario de Toronto *(p. 174-175)* présente une importante exposition de peintures du groupe des Sept et d'œuvres résolument contemporaines. Des artistes canadiens d'envergure tels que Janet Cardiff et Rodney Graham sont présents sur la scène internationale de l'art contemporain.

L'auteur de best-sellers Margaret Atwood

La littérature canadienne compte d'éminents auteurs de langue anglaise et française, et dans la longue liste des romanciers contemporains, ils sont plusieurs à avoir reçu des prix, tels Margaret Atwood, Carol Shields, Michael Ondaatje, Jacques Poulin, Yann Martel et Germaine Guèvremont.

L'industrie cinématographique est également florissante, avec des réalisateurs audacieux tels que David Cronenberg et Atom Egoyan. Le film *Atanarjuat* (*La Légende de l'homme rapide*), écrit, produit, tourné et réalisé par des Inuits, a été un succès international au box-office en 2001.

Cette vie culturelle bouillonnante est révélatrice de l'attachement des Canadiens à leur histoire, leur patrimoine cosmopolite et la beauté époustouflante de leur pays.

Les paysages et la géologie

Deuxième plus vaste pays du monde, le Canada couvre une superficie presque égale à celle de l'Europe. Il a été créé par les plus anciennes plaques continentales du monde. Vieux d'un milliard d'années, le Bouclier canadien occupe une grande partie du pays. En forme de fer à cheval, il s'abaisse autour de la baie d'Hudson et s'élève en chaînes de montagnes sur le pourtour. Le pays, qui compte près de 2 millions de lacs, est entouré par l'océan sur trois côtés, totalisant 243 800 kilomètres de littoral. La diversité de ses paysages intérieurs est impressionnante : étendues désertes et glacées au nord, montagnes, forêts et plaines à blé à l'ouest, collines et bois à l'est, basses-terres fertiles au sud-est.

***Dans la région des Grands Lacs**, couvrant 3 % du Canada continental, les basses terres fertiles sont vitales pour l'agriculture.*

***Les plaines intérieures**, notamment les Prairies, principales terres à blé, s'étendent vers le sud-est sur 2 600 kilomètres, de la Cordillère au Bouclier canadien. Elles sont divisées en trois vastes steppes.*

Les Rocheuses et la Cordillère

Cette zone fait partie de l'une des plus longues chaînes de montagnes du monde. Au Canada, la Cordillère comprend la chaîne côtière du Pacifique et des plateaux boisés. Les pics et crêtes en paliers et le champ de glace de Colombie *(p. 308)* témoignent de l'érosion glaciaire. Les Rocheuses ont été formées par le déplacement des plaques continentales il y a 120 millions d'années *(p. 256-257)*.

Zones géographiques

La Canada peut être divisé en six grandes régions aux paysages extrêmement variés. Vers le nord, la toundra laisse la place aux glaces la majeure partie de l'année.
À l'ouest et au sud, les terres plus chaudes et fertiles de la Cordillère et les plaines intérieures se prêtent à la culture. À l'est, la région des Grands Lacs est un centre agricole.
Le vaste Bouclier canadien présente des plaines bordées au nord et au sud respectivement par les Innuitian Mountains et les Appalaches.

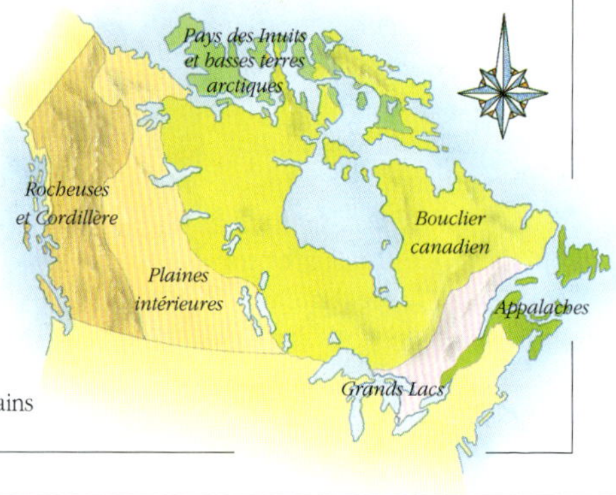

***Les paysages vallonnés des Appalaches**, boisées aux deux tiers, recouvrent à la fois des plaines arables et les points culminants du Québec, en Gaspésie, en bordure des hautes terres du Bouclier canadien.*

***Le Bouclier canadien** forme le cœur du pays. Il est constitué par le soubassement du continent nord-américain, vieux de 1 100 millions d'années. Il couvre 4,6 millions de kilomètres carrés depuis la baie d'Hudson. Rocailleux au centre, il s'élève en montagnes escarpées sur le pourtour.*

***Le pays des Inuits** s'étend des terres arctiques de faible altitude – de 100 à 700 mètres – aux sommets des Innuitian Mountains, qui culminent sur la terre d'Ellesmere à 2 926 mètres. Depuis des millénaires, l'érosion glaciaire puissante a façonné des fjords profonds et des pics acérés. La région est riche en pétrole, en charbon et en gaz.*

Faune et habitats

Depuis la fin de la dernière période glaciaire, il y a 10 000 ans, la géographie et le climat du Canada comptent parmi les plus variés de la planète. Au nord, le climat arctique a engendré un désert rude et stérile, plusieurs mois dans l'obscurité et gelé presque toute l'année. Province la plus méridionale, à la latitude du nord de la Californie, l'Ontario offre en revanche des forêts denses émaillées de lacs et de rivières. Au sud, de nombreuses espèces prospèrent dans la forêt de conifères qui couvre les roches anciennes du Bouclier canadien. La plaine centrale, occupée par les terres à blé, se prolonge par les contreforts des Rocheuses qui laissent place à l'ouest aux montagnes côtières et à la forêt pluviale tempérée du littoral pacifique.

***Le bœuf musqué** est un animal grégaire, vestige de la dernière période glaciaire. Son épais manteau et son sous-poil plus fin et laineux lui permettent de supporter jusqu'à - 45 °C.*

La forêt boréale

Partant de l'est du Canada, elle traverse la majeure partie du Québec et de l'Ontario pour atteindre le nord des Prairies. Mélange d'épinettes, pins, bouleaux et peupliers faux-trembles, elle couvre surtout l'immense affleurement rocheux du Bouclier canadien *(p. 18-19)*. Elle offre un riche habitat aux espèces animales les plus répandues du Canada.

***Le loup**, chassé jusqu'à l'extinction, avait pratiquement disparu en 1950. Il s'est réfugié dans les zones les plus reculées de la forêt boréale.*

***Le plongeon huard**, au cri obsédant, est le symbole de l'immensité canadienne.*

Les Prairies

Considérée jadis comme une « mer d'herbages », la prairie canadienne, aujourd'hui essentiellement agricole, est une région spécialisée dans la culture des céréales et l'élevage de bovins de premier choix. Bien qu'il ne reste pas grand-chose des vastes prairies d'origine, c'est toujours une terre de grands espaces qui nourrit une faune surprenante, parfois rare.

***Le pronghorn** est la seule antilope d'Amérique du Nord. Mammifère le plus rapide du continent, il peut atteindre des vitesses supérieures à 90 km/h.*

***Le bison** ne vit à l'état sauvage que dans l'Alberta et dans les Territoires du Nord-Ouest.*

La pêche sportive au Canada

Du nord au sud, d'est en ouest, le poisson abonde au Canada, où l'on rencontre saumon, doré, brochet, truite... Lacs et rivières des Prairies regorgent de certaines espèces recherchées des pêcheurs européens (comme la carpe), mais peu cotées au Canada. L'omble arctique, répandu dans le Grand Nord, est apprécié pour sa saveur. Quant à l'Ouest, il offre la possibilité de pêcher en mer.

La montaison est un défi annuel pour les mordus de pêche. Le Canada possède la moitié des eaux douces du globe, mais la pêche hauturière peut aussi s'avérer gratifiante.

La pêche, très populaire, se pratique dans le cadre somptueux de 37 parcs nationaux riches en lacs et rivières.

Les montagnes Rocheuses

Commençant avec les collines de l'ouest de l'Alberta, elles culminent en Colombie-Britannique. Avec les Columbia Mountains et la chaîne côtière, elles forment un environnement unique. À la forêt de moindre altitude succèdent prairies alpines et pics enneigés. Là vivent certaines des espèces les plus majestueuses du pays.

Les cornes recourbées du mouflon, qui hante les Rocheuses, pèsent autant que l'ensemble de ses os.

Le grizzli, qui pèse jusqu'à 500 kilos, est le plus gros ours du pays. Il se nourrit de racines, baies et viande.

L'Arctique canadien

Au nord du 60e parallèle, la forêt cède la place à la toundra arctique et au rocher. La toundra, dont le sol gelé est appelé permafrost, est stérile et glacée toute l'année en profondeur. Pendant le bref été, la couche supérieure dégèle et le sol se couvre de fleurs. La flore et la faune prospèrent toutefois dans cette étendue désertique.

L'ours polaire vit seul la plupart du temps et chasse le phoque sur la banquise.

Le caribou est le cousin nord-américain du renne. Dans l'Arctique, il migre en troupeaux de 10 000 têtes, au printemps vers la toundra au nord, l'hiver vers les forêts au sud.

Le Canada multiculturel

Fier de son cosmopolitisme, le Canada a su s'adapter aux besoins culturels d'une population de plus en plus hétérogène. Mais contrairement au *melting pot* américain, qui repose sur l'assimilation, la « mosaïque canadienne » s'appuie sur l'acceptation de la diversité. Cet état d'esprit tolérant est enraciné au plus profond de l'histoire du pays. En 1774, devant la popularité des idées républicaines, les Britanniques ont reconnu les institutions religieuses et politiques des Canadiens français qu'ils voulaient dissuader de s'allier aux Américains. Cette attitude a institué un type de compromis qui fait aujourd'hui partie de l'identité canadienne. Sur les 32 millions d'habitants, les citoyens d'origine britannique et française sont toujours majoritaires, mais il existe une soixantaine de minorités importantes.

Jeunes Inuits en costume traditionnel, bonne protection contre la neige

Premières Nations

Il existe environ un million de Canadiens autochtones. Au niveau du recensement national, ils sont répartis en trois groupes : Amérindiens (750 000), Métis (issus d'Européens et d'Indiennes, 200 000) et Inuits (50 000). Environ 60 % sont des « Indiens inscrits », c'est-à-dire vivant officiellement dans les réserves, mais ce n'est plus le cas pour plus de 40 % d'entre eux et seules 900 des 2 370 réserves canadiennes sont toujours habitées. Elles accueillent 608 groupes des Premières Nations qui ont leurs propres conseils élus et jouissent d'une autonomie variable. Depuis les années 1970, ces conseils jouent un rôle clé dans le renouveau de la culture autochtone traditionnelle. La plupart des Canadiens autochtones non inscrits sont intégrés au reste de la population.

Il est rare que les membres d'une réserve descendent de la même tribu. Le groupe le plus important est celui des Six Nations de Grand River, en Ontario ; ses 19 000 habitants appartiennent à 13 tribus, dont les Agniers (Mohawks), Delawares et Senecas.

Dans le Grand Nord, où les colons blancs ont toujours été rares, les Inuits forment une petite majorité. En avril 1999, leur détermination a abouti à la création officielle du Nunavut, patrie inuit semi-autonome s'étendant sur 349 650 kilomètres carrés au nord-ouest de la baie d'Hudson. Au Nunavut – « notre terre » en langue inuktituk –, les pratiques traditionnelles comme la chasse et la construction des igloos regagnent maintenant du terrain.

Canadiens britanniques et irlandais

Les Canadiens d'ascendance britannique et irlandaise constituent environ 60 % de la population. Aux explorateurs et aux premiers colons français arrivés au XVIIe siècle dans le sillage des bateaux de pêche succédèrent, un siècle et demi plus tard, des immigrants anglais, écossais, gallois et irlandais. Plusieurs vagues furent en outre suscitées soit par une politique défavorable dans le pays d'origine, soit par de nouvelles perspectives au Canada. Des Écossais tentèrent de s'établir autour des baies de Fundy en 1621, et d'Hudson vers 1720 ; ils ne rallièrent l'Ouest qu'après 1820. Les Irlandais affluèrent au moment de la famine due à la maladie de la pomme de terre (1845-1849). Le peuplement des Prairies et les deux guerres mondiales provoquèrent de nouveaux flots d'immigration.

Les colons britanniques et irlandais ont contribué à façonner l'image du Canada : ils ont institué ses normes sociales et culturelles et fondé ses institutions juridiques et politiques.

Affiche des années 1920 pour l'émigration au Canada

Canadiens français

Les francophones, représentant 25 % de la population, constituent le deuxième groupe ethnique du Canada. Ils habitent en majorité une seule des dix provinces – le Québec –, mais il existe ailleurs des noyaux dynamiques. En 1535, Jacques Cartier remonta le Saint-Laurent à la recherche d'une route maritime vers l'Asie. Marchands de fourrure, missionnaires et agriculteurs marchèrent sur ses traces et à la fin du XVIIe siècle, la « Nouvelle-France » était bien établie. Quand les Britanniques s'en emparèrent au cours de la guerre de Sept Ans (1756-1763), la plupart des colons français restèrent et devinrent sujets britanniques *(p. 42-43)*. Ils conservèrent cependant leurs propres institutions politiques et religieuses, et leur esprit d'indépendance se renforça avec le temps. Depuis les années 1960, le lien constitutionnel entre le Québec et le reste du pays fait l'objet d'un débat politique et nombre de Québécois sont favorables à la « souveraineté », c'est-à-dire à l'indépendance de la province *(p. 50-51)*.

Scène de rue à Chinatown, Toronto

Canadiens allemands

Bien que les germanophones aient été présents en Nouvelle-Écosse depuis les années 1750, la première grande migration au Canada date des années 1880-1900. Elle fut suivie d'arrivées massives après les deux guerres mondiales. Dans l'ensemble, la majorité anglophone a assimilé les Allemands, mais des noyaux germanophones se maintiennent à Lunenburg en Nouvelle-Écosse *(p. 84)* et à Kitchener-Waterloo en Ontario *(p. 216)*. Les communautés rurales des environs de Kitchener-Waterloo sont le bastion des amish, une secte anabaptiste dont les membres refusent les signes extérieurs de modernité, se déplaçant en carrioles et portant des costumes traditionnels.

La nourriture et la boisson allemandes se sont ajoutées à la cuisine canadienne. Les restaurants ethniques des régions allemandes observent toujours les traditions.

Chope de bière

Canadiens italiens

Les 600 000 immigrants italiens étant disséminés à travers le pays, leur présence est parfois difficile à percevoir, d'autant que la plupart se sont progressivement intégrés aux anglophones. Il y a toutefois des exceptions : à Toronto, le grand quartier florissant de Little Italy ravit les visiteurs et les habitants épicuriens.

Les Canadiens italiens ne représentent que 2 % environ de la population. Le premier grand afflux eut lieu dans le sillage des guerres civiles qui affectèrent l'Italie dans la deuxième moitié du XIXe siècle. Une autre vague arriva après la Seconde Guerre mondiale et dans les années 1950. L'immigration continue de nos jours.

Canadiens chinois

Dans les années 1850, les ouvriers chinois arrivèrent au Canada pour travailler dans les terrains aurifères de Colombie-Britannique. Ils jouèrent ensuite un rôle majeur dans la construction des voies ferrées, peuplant de nouvelles villes à mesure que la voie progressait vers l'est. Pendant cette période, ils souffrirent cruellement du racisme, certaines lois imposant la discrimination.

Un flot d'immigration eut lieu juste avant la restitution de Hong Kong à la Chine par les Britanniques en 1997. La plupart des arrivants choisirent Toronto, Montréal et Vancouver, mais récemment, la Colombie-Britannique a gagné en popularité. Près de la moitié des immigrants au Canada viennent aujourd'hui d'Asie, et plus de 2 % de la population canadienne a le chinois comme langue maternelle.

Canadiens ukrainiens

Ils représentent à peine 3 % de la population canadienne, mais ils ont exercé une forte influence culturelle, notamment dans les provinces des Prairies où les coupoles de leurs églises dominent de nombreux villages des plaines. La première grande vague d'immigration s'amorça après 1891, avec des Ukrainiens attirés par les perspectives agricoles de l'Ouest. Le régime soviétique et le contrecoup de la Seconde Guerre mondiale ont suscité un deuxième afflux au XXe siècle.

Femme en costume ukrainien à Battleford, Saskatchewan

Le Canada français

Manifestant pour un Québec libre

Les Canadiens francophones sont fiers de leurs origines françaises, les premiers Européens au Canada ayant été des explorateurs français. Depuis la chute de la Nouvelle-France au XVIIIe siècle, ils ont combattu pour préserver leur langue et leur culture, très solidement implantées au Québec, dans certaines provinces de l'Ouest et dans les Provinces maritimes. La culture française est ainsi toujours vivace dans la langue et les arts. La communauté francophone s'est battue au XXe siècle pour faire reconnaître ses droits, mais la question de la souveraineté du Québec n'est toujours pas résolue.

Le cœur du Canada français est le Québec – la « Belle Province » –, où 85 % des habitants ont le français comme langue maternelle. Celui-ci ne s'applique pas seulement à la vie quotidienne, mais aussi aux affaires, au gouvernement et au droit.

La langue

Le Québec étant le cœur de l'Amérique française, la langue y est protégée pour en assurer l'épanouissement, menacé par la proximité des États-Unis et du Canada anglais. Ainsi, la plupart des films américains sont présentés en version française, et l'affichage et l'étiquetage en français sont obligatoires. Le réseau d'État de la radio et de la télévision propose une chaîne française d'un océan à l'autre, et la programmation de plusieurs réseaux privés est exclusivement française.

Longtemps privés de contacts avec la France, les Canadiens français recourent parfois à des mots et à des expressions issus du vocabulaire en usage en Nouvelle-France. Les Québécois ont créé de savoureux néologismes – l'un des plus récents étant « courriel », abréviation de courrier électronique, pour désigner les e-mails – et intégré de nombreux anglicismes à la langue parlée. Ils éprouvent néanmoins une certaine répugnance à adopter les mots d'origine anglaise tels que « parking », « week-end » ou « stop », même s'ils ont reçu l'aval de l'Académie française.

L'accent des Québécois n'est pas partout le même et il est plus marqué dans certaines régions que d'autres. L'influence du *you* anglais et la volonté de ne pas souligner le fossé des classes et des générations a entraîné les jeunes à tutoyer spontanément leurs interlocuteurs.

La gastronomie

Amateurs de bonne chère, les Québécois se passionnent pour les arts de la table, la cuisine et le vin. Originaires de la plupart des provinces françaises, leurs ancêtres ont transplanté outre-Atlantique des coutumes et des goûts qui ont donné naissance à une cuisine dite traditionnelle, souvent parfumée à la cannelle et au clou de girofle. La tourtière, farcie au veau ou au porc haché, et la cipaille, où des couches de gibier sont posées sur autant de couches de pâtes, font partie des spécialités. Cependant, depuis près d'un demi-siècle, une cuisine raffinée, dont la qualité s'appuie sur l'excellente formation des cuisiniers et la mise en valeur de produits régionaux, a tendance à s'imposer.

La tarte au sucre, dessert familial traditionnel québécois et acadien

Félix Leclerc, premier véritable « chansonnier » québécois

La musique

Pendant plus de vingt ans, la chanson québécoise a évolué dans l'esprit d'hommes comme Félix Leclerc et Gilles Vignault, véritables chantres des origines. Enracinées dans la musique traditionnelle des premiers colons, leurs ballades et leurs mélodies simples sont mélancoliques ou rythmées, mais presque toujours romantiques. Accompagnées à la guitare, elles traduisent l'optimisme et l'amour profond de la terre. Certains chanteurs acadiens, notamment Édith Butler et Angèle Arsenault, ont fait carrière au Québec. Après 1980 leur ont succédé des générations de créateurs – paroliers et musiciens –, plus attachés aux valeurs contemporaines qu'historiques ou folkloriques : il existe plusieurs groupes célèbres rock, pop et indépendants.

Église catholique de Chéticamp, sur l'île du Cap-Breton

La religion

Les intérêts de la France en Amérique du Nord devant être contrebalancés par l'implantation de la religion catholique, cette dernière s'imposa en Nouvelle-France dès 1608. Au Québec et au Nouveau-Brunswick, à Terre-Neuve et sur l'île du Prince-Édouard, elle dicta une organisation sociale autour des paroisses. Les églises aux toitures faites de cuivre ou de tôle ont, la plupart du temps, été construites sur des promontoires. Certaines, comme la basilique Notre-Dame de Montréal *(p. 108-109)*, sont éblouissantes avec leurs dorures et leurs intérieurs ornementés. Toutefois, la dévotion du passé a quasiment disparu à l'époque moderne, surtout au Québec où le taux de fréquentation des églises est l'un des plus bas du pays.

La « souveraineté »

Le Québec participa activement à la naissance de la confédération des provinces canadiennes en 1867 *(p. 44)*. Au-delà des avantages économiques et administratifs recherchés par l'entente, celle-ci prévoyait que chaque province conserverait ses prérogatives en matière de ressources naturelles, d'éducation, de santé, de langue et de religion. Les difficultés liées à l'exercice de ces principes furent à l'origine du mouvement indépendantiste ou « souverainiste », révélé à la face du monde par le cri « Vive le Québec... libre », lancé par le général de Gaulle en 1966. Dix ans plus tard, le Parti québécois, dirigé par René Lévesque, était porté au pouvoir. Ce parti, régulièrement élu aux scrutins locaux, a tenu à deux reprises depuis 1980 un référendum sur le projet de souveraineté, qu'il a perdu de justesse.

Hors du Québec, les francophones défendent également leurs droits. En Ontario, ils se sont battus pour avoir leurs propres écoles, au Manitoba, ils sont allés en justice pour forcer le gouvernement provincial à traduire toutes les lois en français, et au Nouveau-Brunswick, les Acadiens ont obtenu un pouvoir politique réel pour préserver leur patrimoine.

Les symboles

Avec sa croix blanche sur fond bleu où se détachent quatre fleurs de lys, le drapeau du Québec ne fait pas référence à une idée monarchiste, mais plutôt aux origines françaises de ses fondateurs. Les Acadiens ont adopté le tricolore, auquel ils ont greffé l'Étoile de la mer symbolisant la Vierge Marie ou *Stella Maris*. Le patron du Canada français est saint Jean Baptiste. Il est célébré le 24 juin, jour de la fête nationale au Québec. Le harfang des neiges et l'iris versicolore symbolisent la faune et la flore québécoises.

Drapeau du Québec, avec des fleurs de lys

Manifestants lors du dernier référendum sur la souveraineté

Les Premières Nations

Masque amérindien de Vancouver

En dépit de controverses à ce sujet, les premiers habitants de l'Amérique du Nord seraient passés de Sibérie en Alaska il y a environ 10 000 ans. C'étaient des chasseurs nomades traquant les mammouths et bisons qui, à la période glaciaire, assuraient leur subsistance. À cette première vague succéda une immigration constante de petits groupes. Les tribus essaimèrent lentement vers l'est et le sud jusqu'à ce qu'elles atteignent l'Atlantique et l'Amérique du Sud. Au cours des siècles, elles développèrent des cultures très diverses, influencées par les environnements auxquels elles étaient confrontées. Dans le Nord gelé et dans les solitudes de Terre-Neuve, la vie était rude, mais les sols fertiles de l'Ontario et les côtes poissonneuses de la Colombie-Britannique virent naître des sociétés évoluées, vivant de la pêche et l'agriculture.

***Les Européens** commencèrent à affluer au XVIIe siècle. En Nouvelle-France, première région canadienne colonisée par les Blancs, les relations interraciales d'abord cordiales se dégradèrent quand les nouveaux venus empiétèrent sur les anciens territoires de chasse. Le même scénario se répéta partout : les Amérindiens furent chassés vers des terres inhospitalières.*

Les Iroquois

Les tribus de langue iroquoise – notamment les Agniers (Mohawks), les Hurons et les Senecas – étaient disséminées le long du Saint-Laurent et sur les rives des Grands Lacs. Elles pratiquaient la chasse et la pêche mais cultivaient aussi en abondance haricots, potirons, courges et maïs pour assurer leur subsistance. Elles vivaient dans des villages comptant souvent plusieurs centaines d'habitants. L'habitat traditionnel était la « maison longue », faite d'une armature en thuya recourbée et recouverte d'écorce. Certains villages étaient entourés de hautes palissades constituées de pieux aiguisés, à cause de la guerre endémique entre tribus.

Cornplanter, chef de la tribu Seneca au XVIIe siècle

Maison longue iroquoise

Les Indiens des plaines

La guerre était également une constante dans les plaines du sud du Manitoba et de la Saskatchewan, où les Pieds-Noirs, majoritaires, étaient totalement dépendants du bison. Sa viande était consommée, sa peau utilisée pour les vêtements et les tentes, ses nerfs pour faire des fils, et ses os, des outils. Les premiers Pieds-Noirs pratiquaient une technique astucieuse de chasse au bison : ils rassemblaient les troupeaux et les précipitaient du haut de falaises à pic *(p. 294)*. À l'origine, le cheval était inconnu des Amérindiens, qui recouraient au chien comme bête de somme. Il ne se répandit qu'au XVIe siècle, quand les conquistadors espagnols colonisèrent le Mexique. Servant de monnaie d'échange, les chevaux remontèrent peu à peu jusqu'aux plaines canadiennes. Ils bouleversèrent la vie des Pieds-Noirs en facilitant la chasse au bison. L'abattage de l'animal n'étant plus un souci, la tribu élabora une culture guerrière fondée sur la valeur des jeunes « braves ».

Indiens à cheval chassant le bison à l'arc

Habitat traditionnel dans un camp de Pieds-Noirs

Les Indiens de la côte Pacifique

Ils étaient divisés en nombreuses petites tribus comme les Tlingits et les Salishs. Leur subsistance étant assurée grâce à la richesse des eaux du Pacifique, ils développèrent une société sédentaire et sophistiquée. Lors des potlatchs, l'une de leurs cérémonies les plus étonnantes, les hôtes rivalisaient en sacrifiant le plus de biens possible pour obtenir certains privilèges. Autre originalité : les mâts totémiques, illustrant chacun un mythe et sculptés avec une grande habileté. Ils sont ornés d'animaux et d'êtres fabuleux. À cet art s'ajoute celui de la sculpture des masques, de nos jours en pleine renaissance.

Cérémonie des Sqylaxs en Colombie-Britannique

Mât totémique à Stanley Park

Terminologie

Beaucoup de Canadiens rejettent aujourd'hui les termes « Esquimau », « Peau-Rouge » et « Indien ». Ils sont jugés offensants, car ils renvoient à l'époque où les Blancs dominaient le pays et ignoraient la population d'origine. « Esquimau » a été remplacé par « Inuit », mais en ce qui concerne « Indien », l'usage est assez flou. Certains optent pour « Amérindien » ou « autochtone », d'autres parlent des « Premières Nations » du Canada. Mais il est préférable d'employer le nom spécifique à chaque tribu.

Les Inuits et les Indiens des forêts du Nord

Formant une longue bande de l'Alaska au Groenland, le Grand Nord était le domaine des Inuits. Ces chasseurs nomades vivaient sous une tente de peau l'été et dans un igloo l'hiver. Étant donné leur environnement extrême et la rareté des ressources, ils vivaient en groupes familiaux restreints, ne se réunissant qu'à l'occasion d'événements comme la migration des caribous. Plus au sud, les tribus de la forêt septentrionale comme les Naskapis, les Chupewyans et les Cris des bois étaient aussi des chasseurs nomades, tributaires du poisson et du phoque ou du cerf et de l'orignal. Les meilleurs chasseurs jouissaient d'un grand prestige et le chaman devait s'assurer la bienveillance du monde des esprits ; leur organisation sociale n'allait guère plus loin.

Chasseur inuit à côté de son igloo

Inuit en parka de caribou préparant son harpon

Paul Okalik, Premier ministre du Nunavut

Problèmes des Premières Nations

Depuis les années 1960, les peuples autochtones ont retrouvé une certaine assurance. Un grand pas en avant a été effectué avec la création de l'Assemblée des Premières Nations, une organisation intertribale désormais influente sur la scène nationale. Dans les années 1980, elle a soutenu avec succès l'autonomie accrue des réserves et abordé avec le gouvernement fédéral la question des droits territoriaux en parrainant une série de procès qui ont mis en évidence les spoliations subies par la population autochtone. Elle a également participé à la fondation du Nunavut (*p. 51*), territoire inuit autonome créé en 1999 dans une partie des anciens Territoires du Nord-Ouest. Les autochtones demeurent néanmoins plus pauvres et défavorisés que leurs compatriotes blancs. Il faudra des décennies pour réparer les injustices passées, même s'il existe désormais une volonté politique pour améliorer la situation.

L'art au Canada

Les premières formes d'art remontent à la préhistoire : les Inuits ont très tôt sculpté l'ivoire et les bois de cervidés, et d'autres peuples des Premières Nations ont laissé des peintures rupestres ou des poteries richement ornées.

Les premiers immigrants européens, tant français qu'anglais, ont ignoré ce patrimoine pour puiser à leurs sources européennes. Au cours du XIXe siècle et au début du XXe, les artistes se rendirent à Paris, Londres et Rome pour acquérir leur formation. Ce n'est qu'au XXe siècle que des peintres cherchèrent à créer un style proprement canadien, les forêts luxuriantes du pays, ses paysages majestueux et ses immensités glacées constituant une source majeure d'inspiration. Aujourd'hui, l'art canadien est le fait de multiples mouvements, au milieu desquels les œuvres autochtones occupent une place de choix.

***Sur le Saint-Laurent* (1897), peinture à l'huile de Maurice Cullen**

Les peintres au Nouveau Monde

Au XVIIe siècle, les colons français importèrent des peintures religieuses ou commandèrent des œuvres en masse pour décorer les églises récemment construites. La coutume de rendre un témoignage visuel de la flore, de la faune et des peuples rencontrés fut inaugurée par Samuel de Champlain *(p. 41)*. Au XVIIIe siècle, des officiers britanniques immortalisèrent des scènes de guerres, mais produisirent aussi des paysages délicats, comme Thomas Davies (1737-1812).

D'autres artistes exploitèrent avec succès la veine néoclassique alors en vogue en Europe. Ce fut le cas de Robert Field (1769-1819) et des Québécois Antoine Plamondon (1804-1895) et Théophile Hamel (1817-1870). Installé au Québec, le Néerlandais Cornelius Krieghoff (1815-1872) acquit la notoriété pour ses œuvres mettant en scène colons et Amérindiens sous la neige. Son contemporain Paul Kane (1810-1871) a consigné la vie des Premières Nations après une traversée épique du Canada, avec plus de cent croquis et peintures ; *Mah-Min*, ou *La Plume* (vers 1856), est l'un des plus impressionnants *(p. 38)*. Au cours du XIXe siècle, le paysage passa au premier plan. Homer Watson (1855-1936) et Ozias Leduc (1864-1955) furent les premiers peintres à être formés au Canada. Watson, qui réalisa surtout des scènes de genre en Ontario, déclara : « Je n'en savais pas assez pour avoir Paris ou Rome à l'esprit… Je me suis estimé comblé par Toronto. » Après 1867 et la naissance de la Confédération, 1883 vit la création de la Royal Canadian Academy of Arts et de la National Gallery of Canada. Cependant, beaucoup d'artistes continuèrent à partir étudier à Paris. Curtis Williamson (1867-1944) et Edmund Morris (1871-1913) rentrèrent de France déterminés à revivifier un art national en perte de vitesse. Ils fondèrent le Canadian Art Club en 1907, pour faire connaître les derniers mouvements. James Wilson Morrice (1865-1924), Maurice Cullen (1866-1934) et Marc Aurèle De Foy Suzor-Coté (1869-1937) furent des personnages clés dans ce désir de modernité.

Les peintres modernes

La domination de l'art européen fut remise en cause par les peintres qui eurent peut-être le plus d'influence au Canada : le groupe des Sept *(p. 160-161)*. Avant la Première Guerre mondiale, ils déploraient déjà l'absence d'identité canadienne dans l'art. Dans les années 1910-1920, suivant les pas du peintre Tom Thomson, mort prématurément, ils mirent au point un style dominé par des paysages aux couleurs audacieuses tels que *Terre sauvage* (1913) d'A. Y. Jackson. Dans la décennie suivante, trois artistes célèbres, quoique influencés par le groupe, se distinguèrent par leur attachement à leur province d'origine : David Milne (1882-1953) est connu pour ses natures mortes, LeMoine Fitzgerald (1890-1956) pour ses scènes de genre et Emily Carr (1871-1945) pour

Le peintre Lawren S. Harris (1885-1970)

***Skidegate, Graham Island, Colombie-Britannique* (1928), par Emily Carr**

ses représentations frappantes des Salishs de la côte et de leurs mâts totémiques *(p. 280)*. Elle fut la première femme dont le talent soit reconnu. Poète, elle décrit dans *Renfrew* (1929) ses liens intenses avec la nature, qui s'expriment dans sa peinture : « … dans le lointain, s'éloignant plan par plan […] des verts froids, souche noueuse de gris et brun ».

L'impact du groupe des Sept provoqua des réactions variées chez plusieurs générations d'artistes. John Lyman (1886-1967) rejeta leur style, refusant de faire de la terre le thème central de sa peinture. Proche de Matisse, il fonda la Contemporary Art Society et promut un style nouveau entre 1939 et 1948, ouvrant même l'art au surréalisme.

Depuis la Seconde Guerre mondiale, l'abstraction a connu une véritable explosion. À Montréal, Paul-Émile Borduas (1905-1960), qui rencontra André Breton en 1942, créa avec, entre autres, Jean-Paul Riopelle le groupe des Automatistes, inspiré par le surréalisme. Mêmes tendances à Toronto avec les œuvres abstraites des Painters Eleven. Dans les années 1950, les peintres canadiens sont reconnus sur la scène internationale. Aujourd'hui, la peinture reflète tous les courants artistiques, ceux du monde entier comme de l'intérieur du pays, favorisés par sa mosaïque culturelle. Les œuvres expérimentales de Jack Bush, Greg Carnoe ou encore Joyce Wieland sont dans la droite ligne des idées qui agitaient les années 1960. Le Canada peut être fier de ses multiples galeries, tant publiques que privées, et de ses collections exceptionnelles d'art du XXe siècle.

L'art autochtone

L'art des Inuits *(p. 324-325)* et des Amérindiens du Nord-Ouest est très coté au Canada. Les fouilles ont livré de superbes objets inuits préhistoriques – figurines et têtes de harpon sculptées entre autres – revêtant souvent une dimension religieuse. Avec l'arrivée des Européens, la production artistique des Inuits, notamment les sculptures en ivoire, os et pierre, devint beaucoup plus commerciale. Des artistes comme Aqghadluk, Qaqaq Ashoona et Tommy Ashevak sont aujourd'hui réputés pour leur apport à l'art canadien contemporain, surtout au travers de leurs sculptures et tentures murales. Les sculptures des Amérindiens de la côte du Pacifique sont célèbres dans le monde entier, en particulier les œuvres en bois de thuya de l'artiste haida Bill Reid, les mâts totémiques de Richard Krentz, et la « maison longue » du chef Tony Hunt à Fort Rupert.

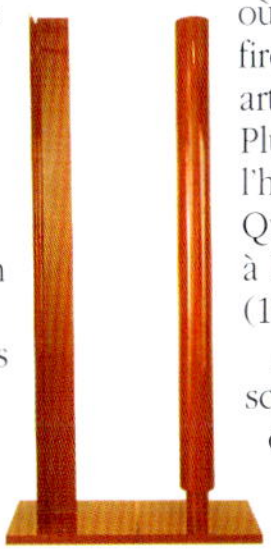

***Sculpture*, par Robert Murray**

En peinture, on rencontre tous les styles, du réalisme à l'abstrait, avec Norval Morisseau, Carl Ray ou Daphné Odjig. Les artistes célèbrent leurs traditions : exploits légendaires, mythes, amour de la terre et combat pour la préserver sont des thèmes récurrents.

Le célèbre sculpteur haida Bill Reid

La sculpture

La sculpture européenne fut importée au Canada par les Français afin d'orner les églises. Le sculpteur Louis-Amable Quévillon (1749-1823), par exemple, réalisa des retables et de belles statues en marbre à Montréal. La tradition européenne fut dominante jusqu'au début du XXe siècle, où les nouvelles villes firent appel à des artistes locaux. Plusieurs œuvres de l'hôtel du parlement de Québec sont ainsi dues à Louis-Philippe Hébert (1850-1917).

Au XXe siècle, la sculpture autochtone émergea à côté des styles Art nouveau et Art déco. Depuis les années 1960, des sculpteurs comme Armand Vaillancourt (né en 1932) et Robert Murray (né en 1936) tentent de développer un style canadien. Les matériaux modernes et l'influence de l'art conceptuel se manifestent dans les œuvres d'artistes contemporains comme Michael Snow, exposées non seulement dans les musées, mais aussi dans les bâtiments commerciaux et municipaux.

Littérature et musique au Canada

Comme l'écrivait en 1864 le révérend Edward Hartley Dewart, poète canadien, « une littérature nationale est nécessaire à la formation d'une identité nationale ». De fait, la littérature et la musique visent pour une grande part à définir une conscience nationale, mais elles reflètent aussi la diversité culturelle du pays. En plus des influences française, britannique et américaine, les francophones comme les anglophones ont parfois assimilé celles des différentes ethnies de la mosaïque culturelle. Les rapports avec les peuples des Premières Nations et les difficultés qu'implique la vie dans un pays aux vastes solitudes se reflètent par ailleurs dans la poésie et les fictions.

Les vedettes du film à succès *Anne… La maison aux pignons verts* (1934)

Un nouveau départ

Les premières œuvres littéraires, écrites entre le milieu du XVIe siècle et le XVIIIe, sont les récits d'explorateurs, marchands de fourrure, soldats et missionnaires, à commencer par *Brief récit* (1545) de Jacques Cartier. L'avocat et voyageur français Marc Lescarbot raconte également ses aventures hautes en couleur en Nouvelle-Écosse dans l'*Histoire de la Nouvelle-France* (1609). Après la conquête de la Nouvelle-France par les Britanniques en 1760, il faut attendre le XIXe siècle pour qu'apparaisse une autre forme de littérature : les poèmes patriotiques, comme *Le Vieux Soldat canadien* (1855) d'Octave Crémazie (1827-1879).

Le combat contre la nature et la vie au Nouveau Monde sont au cœur des premières œuvres en anglais. La Colombie-Britannique, dernière région colonisée, fait ainsi l'objet des passionnants mémoires d'une institutrice britannique envoyée à Hope, et qui fut la première Européenne à traverser à cheval les périlleuses Hope Mountains : *A Pioneer Gentlewoman in British Columbia: The Recollections of Susan Allison* (1876). Au XIXe siècle, le passé, romancé, est l'un des sujets de prédilection. *Le Chien d'or* (1877) de William Kirby (1817-1906) en est un bon exemple, avec sa vision idéalisée du Québec du XVIIIe siècle. Les romans épiques de l'époque mettent en scène la vie et la culture des Amérindiens, notamment *Wacousta* (1832) de John Richardson (1796-1852). Les ouvrages du Britannique Archibald Stansfield Belaney (1888-1938), qui endosse l'identité d'un Indien ojibwé sous le nom de Grey Owl *(p. 248)*, connaissent un immense succès. Ainsi pour *Pilgrims of the Wild* (1935), histoire d'un voyage qu'il fit au Québec à la recherche d'une réserve pour protéger les castors, ou *The Tales of an Empty Cabin* (1936), élégie à la nature.

Au début du XXe siècle, l'intimité familiale occupe le devant de la scène. *Anne… La maison aux pignons verts* (1908), de Lucy Maud Montgomery (1874-1942), en est un parfait exemple. Il existe également un courant humoristique alimenté par Stephen Leacock *(p. 216)* ou encore Thomas Haliburton (1796-1865), juge qui créa le personnage de Sam Slick, le héros de *The Clockmaker* (1836).

La poésie

Les vers des premiers poètes de langue anglaise, Standish O'Grady (1793-1841) et Alexander McLachan (1818-1896), reflètent un point de vue colonial : ils critiquent une patrie corrompue (l'Angleterre) pour louer les perspectives offertes par le Nouveau Monde. Dans les années 1870-1880, la « nouvelle » poésie canadienne consiste en la description détaillée des paysages pour mettre en valeur la conquête de la nature par l'homme. Charles Mair (1838-1927) et Isabella Valancy Crawford (1850-1887) en furent deux représentants éminents. Au XXe siècle, les vastes espaces, toujours au cœur de la

Leonard Cohen, poète et auteur-compositeur de renommée mondiale

poésie canadienne, donnent lieu à un style plus sobre, sorte d'équivalent littéraire de la peinture du groupe des Sept (*p. 160-161*). De grands noms se détachent : Robert Service (1874-1958), dont les ballades et poèmes s'inspirent d'épisodes historiques comme la ruée vers l'or (*The Spell of the Yukon*, 1907), et John McCrae (1872-1918), auteur de *In Flanders Fields* (1915), l'un des poèmes les plus célèbres sur la Grande Guerre.

De nos jours, la poésie de langues française et anglaise s'adresse à un public international avec des auteurs tels qu'Anne Wilkinson, Irving Layton, Earle Birney, E. J. Pratt, Leonard Cohen et Patrick Anderson. Les œuvres puissantes d'Anne Hébert comme *Le Tombeau des rois* (1953) s'attachent aux thèmes universels de l'enfance, de la mémoire et de la mort. La poésie et la fiction ont connu un brusque essor après la guerre grâce à l'action du Conseil des arts du Canada.

Le poète canadien Robert Service en 1942

La littérature autochtone

Malgré une puissante tradition orale au sein de la famille et du clan, des écrivains autochtones sont à l'origine d'autobiographies, livres pour enfants, pièces de théâtre, nouvelles, poèmes, essais et romans depuis le XIXe siècle. *The Life, History and Travels of Kah-ge-ga-gah-bowh* (1847) par exemple, qui raconte la vie du Ojibwé George Copway (1818-1869), fit l'objet de pas moins de six tirages en un an. La première femme écrivain amérindienne serait l'Okanagan Mourning Dove (1888-1936), avec *Cogewea, The Half-Blood* (1927). Plus récemment, une autre romancière Okanagan, Jeanette Armstrong (née en 1948), publia *Slash* en 1985, et les combats d'une Métisse dans le Canada moderne sont décrits dans l'autobiographie à succès de Maria Campbell, *Halfbreed* (1973).

Un mélange de légende et de revendication politique pour les droits des Premières Nations anime la plupart des romans autochtones. C'est le cas de *The White Wampum* (1895) de Pauline Johnson et du *Sentier intérieur* (1983) de Beatrice Culleton. La première œuvre inuit en anglais est *Harpoon of the Hunter* (1970), de Markoosie (né en 1942), qui raconte l'apprentissage de la vie dans le nord de l'Arctique. Un des meilleurs dramaturges contemporains du Canada est le Cri Thompson Highway (né en 1951). Ses pièces dénoncent la dure réalité de la vie dans les réserves.

La fiction moderne

Depuis les années 1940, de nombreux auteurs canadiens ont acquis une renommée internationale : Margaret Atwood (née en 1939) pour ses poèmes, romans et critiques, et Carol Shields (1935-2003), qui a remporté le prix Pulitzer pour *La Mémoire des pierres* en 1995. Mordecai Richler (1931-2001) et Robertson Davies (1913-1995) sont célèbres pour leur tableau désabusé des sociétés canadienne et québécoise contemporaines. Beaucoup d'auteurs ont été connus du grand public quand leurs livres ont été portés à l'écran. *Bonheur d'occasion* (1945), de Gabrielle Roy, l'a été en 1982, le roman de W. P. Kinsella, *Shoeless Joe* (1982), est devenu en 1989 *Jusqu'au bout du rêve* avec en vedette Kevin Costner, et *Le Patient anglais* de Michael Ondaatje a remporté neuf Oscars en 1996. La solide tradition de la nouvelle est dominée par Alice Munro (née en 1931). Les récits historiques sont aussi particulièrement appréciés.

Michael Ondaatje, auteur encensé du *Patient anglais*

La musique

Certains des plus grands noms de la scène musicale internationale sont canadiens. Leonard Cohen, Kate et Anna McGarrigle, Joni Mitchell et Neil Young sont tous issus d'une solide tradition de musique folk. La nouvelle génération – Alanis Morissette et K. D. Lang – a repris à son compte cette musique mélodique ; The Cowboy Junkies et Shania Twain pratiquent pour leur part de nouveaux styles de musique country. Céline Dion ou Bryan Adams sont aussi connus au Canada qu'en Europe et aux États-Unis. Dans le domaine classique, la notoriété de l'orchestre symphonique de Montréal est au moins égale à celle dont jouissait le pianiste Glen Gould. Enfin, tous les ans, Montréal accueille l'un des festivals de jazz les plus célèbres du monde.

Joni Mitchell, chanteuse de folk légendaire

Les sports au Canada

Les Canadiens sont de fervents supporters, et la plupart des villes offrent toute l'année l'occasion d'assister à une manifestation sportive. Si le sport national officiel est la crosse – un jeu des Premières Nations consistant à lancer une balle avec une sorte d'épuisette en cuir –, c'est le hockey sur glace qui déchaîne les passions. Le base-ball, le basket-ball et le football canadien (semblable à l'américain) attirent aussi les foules. Grands prix, tournois de golf et de tennis de portée internationale ont lieu régulièrement dans les grandes villes, et des compétitions entre professionnels, amateurs ou étudiants se déroulent dans de nombreuses localités. La pratique de tout un éventail de sports est également possible, entre le ski, le golf, la pêche ou la randonnée.

Joueurs de hockey – héros nationaux – lors d'un match de la ligue

Le hockey sur glace

Au Canada, le hockey sur glace jouit d'une popularité sans bornes. Toutes les villes ont une patinoire et chaque école, chaque collège et chaque université une équipe. La **Ligue nationale de hockey** (NHL) a été fondée en 1917 et son grand prix, la coupe Stanley, fut créé en 1893 par lord Stanley, alors gouverneur général du Canada. Elle regroupe trente équipes, dont six canadiennes : le Canadien de Montréal, les Flames de Calgary, les Oilers d'Edmonton, les Maple Leafs de Toronto, les Senators d'Ottawa et les Canucks de Vancouver. Si au Canada comme aux États-Unis, la plupart des joueurs sont canadiens, des Russes, des Américains et des Suédois jouent cependant depuis quelques années dans les meilleures équipes. Sport viril s'il en est, le hockey comporte souvent des accrochages entre joueurs, ce qui veut bien souvent dire qu'une partie de 60 minutes peut durer 3 heures. La saison va d'octobre à avril, date des matchs de qualification pour la coupe Stanley. Les grand joueurs comme Maurice Richard sont des mythes nationaux.

Il est pratiquement impossible de trouver des billets pour les grands matchs si l'on n'a pas réservé à l'avance auprès de son club ou de **Ticketmaster**. En revanche, il est plus facile d'assister aux matchs des petites ligues et des collèges ; l'université de Toronto et York, Concordia à Montréal et l'université d'Alberta à Edmonton ont de bonnes équipes. On trouve des billets, généralement à prix modique, à l'entrée de la patinoire locale ou directement au centre administratif.

Le base-ball

Bien que considéré comme un sport américain, le base-ball a aussi de nombreux adeptes au Canada. Une équipe canadienne joue d'ailleurs dans les grandes ligues : les célèbres **Blue Jays de Toronto**, qui ont remporté le World Series en 1992 et 1993.

La saison dure d'avril à septembre, et les matchs de qualification ont lieu en octobre. Les matchs de base-ball sont l'occasion de sorties en famille avec pop-corn, bière et nombreux divertissements.

L'équipe des Blue Jays rencontre ses rivales dans un stade exceptionnel : le Rogers Centre de Toronto, une merveille architecturale avec son toit rétractable en fonction du temps *(p. 169)*.

On peut facilement se procurer de bonnes places en réservant un jour ou deux à l'avance. Les places à l'arrière, moins bien situées, sont presque toujours disponibles le jour même du match. Les matchs d'équipes de seconde division peuvent aussi se révéler passionnants.

Jose Canseco des Blue Jays de Toronto se rendant au marbre

Le football

D'esprit analogue au football américain, le football canadien possède certaines règles plus strictes qui le rendent bien plus intéressant. Bien que les meilleurs joueurs canadiens préfèrent les États-Unis où ils sont mieux payés, le jeu draine des foules considérables au Canada. La ligue canadienne de football a deux divisions de quatre équipes qui s'affrontent de juillet à novembre.

Le football canadien attire en général un public familial enthousiaste, surtout lors de la finale de la coupe Grey. Disputée le dernier dimanche de novembre, elle est précédée d'une semaine de festivités et d'une grande parade dans la ville d'accueil. Le football se joue aussi dans la plupart des universités où le match du samedi après-midi constitue une sortie divertissante. Le championnat annuel des collèges, la coupe Vanier, a lieu au SkyDome de Toronto début décembre. Il est assez facile de trouver des billets.

Le basket-ball

Ce qui était autrefois une passion typiquement américaine a gagné le monde entier pour devenir l'un des sports internationaux à l'essor le plus spectaculaire. Le jeu fut inventé en 1891 aux États-Unis par un Canadien, James A. Naismith. Les **Raptors de Toronto** jouent dans la National Basketball Association, la ligue la plus réputée au monde, contre des équipes mythiques comme les Chicago Bulls, Boston Celtics, New York Knicks et Los Angeles Lakers. La saison bat son plein d'octobre à la fin du printemps. Un match à l'Air Canada Centre de Toronto sera un spectacle absolument inoubliable. La plupart des universités canadiennes ont une équipe et si les spectateurs sont souvent moins nombreux qu'aux matchs de la ligue professionnelle, la compétition est acharnée, surtout au championnat national de Halifax, qui a lieu tous les ans au mois de mars. Le sport a gagné en popularité depuis les années 1990.

Match de basket-ball des Raptors de Toronto contre les L. A. Clippers

Le golf

Le Canada accueille tous les ans en septembre deux grands tournois lors desquels des foules de spectateurs viennent admirer les plus grands joueurs du monde. Le plus important est le Canadian Open, disputé en général sur le parcours de Glen Abbey à Toronto, conçu par Jack Nicklaus. Le Greater Vancouver Open est une étape habituelle de la tournée de la Professional Golfers' Association, mais les concurrents n'ont pas le niveau de ceux de l'Open.

Le golf est un sport extrêmement populaire avec plus de 1 700 parcours magnifiques à travers le pays, de Banff Springs à l'ouest aux nombreux terrains vallonnés de l'île du Prince-Édouard à l'est.

Les sports d'hiver

Célèbre pour sa neige abondante et ses hivers froids et ensoleillés, le Canada est un pays idéal pour les amateurs de sports d'hiver. Moins bondées que leurs homologues européennes, les stations de ski canadiennes occupent des sites qui comptent parmi les plus spectaculaires du monde. Il existe un large choix de stations aux quatre coins du pays, de Whistler dans les Rocheuses à Mont-Sainte-Anne au Québec. Outre le ski de piste et de randonnée, on peut s'essayer au surf des neiges, à la motoneige, au traîneau à chiens et même à l'héliski *(p. 387)*.

Carnet d'adresses

National Hockey League
11th Floor, 50 Bay Street, Toronto.
(416) 981 2777.
www.nhl.com

Ticketmaster
(pour les matchs de hockey)
(416) 870 8000.
www.ticketmaster.ca

Base-ball
Blue Jays de Toronto
Billets : (416) 341 1234.
www.bluejays.com

Football
Canadian Football League
110 Eglinton Avenue W, Toronto
(416) 322 9650.
www.cfl.ca

Basket-ball
Raptors de Toronto
Billets : (416) 815 5600.
www.raptors.com

Golf
Royal Canadian Golf Association
(905) 849 9700.
www.rcga.org

Surfeur des neiges dévalant une pente dans la poudreuse

Le Canada au jour le jour

La durée des saisons est très variable d'un bout à l'autre du Canada, mais on peut dire sans trop s'avancer que les hivers y sont froids et commencent en novembre pour s'achever en mars, tandis que printemps et automne sont plutôt doux. La Colombie-Britannique est la région la plus tempérée, avec une température moyenne de 5 °C en janvier. Juillet et août étant en général des mois chauds et ensoleillés jusque dans le Grand Nord, la plupart des festivals de plein air ont lieu à cette époque. Mais l'hiver est aussi marqué par un grand nombre de manifestations : courses de traîneaux, motoneiges, ou compétition de patinage. Le passé et la culture des divers groupes ethniques du Canada font également l'objet d'une foule d'événements.

Pow-wow à Calgary

Printemps

C'est en mars et avril que le temps est le plus variable, neige, pluie et soleil pouvant alterner dans une même journée. Au nord, on salue la fin de l'hiver, tandis qu'au sud, le printemps marque le début d'une série de festivals.

Traîneau à chiens au Caribou Carnival de Yellowknife

Mars

Caribou Carnival *(fin mars)*, Yellowknife. Célébration de l'arrivée du printemps avec courses de traîneaux, motoneiges, et spécialités culinaires locales.

Avril

Toonik Tyme *(mi-avr.)*, Iqaluit. Construction d'igloos, jeux traditionnels et banquets pendant une semaine.

Beaches Easter Parade *(avr.)*, Toronto. Ce défilé annuel est devenu une institution du printemps. Il longe Queen Street entre Victoria Park et Woodwine Avenue.

Shaw Festival *(d'avr. à oct.)*, Niagara-on-the-Lake. Festival de théâtre avec des pièces de George Bernard Shaw et ses contemporains *(p. 206)*.

Été

La hausse des températures s'accompagne d'une explosion de festivals, carnavals et manifestations culturelles de mai à août.

Mai

Canadian Tulipfest *(mi-mai)*, Ottawa. Déploiement coloré de millions de tulipes, entre autres événements variés.

Stratford Festival *(de mai à nov.)*, Stratford. Festival de théâtre célèbre dans le monde entier avec des pièces de l'époque élisabéthaine à nos jours *(p. 209)*.

Omingmak Frolics *(mai)*, Cambridge Bay, Nunavut. Banquets, danses et jeux.

Dreamspeakers *(fin mai)*, Edmonton. Festival international d'art et de cinéma des Premières Nations.

Shorebirds and Friends Festival *(fin mai)*, Wadena, Saskatchewan. Excursions guidées pour observer la faune.

Vancouver International Children's Festival *(dernier week-end de mai)*, Vancouver. Théâtre, cirque et musique pour les enfants à partir de 3 ans.

Juin

Pride Week *(début juin)*, Toronto. Célébration de la communauté gay, avec défilé haut en couleur.

Grand Prix du Canada *(début juin)*, Montréal. L'une des deux étapes du championnat de Formule 1 en Amérique du Nord.

Tapis coloré de tulipes à la Canadian Tulipfest d'Ottawa

Capture d'un jeune bœuf lors du Half Million Dollar Rodeo, au célèbre Stampede de Calgary

Midnight Madness *(mi-juin)*, Inuvik. Fête du solstice d'été.
Mosaic – Festival of Cultures *(1er week-end)*, Regina. Manifestations culturelles du monde entier.
Banff Festival of the Arts *(de mi-juin à mi-août)*, Banff. Deux mois d'opéra, musique, théâtre et danse.
Jazz Fest International *(fin juin-juil.)*, Victoria. Concerts de jazz et blues dans toute la ville.
Festival international de Lanaudière *(fin juin-juil.)*, Joliette. Festival majeur de musique classique.
Festival international de jazz de Montréal *(fin juin-juil.)*, Montréal. Célèbre festival de jazz avec nombreux concerts gratuits en plein air.
Nova Scotia International Tatoo *(fin juin-juil.)*, Halifax. Plus de 2 000 participants pour l'un des spectacles les plus importants au monde en salle.

Juillet

Folk on the Rocks *(2e week-end)*, Yellowknife. Tambours, danses et chants de gorge inuits.
Calgary Stampede *(mi-juil.)*, Calgary. Pendant dix jours, célébration du Far West.
Molson Indy *(mi-juil.)*, Toronto. Course d'Indy Car à Exhibition Place.
Antigonish Highland Games *(mi-juil.)*, Antigonish. Jeux des Highlands écossais.
Festival d'été de Québec *(2e semaine)*, Québec. Dix jours de musique et de danse.
Festival Juste pour rire *(du 14 au 25 juil.)*, Montréal. Festival d'humour de douze jours avec plus de 600 comédiens.
Open Tennis Championships *(juil.-août)*, Montréal. Tournoi de tennis de portée internationale.
Caribana *(juil.-août)*, Toronto. Un des rendez-vous culturels les plus importants d'Amérique du Nord.

Une Ford au Molson Indy de Toronto

Août

Royal St. John's Regatta *(4 août)*, St. John's. Plus ancienne manifestation sportive d'Amérique du Nord. Courses d'aviron et carnaval.
Wikwemikong Pow-wow *(1er week-end)*, île Manitoulin. Festival des Indiens ojibwés avec concours de danses et de percussions *(p. 222)*.
Discovery Days Festival *(mi-août)*, Dawson City. Plongée à l'époque de la ruée vers l'or avec défilés en costume d'époque et courses de canoë.
First People's Festival *(mi-août)*, Victoria. Trois jours d'expositions, danses et potlachs (rassemblements amérindiens).
Folklorama *(mi-août)*, Winnipeg. Festival multiculturel de cuisine, spectacles et arts.
Victoria Park Arts and Crafts Fair *(mi-août)*, Moncton. Plus grande vente en plein air des Provinces maritimes : objets d'art, antiquités, artisanat.
Festival acadien de Caraquet *(du 5 au 15 août)*, Caraquet. Célébration de la culture acadienne.
Halifax International Busker Festival *(2e semaine)*, Halifax. Artistes de rue des quatre coins du monde.
Festival de montgolfières *(août)*, Saint-Jean-sur-Richelieu. Le plus grand rassemblement du Canada.
Canadian National Exhibition *(août-sept.)*, Toronto. Foire annuelle avec meeting aérien, concerts et un casino.

Les meilleurs cavaliers au monde participent aux Masters de Calgary

AUTOMNE

Cette saison au temps frais mais souvent ensoleillé est illuminée par les couleurs flamboyantes des feuillages, particulièrement impressionnantes dans les forêts du Québec et d'Ontario. Dans ces provinces, bien qu'encore propice aux activités de plein air, elle sonne la fin des beaux jours.

SEPTEMBRE

Masters *(1re semaine)*, Calgary. Manifestation équestre de niveau international.
Molson Indy *(début sept.)*, Vancouver. Deuxième compétition de Formule Indy de l'année se déroulant en plein centre de Vancouver.
Toronto International Film Festival *(sept.)*, Toronto. Festival fréquenté par de célèbres vedettes et réalisateurs.
Flambée des couleurs *(de mi-sept. à oct.)*, Cantons de l'Est. Fêtes autour du thème du feuillage automnal éclatant.
Niagara Grape and Wine Festival *(dernière semaine)*, Niagara Falls. Visites des vignobles, dégustation de vins et concerts.

OCTOBRE

Okanagan Wine Festival *(début oct.)*, Okanagan Valley. Visites et dégustations dans toute la vallée *(p. 315)*.
Oktoberfest *(mi-oct.)*, Kitchener-Waterloo. Le plus grand festival bavarois hors d'Allemagne *(p. 216)*.

Costumes et musique bavarois traditionnels à l'Oktoberfest

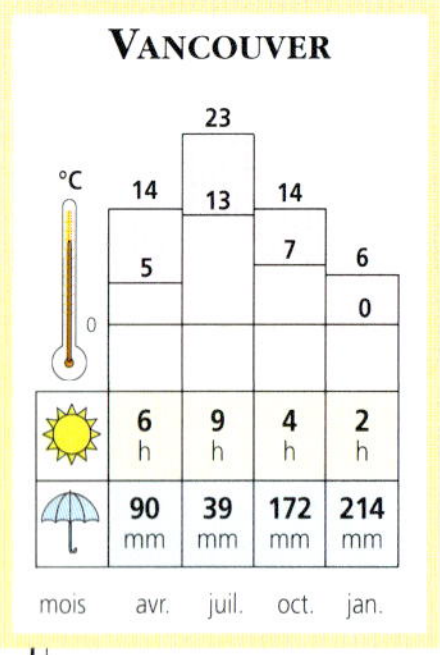

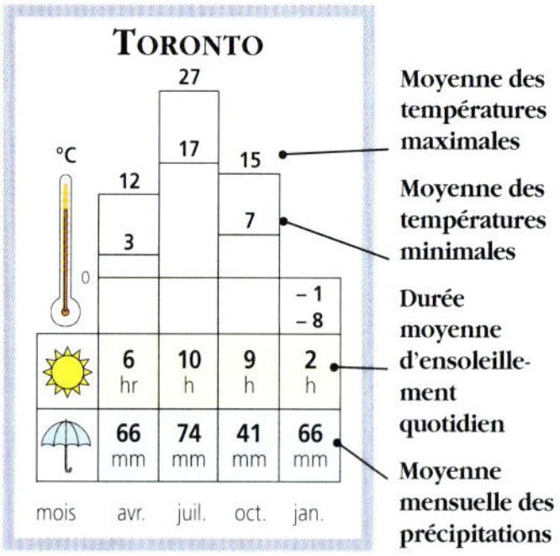

Climat

Si partout, l'hiver est long et froid, le Canada présente une grande variété de climats. La population est concentrée le long de la frontière avec les États-Unis. Le sud de l'Ontario et la côte sud et centrale de la Colombie-Britannique sont les régions les plus chaudes. Le centre et le nord du pays connaissent les hivers les plus durs.

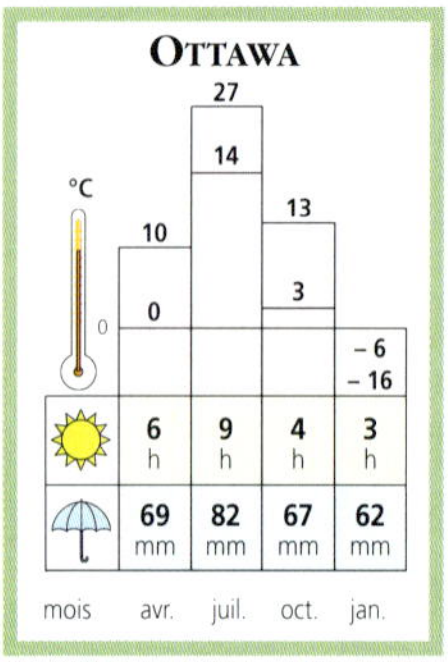

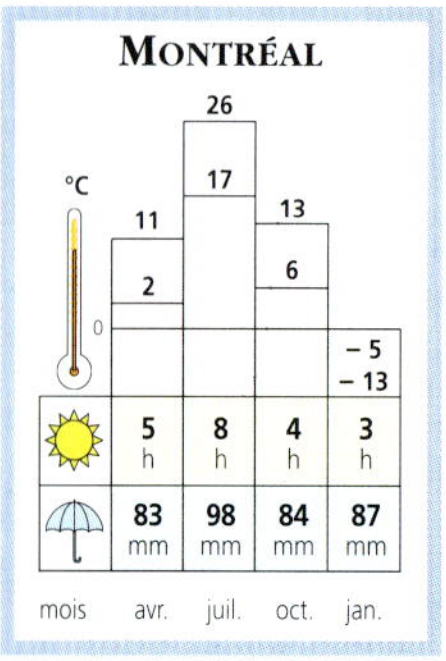

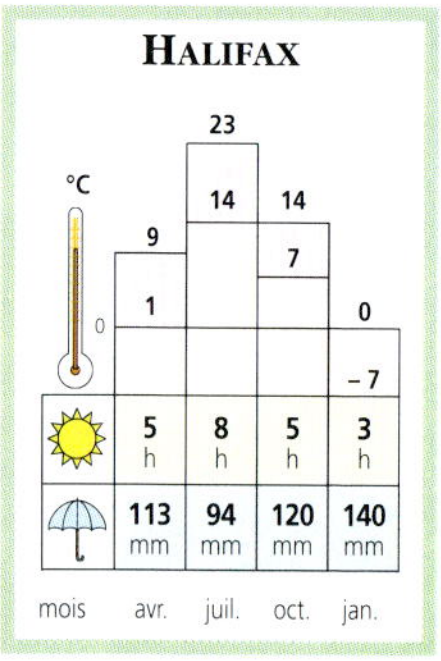

Celtic Colours *(mi-oct.)*, île du Cap-Breton. Festival international de musique celtique.

Hiver

Hormis sur la côte pacifique, l'hiver est long, froid et très enneigé. Les animations tournent autour des sports d'hiver, les meilleures pistes de ski du monde étant celles de stations comme Whistler en Colombie-Britannique. Les vacances de Noël sont l'occasion de se divertir pendant les journées sombres.

Jours fériés

Nouvel an (1er jan.)
Vendredi saint
Dimanche de Pâques
Lundi de Pâques. Férié seulement pour les administrations et les écoles.
Fête de Dollard (lundi précédant le 25 mai)
Fête du Canada (1er juil.)
Fête du Travail (1er lundi de sept.)
Action de grâces (2e lundi d'oct.)
Jour du souvenir (11 nov.)
Noël (25 et 26 déc.)

Décorations lumineuses pour Noël

Novembre

Royal Agricultural Winter Fair *(de début à mi-nov.)*, Toronto. La plus grande foire agricole d'intérieur du monde, avec le Royal Horse Show et le Winter Garden Show.
Canadian Finals Rodeo *(mi-nov.)*, Edmonton. Désignation des champions de rodéo du Canada.
Winter Festival of Lights *(de mi-nov. à mi-jan.)*, Niagara Falls. Jeux d'éclairage spectaculaires et concerts.

Décembre

Canadian Open Sled Dog Race *(déc.)*, Fort St. John et Fort Nelson. Sports d'hiver et courses de traîneaux, ambiance familiale.
Christmas Carolships Parade *(mi-déc.)*, Vancouver. Des bateaux décorés de lampions de Noël croisent dans les eaux de Vancouver.

Janvier

Ice Magic *(mi-jan.)*, Lac Louise. Concours international de sculpture sur glace.
Techni-Cal Challenge – Dog Sled Race *(mi-jan.)*, Minden. Plus de 80 équipes pour cette course internationale de traîneaux à chiens.
Rossland Winter Carnival *(dernier week-end)*, Rossland. Concours de surf des neiges, retraite aux flambeaux, musique et danse.
Carnaval d'hiver de Québec *(jan.-fév.)*, Québec. La célèbre course de canoë sur le Saint-Laurent n'est qu'une des nombreuses attractions de cette grande fête.
Jasper in January *(deux dernières semaines)*, Jasper. Compétitions de ski et salon de l'alimentation
Banff/Lake Louise Winter Festival *(dernière semaine)*, Banff, Lake Louise. Nombreuses attractions, fêtes du patin à glace et bals populaires.

Deux aigles sculptés dans la glace lors de Winterlude à Ottawa, en février

Février

Yukon Quest International Sled Dog Race *(fév.)*, Whitehorse. Célèbre course de 1 600 kilomères de Fairbanks en Alaska à Whitehorse.
Yukon Sourdough Rendez-Vous *(fév.)*, Whitehorse. Concours du « trappeur fou » et nombreuses manifestations pour les enfants.
Frostbite Music Festival *(3e week-end)*, Whitehorse. Tout un choix de musiques, du jazz au rock.
Calgary Winter Festival *(2e semaine)*, Calgary. Nombreuses distractions familiales, musique et banquets.
Festival du voyageur *(mi-fév.)*, Winnipeg. Célébration de l'histoire du commerce des fourrures avec une grande fête de rue.
Winterlude *(tous les week-ends)*, Ottawa. Nombreuses activités, notamment patinage sur le canal Rideau.

HISTOIRE DU CANADA

Le Canada est réputé pour ses immensités sauvages et superbes. Les premiers colons européens s'adaptèrent à des conditions souvent rudes grâce à l'aide des Amérindiens et jetèrent les bases d'une nation prospère. Le pays, qui a accueilli des immigrants du monde entier, est considéré comme l'un des plus tolérants de la planète.

Mât totémique des Haidas, Amérindiens de la côte (détail)

Bien avant que les Vikings traversent l'Atlantique en 985 ou 986 apr. J.-C., l'actuel territoire du Canada était habité par diverses civilisations. Des tribus de chasseurs étaient passées à pied d'Asie en Amérique du Nord à une époque où elles faisaient partie d'un même continent : la Laurasie.

Ces premiers occupants, désignés aujourd'hui par le terme de Premières Nations, s'adaptèrent au fil des siècles à un environnement difficile, ce dont témoignent leur culture et les techniques qu'ils mirent au point pour survivre.

LES PREMIERS HABITANTS

Deux groupes principaux de chasseurs-cueilleurs parcouraient le nord du pays, du Yukon au Labrador : les Algonquins et les Athapascans. Ces nomades répartis en petites communautés inventèrent le canoë en écorce de bouleau et les raquettes, qui leur permettaient de sillonner les vastes étendues enneigées. La nourriture et l'habillement étaient assurés par la pêche et la chasse, activités à l'origine du commerce lucratif de la fourrure et du poisson.

Plus au nord, les Inuits, arrivés vers 2500 av. J.-C., survivaient dans une région aux hivers obscurs et glacés et aux étés brefs, tandis qu'au sud, les Iroquois, installés dans des villages forestiers, habitaient des « maisons longues » et vivaient de la culture du maïs. Dans les plaines de l'Ouest, les tribus tiraient leur subsistance du bison, et sur la côte pacifique, de la pêche et du commerce. La culture des peuples de la côte était remarquablement évoluée, comme l'attestent notamment leurs imposants mâts totémiques.

Malgré leurs modes de vie hétérogènes, les Premières Nations avaient en commun de se considérer comme une composante de la nature, et non comme son maître. Selon eux, les animaux chassés avaient une âme et il arrivait malheur à quiconque offensait celle-ci en tuant sans raison.

La générosité des Amérindiens envers les Européens précipita sans doute leur perte. Comme le souligne l'historien canadien Desmond Morton : « Si les Indiens n'avaient pas partagé avec les Européens leurs techniques de survie, leurs territoires et leurs ressources, les premiers explorateurs et colons auraient été bien plus nombreux à mourir et auraient même sans doute abandonné leur quête, comme l'avaient fait les Vikings cinq siècles plus tôt. »

CHRONOLOGIE

9000 av. J.-C. Les Amérindiens ont progressé vers le sud jusqu'à la rivière Eramosa près de l'actuelle Guelph, en Ontario

Drakkar, vers 980 apr. J.-C.

985-986 apr. J.-C. Le Norvégien Bjarni Herjolfsson, se rendant au Groenland, aperçoit les côtes du Labrador

1497 Premier voyage de Jean Cabot en Amérique du Nord

20000 av. J.-C.	10000 av. J.-C.	1 apr. J.-C.	500	900	1000	1500

10000 av. J.-C. Des chasseurs nomades arrivent en Amérique du Nord par un pont terrestre qui la relie à l'Asie

992 Lief Ericksson « le Chanceux » fonde le Vinland quelque part au sud de la baie d'Hudson

Vers 1004, Thorfinn Karlsefni fonde une colonie au Labrador pour commercer avec les Indiens, mais elle est abandonnée deux ans plus tard à cause de leur hostilité

◁ ***Mah-Min (La Plume)*, peinture d'un chef assiniboine par Paul Kane, vers 1856**

Les premiers Européens

Les sagas scandinaves d'Europe du Nord rapportent qu'en 986, des Vikings islandais débarquèrent au Labrador où ils tentèrent vainement à plusieurs reprises de fonder une colonie. Parti du Groenland à la fin du xe siècle, Lief Ericksson « le Chanceux » découvre à l'ouest une terre qu'il baptise Vinland en raison des vignes sauvages qui y poussent en abondance. Vers 1004, Thorfinn Karlsefni et ses compagnons passent l'hiver au Vinland, mais convaincus de l'impossibilité de s'y établir à cause de leur faible nombre et de l'hostilité des *skraelings* (Inuits), ils rentrent au Groenland dès le printemps. De remarquables vestiges de ce premier établissement viking ont été découverts à Terre-Neuve en 1963 *(p. 67)*.

Jean Cabot, navigateur et explorateur italien

L'arrivée des Anglais

En 1497, le navigateur italien Jean Cabot (Giovanni Caboto, 1450-1498) cingle vers l'Amérique à bord du *Matthew* pour le compte du roi d'Angleterre Henry VII. Le 24 juin, il débarque avec quelques hommes en un lieu abrité sur Terre-Neuve dont il prend possession au nom du roi. Il dresse la carte d'une partie de la côte est avant de rentrer en Angleterre où il est accueilli en héros.

En mai 1498, Jean Cabot reprend la mer avec cinq navires et 300 hommes, espérant découvrir le passage du Nord-Ouest vers la Chine. En raison des intempéries, il y renonce et met le cap au sud, vers la Nouvelle-Écosse. Il se retrouve au milieu des icebergs, sa flotte sombre au large du Groenland, et les Anglais se désintéressent de ces nouvelles terres.

L'arrivée des Français

Jacques Cartier (1491-1557) fait son premier voyage au Canada en 1534. Le navigateur malouin passe par le détroit de Belle-Isle et prend possession des côtes de Gaspésie au nom du roi François Ier. L'année suivante,

Carte du voyage de Jacques Cartier et de ses successeurs par Pierre Desceliers, vers 1534-1541

Chronologie

1525

1535 Cartier remonte le Saint-Laurent jusqu'à Stadaconé (Québec) et Hochelaga (Montréal)

1541 À l'embouchure de la rivière Cap rouge, Cartier fonde Charlesbourg-Royal, premier établissement français d'Amérique, abandonné en 1543

1550

Jacques Cartier

Vers 1570 Naissance de Samuel de Champlain, « père de la Nouvelle-France »

1575

1600

1605 Champlain et du Gua de Monts fondent Port-Royal, actuelle Annapolis, en Nouvelle-Écosse

1608 Champlain fonde Québec, premier établissement européen permanent au Canada

1610 Henry Hudson explore la baie d'Hudson

il découvre l'estuaire d'un fleuve, qu'il baptise Saint-Laurent en l'honneur du saint fêté ce jour-là, et qu'il remonte jusqu'au site de l'actuelle Québec. Poursuivant en chaloupe, il atteint le village amérindien de Hochelaga, où Montréal verra le jour. Les hivers sont rudes et les Indiens commencent à se montrer hostiles. La tentative de colonisation mise en œuvre par Cartier et Roberval en 1541 échoue. Leur recherche d'or et d'argent se révélant en outre infructueuse, le peuplement du Canada ne s'amorcera qu'au siècle suivant.

Samuel de Champlain, combattant les Iroquois

Le père de la Nouvelle-France

Samuel de Champlain (vers 1570-1635), marin et soldat visionnaire, fait son premier voyage au Canada en 1603. Laissant son bateau à Tadoussac, il remonte le Saint-Laurent en canoë jusqu'aux rapides de Lachine. Il repart en 1604 avec Pierre du Gua de Monts, lieutenant général pour la Nouvelle-France. Après un échec à l'île Sainte-Croix, ils tentent d'implanter une colonie à Port-Royal en 1605. En 1608, Champlain fonde Québec, où il construit l'« Habitation » – des logis et des magasins entourés d'une palissade.

Poussé par un impératif économique – le commerce des fourrures –, il conclut des alliances avec les Algonquins et les Hurons contre leurs ennemis, les Iroquois, se rend au pays huron, qui est aujourd'hui le centre de l'Ontario, et reconnaît les Grands Lacs.

Champlain et ses compagnons ont non seulement créé des établissements durables dans la vallée du Saint-Laurent, mais exploré la moitié du continent. Ils ont édifié la Nouvelle-France qui, à son apogée, s'étendait de la baie d'Hudson jusqu'à la Nouvelle-Orléans, en Louisiane, au sud, et de Terre-Neuve aux Rocheuses, à l'ouest.

Champlain, qui en a assumé la direction – en 1619, il reçoit le titre de « lieutement du Roi en Canada » – a ainsi ouvert la voie de la colonisation.

Le dernier voyage d'Hudson

La baie d'Hudson

Le navigateur anglais Henry Hudson débarque en 1610 dans la baie qui porte toujours son nom. Porte de nombreuses voies navigables et routes commerciales vitales, elle assure le succès du lucratif commerce des fourrures. Fondée à Londres en 1670, la Compagnie de la baie d'Hudson obtient le monopole du commerce des fourrures sur les terres riveraines. Ses seuls concurrents sont alors les marchands qui ont créé la Compagnie du Nord-Ouest à Montréal vers 1780. Les deux compagnies fusionnent en 1821.

1625

1629 L'aventurier britannique David Kirke s'empare de Québec ; la ville est restituée à la France en 1632

Peau de raton laveur

1642 Fondation de Montréal par Paul de Chomedey de Maisonneuve

1649 Les Iroquois dispersent la nation huronne et le jésuite Jean de Brébeuf est martyrisé lors de leurs incursions en pays huron

1650

Gravure d'un Iroquois

1670 Charles II d'Angleterre approuve la charte de la Compagnie de la baie d'Hudson

1675

1679 La population de la Nouvelle-France s'élève à 9 400 personnes

1700

1702-1713 Guerre entre colons britanniques et français suite à la succession au trône d'Espagne

Les hostilités franco-britanniques

Pendant tout le XVIIIe siècle, les hostilités franco-britanniques en Europe ont eu des répercussions au Nouveau Monde. En 1713, la Nouvelle-Écosse, Terre-Neuve et la région de la baie d'Hudson passent sous domination britannique, et en 1763, à l'issue de la guerre de Sept Ans, tout le Canada français. Exacerbées par la religion – les Canadiens français, en majorité catholiques, ont conservé la libre pratique de leur culte –, les tensions entre les deux peuples aboutissent en 1791 à la partition du pays en Bas-Canada (Québec), à majorité francophone, et Haut-Canada (Ontario), à majorité anglophone.

Profitant du conflit entre les Britanniques et Napoléon en Europe, les Américains tentent d'envahir le Canada en 1812. Ils sont battus en 1814, mais la menace d'une nouvelle invasion planera au long du XIXe siècle.

L'exode des Acadiens
En 1755, les Britanniques s'emparent des terres des Acadiens qu'ils déportent (p. 58-59).

Les plaines d'Abraham, à Québec, ont été le théâtre de la victoire des Britanniques sur les Français.

Le général Isaac Brock
Pendant la guerre de 1812, les exploits de Brock dans la région des Grands Lacs redonnèrent espoir au peuple canadien.

La guerre de Sept Ans

La fameuse bataille des plaines d'Abraham en 1759 fut la dernière à se dérouler au Canada entre Français et Britanniques. Louis Joseph de Montcalm, le commandant français, lança l'offensive contre les troupes de Wolfe qui assiégeaient la ville depuis presque trois mois. En infériorité numérique, les Français furent battus. Les deux généraux périrent et Québec tomba aux mains des Britanniques. La guerre s'acheva finalement en 1763 par le traité de Paris qui cédait aux Britanniques presque toute l'Amérique française.

Les loyalistes de l'Empire-Uni
La reddition du général britannique Cornwallis en 1781 mit un terme définitif à la guerre de l'Indépendance américaine (1775-1783). De nombreux loyalistes – Britanniques restés fidèles à la Couronne – s'enfuirent des États-Unis nouvellement créés pour se réfugier au Canada.

Louisbourg
Construite entre 1720 et 1740 sur l'île du Cap-Breton, la forteresse de Louisbourg fut une base militaire et navale française jusqu'à sa destruction par les Britanniques en 1758. Restaurée, elle est aujourd'hui une curiosité touristique très visitée (p. 92-93).

Le général James Wolfe
Cet officier britannique, qui mourut aux plaines d'Abraham, s'était emparé de la forteresse de Louisbourg en 1758 avant de remporter la victoire à Québec en 1759.

Les bateaux de l'amiral Saunders, sous les ordres du général Wolfe, arrivèrent sous les remparts de Québec le 26 juin 1759.

Les troupes du général Wolfe escaladèrent la falaise. Il leur fallait défaire un poste ennemi avant que les soldats, massés sur des bateaux en contre-bas, ne viennent en renfort.

L'Acte de Québec
En 1774, il accorda aux Canadiens français la liberté de langue et de religion et la remise en vigueur du code civil français.

Chronologie

1713 La Nouvelle-Écosse, Terre-Neuve et la baie d'Hudson passent sous domination britannique

1720

1743 Les frères La Vérendrye découvrent les montagnes Rocheuses

1740

1755 Les Acadiens sont expulsés de Nouvelle-Écosse

1758 La forteresse de Louisbourg tombe aux mains des Britanniques

1759 Wolfe bat Montcalm à la bataille des plaines d'Abraham

Médaille commémorant la prise de Québec en 1759

1760

1760 Montréal se rend aux Britanniques

1774 Par l'Acte de Québec, les Canadiens français gardent leur langue et leur religion

1780

Sir Alexander Mackenzie

1793 L'Anglais Alexander Mackenzie, explorateur et marchand de fourrure, atteint l'océan Pacifique par voie de terre

1800

1812-1814 Guerre anglo-américaine

La ruée vers l'or du Klondike

Depuis les années 1830, le bruit courait qu'il y avait de l'or au Yukon, mais ils étaient peu nombreux à s'être risqués sur ces terres ingrates et jalousement gardées par les Indiens. Le 16 août 1896, George Washington Carmack et deux amis indiens, Snookum Jim et Tagish Charlie, trouvent une grosse pépite d'or dans une rivière qu'ils nommeront Bonanza Creek : c'est le début de la ruée vers l'or la plus frénétique et la plus fabuleuse de l'histoire du Canada. Dans les deux ans qui suivent, plus de 100 000 prospecteurs se mettent en route vers les terrains aurifères.

Ils seront 40 000 à les atteindre. La plupart se rendent en bateau jusqu'à Skagway ou Dyea en Alaska, puis traversent à grand-peine la chaîne côtière en empruntant le White ou le Chilkoot Pass pour arriver aux sources du Yukon. De là, ils doivent encore parcourir 500 kilomètres en bateau. Les chercheurs d'or trouveront l'équivalent de 50 millions de dollars canadiens.

Un homme d'affaires du Klondike
Venu de Nouvelle-Écosse, Alex McDonald rachetait les concessions des mineurs découragés et en embauchait d'autres pour les exploiter à son profit. Il empocha des millions.

Les bateaux à vapeur fonctionnaient avec une seule aube à la poupe.

Skagway, Alaska
Le village de tentes de Skagway était un tremplin pour le Klondike. Les coups de feu y étaient monnaie courante et on y trouvait autant de saloons que d'escrocs. Le plus célèbre d'entre eux, Jefferson Randolph Smith, dit le Mielleux, mourut dans une fusillade en 1898.

Le Yukon prend sa source dans la chaîne côtière, en Colombie-Britannique, et serpente sur plus de 2 500 kilomètres.

Le rôle de la Police montée
Durant la ruée vers l'or, la Police montée fut chargée de maintenir l'ordre. Grâce à elle, les débordements furent étonnamment rares. Une petite troupe de 19 hommes menée par l'inspecteur Charles Constantine fut envoyée au Yukon en 1895 ; en 1898, ils étaient 285 basés à Fort Herchmer, à Dawson.

La fièvre du Klondike
La découverte du filon fut connue du monde entier en juillet 1897, quand des mineurs débarquèrent sur les quais de Seattle et San Francisco de l'or plein les poches.

Dawson City
L'été 1897, le petit camp de tentes au confluent des fleuves Yukon et Klondike passa à 5 000 habitants. Un an plus tard, il en comptait 40 000 : Dawson City était devenue l'une des plus grandes villes du Canada.

Vapeurs et autres bateaux transportant des milliers de chercheurs d'or remontaient le Yukon jusqu'à Dawson où ils se bousculaient pour s'amarrer au quai.

Dans l'air du temps
Même la littérature trouva sa place au Klondike. La ruée vers l'or inspira des romans, comme L'Appel de la forêt *(1903), de Jack London (ci-contre), et des poèmes de Robert Service.*

La traversée du Yukon

Tant de bateaux furent emportés par les rapides du Yukon à Miles Canyon que la Police montée exigea la présence d'un guide compétent dans chaque embarcation. Les passeurs les plus habiles pouvaient ainsi gagner jusqu'à 100 dollars canadiens par voyage. Passé le canyon, il y avait encore une zone dangereuse, puis les eaux étaient calmes jusqu'à Dawson City.

Chronologie

1896 George Carmack, Tagish Charlie et Snookum Jim découvrent le filon de Bonanza Creek ; le libéral Wilfrid Laurier est le premier Canadien français Premier ministre du pays

1897 Avec des mineurs débarqués à San Francisco et à Seattle, le bruit de la découverte d'or se répand, déclenchant une frénétique ruée vers l'or

Couverture du Klondike News, *1898*

1898 Le Yukon reçoit le statut de territoire, en partie pour asseoir l'autorité britannique face aux Américains de l'Alaska voisin

1899 Découverte d'or à Nome, en Alaska ; Dawson est abandonnée au profit de ce nouveau mirage plus à l'ouest

Nouvel optimisme, nouvelles arrivées

La ruée vers l'or du Klondike a des répercussions dans tout le Canada, entraînant l'essor de villes comme Vancouver et Edmonton, ainsi que la création du Territoire du Yukon. Une période d'optimisme s'ouvre en 1896 avec l'élection d'un gouvernement libéral dirigé par Wilfrid Laurier, premier Canadien français à occuper seul le poste de Premier ministre. Il est convaincu que le « XXe siècle sera canadien ».

Affiche de 1914 pour la promotion de l'immigration au Canada

Les nouvelles provinces des Prairies attirent beaucoup d'Européens désireux d'y mettre en valeur de vastes parcelles de terres. En 1913, le mouvement atteint un niveau record avec 400 000 arrivées. Le Canada commence enfin à profiter d'une économie mondiale prospère et à se poser en puissance industrielle et agricole.

Le soutien aux Alliés

La jeune nation connaît sa première épreuve en 1899 avec la guerre des Boers en Afrique du Sud, la seconde en 1914, quand la Première Guerre mondiale éclate en Europe. Au début, Wilfrid Laurier se montre prudent face à la crise sud-africaine, mais sous la pression de la population anglophone, il envoie 1 000 soldats au Cap en 1899. Finalement, au total, 6 000 hommes participeront au conflit. À la fin de la guerre, en 1902, ils rentrent avec un sens de l'identité nationale qui étonne certains de leurs compatriotes. En effet, au pays, les divisions n'ont pas disparu. L'opposition est vive entre les conservateurs d'Ontario et les hommes politiques québécois francophones. Mais une autre crise se profile à l'horizon.

Rejoignant les Alliés en Flandre, les Canadiens se distinguent pendant la Première Guerre mondiale. Le pilote canadien Billy Bishop est un as de l'aviation alliée et un autre pilote canadien, Roy Brown, aurait abattu le Baron rouge. Les soldats canadiens s'illustrent aux deux grandes batailles d'Ypres (1915) et Vimy (1917). À la conclusion de l'armistice, le 11 novembre 1918, le camp canadien compte 175 000 blessés et 60 000 morts.

Les Canadiens à Paardeberg, lors de la guerre des Boers, en 1900

L'indépendance

Grâce à son rôle capital durant la Première Guerre mondiale, le Canada est reconnu comme un pays indépendant, représenté à la Société des nations. Cette indépendance est confirmée en 1931 par le statut de Westminster, le Canada ayant comme unique contrainte de ne pas porter atteinte à l'intégrité du Commonwealth.

Chronologie

1899 Les premiers Canadiens vont combattre en Afrique du Sud

1903 Le Canada doit reconnaître la frontière de l'Alaska, un tribunal britannique ayant donné raison aux États-Unis

1911 Robert L. Borden et les conservateurs remportent les élections fédérales, battant Wilfrid Laurier, chef du parti libéral, sur la question de la réciprocité

1914 La Grande-Bretagne déclare la guerre à l'Allemagne, entraînant le Canada dans le conflit européen

1917 Explosion d'un navire de munitions à Halifax faisant 1 600 morts et 9 000 blessés ; la ville est anéantie sur 5 kilomètres carrés

1918 Percée canadienne dans les tranchées allemandes à Amiens

1900 | 1905 | 1910 | 1915 | 1920

Frederick Banting

1922 Les Canadiens Charles Best, Frederick Banting et John MacLeod remportent le prix Nobel de médecine

Cependant, la crise économique de 1929 porte un coup sérieux à l'optimisme national. La sécheresse dévaste les fermes de l'Alberta, de la Saskatchewan et du Manitoba.

Le chômage sévit en ville comme en campagne ; un ouvrier sur quatre se retrouve sans emploi, et la vue d'hommes sillonant le pays dans des wagons de marchandises à la recherche de travail devient monnaie courante.

La soupe populaire pendant la crise de 1929

La Seconde Guerre mondiale

La nécessité de ravitailler les armées alliées pendant la Seconde Guerre mondiale fait sortir le Canada de la crise. La marine canadienne joue un rôle décisif dans l'issue de la bataille de l'Atlantique (1940-1943) et des milliers d'aviateurs alliés sont formés au Canada. Les régiments canadiens acquièrent une réputation de courage, notamment à Dieppe en 1942, où beaucoup de soldats laisseront la vie. Ils se battent sur tous les fronts, de l'Italie à la Normandie. Lors des violents affrontements qui suivent le débarquement, les deuxième et troisième divisions canadiennes essuieront plus de pertes sur les plages normandes que toutes les autres unités sous commandement britannique. C'est encore les Canadiens qui libéreront la plus grande partie des Pays-Bas.

Allemands capturés par l'infanterie canadienne le 6 juin 1944

Le Premier ministre canadien de l'époque, le libéral Mackenzie King (1935-1948), organise un plébiscite pour l'envoi de conscrits à l'étranger, malgré l'opposition du Québec, et entreprend la construction de la route de l'Alaska pour assurer le ravitaillement des troupes *(p. 260-261)* ; il dirige un énorme effort de guerre.

Une voix internationale

En septembre 1945, le Canada sort de la guerre avec la troisième flotte du monde, la quatrième armée de l'air et une armée de 730 000 hommes. Malgré le prix élevé payé pendant le conflit – 43 000 soldats tombés au champ d'honneur et une dette nationale quadruplée –, la nation se trouve dans une position de force. En effet, la majeure partie des emprunts a servi à créer des industries durables, entraînant le doublement du produit national brut et l'essor économique d'après-guerre.

1926 La motion Balfour proclame que la Grande-Bretagne et ses dominions ont un statut égal

Logo d'Air Canada

1937 Premiers vols de Trans-Canada Air Lines (Air Canada)

1942 Près de 22 000 Canadiens d'origine japonaise sont dépouillés de leurs biens et internés

1944 Le premier jour du débarquement en Normandie, les troupes canadiennes effectuent la percée la plus importante

1925 | **1930** | **1935** | **1940** | **1945**

1929 Début de la Grande Dépression

1931 Le statut de Westminster accorde au Canada l'indépendance totale sur le plan législatif

1941 Hong Kong tombe aux mains des Japonais ; les Canadiens sont faits prisonniers

1945 Fin de la Seconde Guerre mondiale ; entrée du Canada à l'ONU

Cargo céréalier canadien dans la Voie maritime du Saint-Laurent en 1959, peu après son inauguration

Depuis la Seconde Guerre mondiale, l'économie canadienne n'a cessé de se développer. Grâce à cette croissance et aux mesures sociales du gouvernement comme la retraite, l'assurance-chômage et l'assurance-maladie, les Canadiens jouissent d'un des plus hauts niveaux de vie du monde et d'une qualité de vie qui attire des immigrants du monde entier. Depuis 1945, ils proviennent pour la plupart du sud de l'Europe, d'Asie, d'Amérique du Sud et des Caraïbes.

Le Canada s'est affirmé sur la scène internationale. Membre de l'ONU depuis sa création en 1945, c'est le seul pays à avoir participé à presque toutes les grandes opérations pour le maintien de la paix. Rien d'étonnant dans ce contexte à ce que Lester B. Pearson, alors ministre canadien des Affaires étrangères, ait reçu le prix Nobel de la paix en 1957 pour son rôle dans le dénouement de la crise de Suez. Le Canada est aussi un membre respecté du Commonwealth, des pays de la Francophonie, du G8, de l'Organisation des États américains (OEA) et de l'OTAN.

Le contentieux franco-britannique

En dépit de toutes ces réussites, le Canada a dû faire face depuis ces vingt-cinq dernières années a des problèmes fondamentaux d'identité nationale et d'unité. Le cœur du débat demeure la vieille rivalité entre les communautés anglophones et francophones. Les acteurs les plus célèbres des événements de la fin du XXe siècle ont été le Premier ministre du Canada, Pierre Elliott Trudeau (1968-1984), et le Premier ministre du Québec, René Lévesque (1968-1987).

Élu Premier ministre du Québec en 1960, Jean Lesage inaugure la « Révolution tranquille », une époque riche en réformes, comme la nationalisation des sociétés américaines, visant à rendre les Québécois « maîtres chez [eux] ». Cependant, en octobre 1970, la situation dégénère : Le FLQ (Front de libération du Québec) enlève le commissaire aux Affaires britanniques James Cross et le ministre québécois du Travail Pierre Laporte. Cross est délivré par la

L'ex-Premier ministre du Québec René Lévesque et l'ex-Premier ministre du Canada Pierre Elliott Trudeau

Chronologie

1949 Terre-Neuve adhère à la Confédération ; le Canada entre dans l'OTAN

1950 Intervention en Corée sous le drapeau de l'ONU

Lester Pearson

1957 Lester Pearson remporte le prix Nobel de la paix pour son rôle dans la crise de Suez

1959 Le Premier ministre John Diefenbaker met fin au projet AVRO Arrow

L'avion supersonique AVRO Arrow Delta

1965 Adoption de l'« unifolié » comme drapeau officiel du Canada

1967 Montréal accueille Expo '67 et le Canada célèbre son centenaire

1972 Première victoire des Canadiens contre les Soviétiques en hockey, déclenchant des manifestations de joie dans tout le pays

1950 | 1955 | 1960 | 1965 | 1970

Manifestation de 1990 à Montréal pour l'indépendance du Québec

police, mais Laporte est retrouvé mort. Invoquant la loi des « mesures de guerre », Trudeau envoie des troupes à Montréal et interdit le FLQ. Son action se solde par près de 500 arrestations.

En 1976, le Parti québécois de René Lévesque obtient la majorité des voix. En 1980, ce dernier organise un référendum sur la « souveraineté-association » : le Québec deviendrait un État à part entière entretenant des liens privilégiés avec le Canada. Le « non » l'emporte de peu, et la question du « souverainisme » (séparatisme) continue à dominer la politique du pays. De son côté, Trudeau a consacré sa vie politique au fédéralisme. Il a combattu le séparatisme et voulu donner au Canada sa propre Constitution, indépendante de Londres, en 1982. Le Québec a jusqu'à présent refusé d'y adhérer.

Vers le conservatisme

En 1984, Brian Mulroney, à la tête du Parti conservateur, remporte les élections générales avec la plus forte majorité de l'histoire du Canada. Tournant le dos à la politique de Trudeau, il resserre les liens avec l'Europe et, surtout, avec les États-Unis. Les années suivantes, il s'emploie à réformer le système constitutionnel. D'une part, en 1987, il conclut les accords dits « du lac Meech » avec les dix Premiers ministres des provinces canadiennes, qui accordent au Québec un statut particulier. Mais, devant être ratifiés avant 1990, ils sont rejetés par le Manitoba et Terre-Neuve qui ont entre-temps changé de gouvernement. D'autre part, les campagnes menées par les Inuits pour une meilleure représentation au Parlement aboutissent en 1991 à l'accord de Charlottetown, qui révèle au grand jour le problème de l'autonomie des Premières Nations. Soumis à un référendum national, il est rejeté en 1992. Beaucoup de réformes sont cependant en marche aujourd'hui. Le patrimoine français du Québec est officiellement reconnu et les Inuits gèrent leur propre territoire, le Nunavut.

L'indépendance du Nunavut

Le 1er avril 1999, un tout nouveau territoire a été créé au Canada : le Nunavut (« Notre terre »). La campagne pour un État inuit commença dans les années 1960. Le Premier ministre du Nunavut, Paul Okalik, âgé de 34 ans, est le chef du tout premier gouvernement majoritaire d'une population comptant 85 % d'Inuits. L'inuktituk succède à l'anglais comme langue officielle et des activités comme la pêche et la chasse traditionnelles ont été relancées. Jusqu'en 2012, le gouvernement fédéral investira plus d'un milliard de dollars canadiens dans les services publics du Nunavut.

Cérémonie de signature à Iqaluit le 1er avril 1999

1976 Les jeux Olympiques ont lieu à Montréal ; René Lévesque et le Parti québécois remportent les élections provinciales

1984 Marc Garneau premier Canadien dans l'espace à bord de *Challenger*

1989 Entrée en vigueur de l'accord de libre-échange avec les États-Unis

Drapeaux du Canada et du Nunavut

1999 Création du territoire inuit du Nunavut

1975 — **1980** — **1985** — **1990** — **1995** — **2000**

1979 Déraillement d'un train menaçant de laisser s'échapper des vapeurs de chlore : les 225 000 habitants de Mississauga sont évacués

1988 Calgary accueille les XVe jeux Olympiques d'hiver

1991 Les forces canadiennes prennent part à la guerre du Golfe

1997 Un pont de 13 kilomètres relie l'île du Prince-Édouard au continent

Les Provinces maritimes

Présentation des Provinces maritimes

Côtes rocheuses, pittoresques villages de pêcheurs, plages ensoleillées, auberges confortables et population accueillante ont forgé la réputation des Provinces maritimes. Chacune a sa personnalité : le nord-est du Nouveau-Brunswick est marqué par la culture acadienne, tandis que la côte sud est renommée pour la magnifique baie de Fundy, sculptée par les marées. Outre des sites connus dans le monde entier comme la forteresse de Louisbourg, du XVIIIe siècle, et les fantastiques paysages que traverse la Cabot Trail, la Nouvelle-Écosse compte de nombreuses villes historiques. L'Île-du-Prince-Édouard est célèbre pour ses terres couleur émeraude, ses plages de sable et l'abondance des homards. À Terre-Neuve, les montagnes du parc national du Gros-Morne dominent de leurs 806 mètres des fjords bleus étincelants. Quant au Labrador, il présente un paysage côtier grandiose, avec souvent des icebergs scintillants.

Les fermes acadiennes marquent le paysage du Nouveau-Brunswick depuis quatre siècles

La plage de Two Islands, ou « des Deux Frères », en raison des îlots jumeaux au large, Parrsboro, Nouvelle-Écosse

CIRCULER

Des vols réguliers d'Air Canada et de WestJet couvrent toute la région. Le pont de la Confédération relie Borden, dans l'île du Prince-Édouard, au cap Tormentine, dans le Nouveau-Brunswick. Un ferry rallie également Wood Island, dans l'île du Prince-Édouard, à Pictou, en Nouvelle-Écosse. Pour Terre-Neuve, on peut prendre l'avion ou un bateau reliant Sydney, en Nouvelle-Écosse, à Port-aux-Basques ou Argentia. Un ferry assure aussi la liaison entre Yarmouth en Nouvelle-Écosse et Bar Harbor et Portland, dans le Maine. Il existe des lignes d'autocar, mais pour les régions reculées, mieux vaut se renseigner.

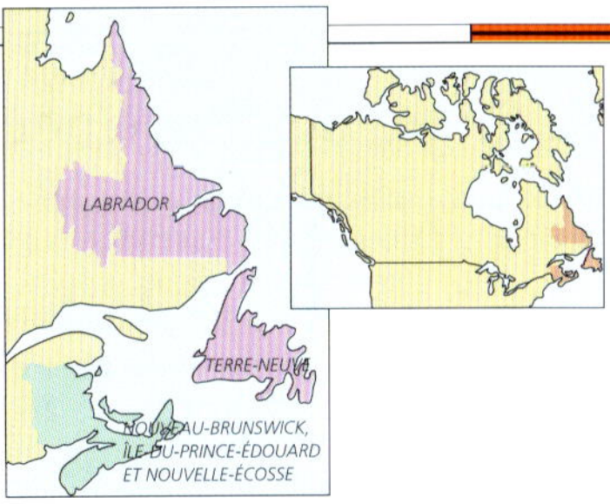

CARTE DE SITUATION

LÉGENDE

- Autoroute
- Route principale
- Route secondaire
- Cours d'eau

VOIR AUSSI

• ***Hébergement*** p. 344-346

• ***Restaurants et cafés*** p. 364-366

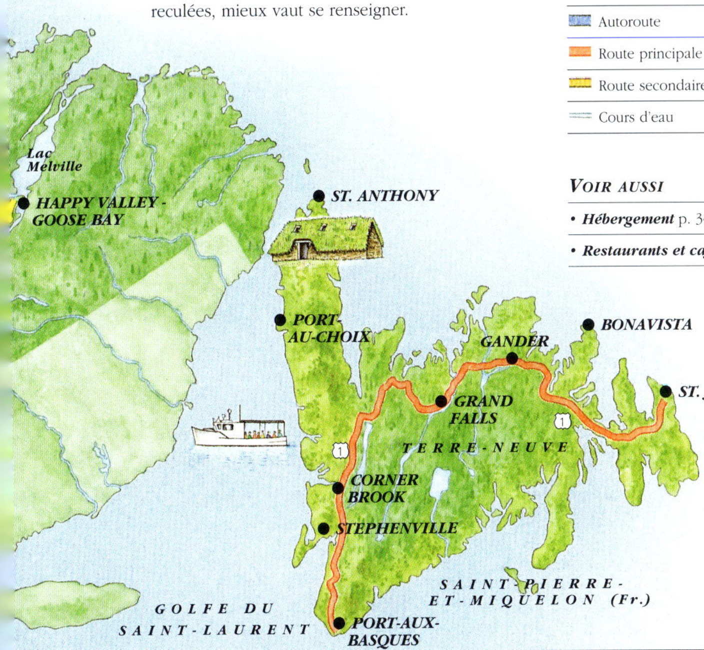

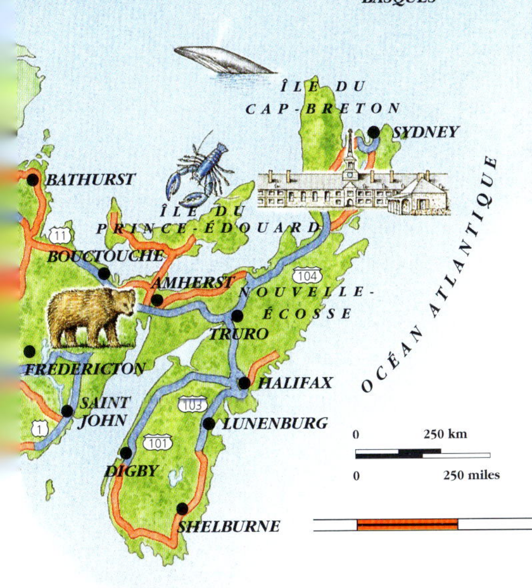

Quidi Vidi, sur la côte atlantique, est l'un des plus vieux villages de Terre-Neuve

La faune des Provinces maritimes

Les Provinces maritimes – Nouvelle-Écosse, Île-du-Prince-Édouard et Nouveau-Brunswick –, ainsi que Terre-Neuve, la côte nord, les îles de la Madeleine et la péninsule gaspésienne au Québec constituent pour la faune un habitat maritime riche et diversifié. Le climat, de type océanique, subit l'influence du Gulf Stream qui remonte des Caraïbes vers le nord, et des eaux froides qui descendent de l'Arctique, charriant souvent des icebergs. La côte est du Canada, où alternent caps rocheux et plages de sable fin, est peuplée de mammifères tant marins que terrestres et de centaines d'espèces d'oiseaux marins.

***Le pluvier siffleur**, un petit oiseau en voie de disparition, vit et se reproduit sur la côte atlantique du Canada.*

Habitat littoral

Le littoral décline falaises rocheuses, plages de sable et marais salants. Vers l'intérieur des terres, le paysage se transforme en tourbières, forêts et prairies. Ce type d'habitat séduit de nombreux petits mammifères comme le raton laveur et le castor, et convient à diverses espèces d'oiseaux. Au point de contact entre la terre et la mer, les zones intertidales, fertiles, abritent mollusques, algues et invertébrés.

***La loutre de rivière** vit en communauté dans les rivières, les lacs et les baies océaniques où elle chasse le poisson.*

***Le macareux moine** perche sur les falaises. Curieux et amical, il se caractérise par son bec de couleur vive.*

***Le raton laveur**, avec son masque noir, s'attaque aux poissons, aux écrevisses, ainsi qu'aux oiseaux et à leurs œufs.*

***Le castor** se rencontre dans les bois marécageux près de la côte. Il ronge les arbres pour construire des barrages, se loger et se nourrir.*

Habitat océanique

Abritant une faune abondante, les mers qui bordent les Provinces maritimes subissent l'influence du courant froid du Labrador qui descend du nord, du Gulf Stream qui remonte du sud, et de la grande coulée d'eau douce de l'embouchure du Saint-Laurent. La baie de Fundy, riche en nutriments, connaît les plus grandes marées du monde. Au large de Terre-Neuve, le Grand-Banc était autrefois un terrain de pêche particulièrement réputé.

***Le homard**, fort apprécié dans la région, s'attrape dans des casiers placés près du littoral. Des règlements stricts sont appliqués pour empêcher la disparition de l'espèce.*

***Le rorqual bleu**, qui mesure jusqu'à 30 mètres de long, est le plus grand mammifère du monde. L'observation des baleines est devenue une activité touristique florissante, notamment au large de la côte est.*

***Le saumon de l'Atlantique**, contrairement à ses cousins du Pacifique, retourne frayer dans son cours d'eau d'origine plusieurs fois au cours de sa vie. Il fait l'objet d'une pêche sportive* (p. 21).

***Les grands dauphins**, caractérisés par leur long nez et leur « sourire », vivent au large de la côte est, au Nouveau-Brunswick et en Nouvelle-Écosse.*

Oiseaux marins de la côte atlantique

Avec ses caps et ses falaises rocheuses, la côte est du Canada est un domaine idéal pour les oiseaux marins. Les eaux côtières et les zones intertidales constituent une abondante réserve alimentaire pour le cormoran ou le pétrel. Certaines espèces sont menacées par les changements écologiques, mais les populations de macareux et de petits pingouins continuent à prospérer.

***Le cormoran à aigrettes**, appelé parfois « corbeau marin », capture le poisson en plongée, allant parfois jusqu'à 10 mètres de profondeur.*

***L'océanite cul-blanc** appartient à la famille des hydrobatidés. Son odorat développé lui permet de naviguer en haute mer.*

Les Acadiens

Peu d'histoires de la colonisation du Nouveau Monde évoquent autant de tragédies et de réussites que celle des Acadiens. Au XVIIe siècle, 500 colons français s'installent dans la fertile vallée d'Annapolis, en Nouvelle-Écosse, qu'ils baptisent Acadie. En 1750, leur nombre a atteint 14 000 et leur culture est devenue dominante. En 1755, jugeant cette enclave trop menaçante pour leur province, les Britanniques les expulsent, notamment vers les États-Unis. La paix est signée entre l'Angleterre et la France en 1763 et les Acadiens reviennent peu à peu. Leur culture francophone est toujours florissante dans les villages côtiers.

***Les Acadiennes** présentent des lainages locaux et des toiles de lin durant les festivals d'été.*

***Fondée par les Français au Nouveau-Brunswick** en 1604 sur l'île Sainte-Croix, la première colonie acadienne possède un plan aéré et ordonné typique.*

L'AGRICULTURE ACADIENNE

Agriculteurs durs à la tâche, les Acadiens défrichèrent la vallée d'Annapolis, construisirent des villages et créèrent un vaste réseau de digues pour gagner des terres sur les marais. Les récoltes de l'été étaient soigneusement entreposées pour l'hiver, les pommes de terre et les légumes stockés dans les celliers, ainsi que le foin pour nourrir le bétail et les chèvres. Au XIXe siècle, les Acadiens cultivaient également le tabac et le lin.

Le foin, essentiel car servant de fourrage l'hiver, était ratissé en « chafauds », meules pointues qui séchaient dans les champs.

***Le « Grand Dérangement »** se produisit en août 1755. Ayant rassemblé brutalement les Acadiens, les troupes britanniques les forcèrent à l'exode. Plus de 6 000 d'entre eux furent embarqués, certains à destination des États-Unis ; ce sont les ancêtres des actuels Cajuns. D'autres rentrèrent chez eux, et leurs descendants sont dispersés dans les Provinces maritimes.*

Les Acadiens *pratiquèrent pendant des siècles l'agriculture et la pêche. Leur mode de vie est recréé aujourd'hui au Village historique acadien* (p. 75).

L'église Sainte-Anne, *à Sainte-Anne-du-Ruisseau, illustre le style acadien, élégant dans sa simplicité. Le catholicisme occupait une place importante, et les Acadiens cherchèrent de l'aide auprès de l'Église lors de l'exode de 1755.*

Les musiciens acadiens *ont été les garants de leur culture depuis le XVIIe siècle. Avec leurs airs entraînants au violon ou à la guitare, ils sont réputés pour leur ballades enjouées.*

La vie des Acadiens gravitait autour de la ferme. Les hommes travaillaient aux champs et pêchaient ; les femmes participaient à la récolte annuelle.

HENRY WADSWORTH LONGFELLOW

Célèbre pour ses longs poèmes narratifs aigres-doux, l'Américain Henry Longfellow (1807-1882) a été l'un des poètes les plus populaires du XIXe siècle, aux États-Unis comme en Europe. *Évangéline* (1847), qui retrace l'itinéraire d'un jeune couple, est inspiré par les épreuves et les injustices que subirent les Acadiens. Ce poème touchant, considéré comme un classique, relate, dans ce pays qui aurait dû être idyllique, la tragédie d'Évangéline : dans les bouleversements du XVIIIe siècle, elle perdit son amour. « Fort depuis ses cavernes rocheuses, l'océan voisin profond [chante],/Écoutez la funèbre tradition chantée par les pins de la forêt [...]/Écoutez un conte d'amour en Acadie, patrie des gens heureux. »

TERRE-NEUVE-ET-LABRADOR

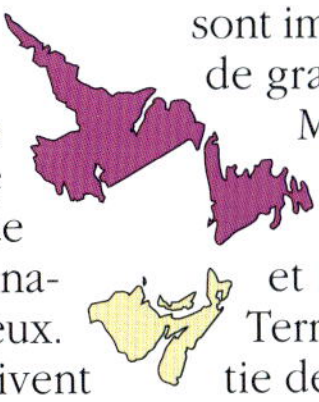

Avec leurs 17 000 kilomètres de côtes déchiquetées et leurs pics imposants, Terre-Neuve et le Labrador se caractérisent par de vastes espaces sauvages où la nature offre un spectacle majestueux. De gigantesques icebergs dérivent le long du littoral, les baleines évoluent dans des baies étincelantes et les orignaux paissent paisiblement dans des étendues marécageuses. Les paysages de la côte ouest de Terre-Neuve sont impressionnants. Les montagnes de granit du parc national du Gros-Morne sont creusées de fjords profonds, tandis que, vers l'est, le relief s'adoucit avec les baies et les anses du parc national de Terra Nova. La région doit une partie de son attrait à la reconstitution historique des cultures qui s'y sont succédé : Amérindiens primitifs à Port-au-Choix, Vikings à L'Anse-aux- Meadows et pêcheurs de baleines basques à Red Bay, dans le détroit de Belle-Isle.

LA RÉGION D'UN COUP D'ŒIL

Villes historiques

Gander 9

Happy Valley-Goose Bay 16

Labrador City 18

Nain 15

St. John's p. 62-63 1

Trinity 6

Parcs nationaux

Parc national de Terra Nova 7

Parc national du Gros-Morne 11

Sites historiques et naturels

Baie Notre-Dame 8

Battle Harbour 14

Churchill Falls 17

Côte sud-ouest 10

Détroit de Belle-Isle 13

Péninsule d'Avalon 2

Péninsule de Bonavista 5

Péninsule de Burin 3

Péninsule Nord 12

Saint-Pierre-et-Miquelon 4

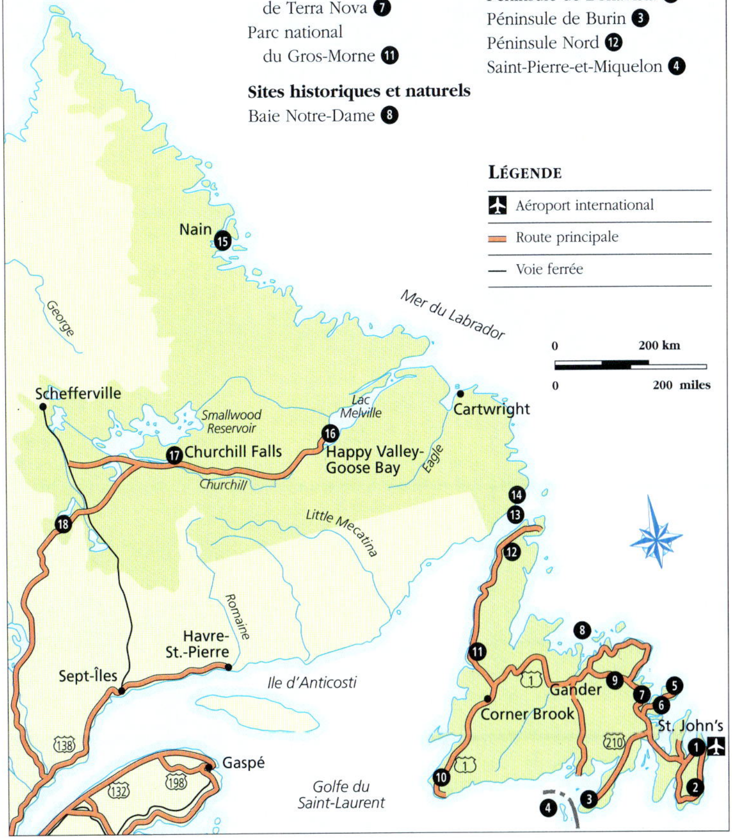

◁ **Village typique de Terre-Neuve, exposé aux intempéries et vivant de la pêche**

St. John's ❶

Pendentif du musée local

Le navigateur italien Jean Cabot *(p. 40)*, qui dirigea en 1497 une expédition au nom de Henry VII d'Angleterre, attira l'attention sur Terre-Neuve en décrivant une « mer si poissonneuse qu'un panier jeté par-dessus bord remonte débordant de morues ». Il déclencha une ruée vers le Nouveau Monde qui fit de St. John's un des principaux centres de l'industrie de la pêche et l'établissement le plus ancien d'Amérique du Nord. La ville vit toujours de la mer, grâce à la pêche, la prospection pétrolière et l'entretien des navires de nombreux pays. Les habitants sont réputés pour leur accueil chaleureux, agréable compensation au cadre rude de cette cité historique.

Vue du centre de St. John's en arrivant par la mer

À la découverte de St. John's

La capitale de Terre-Neuve s'explore aisément à pied. Les lieux à voir sont proches les uns des autres dans Water Street. L'arrivée par la mer permet de jouir de la plus belle vue sur le port, avec les falaises abruptes à l'est, où les vieilles maisons aux tons pastel s'accrochent aux rochers.

Murray Premises

à l'angle de Water St. et Beck's Cove.
de 8 h à 22 h 30 t.l.j.

Tout à l'ouest de Water Street, ces locaux en brique sur armature de bois construits en 1846 sont les seuls vestiges des grands bâtiments destinés au commerce et au conditionnement du poisson, nombreux à l'époque sur les quais de St. John's. On s'y activait pour expédier la morue aux quatre coins du monde. En 1892, le complexe échappa de justesse à un incendie qui détruisit une grande partie de la ville ; il marque la limite ouest de la zone ravagée. Restaurés et classés Lieu historique national, les Murray Premises abritent des boutiques, des bureaux et un restaurant de fruits de mer.

The Rooms

9 Bonaventure Ave. *(709) 757 8000.* *de 10 h à 17 h du mar. au sam. (jusqu'à 21 h mer., jeu ; musées : ouv. aussi de midi à 17 h le dim.).* *lun.de mi-oct. à mai, 25 déc., 1er jan.* *www.therooms.ca*

Ouvert en 2005, The Rooms regroupe sous son toit les Archives provinciales, le Musée provincial qui retrace l'histoire de la province depuis 9 000 ans et le musée des Beaux-Arts qui abrite des œuvres d'artistes locaux et internationaux.

Le front de mer

Water St. *(709) 576 8106.*

Water Street, qui suit le bord de mer, est la plus vieille rue d'Amérique du Nord. Elle date de la fin du XVIe siècle, quand le commerce n'en était qu'à ses débuts. Sur les anciens quais bruyants de Water Street et Duckworth Street, les bars et les maisons closes ont laissé la place à de pittoresques boutiques de cadeaux, des galeries d'art et certains des meilleurs restaurants de Terre-Neuve. Au bord de l'eau, Harbour Drive est un lieu idéal pour flâner, et George Street, à quelques pas, est le cœur de la vie nocturne.

East End

King's Bridge Rd. *(709) 576 8106.*

Avec ses ruelles pavées et ses élégantes demeures, l'East End est l'un des quartiers les plus riches de St. John's du point de vue de l'architecture. Commissariat House était au XIXe siècle la résidence du commissaire général britannique. Cette demeure historique de 1836, simple mais élégante, est devenue un musée provincial. Non loin, Government House, bâtie dans les années 1820, est la résidence officielle du lieutenant-gouverneur de la province.

The Battery

Battery Rd. *(709) 576 8106.*

Des maisons colorées accrochées aux falaises abruptes à l'entrée du port forment ce quartier, dont l'aspect et l'ambiance sont ceux d'un village de pêcheurs du XIXe siècle. Ce site souvent photographié doit son nom de « batterie » aux fortifications élevées au cours des siècles pour défendre le port.

Lieu historique national de Signal Hill

Signal Hill Rd. *(709) 772 5367.* *Centre d'accueil : de juin à sept. : de 8 h 30 à 20 h ; sept. et oct. : de 8 h 30 à 16 h 30 ; d'oct. à mai : de 8 h 30 à 16 h 30 du lun. au ven.* *25-26 déc., 1er jan..*

Cette colline rocheuse offre une vue panoramique spectaculaire de l'Atlantique, de l'entrée du port et de la vieille ville autour.

Signal Hill, au-dessus du port de pêche de St. John's

Cabot Tower surplombe le port du haut de Signal Hill

Cabot Tower

Signal Hill Rd. (709) 772 5367. *de juin à sept. : de 8 h 30 à 20 h ; de sept. à mai : de 8 h 30 à 16 h 30.*

La tour fut bâtie au sommet de Signal Hill en 1897 pour le 400e anniversaire de l'arrivée de Cabot. L'été, le week-end, des soldats en costume d'époque exécutent des manœuvres du XIXe siècle.

Un autre Italien, Guglielmo Marconi, capta ici en 1901 le premier message transatlantique envoyé par radio.

Village de Quidi Vidi

Quidi Vidi Village Rd. *(709) 729 2977.* *t.l.j.*

De l'autre côté de Signal Hill, les bâtiments usés par le temps du vieux village de Quidi Vidi se pressent autour d'un petit port. À Mallard Cottage, qui remonte au milieu du XVIIIe siècle, des antiquités en tout genre sont en vente. Le village est dominé par la Quidi Vidi Battery, ensemble de canons mis en place en 1762 pour défendre l'entrée du port. Les petites casernes où vivaient les soldats, dont l'existence et les épreuves sont racontées par des guides en uniforme d'époque, y ont été reconstituées.

Pippy Park

Nagles Place. *(709) 737 3655.* *t.l.j.*

Les visiteurs sont parfois surpris de voir des orignaux en liberté à St. John's, mais c'est chose fréquente dans ce parc naturel de 1 400 hectares situé à 4 kilomètres du centre-ville. Il renferme des étangs et le jardin botanique local, ainsi que le Fluvarium, installation unique en Amérique du Nord : neuf hublots permettent d'observer sous l'eau l'activité naturelle d'un impétueux ruisseau à truites.

> **MODE D'EMPLOI**
>
> *102 000. 6 km N. de la ville. Memorial University. Argentia, 130 km S.-E. mairie de St. John's, New Gower St. (709) 576 8106. St. John's Day Celebrations (juin) ; Signal Hill Tattoo (juil.-août) ; Royal St. John's Regatta (août).*

Lieu historique national du cap Spear

(709) 772 5367. *de mi-mai à mi-oct. : t.l.j.*

À 10 km au sud-est de la ville, le Lieu historique national du cap Spear occupe le point le plus à l'est du continent nord-américain.

Le majestueux phare qui couronne les falaises est depuis longtemps le symbole de l'indépendance de Terre-Neuve. Il y a en fait deux phares : l'original, construit en 1836 et le plus ancien de Terre-Neuve, voisine avec un bâtiment élevé en 1955.

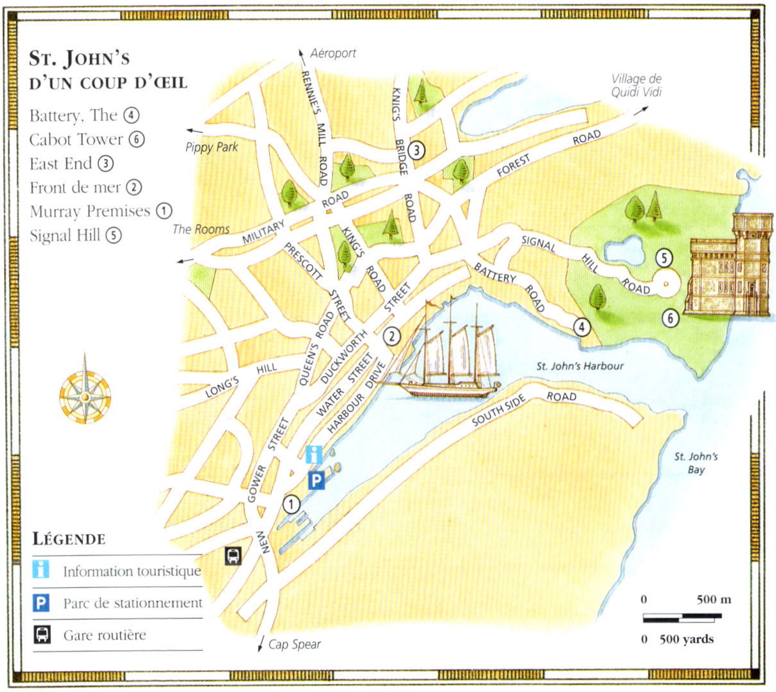

À la découverte des baleines et des oiseaux dans la péninsule d'Avalon

Péninsule d'Avalon ❷

St. John's. Argentia. Dept. of Tourism, Confederation Building, St. John's (709) 729 0862.

La pittoresque localité de Ferryland est le lieu d'un vaste chantier de fouilles : celui de Colony Avalon, premier établissement fondé au Nouveau Monde par l'explorateur anglais lord Baltimore en 1621. La colonie devait vivre en autarcie, tirant ses ressources de la pêche, de l'agriculture et du commerce, et suivre de solides principes de tolérance religieuse.

À la fin de l'année suivante, le nombre de colons était passé de onze à trente-deux et la population ne cessa d'augmenter. Pendant des années, ce fut la seule colonie prospère de la région. Bien que seuls 5 % du site aient été dégagés à ce jour, celui-ci figure déjà, par le nombre d'objets récupérés, parmi les plus riches des premiers établissements européens d'Amérique du Nord. Plus de 500 000 pièces ont été exhumées : céramiques, pipes en terre, ustensiles ménagers, mais aussi éléments de structure de nombreux édifices. Un centre d'interprétation retrace l'histoire de la colonie et la visite guidée permet de voir les archéologues au travail, sur le site et au laboratoire.

À l'extrémité sud de la péninsule, la **réserve écologique du cap St. Mary** est le seul endroit de la province accessible à pied où l'on peut observer des oiseaux marins. Un court sentier suit les falaises vertigineuses jusqu'à un rocher où nichent plus de 8 000 fous de Bassan.

Au sud-ouest de la péninsule, dominant l'entrée de la ville historique française de Placentia, les visiteurs peuvent flâner dans le **Lieu historique national de Castle Hill**. Le fort français bâti en 1632 protégeait la ville.

Promenade en mer à Witless Bay

Réserve écologique du cap St. Mary
par la route 100. (709) 277 1666.
toute l'année.
Centre d'interprétation de mai à oct. : t.l.j.

Lieu historique national du Canada de Castle Hill
Jerseyside, Placentia Bay. (709) 227 2401. de sept. à mi-juin : de 8 h 30 à 16 h 30 ; de fin juin à août : de 8 h 30 à 20 h.

Péninsule de Burin ❸

St. John's. Argentia. Columbia Drive, Marystown. De juin à nov. : (709) 279 1211 ; de déc à mai : (709) 279 1887.

Ses paysages comptent parmi les plus impressionnants de Terre-Neuve. Des sommets rocailleux dominent un tapis vert bigarré de bruyère et parsemé de dizaines de lacs étincelants. À Grand Banc, localité centrée sur la pêche, le **Provincial Seaman's Museum** est consacré aux marins de Terre-Neuve disparus en mer. Au départ de la ville voisine de Fortune, un ferry dessert les îles de Saint-Pierre et Miquelon.

The Provincial Seaman's Museum
Marine Drive. (709) 832 1484. de mai à oct. : t.l.j. partiel.

Saint-Pierre-et-Miquelon ❹

6 400. 4274, place du Général-de-Gaulle (508) 41 23 84. www.st-pierre-et-miquelon.com

Cet archipel est formé de deux petites îles, françaises depuis 1783. Unique localité de l'île du même nom, Saint-Pierre est un charmant village de bord de mer où l'influence de la métropole se manifeste dans la présence de délicieuses boulangeries. Ces îles ont joué un rôle actif dans les années 1930, pendant la Prohibition, servant de refuge aux contrebandiers. Plus de trois millions de caisses d'alcool transitaient alors chaque année par ce port minuscule où de nombreux entrepôts nés de ce trafic sont encore debout.

Départ du ferry de Terre-Neuve pour Saint-Pierre-et-Miquelon

Le phare du cap Bonavista, où Jean Cabot aurait accosté pour la première fois au Nouveau Monde

L'histoire des îles est racontée au nouveau **Musée Héritage** de Saint-Pierre.

Un ferry relie chaque jour Saint-Pierre à Miquelon, qui se compose de la Grande-Miquelon et de Langlade, ou Petite-Miquelon. Un isthme de 12 kilomètres de long s'étend entre ces deux petites terres. Il est parcouru par une route bordée de dunes herbeuses où paissent des chevaux sauvages, et de plages de sable battues sans relâche par le ressac.

Musée Héritage

Rue Maître-Georges-Lefèvre, Saint-Pierre. *011 508 41 58 88.*

Péninsule de Bonavista 5

St. John's. Argentia. Discovery Trail Tourism Association (709) 466 3845. www.thediscoverytrail.org

Ses côtes déchiquetées battues par l'Atlantique sont ponctuées de falaises, de criques abritant des ports et de petits villages enchanteurs comme Birchy Cove et Trouty.

La ville de Bonavista est l'endroit où l'explorateur italien Jean Cabot *(p. 40)* aurait débarqué pour la première fois au Nouveau Monde. Un monument à sa mémoire s'élève sur un haut cap rocheux près du phare du cap Bonavista, construit en 1843.

Ryan Premises, en bord de mer, est un vaste édifice du XIXe siècle. Restauré et classé Lieu historique national, il comprend trois grands bâtiments où le poisson était séché, entreposé et emballé pour expédition. Il évoque également l'histoire des pêcheries d'Amérique du Nord.

Trinity 6

300. Centre d'interprétation, West St. (709) 464 2042/0592.

Avec ses pittoresques bâtiments du XIXe siècle dominant les eaux bleues de Trinity Bay, ce village est l'un des plus beaux de Terre-Neuve. L'idéal pour découvrir ses boutiques d'artisanat et ses restaurants est de le parcourir à pied.

Le **Trinity Museum** renferme plus de 2 000 objets qui retracent le passé de la ville.

Autre curiosité du village, Hiscock House servait d'épicerie, de forge et de bureau de poste. Elle a retrouvé son aspect de 1910, quand elle était tenue par Emma Hiscock, qui élevait en même temps pas moins de six enfants.

Trinity Museum

Church Rd. *(709) 464 3599. de mi-juin à mi-sept. : de 10 h à 18 h t.l.j.*

Parc national de Terra Nova 7

Transcanadienne. *de St. John's. de juin à mi-oct. : t.l.j. partiel. Glovertown (709) 533 2801. www.parkscanada.pch.gc.ca*

Collines boisées aux douces ondulations et fjords profonds du nord-est de Terre-Neuve sont le cadre de ce parc national. Au centre d'interprétation marin consacré à la flore et la faune maritimes locales, un moniteur vidéo sous-marin retransmet toute la vie des fonds marins de la baie, et des excursions sont organisées pour aller observer les baleines.

Vue du parc national de Terra Nova

Baie Notre-Dame 8

Gander. *Port-aux Basques.*
Notre Dame Junction, Route 1.
www.kittiwakecoast.ca

À l'est de la baie, les petits villages traditionnels de pêcheurs de Terre-Neuve ont conservé un mode de vie imprégné par le passé. Au musée de Twillingate, installé dans un élégant presbytère édouardien, plusieurs salles renferment des meubles anciens. On peut aussi admirer des objets autochtones provenant de sites voisins et divers souvenirs qui rappellent la passionnante histoire de la navigation dans la région.

Des sorties en bateau dans la baie sont prévues pour voir de plus près les icebergs au printemps et en été, ainsi que les baleines. Non loin, les villages romantiques de Wild Cove et Durrell valent le détour.

Le musée de Twillingate, dans un presbytère du XIXe siècle

Gander 9

10 000. *109 Trans-canadienne (709) 256 7110.*

Cette petite ville célèbre dans l'histoire de l'aviation est appréciée des touristes qui s'y ravitaillent en carburant et en nourriture. À Grand Falls-Windsor, à 100 kilomètres à l'ouest de Gander, le Mary March Regional Museum, du nom de la dernière des Béothuks, illustre 5 000 ans de présence humaine dans la vallée de la rivière des Exploits. Décimés par la maladie, les Béothuks subirent un véritable génocide entre 1750 et 1829. Derrière le musée se trouve le point de départ d'une visite guidée du village historique.

Habitation traditionnelle au village indien de Grand Falls

La côte sud-ouest 10

Embarcadère de ferry.
Port-aux-Basques. *Port-aux-Basques (709) 695 3688.*

Dans le sud de Terre-Neuve, sur les 45 kilomètres qui séparent Channel-Port-aux-Basques de Rose Blanche, la route 470 traverse des paysages montagneux et verdoyants et longe le littoral rocheux sculpté par le ressac. Près de Rose Blanche, un trottoir en bois serpente sur 500 mètres à travers la lande fleurie jusqu'aux impressionnantes chutes Barachois, hautes de 55 mètres. Une aire de pique-nique a été aménagée à leurs pieds. La région ayant connu de nombreux naufrages, le phare de Rose Blanche, qui se dresse au-dessus du port, fut construit en 1873.

Parc national du Gros-Morne 11

(709) 458 2417. *Corner Brook.*
St. Barbe. *t.l.j.*
www.parkscanada.pch.qc.ca

Le tout premier site touristique de Terre-Neuve figure sur la liste du patrimoine mondial de l'Unesco. Les Long Range Mountains dominent de 700 mètres les fjords bleus qui entaillent la chaîne côtière. Bien antérieures aux Rocheuses – elles datent du précambrien –, elles comptent au nombre des plus vieilles montagnes du monde.

Pour visiter le parc, l'idéal est une promenade en bateau sur le Western Brook Pond, un fjord étroit entre de hautes falaises où il est fréquent de voir ou d'entendre orignaux, caribous ou aigles.

Les Long Range Mountains vues depuis un sentier du parc national du Gros-Morne

Excursion dans la péninsule Nord ⓬

Panneau sur l'A430

Terre de légendes et de mystères, la péninsule Nord de Terre-Neuve offre aux amateurs d'aventure l'occasion de parcourir plus de quarante siècles d'histoire, de la première présence humaine aux pêcheurs d'aujourd'hui, en passant par la colonisation. La route nord longe une côte rude et rocheuse. Chemin faisant, des sites importants comme L'Anse-aux-Meadows évoquent les cultures anciennes.

CARNET DE ROUTE

Itinéraire : *430 km par l'Autoroute 430.*
Point de départ : *Deer Lake, à la jonction de l'autoroute 1.*
Où faire une pause ? *Gros-Morne's Wiltondale Visitor's Centre and Tablelands ; Port-au-Choix ; Grenfell Museum à St. Anthony.*

Port-au-Choix ⑤
Sur ce site historique, des expositions sont consacrées aux Amérindiens primitifs des Maritimes et aux Dorsétiens, Inuits qui vécurent ici vers 2000 av. J.-C. et 500 apr. J.-C.

Hawke's Bay ④
Port baleinier au début du XXe siècle, Hawke's Bay est réputé pour la pêche au saumon.

The Arches ③
Ce lieu charmant doit son nom à trois arches de calcaire qui ont probablement 400 millions d'années.

Parc national du Gros-Morne ②
Il est connu pour être l'un des plus beaux de tout le Canada.

Lieu historique national de L'Anse-aux-Meadows ⑥
Ce site en bord de mer ramène les visiteurs en l'an mille. On y a reconstitué huit maisons en bois et en terre, telles qu'en construisirent les Vikings qui débarquèrent ici.

Deer Lake ①
On pourra y faire le plein et se rafraîchir avant de commencer l'excursion. Deer Lake et ses environs sont remarquables avec leurs paysages déchiquetés, leur mer étincelante, leurs rivières regorgeant de saumons et leurs villages de pêcheurs accueillants.

LÉGENDE

Itinéraire conseillé
Autre route
Point de vue

0 25 km
0 25 miles

Cabanes de pêcheurs à Red Bay, sur la côte du Labrador

Détroit de Belle-Isle ⓭

Blanc-Sablon. Forteau (709) 931 2013. www.labradorcoastaldrive.com

Ce détroit doit sa renommée à des paysages côtiers d'une beauté exceptionnelle. L'été, un ferry relie Terre-Neuve à Blanc-Sablon au Québec, non loin de la frontière du Labrador. De là, une route de 85 kilomètres part vers la côte en traversant des collines sauvages et désertiques, recouvertes d'une fine bruyère et d'épicéas tordus par le vent.

Au milieu du XIXe siècle, le détroit de Belle-Isle était une voie maritime extrêmement importante. Pour faciliter la navigation dans ces eaux souvent traîtresses, le phare de Point Amour a été construit près de L'Anse-Amour en 1854. Classé lieu historique provincial, il est le deuxième phare du Canada par la hauteur (30 mètres). Du sommet, on jouit d'un panorama exceptionnel de la côte du Labrador.

Sur la route menant au phare, un monument marque l'emplacement de la plus vieille tombe d'Amérique du Nord, celle d'un jeune Amérindien primitif des Maritimes enterré il y a 7 500 ans dans ce tumulus devenu lieu historique national.

Au bout de la route 510 se trouve le **Lieu historique national de Red Bay**. Des bateaux en partent pour une île voisine où, au XVIe siècle, les pêcheurs de baleine basques ouvrirent la première usine du Nouveau Monde. Le tour de l'île permet de découvrir les fondations des baraques, des ateliers de construction navale et des tonnelleries.

Lieu historique national de Red Bay
Route 510. (709) 920 2142. de mi-juin à mi-oct. : t.l.j.

Battle Harbour ⓮

Batte Harbour, Terre-Neuve (709) 921 6216. www.battleharbour.com

Enfants inuits à Nain

Considéré autrefois comme la capitale officieuse du Labrador (des années 1870 aux années 1930), ce petit hameau sur une île proche de la côte sud était un village de pêcheurs prospère à la fin du XVIIIe siècle et au XIXe. En 1966, la population en déclin a été relogée à St. Mary's, sur le continent. Cependant, les maisons – certaines sont vieilles de deux siècles – sont restées inchangées. La ville a été restaurée dans les années 1990, et l'île se visite.

Nain ⓯

1 200. Town Council, Nain (709) 922 2842.

Au nord, Nain est la dernière localité de quelque importance. Elle est desservie par une ligne maritime côtière ; le bateau transporte passagers et fret, mais pas les voitures. La population, faible, est surtout composée d'Inuits. Leur culture est très bien représentée à Piulimatsivik, musée possédant des objets précieux de leur passé. À Nain habitent en outre de nombreux artistes inuits très connus au Labrador. La boutique du Torngasuk Cultural Center met en vente des CD et des livres des artistes locaux et ses gérants peuvent vous mettre en relation avec des sculpteurs de la région.

Non loin, à Hopedale, se trouvait une des nombreuses missions moraves fondées au Labrador. Aujourd'hui, le **Lieu historique national de Hopedale Mission** comprend plusieurs bâtiments dont la mission, plus vieil édifice à structure en bois des Provinces maritimes.

Battle Harbour Island, avec des icebergs à l'horizon

Rue enneigée de Nain pendant le long hiver

Ils ont été fabriqués en Allemagne en 1782 et expédiés par bateau.

Lieu historique national de Hopedale Mission
Agvituk Historical Society, Hopedale. (709) 933 3881. t.l.j.

L'église morave de Happy Valley-Goose Bay

Happy Valley-Goose Bay ⓰

8 600. Labrador Lake Melville Tourism Association (709) 896 3489. réserver.

La plus grande ville du centre désertique du Labrador était pendant la dernière guerre une importante escale pour les vols transatlantiques. Aujourd'hui, elle sert de base pour les avions de chasse de l'armée canadienne.

Le Labrador Heritage Museum est consacré à la passionnante histoire de la région. Les fourrures de différents animaux, des outils et une cabane traditionnelle évoquent plus particulièrement la vie des trappeurs.

Churchill Falls ⓱

Churchill Falls Development Corporation (709) 925 3335. obligatoire, réserver.

Cette localité est idéalement située pour faire le plein, quelques provisions ou encore vérifier ses pneus, car il n'y a pas de station-service entre Happy Valley-Goose Bay et Labrador City. Churchill Falls est connue pour sa centrale hydroélectrique construite au début des années 1970, l'une des plus grandes du monde et véritable exploit technique. La rivière Churchill, la plus importante du Labrador, a été détournée pour actionner ses turbines qui produisent jusqu'à 5 225 mégawatts – assez pour satisfaire les besoins d'un petit pays. Cet impressionnant complexe fait l'objet de visites guidées.

Labrador City ⓲

9 000. Labrador West Tourism Development Corporation (709) 944 7631.

Au milieu d'une zone qu'occupait la toundra, cette ville incarne le visage industriel du Canada moderne. Attirée par l'exploitation de la plus grande mine de fer à ciel ouvert du monde, la population a monté en flèche depuis la fin des années 1950. Le bâtiment ancien qui abritait jadis la première banque de la ville est aujourd'hui le Height of Land Heritage Centre, un musée dont les collections – photos et objets – concourent à la conservation du patrimoine historique du Labrador.

Ponctuées d'innombrables lacs et sillonnées de cours d'eau encore intacts, les vastes étendues désertes qui entourent Labrador City sont un paradis renommé pour les chasseurs et les pêcheurs du monde entier. Tous les ans, en mars, la région apporte son soutien à Labrador 150. Cette course de traîneaux à chiens est l'une des premières compétitions mondiales du genre. Les espaces inhabités du Labrador occidental sont aussi le domaine des 700 000 caribous de la rivière George. Des organismes spécialisés proposent des excursions sur les traces du troupeau qui connaissent toujours un grand succès.

Le Labrador Coastal Ferry

Ce bateau est le principal mode de transport pour les nombreuses communautés installées sur la côte. Au départ de St. Anthony, dans le nord de Terre-Neuve, il dessert 48 localités en douze jours aller-retour, débarquant à chaque escale marchandises et passagers. La moitié des places est réservée aux touristes, l'autre aux habitants. En route, le bateau s'arrête au port historique de Battle Harbour et remonte certains fjords. Il n'est pas rare de croiser des icebergs.

HAND BARROW

NOUVEAU-BRUNSWICK, ÎLE-DU-PRINCE-ÉDOUARD ET NOUVELLE-ÉCOSSE

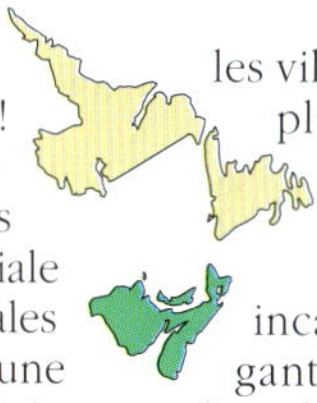

Impossible ici d'échapper à la séduction de la mer ! Paysages côtiers fantastiques, villages centenaires, sites historiques de renommée mondiale et nombreuses attractions familiales ont fait de ces trois provinces l'une des premières destinations touristiques du Canada. Au Nouveau-Brunswick, la baie de Fundy, déchiquetée, répond aux douces ondulations d'un paysage aux criques paisibles où se blottissent les villages acadiens et aux longues plages de sable. Avec ses baies étincelantes et ses vieilles villes de pêcheurs usées par le temps, la Nouvelle-Écosse incarne la poésie de la mer. Élégantes auberges de campagne et lieux historiques font revivre le passé. L'Île-du-Prince-Édouard, la plus petite province du Canada, est réputée pour ses champs émeraude, ses falaises rouges et ses eaux bleues.

LA RÉGION D'UN COUP D'ŒIL

Villes historiques

Amherst 11
Annapolis Royal 16
Bouctouche 8
Digby 17
Fredericton 4
Grand Falls 5
Halifax p. 86-87 22
Lunenburg 19
Mahone Bay 20
Parrsboro 13
Peggy's Cove 21
Saint John 2
Shelburne 18
Truro 12
Windsor 14
Wolfville 15

Parcs nationaux

Parc national de Fundy 1
Parc national de Kouchibouguac 7

Sites historiques et naturels

Baie de Passamaquoddy 3
Côte est 23
Île du Cap-Breton p. 88-93 24
Île du Prince-Édouard p. 76-79 10
Péninsule Acadienne 6
Village historique acadien 9

LÉGENDE

Aéroport international
Autoroute
Route principale
Voie ferrée

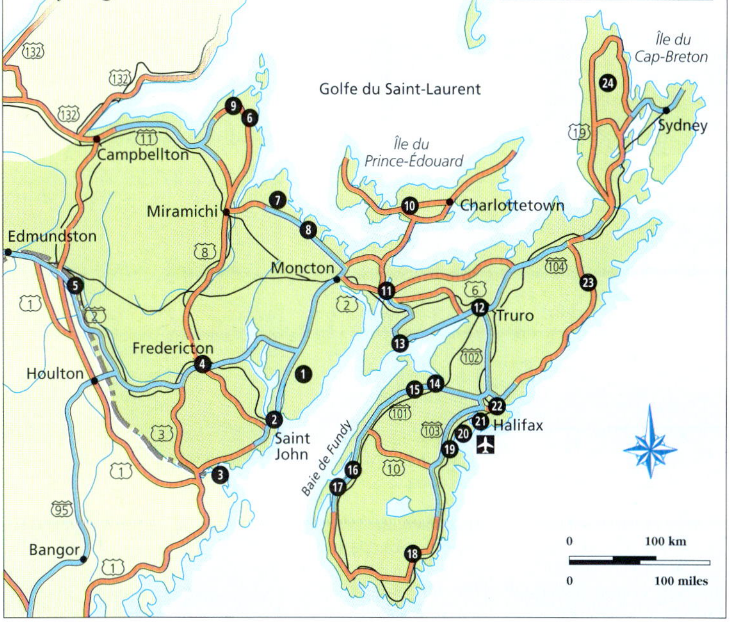

◁ **À Lunenburg, une cabane de pêcheurs en bois typique sert de cadre au Fisheries Museum of the Atlantic**

Baleines à bosse évoluant dans la baie de Fundy

Parc national de Fundy ❶

☎ (506) 887 6000. 🚉 Moncton. 🚌 Sussex. ⛴ Saint John. ◯ t.l.j. de mai à oct. ♿ W www.parkscanada.pch.gc.ca

Sur la côte sud du Nouveau-Brunswick, la baie de Fundy est réputée pour ses formidables marées dont l'amplitude peut atteindre 15 mètres. Les plus de 100 milliards de tonnes d'eau qui y déferlent deux fois par jour ont taillé un littoral sauvage et rocheux exceptionnel.

Orignal du parc national de Fundy

Le parc national de Fundy est l'un des meilleurs endroits pour apprécier ce phénomène. À marée basse, on peut aller à pied jusqu'aux rochers appelés Hopewell Rocks. La baie est le paradis des naturalistes. Ses eaux riches en nutriments attirent d'importantes populations de baleines, notamment la baleine à bosse, le petit rorqual, le rorqual commun et même la rarissime baleine franche.

Saint John ❷

125 000. ✈ 🚉 🚌 ⛴ ℹ mairie, King St. (506) 658 2990. W www.tourismsaintjohn.com

Fondée en 1604 par des pionniers français, Saint John (anciennement Saint-Jean) se développe de manière fulgurante en 1785 avec l'arrivée de 14 000 loyalistes fuyant la tourmente de la guerre d'Indépendance américaine. La plus grande cité du Nouveau-Brunswick a gardé le charme d'une petite ville. Il fait bon flâner dans le centre historique, récemment restauré. Le marché de la vieille ville déborde d'activité avec ses piles de produits colorés, ses étals de crustacés frais, ses cafés et un excellent restaurant de poisson traditionnel.

À Market Square, une cour relie les bâtiments de l'ancien centre marchand. Restaurants et magasins de luxe voisinent avec le très vivant **musée du Nouveau-Brunswick**. Des expositions divertissantes consacrées à la géologie, à la culture et à l'histoire naturelle de la province y sont présentées sur trois niveaux.

Le Loyalist House Museum, à deux pas, est installé dans une imposante demeure georgienne bâtie vers 1810 par le loyaliste David Merritt. L'intérieur rénové, avec ses meubles anciens, reflète le mode de vie d'une famille aisée de l'époque.

Musée du Nouveau-Brunswick
Market Square.
☎ (506) 643 2300.
◯ t.l.j. ● 25 déc.
♿

Baie de Passamaquoddy ❸

🚉 St. Stephen. ⛴ Black's Harbour & Letete. ℹ St. Andrews Tourism Bureau (506) 529 3556.

Des villages qui entourent cette baie parsemée d'îles, le plus attirant est peut-être St. Andrews-by-the-Sea, station de villégiature au charme historique indéniable. L'hôtel Fairmont Algonquin Resort, qui surplombe la ville, est impeccablement tenu. Avec ses élégants jardins et son parcours de golf de 27 trous, il rappelle le début du siècle, quand St. Andrews était une retraite renommée, fréquentée par l'élite.

Dans le centre, Water Street est bordée d'intéressantes boutiques, de magasins d'artisanat et de bons restaurants installés dans des édifices centenaires. Sur les docks, des agences proposent sorties en bateau ou en kayak et observation des baleines. Non loin, l'élégante demeure georgienne construite en 1824 pour le loyaliste Harris Hatch abrite désormais le **Ross Memorial Museum**. Sa vaste collection d'antiquités et d'objets d'art a été constituée au début du XXe siècle.

Deux ferries relient la ville voisine de St. George aux îles Campobello et Grand Manan, respectivement à 20 et 30 kilomètres au sud de St. Andrews. Sur la première,

Saint John, depuis la rivière du même nom

Les charmantes maisons victoriennes de Fredericton se reflètent dans la Saint John

le parc international Roosevelt Campobello est une réserve de 1 135 hectares aménagée autour de la résidence d'été du président américain Franklin D. Roosevelt. Restaurée, celle-ci compte 34 pièces contenant des objets historiques et personnels ayant appartenu à Roosevelt et sa famille.

Réputée pour la beauté farouche de ses côtes, l'île Grand Manan décline ses hautes falaises rocheuses, ses pittoresques villages de pêcheurs et ses bateaux aux couleurs vives. Elle est appréciée des ornithologues amateurs, car elle attire tous les ans de grandes colonies d'oiseaux marins.

Ross Memorial Museum
188 Montague St. *(506) 529 5124.* *de fin juin à sept. : du lun. au sam. ; sept. et oct. : du mar. au sam.*

Fredericton 4

44 000. *Tourisme Fredericton, 11 rue Carleton (506) 460 2041.* *www.tourismfredericton.ca*

Établie sur les deux rives de la rivière Saint John, Fredericton est la capitale du Nouveau-Brunswick. Avec ses maisons victoriennes et son église au bord de l'eau, c'est l'une des villes les plus coquettes des Provinces maritimes. Ses bâtiments historiques rappellent son ancien rôle de poste militaire britannique. La **galerie d'art Beaverbrook** renferme une étonnante collection de tableaux des XIXe et XXe siècles, dont le *Santiago el Grande* (1957) de Dalí. Au **Village historique de King's Landing**, à 37 kilomètres à l'ouest, plus de cent figurants en costume d'époque redonnent vie aux fermes, à l'église et à l'école, replongeant le visiteur au milieu du XIXe siècle.

Galerie d'art Beaverbrook
703 Queen St. *(506) 458 8545.* *de juin à oct. : t.l.j. ; de fin oct. à mai : du mar. au dim.*

Village historique de King's Landing
Route 2, à l'ouest de Fredericton. *(506) 363 4999.* *de juin à mi-oct. : de 10 h à 17 h t.l.j.* *partiel.*

Grand Falls 5

6 100. *Malabeam Reception Centre.*

Entre Fredericton et Edmundston, la rivière Saint John traverse un paysage vallonné où alternent forêts et terres cultivées. La petite ville de Grand Falls se dresse de part et d'autre de son unique rue, bien achalandée. Cette agréable étape doit son nom aux formidables chutes que la Saint John crée en dévalant la gorge de Grand Falls. Au milieu d'espaces verts, l'eau qui dégringole sur plus de 25 mètres a creusé au fil du temps une gorge de 1,5 kilomètre de long dont les flancs escarpés atteignent par endroits 70 mètres de haut.

Plus au nord, la ville d'Edmunston abrite le **Jardin botanique du Nouveau-Brunswick** : les allées mènent à huit jardins à thème et deux arboretums. Les couleurs vives, les parfums délicats et la douce musique qui émane de sources invisibles sont un éblouissement pour les sens.

Jardin botanique du Nouveau-Brunswick
Saint-Jacques, Edmunston. *(506) 737 53 83.* *de juin à oct. : de 9 h au coucher du soleil t.l.j.* *www.umce.ca/jardin*

Les gorges de Grand Falls, creusées par la Saint John

Les plages de sable s'étendent à perte de vue dans le parc national de Kouchibouguac

La péninsule Acadienne ❻

Bathurst. Bathurst. Dalhousie. *de juin à sept. : Water St, Campbellton (506) 789 2367 ; d'oct. à mai : chambre de commerce de Campbelton (506) 759 7856.*

Avec ses paisibles localités côtières et ses plages que baigne une mer calme, la péninsule Acadienne est une destination touristique privilégiée. Les Acadiens, arrivés au XVIIe siècle, y ont développé un mode de vie fondé sur une agriculture prospère *(p. 58-59)*.

À Shippagan, petite ville de pêcheurs à l'extrémité de la péninsule, on peut admirer plus de 3 000 spécimens de la faune atlantique dans les bassins de l'**Aquarium** et du **Centre marin,** qui présente aussi une exposition sur l'industrie locale de la pêche.

Dans les environs, l'île Lamèque est reliée au continent par une chaussée, et à l'île Miscou par un pont. Sur cette dernière, un trottoir en bois d'un kilomètre traverse une tourbière, dont l'écosystème est commenté par des panneaux. Non loin, le phare de Miscou est le plus ancien de ce type en service au Canada.

Patrie de nombreux artistes acadiens, Caraquet est un centre culturel animé. Sur le front de mer, des agences spécialisées proposent des excursions guidées en kayak dans la baie des Chaleurs. Les amateurs d'histoire acadienne ne manqueront pas le **musée de Cire d'Acadie**.

Aquarium et Centre marin
Route 100 Aquarium, Shippagan. *(506) 336 3013. de mi-mai à mi-oct. : de 10 h à 18 h t.l.j.*

Musée de Cire d'Acadie
Route 11, Caraquet. *(506) 284 2591. de juin à sept. : t.l.j.*

Parc national de Kouchibouguac ❼

(506) 876 2443. Newcastle. Newcastle. Miramichi. *t.l.j.* *www.parkscanada.pch.gc.ca*

Ce parc de 238 kilomètres carrés, dont le nom signifie en micmac « rivière des longues marées », est une splendeur avec ses dunes façonnées par le vent, ses marais salants peuplés d'une faune abondante et ses 25 kilomètres de plages de sable fin. C'est un excellent terrain pour les cyclistes, mais l'une des activités les plus populaires est Voyager Marine Adventure, une excursion de trois heures en canoë vers les bancs de sable proches du littoral où se prélassent des phoques gris.

Bouctouche ❽

2 350. de juin à sept. : 14 Acadia St. (506) 743 8811 ; d'oct. à mai : chambre de commerce de Bouctouche (506) 759 7856. *www.bouctouche.org*

Ville de bord de mer au riche patrimoine acadien, Bouctouche abrite le **Pays de la Sagouine,** un village à thème portant le nom de l'héroïne d'Antonine Maillet, auteur acadien née en 1929 ; cette bonne à tout faire avisée fait partie intégrante du patrimoine populaire canadien. Non loin, l'Irving Eco-Centre étudie et protège un réseau de 12 km de dunes, de marais salants et de plages à l'entrée du port.

Pays de la Sagouine
57 Acadia St. *1 800 561 9188. de mi-juin à sept. : de 10 h à 18 h t.l.j.*

Le trottoir en bois de l'Irving Eco-Centre, la « Dune de Bouctouche »

Village historique acadien ❾

Après la tragique déportation de 1755-1763 *(p. 58-59)*, les Acadiens revinrent peu à peu dans les Provinces maritimes où ils défrichèrent de nouvelles terres et reconstruisirent leur mode de vie. Sur 364 hectares, le Village historique acadien donne l'image d'une communauté rurale d'entre 1770 et 1939 ; 45 maisons originales ont été restaurées, dont plusieurs fermes en activité. Des guides bilingues en costume d'époque exécutent les mêmes tâches qu'au XIXe siècle. On peut se promener en carriole, regarder le forgeron, l'imprimeur ou le meunier au travail et faire le tour des fermes et des maisons où les femmes filent, tissent ou cuisinent.

MODE D'EMPLOI

Route 11, 10 km à l'ouest de Caraquet. (506) 726 2600. de Bathurst. de juin à oct. : de 10 h à 18 h, t.l.j. d'oct. à mai.

École et église
Au cours des siècles troublés, le catholicisme s'est avéré vital pour les Acadiens. Les prêtres dispensaient aussi l'enseignement, essentiel dans le village.

Hommes en carriole
Les fermes sont exploitées de manière traditionnelle par des gens du coin qui viennent tous les jours. Les récoltes sont transportées en carriole dans les granges pour l'hiver.

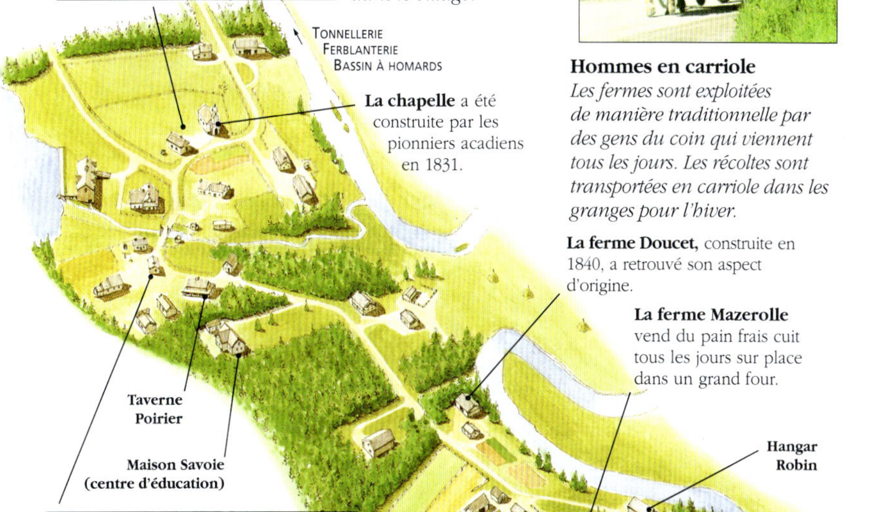

La chapelle a été construite par les pionniers acadiens en 1831.

La ferme Doucet, construite en 1840, a retrouvé son aspect d'origine.

La ferme Mazerolle vend du pain frais cuit tous les jours sur place dans un grand four.

Taverne Poirier

Maison Savoie (centre d'éducation)

Hangar Robin

Maison Godin

Le centre d'accueil propose une présentation audiovisuelle et son restaurant sert une cuisine acadienne typique.

Forge
C'était à maints égards le centre de la communauté. Tous les villages acadiens avaient leur forgeron qui réparait les outils agricoles et ferrait les chevaux.

Île-du-Prince-Édouard ⓾

Superbe et bucolique, l'île du Prince-Édouard est célèbre pour ses paysages luxuriants. Ses chaudes couleurs, ses champs émeraude, ses routes de terre rouge et sa mer saphir se combinent à l'infini pour charmer le regard. Elle est bien connue des golfeurs qui viennent jouer leur balle sur les meilleurs parcours du Canada, et des adeptes de soleil qui lézardent sur ses plages de sable. Cette île semble destinée à la découverte tranquille. Les routes côtières sinueuses offrent un panorama sans cesse renouvelé de mer, de sable et de ciel. Les petites villes historiques abritent des galeries d'art et d'élégantes auberges qui proposent de fameux dîners de homards, frais pêchés dans l'Atlantique.

Green Gables
Cette demeure du XIXe siècle servit de cadre au roman Anne... La maison aux pignons verts.

Baie de Malpeque
Elle dépend en partie du parc provincial de Cabot Beach. On y ramasse annuellement 10 millions des célèbres huîtres de Malpeque.

Dans le parc provincial de Cedar Dunes, un phare de 1875, restauré, veille sur des plages de sable et un grand camping près de la mer.

LÉGENDE

- Route principale
- Route secondaire
- Cours d'eau
- Limite du parc national
- Ferry
- Aéroport
- Point de vue

Summerside
Cette ville paisible aux belles rues ombragées s'anime en juillet pour le Festival du homard.

Le pont de la Confédération, inauguré en 1997, relie l'île au continent. Long de 13 kilomètres, il a coûté 900 millions de dollars canadiens.

0 100 km
0 100 miles

À NE PAS MANQUER

★ **Le parc national**

★ **Charlottetown**

★ Parc national de l'Île-du-Prince-Édouard
Avec ses 40 kilomètres de côtes où alternent falaises et plages baignées d'une mer tempérée, ce parc offre d'excellentes prestations aux sportifs et aux vacanciers. Un centre d'accueil s'adresse aux amateurs de faune marine.

MODE D'EMPLOI

Water St, Charlottetown *(902) 368 4444 ou 1 800 463 4734.* *Charlottetown.* / *pour Wood Islands, Borden-Carleton (et bâteau pour Souris).* W *www.peiplay.com*

Phare d'East Point
Au point le plus oriental de l'île se dresse un phare du XIXe siècle dont la salle de radio a été restaurée. Sans gardien et totalement automatique, il est désormais ouvert aux visiteurs.

★ Charlottetown
Les élégantes rangées de maisons du XIXe siècle sont typiques de la plus petite capitale provinciale du Canada. C'est dans cette ville aujourd'hui assoupie que la Confédération canadienne vit le jour en 1867.

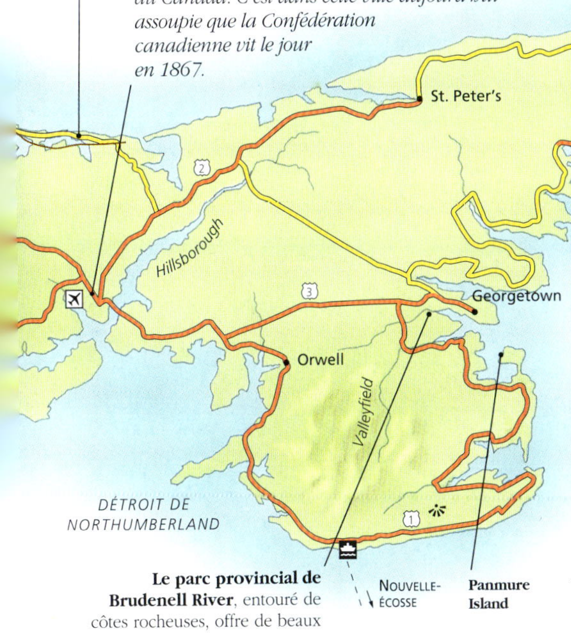

Le parc provincial de Brudenell River, entouré de côtes rocheuses, offre de beaux panoramas marins.

Panmure Island

Red Point Beach
Des rochers rouges caractéristiques descendent jusqu'aux longues plages où le sable émet des sons mystérieux à chaque pas.

À la découverte de l'Île-du-Prince-Édouard

Dans la plus petite province du Canada, les activités sont si concentrées que tout est à portée de la main. Avec ses avenues impeccables, Charlottetown, au centre de l'île, est connue pour être le berceau du Canada. Dans la campagne environnante, des routes de terre rouge mènent à de minuscules parcs provinciaux en passant par des fermes et des villages de pêcheurs. Vers la côte nord se déploient les paysages verts et vallonnés du parc national de l'Île-du-Prince-Édouard, avec ses célèbres plages, tandis qu'au sud, les eaux plus chaudes sont propices à la baignade.

Cabanes de pêcheurs au bord de la French River, près de Cavendish

Cavendish

Cette petite ville est si animée qu'on a du mal à y reconnaître le cadre paisible d'*Anne… La maison aux pignons verts*, roman de Lucy Maud Montgomery. Pour retrouver l'atmosphère d'antan, on pourra se rendre à **Lucy Maud Montgomery's Cavendish Home**, où l'écrivain vécut de longues années, ou à **Green Gables**, demeure du XIXe siècle et source d'inspiration du récit.

Lucy Maud Montgomery's Cavendish Home

Route 6. *(902) 963 2231. de mi-mai à mi-oct. : de 10 h à 17 h t.l.j.*

Green Gables

Route 6. *(902) 963 7874. t.l.j., sur rendez-vous*

Cavendish

Routes 6 & 13. *(902) 963 7830.*

Parc national de l'Île-du-Prince-Édouard

Green Gables fait partie de ce parc dont l'entrée ouest se trouve à Cavendish. C'est la partie la plus animée. Avec son sable fin et sa mer calme, Cavendish Beach est l'une des plages les plus fréquentées de la province. Les touristes préfèrent souvent North Rustico Beach, au bout de la route du bord de mer. À l'extrémité ouest du parc, le Homestead Trail traverse 8 kilomètres de bois et de prairies verdoyantes.

Le côté est du parc est plus paisible. Reeds and Rushes, un trottoir en bois, conduit rapidement à une zone marécageuse où nichent des espèces locales d'oies et de canards.

Parc national de l'Île-du-Prince-Édouard

Charlottetown. Wood Islands. (902) 672 6350. t.l.j. www.parkscanada.pch.gc.ca

La côte sud

Les routes de la côte sud, entre le pont de la Confédération et Charlottetown, offrent des vues superbes des terres cultivées et des rivages marins. C'est au petit village de Victoria-by-the-Sea que l'on trouvera les plus jolies boutiques d'artisanat de l'île.

Sur le chemin de Charlottetown, un bref détour permet de visiter le **Lieu historique national de Port-la-Joye-Fort Amherst** où, en 1720, les Français établirent la première colonie permanente de l'île. Les Britanniques s'en emparèrent en 1758 et bâtirent Fort Amherst pour protéger l'entrée du port de Charlottetown. Les remblais sont toujours visibles au milieu d'un parc.

Lieu historique national de Port-la-Joye-Fort Amherst

Rocky Point. *(902) 566 7626. de mi-juin à août : t.l.j.*

Cavendish Beach est l'un des lieux les plus appréciés du parc national de l'Île-du-Prince-Édouard

Vue de l'église du XIXe siècle du Village historique d'Orwell Corners

Panmure Island
La beauté naturelle de la partie est de l'île est particulièrement manifeste à Panmure Island, au sud de Georgetown. Ses routes plates font le bonheur des cyclistes. L'été, le **phare** octogonal en bois est ouvert, et, du sommet, le regard embrasse plages, marais salants et forêts. Édifié en 1853, il guide toujours les bateaux qui entrent au port.

Phare de Panmure Island
Panmure Island. *(902) 838 3568.*
juil. et août : de 9 h à 19 h t.l.j.

Village historique d'Orwell Corners
À la lisière du petit hameau d'Orwell, le Village historique d'Orwell Corners recrée la vie quotidienne d'une modeste communauté du XIXe siècle. Orwell Corners était florissant jusqu'à une date récente, mais l'évolution des transports et du commerce ont diminué son importance. Restauré et ouvert en 1973, le village compte entre autres une forge, une église, une école et Clarke's Store. Ce magasin était le cœur de la communauté ; à l'étage, des couturières confectionnaient les robes des dames de la région.

À juste un kilomètre, la **résidence de sir Andrew Macphail** est une demeure victorienne qu'adorait son propriétaire. Ce médecin, journaliste, professeur et soldat, comptait parmi ses amis des Premiers ministres et des écrivains de renom comme Kipling. Entourée de bois profonds sillonnés de sentiers, la maison renferme des objets évoquant sa vie.

Village historiquc d'Orwell Corners
Orwell. *(902) 651 2013.*
de mai à oct. : t.l.j

Résidence de sir Andrew Macphail
par la route 1, Orwell. *(902) 651 2789.* *de juin à sept. : de 10 h à 17 h t.l.j.*

Charlottetown
C'est une ravissante petite ville. Sur Peake's Quay, les voiliers se balancent mollement le long de la marina, et magasins et restaurants se pressent sur le front de mer. L'élégant **Centre des arts de la Confédération** présente un nombre impressionnant de spectacles, notamment la fameuse comédie musicale *Anne… La maison aux pignons verts*.

Charlottetown est le berceau du Canada. En effet, en 1864, à **Province House**, Lieu historique national, s'est tenue la conférence qui a donné naissance à l'État canadien *(p. 44)*. Plusieurs pièces soigneusement restaurées ont retrouvé leur aspect du XIXe siècle. Autre Lieu historique national, **Ardgowan** était jadis la demeure de William Pope, un des pères de la Confédération.

Centre des arts de la Confédération
145 Richmond St. *(902) 628 1864.* *t.l.j.*

Lieu historique national de Province House
165 Richmond St. *(902) 566 7626.*
t.l.j., téléphoner pour lcs horaircs.

Lieu historique national d'Ardgowan
Mount Edward Rd. *(902) 651 8510.* *t.l.j.*

Charlottetown
Water St. (902) 368 4444.
www.charlottetown.com

Demeures historiques dans Great George Street, à Charlottetown

LUCY MAUD MONTGOMERY

L'auteur le plus célèbre de l'île naquit à Cavendish en 1874. La maison voisine de Green Gables servit de cadre à *Anne… La maison aux pignons verts* (1908), dont le récit se déroule à la fin du XIXe siècle. Ce roman, dont le manuscrit ne fut accepté qu'à la sixième présentation, connut un succès mondial. À ce jour, des millions d'exemplaires ont été vendus en seize langues. En 1911, Lucy se maria et partit pour l'Ontario où elle éleva ses deux fils. Elle écrivit encore dix-sept livres dont dix mettant Anne en scène. Tous sauf un ont pour cadre l'île du Prince-Édouard. Elle mourut en 1942. Sa tombe donne sur les fermes et les champs de Cavendish, sa ville natale bien-aimée, l'Avonlea qu'elle mentionne si souvent dans ses récits.

L'écrivain Lucy Maud Montgomery

Le Dory Shop Museum à Shelburne, centre de construction de bateaux

Shelburne 18

2 250. Dock St (902) 875 4547.

Ville historique paisible, Shelburne est blottie au fond d'un port abrité. Elle a été fondée à la hâte par 3 000 fidèles de l'Empire britannique fuyant les persécutions après la guerre d'Indépendance de 1775. D'autres loyalistes suivirent et Shelburne devint rapidement la plus grande ville britannique d'Amérique du Nord, avec une population de 16 000 habitants. Mais beaucoup des nouveaux arrivants étaient de riches marchands non préparés aux rigueurs de la vie dans ces terres sauvages. Peu à peu, ils partirent s'installer à Halifax ou rentrèrent en Angleterre, abandonnant les belles demeures du XVIIIe siècle qu'ils s'étaient fait construire.

Une promenade dans Water Street permet d'admirer certaines des plus belles, avant d'arriver au **Dory Shop Museum**, sur le quai. Depuis sa fondation en 1880, ce bâtiment de deux niveaux abrite un musée et un atelier de construction de doris. À l'époque de la flotte de goélettes des Grands Bancs, ces embarcations à fond plat étaient réputées pour leur résistance et leur navigabilité, et Shelburne était fière de ses sept ateliers d'où sortaient tous les ans des milliers de bateaux.

Dory Shop Museum

Dock St. (902) 875 3219.
de juin à sept. : t.l.j. *partiel.*

Lunenburg 19

2 800. *de mai à sept. : (902) 634 8100 ; d'oct à avr. : (902) 634 3170.*
www.explorelunenburg.com

C'est la ville maritime la plus poétique de Nouvelle-Écosse. Au milieu du XVIIIe siècle, désireux de disposer d'une autre colonie loyaliste, les Britanniques tracèrent un plan d'urbanisme pour Lunenburg et en offrirent les terrains à des colons protestants allemands. En 1996, la ville a été inscrite sur la liste du patrimoine mondial de l'Unesco. C'est en effet un des exemples les mieux conservés d'établissement britannique planifié au Nouveau Monde.

Sur le front de mer, le **Fisheries Museum of the Atlantic** occupe plusieurs bâtiments. Aux quais du musée sont amarrés de nombreux navires comme le *Theresa E. Conner*, la dernière goélette des Grands Bancs et le *Cape Sable*.

Fisheries Museum of the Atlantic

Bluenose Dr. *(902) 634 4794.*
de mi-mai à mi-oct. : t.l.j. ; de fin oct. à mai : du lun. au ven.
partiel.

Une des trois églises du bord de mer de Mahone Bay

Mahone Bay 20

1 100. *South Dhore Tourist Association (902) 634 8844.*
www.mahonebay.com

La petite localité de bord de mer de Mahone Bay a été désignée « plus jolie ville du Canada ». Blotties au fond de la baie éponyme, des demeures du XVIIIe siècle

Le Fisheries Museum of the Atlantic, sur les quais romantiques de Lunenburg

s'alignent sur le front de mer, et trois églises se reflètent majestueusement dans les eaux calmes du port.

La ville a attiré les meilleurs artistes et artisans du Canada, dont les boutiques pittoresques bordent la rue principale. Le petit **Settlers Museum** évoque l'installation des colons protestants en 1754 et l'importance des chantiers navals locaux. Il possède aussi une remarquable collection de céramiques et d'antiquités des XVIIIe et XIXe siècles.

Settlers Museum
578 Main St. *(902) 624 6263.*
de juin à sept. : du mar. au dim.

Peggy's Cove ㉑

60. Sou'wester (902) 823 2561/1074.

Le phare de Peggy's Cove, qui coiffe des rochers de granit fouettés par les vagues, est l'une des curiosités les plus photographiées du Canada et le symbole du lien ancien entre la Nouvelle-Écosse et la mer. Avec ses maisons colorées accrochées aux rochers, son petit port aux jetées ayant subi l'épreuve du temps et ses hangars à poisson, ce village de pêcheurs figure parmi les plus pittoresques de la province. Il est très agréable de s'y promener, sauf aux alentours de midi en été à cause des nombreux cars de touristes. Le début de la matinée et la fin de l'après-midi sont les meilleurs moments pour parcourir tranquillement le promontoire de granit, en jouissant des brises marines salées et des séduisants panoramas côtiers.

Le village est la patrie de William E. deGarthe (1907-1983), célèbre artiste et sculpteur inspiré par la mer. Soixante-cinq de ses tableaux et sculptures les plus connus sont exposés à la deGarthe Gallery, juste au-dessus du port. Devant celle-ci, le Memorial est une sculpture de 30 mètres créée par deGarthe à la mémoire des pêcheurs de Nouvelle-Écosse. Taillée dans un affleurement de granit, elle représente 32 d'entre eux avec

Le phare de Peggy's Cove, emblème des Provinces maritimes

leur femme et leurs enfants. Le grand ange évoque un personnage réel : Peggy, unique survivante d'un terrible naufrage au XIXe siècle, qui a donné son nom au village.

Halifax ㉒

P. 86-87.

La côte est ㉓

Halifax. Antigonish. Pictou. Canso (902) 366 2170.

Une excursion sur la côte est ramène le visiteur dans la Nouvelle-Écosse d'antan. En effet, les villes et villages de cette partie de la province ont peu évolué depuis le début du XXe siècle. La minuscule ferme qui abrite le Fisherman's Life Museum à Jeddore, Oyster Ponds (60 kilomètres à l'est de Halifax), était habitée vers 1900 par un pêcheur côtier, sa femme et ses treize filles. Aujourd'hui, des guides en costume d'époque (la plupart sont les épouses des pêcheurs locaux) reproduisent dans ce musée vivant le quotidien d'une famille de pêcheurs. Les visiteurs qui arrivent à midi sont parfois invités à partager le déjeuner préparé sur une cuisinière à bois. Des démonstrations de crochetage de tapis, de fabrication de *quilts* et de tricot ont lieu tous les jours, et on peut visiter les locaux où le poisson salé était conservé.

Cependant, le plus grand musée vivant de Nouvelle-Écosse est **Sherbrooke Village**. Entre 1860 et 1890, la localité connut une croissance spectaculaire en raison de la ruée vers l'or et de l'exploitation forestière. L'or épuisé, Sherbrooke s'assoupit de nouveau. Au début des années 1970, 25 bâtiments historiques ont été restaurés. Dans le village, des dizaines de guides en costume font revivre la Nouvelle-Écosse du XIXe siècle. La promenade en carriole permet d'avoir un bon aperçu de la ville tout en écoutant le cocher raconter des épisodes de l'histoire locale. Chez l'apothicaire, on assiste à l'élaboration minutieuse de différentes préparations pharmaceutiques, et on peut poser en costume d'époque devant une caméra ancienne transférant les images sur une plaque de verre. Aux portes de la ville, le Lumber Mill est un moulin actionné par une énorme roue hydraulique.

Sherbrooke Village
par l'Autoroute 7. *(902) 522 2400.* *de juin à oct. : t.l.j.*

Visite chez l'apothicaire au musée vivant de Sherbrooke Village

Halifax ㉒

Mémorial des hommes de la marine marchande

Une mer miroitante, des parcs entretenus avec soin et un mariage unique d'édifices modernes et anciens font de Halifax une ville romantique et fascinante. Aujourd'hui, on a peine à croire que ce foyer de culture a été pendant 250 ans une place forte belliqueuse. Fondée en 1749 par le général George Cornwallis et 2 500 colons anglais, Halifax devait servir de base militaire aux Britanniques au nord de Boston. Elle connut un passé aventureux : à une époque où le commerce maritime permettait d'amasser des fortunes colossales, les corsaires venaient y parader. Avec ses nombreux collèges et ses cinq universités, Halifax est désormais l'un des principaux centres d'enseignement supérieur du Canada.

À la découverte de Halifax

La ville est facile à explorer à pied, car la plupart des musées, sites, magasins et restaurants sont situés dans le centre historique, assez ramassé.

Pour admirer l'architecture du passé, rien ne vaut une promenade dans le quartier à l'ouest de Brunswick Street, vallonné et verdoyant. De la citadelle, on jouit d'un excellent panorama de la ville.

Historic Properties

1869 Upper Water St. *(902) 429 0530. t.l.j. partiel.*

Les Historic Properties sont un ensemble d'élégantes bâtisses en pierre élevées le long des quais au XIXe siècle pour servir d'entrepôt aux corsaires. Aujourd'hui, on y trouve toutes sortes de magasins, des pubs et d'excellents restaurants. Elles sont le lieu de ralliement favori des habitants de Halifax durant les chaudes soirées d'été. Ils viennent déambuler sous les lumières du port, écouter la musique qui s'échappe des pubs voisins, ou jouer au casino Nova Scotia.

Maritime Museum of the Atlantic

1675 Lower Water St. *(902) 424 7490. de mai à oct. : t.l.j. ; de nov. à avr. : du mar. au dim. sur demande.*

Situé sur le port, ce musée possède d'importantes collections consacrées à l'histoire maritime de la Nouvelle-Écosse, notamment de petites embarcations et un magasin restauré de fournitures pour bateaux. À l'extérieur, l'*Acadia*, très beau navire de recherche de 1913 remis en état, est amarré au quai. L'exposition la plus intéressante est celle du *Titanic*, qui présente des objets récupérés sur le navire, ainsi que des fragments de son somptueux escalier, avec des photos grandeur nature de sa reconstitution.

Le front de mer de Halifax vu depuis le ferry de la ville

Le port

(902) 490 5946.

D'intéressantes boutiques de cadeaux, des cafés et des restaurants installés dans des édifices anciens se succèdent le long d'un trottoir en bois. Cette charmante promenade aboutit au ferry de Dartmouth, l'un des plus vieux d'Amérique du Nord. L'excursion dans la rade est un moyen économique d'admirer Halifax.

Government House

1200 Barrington St.

Résidence actuelle du lieutenant général de Nouvelle-Écosse, ce bâtiment d'un grand intérêt historique et architectural ne se visite pas. Achevée en 1807, Governement House a coûté plus de 72 000 dollars canadiens, somme énorme à l'époque.

Le kiosque du jardin public de Halifax, entouré de fleurs

Pier 21

1055 Marginal Rd. *(902) 425 7770. de mai à oct. : t.l.j. ; de nov. à avr. : du mer. au sam.*
www.pier21.ca

Pier 21 donne un aperçu unique et émouvant de l'histoire du Canada. Le quai 21 a accueilli des milliers d'immigrants. Aujourd'hui lieu historique national, il propose des expositions interactives, des projections virtuelles et des photos bouleversantes.

Le jardin public

Spring Garden Rd. *(902) 435 8327. t.l.j. partiel.*

Créé en 1836, ce jardin est une belle oasis victorienne

de 7 hectares de verdure et de couleurs, un havre de paix propice à la flânerie en plein cœur de la ville trépidante. Au centre du jardin, un kiosque chamarré accueille des concerts le dimanche. Pendant le week-end, des artisans présentent leurs créations devant les grilles du parc.

Lieu historique national de la citadelle de Halifax

(902) 426 5080. de mai à oct. : t.l.j. l'été.

Édifiée entre 1828 et 1856, la citadelle, en forme d'étoile, domine la ville, offrant une vue superbe sur ce port naturel, deuxième du monde par la taille. Avec ses lignes de fortification, elle constitua une défense redoutable. Sur le vaste terrain de manœuvres, le 78e régiment de Highlanders, en kilt, exécute deux fois par jour des exercices de mousquet.

La célèbre horloge d'Halifax, offerte en 1803 par la famille royale d'Angleterre

Old Town Clock

Symbole de la ville, cette vieille tour se trouve au pied de la citadelle. Son horloge fut offerte en 1803 par le prince Edward, duc de Kent, qui était à l'époque le commandant de la place. Très à cheval sur la ponctualité, il dessina une horloge à quatre cadrans, un pour chaque direction.

Mode d'emploi

385 000. 35 km au nord. CN Station. 6040 Almon St. 1595 Barrington St (902) 490 5946. Nova Scotia International Tattoo (juil.) ; Atlantic Jazz Festival (juil.) ; International Busker's Festival (août). www.destinationhalifax.com

Province House

1726 Hollis St. *(902) 424 4661. juil.-août : 9 h-17 h mer.-ven. ; sept.-juin : 9 h-16 h lun.-ven.*

Bâtie entre 1811 et 1819, Province House est le plus ancien bâtiment législatif du Canada. Ses dimensions modestes sont compensées par l'élégance de ses lignes et l'importance des décisions prises entre ses murs. En 1864, les pères de la Confédération s'y réunirent pour discuter de la création du Canada *(p. 44)*. On peut visiter les salles où ces projets virent le jour.

Halifax d'un coup d'œil

Citadelle ⑦
Government House ④
Historic Properties ①
Jardin public ⑥
Maritime Museum of the Atlantic ②
Old Town Clock ⑧
Pier 21 ⑤
Port ③
Province House ⑨

Légende

P Parc de stationnement
Gare ferroviaire
Embarcadère de ferry
Information touristique

Île du Cap-Breton ㉔

Whisky Glenora

L'attrait majeur du cap Breton est son extraordinaire beauté naturelle. Tous les ans, des milliers de visiteurs parcourent la fameuse Cabot Trail à la découverte des paysages rocailleux du parc national des Hautes-Terres-du-Cap-Breton *(p. 90-91)*. Mais la splendeur de cette île verte et fertile se manifeste également au long des routes de campagne et dans les régions plus reculées. Les Mabou Highlands, qui enlacent les eaux douces du lac Ainslee, le lac Bras d'or, aux rives pittoresques survolées par des aigles, et les villages côtiers romantiques comme Gabarus, battu par le vent, sont des sites incontournables. C'est aussi le cas de la forteresse de Louisbourg, reconstitution d'une ville de garnison française du XVIIIe siècle.

La Cabot Trail
Elle est particulièrement spectaculaire sur les 106 kilomètres qui suivent la côte.

Église Saint-Pierre à Cheticamp
Élevée en 1883, sa flèche en argent est typique des églises catholiques. L'église est en plein centre de Cheticamp, cœur de l'importante communauté acadienne locale de 3 000 personnes. La ville est aussi connue pour l'observation des baleines.

Lac Ainslee
Des routes touristiques font le tour de ce lac, dont les eaux calmes attirent de nombreuses espèces d'oiseaux comme les plongeons huards et les balbuzards pêcheurs.

Isle Madame

LÉGENDE

- Route principale
- Route secondaire
- Route pittoresque
- Cours d'eau
- Information touristique
- Point de vue
- Aéroport
- Limite du parc national
- Ferry

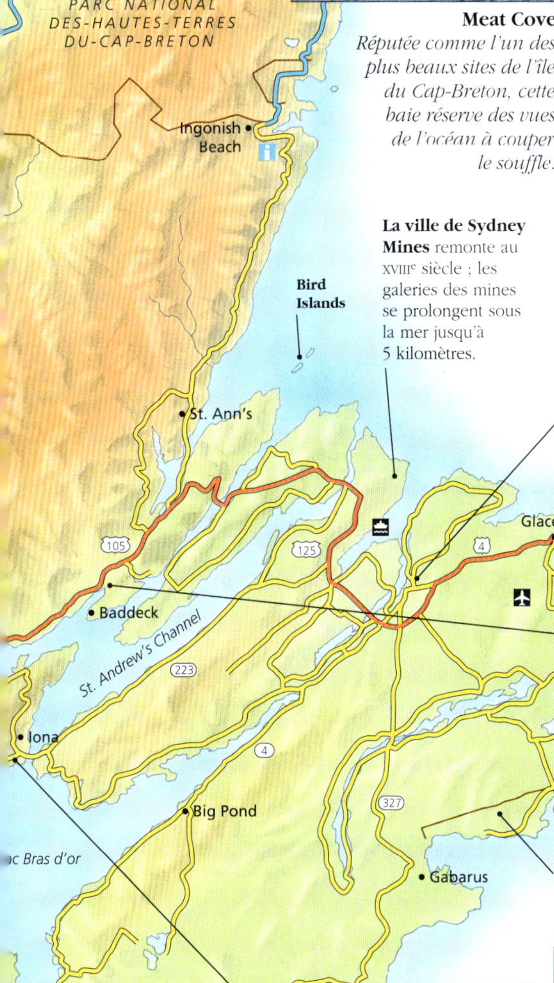

Meat Cove
Réputée comme l'un des plus beaux sites de l'île du Cap-Breton, cette baie réserve des vues de l'océan à couper le souffle.

MODE D'EMPLOI

(902) 425 5781.
Sydney. de Halifax.
de Port-aux-Basques et Argentia, Terre-Neuve.
www.cbisland.com

Sydney
Relativement petite, bien que troisième ville de Nouvelle-Écosse, Sydney est un centre minier depuis de longues années. Ses maisons anciennes constituent aujourd'hui son principal attrait.

La ville de Sydney Mines remonte au XVIIIe siècle ; les galeries des mines se prolongent sous la mer jusqu'à 5 kilomètres.

L'Alexander Graham Bell Museum est situé au bord du lac Bras d'or, dans ce qui fut la résidence d'été de Bell durant trente ans. Plans, copies et prototypes de ses plus célèbres inventions y sont exposés.

Forteresse de Louisbourg
Sa visite est une plongée en l'an 1744, en plein Canada français (p. 92-93). *Tout autour, des sentiers invitent à la promenade.*

Maisons des pionniers
Construites au XIXe siècle à Iona, elles ont été entièrement restaurées.

À la découverte de l'île du Cap-Breton

Homard frais du Cap-Breton

L'île la plus étendue de Nouvelle-Écosse possède certains des paysages les plus grandioses du Canada. Des collines des Hautes-Terres parcourues de ruisseaux étincelants aux plages de sable fin, les 300 kilomètres de la Cabot Trail assurent une des plus mémorables excursions du pays. Des routes de campagne séduisantes mènent aux magnifiques Mabou Highlands qui entourent le lac Ainslee et à de petites villes romantiques comme Baddeck ou le village acadien de Chéticamp, près de la verte vallée de la Margaree.

Bateaux de pêche au homard à Main-à-Dieu, sur l'île du Cap-Breton

Parc national des Hautes-Terres-du-Cap-Breton

En 1936, le gouvernement canadien créa ce parc national de 950 kilomètres carrés dans les Hautes-Terres, à l'extrémité nord de l'île du Cap-Breton. Alternance de montagnes, d'étendues sauvages verdoyantes et de splendides côtes battues par les vents, il doit aussi sa célébrité à la Cabot Trail, une route spectaculaire dont un tronçon épouse la côte nord sur 106 kilomètres, entre Chéticamp et Ingonish.

De part et d'autre de la Cabot Trail, principal itinéraire à l'intérieur du parc, se trouvent la plupart des curiosités. La route commence par escalader les pentes des montagnes littorales, puis continue vers le plateau des Hautes-Terres. Juste après French Lake, la courte Bog Walk est une promenade de planches qui traverse les marécages ; des panneaux explicatifs décrivent cet écosystème lié aux tourbières, où poussent des espèces rares d'orchidées. Il arrive aussi que l'on aperçoive l'un des nombreux orignaux qui paissent dans ces zones humides.

Après avoir franchi les French Mountains et les Mackenzie Mountains, la Cabot Trail amorce une descente spectaculaire vers le hameau ancien et plein de charme de Pleasant Bay, pour retourner ensuite dans les Hautes-Terres.

La mer à Ingonish Beach, sur l'île du Cap-Breton

Après North Mountain, qui est le point culminant du parc (457 mètres), elle atteint la vallée de l'Aspy, où un embranchement mène au pied des chutes de Beulach Ban, hautes de 30 mètres.

Au cap nord, une petite route se dirige vers Bay St. Lawrence, village en bordure du parc où l'on peut observer les baleines, puis à Meat Cove, au bout d'un parcours magnifique. Plus loin, le Scenic Loop se détache de la Cabot Trail pour longer la côte, offrant des vues impressionnantes dans sa descente sur White Point. Cette route rejoint la Cabot Trail à l'est, à la station balnéaire d'Ingonish. Son terrain de golf, le Highland Links, est l'un des plus réputés du Canada.

Parc national des Hautes-Terres-du-Cap-Breton
Chéticamp.
(902) 224 2306. *t.l.j.*
partiel.

Baddeck

Situé au nord-ouest du lac Bras d'or, en face de la propriété d'Alexander Graham Bell, tombé amoureux de l'endroit, le lieu de séjour le plus recherché de l'île est niché au milieu de riches terres arables. Baddeck est restée la petite ville accueillante qui séduisait les visiteurs au XIXe siècle. Tout est accessible à pied. La rue principale, bordée de boutiques, de cafés et de restaurants, suit la rive du lac, et Water Street, également au bord de l'eau, est le point de départ pour des promenades en bateau.

La principale curiosité de Baddeck est le **Lieu historique national Alexander Graham Bell**. Un musée y abrite une très riche collection d'objets, de photos et de documents sur la vie du célèbre inventeur et philanthrope, allant de ses premiers téléphones à une reproduction de son hydrofoil, le HD-4.

Baddeck
Chebucto St. (902) 295 1911.
Lieu historique national Alexander Graham Bell
559 Chebucto St. *(902) 295 2069.* *t.l.j.*

Pêcheur à la mouche dans les eaux de la Margaree, qui abondent en saumons et en truites

Vallée de la rivière Margaree

Cette petite vallée vert émeraude est enchanteresse. Depuis le milieu du XIXe siècle, la rivière attire des foules de pêcheurs à la truite et au saumon auxquels se joignent aujourd'hui randonneurs, amateurs d'antiquités et touristes.

Dans la petite ville de North East Margaree, le **Margaree Salmon Museum**, minuscule mais très chic, avec ses superbes cannes à pêche et moulinets anciens, séduit tous les visiteurs – pêcheurs ou non.

Des routes pavées ou gravillonnées longent la Margaree jusqu'au superbe site de Big Intervale, où arrivent les eaux venant des Hautes-Terres. Les alentours se prêtent à la pêche, à la randonnée et au cyclotourisme.

Margaree Valley
Margaree Fork (902) 248 2803.
Margaree Salmon Museum
60 E. Big Interval Rd. *(902) 248 2848. de mi-juin à mi-oct. : de 9 h à 17 h t.l.j. partiel.*

Chéticamp

Cette ville animée est le principal centre acadien de Nouvelle-Écosse. Sa belle église, Saint-Pierre, se voit de la mer à des kilomètres. Les Acadiens du Cap-Breton sont d'habiles artisans et les sept coopératives de la ville produisent des céramiques et des tapis crochetés de toute beauté. Ceux d'Élisabeth LeFort, réputés, sont exposés au Vatican et à la Maison Blanche, et certains des plus beaux sont présentés au **Dr. Élisabeth LeFort Museum**, aux Trois-Pignons.
Chéticamp attire aussi les amoureux des baleines ; des excursions permettent d'observer les nombreuses espèces évoluant au large.

Dr. Élisabeth LeFort Museum
15584 Main St. *(902) 224 2642. de mai à oct. : t.l.j.*

Sydney

Sydney est la seule ville importante de l'île du Cap-Breton et la troisième de Nouvelle-Écosse. Siège de la plus grande aciérie d'Amérique du Nord, elle possède néanmoins un séduisant petit quartier historique. Plusieurs édifices y ont été restaurés, comme Cossit House et Jost House, qui datent des années 1870. Dans le centre-ville, boutiques, magasins et restaurants bordent Charlotte Street, la rue principale.

Sydney
Sydney (902) 539 9876.

Alexander Graham Bell

Alexander Graham Bell

Alexander Graham Bell est né en Écosse en 1847. La surdité de sa mère fit qu'il se passionna dès l'enfance pour la parole et la communication. En 1870, sa famille s'installa en Ontario *(p. 216)*. Ses travaux impliquant la transmission de la voix par des moyens électroniques, il commença à expérimenter différentes technologies utilisées par le télégraphe. En 1876, il émit le premier message téléphonique du monde. Son invention, brevetée, fit de lui l'un des hommes qui changèrent la face du monde. En 1877, il épousa Mabel Hubbard, une de ses étudiantes sourdes. En 1885, le couple visita le Cap-Breton où Bell fit construire plus tard sa belle propriété, Beinn Bhreagh. Jusqu'à sa mort en 1922, il y passa tous les étés à travailler. À Baddeck, l'Alexander Graham Bell Museum est consacré à sa vie et à ses divers travaux.

La forteresse de Louisbourg

Guide en costume

Bâtie entre 1713 et 1744, cette splendide forteresse était le symbole de la puissance française au Nouveau Monde. C'est aujourd'hui la plus vaste reconstitution d'un ouvrage militaire en Amérique du Nord. La porte à peine franchie, le visiteur est ramené en 1744, au début de la guerre entre la France et l'Angleterre. Des dizaines de guides en costume d'époque recréent l'animation d'une ville commerçante française du XVIIIe siècle : dans les rues et les maisons, marchands, soldats, poissonniers et lavandières vaquent à leurs activités quotidiennes. De la plus modeste habitation de pêcheur à l'élégante demeure de l'ingénieur militaire en chef, la plus grande attention a été portée à tous les détails. Les animateurs costumés donnent des informations sur la forteresse, son histoire et la vie des habitants qu'ils incarnent.

Vue à vol d'oiseau

Siège du gouvernement et commandement central de la présence militaire française au Nouveau Monde, la forteresse abritait plusieurs milliers d'âmes.

Le quai et la porte Frédéric

Le quai est toujours le point central du fort car de nombreuses activités se déroulent près de l'imposante arcade jaune de l'entrée d'honneur.

À NE PAS MANQUER

★ Le bastion du roi

★ La résidence de l'ingénieur

★ La résidence de l'ingénieur

Chargé de tous les travaux publics à l'intérieur de la forteresse, l'ingénieur était un des hommes les plus puissants de la communauté.

MODE D'EMPLOI

Route 22, au sud-ouest.
(902) 733 2280. mai, juin, sept., oct. : 9 h 30-17 h t.l.j. ; juil., août : 9 h-18 h.
www.louisbourg.ca/fort

★ Le bastion du roi
Cinq cents soldats français vivaient dans ces bâtiments, sorte de citadelle à l'intérieur de la forteresse.

La glacière servait à entreposer les produits frais pour la table du gouverneur.

Logements des officiers

La boulangerie du roi
On peut acheter du pain frais dans cette boulangerie qui fournissait jadis les rations des soldats.

La forge
Les techniques traditionnelles sont pratiquées par des artisans en costume qui ont étudié les procédés du XVIIIe siècle.

Le corps de garde abritait la première ligne de défense, vitale ; les gardes s'y tenaient quand ils étaient en service.

La porte du Dauphin
Des soldats en uniforme d'époque y contrôlent les entrées, comme en 1744. Son décor a été reconstitué en se fondant sur des vestiges de la porte d'origine retrouvés dans les années 1960.

Le Québec

Présentation du Québec

Le Québec est la plus grande province du Canada et le plus vaste territoire francophone du monde. La majorité de ses 7 millions d'habitants, descendants des colons français, a depuis toujours défendu son identité culturelle. Aux villes et villages qui ont surgi au nord de la frontière américaine s'oppose la toundra qui enserre la baie d'Hudson. Le Saint-Laurent est une artère vitale. Sur la rive nord du fleuve, à la superbe région de Charlevoix, adossée à la chaîne des Laurentides, succède la toundra en montant vers la baie James et son important complexe hydroélectrique et le détroit d'Hudson. Sur sa rive sud, la Gaspésie est plus montagneuse. Montréal, la cosmopolite, et Québec, capitale provinciale et seule ville fortifiée d'Amérique du Nord, sont les deux grandes métropoles du Québec.

Saint-Jovite, avec en toile de fond les magnifiques couleurs automnales des Laurentides

Le centre de Montréal, la plus grande ville du Québec, s'anime à la tombée de la nuit

0 100 km
0 100 miles

Légende

- Autoroute
- Route principale
- Cours d'eau

Voir aussi

• ***Hébergement*** p. 346-350
• ***Restaurants et cafés*** p. 366-370

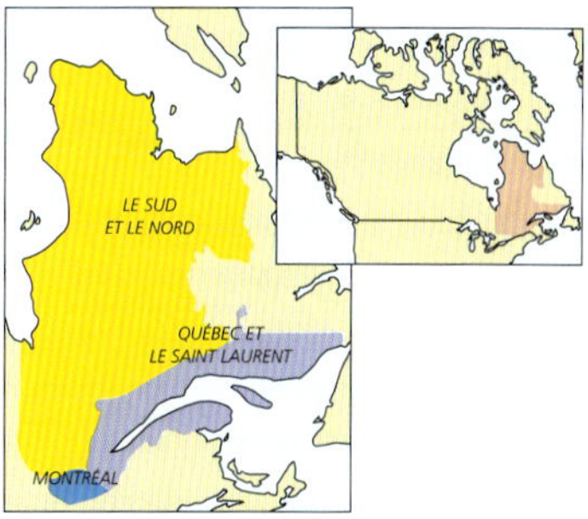

Parade militaire à la citadelle *(p. 132-133)*, dominée par le château Frontenac

CIRCULER

Toutes les grandes villes ont un aéroport. La province est intégralement desservie par les autocars Voyageur, Orléans Express et par des compagnies régionales. Les cars Greyhound, partant des États-Unis, vont jusqu'à Montréal. Limocar couvre les Laurentides et Autobus Viens les cantons de l'Est. Si le chemin de fer se concentre au sud du Québec, le réseau d'autoroutes, excellent, est très étendu.

Les forêts d'érables

Feuille d'érable rouge du Canada

Les vieilles forêts d'érables, dont le Québec et l'Ontario tirent fierté depuis longtemps, ont plus à offrir que la flamboyante beauté de leur feuillage, qui vire à l'orangé et au carmin dans tout le sud en automne. Au printemps, en effet, les arbres donnent leur produit le plus fameux : la sève. Douceâtre et limpide, elle est obtenue par la simple entaille de l'écorce de l'arbre, un procédé qui n'a pas évolué depuis sa découverte par les Amérindiens. En revanche, son transport et sa transformation ont provoqué la naissance d'une industrie dont le Québec est le leader dans le monde. Les érables à sucre *(Acer saccharum)* dépassent souvent 30 mètres de haut et leur tronc peut atteindre un mètre de diamètre. Le sirop est la production principale. Le bois dur sert à faire des meubles, et la feuille de l'érable rouge a inspiré la création de l'« unifolié », le drapeau du Canada, en 1965.

***La première étape** consiste à entailler le tronc de l'érable au printemps, à la montée de la sève.*

***Traditionnellement**, la sève était transportée à travers les forêts dans de grands tonneaux placés sur un traîneau à chevaux. Depuis les années 1970, des tubulures en plastique blanc l'amènent directement à la cabane à sucre.*

***Les cabanes à sucre** ou « sucreries » sont construites dans la forêt au milieu de l'érablière, ou groupe d'érables producteurs de sève. Il faut de longues heures pour faire évaporer lentement la sève et la réduire en sirop. Les Québécois sont nombreux à respecter cette tradition printanière et à venir goûter à la tire versée sur la neige.*

Les produits de l'érable

Les produits de l'érable entrent dans la composition d'aliments sucrés et salés

À la fin du XIXe siècle, stérilisation et mise en conserve s'allient pour donner naissance à une véritable industrie acéricole dont le pivot est le sirop d'érable. Il accapare aujourd'hui 80 % de la récolte annuelle. Les propriétaires d'érablières vont donc, à partir de cette époque, étudier particulièrement les procédés de conservation, et établir une charte de classification des sirops par nuances, arômes et saveurs. Simultanément, ils développent des produits secondaires qui répondent à la demande de consommateurs américains, européens et asiatiques. En plus des traditionnels tire, sirop et pain de sucre, le Québec distribue à travers le monde des produits 100 % purs et sans additifs : beurre d'érable (à tartiner), gelées, granules, ainsi que des produits de confiserie et de pâtisserie.

Sirop d'érable

L'histoire du sirop d'érable

Les Amérindiens auraient découvert par hasard la sève d'érable qui, à la fonte des neiges, s'échappe de la moindre blessure ou branche cassée. Ils la consommaient au naturel pour s'en désaltérer, ou légèrement évaporée au soleil ou sur la pierre. Établis dès le XVIIe siècle dans la vallée du Saint-Laurent, les Français transportaient avec eux des ustensiles de métal qui leur ont permis de faire bouillir la sève et de la transformer en sirop, puis en sucre. Pendant près de deux siècles, la fabrication de ces produits a été artisanale. On fait provision du sucre ; le sirop ne se conservant pas, on le consomme rapidement.

__Il faut faire bouillir__ 40 litres de sève pour obtenir un litre de sirop. La couleur ambrée et l'arôme apparaissent en cours de distillation. Le premier sirop de chaque lot est le plus clair et le plus prisé.

__Transformer la sève en sirop__ prend beaucoup de temps. Elle bout sur un feu de bois jusqu'à ce que l'eau qu'elle contient (environ 98 %) se soit évaporée. Certaines sucreries ont recours à des évaporateurs mécaniques, mais la plupart sont fidèles aux techniques traditionnelles.

La Voie maritime du Saint-Laurent

La Voie maritime du Saint-Laurent et le système hydrographique des Grands Lacs traversent le nord-est de l'Amérique du Nord sur plus de 3 700 kilomètres, entre le golfe du Saint-Laurent sur l'Atlantique et Dulhut, tout à l'ouest du lac Supérieur, dans le Minnesota. La Voie maritime à proprement parler s'étend sur 553 kilomètres de Montréal au lac Érié et couvre 245 750 kilomètres carrés d'eaux navigables. C'est la plus longue voie fluviale du monde à fort tirant d'eau. Les navires transportent d'énormes tonnages pour le marché canadien, mais plus de 60 % des échanges se font avec les ports étrangers, notamment d'Europe, du Proche-Orient et d'Afrique. Le trafic est varié : les gros transporteurs de céréales voisinent avec les bateaux de plaisance.

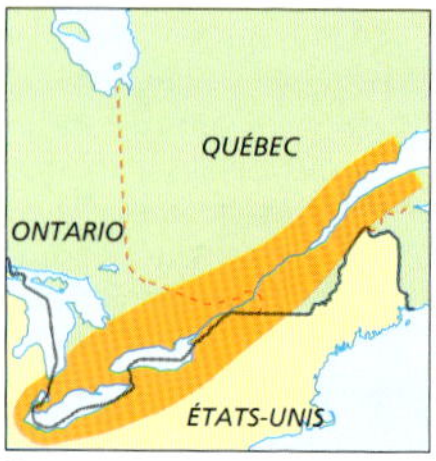

CARTE DE SITUATION

Voie maritime

L'HISTOIRE DE LA VOIE MARITIME

Dès la fin du XVIIe siècle, le sulpicien François Dollier de Casson avait soumis un projet pour contourner les rapides de Lachine. Mais il fallut attendre 1804 pour voir l'inauguration d'un premier canal qui, réaménagé, prit le nom de canal royal du Canada en 1824. En 1833 fut ouvert le premier canal Welland. Le quatrième, construit en 1932, fut la première partie moderne de la Voie maritime. L'an 1951 marqua le début de la coopération entre les États-Unis et le Canada pour un nouveau projet, lancé au Canada en 1954. Le 25 avril 1959, la Voie était inaugurée.

Le *D'Iberville*, premier bateau sur la Voie

Des bateaux de plaisance *croisent sur la Voie maritime dans la région des Thousand Islands près de Kingston, en Ontario. L'été, les petits bateaux profitent des excellentes possibilités de navigation et de ski nautique qu'offre ce tronçon.*

***Montréal** est le port d'origine de la Voie maritime. C'est là que fut inaugurée, au XVIIIe siècle, cette porte donnant accès à l'intérieur du continent. Aujourd'hui, grâce aux brise-glace, la voie est ouverte près de dix mois sur douze.*

***Les cargos** transportent minerai de fer, céréales et charbon, entre autres matières premières : plus de 2 milliards de tonnes de marchandises ont circulé depuis 1959. L'industrie lourde canadienne ne pourrait pas vivre sans la Voie maritime.*

***Grâce à un système d'écluses** comme celle de Saint-Lambert à l'ouest de Montréal, les navires évitent les rapides du fleuve et subissent sans problème la dénivellation de 68,80 mètres entre Montréal et le lac Ontario.*

La construction de la Voie maritime

En 1895, les gouvernements américain et canadien créèrent une commission spéciale (Deep Waterways Commission) pour étudier le meilleur moyen de transformer le fleuve. En effet, aucun des aménagements qu'avaient subi les différents canaux existants au cours du XIXe siècle n'avait répondu à l'évolution des navires de transport. L'ampleur du projet et l'absence d'objectifs communs entre le Canada et les États-Unis retardèrent l'ouverture du chantier jusqu'au 10 août 1954. Évalué à un milliard de dollars canadiens, le projet comportait un deuxième volet, à savoir le transport d'électricité québécoise vers l'Ontario et l'État de New York. Les travaux furent menés à bien en moins de douze mois par 22 000 ouvriers. La Voie maritime du Saint-Laurent fut inaugurée le 25 avril 1959. Sept villages disparurent et près de 7 000 personnes durent être déplacées au cours de ces travaux d'Hercule.

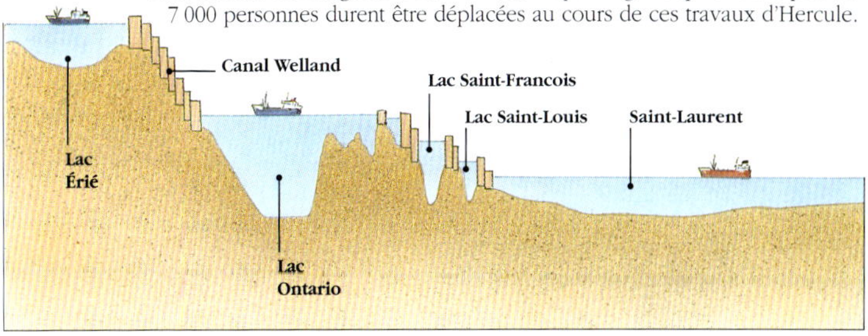

Coupe de la Voie maritime avec les écluses et les différents niveaux des eaux

Rothmans Ltée
BISTRO

Montréal

Deuxième ville du Canada, Montréal est la plus grande cité du continent américain. L'établissement fondé sous le patronage de la Vierge par les Français au XVIIe siècle sur une île du Saint-Laurent est devenu un centre industriel, commercial et culturel d'avant-garde. Certains édifices témoignent encore de ses origines mystiques, les flèches de ses cent clochers s'opposant à ses gratte-ciel.

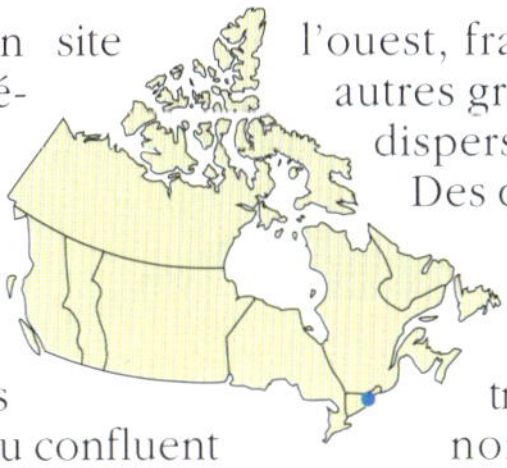

Fondée en 1642 sur un site fréquenté par les Amérindiens, Montréal a su profiter de sa remarquable situation géographique qui la plaçait à la tête des principaux axes de pénétration vers l'intérieur du continent. Au confluent du Saint-Laurent et de la rivière des Outaouais (Ottawa), elle a été le premier noyau du développement industriel et commercial du Canada. Si, aujourd'hui, elle a perdu une partie de son pouvoir économique au profit de Toronto, plus à l'ouest, son rôle de pôle culturel est passé au premier plan. Sur ses 3 millions d'habitants, environ 70 % sont d'origine française et 15 % d'origine britannique, le reste correspondant à toutes les grandes ethnies. Les différentes communautés sont réparties en une véritable mosaïque : anglophones à l'ouest, francophones à l'est, les autres groupes formant des îlots dispersés.

Des quartiers cossus s'agrippent aux flancs du mont Royal, la colline de 234 mètres au centre de l'île qui a donné son nom à la ville. Avec ses rues pavées, le Vieux-Montréal est blotti au bord de l'eau, tandis que les commerces se trouvent plus au nord, en particulier le long de la rue Sainte-Catherine. Un labyrinthe de galeries est relié au métro et à la ville souterraine, avec ses magasins, restaurants, cinémas, bureaux et logements. Une visite du Parc olympique et du musée d'Art contemporain, venu augmenter la liste déjà importante des musées de la ville dans les années 1990, donnera un autre aperçu de la Montréal moderne.

Vue sur les gratte-ciel de Montréal

◁ **Serveurs devant un bistro typique du centre-ville de Montréal**

À la découverte de Montréal

Montréal est bâtie sur une île longue de 50 km au confluent des fleuves Ottawa et Saint-Laurent. Le cœur de la cité, assez dense et souvent pittoresque, s'étend au sud et à l'est de la colline du mont Royal, qui sert de point de repère, tandis que le Vieux-Montréal est niché au bord du Saint-Laurent. Entre les deux, se situe le centre-ville moderne. Les rues qui se coupent à angle droit forment un quadrillage qui facilite largement l'orientation.

Le centre de Montréal au crépuscule

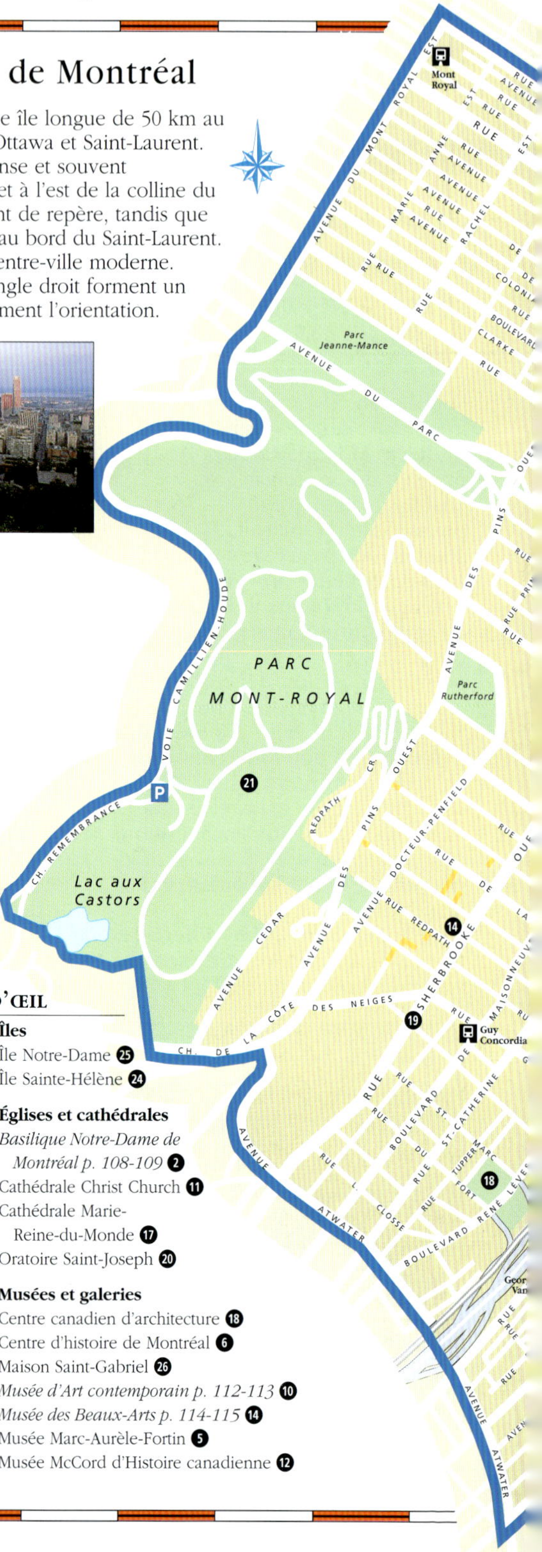

Légende

- Vieux-Montréal pas à pas *p. 106-107*
- Aéroport international
- Gare ferroviaire
- Gare routière
- Embarcadère de ferry
- Information touristique
- Parc de stationnement
- Station de métro
- Autoroute
- Route principale
- Rue piétonne

Le centre d'un coup d'œil

Édifices et quartiers historiques
Château Ramezay ❸
Lachine ㉗
Lieu historique national Sir-George-Étienne-Cartier ❹
Place-des-Arts ❾
Plateau-Mont-Royal ❽
Quartier chinois ❼
Rue Sherbrooke ⓳
Square Dorchester et place du Canada ⓰
Université McGill ⓭
Ville souterraine ⓯
Vieux-Port ❶

Parcs et jardins
Jardin botanique de Montréal ㉓
Parc Mont-Royal ㉑
Parc olympique p. 120-121 ㉒

Îles
Île Notre-Dame ㉕
Île Sainte-Hélène ㉔

Églises et cathédrales
Basilique Notre-Dame de Montréal p. 108-109 ❷
Cathédrale Christ Church ⓫
Cathédrale Marie-Reine-du-Monde ⓱
Oratoire Saint-Joseph ⓴

Musées et galeries
Centre canadien d'architecture ⓲
Centre d'histoire de Montréal ❻
Maison Saint-Gabriel ㉖
Musée d'Art contemporain p. 112-113 ❿
Musée des Beaux-Arts p. 114-115 ⓮
Musée Marc-Aurèle-Fortin ❺
Musée McCord d'Histoire canadienne ⓬

CIRCULER

Un tunnel et 15 ponts relient l'île de Montréal au « continent », et les voies express Ville-Marie et Bonaventure convergent vers le centre-ville. Le métro et l'autobus, qui desservent la plupart des centres d'intérêt, sont les moyens de transport les plus commodes.

CARTE DE SITUATION

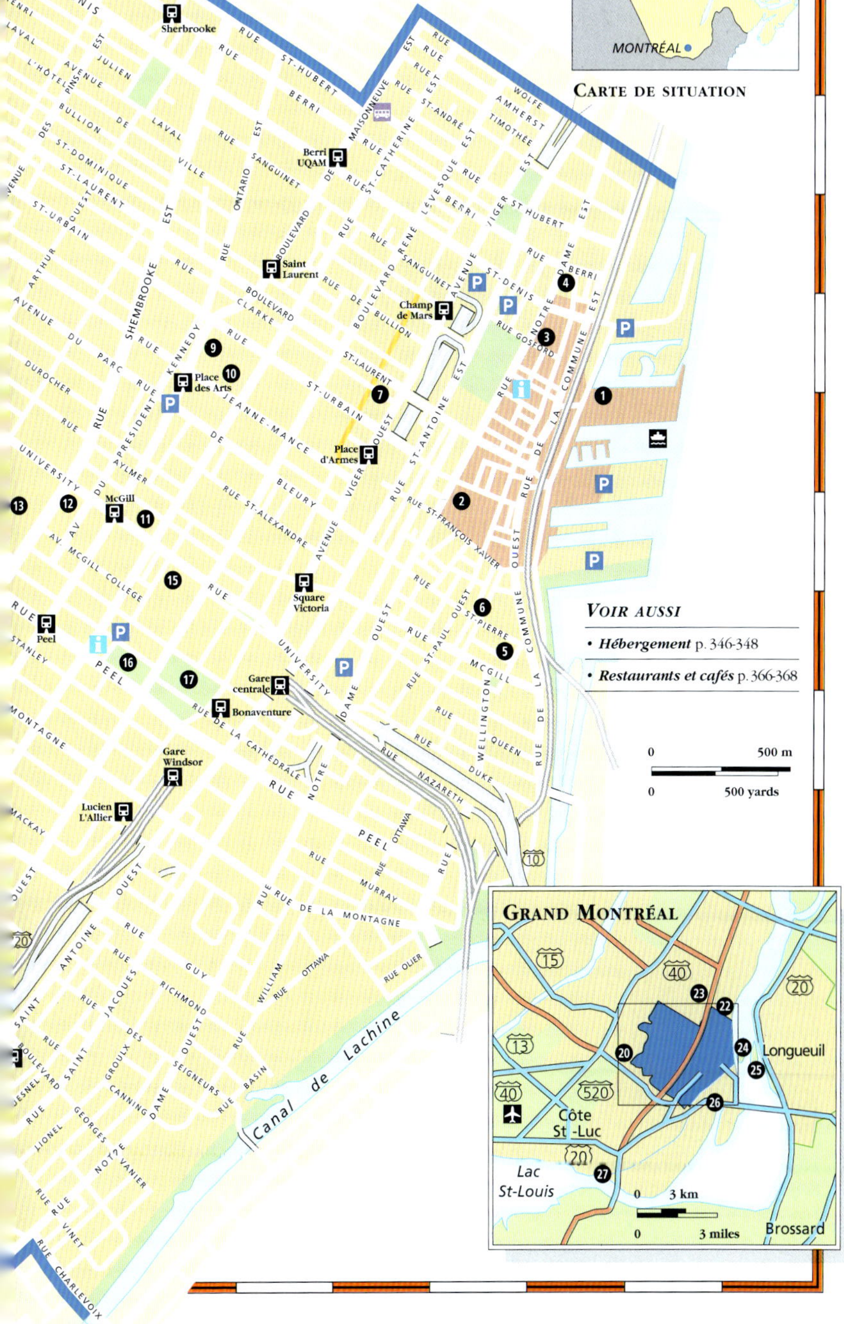

VOIR AUSSI

- ***Hébergement*** p. 346-348
- ***Restaurants et cafés*** p. 366-368

Le Vieux-Montréal pas à pas

Enseigne dans la rue Saint-Paul

Une partie du Vieux-Montréal est formée de vestiges du petit poste français fondé en 1642 par Paul de Chomédy de Maisonneuve près des rapides de Lachine. Si les efforts d'évangélisation eurent peu de succès, la ville prospéra d'abord grâce à la traite des fourrures, qui permit à une élite de se faire construire de belles demeures à l'intérieur des fortifications. Cependant, l'expansion de Montréal au milieu du XXe siècle sonna le déclin de la vieille ville. Au début des années 1980, ce quartier historique fut redécouvert et on s'attacha à le restaurer. Rues de la Commune, Notre-Dame et Saint-Paul, des édifices du XVIIIe siècle abritent aujourd'hui restaurants, bistros et boutiques.

Vue depuis le Saint-Laurent
Les rues anciennes qui descendent vers le fleuve majestueux réservent une escapade romantique en plein cœur de la ville moderne.

★ Basilique Notre-Dame
Avec son intérieur polychrome richement décoré, ce joyau de la ville achevé en 1829 est l'une des plus belles églises catholiques d'Amérique du Nord. ❷

Musée d'Archéologie et d'Histoire de Montréal
La visite des sous-sols permet de découvrir plusieurs vestiges, dont un système d'alimentation en eau du XVIIe siècle.

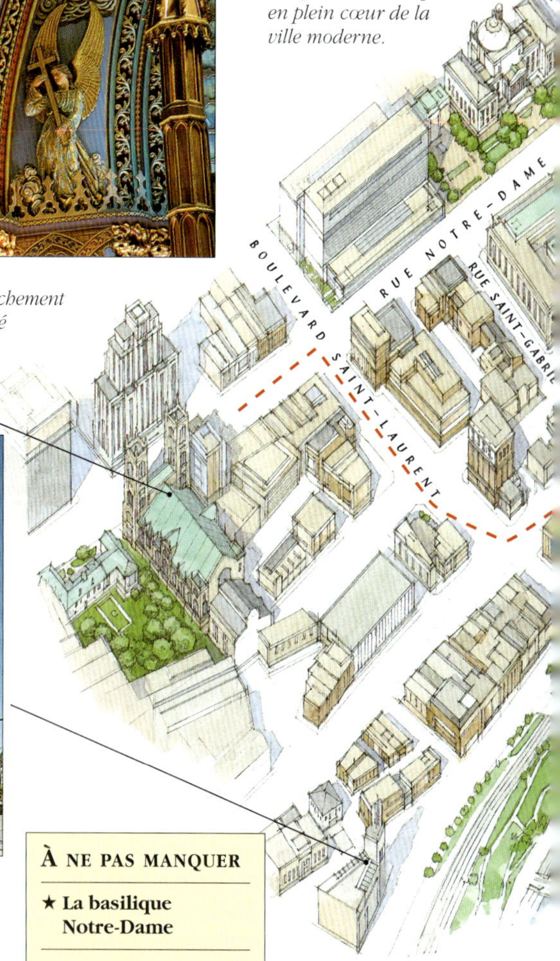

À NE PAS MANQUER

★ La basilique Notre-Dame

★ Le château Ramezay

Hôtel de ville
Inauguré en 1878, il fut endommagé par un incendie en 1922. Il fut alors restauré dans son style second Empire d'origine.

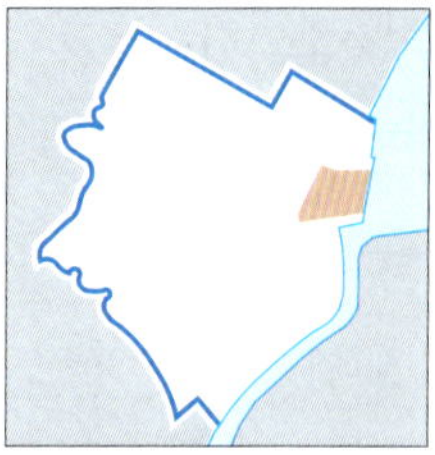

Carte de situation
Plan de Montréal p. 104-105

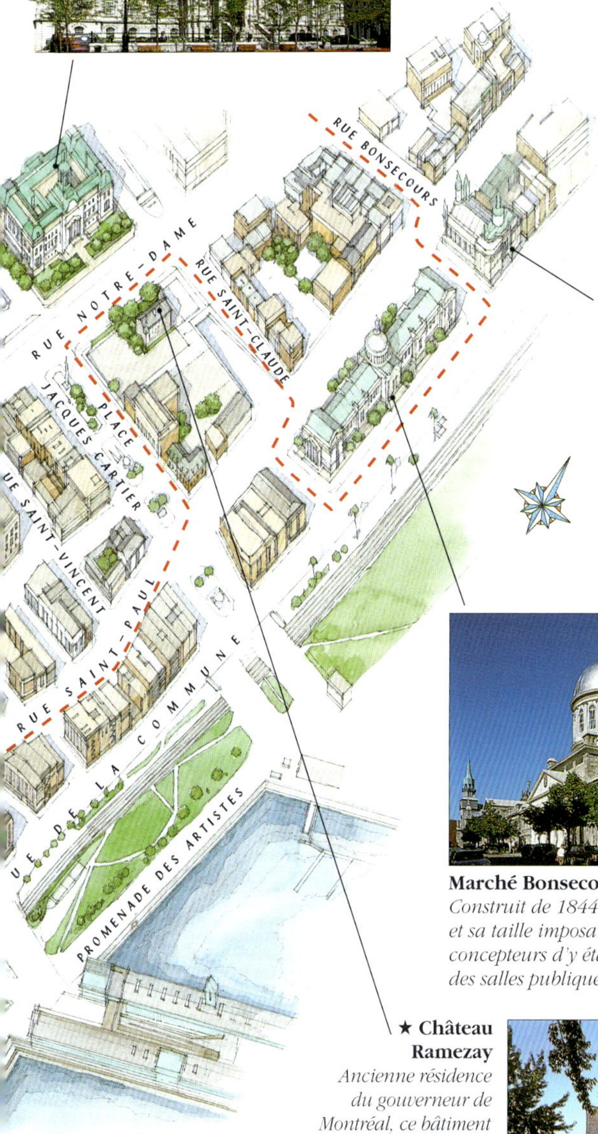

Chapelle Notre-Dame-de-Bon-Secours
Par sa position au bord du fleuve, elle a longtemps été un point de repère pour les navigateurs.

Marché Bonsecours
Construit de 1844 à 1847, il doit son style et sa taille imposante au désir de ses concepteurs d'y établir l'hôtel de ville, des salles publiques et des halles.

0 100 m
0 100 yards

Légende

Itinéraire conseillé

★ Château Ramezay
Ancienne résidence du gouverneur de Montréal, ce bâtiment du XVIIIe siècle héberge un musée dont les collections évoquent la vie de certains Français de l'époque. ❸

Vieux-Port ❶

333, rue de la Commune. (514) 496 7678. Gare centrale. 55. Terminus Voyageur. Square-Victoria. www.oldportofmontreal.com

Au début des années 1950, Montréal possédait le port intérieur le plus important d'Amérique du Nord. Il déclina considérablement avec l'aménagement de la Voie maritime, qui permettait aux navires de fort tonnage d'atteindre les Grands Lacs sans s'y arrêter. En 1981, la Société du Vieux-Port reçut le mandat de revitaliser ce secteur. Elle le transforma en parc public : le Vieux-Port de Montréal. Ses pelouses et sa promenade de 12,5 kilomètres au bord de l'eau se fondent dans le Vieux-Montréal, qui a ainsi retrouvé son ouverture sur le fleuve.

Promenade à vélo sur les quais du Vieux-Port

L'ambiance très animée du Vieux-Port est propice aux loisirs. On y vient l'été pour flâner, faire du vélo ou du roller.

Château Ramezay ❸

280, rue Notre-Dame E. (514) 861 3708. VIA Rail. 14, 55. Terminus Voyageur. Champ-de-Mars. de juin à sept. : de 10 h à 18 h t.l.j. ; d'oct. à mai : de 10 h à 16 h 30 du mar. au dim. 25 déc., 1er jan. www.chateauramezay.qc.ca

Quand le onzième gouverneur de Montréal, Claude de Ramezay, prit son poste en 1702, il eut vite le mal du pays ; la demeure aux murs en pierre, chiens assis et toiture de cuivre qu'il fit édifier devait lui rappeler sa Normandie natale. Les tours rondes et trapues ajoutées au XIXe siècle

Basilique Notre-Dame de Montréal

Située devant la place d'Armes, Notre-Dame, devenue basilique en 1982, est l'église catholique la plus vaste de la ville. De style néogothique, elle a été élevée en 1829 sous la direction de l'architecte américain James O'Donnell. Sa nef voûtée peut accueillir 3 000 fidèles. Dans les années 1870, l'exécution d'un remarquable décor intérieur en bois sculpté fut confiée au célèbre artiste canadien Victor Bourgeau.

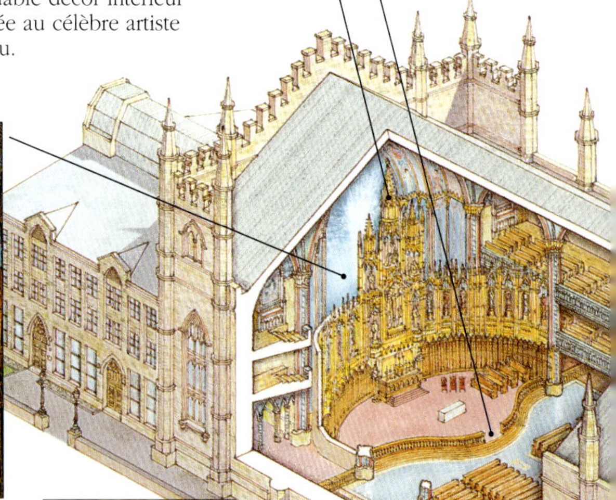

Le maître-autel est en bois de pin et de noyer.

La nef, au ciel d'azur étoilé, est éclairée par trois roses.

★ Retable

Réalisé d'après des croquis de Victor Bourgeau, c'est le point de mire du sanctuaire.

★ Chaire

Très ornée, elle a été sculptée par Louis-Philippe Hébert. Les prophètes Ézéchiel et Jérémie encadrent sa base.

À NE PAS MANQUER

- ★ Le retable
- ★ La chaire

en accentuent encore l'allure de « château ». À la suite de Ramezay, plusieurs gouverneurs en firent leur résidence, et cet impressionnant bâtiment accueillit même un temps la Compagnie des Indes occidentales. La restauration effectuée lui a restitué son aspect d'origine. Particulièrement intéressant est le salon « de Nantes », avec ses boiseries sculptées au XVIIIe siècle par l'architecte français Germain Boiffrand. Au rez-de-chaussée, une collection d'uniformes, meubles et documents évoque la vie des élites de la Nouvelle-France, et dans les caves celle des humbles colons. À voir : la première automobile de la ville, d'un beau rouge écarlate.

Lieu historique national Sir-George-Étienne-Cartier ❹

458, rue Notre-Dame. *(514) 283 2282.* *Gare centrale.* *Terminus Voyageur.* *Champ-de-Mars.* *de sept. à déc. et d'avr. à mi-mai : de 10 h à 18 h t.l.j.* *jan. et mars.*

George-Étienne Cartier (1814-1873), un des pères de la Confédération canadienne *(p. 44)*, fut l'un des hommes politiques canadiens-français les plus influents de son époque. Vers 1840 et en 1862, il acquit deux maisons mitoyennes de construction récente. Élevées au rang de lieu historique national, elles présentent chacune un aspect de sa vie. La première est consacrée à sa carrière de juriste, homme politique et promoteur du chemin de fer. Les visiteurs peuvent y écouter, en français ou en anglais, un résumé des fondements politiques du Canada moderne. La deuxième évoque l'appartenance de Cartier à la bourgeoisie de l'ère victorienne. La visite des pièces est accompagnée de la diffusion de bribes de conversation qu'auraient pu s'échanger les domestiques.

Horloge au musée Étienne-Cartier

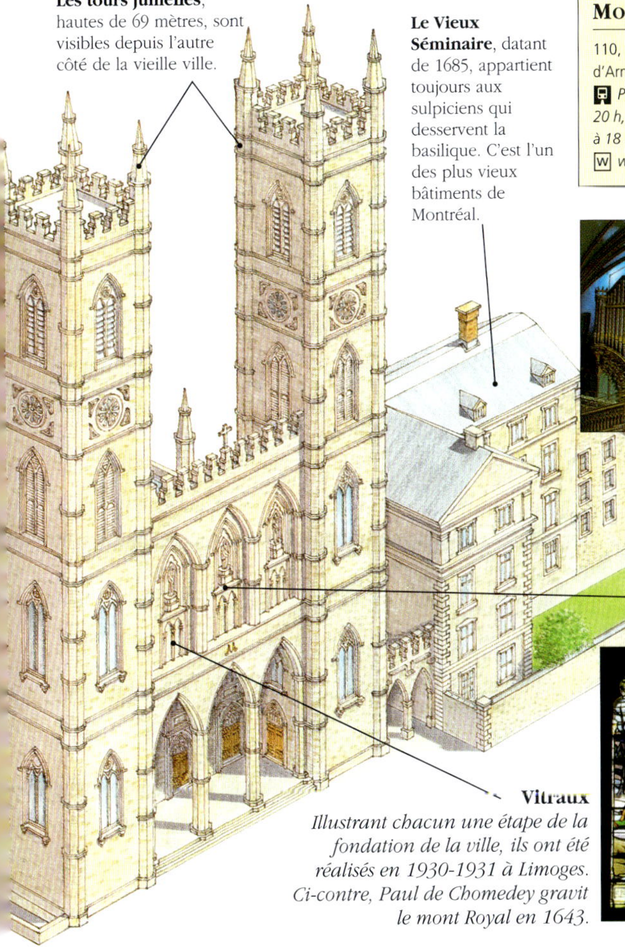

Les tours jumelles, hautes de 69 mètres, sont visibles depuis l'autre côté de la vieille ville.

Le Vieux Séminaire, datant de 1685, appartient toujours aux sulpiciens qui desservent la basilique. C'est l'un des plus vieux bâtiments de Montréal.

Vitraux
Illustrant chacun une étape de la fondation de la ville, ils ont été réalisés en 1930-1931 à Limoges. Ci-contre, Paul de Chomedey gravit le mont Royal en 1643.

MODE D'EMPLOI

110, rue Notre-Dame O., place d'Armes. *(514) 842 2925.* *Place-des-Arts.* *de 8 h à 20 h, t.l.j. ; de nov. à mai : de 7 h à 18 h, t.l.j.* *t.l.j.* *www.basiliquenddm.org*

Grandes orgues
Elles sont l'œuvre du célèbre facteur d'orgues Casavant (1891). Des concerts ont lieu fréquemment.

Musée Marc-Aurèle-Fortin ❺

118, rue Saint-Pierre. *(514) 845 6108.* *Gare centrale.* *Terminus Voyageur.* *Square-Victoria.* *de 11 h à 17 h du mar. au dim.*

Installé dans un vieil entrepôt en pierre qui appartenait à des religieuses, ce musée possède une riche collection d'œuvres de Fortin et organise des expositions d'artistes québécois contemporains. Né en 1888, alors que les styles européens dominaient l'art nord-américain, Marc-Aurèle Fortin métamorphosa la peinture de paysage au Canada. Il adorait la lumière du Québec et eut recours à de nombreuses techniques originales, notamment pour en capter la « chaude lumière ». À sa mort en 1970, il laissait non seulement un ensemble prodigieux d'œuvres, mais aussi un regard totalement neuf sur la nature, en particulier sur les campagnes de Sainte-Rose, son village natal.

La façade en pierre grise du musée Marc-Aurèle-Fortin

Centre d'histoire de Montréal ❻

335, place d'Youville. *(514) 872 3207.* *61.* *Square-Victoria.* *de mi-mai à août : t.l.j. ; de sept. à mai : du mar. au dim.* *de mi-déc. à mi-jan.*

Il a été aménagé dans l'ancien quartier général du « service d'incendie » construit en 1903. Ses collections illustrent l'histoire de Montréal, des premiers établissements amérindiens jusqu'à l'époque moderne, en insistant sur la vie quotidienne. Il comporte deux étages d'expositions permanentes. Le premier, « Montréal, 5 étapes », retrace cinq épisodes de l'histoire de la ville, depuis 1535 et la rencontre des Premières Nations indiennes avec les explorateurs européens, jusqu'au boom culturel des années 1960. Au deuxième, « Montréal, aux mille visages » illustre l'histoire commerciale de la cité et celle de son immigration, avec des extraits d'actualités filmées des années 1930, 1940 et 1950. Au troisième étage, un belvédère offre une belle vue panoramique de la vieille ville et du vieux port.

Le Centre d'histoire de Montréal

Quartier chinois ❼

Champ-de-Mars ; Place-des-Arts.

Cette appellation devient un peu anachronique, car de nombreux restaurants et magasins du quartier chinois, qui couvre dix-huit pâtés de maisons au nord du Vieux-Montréal, appartiennent aujourd'hui à des immigrants vietnamiens et thaïs. Ils sont arrivés à Montréal à la suite des crises qui ont secoué le Sud-Est asiatique au XXe siècle. Les Chinois étaient cependant les premiers venus. Ils commencèrent à affluer en 1880, en même temps que de nombreux Européens. Une législation discriminatoire les confina dans ce secteur où ils reproduisirent plusieurs éléments de leur mode de vie. Autorisés plus tard à posséder des biens dans toute la ville, beaucoup de leurs descendants déménagèrent vers des quartiers plus chic. Ils sont des milliers à revenir le week-end, et les rues étroites débordent alors d'une foule à la recherche de soie, de souvenirs, de disques et de bonnes tables. Des restaurants spécialisés proposent des cuisines d'origine variée – Canton, Thaïlande, Vietnam et Corée – et l'odeur du porc grillé et des nouilles flotte dans les rues.

Ceux qui veulent échapper à l'agitation se rendront au charmant petit jardin de la rue Clark dédié à Sun Yat-Sen, le leader chinois charismatique. Noter aussi les deux grandes arches chinoises qui enjambent le boulevard Saint-Laurent et les deux pagodes juchées sur le toit de l'hôtel Holiday Inn.

Éventaire aux couleurs vives sur le marché animé du quartier chinois

Les gens du quartier pique-niquent dans le calme du parc Lafontaine, au Plateau-Mont-Royal

Plateau-Mont-Royal ❽

Tourisme Montréal : (514) 844 5400. Sherbrooke ; Mont-Royal ; Laurier.

C'est le quartier qui traduit le mieux la joie de vivre des Montréalais. Ses artères principales sont bordées de bistros, de librairies, de boutiques et de terrasses de café. Dans les boîtes de nuit, l'excentrique côtoie le classique, et pour se restaurer le choix ne manque pas entre les snack-bars, les sandwicheries et les meilleurs restaurants de la ville. Les bars, du plus convenable au franchement louche, sont également légion.
Le quartier est habité par un mélange d'étudiants, d'ouvriers francophones, de jeunes membres branchés des professions libérales et de familles originaires d'Europe et d'Amérique latine.

Ils prennent l'air soit au parc Lafontaine, splendide espace de verdure très fréquenté, soit sur leur balcon, une fantaisie architecturale typique de Montréal. Pour gagner de la surface habitable dans les maisons à logements multiples, chaque appartement a un balcon. Ils sont souvent reliés directement à la rue par des escaliers en fer forgé aux formes les plus diverses. Couverts de fleurs l'été, ces espaces extérieurs sont de véritables oasis de paix dans la ville.

Les familles nombreuses d'ouvriers, pour qui ces logements furent construits au début du siècle, vivaient modestement mais elles réussirent à économiser assez pour faire élever de belles églises paroissiales, étonnamment vastes, comme Saint-Jean-Baptiste, rue Rachel Est. La bourgeoisie catholique habitait un peu plus au sud, dans d'élégantes demeures rue Saint-Denis ou sur le Carré Saint-Louis, un des squares les plus coquets de la ville.

Place-des-Arts ❾

175, rue Sainte.-Catherine O.
(514) 842 2112. Place-des-Arts. www.pdarts.com

Ce complexe de cinq salles de spectacle est la plus vaste scène culturelle de Montréal. Concerts de l'Orchestre symphonique et spectacles de l'Opéra de Montréal bénéficient de la salle Wilfrid Pelletier qui, avec près de 3 000 places, est la plus grande du centre.

Les bâtiments de la Place-des-Arts donnent sur la même esplanade, moderne, que l'extraordinaire musée d'Art contemporain *(p. 110-111)*.

La Place-des-Arts, le meilleur centre de spectacles de Montréal

Musée d'Art contemporain ⑩

Fondé en 1964, il ne s'est installé dans le centre-ville qu'en 1992. Son emplacement actuel, le troisième, convient idéalement à sa mission : mettre en valeur l'art contemporain. Plus de 60 % de ses quelque 6 000 tableaux, dessins, photos, vidéos et pièces de la collection permanente sont les œuvres de Québécois. Certaines datent de 1939, mais la plupart sont contemporaines. Des artistes novateurs internationaux sont également représentés, comme le très controversé Bill Viola, Louise Bourgeois et Andrès Serrano. Les objets sont exposés dans de larges galeries bien éclairées, et les salles d'exposition sont distribuées autour d'une rotonde qui fait toute la hauteur du bâtiment.

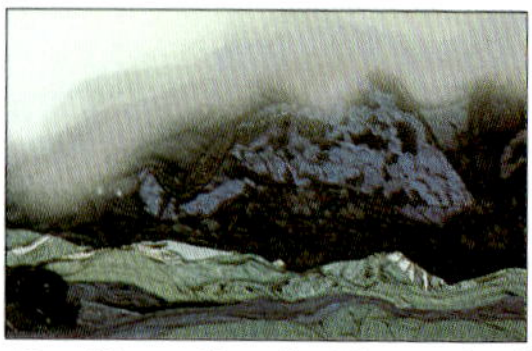

Les Dentelles de Montmirail *(détail)*
Œuvre de Natalie Roy (1995), elle fait partie d'une riche collection d'art québécois contemporain.

★ **Niagara Sandstone Circle** *(1981)*
Ce « cercle de grès » sculpté par l'Anglais Richard Long est véritablement novateur. Avec des matériaux empruntés à l'environnement naturel, thème central de l'œuvre, sa disposition géométrique invite à la méditation.

Légende

- Collections permanentes
- Expositions temporaires
- Sculptures de Pierre Granche
- Cinéma
- Galerie vidéo
- Galerie multimédia
- Théâtre/salle de séminaire
- Ateliers artistiques
- Locaux techniques

Hall d'entrée
Orné de quelques-unes des pièces de la collection, cet espace moderne et aéré, sur lequel donne un restaurant situé à l'étage, est utilisé pour des manifestations exceptionnelles.

À ne pas manquer

★ **Pierre Granche**

★ **Richard Long**

Suivez le guide !
Seule une petite partie des collections du musée est exposée en permanence. Elle occupe l'étage, à côté des expositions tournantes et itinérantes. Le jardin des sculptures, accessible depuis le bâtiment principal, accueille aussi des expositions en alternance. C'est un endroit parfait pour se reposer en cours de visite.

MODE D'EMPLOI

185, rue Sainte-Catherine O. ☎ *(514) 847 6226.* Ⓜ *Place-des-Arts.* ○ *11 h -8 h mar. et du jeu. au dim. ; 11 h-21 h mer.* ● *lun. ; 25 déc., 1er jan.* ⓦ *sur r.-v.* W *www.macm.org*

★ **Comme si le temps... de la rue** *(1991-1992)*
Pour cette installation d'extérieur permanente dont les formes symbolisent Montréal, Pierre Granche s'est inspiré de figures de la mythologie égyptienne. Conçue pour contraster avec son environnement urbain, l'œuvre respire humour et poésie.

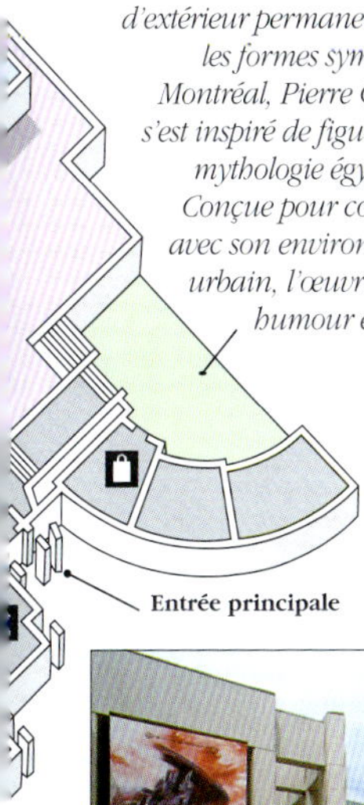

Façade
Le musée a été inauguré en 1992. Les œuvres des collections permanentes sont exposées en alternance.

Cathédrale Christ Church ⓫

635, rue Sainte-Catherine O. ☎ *(514) 843 6577.* Ⓜ *Gare centrale.* 🚌 *15.* Ⓜ *McGill.* ○ *de 8 h à 17 h 30 t.l.j.* ♿

Entrepris en 1857 d'après des plans de l'architecte Frank Wills, le siège de l'évêché anglican de Montréal fut inauguré en 1859. Gracieux édifice néogothique en calcaire à la flèche élancée, ses murs extérieurs sont ornés de gargouilles. L'église étant trop lourde pour le terrain, la flèche en pierre fut remplacée en 1940 par une copie en aluminium. À midi, ceux qui travaillent dans le quartier sont nombreux à venir écouter des concerts dans la fraîcheur de la nef éclairée par de magnifiques vitraux, dont certains proviennent de l'atelier de William Morris à Londres.

La cathédrale Christ Church, inspirée d'un modèle anglais du XIVe siècle

Musée McCord d'Histoire canadienne ⓬

690, rue Sherbrooke O. ☎ *(514) 398 7100.* Ⓜ *Gare centrale.* 🚌 *24.* Ⓜ *McGill.* ○ *de 10 h à 18 h du mar. au ven. ; de 10 h à 17 h sam. et dim.* ● *lun.* ♿ W *www.mccord-museum.qc.ca*

Le juriste David Ross McCord (1844-1930) collectionnait avec passion pratiquement tout ce qui avait trait au Canada : livres, photos, bijoux, meubles, vêtements, documents, journaux, tableaux, jouets et porcelaines. En 1919, il fit don de ses acquisitions à l'université McGill pour créer un musée d'histoire sociale canadienne. La collection, riche de plus d'un million de pièces, est installée depuis 1971 dans un imposant bâtiment en calcaire, ancien centre social des étudiants de McGill. Le musée possède un bon département d'histoire ancienne et un exceptionnel département d'art populaire. Le remarquable ensemble d'objets indiens et inuits comprend vêtements, armes, bijoux, fourrures et poteries. Une salle est consacrée à l'histoire sociale de Montréal. Le clou du musée est constitué par 700 000 photos illustrant la vie quotidienne au XIXe siècle.

Chaussons inuits au musée McCord

Université McGill ⓭

805, rue Sherbrooke O. ☎ *(514) 398 4455.* Ⓜ *Gare centrale.* 🚌 *24.* Ⓜ *McGill.* ○ *de 9 h à 18 h du lun. au ven.* ⓘ *réserver.* ♿ W *www.mcgill.ca*

La plus vieille université du Canada, anglophone, a ouvert ses portes en 1829 sur un terrain légué à cette fin par James McGill (1744-1813), négociant en fourrures et spéculateur foncier. Une allée mène au pavillon des arts, de style néoclassique et coiffé d'un dôme ; c'est la plus ancienne construction du campus.

Les 70 autres bâtiments vont du style victorien ornementé au béton brut. Parmi les plus beaux, le **musée d'Histoire naturelle Redpath** possède une des collections les plus éclectiques et les plus originales au monde. Un grand nombre de fossiles, dont un squelette de dinosaure, côtoient des objets africains, des monnaies romaines et une tête réduite.

🏛 Musée d'Histoire naturelle Redpath
859, rue Sherbrooke O. ☎ *(514) 398 4086.* ○ *de 9 h à 17 h du lun. au jeu. ; de 13 h à 17 h dim.* ● *ven. et sam.* ♿

Musée des Beaux-Arts ⓮

La collection d'art la plus ancienne et la plus riche du Québec occupe deux bâtiments radicalement différents qui se font face dans la rue Sherbrooke. Au nord, le pavillon Michal et Renata Hornstein, scandé de quatre colonnes en marbre blanc, s'oppose à l'imposante arche en béton et au panneau en verre incliné du pavillon Jean-Noël Desmarais. Ce dernier est consacré à l'art européen du Moyen Âge au XXe siècle, et surtout à celui de la Renaissance. La galerie des cultures anciennes relie les deux pavillons. Elle abrite de riches collections comprenant vases romains et boîtes à encens chinoises. Le pavillon Michal et Renata Hornstein traite de l'art canadien : objets inuits, mobilier, pièces d'argenterie religieuse des premiers colons et tableaux du XVIIIe siècle aux années 1960.

Façade du pavillon Jean-Noël Desmarais
Ouvert en 1991, le plus grand des deux pavillons renferme une collection passée de 1 860 pièces à près de 26 000.

★ Portrait d'une jeune femme *(vers 1665)*
Cette œuvre célèbre de Rembrandt est peinte dans le style réaliste caractéristique de l'artiste. L'expression méditative de la jeune femme est mise en valeur par le fond d'un noir intense.

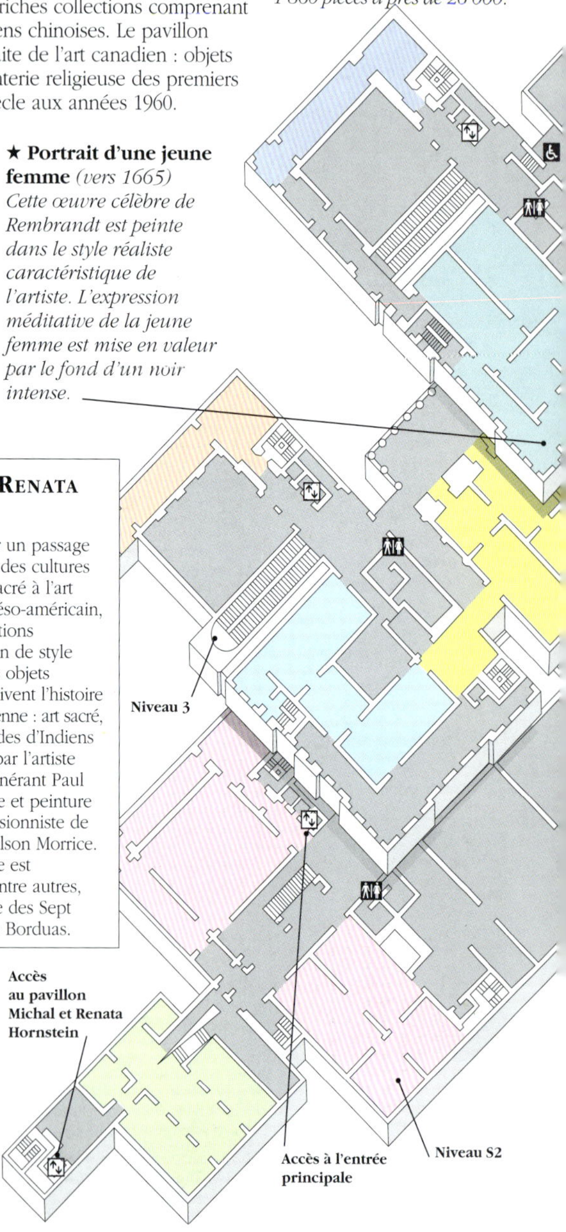

Pavillon Michal et Renata Hornstein

Relié au pavillon Desmarais par un passage souterrain accueillant la galerie des cultures anciennes, ce pavillon est consacré à l'art américain antérieur à 1960 – méso-américain, inuit et amérindien –, les collections comprennent du mobilier ancien de style européen, de l'argenterie et des objets décoratifs. Les autres galeries suivent l'histoire de la peinture canadienne : art sacré, puis premières études d'Indiens par l'artiste itinérant Paul Kane et peinture impressionniste de James Wilson Morrice. Le XXe siècle est représenté, entre autres, par le groupe des Sept et Paul-Émile Borduas.

Théière en argent du XVIIIe siècle

À ne pas manquer

- ★ ***Homme de la maison de Leiva*, par le Greco**
- ★ ***Portrait d'une jeune femme*, par Rembrandt**

MODE D'EMPLOI

1380, rue Sherbrooke O. (514) 285 2000. Gare centrale. 24. Guy-Concordia. de 11 h à 17 h, mar. et du jeu. au dim. ; de 11 h à 21 h, mer. lun. pour les expositions temporaires.

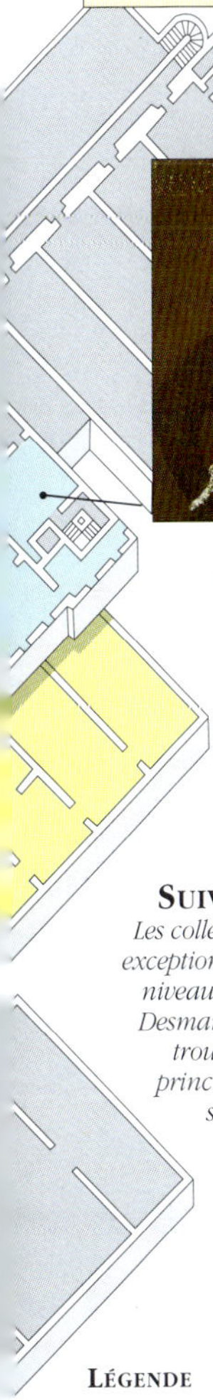

★ Homme de la maison de Leiva *(1590)*
Les portraits aux formes exaltées du Greco illustrent l'époque de la Renaissance.

SUIVEZ LE GUIDE !
Les collections de peintures, exceptionnelles, occupent les niveaux 3 et 4 du pavillon Desmarais. Au niveau 2 se trouve un café. L'entrée principale et la boutique sont au niveau 1. Le niveau S2, en sous-sol, comporte les expositions d'art contemporain et un tunnel d'accès au pavillon Michal et Renata Hornstein.

LÉGENDE

- Art contemporain
- Art des cultures anciennes
- Art européen du XIXe siècle
- Art européen du XXe siècle
- Arts décoratifs européens
- Maîtres anciens
- Expositions temporaires
- Locaux techniques

Entrée du labyrinthe de la ville souterraine

La ville souterraine ⓯

Gare centrale. Terminus Voyageur. Place-des-Arts.

Quand les premières lignes de métro furent ouvertes à Montréal en 1965, une nouvelle forme urbaine vit le jour : la ville souterraine. En théorie, il est possible de mener une vie bien remplie à Montréal sans mettre le nez dehors. Les premières stations n'étaient reliées en sous-sol qu'aux deux gares ferroviaires principales, à quelques hôtels et à la galerie marchande de la tour de bureaux de la place Ville-Marie. Aujourd'hui, le réseau souterrain s'étire sur plus de 30 kilomètres et compte environ 1 600 magasins, 200 restaurants, des hôtels, des cinémas et des salles de concert.

Square Dorchester et place du Canada ⓰

1001, rue Square Dorchester. (514) 873 2015. Gare centrale. Terminus Voyageur.

Ces deux vastes espaces de verdure en plein centre ont été pris sur un ancien cimetière catholique. Au nord du boulevard René-Lévesque, le square Dorchester accueille la statue de sir Wilfrid Laurier, premier Premier ministre francophone du Canada, qui partage l'ombre des arbres avec un monument aux morts de la guerre des Boers. Au sud, sur la place du Canada, se dresse une statue de sir John A. Macdonald, le premier Premier ministre du pays. Les édifices environnants sont éclectiques : une église gothique, la tour noire et brillante d'une banque et l'édifice de la Sun Life Building, le premier gratte-ciel de Montréal.

Architecture variée autour du square Dorchester

Les gratte-ciel de Montréal le soir ▷

La façade de Marie-Reine-du-Monde rappelle Saint-Pierre de Rome

Cathédrale Marie-Reine-du-Monde ⓱

1085, bd René-Lévesque. (514) 866 1661. Gare centrale. Terminus Voyageur. Bonaventure. de 6 h 30 à 19 h 30 du lun. au ven. ; de 7 h 30 à 20 h 30 sam. ; de 8 h 30 à 19 h 30 dim.

La première cathédrale catholique de Montréal ayant été incendiée en 1852, l'évêque Ignace Bourget voulut établir un nouvel édifice sur le cimetière qui allait être abandonné et, en même temps, projeter vers l'ouest de la ville l'image d'une Église qu'il voulait dynamique et influente. À sa demande, l'architecte Victor Bourgeau réalisa en conséquence une reproduction, réduite, de Saint-Pierre de Rome. Inaugurée en 1894 par son successeur, la cathédrale est précédée d'un portique sur lequel treize statues en bronze sont fixées. Elles représentent les saints patrons des paroisses qui appartenaient alors au diocèse. Le magnifique baldaquin de l'autel, en bronze et doré à la feuille d'or, est inspiré de celui du Bernin à Saint-Pierre. Le pilier de l'angle nord-est de l'église témoigne également de la fidélité de Bourget à Rome : une plaque en marbre porte les noms des habitants de Montréal qui participèrent en 1870 à la défense du pape assiégé dans Rome par les nationalistes italiens.

Le baldaquin de la cathédrale

Centre canadien d'architecture ⓲

1920, rue Baile. (514) 939 7026. Gare centrale. Terminus Voyageur. Guy-Concordia. de 10 h à 17 h du mer. au dim. (21 h jeu.). www.cca.qc.ca

L'entrée dans ce vaste édifice en forme de U se fait par une discrète porte en verre percée dans la façade en calcaire gris quasiment sans fenêtres. Les salles, très claires, accueillent des expositions tournantes, dont les trois principales ont pour thèmes directeurs l'architecture, le paysagisme et le design. La maison Shaughnessy, somptueuse, qui donne sur le boulevard René-Lévesque Ouest, est intégrée dans les deux ailes du bâtiment moderne. Elle fut construite en 1874 pour sir Thomas Shaughnessy, président du Canadian Pacific Railway. Le Centre est également un important institut de recherches. Sa collection de plans d'architecture, dessins, maquettes et photos est la plus complète du genre.

La bibliothèque, à elle seule, renferme plus de 165 000 ouvrages sur les édifices les plus marquants de la planète. Visite commentée (en français) du bâtiment les week-ends, sans supplément de prix.

Rue Sherbrooke ⓳

Gare centrale. Terminus Voyageur. Sherbrooke.

Dans la deuxième moitié du XIXe siècle, Montréal était l'une des villes les plus importantes de l'Empire britannique. Ses commerçants et ses industriels contrôlaient environ 70 % de la richesse du Canada et beaucoup se firent construire de splendides demeures sur les pentes du mont Royal, dans un secteur surnommé « Mille carré doré ». Cinquante ans plus tard, la rue Sherbrooke, entre Guy et University, était devenue l'artère la plus élégante du pays.

Cette élégance a en partie survécu aux démolitions et à la modernisation des années 1960. Holt Renfrew, le grand magasin haut de gamme de Montréal, et le majestueux hôtel Ritz-Carlton sont toujours là, ainsi que l'église Erskine et Américaine, à l'angle de l'avenue du Musée, qui arbore des vitraux de l'atelier Tiffany. Boutiques, librairies et galeries d'art occupent les maisons mitoyennes en pierre grise. Ceux qui, malgré leur fortune, n'avaient pas les moyens de s'installer dans le Mille carré doré firent bâtir dans les rues de la Montagne, Crescent et Bishop des rangées de belles résidences.

Plus à l'ouest, le Grand Séminaire, toujours en activité, fut le premier ensemble construit dans ce secteur de la ville (1685).

Demeure historique rue Sherbrooke, dans le « Mille carré doré »

L'oratoire Saint-Joseph, plus grand sanctuaire du Canada, et l'escalier que certains pèlerins gravissent encore à genoux

Oratoire Saint-Joseph ⓴

3800, chemin Queen-Mary. *(514) 733 8211.* *Gare centrale.* *Terminus Voyageur.* *Côte-des-Neiges.* *de 7 h à 21 h t.l.j.*

Tous les ans, deux millions de pèlerins gravissent encore à genoux les 300 marches qui mènent à l'entrée de cette immense église. Leur piété aurait sans aucun doute fait le bonheur de frère André (1845-1937). Sa foi et des miracles attribués à saint Joseph sont à l'origine du sanctuaire. En 1904, la petite gare où il distribuait une huile miraculeuse aux malades fut remplacée par un premier oratoire, sur les pentes du mont Royal. Les pèlerins canadiens et américains affluèrent bientôt. La construction de l'oratoire actuel s'étala sur plusieurs décennies. Le cœur de frère André, béatifié en 1982, y est conservé.

Le dôme en cuivre qui coiffe l'église est l'un des plus grands du monde, avec 44,50 mètres de haut et 38 mètres de diamètre. L'intérieur est purement moderne ; dans le transept, les statues en bois des apôtres sont l'œuvre d'Henri Charlier, ainsi que le maître-autel et le gigantesque crucifix. Les verrières impressionnantes ont été réalisées par Marius Plamondon. Le bâtiment principal abrite un musée consacré à la vie de frère André, et une messe est dite tous les jours dans la crypte, éclairée par les centaines de cierges allumés par les pèlerins.

Parc Mont-Royal ㉑

(514) 872 0582. *Gare centrale.* *11.* *Mont-Royal.* *de 6 h à minuit t.l.j.*

La colline verte et escarpée qui domine le centre-ville n'a que 234 mètres de haut, mais les Montréalais l'appellent familièrement « la montagne ». Jacques Cartier s'y rendit en 1535 et lui donna le nom de mont Royal qui, sous la forme de Montréal, s'appliqua d'abord à l'île, puis à l'ancienne Ville-Marie. En 1867, la municipalité procéda aux premières expropriations afin de transformer ce vaste territoire en un parc public. Elle fit appel à Frederick Law Olmsted, le paysagiste de Central Park à New York, qui s'efforça d'en préserver la beauté naturelle. Au XXe siècle, une croix lumineuse dominant la ville, le lac des Castors et la voie Camillien-Houde sont venus compléter l'ensemble. Avec ses 101 hectares de prairies et de forêts, le mont, qui offre des vues spectaculaires sur la ville, permet aux habitants d'échapper un moment à la vie urbaine. La large terrasse devant le chalet du Mont-Royal surplombe les gratte-ciel du centre-ville. La limite nord du parc jouxte deux cimetières majestueux, l'un catholique, celui de Notre-Dame-des-Neiges, l'autre protestant, le cimetière Mont-Royal. Un grand nombre de sculptures et monuments funéraires contribuent à leur charme particulier.

Vue imprenable de Montréal depuis les hauteurs du parc Mont-Royal

Parc olympique ㉒

Manchot au Biodôme

Créé pour les jeux Olympiques de 1976, le parc olympique de Montréal peut se targuer de posséder des édifices d'une modernité audacieuse. Le Français Roger Taillibert a signé les plans d'un stade à l'architecture révolutionnaire. De forme circulaire, il est couvert d'un toit qui pouvait être soulevé par des câbles d'acier tendus à la tour de Montréal, inclinée, qui le surplombe. À l'origine destiné aux grands matchs sportifs, sa vocation actuelle est surtout récréative et touristique. Il se visite aussi pour son architecture. Non loin, le Biodôme est un musée de l'environnement où quatre écosystèmes ont été reconstitués.

Vue aérienne du parc olympique
Le parc propose une foule d'activités tous les jours de la semaine.

★ Biodôme
Il présente d'étonnantes reconstitutions d'écosystèmes : la forêt tropicale humide, le milieu polaire glacial, les forêts des fertiles Laurentides et la vie aquatique du Saint-Laurent.

Le Biodôme est aménagé dans l'ancien vélodrome olympique de 1976, d'où son toit en forme de casque de cycliste.

Centre sportif
Entièrement équipé, il propose des services imbattables aux amateurs de sports de haut niveau, notamment une piscine de plongée de 14 mètres de profondeur.

★ Tour de Montréal
Avec ses 175 mètres, la plus haute tour inclinée du monde se penche avec grâce au-dessus du stade. Un funiculaire extérieur rejoint sa vaste plate-forme d'observation en moins de deux minutes.

MODE D'EMPLOI

3200, Viau St.
(514) 252 4737. Viau.
de juin à sept. : de 9 h à 20 h t.l.j. ; d'oct. à mai : de 9 h à 17 h t.l.j.
www.rio.gouv.qc.ca

Initialement, le toit du stade devait être rétractable, mais en raison de problèmes structurels, il est inamovible.

★ Stade olympique
Ce vaste espace voué au sport a été consacré par les spectaculaires cérémonies d'ouverture des Jeux olympiques d'été de 1976

Observatoire
De cette plate-forme en verre, les vues de la ville sont stupéfiantes. Des panneaux signalent des curiosités parfois distantes de 80 kilomètres.

Un funiculaire monte en flèche le long de la Tour. Il existe un billet combiné avec la visite guidée du stade ou du Biodôme.

0 50 m
0 50 yards

À NE PAS MANQUER

- ★ Le stade olympique
- ★ La tour de Montréal
- ★ Le Biodôme

PLAN DU PARC OLYMPIQUE

1 Centre sportif
2 Centre Pierre-Charbonneau
3 Aréna Maurice-Richard
4 Biodôme
5 Stade olympique
6 Centre sportif
7 Jardin botanique

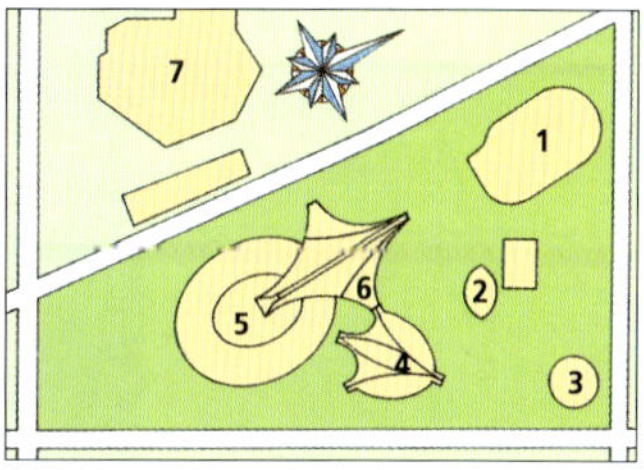

Le jardin botanique est une oasis de calme, loin de l'agitation de la ville

Jardin botanique de Montréal ㉓

4101, rue Sherbrooke E. *(514) 872 1400.* *Pie-IX.* *de mai à oct. : de 9 h à 19 h t.l.j. ; de nov. à avr. : de 9 h à 17 h du mar. au dim.*

Ce jardin, l'un des plus vastes du monde, couvre 75 hectares. On y trouve 30 jardins de plein air, 10 serres, une exposition de plantes vénéneuses passionnante, le plus grand ensemble de bonsaï hors d'Asie et un insectarium en forme de scarabée présentant de nombreuses espèces, aussi bien mortes que vivantes. Les 2,5 hectares du jardin du Lac de rêve Montréal-Shanghai, reconstitution d'un jardin Ming du XIVe siècle, et l'exquis jardin japonais avec son pavillon d'où les visiteurs peuvent admirer le paysage en toute quiétude sont deux havres de paix dans la ville de Montréal.

Bonsaï au jardin botanique

Île Sainte-Hélène ㉔

(514) 872 6120. *Jean-Drapeau.* *Vieux-Port.* *de 6 h à minuit t.l.j.*

Cette petite île boisée du Saint-Laurent, qui doit son nom à l'épouse de Samuel de Champlain *(p. 41)*, a été agrandie lors des travaux d'aménagement d'Expo '67, l'exposition universelle de l'été 1967. Cependant, la surface de l'île originale a été protégée pour en conserver le caractère bucolique.

Il reste plusieurs souvenirs de l'événement, le plus notable étant La Ronde, le parc d'attractions de l'exposition, et le dôme de ce qui fut le pavillon des États-Unis. C'est aujourd'hui un centre d'interprétation qui étudie le système fluvial du Saint-Laurent et des Grands Lacs : la Biosphère. Entre cette dernière et les montagnes russes, un ensemble de bâtiments militaires, le Vieux Fort, fut construit après 1820 pour protéger Montréal d'une éventuelle attaque américaine. Devant les casernes en pierre volcanique rouge de l'île se trouve le terrain de manœuvres du Olde 78th Fraser Highlanders et de la Compagnie franche de la Marine, reconstitutions de deux régiments britannique et français du XVIIIe siècle. Le fort abrite aussi l'admirable petit **Musée Stewart** d'histoire sociale et militaire.

Musée Stewart au Fort
20, chemin Tour-de-l'Isle. *(514) 861 6701.* *de 10 h à 17 h du mer. au lun.* *mar. ; 25 déc. ; 1er jan.*

Île Notre-Dame ㉕

(514) 872 6120. *Gare centrale.* *Terminus Voyageur.* *Place-d'Armes.* *de 6 h à minuit t.l.j.*

Cette île de 116 hectares au milieu du Saint-Laurent a été créée de toutes pièces en 1967 avec des gravats provenant des travaux du métro de Montréal. Plus encore que l'île Sainte-Hélène, elle a servi de cadre à Expo '67. Son principal centre d'intérêt, et de loin, est un monumental casino. Il a été aménagé dans les anciens pavillons de la France et du Québec. Il est ouvert en permanence, et chaque jour des milliers de joueurs se pressent aux tables de jeu et aux machines à sous. L'île possède en outre un bassin olympique creusé pour les jeux de 1976, un superbe parc floral et un système novateur de filtration de l'eau sur son unique plage. C'est aussi là qu'est situé le circuit Gilles-Villeneuve, du nom du célèbre champion canadien, où se déroule

La Biosphère abrite des expositions sur le Saint-Laurent et les Grands Lacs

Le casino de l'île Notre-Dame est ouvert 24 heures sur 24

chaque année en juin le Grand Prix du Canada de Formule 1.

Maison Saint-Gabriel 26

2146, place Dublin. (514) 935 8136. Charlevoix. 57. *de fin juin à août : t.l.j. ; de sept. à juin : du mar. au dim.* *obligatoire.*

Ce domaine agricole, vestige de la Nouvelle-France, est une frontière historique et verte entre le Saint-Laurent et l'ancien quartier ouvrier de la Pointe-Saint-Charles. Constitué dès le milieu du XVIIe siècle, il a permis à la congrégation de Notre-Dame, fondée en 1658 par Marguerite Bourgeoys, première institutrice de Montréal, de subsister.

Un musée ouvert en 1966 dans la résidence des sœurs fournit un bel exemple de l'architecture du XVIIe siècle : épais murs de pierre et toit à forte pente reposant sur une charpente dont les poutres sont d'origine. La salle commune est dominée par une cheminée construite avant 1668 et par un évier de pierre adossé à une fenêtre. Dans la cuisine adjacente, un âtre monumental et un évier, plus exceptionnel encore, sont toujours en place. L'atmosphère des XVIIe et XVIIIe siècles est parfaitement reconstituée, autant dans ces deux pièces et dans la salle de repos que dans le vaste dortoir de l'étage et grenier. Là, les sœurs et leurs pensionnaires – Marguerite Bourgeoys s'occupait aussi des « filles du Roy », envoyées au Canada pour peupler la nouvelle colonie – s'adonnaient au tissage.

Lachine 27

Bd Saint-Joseph. (514) 873 2015. *Lionel-Groulx.* 191.

Lachine est l'une des municipalités situées à l'ouest de Montréal. Elle doit son nom aux célèbres rapides de Lachine, ainsi baptisés parce qu'ils formaient un obstacle au passage des explorateurs qui cherchaient la route de la soie. Les demeures pleines de charme de la vieille ville, qui bordent le boulevard Saint-Joseph, ont pour beaucoup été reconverties en restaurants et bistros avec terrasse donnant sur le parc René-Lévesque et sur le lac Saint-Louis, doté d'un port de plaisance. L'une des plus anciennes, construite vers 1680 par des marchands, abrite le **musée de Lachine**, avec des collections d'art populaire et une galerie d'art. Le **Lieu historique national du commerce de la fourrure à Lachine** est consacré à la pelleterie ; pendant des années, elle fut la principale ressource de Montréal.

Le canal Lachine, aménagé au XIXe siècle pour contourner les rapides, relie la ville au Vieux-Port. La voie d'eau, en cours de réfection, est bordée d'espaces verts et d'une piste cyclable.

Musée de Lachine

110, chemin de LaSalle. (514) 634 3471, poste 346. *de mars à déc. : de 11 h 30 à 16 h 30 du mer. au dim.* *réserver.*

Lieu historique national du commerce de la fourrure à Lachine

1255, bd Saint-Joseph. (514) 637 7433. *d'avr. à mi-oct. : t.l.j. ; de mi-oct. à nov. : du mer. au dim.*

Vue du musée historique de Lachine depuis le canal

QUÉBEC ET LE SAINT-LAURENT

Dominant le Saint-Laurent du haut de la falaise du cap Diamant, Québec est véritablement l'âme du Canada français. En tant que capitale provinciale, la ville est le siège du gouvernement québécois et, presque entièrement francophone, le fer de lance du nationalisme canadien français. Toutes ses rues valent la peine d'être parcourues : l'ambiance du vieux continent qui y règne, son architecture et son intérêt historique incontestable ont contribué à son inscription sur la liste du patrimoine mondial de l'Unesco en 1985. Le Saint-Laurent, voie fluviale majeure, abrite une faune marine exceptionnelle. Les baleines franches et les petits rorquals le remontent jusqu'à Tadoussac pour se nourrir à l'embouchure du Saguenay. Sur la rive nord, les hauteurs des Laurentides se prêtent à la pratique d'activités de plein air tout au long de l'année. Les paysages des côtes de Beauport, Beaupré et Charlevoix, parmi les plus somptueux du pays, contrastent avec les hautes falaises et les étendues sauvages de la Gaspésie. Au large, l'île d'Anticosti est une étonnante réserve naturelle.

LA RÉGION D'UN COUP D'ŒIL

Villes historiques
Baie-Comeau 9
Chicoutimi 7
Québec p. 126-133 1
Sept-Îles 10
Tadoussac 5

Sites historiques et naturels
Archipel de Mingan et île d'Anticosti 11
Côte de Charlevoix 4
Îles de la Madeleine 13
Lac Saint-Jean 8
Parc de la Chute-Montmorency et île d'Orléans 3
Péninsule de Gaspé 14
Saguenay 6
Rive sud 12
Sainte-Anne-de-Beaupré p. 134-135 2

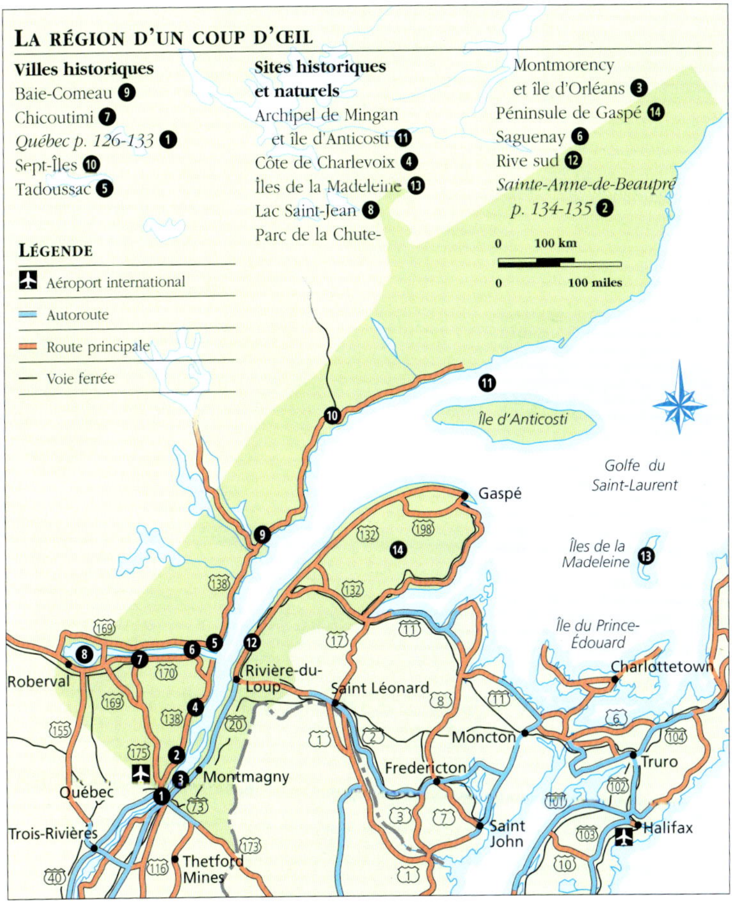

Québec pas à pas ❶

Québec est l'une des communautés les plus anciennes d'Amérique. À l'emplacement du site découvert en 1535 par Jacques Cartier, Samuel de Champlain *(p. 41)* fonda un poste de traite en 1608. En 1759, à l'issue de la bataille des plaines d'Abraham qui se déroula devant ses remparts, les Anglais s'en emparèrent, ainsi que du reste de la colonie française. Aujourd'hui, c'est là que bat le cœur du Canada français. Réhabilitée dans les années 1970, la basse ville, la partie la plus ancienne, est pittoresque avec ses escaliers et ses cafés.

★ Basilique Notre-Dame de Québec
Cathédrale fondée en 1647, elle sert d'écrin à des souvenirs du début du régime français et des tableaux de maîtres anciens.

Musée du Fort
Le passé militaire revit au travers d'objets divers et de spectacles son et lumière reconstituant les cinq sièges de la ville et des batailles.

Cathédrale anglicane Holy Trinity
Son élégante façade de pierre néoclassique de 1804 dissimule un décor en partie dû à Louis Quévillon.

Château Frontenac
Emblème le plus célèbre de Québec, il couronne la ville depuis 1893 et compte 600 chambres luxueuses.

0 — 100 m
0 — 100 yards

LÉGENDE

- - - Itinéraire conseillé

Musée de la Civilisation
Cet ensemble moderne aéré, dans lequel sont intégrés des édifices anciens comme la maison Estèbe, est consacré à l'histoire de l'homme à travers les âges.

MODE D'EMPLOI

167 500. 16 km à l'ouest de la ville. 450, rue de Gare-du-Palais. 320, rue Abraham-Martin. 10, rue des Traversiers. 835, av. Wilfrid-Laurier) 641 6654. Carnaval (fév.) ; Festival d'été (juil.). www.quebecregion.com

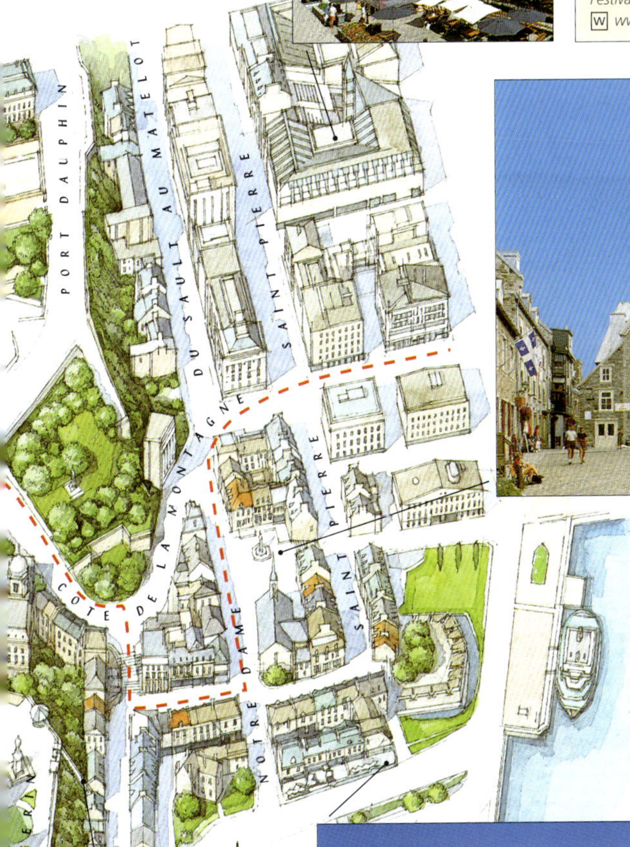

★ Place Royale
Véritable condensé de l'histoire de Québec, la place Royale a été restaurée, et dans les rues des alentours, les édifices ravalés des XVIIIe et XIXe siècles ont retrouvé leur aspect d'origine.

Le funiculaire entre la terrasse Dufferin et la basse ville offre d'excellentes vues aériennes du centre historique et du fleuve.

Maison Chevalier
Gérée par le musée de la Civilisation, cette demeure du XVIIIe siècle construite pour un marchand est consacrée aux arts décoratifs. Dans toutes les pièces, les meubles et l'argenterie voisinent avec des objets de la vie quotidienne de familles aisées des XVIIIe et XIXe siècles.

À NE PAS MANQUER

- ★ La place Royale
- ★ La basilique Notre-Dame

Québec

Unique cité fortifiée d'Amérique du Nord, Québec possède un cachet très européen avec ses jolies ruelles pavées et ses bâtiments du XVIIIe siècle. Les principaux centres d'intérêt de la ville, faciles d'accès, sont groupés au sommet et au pied de la falaise du cap Diamant, sur laquelle s'élève la citadelle. Cette petite capitale provinciale – elle ne dépasse guère 93 kilomètres carrés – abrite le parlement provincial ou Assemblée nationale. Celle-ci conduit ses débats en français dans les splendides salles du grandiose hôtel du Parlement, dont la façade date du début du XIXe siècle.

Le château Frontenac s'élève au-dessus des toits de Québec

À la découverte de Québec

Le meilleur moyen d'explorer la ville est à pied. Québec peut être divisée en trois ensembles. La basse ville, la partie la plus ancienne, suit la rive du Saint-Laurent au pied du cap Diamant. Au-dessus, la haute ville, fortifiée, regorge comme la basse ville de magasins et de restaurants. S'y trouvent en outre les deux cathédrales – catholique et protestante – et l'imposant château Frontenac. L'hôtel du Parlement, où siège l'Assemblée nationale, borde la Grande-Allée, à l'extérieur des remparts.

Terrasse Dufferin

Cette longue terrasse en bois qui s'étire au sommet du cap Diamant, entre le château Frontenac et un angle de la citadelle, est dotée de bancs et de cinq élégants kiosques. Elle offre une vue imprenable sur le Saint-Laurent, les Laurentides et l'île d'Orléans. L'hiver, la municipalité y installe un toboggan pour luge appelé les « glissades de la Terrasse ».

Parc des-Champs de-Bataille

835, av. Wilfrid-Laurier. *(418) 648 4071.* *t.l.j.*

Le site où fut scellé l'avenir du Canada est aujourd'hui un espace de verdure agrémenté de monuments et d'une fontaine commémorative, seuls indices de son passé dramatique. Le 13 septembre 1759, les soldats britanniques, sous les ordres du général James Wolfe, escaladèrent la falaise et défirent l'armée du marquis de Montcalm devant les remparts de Québec *(p. 42-43)*. En 1908, pour le tricentenaire de la fondation de la ville, les 100 hectares que les Québécois appellent toujours les « plaines d'Abraham » sont devenus l'un des plus grands parcs urbains d'Amérique du Nord.

***Jeanne d'Arc*, au parc des Champs-de-Bataille**

Assemblée nationale

Av. Honoré-Mercier et Grande Allée E. *(418) 643 7239.* *de fin juin à début sept. : t.l.j. ; de fin sept. à juin : du lun. au ven.*

L'Assemblée nationale – le parlement du Québec – se réunit dans cet édifice de style second Empire, terminé en 1886. C'est une véritable vitrine du passé de la province : sur l'imposante façade et les côtés de la haute tour centrale, des niches abritent 22 statues en bronze des grands hommes qui ont façonné l'histoire du Québec. Les premiers habitants du territoire sont honorés par le bronze d'une famille des premières nations près de l'entrée principale. À l'intérieur, le salon bleu est le cœur de l'activité politique du Québec.

Fortifications

(418) 648 7016. *d'avr. à oct. : t.l.j.*

Dans les années 1870, après un siècle de paix, les remparts de Québec, construits par les Français au XVIIe siècle et terminés par les Britanniques en 1760, devinrent l'un des attraits majeurs de la ville. Au nord et à l'est, les murs, qui ont été rabaissés vers 1873, sont ponctués par une grande batterie de canons. Sur le côté ouest, l'enceinte atteint 6,5 mètres de haut. Une promenade de 4 kilomètres de long a été aménagée au sommet des murs.

Les fortifications du XVIIIe siècle au parc de l'Artillerie

Les éventaires débordants attirent les foules au marché du Vieux-Port

Vieux-Port

100, quai Saint-André.
(418) 648 3300.

Ce quartier charmant s'organise autour du vieux port, au nord-est de la ville fortifiée. Contrastant avec l'urbanisme dense de la basse ville, le Vieux-Port est une zone piétonne aérée au bord du fleuve, riche en attractions modernes. C'est aussi le point de départ de croisières vers la chute Montmorency. Au bord de l'eau se succèdent boutiques élégantes, immeubles, salle de spectacle à ciel ouvert et magasins installés dans des entrepôts reconvertis.

Musée de la Civilisation

85, rue Dalhousie. *(418) 643 2158.* *de fin juin à début sept. : t.l.j. ; de fin sept. à début juin : du mar. au dim.*

Conçu par Moshe Safdie, brillant architecte canadien contemporain, cet édifice moderne en verre et calcaire de la basse ville est dédié à l'histoire et à la culture. Malgré son allure ultramoderne, le bâtiment a remporté plusieurs prix pour son mariage très réussi avec son environnement historique. Le musée comprend trois bâtiments anciens, dont deux du XVIIe siècle : la maison Estèbe, ancienne demeure de marchands, et la maison Chevalier, près de la place Royale, où architecture et mobilier québécois sont présentés dans un cadre d'époque.

Outre l'exposition « Nous, les Premières Nations », les collections comptent également des vestiges d'un bateau français à fond plat vieux de 250 ans. Au deuxième étage, l'exposition permanente « Mémoires » donne un bon aperçu de 400 ans d'histoire québécoise avec des objets de la vie quotidienne.

Architectures ancienne et moderne au musée de la Civilisation

Québec d'un coup d'œil

Assemblée nationale ④
Basilique Notre-Dame de Québec ⑫
Cathédrale anglicane Holy Trinity ⑭
Château Frontenac ⑩
Citadelle p. 132-133 ②
Fortifications ⑤
Hôtel de ville ⑯
Monastère des Ursulines ⑮
Musée de la Civilisation ⑦
Parc des-Champs de-Bataille ③
Place d'Armes ⑪
Place Royale ⑧
Rue du Trésor ⑬
Rue Petit-Champlain ⑨
Séminaire de Québec ⑰
Terrasse Dufferin ①
Vieux-Port ⑥

Légende

Québec pas à pas p. 126-127
Information touristique
Parc de stationnement
Embarcadère de ferry

Place Royale

Rue Saint-Pierre. (418) 646 3167.

De toutes les places canadiennes, la place Royale est incontestablement la plus chargée d'histoire.

À l'emplacement de l'« habitation » de Samuel de Champlain, le gouverneur français Frontenac établit un marché en 1673. Un buste de Louis XIV fut installé en 1686 et la place baptisée « Royale ».

Cet espace pavé au centre de la basse ville dont émane une élégance et une noblesse discrètes est bordé par les demeures, aux toits pentus et aux volets pastel, de riches négociants du début du XVIIIe siècle. Son aspect a peu changé depuis lors, car après avoir connu un déclin au XIXe siècle, la place a été entièrement restaurée. Elle est de nos jours le rendez-vous des artistes de rue.

La silhouette du château Frontenac est un point de repère dans la ville

Les acheteurs se pressent rue Petit-Champlain

Rue Petit-Champlain

au pied de la terrasse Dufferin, vieille ville. (418) 692 2613. partiel. www.quartierpetitchamplain.com

L'escalier Casse-Cou mérite bien son nom. Partant de la haute ville, il passe devant des commerces répartis sur plusieurs niveaux pour aboutir à cette étroite rue piétonne dans la partie la plus ancienne de la ville. Les artisans français y bâtirent leurs maisons dès les années 1660 et les dockers irlandais s'y installèrent au XIXe siècle. Malgré son architecture remarquable, le quartier déclina au début du XXe siècle. Depuis, les maisons ont été reconverties en magasins et restaurants et la courte rue est devenue l'une des plus animées du vieux Québec. Les boutiques sont intéressantes, mais souvent bondées.

Place d'Armes

Cet espace vert au nord du château Frontenac était jadis le terrain de manœuvres des soldats français. Aujourd'hui, des calèches attrayantes attendent le visiteur pour explorer ce quartier charmant. Au centre, le monument de la Foi commémore le tricentenaire de l'arrivée des missionnaires récollets en 1615. Dans l'angle sud-ouest, à côté de la belle cathédrale anglicane, s'élève l'ancien palais de justice, du début du XIXe siècle. En face, le musée du Fort abrite une maquette animée de Québec au XIXe siècle.

Château Frontenac

1, rue des Carrières.

(418) 692 3861.

Ce gigantesque édifice aux toits de cuivre vert qui domine le vieux Québec et le Saint-Laurent est un hôtel de luxe bâti par la compagnie du Canadian Pacific Railway au XIXe siècle. Son architecte, l'Américain Bruce Price, le dota de dizaines de tours et tourelles et de rangées de lucarnes. Construction et agrandissements s'étalèrent sur près d'un siècle après l'ouverture d'une première partie de l'hôtel en 1893, pour s'achever en 1983. Fait de brique et de pierre, il compte plus de 600 chambres. Les salons Verchères et Champlain, très visités, sont parmi les pièces les plus somptueuses.

Basilique Notre-Dame de Québec

Place de l'Hôtel-de-Ville. *(418) 694 0665. de 7 h 30 à 16 h t.l.j.*

Elle est le siège de l'archevêque catholique de Québec, dont le diocèse s'étendait jadis jusqu'au Mexique. La première église, bâtie sur le site avant 1640, a été incendiée. La deuxième, élevée en 1647 et remaniée au XVIIIe siècle, a été détruite par les bombes anglaises en 1759. Reconstruite en 1768, elle a été réduite en cendres en 1922.

La cathédrale actuelle date de 1925. Grâce à l'utilisation de matériaux modernes tels que le béton et l'acier, l'édifice dégage une grande impression de légèreté, renforcée par les vitraux éclatants, la riche décoration dorée et le gracieux baldaquin du maître-autel.

L'imposante façade de la basilique Notre-Dame de Québec

Rue du Trésor

près de la place d'Armes.

Cette rue étroite est une véritable institution québécoise. Interdite à la circulation, elle est bondée l'été de visiteurs qui se font dessiner, peindre ou caricaturer par les nombreux artistes de rue ou qui viennent chiner des croquis et des aquarelles de vues de Québec.

Cathédrale anglicane Holy Trinity

31, rue des Jardins. *(418) 692 2193.* *t.l.j.*

Après avoir prié pendant quelques décennies dans l'église des Récollets qui brûla en 1796, les anglicans de Québec eurent droit à leur propre cathédrale en 1804. Construite aux frais de l'État sur le modèle néoclassique de Saint Martin's in the Fields à Londres, elle fut la première cathédrale anglicane en dehors de Grande-Bretagne. Plusieurs dons faits par des Britanniques y sont toujours conservés, notamment un livre de prières et une Bible offerts par George III. Les bancs sont en chêne venant de la forêt royale de Windsor et le carillon à huit cloches est le plus vieux du Canada. L'été, artistes et artisans se pressent dans l'enclos verdoyant de l'église.

Reliquaire du couvent des Ursulines

Monastère des Ursulines

12, Rue Donnacona. *(418) 694 0694.* *t.l.j.*

Mère Marie de l'Incarnation, à l'origine de la présence des Ursulines à Québec dès 1639, supervisa en 1641 la construction de leur couvent qui fut deux fois réduit en cendres. Les ailes Saint-Augustin et Sainte-Famille, visibles aujourd'hui, datent de la reconstruction des années 1686-1721. À l'ombre de son verger et de ses jardins subsiste la plus ancienne école pour filles d'Amérique du Nord.

Une soixantaine de religieuses occupent encore les lieux. Dans la chapelle au magnifique décor et dans le musée sont exposés, entre autres, des meubles Louis XIII, des instruments scientifiques, des peintures et des broderies. Le rôle éducatif et missionnaire des religieuses est également mis en lumière. Des objets d'art amérindien et français des XVIIe, XVIIIe et XIXe siècles côtoient le crâne du marquis de Montcalm, mort au champ d'honneur en 1759.

L'hôtel de ville est précédé d'un petit parc

Hôtel de ville

43, côte de la Fabrique. *(418) 691 4606.* *Centre d'interprétation, de fin juin à sept. : t.l.j. ; d'oct. à juin : du mar. au dim.*

Construit en 1896, cet imposant édifice se dresse à l'extrémité ouest de la rue de Buade, rendez-vous des artistes québécois qui y vendent leurs œuvres. Mais c'est surtout le petit parc attenant, où sont organisées l'été des représentations théâtrales, qui attire les foules.

Séminaire de Québec

2, côte de la Fabrique.

(418) 692 2843. *l'été.* *obligatoire.*

En 1663, François de Montmorency-Laval, premier évêque catholique de Québec, fonda un séminaire à côté de sa cathédrale pour former les prêtres de son diocèse. Il s'est agrandi au fil des siècles pour devenir un charmant ensemble d'édifices des XVIIe, XVIIIe et XIXe siècles, autour d'une paisible cour gazonnée.

Le musée de l'Amérique française, qui se déploie sur cinq niveaux, possède la plus prestigieuse collection de pièces d'archives au Canada. On y remarquera l'oratoire privé de Mgr Briand, réalisé vers la fin du XVIIIe siècle.

Intérieur de la chapelle du séminaire de Québec

La Citadelle

Insigne du Royal 22ᵉ Régiment

Les ingénieurs militaires français et anglais ont successivement contribué à la construction de ce fort magnifique, destiné à parer une éventuelle attaque qui n'eut jamais lieu. Planifiés dès 1716, les travaux ont été exécutés sous la direction du colonel Durnford de 1820 à 1830. Aujourd'hui, le tour des fortifications en étoile, à la manière de Vauban, est l'occasion d'une promenade agréable. Toujours en activité, la citadelle est la base du fameux Royal 22ᵉ Régiment, que l'on peut voir exécuter ses tâches quotidiennes et ses manœuvres.

Les fortifications
À partir du milieu du XIXᵉ siècle, la Citadelle assura la défense du flanc est de la ville.

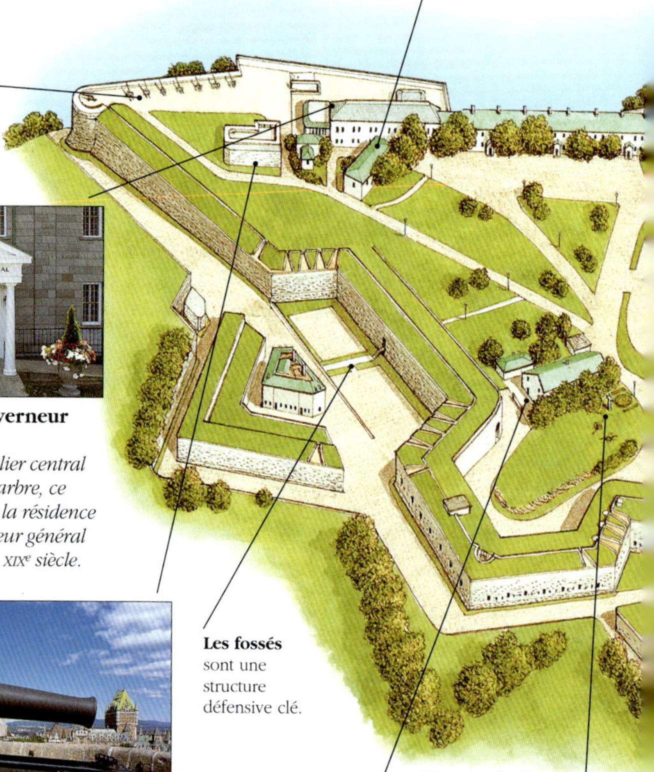

Ancienne prison militaire

Le cap Diamant, point culminant de Québec, surplombe la basse ville.

Résidence du gouverneur général
Avec son double escalier central et son vestibule en marbre, ce splendide manoir est la résidence officielle du gouverneur général du Canada depuis le XIXᵉ siècle.

Redoute du cap Diamant
Première fortification construite en 1693 sur ordre de Frontenac, la redoute est le plus vieux bâtiment de la Citadelle. Elle abrite aujourd'hui des souvenirs de guerre et offre un beau panorama du Saint-Laurent.

Les fossés sont une structure défensive clé.

La croix de Vimy fut élevée à la mémoire des Canadiens tombés en France à la bataille de Vimy en 1917.

Chapelle
La poudrière de 1831 sert aujourd'hui de chapelle.

★ La relève de la garde sur le champ de parade
La relève de la garde a lieu tous les jours, de juin à la fête du Travail (1er lundi de septembre). L'uniforme de cérémonie du Royal 22e Régiment, tunique écarlate et pantalon bleu, a été créé par les Britanniques.

MODE D'EMPLOI

1, côte de la Citadelle. *(418) 694 2815.* *t.l.j.* *dans le musée.* *obligatoire.* *www.lacitadelle.qc.ca*

La caserne
En tant que base militaire active, la caserne est occupée par le Royal 22e Régiment, l'un des mieux entraînés du Canada, connu pour sa bravoure pendant les deux guerres mondiales.

Le bastion du Prince-de-Galles abrite une poudrière désaffectée. Construit en 1750, il contenait jadis 2 388 tonneaux de poudre à canon.

★ Porte Dalhousie
Seule porte à avoir conservé son architecture d'origine, elle est entourée de batteries de canons qui permettaient de couvrir d'un tir défensif les flancs nord, sud et ouest de la Citadelle.

À NE PAS MANQUER

- ★ La relève de la garde
- ★ La porte Dalhousie

Sainte-Anne-de-Beaupré ❷

Ce sanctuaire dédié à la mère de la Vierge, un des plus vénérés du Canada, a été fondé en 1658 par les pionniers de la côte de Beaupré. Il attire chaque année plus de 1,5 million de touristes et de pèlerins, notamment à l'occasion de la Sainte-Anne, le 26 juillet.

La basilique actuelle, de style néoroman très ornementé, date des années 1920. À l'intérieur, parmi les innombrables ex-voto laissés par des pèlerins reconnaissants, des béquilles illustrent le succès de leurs prières. Le vaisseau est divisé en cinq nefs par d'épaisses colonnes et la voûte en berceau est couverte de mosaïques à fond d'or relatant la vie de sainte Anne, représentée dans le transept par une grande statue dorée portant la Vierge dans ses bras.

Statue de sainte Anne
Cette statue richement ornée est placée dans la basilique supérieure, face à la relique de sainte Anne offerte par le pape Jean XXIII en 1960.

Plan du sanctuaire

1 Basilique
2 Monastère
3 Séminaire
4 Musée
5 Bureau des bénédictions

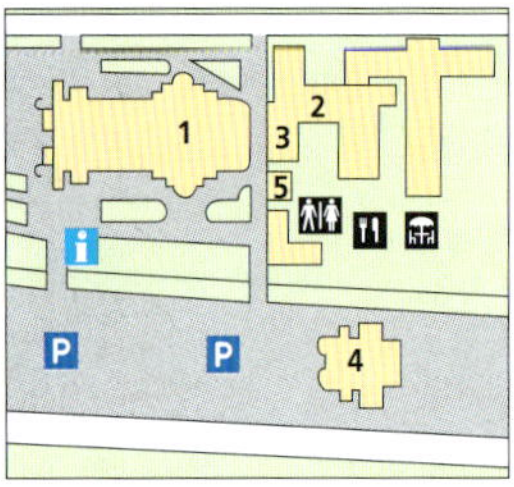

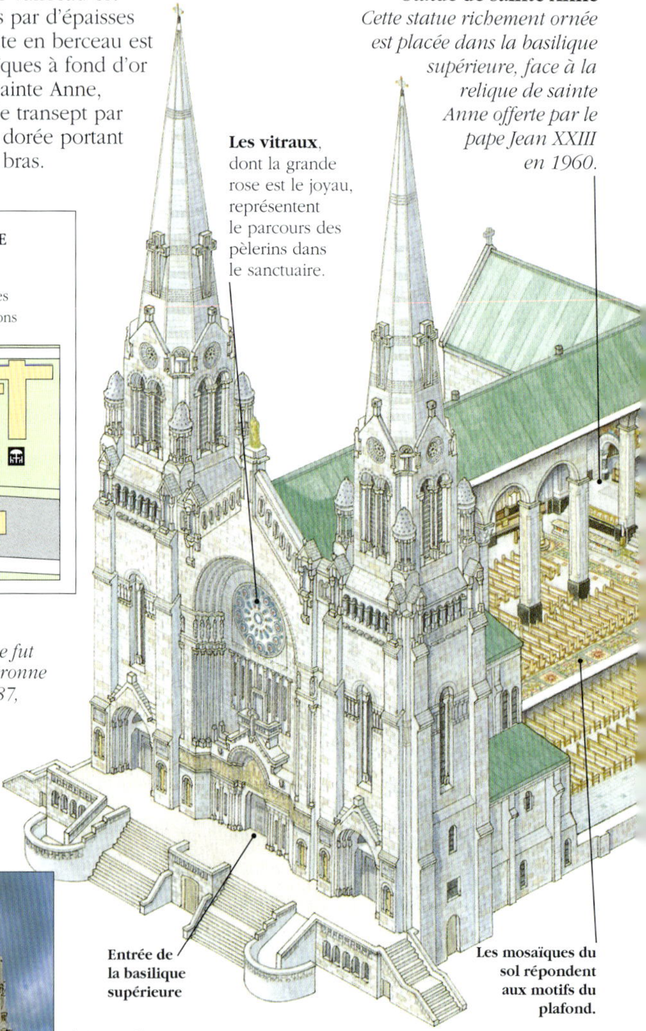

Les vitraux, dont la grande rose est le joyau, représentent le parcours des pèlerins dans le sanctuaire.

Entrée de la basilique supérieure

Les mosaïques du sol répondent aux motifs du plafond.

La basilique

En 1876, sainte Anne fut proclamée sainte patronne du Québec et, en 1887, l'église reçut le titre de basilique. Les Rédemptoristes ont pris la direction du sanctuaire en 1878.

★ Façade
La première basilique fut incendiée en 1922 et reconstruite à partir de 1923. Son trésor est constitué d'objets datant du régime français.

À ne pas manquer

★ **La façade**

★ **La Pietà**

Mode d'emploi

3 400. Québec. 10018, av. Royale (418) 827 3781. pendant les offices. 9h en été. www.ssadb.qc.ca

★ **Pietà**

C'est une fidèle réplique de l'original de Michel-Ange que l'on peut voir à Saint-Pierre de Rome.

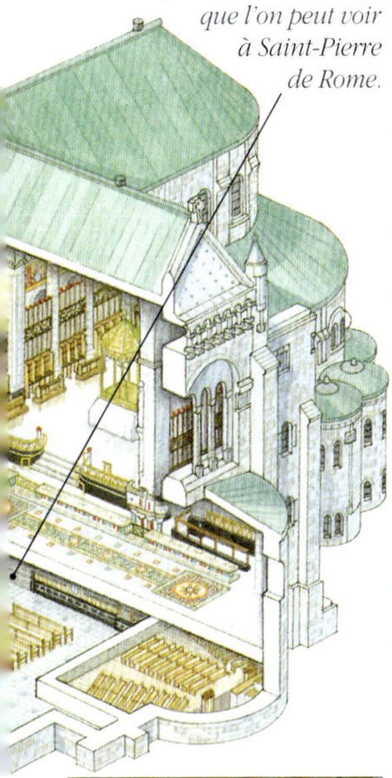

Intérieur

Éclairé par le soleil qui filtre à travers les vitraux, l'intérieur beige et or est décoré dans ses moindres recoins.

La chute Montmorency est la cascade la plus spectaculaire du Québec

Parc de la Chute-Montmorency et île d'Orléans ❸

Chute Montmorency (418) 663 3330. de 8 h 30 à 23 h, t.l.j. de mi-avr. à oct. Centre d'information touristique de l'île d'Orléans, 490, côte du Pont, Saint-Pierre (418) 828 9411.

À 7 kilomètres à l'est de Québec, la chute Montmorency est la plus célèbre de la province. De 30 mètres plus haute que les chutes du Niagara (56 mètres), elle marque l'endroit où la Montmorency se jette dans le Saint-Laurent. Le parc environnant permet de l'admirer de plusieurs points de vue : un pont suspendu, un téléphérique et, pour les plus intrépides, des sentiers qui gravissent les falaises voisines.

Non loin, un pont moderne arachnéen mène à l'île d'Orléans, riche et fertile, couverte de fleurs, de champs de fraisiers et de terres cultivées. Émaillée de villages, elle donne un excellent aperçu de la vie paisible des campagnes du Québec.

Côte de Charlevoix ❹

166, bd de Comporté, La Malbaie (418) 665 4454. www.tourisme-charlevoix.com

Elle se déroule sur 200 kilomètres sur la rive nord du Saint-Laurent, de Sainte-Anne-de-Beaupré, à l'ouest, à l'embouchure du Saguenay. Ce mince ruban de campagnes fleuries s'étirant à la lisière sud de la toundra devant une profonde forêt boréale s'est vu attribuer le titre de Réserve mondiale de la biosphère par l'Unesco en 1988. De douces vallées protègent les villages des bords du fleuve, certains s'abritant sous des falaises hautes de 400 mètres. Baie-Saint-Paul, située dans une vallée fertile, est d'une beauté exceptionnelle. À 35 kilomètres au nord-est de ce village, le **parc des Grands-Jardins** est une vaste étendue de lacs et de taïga, forêt d'épinettes noires où vit le caribou. Les collines se prêtent aux balades et à la randonnée. Dans la minuscule et paisible île aux Coudres, au milieu du fleuve, les terres cultivées verdoyantes servent de cadre à des fermes historiques et à deux moulins.

Parc des Grands-Jardins

Route 381. (418) 439 1227. de mai à oct. : t.l.j. ; de nov. à avr. : sam. et dim.

Moulin sur l'île aux Coudres, dans la région de Charlevoix

La ville de Tadoussac, au confluent du Saint-Laurent et du Saguenay

Tadoussac ❺

850. 197, rue des Pionniers (418) 235 4977.

Cette petite ville aux vieilles rues bordées de boutiques est une bonne base pour découvrir les proches environs du Saint-Laurent.

Ayant remarqué que depuis des générations, les Amérindiens se réunissaient sur ce site pour commercer et parlementer, les négociants français y fondèrent vers 1600 le premier poste canadien de traite des fourrures. Au XIXe siècle, en marge de ce commerce florissant, les bateaux commencèrent à amener des touristes nantis venus goûter la beauté sauvage des lieux.

Le paysage est en effet magnifique. Adossés à des falaises rocheuses et à de hautes dunes, les quais font face au confluent du Saint-Laurent et du Saguenay. À voir dans la ville : la reconstitution du poste de traite des fourrures du XVIIe siècle et la plus vieille église en bois du Canada, la Petite Chapelle, construite en 1747 sur les ruines de la « chapelle des Indiens », érigée en 1646. Mais l'attraction majeure est au large. L'estuaire est l'habitat permanent d'une colonie de bélugas, rejoints l'été par des petits rorquals, rorquals communs et rorquals bleus, attirés par des conditions naturelles exceptionnelles. Il est possible de les approcher en bateau.

Le Saguenay ❻

Jonquière. Chicoutimi. 455, rue Racine E. (418) 543 9778. W www.tourismesaguenaylacsaintjean.qc.ca

La rivière coule dans le fjord naturel le plus méridional du monde, formé par le recul d'un glacier lors de la dernière période glaciaire, il y a 10 000 ans. Ses eaux sombres, profondes de 300 mètres par endroits, coulent sur 155 kilomètres au pied de falaises d'une hauteur moyenne de 450 mètres.

Reliant le lac Saint-Jean à l'estuaire du Saint-Laurent, le Saguenay est également connu pour ses rives paisibles et sa faune abondante. Elle prospère surtout dans sa partie sud, le joli Bas-Saguenay, en grande partie parc marin fédéral. On peut y observer la colonie d'un millier de baleines qui a élu domicile dans le fjord.

Le regard embrasse toute l'étendue du fjord depuis le cap Trinité, une falaise de 320 mètres qui surplombe la rivière. La célèbre statue de 10 mètres de la Vierge, érigée sur un récif, semble contempler le paysage.

Les rives du profond fjord du Saguenay

Chicoutimi ❼

Saguenay. 64 600. Jonquière. Chicoutimi. 455, rue Racine E. (418) 543 9778.

Blottie au creux des montagnes sur la rive ouest du Saguenay, Chicoutimi est l'une des villes les plus accueillantes du Québec et le centre culturel et économique de la région. Des quais récemment restaurés, les vues des hauteurs environnantes et du confluent du Chicoutimi, du Du-Moulin et du Saguenay sont superbes.

Vivant autrefois de la pâte à papier, la ville possède toujours une grande usine, la **pulperie de Chicoutimi**. Désaffectée, elle est ouverte au public. Un musée voisin donne tous les détails sur cette vieille industrie québécoise qui fournissait en papier une bonne partie de l'Amérique du Nord.

Pulperie de Chicoutimi
300, rue Dubuc. (418) 698 3100. *de fin juin à sept. : de 9 h à 18 h t.l.j.*

Excursion au lac Saint-Jean ❽

En plein cœur des étendues rocheuses couvertes d'épinettes propres au centre du Québec, le lac Saint-Jean est une oasis de paix. D'une superficie de 1 350 kilomètres carrés, il est entouré de fermes, de villages pittoresques, comme Chambord, et de plages de sable ensoleillées. Cette région vallonnée occupe une cuvette formée par le passage des glaciers lors de la dernière période glaciaire. Des ruisseaux dévalent ses parois escarpées pour se jeter dans les eaux bleues du lac et finalement donner naissance au Saguenay.

Carnet de route

Point de départ : *Chambord.*
Itinéraire : *230 km.*
Circuler : *Le circuit est long mais agréable, la route étant bien entretenue. La plupart des villes et villages, tel Mashteuiatsh, ont des auberges et restaurants où faire une halte. Les routes secondaires offrent de plaisantes alternatives.*

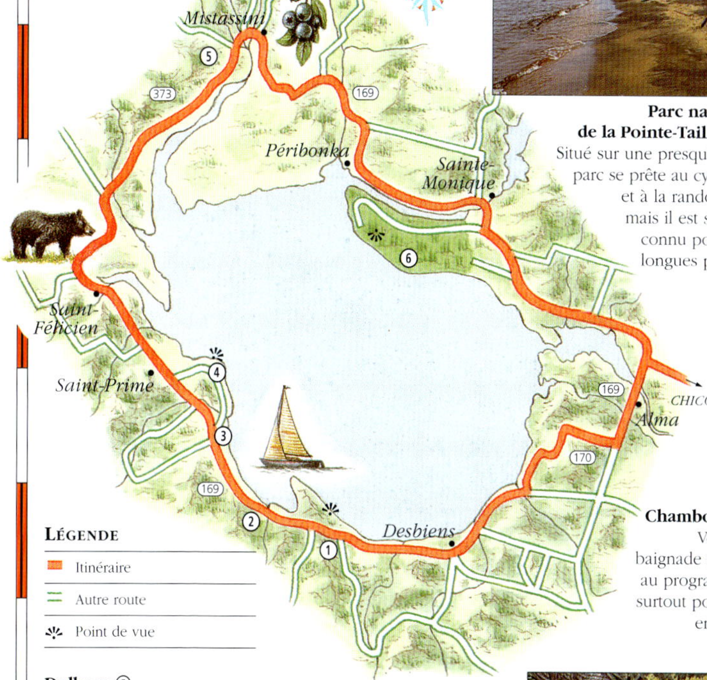

Parc national de la Pointe-Taillon ⑥
Situé sur une presqu'île, ce parc se prête au cyclisme et à la randonnée, mais il est surtout connu pour ses longues plages.

Chambord ①
Voile et baignade seront au programme, surtout pour les enfants.

Légende

- Itinéraire
- Autre route
- Point de vue

Dolbeau ⑤
En juillet, lors des dix jours du Festival Western, les foules viennent voir rodéos et cow-boys en Stetson.

Mashteuiatsh, Pointe Bleue ④
Dans cette réserve amérindienne des Montagnais, les visiteurs peuvent assister à des démonstrations d'activités traditionnelles.

Roberval ③
Ce charmant village est idéal pour assister à l'arrivée de la traversée à la nage du lac Saint-Jean ; elle a lieu tous les ans en juillet depuis 1946.

Village historique de Val-Jalbert ②
Cette petite ville-musée est dominée par la chute Ouiatchouane, qui faisait fonctionner une pulperie dans les années 1920.

Le barrage hydroélectrique Daniel-Johnson, au nord de Baie-Comeau

Baie-Comeau ❾

26 700.
337, La Salle (418) 294 2876.

Cette petite ville doit entièrement son existence au *Chicago Tribune* : en 1936, le journal américain construisit une papeterie près de l'embouchure de la Manicouagan pour alimenter ses presses. Le quartier Amélie, classé en 1985, est le plus ancien de la localité. Il compte de belles demeures, dont un imposant hôtel des années 1930.

Si l'industrie papetière est toujours primordiale dans la région, Baie-Comeau doit aujourd'hui son importance à la proximité de l'énorme complexe hydroélectrique Manic-Outardes, situé sur la Route 389, de 22 à 200 kilomètres au nord. La centrale la plus spectaculaire est Manic-5, à 190 kilomètres de la ville. Là, le barrage Daniel-Johnson a engendré un vaste lac-réservoir dans un cratère qui a été formé par une météorite il y a plusieurs milliers d'années d'après les géophysiciens.

Sept-Îles ❿

29 000.
1401, bd l'Aure (418) 962 1238.

Jusqu'aux années 1950, Sept-Îles était un vieux village de pêcheurs assoupi. Mais après la Seconde Guerre mondiale, les grandes compagnies virent dans ce hameau niché au bord d'une vaste baie la base parfaite pour l'exploitation des gisements de fer du nord du Québec. C'est aujourd'hui la plus grande ville de la rive nord du golfe du Saint-Laurent et le deuxième port canadien de la Voie maritime. Depuis le trottoir de planches sur la rive, les visiteurs peuvent suivre les manœuvres des navires et l'activité des docks.

Fière des ses équipements portuaires de pointe, la ville possède aussi d'intéressants vestiges du passé. Non loin du centre-ville, le Vieux Poste est une belle reconstitution d'un poste de traite où les Indiens troquaient leurs fourrures avec les marchands français. Un petit musée d'art amérindien vend de l'artisanat local.

Malgré son importance industrielle, la région de Sept-Îles est d'une beauté exceptionnelle, avec les kilomètres de plages de sable du littoral, tout proche, et la rivière Moisie, riche en saumons, qui se jette dans le golfe du Saint-Laurent à 20 kilomètres à l'est de la ville. Les sept îles rocheuses dont celle-ci tire son nom constituent le parc de l'archipel des Sept-Îles. La Grande-Basque est l'une des préférées des campeurs et des randonneurs pour ses plages et ses sentiers de découverte de la nature. Celle du Corossol est un sanctuaire pour une multitude de mouettes, sternes et macareux ; elle se visite avec un guide. Des excursions en bateau autour des îles sont également organisées.

Vue aérienne du port actif de Sept-Îles

Archipel de Mingan et île d'Anticosti ⓫

Sept-Îles. Sept-Îles.
1401, bd l'Aure (418) 962 1238.

Cette région vierge et inhabitée bénéficie d'une popularité croissante pour son paysage rude, sa flore et sa faune abondantes et ses écosystèmes intacts. En 1984, les 40 îles de l'archipel de Mingan, qui s'échelonnent au large de la rive nord du golfe du Saint-Laurent, sont devenues le premier parc national insulaire du Canada. Macareux, sternes et diverses variétés de mouettes trouvent refuge dans cette réserve, tandis que phoques gris, phoques communs et phoques du Groenland se pressent le long des minuscules criques ; les rorquals se montrent également à l'occasion. Outre leur riche faune, les îles sont célèbres pour leurs étranges monolithes en calcaire aux formes surréalistes sculptés par la mer au cours des siècles. Les plus connus ressemblent à des pots de fleurs couronnés d'herbes. Une excursion en bateau permet d'admirer ce phénomène de la nature.

L'île d'Anticosti, à l'est de l'archipel, était jusqu'en 1974 une propriété privée de 8 000 kilomètres carrés. Son ancien propriétaire, le

Monolithes de calcaire « en pot de fleurs » au parc national de l'archipel de Mingan

chocolatier français Henri Menier, l'acheta en 1895 et la peupla de cerfs de Virginie pour que ses invités puissent chasser. Le troupeau a prospéré et, bien que la chasse se pratique toujours, il compte 120 000 têtes. La faune abonde : plus de 150 espèces d'oiseaux vivent en paix dans la forêt relativement préservée et sur les plages. On peut se loger à Port-Menier, village de 300 habitants desservi par le ferry.

Phoque sur l'île d'Anticosti

La rive sud ⓬

Rivière-du-Loup. Rivière-du-Loup. Rivière-du-Loup. Rivière-du-Loup (418) 862 1981, 1 888 825 9125. www.riviereduloup.ca

Nombre de villes et villages jalonnent la rive sud du Saint-Laurent. À l'ouest, ils se concentrent autour de Montréal, et à l'est, entre Lévis et la côte gaspésienne. Rivière-du-Loup, une localité apparemment modeste, donne en fait un bon avant-goût du Québec profond. Dominée par une église ancienne en pierre, la vieille ville s'étend au long de rues accidentées et ses maisonnettes du XVIIIe siècle possèdent un cachet attachant. D'autres villages de la région cachent des curiosités. Plus loin sur la Route 132, Trois-Pistoles est fière d'une histoire qui remonte à l'arrivée des pêcheurs de baleine basques en 1580.

L'île aux Basques, au large, était au XVIe siècle un port baleinier remplacé maintenant par une réserve naturelle qui se visite.

Vers Rimouski, le centre commercial de la région, le parc du Bic est une petite réserve de 33 kilomètres carrés consacrée aux deux zones forestières, feuillue et boréale, et à la riche faune côtière. On peut la découvrir en kayak de mer.

Îles de la Madeleine ⓭

128, chemin du Débarcadère, Cap-aux-Meules (418) 986 2245. www.tourismeilesdelamadeleine.com

Cet archipel situé en plein milieu de l'immense golfe du Saint-Laurent est constitué d'îlots et d'une douzaine d'îles, dont sept sont habitées. Les familles de pêcheurs qui y sont établies ont choisi de peindre leurs maisonnettes de jolis tons de mauves, jaunes et rouges vifs. Si du fleuve, la vue de ces petites communautés sur leurs îles basses battues par les vents est saisissante, ces dernières valent que l'on s'y rende. Outre les charmants villages anciens, les plages infinies au sable fin se prêtent à de splendides balades.

Maison de pêcheur peinte sur l'île du Havre-Aubert, aux îles de la Madeleine

Excursion en Gaspésie ⓮

Cette péninsule située à l'embouchure du Saint-Laurent renferme certains des paysages les plus sauvages et les plus séduisants du Québec. Vers l'est, les bouquets d'arbres se transforment en épaisses forêts de pins et le relief se fait rude et rocailleux, avec des falaises atteignant 500 mètres au nord-ouest. Au centre, culminant à 1 300 mètres, les monts Chic-Chocs sont au cœur d'intéressantes excursions en montagne. Au sud, la baie des Chaleurs abrite des villages industriels et de pêcheurs du XIXe siècle et, vers l'intérieur, on trouve exploitations fruitières, jardins exotiques et parcs naturels.

Parc national de la Gaspésie ③
Avec ses 800 kilomètres carrés de terrains rudes et moussus, il marque la transition entre la forêt boréale et la forêt subalpine.

Grand-Métis ①
Cette petite ville recèle un des plus beaux jardins du Canada, où poussent plus de 1 000 espèces rares.

Cap-Chat ②
Il devrait son nom à un rocher voisin en forme de chat et possède l'éolienne la plus haute du monde (110 mètres).

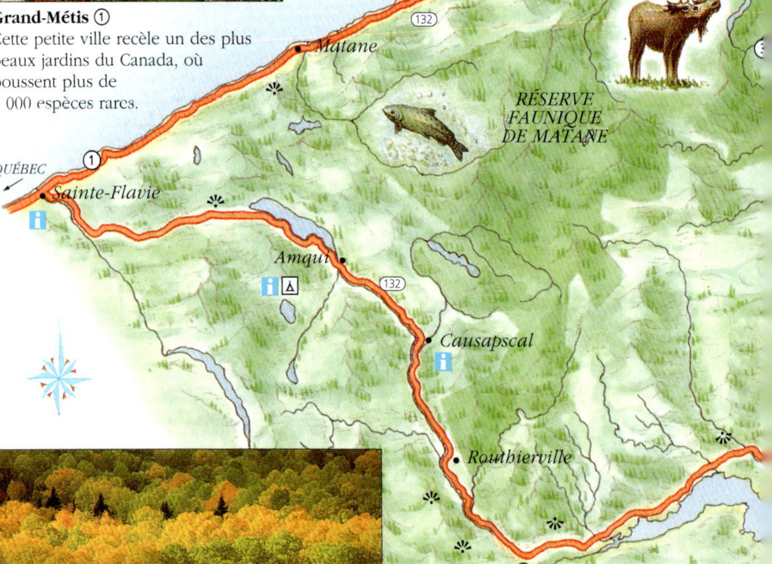

Vallée de la Matapédia ⑨
Au confluent de deux excellentes rivières à saumon, cette pittoresque vallée est parsemée de ponts couverts. Dissimulant des exploitations forestières établies de longue date, ses ormes et ses érables revêtent en automne des couleurs sublimes.

Carleton ⑧
Fondée en 1766 par les Acadiens fuyant le Grand Dérangement *(p. 58-59)*, Carleton est aujourd'hui une station balnéaire décontractée. D'excellents hôtels et restaurants bordent ses larges rues et les nombreux visiteurs apprécient la douceur du climat côtier.

Sainte-Anne-des-Monts ④
À l'entrée du parc de la Gaspésie et de la réserve faunique des monts Chic-Chocs, ce village du XIXe siècle, a de bons restaurants.

Carnet de route

La route 132, voie principale de cette excursion, longe la côte depuis Grand-Métis en décrivant une boucle. Trop long pour être effectué dans la journée, le trajet peut être interrompu dans de nombreux villages. Pour admirer les étendues rocailleuses, il faut s'enfoncer à l'intérieur des terres par la route 299.

Mont-Saint-Pierre ⑤
À l'orée des monts Chic-Chocs, ce village est réputé pour le deltaplane.

Parc national Forillon ⑥
Il s'agit de l'extrémité nord des Appalaches, dont les roches ont été sculptées par la mer.

Rocher Percé ⑦
Au large, au sud de la petite ville de Percé, ce site fameux est le résultat de l'érosion marine. Prisé des artistes canadiens dans les années 1930, Percé fourmille toujours de galeries d'art.

Légende

- Itinéraire
- Autre route
- Camping
- Information touristique
- Point de vue

Le Sud et le Nord

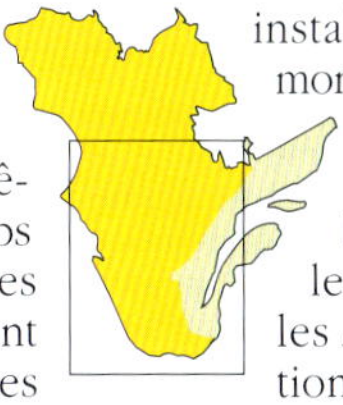

Le vaste territoire qui s'étend entre la frontière de l'Ontario et la ville historique de Québec est extrêmement varié. Au sud, les champs vallonnés des Appalaches et les forêts d'érables écarlates attirent des foules de visiteurs. Dans les glaces du Nunavik, au nord, la beauté austère des forêts de conifères fait place à une profusion de fleurs sauvages au printemps, non loin des plus grandes installations hydroélectriques du monde. Au centre, le massif ancien des Laurentides, émaillé de lacs, est un véritable terrain de loisir naturel, avec ses excellentes pistes de ski. Habité par les Amérindiens jusqu'à la création des premiers établissements français au XVIIe siècle, le Québec actuel a été conquis par les Britanniques en 1759-1760, mais les descendants des Français y sont toujours majoritaires.

La région d'un coup d'œil

Parcs nationaux

Parc national de la Mauricie 5

Villes historiques

Gatineau 12
Joliette 7
Oka 9
Rouyn-Noranda 15
Sherbrooke 2
Sainte-Croix 3
Terrebonne 8
Trois-Rivières 6
Val-d'Or 14

Sites historiques et naturels

Baie James 16
Lac Memphrémagog 1
Laurentides 11
Nunavik *(non mentionné sur la carte)* 17
Réserve faunique La Vérendrye 13
Sucrerie de la Montagne 10
Vallée du Richelieu 4

Légende

Aéroport international
Autoroute
Route principale
Voie ferrée

0 100 km
0 100 miles

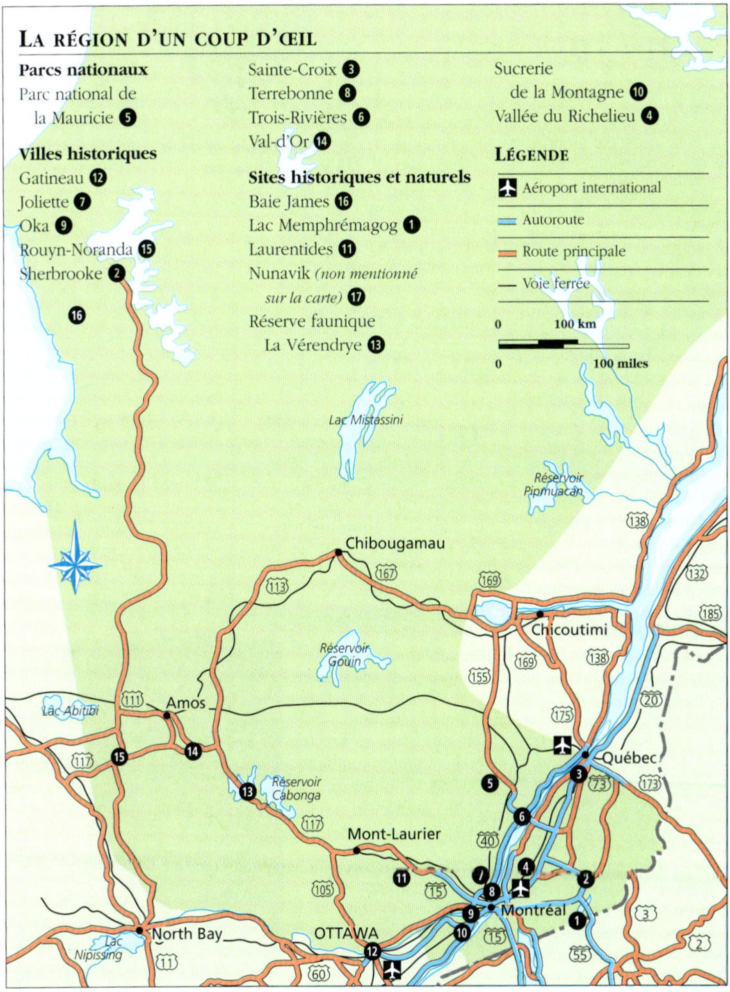

◁ **Les maisons colorées de Saint-Jovite, au cœur des Laurentides**

Église près du lac Memphrémagog

Lac Memphrémagog ❶

Magog. Magog. 55, rue Cabana, Magog, 1 800 267 2744. www.tourisme-memphremagog.com

Il se trouve dans les Cantons de l'Est, qui s'étendent de la vallée du Richelieu à la frontière des États américains du Maine, du New Hampshire et du Vermont. Cette région aux paysages proches de ceux des Appalaches, avec ses collines, champs, bois et lacs, est l'une des premières productrices de sirop d'érable au Québec *(p. 98-99)*.

Long et étroit, le lac Memphrémagog est enchâssé dans les montagnes. Il hébergerait un monstre, Memphré, aperçu pour la première fois en 1798. Son quart sud empiétant sur le Vermont, il n'est pas étonnant que les loyalistes britanniques fuyant la guerre d'Indépendance américaine aient été parmi les premiers colons de la région. Leur influence est sensible dans les maisons en brique rouge et en bois de la fin du XIXe siècle à Georgeville ou Vale Perkins, villages enchanteurs au bord du lac, ou encore à Magog, à son extrémité nord.

En 1913, des bénédictins normands fondèrent l'abbaye de Saint-Benoît-du-Lac sur l'un des plus beaux sites du lac. Producteurs de cidre et d'un fromage bleu apprécié, l'ermite, il sont également réputés pour le chant grégorien ; on peut les écouter pendant la messe.

Sherbrooke ❷

140 000. 2964 King St, 1 800 561 8331, (819) 821 1919. www.sdes.ca

Située dans une vallée encaissée, celle qui se proclame « Reine des Cantons de l'Est » est bien la capitale industrielle, commerciale et culturelle de la région. Son très beau quartier historique a pour toile de fond les collines du confluent des rivières Saint-François et Magog. Les premiers colons étaient des loyalistes britanniques des États de la Nouvelle-Angleterre. Leur héritage a survécu dans les maisons anciennes et les jardins du Vieux-Nord, ainsi que dans le nom des rues. Pourtant, la ville est presque entièrement francophone. Le Réseau riverain, qui part du centre-ville, est un charmant parc sur les rives de la Magog, doté de 20 kilomètres de pistes cyclables et de sentiers pédestres.

Sainte-Croix ❸

2 600. 6375, rue Garneau (418) 926 2620.

Le joyau de cette jolie ville au bord du Saint-Laurent est un manoir en bois peint blanc entouré d'une élégante galerie à deux niveaux au sein du fabuleux **domaine Joly-De Lotbinière**, construit en 1851 par le seigneur local. Les talus couverts de géraniums et les terrasses de noyers descendent jusqu'au fleuve. Parmi les plantes rares, 20 chênes rouges auraient plus de 250 ans, mais les jardins sont surtout renommés pour la culture des pommes de terre bleues.

Domaine Joly-De Lotbinière
Route de Pointe-Platon.
(418) 926 2462.
de juin à sept. : t.l.j. ; d'oct. à mai : de 11 h à 17 h sam. et dim. partiel.

Vallée du Richelieu ❹

1080, chemin des Patriotes Nord, Mont-Saint-Hilaire (450) 536 0395, 1 888 736 0395. www.vallee-du-richelieu.ca/tourisme

Très fertile, elle suit la rivière Richelieu sur 130 kilomètres, entre le Saint-Laurent et le lac Champlain. Un fort du XVIIIe siècle y subsiste, à quelques kilomètres à l'est de Montréal : le **fort Chambly**. C'est un bel exemple des ouvrages défensifs de cette période. Construit en pierres massives de 1709 à 1711 pour remplacer le fortin érigé en 1665, il vaut la visite. Plus au nord, à Saint-Denis, la Maison nationale des patriotes rappelle le soulèvement québécois contre la domination britannique et la bataille de Saint-Denis, le 23 novembre 1837.

Panneau pour le fort Chambly

La rivière traverse de séduisants villages entourés de vergers et de vignobles. Offrant de belles vues de Montréal, Mont-Saint-Hilaire est célèbre pour ses érablières et son église du XIXe siècle. Décorée par Ozias Leduc *(p. 28)*, elle a été classée monument historique en 1965.

Fort Chambly
2 rue Richelieu, Chambly. *1 800 463 6769. de mars à mi-juin : de 10 h à 17 h du mer. au dim. ; de mi-juin à sept. : de 10 h à 17 h t.l.j. de nov. à fév.*

L'église de Mont-Saint-Hilaire

Canoë sur le lac Wapizagonke, dans le parc national de la Mauricie

Parc national de la Mauricie ❺

par l'autoroute 55, Shawinigan. *(819) 538 3232. Shawinigan. Shawinigan. t.l.j. partiel. payant. www.parkscanada.pch.gc.ca*

Ses quelque 540 kilomètres carrés de forêts, de lacs et de granit rose précambrien sont le rendez-vous des amateurs de camping, randonnée, canoë et ski de fond. Le parc couvre une partie des Laurentides *(p. 147)*, appartenant au Bouclier canadien et vieilles de 950 à 1 400 millions d'années.

La beauté rude de la Mauricie se découvre aussi en voiture, au long des 63 kilomètres sinueux qui séparent Saint-Mathieu de Saint-Jean-des-Piles. De là part un autre circuit réservant de belles vues de l'étroite vallée du lac Wapizagonke, paradis des pêcheurs qui y taquinent truites et brochets. Orignaux et ours vivent en liberté dans le parc.

Trois-Rivières ❻

52 000. 1457, rue Notre-Dame (819) 375 1122, 1 800 313 1123.

Le Québec est un des plus gros producteurs de pâte à papier en Amérique du Nord, et Trois-Rivières est un centre majeur de cette industrie. Son riche passé s'en trouve parfois occulté. Les premiers colons français arrivèrent en 1634 et bien que les édifices conservés de cette époque soient rares, le vieux quartier, charmant, abrite plusieurs maisons et magasins des XVIIIe et XIXe siècles.

Au cœur de la vieille ville, le **monastère des Ursulines**, présentes dans la ville depuis 1697, abrite une chapelle coiffée d'un dôme et un petit jardin qui est désormais un parc public. La rue des Ursulines est bordée de petites maisons anciennes aux styles architecturaux variés. Dans le même quartier, le manoir Boucher-de-Niverville (1668 et 1729), siège de la chambre de commerce locale, accueille des expositions tournantes consacrées à l'histoire régionale.

La chapelle du monastère des Ursulines, à Trois-Rivières

Monastère des Ursulines

734, rue des Ursulines. *(819) 375 7922. mars et avr. : du mer. au dim. ; de mai à oct. : du mar. au dim. ; de nov. à fév. : se renseigner par téléphone.*

Joliette ❼

31 100. 500, rue Dollard (450) 759 5013.

La ville industrielle de Joliette, sur la rivière Assomption, est un centre de culture dynamique. Créé en 1976, le musée d'Art met en valeur les œuvres rassemblées par le père Wilfrid Corbeil. Les collections permanentes vont de l'art sacré médiéval à l'art moderne. En 1974, le père Fernand Lindsay fut à l'origine du Festival international de Lanaudière, une série de concerts estivaux donnés par des musiciens de renom international.

La petite ville voisine de Rawdon, à 18 kilomètres à l'ouest, est réputée à juste titre pour l'extrême beauté de son site. Des sentiers sinueux en partent et longent la rivière Ouareau jusqu'aux pittoresques chutes Dorwin.

Terrebonne 8

36 680.
3645 Queen St (1 866 964 0681).

Au nord-ouest de la grande banlieue de Montréal, cette petite ville historique sur la rivière des Mille-Îles fut concédée en seigneurie en 1673 mais peuplée seulement vers 1730. En 1922, un incendie ravagea la plupart des édifices anciens, à l'exception de quelques maisons élégantes du XIXe siècle rues Saint-François-Xavier et Sainte-Marie, transformées pour la plupart en restaurants et bistros animés. Le véritable joyau de la ville est l'**île des Moulins**, un complexe préindustriel de la rivière des Mille-Îles, avec des moulins à farine, à scie et à carder des XVIIIe et XIXe siècles. Un des plus grands bâtiments du site est la première boulangerie industrielle du Canada. Elle fut bâtie par la Compagnie du Nord-Ouest en 1803 pour fabriquer les biscuits de marins dont se nourrissaient ses représentants qui partaient tous les ans en canoë vers l'ouest collecter des fourrures. Terrebonne est aussi renommée pour ses rodéos et diverses manifestations d'éleveurs qui s'y tiennent régulièrement.

Île des Moulins
par l'autoroute 25, sortie 22 E.
(450) 471 0619. de juin à sept. : de 13 h à 21 h t.l.j.
www.ile-des-moulins.qc.ca

Le traversier d'Oka, sur le lac des Deux-Montagnes

Oka 9

3 840. 183, rue des Anges (450) 479 8337.

La vue sur ce village est inoubliable depuis le traversier partant d'Hudson, sur l'autre rive du lac des Deux-Montagnes. La petite église néoromane de 1878 se profile à travers les arbres, encadrée par les montagnes et les vergers. Mais le principal édifice religieux d'Oka est une **abbaye cistercienne** fondée par des moines venus de France en 1881. Entourée de jardins paisibles, l'église abbatiale est plutôt austère, dans la tradition cistercienne, mais son architecture néoromane est pleine de grâce. La boutique vend le fromage à pâte molle créé en 1893 par un frère cistercien. Non loin, le parc d'Oka – près de 20 kilomètres carrés d'étangs et de forêts – possède la plus belle plage et le meilleur camping des environs de Montréal. Il attire toute l'année sportifs et visiteurs.

Abbaye cistercienne
1600, chemin d'Oka.
(450) 479 8361. de 8 h à 20 h du lun. au sam. déjeuner ; dim.
www.abbayeoka.com

Sucrerie de la Montagne 10

310 km S. de Rigaud.
(450) 451 0831. toute l'année, mais se renseigner par téléphone. obligatoire.
www.sucreriedelamontagne.com

Cette « cabane à sucre » commerciale s'inspire des établissements du XVIIIe siècle où les sucriers transformaient la sève. Située dans une forêt d'érables de 50 hectares au sommet du mont Rigaud, elle est consacrée aux douceurs les plus célèbres du Québec et propose toute la panoplie des produits de l'érable *(p. 98-99)*. La sève d'érable est mise à bouillir dans de grandes cuves pour obtenir le sirop de renommée mondiale. Une vingtaine de bâtiments rustiques abritent notamment une belle boulangerie, un magasin général et de confortables bungalows pour les hôtes de passage. Un vaste restaurant de 500 places sert des repas traditionnels avec jambon, soupe aux pois, fèves au lard, oreilles de Christ (couenne de porc), pickles et multiples dérivés de l'érable : sirop, sucre, bonbons et tire. Le dîner se déroule au son de la musique folklorique. La visite guidée s'assortit d'explications sur la fabrication du sirop d'érable, qui suit toujours les méthodes anciennes, et la découverte de l'extraction de la sève par les Amérindiens.

Flacon de sirop d'érable

L'église de la rue Saint-Louis à Terrebonne

Excursion dans les Laurentides ⓫

VTT

Du nord de Saint-Jovite à la station animée de Saint-Sauveur-des-Monts au sud, les Laurentides sont un vaste parc de loisirs naturel fréquenté toute l'année pour ses lacs, rivières, sentiers pédestres, pistes cyclables et de ski. Vieilles d'un milliard d'années, ces montagnes font partie du Bouclier canadien. Émaillée de villages fondés au XIXe siècle, la région est idéale pour la détente et la pratique de multiples sports dans ses nombreux parcs naturels.

CARNET DE ROUTE

Le circuit de 175 km dans les Laurentides peut s'effectuer depuis Montréal dans la journée par l'autoroute 15. La route 117, plus lente mais plus pittoresque, est toutefois préférable pour profiter pleinement de la région. Embouteillages fréquents en haute saison (juillet-août) et de décembre à mars.

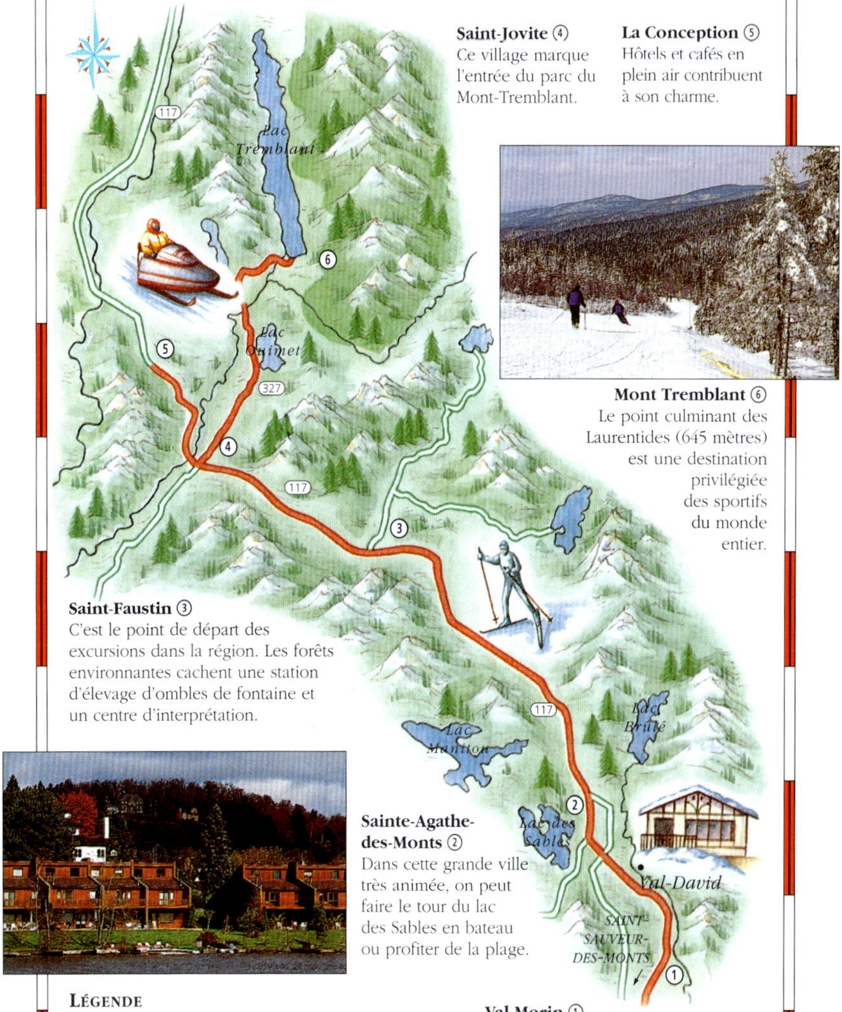

Saint-Jovite ④
Ce village marque l'entrée du parc du Mont-Tremblant.

La Conception ⑤
Hôtels et cafés en plein air contribuent à son charme.

Mont Tremblant ⑥
Le point culminant des Laurentides (645 mètres) est une destination privilégiée des sportifs du monde entier.

Saint-Faustin ③
C'est le point de départ des excursions dans la région. Les forêts environnantes cachent une station d'élevage d'ombles de fontaine et un centre d'interprétation.

Sainte-Agathe-des-Monts ②
Dans cette grande ville très animée, on peut faire le tour du lac des Sables en bateau ou profiter de la plage.

LÉGENDE

- Itinéraire
- Autre route

0 — 3 km
0 — 3 miles

Val-Morin ①
Avec sa synagogue et son église, ce village enchanteur témoigne de la diversité ethnique québécoise.

La chute Montmorency, impressionnante et tonitruante ▷

Gatineau ⓬

Aire de détente

Gatineau, dont le nom précédent était Hull, n'étant séparée d'Ottawa que par la rivière des Outaouais, entretient des rapports étroits avec la capitale canadienne. Fondée au début du XIXe siècle, Gatineau a toujours été une sorte de version relax épicurienne de la capitale, tolérance qui se traduit même au plan officiel : ainsi, l'hôtel de ville abrite un centre de méditation. Depuis sa fondation en 1800, la prohibition y fut toujours plus souple qu'à Ottawa, aussi les fonctionnaires du gouvernement venaient-ils y faire la fête (de nos jours encore, l'âge légal requis pour boire de l'alcool reste moins élevé qu'ailleurs). La ville abrite le musée canadien des Civilisations, l'un des meilleurs du pays, qui propose un passionnant voyage à travers mille ans d'histoire.

Parc de la Gatineau

Autoroute 5. (819) 827 2020, 1 800 465 1867. t.l.j.

Les citadins viennent se délasser dans cette véritable oasis de 360 kilomètres carrés jalonnée de lacs et de collines, entre les rivières Gatineau et des Outaouais. Le parc recèle des ruines gothiques récupérées par l'ancien Premier ministre William Lyon MacKenzie-King.

Casino de Hull

1, bd du Casino. (819) 772 2100, 1 800 665 2274. de 9 h à 16 h t.l.j.

Ce casino équipé de 45 tables de jeu et de 1 300 machines à sous reçoit 4 millions de

Salle de jeux au casino

visiteurs par an. Propriété du gouvernement du Québec, il a ouvert en 1996 dans un parc rempli de fleurs et de fontaines.

Pont Alexandra

Bâti en 1900, ce beau pont à armature d'acier qui franchit la rivière des Outaouais relie l'Ontario au Québec. Piétons, automobilistes ou cyclistes y jouissent d'un beau panorama de la rivière, du musée canadien des Civilisations et du parlement d'Ottawa.

Mode d'emploi

228 000. Ottawa Int'al, 12 km au sud. 200 Tremblay Rd, Ottawa. Maison du tourisme, 103, rue Laurier (819) 778 2222, 1 800 265 7822. Rhapsodie d'automne (sept.-oct.).
www.tourisme-outaouais.ca

Maison du citoyen

25, rue Laurier. (819) 595 7100. de 8 h 30 à 16 h 30 du lun. au ven. jours fériés.

Au cœur de ce complexe moderne, l'Agora est un vaste espace servant de lieu de réunion pour les habitants de Gatineau, et d'aire de détente pour les employés municipaux. L'hôtel de ville, un théâtre, une bibliothèque et une galerie complètent l'ensemble.

Promenade du Portage

Artère vitale du centre bordée de grands magasins et de cafés animés, elle est toute indiquée pour faire des achats. Avec la place Aubry, le quartier est un excellent centre de vie nocturne.

Gatineau d'un coup d'œil

Maison du citoyen ③
Musée canadien des Civilisations ②
Pont Alexandra ①
Promenade du Portage ④

Légende

Information touristique
Parc de stationnement

0 300 m
0 300 yards

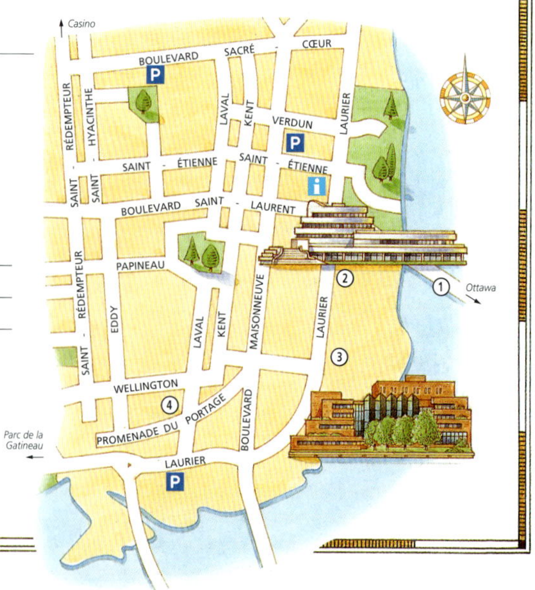

Musée canadien des Civilisations

Ce musée construit au bord de la rivière des Outaouais à la fin des années 1980 est dévolu à l'histoire de l'homme au Canada. L'architecte, Douglas Cardinal, voulait que les lignes fluides des deux bâtiments évoquent le paysage canadien. Le pavillon du Bouclier canadien n'est que courbes. Celui du Glacier reçoit les expositions permanentes et temporaires. On y accède par la Grande Galerie, stupéfiante avec sa forêt de mâts totémiques. La salle du Canada retrace l'évolution du pays, des incursions vikings jusqu'à nos jours. Le musée des Enfants est une initiation aux civilisations du monde entier. Un quatrième niveau est en construction.

MODE D'EMPLOI

100, rue Laurier. *(819) 776 7000, 1 800 555 5621. de mai à mi-oct. : de 9 h à 18 h t.l.j. ; de mi-oct. à mai : de 9 h à 18 h du mar. au dim. www.civilization.ca*

La façade évoque les paysages vallonnés du Canada

La salle du Canada recrée le passé du pays, depuis les premiers colons scandinaves jusqu'aux villages de l'époque victorienne.

Le musée des Enfants
Ceux-ci y font le tour du monde grâce à des techniques interactives, un marché international animé et ce trolleybus pakistanais au décor chamarré.

★ La Grande Galerie
Éclairée par des baies s'élevant sur trois niveaux, elle est remplie de mâts totémiques de la côte pacifique ; chacun raconte un mythe amérindien.

À NE PAS MANQUER

★ La Grande Galerie

LÉGENDE

- Salle du Canada
- Musée des Enfants
- Musée postal canadien
- Salle des Premières Nations
- Peuples aborigènes de la côte pacifique
- Salon W.E. Taylor
- Grande Galerie
- Cinéma Imax et Omnimax
- Expositions temporaires
- Locaux techniques

Les étendues sauvages de la réserve faunique La Vérendrye vues du ciel

Réserve faunique La Vérendrye ⓭

(819) 736 7431. Maniwaki. l'été. partiel.

À environ 471 kilomètres au nord-ouest de Montréal sur la route 117, cette réserve naturelle est renommée pour ses longs cours d'eau sinueux. Ses milliers de kilomètres de voies navigables sont un paradis pour les amateurs de canoë, et ses 13 000 kilomètres carrés d'étendues sauvages sont peuplés d'orignaux, ours, cerfs et castors. Plusieurs campings ouvrent leurs portes à ceux qui recherchent le calme absolu. À la belle saison, on peut pêcher le doré, la truite et le brochet. La route 105 S., qui traverse le parc et dessert de nombreux lacs et rivières, est le point de départ de sentiers de randonnée.

Val-d'Or ⓮

35 000. 1070, 3e av. E. (819) 824 9646.

Principale agglomération du nord-ouest du Québec, Val-d'Or doit son existence à la découverte d'or en 1911. La région recelant également du cuivre et de l'argent, ainsi que d'immenses territoires boisés, c'est sur l'ensemble de ces richesses qu'elle appuya son essor. L'intérêt des lieux réside dans cette histoire encore très vivante. Ainsi, de la tour Rotary, haute de 18 mètres, à la lisière de la ville, la vue s'étend sur les nombreux fronts de taille toujours en activité.

La mine Lamaque, aujourd'hui désaffectée, jadis l'une des plus grosses productrices d'or de la région, est aujourd'hui aménagée en **Cité de l'or** drainant de nombreux visiteurs. À son apogée, au début du XXe siècle, elle avait sa propre petite ville avec un hôpital, une résidence pour les ouvriers célibataires et des rues coquettes bordées de petites cabanes en rondins pour les familles. Ses directeurs habitaient des demeures plus luxueuses et une somptueuse maison d'hôtes hébergeait les dirigeants de passage. Annexé à Val-d'Or, le **village minier de Bourlamaque**, classé en 1979, témoigne de la rusticité de l'époque de la ruée vers l'or, dans les années 1930. On peut visiter le village, les vieux laboratoires et le front de taille. Les plus courageux descendront à 90 mètres sous terre pour s'initier au quotidien des mineurs.

Orignal à La Vérendrye

Cité de l'or-Village minier de Bourlamaque

90, av. Perreault. *(819) 825 7616. de juin à sept. : de 9 h à 18 h t.l.j. partiel.*

Rouyn-Noranda ⓯

26 450. 191, av. du Lac (819) 797 3195, 1 888 797 3195.

« Capitales » québécoises du cuivre, les villes jumelles de Rouyn et Noranda ont été réunies en 1986 pour former une seule agglomération. Leur création au milieu des années 1920 fut provoquée par l'exploitation des riches filons de cuivre de cette région de l'Abitibi-Témiscamingue. Malgré leur proximité, les deux secteurs de la ville actuelle sont très différents.

Sur la rive nord du lac Osisko, Noranda, fondée en 1927, accueillit les dirigeants des mines qui lui confèrent un style américano-britannique. Aujourd'hui, les résidents travaillent le plus souvent dans les usines des alentours. Près du centre, la fonderie Horne, une des plus grosses du monde, se visite sur rendez-vous.

Sur la rive sud du lac, Rouyn, créée un an avant Noranda, était au départ un village minier et de services. Cette vocation a subsisté, Rouyn étant le centre de services et de commerce le plus actif de la région. La **maison Dumulon**, premier bureau de poste et magasin général de Rouyn, évoque l'esprit des pionniers au travers d'expositions.

Maison Dumulon

191, av. du Lac. *(819) 797 7125. de juin à sept. : t.l.j. ; d'oct. à juin : du lun. au ven. 25 déc., 1er jan.*

À Noranda, le cuivre est traité avant d'être exporté

Les troupeaux de caribous migrent vers le nord l'été, en traversant le Nunavik

Baie James ⑯

i *Tourisme Québec (877) 266 5687.*

Avec une superficie de 350 000 kilomètres carrés, à peu près celle de l'Allemagne, le territoire de la Baie-James, faiblement peuplé, est beaucoup plus vaste que la plupart des autres territoires de la région. Ses paysages de lacs, arbres rabougris et roches précambriennes sont tout sauf citadins. La taïga laisse place à la toundra en allant vers le nord, glacé et quasi inaccessible.

Mais le manque d'infrastructure est largement compensé par le potentiel énergétique. Les grands fleuves qui se jettent dans la baie peuvent produire suffisamment d'électricité pour éclairer la totalité de l'Amérique du Nord. À ce jour, le gouvernement du Québec a dépensé près de 15 milliards de dollars canadiens pour construire le tiers des barrages d'un programme hydroélectrique qui est déjà l'un des plus considérables du monde. Les centrales produisent près de 16 000 mégawatts, alimentant une grande partie du Québec et du nord-est des États-Unis. Avec son barrage et sa centrale souterraine, la Grande-2 (LG2) est le plus gros complexe de la planète.

Principale localité de la région, Radisson est un centre touristique commode qui offre de belles vues des environs. D'en haut, on peut voir une partie des 215 digues et barrages de la baie, notamment LG2, juste à l'est de la localité.

Une des grandes centrales électriques de la baie James

Nunavik ⑰

i *Association touristique du Nunavik (819) 964 2002, 1 888 594 3424.*
W *www.nunavik-tourism.com*

Dans le grand nord du Québec, le territoire du Nunavik couvre une superficie proche de celle de l'Espagne. Ses 7 000 habitants, presque tous des Inuits, vivent dans quatorze communautés des bords de la baie d'Hudson, du détroit d'Hudson et de la baie d'Ungava. Le Nunavik est la dernière frontière du Québec, une terre sauvage et belle, accessible uniquement par avion. Caribous, ours polaires et bœufs musqués parcourent la taïga et la toundra, tandis que phoques et bélugas peuplent les eaux glacées.

Avec une population légèrement supérieure à 1 400 habitants, Kuujjuaq, près de la baie d'Ungava, est la plus grande localité du Nunavik. C'est une bonne base pour des expéditions vers la superbe vallée de Kangiqsujuaq, près de la baie de Wakeham, et vers les montagnes déchiquetées des alentours de Salluit.

Les visiteurs viennent dans la région à la rencontre d'une faune abondante évoluant dans son habitat naturel. L'été est la saison idéale pour s'y rendre, mais si la température monte, le sol reste gelé toute l'année. Il n'y a pas de voie ferrée et les routes sont rares. La compagnie d'un guide chevronné est indispensable. De nombreux groupes et communautés inuits offrent leurs services et proposent de partager la vie communautaire. Attendez-vous à un accueil très chaleureux et à goûter aux spécialités culinaires traditionnelles !

L'Ontario

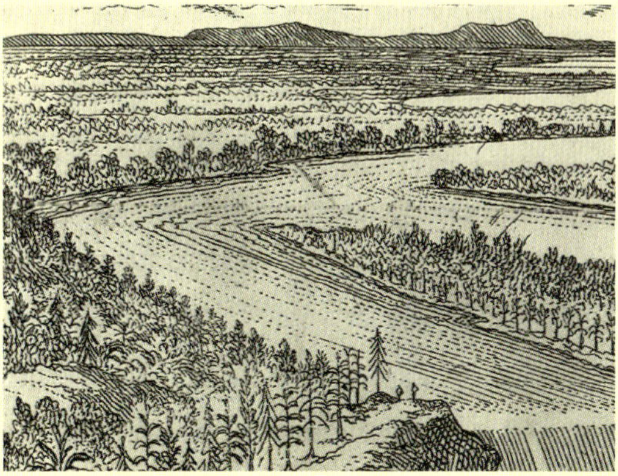

Présentation de l'Ontario

Deuxième province du Canada par son impressionnante superficie de plus d'un million de kilomètres carrés, l'Ontario s'étend des Grands Lacs, à la frontière américaine, aux rives glacées de la baie d'Hudson. Très difficile d'accès, le nord, d'une beauté stupéfiante avec ses rivières tumultueuses, ses forêts profondes et sa toundra, est desservi par avion et par de rares routes touristiques et voies ferrées. Cette région sauvage faiblement peuplée contraste vivement avec les terres fertiles du sud et les bords du lac Ontario, qui ont attiré des milliers d'immigrants. Là se trouvent Toronto, la plus grande ville du Canada, et les chutes du Niagara, première destination touristique du pays.

La CN Tower de Toronto, structure autoportante la plus haute du monde

Un bateau touristique s'approchant des spectaculaires chutes du Niagara

Circuler

Des différentes autoroutes qui longent la rive nord du lac Ontario, les principales sont la 401, à l'est, reliant Toronto à Montréal, la Windsor, à l'ouest, et la Queen Elizabeth Way (QEW) au sud, entre Toronto et les chutes du Niagara. Les chutes du Niagara, Toronto et Ottawa son desservies par autocar et train (VIA Rail). Au nord de Toronto, l'autoroute 69/400 rejoint la Transcanadienne au niveau de l'autoroute 17. De nombreux autocars mènent aussi vers le nord.

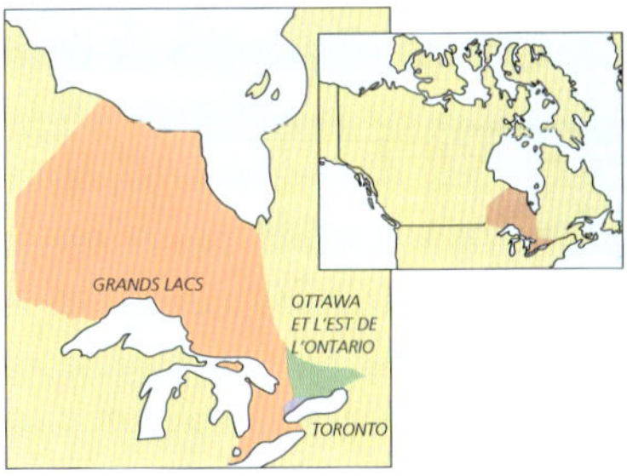

Le somptueux parlement néogothique d'Ottawa, depuis le sommet de Nepean Point

Légende

- Autoroute
- Route principale
- Route secondaire
- Cours d'eau

Voir aussi

- ***Hébergement*** p. 350-354
- ***Restaurants et cafés*** p. 370-374

La Compagnie de la baie d'Hudson

Insigne de la Compagnie

La Compagnie de la baie d'Hudson a été constituée le 2 mai 1670 par le roi Charles II d'Angleterre à l'initiative de Pierre-Esprit Radisson et Médard Chouart et suite au succès de l'expédition du *Nonsuch* ; ce navire britannique rapporta de la baie d'Hudson, récemment découverte, des monceaux de précieuse fourrure de castor. Le roi accorda de larges pouvoirs à la Compagnie, dont le monopole des droits commerciaux sur un vaste territoire bordant la baie : la Terre de Rupert. Elle devait en outre développer des liens avec les Amérindiens. La mode européenne favorisa l'essor du commerce de fourrure, car au XVIIIe siècle, dames et gentilshommes éprouvaient une véritable passion pour le chapeau de feutre et la demande en peau de castor était énorme.

***Les négociants européens** en fourrure instaurèrent rapidement avec les trappeurs indiens un important commerce qui suivait le rythme des saisons.*

Territoires et comptoirs

À partir de 1670, les Anglais expédièrent des marchandises vers les principaux comptoirs de la Compagnie sur la baie d'Hudson, de modestes établissements aux entrepôts protégés par une palissade. À mesure que la Compagnie progressait vers l'ouest, les principaux avant-postes, devenus autonomes, pourvoyaient aux besoins des nouveaux postes, plus petits et saisonniers pour certains. En 1750, la Compagnie était implantée à l'embouchure de tous les grands cours d'eau se jetant dans la baie d'Hudson. Sur la baie James, Fort Albany comprenait prison, hôpital, forge, tonnellerie, jetée pour la construction de canots, abris pour le bétail et les moutons, et l'on s'efforçait courageusement de cultiver la terre. La Compagnie poursuivit son expansion vers l'ouest jusqu'en 1870, où ses droits territoriaux furent transmis au jeune Canada.

Légende

- Poste de traite
- Route commerciale
- Terre de Rupert en 1670

***Lors du massacre de Seven Oaks** en juin 1816, en Ontario, 20 hommes furent tués au cours d'un affrontement entre employés de la Compagnie de la baie d'Hudson et de la Compagnie du Nord-Ouest, sa rivale. En 1821, elles fusionnèrent leurs territoires.*

Les négociants anglais *embarquaient diverses marchandises au printemps pour les échanger l'hiver contre des peaux avec les tribus locales. Il s'agissait de babioles mais aussi d'articles plus importants tels que couvertures, couteaux et armes.*

BONHEURS ET MALHEURS DE LA COMPAGNIE

Jusqu'aux années 1840, la Compagnie de la baie d'Hudson régna sans partage au Canada. En 1870, elle vendit ses territoires au Canada, sauf les zones autour des postes de traite. Comme ils occupaient des emplacements stratégiques, elle connut au XXe siècle une expansion foudroyante dans l'immobilier et le commerce de détail. C'est aujourd'hui une des plus grosses sociétés et enseignes commerciales du Canada.

The Bay à Vancouver, grand magasin de la Compagnie de la baie d'Hudson

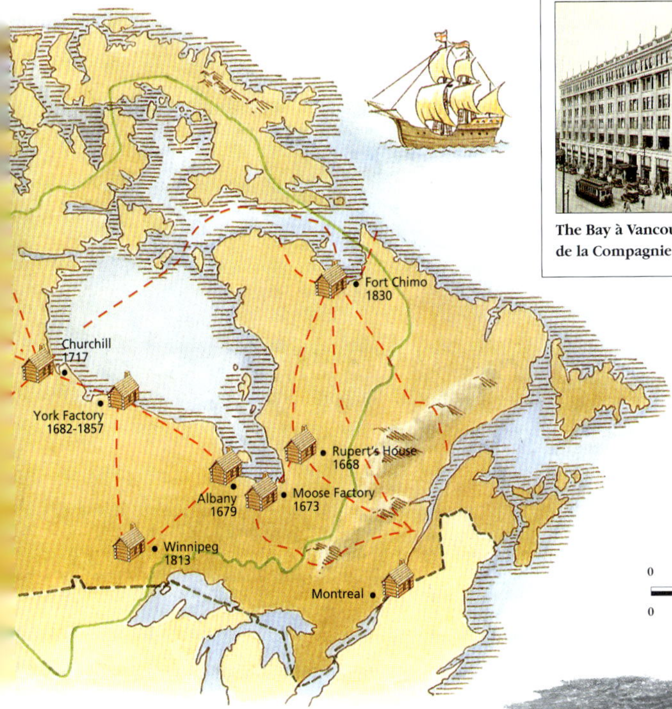

Le pelage du castor *est particulièrement épais, et donc prisé, en hiver. C'est alors que les trappeurs indiens bravaient la glace et la neige pour capturer l'animal. Au printemps, ils troquaient leurs ballots de peaux contre diverses marchandises aux postes de traite de la Compagnie.*

Les voiliers de la Compagnie*, chargés au départ de marchandises destinées au troc avec les Indiens, apportèrent bientôt de quoi ravitailler ses établissements en expansion. Ils repartaient avec jusqu'à 16 000 peaux.*

Le groupe des Sept

Tom Thomson (1877-1917)

Créé en 1920, ce groupe de peintres révolutionna l'art canadien. Ses membres, qui étaient pour la plupart graphistes en Ontario, furent inspirés par leur collègue Tom Thomson. Amoureux des grands espaces, celui-ci commença en 1912 à parcourir les étendues désertes du nord de l'Ontario, dont il rapporta une multitude de croquis impressionnistes aux couleurs vives. Ses amis comprirent qu'il engageait l'art canadien dans une voie nouvelle. En effet, ses paysages de leur pays échappaient à la tutelle de l'art européen, qui avait jusque-là marqué la peinture outre-Atlantique. Après la Première Guerre mondiale et la mort de Thomson (1917), ils créèrent le groupe des Sept, dont la première exposition eut lieu à Toronto en 1920. Beaucoup des tableaux exposés montraient les terres sauvages de la Nouvelle-Écosse, de l'Ontario et du Québec. Cet art nouveau instaura un sentiment de fierté.

L'Érable rouge *(1914), œuvre clef d'A. Y. Jackson, incarne bien le but des Sept : créer une conscience canadienne.*

Orée de la forêt *(1919), par Frank Johnston, illustre parfaitement la déclaration du groupe : « L'art doit croître et fleurir sur un territoire pour que le pays devienne le véritable foyer de son peuple. » S'imprégnant de la magnificence de leur pays, les peintres recouraient à une technique spontanée.*

Au-dessus du lac Supérieur *a été peint par Lawren Harris en 1922. Connu pour ses images simples et majestueuses, Harris a su rendre le climat automnal rigoureux et vivifiant de la région des Grands Lacs, surnommée le « nord mystique ». L'étude du paysage était à ses yeux la meilleure voie vers la paix de l'esprit. Selon la philosophie des Sept, l'expression n'était véritablement éloquente que lorsque le sujet de l'œuvre – ici le paysage canadien – était commun au spectateur et à l'artiste.*

Chutes, rivière de Montréal *(1920) est une peinture de J.F.H. MacDonald, pour qui Algoma était une source inépuisable d'inspiration. Chaque membre du groupe avait ainsi un lieu favori, en général dans l'Ontario. Ils y partaient l'été pour faire des esquisses, se montrant ensuite leurs régions préférées.*

Automne, Algoma (1920)

Cette toile aux couleurs chaudes restitue l'atmosphère extraordinaire d'un soir d'automne en Ontario. Algoma était la région de prédilection de MacDonald. Il se rendait régulièrement dans ce véritable petit paradis du nord de la province pour exécuter des croquis. Ce tableau s'en tient à des thèmes exclusivement canadiens : le feuillage éclatant et les pins aux contours flous expriment l'identité canadienne. Influencé par les paysages dépouillés de l'art scandinave du début du XXe siècle, MacDonald s'attache ici au drame du froid.

Le groupe des Sept

Quittant leur quartier général – un wagon reconverti –, les membres du groupe des Sept sillonnaient leurs lieux favoris (parc Algonquin, baie Géorgienne, Algoma et lac Supérieur) pour créer un art propre à leur pays. Lors de l'exposition de 1920 intitulée *Le Groupe des Sept*, leurs étonnants tableaux remportèrent un succès immédiat et ils continuèrent à exposer ensemble presque tous les ans. Leurs thèmes et leur technique étaient intimement liés à leurs racines. Par leurs méthodes grossières en apparence, ils rejetaient la peinture à l'huile réaliste et pesante pratiquée en Europe à la même époque.

Leur dernière exposition tenue en 1931, les Sept se dispersèrent pour laisser la place à une association plus large de peintres originaires de tout le pays, le Groupe canadien des peintres. À l'origine d'un mouvement artistique à part fondé sur leur passion pour la beauté naturelle de leur pays, les peintres du groupe des Sept sont toujours très célèbres au Canada. Leurs œuvres figurent en bonne place dans les galeries les plus prestigieuses du pays, et notamment de l'Ontario.

Photographie prise en 1920, au club des Arts et des Lettres de Toronto, montrant de gauche à droite : Varley, Jackson, Harris, Barker Fairley (un ami écrivain), Johnston, Lismer et MacDonald. Carmichael est absent.

Le groupe des Sept en 1920

TORONTO

Dépouillée de sa vieille image de ville coloniale, Toronto s'affirme aujourd'hui comme l'une des cités les plus dynamiques d'Amérique du Nord, avec ses 4 millions d'habitants issus de plus de cent groupes ethniques. Capitale de la province la plus riche du pays, Toronto, centre financier et commercial du Canada, exhibe fièrement ses musées réputés, ses cafés raffinés et ses magasins de luxe.

Toronto est une ville entreprenante. L'établissement amérindien originel du XVIIe siècle, situé au bord du lac Ontario, devient en 1720 un poste français de traite des fourrures. Pendant la guerre de 1812 *(p. 42)*, Américains et Anglais se disputent la ville, qui devient ensuite une cité paisible. Après la Seconde Guerre mondiale, la population croît brutalement avec l'afflux de 500 000 immigrants, en majorité italiens et, plus récemment, chinois.

Toute visite se doit de commencer par la CN Tower, troisième monument au monde par la hauteur et première attraction touristique de la ville. Du sommet, on peut repérer facilement tous les lieux intéressants, et une fois en bas, on n'est qu'à quelques pas du Rogers Centre et du quartier des banques. Chinatown, avec ses rues pleines de vie, se trouve au nord du centre-ville, tout comme l'Art Gallery of Ontario, de renommée mondiale. Plus loin, l'université de Toronto abrite dans son enceinte le très beau Royal Ontario Museum ainsi que deux musées spécialisés : le Gardiner Museum of Ceramic Art et le Bata Shoe Museum, aux collections plus contemporaines. Un court trajet en métro vers le nord mène à Casa Loma, demeure édouardienne excentrique qui mérite vraiment la visite, et Spadina House, sa voisine, une élégante villa victorienne. Bien d'autres curiosités, comme le zoo et l'Ontario Science Centre, sont disséminées à la périphérie. À Kleinburg, dans un cadre moderniste, la McMichael Art Collection recèle un ensemble exceptionnel de tableaux du groupe des Sept.

Moment de détente dans l'un des nombreux cafés du centre de Toronto

◁ Dominant la ville, la flèche de la CN Tower se reflète dans un immeuble de bureaux

À la découverte de Toronto

Toronto est une vaste métropole tentaculaire qui couvre plus de 259 kilomètres carrés sur la rive nord du lac Ontario. La banlieue se compose de cités-satellites comme Etobicoke et Scarborough qui, avec Toronto, constituent la Greater Toronto Area (GTA ou Grand Toronto). Le centre est divisé en quartiers qui s'interpénètrent. Celui des banques, par exemple, s'étend entre Front Street et Queen Street, à l'ouest de Yonge Street, l'artère principale qui partage la ville dans le sens nord-sud.

Toronto d'un coup d'œil

Rues et bâtiments historiques

Casa Loma 21
Chinatown 12
Fort York 23
Hôtel de ville 11
Little Italy 24
Parlement d'Ontario 15
Premier bureau de poste 8
Royal Alexandra Theatre 7
Royal York Hotel 3
Spadina House 22
Université 14

Parcs et jardins

The Beaches et les falaises de Scarborough 27
Ontario Place 25
Queen's Park 16
Toronto Island 26
Zoo de Toronto 28

Architecture moderne

CN Tower p. 168 1
Rogers Centre 2

Musées et galeries

Art Gallery of Ontario p. 174-175 10
Bata Shoe Museum 19
Black Creek Pioneer Village 30
George R. Gardiner Museum of Ceramic Art 17
Hockey Hall of Fame 4
Hummingbird Centre for the Performing Arts 5
McMichael Art Collection 31
Ontario Science Centre 29
Royal Ontario Museum p. 182-183 18
Toronto-Dominion Gallery of Inuit Art 6

Quartiers commerçants

Kensington Market 13
Queen Street West 9
Yorkville 20

Circuler

Les transports en commun sont excellents à Toronto. Les lignes de métro suivent les artères principales : Bloor/Danforth (est-ouest) et Yonge/University. Autobus et tramways desservent les quartiers environnants au départ de toutes les stations de métro. Aux heures de pointe, la circulation est dense dans le centre.

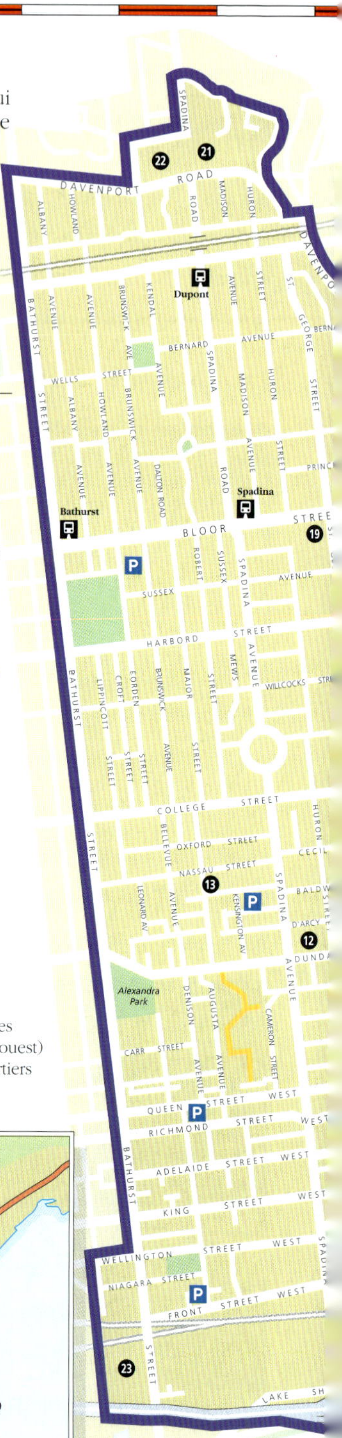

La CN Tower dominant les gratte-ciel de Toronto

CARTE DE SITUATION

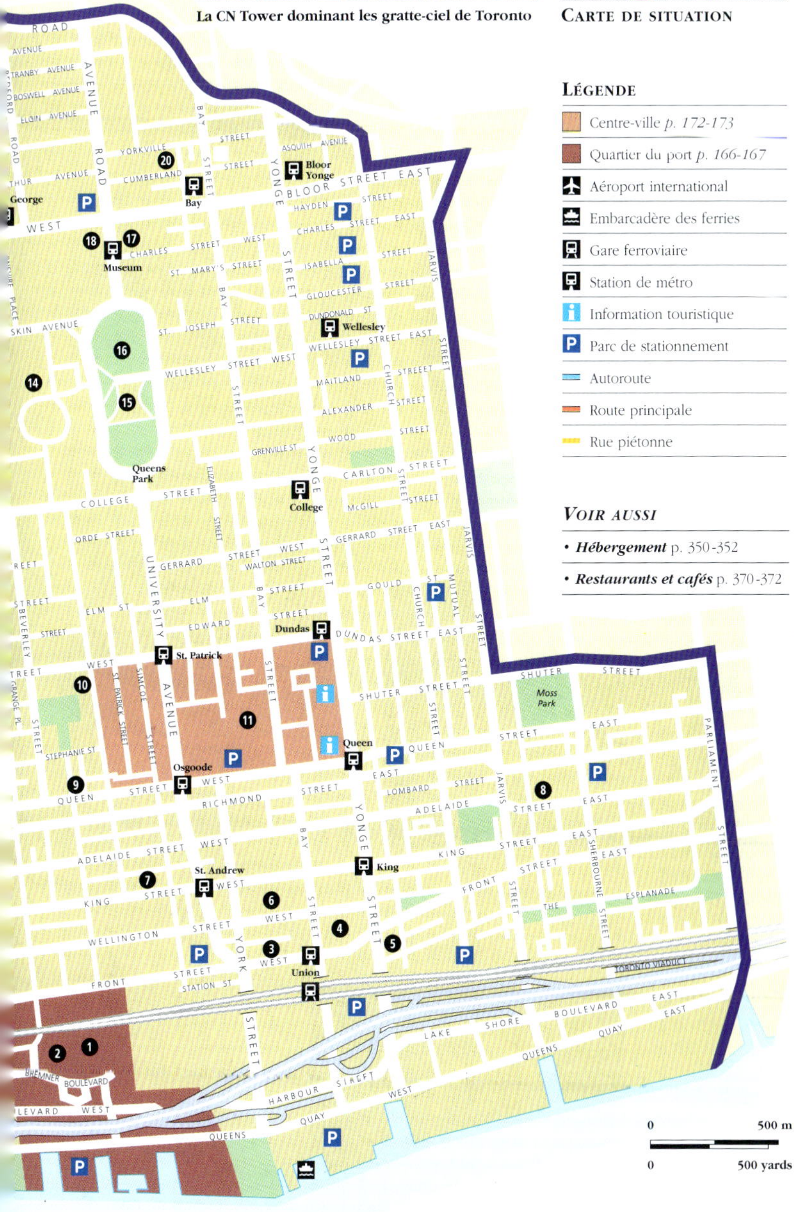

0 500 m

0 500 yards

LÉGENDE

- Centre-ville *p. 172-173*
- Quartier du port *p. 166-167*
- Aéroport international
- Embarcadère des ferries
- Gare ferroviaire
- Station de métro
- Information touristique
- Parc de stationnement
- Autoroute
- Route principale
- Rue piétonne

VOIR AUSSI

- ***Hébergement*** p. 350-352
- ***Restaurants et cafés*** p. 370-372

Le quartier du port pas à pas

Ce quartier a subi plusieurs transformations au cours du temps. Le lac Ontario clapotait autrefois contre Front Street, mais à l'époque victorienne, 3 kilomètres de terres ont été récupérées pour accueillir des ateliers ferroviaires et des hangars. Le commerce extérieur de l'Ontario a été canalisé dans cette bande industrielle jusqu'à son déclin, dans les années 1960. Dans les années 1980, la zone, qui occupe désormais 10 kilomètres carrés de terres asséchées, a connu une renaissance : les urbanistes l'ont dotée de parcs verdoyants, de rues piétonnes, d'excellents hôtels et de multiples curiosités touristiques.

★ CN Tower
Du haut de la structure autoportante la plus élevée du monde, la vue porte jusqu'à 160 kilomètres. Le plancher en verre est réservé aux plus intrépides. ❶

Convention Centre
Divisé en deux sections – une nord et une sud –, il accueille d'importantes foires commerciales ainsi que des salons professionnels et grand public.

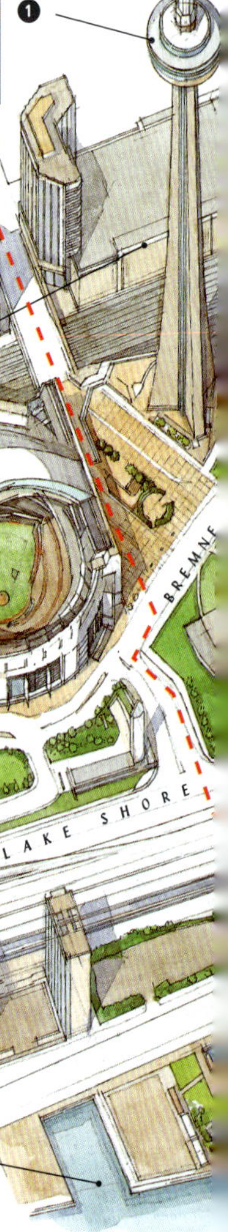

★ Rogers Centre
Un spectacle dans cet immense stade, qui consomme autant d'électricité que l'éclairage de l'Île-du-Prince-Édouard, est une expérience inoubliable. ❷

Location de bateaux
Une sortie sur le lac Ontario et autour des trois Toronto Islands à bord d'un petit voilier, d'un bateau à moteur ou dans le cadre d'une promenade organisée permet de profiter de belles vues de la ville.

0 150 m
0 150 yards

LÉGENDE

- - - Itinéraire conseillé

Le quartier du port
C'est une sorte de poumon à l'intérieur de la ville. Ses manifestations contemporaines contribuent à faire de Toronto le troisième centre mondial pour le théâtre et la danse.

CARTE DE SITUATION
p. 164-165

Molson Place
Cette salle de concert à ciel ouvert accueille les soirs d'été des spectacles classiques et modernes.

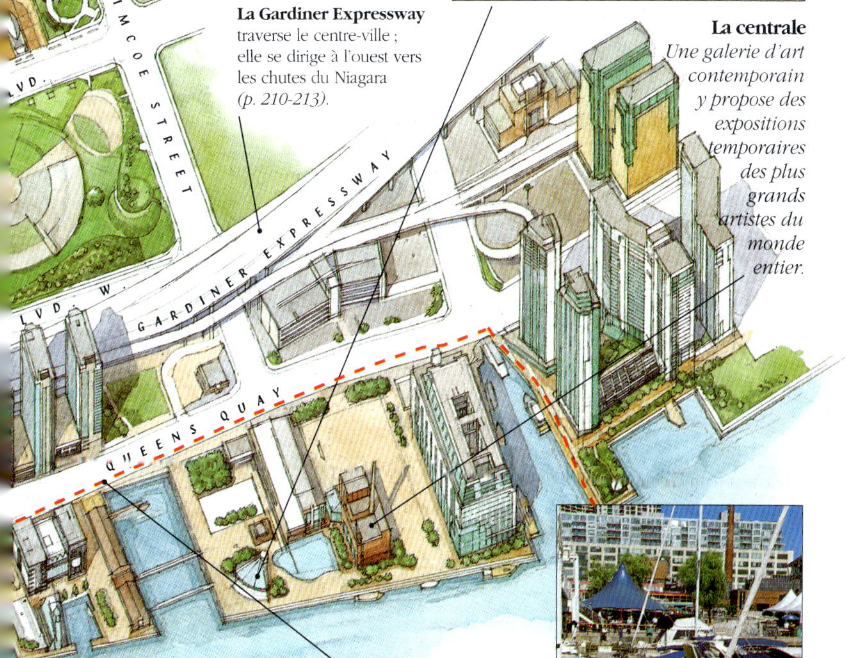

La Gardiner Expressway
traverse le centre-ville ; elle se dirige à l'ouest vers les chutes du Niagara *(p. 210-213).*

La centrale
Une galerie d'art contemporain y propose des expositions temporaires des plus grands artistes du monde entier.

Queen's Quay
Queen's Quay, cœur de l'activité portuaire, est un quartier animé d'artistes de rue, bordé de cafés, de restaurants et de boutiques de cadeaux, et offrant de belles perspectives sur le lac Ontario.

À NE PAS MANQUER

★ **Rogers Centre**

★ **La CN Tower**

CN Tower ❶

Haute de 553 mètres, cette tour est la structure autoportante la plus élevée du monde. Dans les années 1970, la Canadian Broadcasting Company (CBC) décida de bâtir un nouveau relais de télécommunications en partenariat avec la compagnie ferroviaire Canadian National (CN). Il ne fut pas conçu dans le but d'être la plus haute aiguille du monde, mais il impressionna tellement les visiteurs qu'il devint vite une des curiosités touristiques majeures du Canada. La CN Tower abrite le plus grand restaurant tournant de la planète, qui effectue une rotation complète en 72 minutes.

MODE D'EMPLOI

301 Front St. W. (416) 868 6937. www.cntower.ca
d'oct. à avr. : de 9 h à 22 h ; de mai à sept. : de 9 h à 23 h.
25 déc.

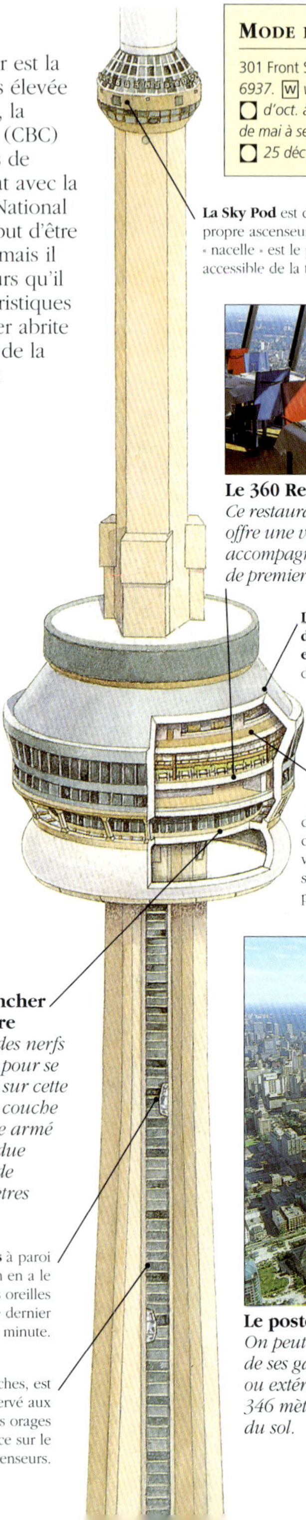

La Sky Pod est desservie par son propre ascenseur. À 447 mètres, la « nacelle » est le plus haut point accessible de la tour.

Le 360 Restaurant
Ce restaurant tournant offre une vue spectaculaire accompagnée d'une cuisine de premier ordre.

De la plate-forme d'observation extérieure, protégée par des grilles d'acier, la hauteur de la tour est impressionnante, surtout par grand vent.

La plate-forme d'observation intérieure permet d'admirer la ville confortablement, à l'abri du vent. Les sites principaux sont signalés par des panneaux.

La CN Tower vue du lac
La tour offre une vue panoramique extraordinaire. Par temps clair, le regard porte au sud jusqu'aux chutes du Niagara (p. 210-213).

Le plancher en verre
Il faut des nerfs d'acier pour se risquer sur cette épaisse couche de verre armé suspendue à plus de 342 mètres du sol.

Les ascenseurs extérieurs à paroi vitrée sont si rapides qu'on en a le souffle coupé et les oreilles bouchées. Ils rejoignent le dernier étage en moins d'une minute.

L'escalier intérieur, de 1 776 marches, est le plus long du monde. Il est réservé aux évacuations d'urgence. Les 70 gros orages annuels n'ont aucune incidence sur le fonctionnement des ascenseurs.

Le poste d'observation
On peut admirer la ville de ses galeries intérieure ou extérieure, à 346 mètres au-dessus du sol.

Rogers Centre ❷

1 Blue Jay Way. (416) 341 3034.
Union. t.l.j.
www.rogerscentre.com

Inauguré en 1989, le Rogers Centre (ancien SkyDome), est le premier stade au monde à avoir été doté d'un toit entièrement rétractable. Par beau temps, il reste à ciel ouvert, sinon, le toit se met en place pour protéger joueurs et spectateurs. Cette prouesse technique repose sur des principes simples : quatre panneaux gigantesque montés sur des rails peuvent recouvrir l'aire de jeu en 20 minutes seulement. Le bâtiment, à l'architecture novatrice et pratique, a des allures d'énorme noisette. À l'extérieur, deux sculptures humoristiques géantes représentant les spectateurs d'un match imaginaire sont l'œuvre de Michael Snow, un artiste contemporain en vogue.

Le Rogers Centre est le stade de deux grandes équipes : les Argonauts de Toronto, de la Canadian Football League, et l'équipe de base-ball des Blue Jays de Toronto, de la Major League Baseball. Il accueille également des manifestations exceptionnelles et des concerts. La visite guidée permet d'examiner de près le mécanisme du toit et de voir un film de 20 minutes qui retrace les différentes phases de la construction.

Le hall du Royal York Hotel est représentatif du luxe régnant à l'intérieur

Royal York Hotel ❸

100 Front St. W. (416) 368 2511.
Union.

Le Royal York était jadis l'hôtel le plus renommé de Toronto : par son luxe, il éclipsait sans mal ses rivaux.

Construit en 1929 face à la gare centrale pour la commodité des personnalités en visite, il fut pour des milliers d'immigrants la première chose qu'ils découvraient en arrivant. Plus qu'un simple établissement commercial, c'était donc un point de repère. Sa conception revient à Ross et Macdonald, deux architectes de Montréal, qui adoptèrent le style en vogue à l'époque : la façade animée et asymétrique évoque un château Renaissance. À l'intérieur, les somptueux salons sont dotés de galeries qui rehaussent leur charme. Les visiteurs de marque descendent toujours au Royal York, rénové il y a peu, bien que des hôtels plus récents aient tenté de le détrôner. Union Station, de l'autre côté de la rue, est également due à Ross et Macdonald. Antérieure au Royal York, la gare est de même style. Sa longue et imposante façade en pierre est ponctuée de colonnes, tandis que le hall principal est couvert d'un superbe plafond à caissons soutenu par 22 robustes piliers de marbre.

Portier du Royal York

Le toit rétractable du Rogers Centre couvre le terrain accueillant des matchs de base-ball parmi les plus importants

Le Hummingbird Centre, siège des compagnies de danse et d'art lyrique

Hockey Hall of Fame ❹

BCE Place, 30 Yonge St.
(416) 360 7735. Union.
de 9 h 30 à 18 h du lun. au sam. ; de 10 h à 18 h dim. 25 déc., 1er jan.

Ce bâtiment a été élevé à la gloire du sport national *(p. 32)* : le hockey, sur glace comme sur gazon, est né au Canada. À l'origine simple divertissement d'hiver sur les lacs et les étangs gelés, il déchaîne aujourd'hui les passions. L'espace d'exposition, ultramoderne, est divisé en sections correspondant aux divers aspects du jeu. On peut y voir les maillots de grands joueurs comme Wayne Gretsky et Mario Lemieux, et la réplique du vestiaire du Canadien de Montréal dans le Vieux Forum.

Plus loin, l'évolution du masque de gardien de but est expliquée en détail, de sa naissance aux versions actuelles, couvertes de motifs sophistiqués. Les présentations interactives sont nombreuses et les visiteurs peuvent même s'entraîner sur une mini-patinoire. Les films des matchs de hockey les plus célèbres sont projetés dans un petit cinéma. Dans une salle à l'entrée du Grand Hall est exposée une collection de trophées, dont la coupe Stanley, récompense suprême, offerte par lord Stanley en 1893.

La coupe Stanley, au Hockey Hall of Fame

Hummingbird Centre for the Performing Arts ❺

1 Front St. E. (416) 872 2262.
Union Station. terminus de Bay Street. Union.

Avec plus de 3 200 places, le Hummingbird Centre est l'une des plus vastes salles de spectacle du Canada. Il est géré par la municipalité, qui en est propriétaire. Il portait le nom de O'Keefe Centre jusqu'en 1996, où la compagnie de logiciels Hummingbird fit don de plusieurs millions de dollars pour le rénover. Avec son intérieur moderne, le Centre abrite aujourd'hui les compagnies nationales d'art lyrique et de danse. Il propose un programme très varié, comprenant même des comédies légères et des spectacles pour enfants. Robin Williams et Elvis Costello s'y sont produits récemment, et la *Tosca* de Puccini a fait partie des derniers spectacles. La scène du Hummingbird Centre attire les artistes du monde entier, qu'il s'agisse des grands noms de la musique pop ou classique. Pourtant, l'acoustique est souvent critiquée et le public évite les premiers rangs.

Toronto-Dominion Gallery of Inuit Art ❻

39, Wellington St. West.
(416) 982 8473. Union.
de 8 h à 18 h du lun. au ven. ; de 10 h à 16 h sam. et dim.

Composé de cinq gratte-ciel noir de jais, le Toronto-Dominion Centre est la manifestation gigantesque et moderne des talents financiers de la Toronto-Dominion Bank. Dans le vestibule de la tour sud, une riche collection d'art inuit est présentée sur deux niveaux. Les objets exposés ont été réunis pour le compte de la banque dans les années 1960 par des experts qui achetèrent plus de 100 pièces sculptées dans des matériaux allant du bois de caribou à l'ivoire de morse. L'essentiel est toutefois en pierre : les sculptures en stéatite représentent des animaux et des esprits mythiques, ainsi que des scènes de la vie quotidienne. Dues à Johnny Inukpuk (né en 1911), les plus belles (*Mother Feeding Child*, 1962 ; *Tattooed Woman*, 1958) possèdent la force brute des éléments.

Royal Alexandra Theatre ❼

260 King St. W. (416) 872 1212.
Union. King 504/503.

Dans les années 1960, le Royal Alexandra Theatre était sur le point de disparaître sous les bulldozers quand un chef d'entreprise de Toronto

La façade du Royal Alexandra Theatre, de style édouardie

Les cafés à la mode de Toronto se trouvent dans Queen Street West

haut en couleurs, « Honest Ed » Mirvish, le roi des magasins à bas prix, vint à son secours. Il sauva ce qui était jadis le lieu le plus en vogue de Toronto, un superbe théâtre édouardien à l'intérieur luxueux déclinant velours rouge, marbre vert, brocart et gracieuses volutes.

Le Royal Alex accueille aujourd'hui des pièces à succès, mais aussi, et surtout, les comédies musicales de Broadway qui tiennent souvent l'affiche plusieurs mois d'affilée. Ses représentations sont extrêmement populaires, et les habitués faisant la queue pour admirer l'édifice autant que le spectacle, il est conseillé de réserver à l'avance.

Premier bureau de poste ❽

260 Adelaide St. E. *(416) 865 1833.* *King, Queen.* *501, 504.* *Jarvis 141.* *de 9 h à 16 h du lun. au ven. ; de 10 h à 16 h sam. et dim.* *sur r.-v.*

Au début de l'ère victorienne, l'Empire britannique avait besoin de bons moyens de communication pour toutes ses colonies. En 1829, la Chambre des communes fonda un service postal colonial et, cinq ans plus tard, ouvrit un bureau dans l'important avant-poste de Toronto, nouvellement créé. La première poste de la ville est encore debout malgré plusieurs tentatives de la municipalité pour la faire démolir. C'est l'unique exemple en Amérique du Nord d'un bureau de poste datant de l'ère postale britannique qui soit toujours en activité. On fait le détour pour écrire une lettre à la plume d'oie et la faire cacheter à la cire chaude par un employé en costume d'époque. Après un incendie dévastateur en 1978, le bâtiment a été entièrement remis en état grâce aux documents anciens et aux archives municipales.

Queen Street West ❾

Osgoode. *Queen 501.*

Cette rue bourdonne toute la journée et jusqu'au petit matin. Dans les années 1980, cette vieille zone d'entrepôts était le lieu de rendez-vous des étudiants et de la jeunesse branchée. Aujourd'hui, on y trouve aussi bien d'élégantes boutiques de créateurs que des bars excentriques, des cafés chic et des grandes chaînes de magasins. L'animation se concentre entre University et Spadina, où restaurants et bars bon marché sont légion.

Enfants dans Queen Street West

Au premier bureau de poste, on affranchit le courrier à la main

Le centre-ville pas à pas

Tout au long du XIXe siècle, l'activité commerciale s'est concentrée dans Yonge Street, bordée de boutiques de gros et de détail. Cette artère marquait aussi une rupture ethnique. En 1964, la construction de Nathan Phillips Square et d'un nouvel hôtel de ville en face de l'ancien a entraîné le déplacement du centre de gravité de Toronto vers Queen Street. Au sud s'étend le quartier des banques, où les anciens édifices victoriens ont laissé place à des tours en verre et en béton à partir des années 1960. La zone du port a été entièrement réhabilitée. Quant à Yonge Street, sa célébrité vient désormais du Eaton Centre, une des plus grandes galeries marchandes du monde.

Textile Museum
Installé dans un immeuble de bureaux du centre-ville, ce musée renferme tissus, broderies et costumes de toutes les époques.

★ Art Gallery of Ontario
Ses collections, qui vont du XIVe au XXe siècle, comprennent entre autres plus de 20 bronzes de Henry Moore. ⑩

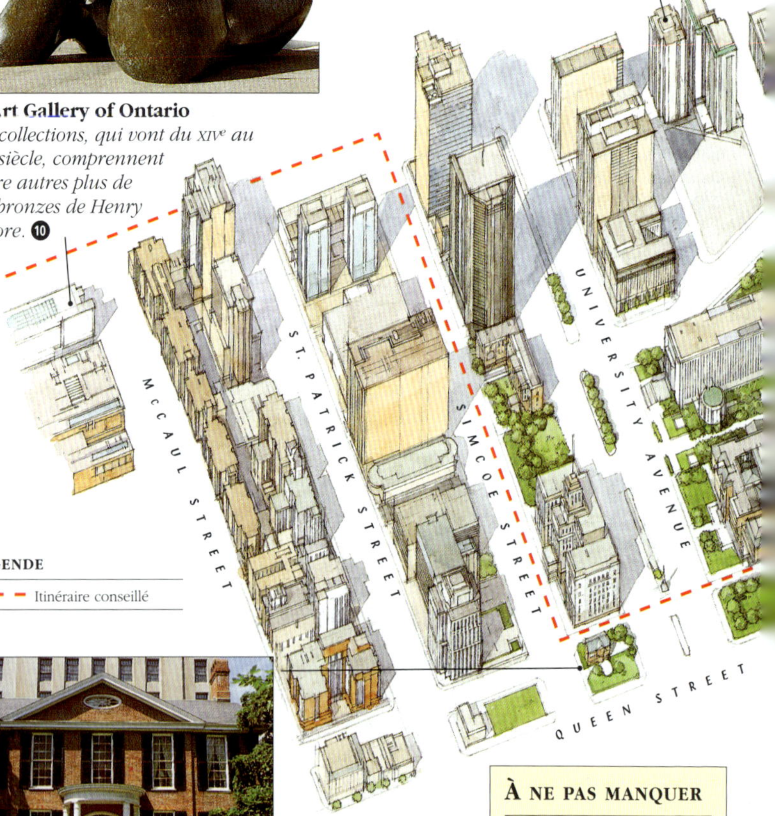

LÉGENDE

- - - Itinéraire conseillé

Campbell's House
Cette demeure est un témoignage de l'époque victorienne (XIXe siècle).

À NE PAS MANQUER

★ **L'Art Gallery of Ontario**

★ **L'hôtel de ville**

Eaton Center
S'il fallait situer le centre de Toronto, ce serait l'entrée de cette galerie marchande, au croisement de Yonge Street et Dundas Street. L'Eaton Center se targue de vendre tout ce qui existe sur la planète.

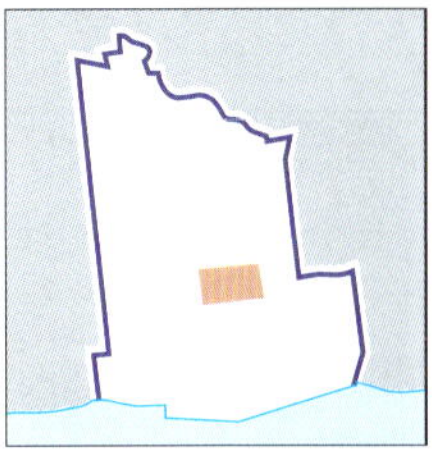

CARTE DE SITUATION
Voir plan de Toronto p. 164-165

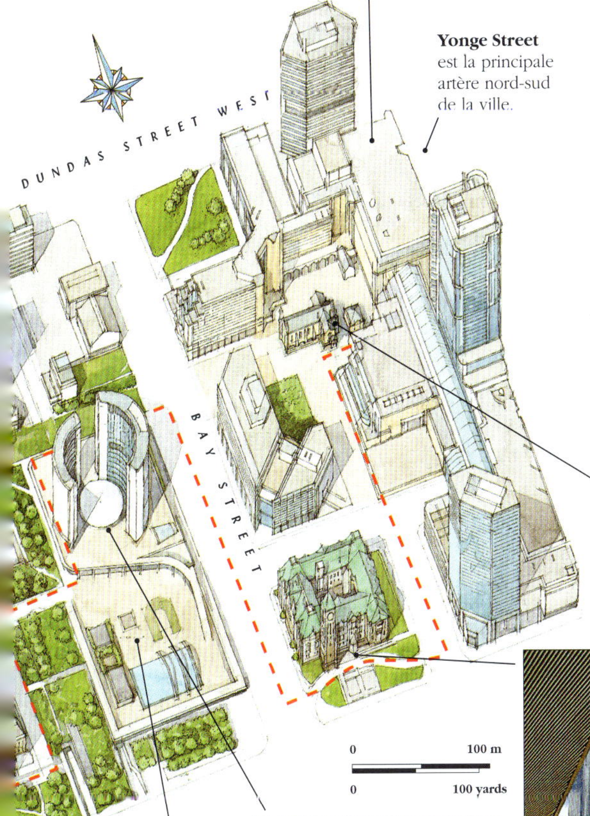

Yonge Street est la principale artère nord-sud de la ville.

Church of the Holy Trinity
Cette belle église anglicane à l'intérieur élégant date du XIXe siècle.

Nathan Phillips Square, l'un des centres de la vie de la cité, est le rendez-vous favori de la jeunesse.

★ Hôtel de ville
Construite en 1964, cette réalisation controversée a peu à peu gagné la faveur des habitants. La Plaza sert de patinoire l'hiver. ⓫

Ancien hôtel de ville
Contrastant avec son homologue de l'autre côté de la rue, cet édifice du XIXe siècle abrite désormais le palais de justice de Toronto et le ministère de la Justice.

Art Gallery of Ontario ❿

***Hina et Fatu* (1892), Paul Gauguin**

Fondée en 1900, l'Art Gallery possède l'une des plus riches collections d'art et de sculpture moderne du Canada. Cette construction moderne abrite des peintures de Rembrandt, Gainsborough, Van Gogh et Picasso, un superbe ensemble de tableaux canadiens, notamment du groupe des Sept *(p. 160-161)*, des productions de l'art inuit, et la plus importante collection au monde de sculptures de Henry Moore. Jusqu'au printemps 2008, des travaux d'agrandissement ont lieu sous la direction de l'architecte Franck Gehry. Ils permettront d'accueillir une exceptionnelle donation privée de 2 000 œuvres.

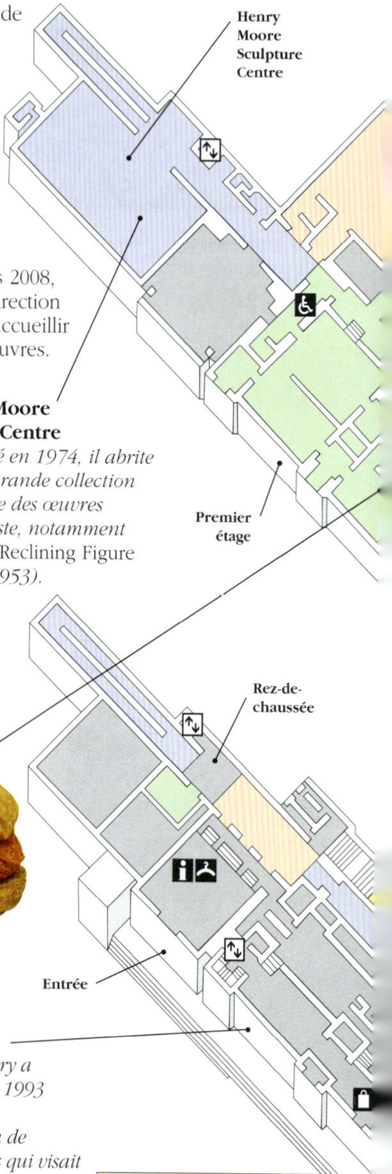

★ Henry Moore Sculpture Centre
Inauguré en 1974, il abrite la plus grande collection publique des œuvres de l'artiste, notamment Draped Reclining Figure *(1952-1953).*

Floor Burger *(1962)*
Le hamburger géant de Claes Oldenburg, fait de toile pour voile de bateau peinte et de mousse de caoutchouc, est une œuvre emblématique du pop art.

La façade
L'Art Gallery a rouvert en 1993 après une rénovation de quatre ans qui visait à unifier ses styles architecturaux, allant du georgien au moderne. L'imposant bronze de Henry Moore, Large Two Forms *(1966-1969), domine la cour d'entrée.*

À NE PAS MANQUER

- ★ ***Vent d'ouest* par Tom Thomson**
- ★ **Le Henry Moore Sculpture Centre**
- ★ **L'art inuit**

★ **Vent d'ouest** *(1917)*
Ce tableau de Tom Thomson a inspiré au groupe des Sept un style spécifiquement canadien.

Mode d'emploi

317 Dundas St. W.
(416) 979 6648.
St. Patrick. *505.*
www.ago.net
du mar. au dim. *lun.*

★ **Art inuit**
L'Art Gallery possède la troisième collection d'art inuit au monde. Ce Chaman aidé par un esprit (1972), de Karoo Ashevak, est en stéatite, fanons de baleine et tendons.

La Danse de la mariée *(non daté)*
Cette scène paysanne de Brueghel le Jeune (1564-1638) donne un aperçu de la célèbre collection de peintures européennes.

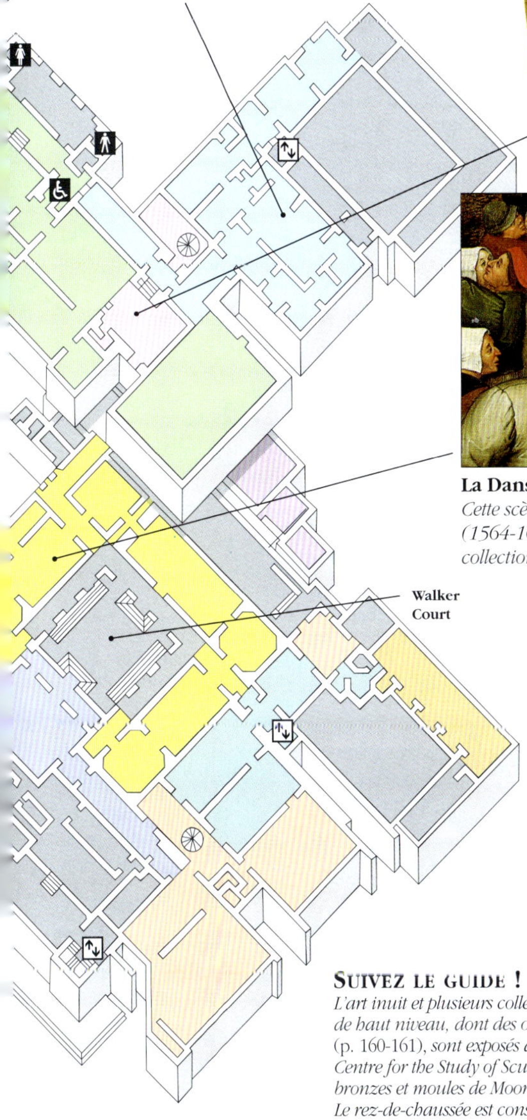

Légende

- Art du xxe siècle
- Art européen avant 1900
- Expositions temporaires
- Art contemporain
- Art canadien
- Art inuit
- Estampes, dessins et photographies
- Centres de recherche
- The Grange
- Locaux techniques

Suivez le guide !
L'art inuit et plusieurs collections de peinture canadienne de haut niveau, dont des œuvres du groupe des Sept (p. 160-161), *sont exposés à l'étage, à côté du Henry Moore Centre for the Study of Sculpture. Celui-ci renferme sculptures, bronzes et moules de Moore, et plus de 700 estampes et dessins. Le rez-de-chaussée est consacré à l'art européen.*

L'esthétique ultramoderne de l'hôtel de ville de Toronto a été très controversée

Hôtel de ville ⓫

à l'angle de Queen St et Bay St.
(416) 392 8016. Queen, Osgoode. Queen 501. du lun. au ven. de 8 h 30 à 16 h 30.

Achevé en 1964, l'hôtel de ville de Toronto est l'œuvre de l'architecte finlandais Viljo Revell. Lors de l'inauguration officielle, le Premier ministre Lester B. Pearson déclara : « C'est un édifice aussi moderne que demain. » Mais pour beaucoup, « demain » était arrivé trop tôt, et un tonnerre de protestations s'éleva de plusieurs quartiers contre ce monument.

Aujourd'hui encore, près de 40 ans après, il semble d'une modernité absolue. Avec ses deux tours curvilignes en béton et en verre flanquant un édifice central circulaire où se réunit le conseil municipal, il est la quintessence de l'urbanisme des années 1960. Il fait face à l'ancien hôtel de ville, un grandiose édifice néoroman du XIXe siècle.

Chinatown ⓬

Dundas 505, College 506, Spadina 510.

Avec ses 400 000 membres, la communauté chinoise représente 10 % de la population. La première vague d'immigration toucha la Colombie-Britannique lors de la ruée vers l'or, à la fin des années 1850. Les Chinois venus en Ontario à la fin du XIXe siècle pour travailler au Canadian Pacific Railway s'installèrent dans des villes au bord de la voie ferrée. À Toronto, ils furent employés dans les laveries, usines et chemins de fer. La dernière vague d'immigration des années 1990 concerne les Chinois aisés de Hong Kong.

Bien qu'habitant un peu partout, ils occupent essentiellement quatre quartiers qui tranchent totalement sur les alentours et peuvent être qualifiés de Chinatown. Le plus vaste et le plus animé s'étend autour de Spadina Avenue, entre Queen Street et College Street, et de Dundas Street, à l'ouest de l'Art Gallery of Ontario. Sons, couleurs et odeurs rappellent plus Hong Kong que Toronto : magasins et éventaires débordant sur les trottoirs offrent une variété ahurissante de spécialités chinoises et le soir, les enseignes lumineuses vantent des dizaines d'excellents restaurants.

Kensington Market ⓭

Baldwin St et Augusta Ave.
Dundas 505, College 506, Spadina 510.

Résidentiel et cosmopolite, Kensigton Market est l'un des quartiers les plus attachants de Toronto. Il a été créé au début du XXe siècle par des immigrants d'Europe de l'Est. Ils s'entassèrent dans de modestes maisons d'abord près du carrefour de Spadina Avenue et Dundas Street, puis dans les rues étroites alentour pour vendre leurs marchandises. Les boutiques qu'ils ouvrirent dans leurs petites maisons des années 1930 sont restées la caractéristique principale de l'endroit.

Aujourd'hui, les commerçants juifs, polonais et russes côtoient Portugais, Jamaïcains, Hindous, Chinois et Vietnamiens dans les rues bourdonnantes d'activité. Le centre de ce marché de plein air est Kensington Avenue dont le bas, proche de Dundas Street, regorge de petits magasins où l'on trouve des vêtements de tous styles – des tenues punks aux pantalons pattes d'éléphant –, entre autres bonnes occasions. Le haut de Kensington Avenue est occupé par les étals de produits frais des quatre coins du monde – poissons et monceaux de fromages et de fruits exotiques.

Enseignes de restaurant à Chinatown

Petite boutique de fruits secs typique de Kensington Market

La façade du Parlement, où se tiennent les assemblées législatives provinciales depuis 1893

Université ⓮

27 King's College Circle. *(416) 978 2011.* *St. George, Queen's Park.* *College 506.*

L'université de Toronto est née d'un privilège accordé par le roi George IV au Collège royal de Toronto malgré l'opposition de l'Église qui y voyait une atteinte au contrôle dont elle jouissait sur l'enseignement. Surmontant les accusations d'impiété, le nouvel établissement entreprit d'absorber ses rivaux pour devenir une des universités les plus prestigieuses du Canada.

Ce passé explique l'agencement irrégulier de l'actuel campus, un espace verdoyant où sont répartis différents établissements. Les plus beaux pavillons sont situés près de l'extrémité ouest de Wellesley Street. Là, dans Hart House Circle, se trouvent Hart House, construite en 1919 sur le modèle de certains des collèges des fameuses universités britanniques d'Oxford et Cambridge, et la Soldiers' Tower, monument néogothique à la mémoire des étudiants victimes des deux guerres mondiales. Non loin, dans King's College Circle, se succèdent University College, un imposant édifice néoroman de 1859, Knox College, avec sa rude maçonnerie de grès gris, et la belle rotonde du Convocation Hall. La visite s'achève par une petite promenade tranquille sur Philosophers' Walk.

L'université de Toronto rappelle les vieilles institutions britanniques

Parlement d'Ontario ⓯

Queen's Park.
(416) 325 7500.
College 506.
de 8 h 30 à 17 h du lun. au ven. ; de 9 h 30 à 16 h 30 sam. et dim.
de 10 h à 16 h.

Le parlement d'Ontario, édifice en grès rose inauguré en 1893, écrase de sa masse l'extrémité de University Avenue. Son ampleur n'était pas innocente : la province avait beau n'être qu'un petit – et très loyal – élément de l'Empire britannique, elle entendait jouer un rôle de premier plan, d'autant qu'elle avait les moyens financiers pour le faire. Les membres du parlement provincial commandèrent donc cette construction extrêmement coûteuse de style néoroman. Achevée en 1892, la façade principale est un déploiement de tours, arcs roses et sculptures surmontés d'une série de toits pentus.

L'intérieur présente la même profusion. Des colonnes classiques dorées encadrent l'escalier principal et de grands vitraux éclairent les longues galeries lambrissées de boiseries. La salle où se tiennent les assemblées est somptueuse, avec ses magnifiques bois sculptés portant des devises très morales comme « Avec audace et raison » ou « Par le courage et non par la ruse ».

En 1909, un incendie ravagea l'aile ouest, qui fut reconstruite en marbre italien. Les parlementaires furent contrariés de constater qu'une grande partie de cette pierre si chère était altérée par des fossiles de dinosaures, encore visibles dans le vestibule ouest !

Les visiteurs sont parfois admis aux sessions.

Le Parlement vu depuis Queen's Park, dans le centre-ville

Queen's Park ⓰

College St et University Ave. *(416) 325 7500.* *Union Station.* *College 506.* *Queen's Park.*

Juste derrière le Parlement, Queen's Park est une oasis de verdure au milieu de ce quartier densément construit, idéale pour prendre un moment de détente.

Le parc est bordé à l'ouest par le campus de l'université, avec ses bâtiments du XIXe siècle, point de départ de promenades guidées en été, et au nord par le Royal Ontario Museum et le George R. Gardiner Museum of Ceramic Art.

Les bâtiments législatifs provinciaux étant situés au cœur du parc, sa sérénité est occasionnellement troublée par des manifestations politiques contestant les décisions du gouvernement provincial.

George R. Gardiner Museum of Ceramic Art ⓱

111 Queen's Park. *(416) 586 8080.* *Museum.* *de 10 h à 18 h lun., mer., ven. ; de 10 h à 20 h mar. et jeu. ; de 10 h à 17 h sam. et dim.* *1er jan., 25 et 31 déc.* *www.gardinermuseum.on.ca*

Inauguré en 1984, le Gardiner Museum of Ceramic Art est le seul musée d'Amérique du Nord consacré exclusivement à la poterie et à la porcelaine. Présentées avec talent, les collections retracent l'évolution de la céramique, en portant un intérêt particulier à certaines techniques. L'histoire commence avec des pièces précolombiennes ; plusieurs, provenant du Pérou et du Mexique, sont exceptionnelles, notamment des dieux de la fertilité aux traits grimaçants.

***Arlequin*, figurine en porcelaine de Meissen**

Les majoliques aux couleurs vives sont représentées par des vases du XIIIe au XVIe siècle, les plus anciens ayant été fabriqués à Majorque, les autres en Italie. Des objets du quotidien aux décors riants voisinent avec des pièces Renaissance plus tardives à thème mythologique ou historique. La faïence anglaise figure en bonne place, mais les plus belles pièces restent celles de la Renaissance venant d'Italie, d'Allemagne et d'Angleterre.

Les personnages de la *commedia dell'arte* sont remarquables. Savamment décorées aux couleurs de l'arc-en-ciel, ces figurines étaient placées sur la table des aristocrates qui voulaient ravir ou impressionner leurs invités d'honneur, voire s'assurer leurs faveurs.

La collection de porcelaines, superbe, compte un grand nombre de pièces raffinées réalisées à Meissen entre 1700 et 1780. À ne pas manquer : le service à thé et à chocolat du début du XVIIIe siècle présenté avec son écrin de voyage d'origine en cuir, qui permettait à sa propriétaire de l'emmener lors de ses déplacements. Chacune des minuscules tasses a un décor différent, constitué d'une scène nautique entourée de motifs à l'or fin. À noter aussi la centaine de flacons à parfum sculptés ou moulés de toute l'Europe.

Royal Ontario Museum ⓲

P. 182-183.

Bata Shoe Museum ⓳

327 Bloor St. W. *(416) 979 7799.* *St. George.* *de 10 h à 17 h du mar. au sam. ; de midi à 17 h dim.* *1er jan., ven. saint, 1er juil. et 25 déc.* *www.batashoemuseum.ca*

Inauguré en 1995, ce musée renferme une variété extraordinaire de chaussures réunies par Sonja Bata, membre de la famille éponyme de cette firme d'envergure mondiale, présente aujourd'hui dans 60 pays. Pour être sûre que sa collection serait présentée dans les meilleures conditions, elle confia la conception du bâtiment à l'un des architectes canadiens les plus prestigieux : Raymond Moriyama. L'édifice, dont la forme rappelle une luxueuse boîte à chaussures,

L'architecture extérieure moderne du Bata Shoe Museum

joue sur les angles, offrant d'invraisemblables coins et recoins. La présentation se fait sur plusieurs petits niveaux. Le musée accueille des expositions temporaires sur un thème donné, et certains éléments du fonds, qui est considérable, sont montrés par roulement.

La chaussure est ici traitée d'un point de vue ethnographique, illustrant non seulement l'évolution des techniques de fabrication mais celles des valeurs et des mentalités. Climat, sexe, métier, religion, ces beaux objets que sont les chaussures révèlent une foule de renseignements sur le mode de vie de ceux qui les portent. En ce qui concerne les expositions permanentes, « All About Shoes » donne un aperçu du rôle et de l'évolution de la chaussure, en commençant par un moulage de la plus ancienne empreinte connue, faite il y a 4 millions d'années en Tanzanie. On y verra aussi un ensemble intéressant de poulaines, ces souliers pointus du Moyen Âge. Une autre section est consacrée aux célébrités. Les chaussures de scène les plus excentriques y sont exposées : escarpins rouges de Marilyn, semelles compensées d'Elton John, joggers en lamé or de Michael Johnson sans parler des vieilles sandales de l'ancien Premier ministre canadien Pierre Elliott Trudeau.

Le musée possède également un ensemble de curiosités : des chaussures françaises conçues pour écraser les châtaignes aux semelles compensées vénitiennes du XVIe siècle.

Farniente un dimanche après-midi au Café Nervosa, dans le quartier chic de Yorkville

***Paduka* indiens traditionnels exposés au Bata Shoe Museum**

Yorkville ⓴

Bay.

Dans les années 1960, le tout petit quartier de Yorkville, dans le centre-ville, était le rendez-vous des hippies. Accueillant régulièrement des figures de la contre-culture comme Joni Mitchell, c'était l'équivalent de Chelsea à Londres ou de Greenwich Village à New York. Depuis, les hippies sont partis et les modestes maisons mitoyennes en brique et en bois ont été soit occupées par des magasins haut de gamme et des restaurants chic, soit transformées en somptueux hôtels particuliers. Boutiques de créateurs, librairies spécialisées, galeries d'art, belles bijouteries, marchands de vin et chausseurs de luxe se pressent dans le quartier, qui draine des foules de clients. Pour goûter à l'ambiance des lieux, le mieux est de s'asseoir à la terrasse d'un café pour déguster un *cappuccino*. Quant à ceux qui sont prêts à faire des folies, leurs pas les mèneront vers Yorkville Avenue et Cumberland Avenue, ou encore vers les élégantes et discrètes galeries marchandes qui en partent : Hazelton Lanes, à l'angle de Yorkville Avenue et The Avenue, est l'une des plus huppées, avec des enseignes comme Ralph Lauren et Versace. Bien que la crise des années 1990 ait quelque peu affecté le commerce, le quartier est toujours prospère. C'est le soir que les cafés commencent véritablement à s'animer, mais attention, s'amuser à Yorkville peut également coûter cher !

Reconstitution d'un vestiaire au Hockey Hall of Fame, à Toronto ▷

CLUB DE HOCKEY CANADIEN
Cooper

1962 1963
HON H de M MOLSON
P. J. BELKE
T. JOHNSON
H. BLAKE
B. GEOFFRION
J. PLANTE
J. BELIVEAU
J. C. TALBOT
D. MARSHALL
D. MOORE
C. PROVOST
P. GOYETTE
H. RICHARD
A. GALLEY
R. BACKSTROM
B. HICKE
G. TREMBLAY
J. C. TREMBLAY
R. ROUSSEAU
G. BERENSON
L. FONTINATO
J. GAUTHIER
C. MANIAGO
L. AUBUT
1964 1965
HON H de M MOLSON
J. D. MOLSON
S. POLLOCK
H. BLAKE
J. BELIVEAU
J. C. TALBOT
C. PROVOST
H. RICHARD
R. BACKSTROM
G. TREMBLAY
J. C. TREMBLAY
R. ROUSSEAU
G. BERENSON
T. HARPER
J. FERGUSON
C. LAROSE
D. BALON
J. LAPERRIERE
C. HODGE
L. WORSLEY
J. ROBERTS
D. DUFF
T. HARRIS
Y. COURNOYER
1966 1967
HON H de M MOLSON
J. D. MOLSON
S. POLLOCK
H. BLAKE
J. BELIVEAU
J. C. TALBOT
C. PROVOST
H. RICHARD
R. BACKSTROM
G. TREMBLAY
J. C. TREMBLAY
R. ROUSSEAU
T. HARPER
J. FERGUSON
C. LAROSE
D. BALON
J. LAPERRIERE
C. HODGE
L. WORSLEY
J. ROBERTS
D. DUFF
T. HARRIS
Y. COURNOYER
N. PRICE
R. VACHON
L. ROCHEFORT
L. AUBUT
1968 1969
J. D. MOLSON
W. MOLSON
P. MOLSON
S. POLLOCK
C. RUEL
J. BELIVEAU
C. PROVOST
H. RICHARD
R. BACKSTROM
G. TREMBLAY
J. C. TREMBLAY
R. ROUSSEAU
T. HARPER
J. FERGUSON
J. LAPERRIERE
L. AUBUT
L. WORSLEY
D. DUFF
T. HARRIS
Y. COURNOYER
J. LEMAIRE
S. SAVARD
R. VACHON
M. REDMOND
C. BORDELEAU
L. HILLMAN
E. PALCHAK
Cooper

Royal Ontario Museum ⓲

Fondé en 1912, le Royal Ontario Museum possède des collections d'une richesse et d'une variété extraordinaires : beaux-arts et arts décoratifs, sciences naturelles et archéologie. Parmis ses nombreux trésors, la salle abritant des squelettes de dinosaures et une nouvelle section consacrée aux arts asiatiques, notamment l'architecture et la sculpture chinoises. Depuis quelques années, et jusqu'au printemps 2008, le musée connaît d'importantes transformations incluant la restauration des galeries existantes et la création d'une extension, le Cristal Michael Lee-Chin, une audacieuse structure aux formes prismatiques, dessinée par l'architecte Daniel Libeskind.

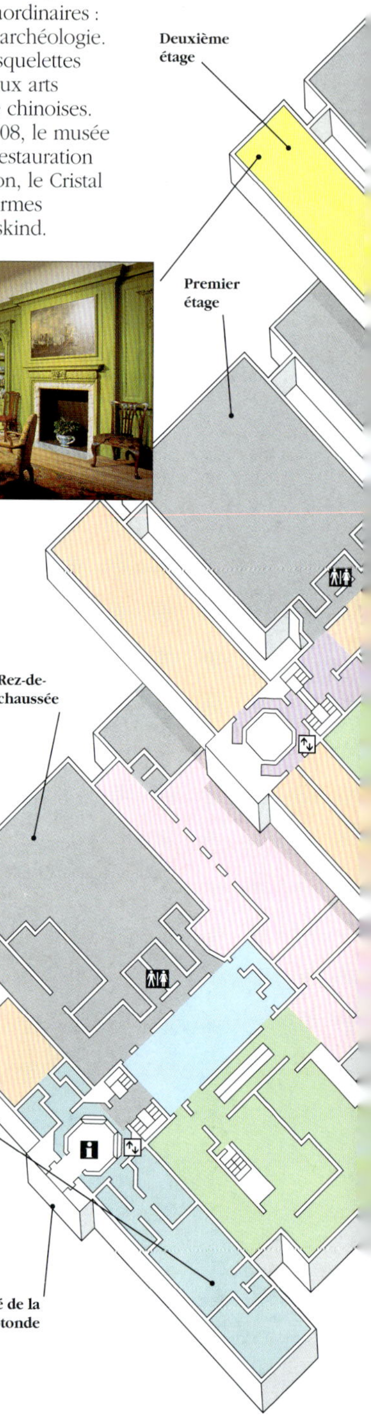

Le salon Vert
Cet élégant salon des années 1750 reconstitué dans les Samuel European Galleries arbore les boiseries peintes en vert à la mode dans les demeures aristocratiques de l'époque.

Galerie des dinosaures
La galerie la plus populaire du musée abrite des squelettes de dinosaures placés dans leur environnement du Jurassique reconstitué. Des techniques d'animation proches de celles de Jurassic Park *attirent grands et petits.*

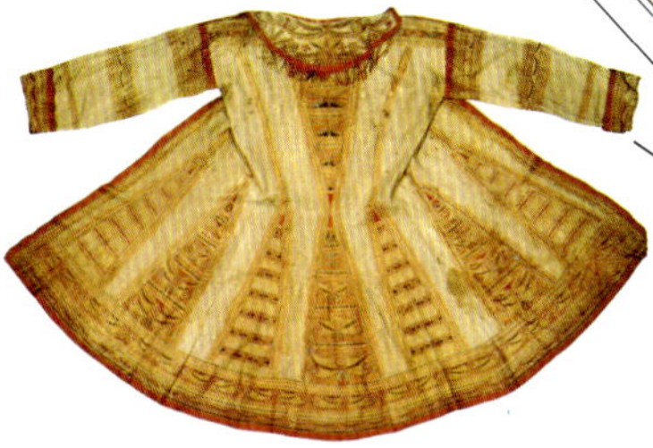

Galerie du Canada : premiers peuples
Cette vaste galerie rend hommage aux peuples autochtones. Plus de mille objets, certains remontant à plus de 10 000 ans, témoignent de la richesse et de la diversité de leur culture.

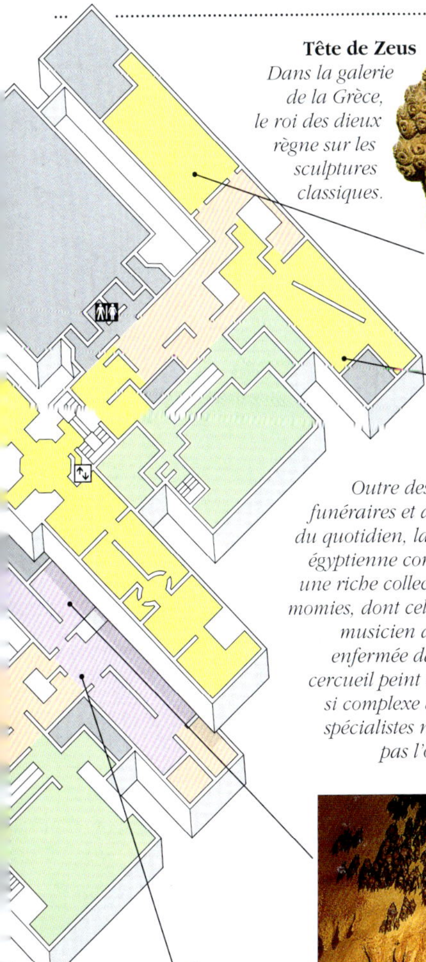

Tête de Zeus
Dans la galerie de la Grèce, le roi des dieux règne sur les sculptures classiques.

MODE D'EMPLOI

100 Queen's Park.
(416) 586 8000.
Museum. de 10 h à 18 h t.l.j. ; jusqu'à 21 h 30 ven.
25 déc., 1er jan.
www.rom.on.ca

★ Galeries africaines : l'Égypte
Outre des masques funéraires et des objets du quotidien, la section égyptienne comprend une riche collection de momies, dont celle d'un musicien de cour enfermée dans un cercueil peint et doré si complexe que les spécialistes n'osent pas l'ouvrir.

Grotte des chauves-souris
Près de 3 000 chauve-souris en cire et vinyle attendent les visiteurs dans cette sombre caverne, inspirée d'une grotte jamaïcaine longue de 4 kilomètres.

SUIVEZ LE GUIDE !
En raison des importants travaux de reconstruction, certaines parties du musée sont actuellement fermées. Les galeries du patrimoine – dont une section de la galerie du Canada –, récemment rénovées, se trouvent au rez-de-chaussée. Les salles des cultures du monde et d'histoire naturelle, aux premier et deuxième étages, sont ouvertes. Le Cristal Michael Lee-Chin abritera notamment la galerie des dinosaures.

Albatros empaillé
Avec son envergure de 3 mètres, il est l'une des pièces les plus impressionnantes de la galerie des oiseaux, qui offre des présentations interactives.

À NE PAS MANQUER

- ★ La galerie des dinosaures
- ★ Les galeries africaines : l'Égypte

LÉGENDE

- Galerie Samuel Hall Currelly
- Arts asiatiques
- Histoire naturelle
- Galeries du Cristal
- Galerie du Canada
- Cultures du monde
- En cours d'aménagement
- Locaux techniques

Spadina Museum, Historic House & Gardens ㉑

285 Spadina Rd. *(416) 392 6910.* *77+, 127.* *Dupont.* *de jan. à avr. : de 12 h à 17 h sam. et dim. ; de mai. à août : de 12 h à 17 h du mar. au dim. ; de sept. à déc. : de 12 h à 16 h du mar. au ven., de 12 h à 17 h sam. et dim.* *lun. ; 25 et 26 déc., 1er jan.* *obligatoire.*

Premier président de la Toronto-Dominion Bank dans les années 1860, James Austin fit construire cette élégante demeure victorienne en 1866 sur la falaise dominant Spadina Avenue.

Anna, la dernière des Austin, quitta la maison en 1982, la laissant avec tout son mobilier à l'Historical Board de Toronto. Spadina House est donc une authentique résidence familiale, représentative des goûts de quatre générations de Canadiens aisés.

On ne manquera pas de jeter un coup d'œil à la frise Art nouveau de la salle de billard.

La porte d'entrée de Spadina House avec ses colonnes victoriennes

Fort York ㉓

Garrison Rd. *(416) 392 6907.* *511, 509.* *t.l.j.* *ven. saint, du 18 déc. au 2 jan. environ.*

Les Britanniques construisirent Fort York en 1793 pour affermir leur contrôle du lac Ontario et cela devint Toronto. Les faiblesses de ce fort de taille modeste se manifestèrent lorsque les Américains l'envahirent au terme d'une longue bataille pendant la guerre de 1812 *(p. 42)*. Les Britanniques renforcèrent ensuite ses défenses et, grâce à sa garnison, l'économie locale prit son essor. Les casernes, la vieille poudrière et les quartiers des officiers sont l'occasion d'une visite intéressante.

Casa Loma ㉒

Cet édifice, fruit de la rencontre d'un Moyen Âge d'opérette et de la technologie du début du XXe siècle, a été conçu par E. J. Lennox, l'un des auteurs de l'ancien hôtel de ville de Toronto. Du point de vue architectural, il est totalement original. En fait, c'est un hommage à la marotte de sir Henry Pellatt (1859-1939), qui fit fortune au début du XXe siècle en exploitant le potentiel hydroélectrique des chutes du Niagara. En 1906, il décida de se faire bâtir un château à Toronto. La construction de Casa Loma nécessita trois ans… et 3,5 millions de dollars canadiens. Elle fut interrompue par la Première Guerre mondiale.

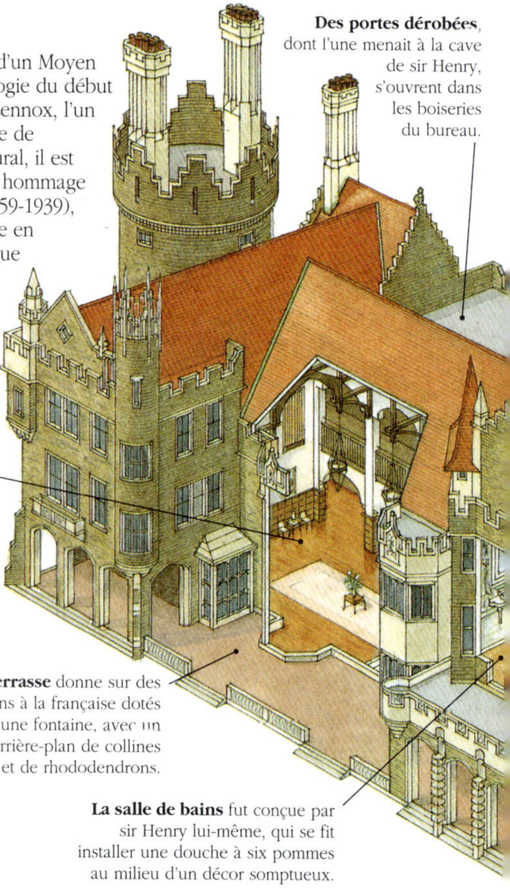

Des portes dérobées, dont l'une menait à la cave de sir Henry, s'ouvrent dans les boiseries du bureau.

La terrasse donne sur des jardins à la française dotés d'une fontaine, avec un arrière-plan de collines et de rhododendrons.

La salle de bains fut conçue par sir Henry lui-même, qui se fit installer une douche à six pommes au milieu d'un décor somptueux.

★ La grande salle

Haute de 18 mètres, elle est surmontée d'un poutrage de chêne et éclairée par une baie de 12 mètres de haut.

Étal de légumes frais à Little Italy

Little Italy 24

St. Clair Ave W. 512. 207 *Queen's Quay W. (416) 203 2500.*

Toronto compte quelque 500 000 habitants d'origine italienne. Les Italiens arrivèrent en 1830, mais la première grande vague d'immigration eut lieu entre 1885 et 1924. Leur sens de la famille, allié à l'instabilité de leur pays après la Seconde Guerre mondiale, provoqua un autre afflux dans les années 1940 et 1950. Si les Italiens vivent et travaillent partout dans la ville, le cœur de leur communauté est le très vivant « Corso Italia », ou Little Italy, autour de St. Clair Avenue West. Les maisons valent le coup d'œil pour leurs couleurs éclatantes – rouge, vert et blanc. Les cafés où déguster un excellent espresso et un cinéma passant des films italiens donnent l'impression d'être en Europe. On peut d'ailleurs goûter une cuisine méditerranéenne hors pair à l'une des nombreuses terrasses du quartier.

Ontario Place 25

955 Lakeshore Blvd W. *(416) 314 9900. Union Station. 509, 511. de mi-mai à sept. : de 10 h à minuit.* *www.ontarioplace.com*

Ce parc de loisirs au bord du lac s'étend sur trois îlots artificiels et offre des distractions familiales surtout centrées autour du thème de l'eau : piscines et bassins, longs toboggans aquatiques, bateaux à aubes. Le soir, l'ambiance est aux grands concerts pop sur la scène du Molson Amphitheatre. Quant à la Cinesphere, elle abrite la première salle de cinéma Imax au monde, une technologie mise au point à Toronto en 1967 par la firme du même nom.

La façade et les jardins
Le charme du domaine vient aussi de ses 2 hectares de jardin, avec ses bordures toujours fleuries, ses roses, ses pelouses et ses bois.

MODE D'EMPLOI

1 Austin Terrace. *(416) 923 1171. Dupont. de 9 h 30 à 16 h t.l.j. 25 déc. et 1er jan.* *www.casaloma.org*

★ La serre
Le marbre blanc couvrant les murs contraste avec les couleurs de la coupole victorienne. Les conduites de chauffage étaient cachées derrière les jardinières.

À NE PAS MANQUER

★ La grande salle

★ La serre

Visite à quatre et deux roues des Toronto Islands

Les Toronto Islands 26

Queen's Quay. *207 Queen's Quay W. (416) 203 2500.* *www.torontoisland.org*

À quelques encablures du rivage, protégeant l'entrée du port, ces trois îles basses reliées par des passerelles, d'où la voiture est bannie, procurent calme et détente. Grâce à la brise fraîche du lac, on y échappe l'été aux chaleurs extrêmes qui avoisinent parfois les 35 °C. Par beau temps, une jolie vue s'offre sur le sommet de la CN Tower *(p. 168)*.

Il faut environ une demi-heure pour parcourir à pied les îles de bout en bout. Avec ses espaces verts et ses étendues désertes, Ward's Island est une zone résidentielle somnolente à l'est ; Centre Island abrite le Centreville Amusement Park, avec des attractions pour les enfants, et à l'ouest, Hanlan's Point possède la plus belle plage des trois îles.

The Beaches et les falaises de Scarborough 27

Beaches *Queen 501.* **Bluffers Park** *Victoria Park.* *Kingston Rd 12+.* *207 Queen's Quay W. (416) 203 2500.*

Situé à l'est du centre-ville, entre Woodbine Avenue et Victoria Park Avenue, The Beaches est l'un des quartiers les plus agréables de Toronto. Ses rues étroites et ombragées, bordées de belles maisons en brique précédées de vérandas, partent du lac. Dans Queen Street East, l'artère principale, les excellents cafés et les boutiques de stylistes ne manquent pas. Ce quartier, il y a peu encore discret et paisible, est devenu à la mode grâce à sa longue plage de sable et à ses planches ; ces dernières années, les prix ont flambé dans l'immobilier. La piste de 3 kilomètres qui le traverse attire rollers et vélos, surtout en été, et la piscine publique est très fréquentée. Malgré la pollution du lac Ontario, les baigneurs n'hésitent pas à plonger dans ses eaux. On peut également louer des planches à voile.

À l'est, le grand faubourg limitrophe de Scarborough doit aussi son succès à la proximité du lac. Des falaises spectaculaires constituées de très anciens sables et argiles s'étirent au bord du lac Ontario sur 16 kilomètres. Plusieurs parcs y donnent accès : ceux de Scarborough Bluffs et Cathedral Bluffs offrent de très beaux panoramas des falaises déchiquetées, et Bluffers Park est idéal pour pique-niquer et profiter de la plage. Les géologues amateurs pourront observer jusqu'à cinq couches sédimentaires sur certains rochers du parc.

Toronto Zoo 28

361A Old Finch Ave, Scarborough. *(416) 392 5900.* *Kennedy.* *86A/B.* *de mai à sept. : de 9 h à 19 h t.l.j. ; de sept. à avr. : de 9 h à 18 h t.l.j.* *25 déc.* *www.torontozoo.com*

Toronto peut se targuer d'avoir l'un des meilleurs zoos du monde. Il occupe une vaste zone dans la vallée de la rivière Rouge et est facilement accessible par les transports en commun ou la voiture.

Les animaux sont répartis en fonction de leur habitat naturel, que ce soit à l'extérieur, où la vallée offre des zones de forêts et de grandes étendues, ou à l'intérieur, dans une série de pavillons chauffés à la température appropriée.

Pour découvrir le zoo, les visiteurs ont le choix entre plusieurs sentiers très bien balisés, à moins qu'ils ne préfèrent le Zoomobile. Le parcours commenté de 30 minutes à bord de ce train donne un bon aperçu de l'endroit. Prévoir environ 4 heures pour observer correctement les animaux, notamment les espèces canadiennes, orignal, caribou et grizzly. Splash Island offre aux plus jeunes une détente aquatique parmi des effigies de castors et de baleines.

Orang-outan et son petit au zoo de Toronto

Ferblantier devant son échoppe au Black Creek Pioneer Village

Ontario Science Centre 29

770 Don Mills Rd. *(416) 696 3127. Eglinton ou Pape. Eglinton 100, Don Mills 25. de 10 h à 17 h t.l.j. 25 déc.* osc.on.ca

Ce centre est l'un des lieux les plus visités de Toronto. Il attire des foules d'enfants grâce à ses présentations interactives exploitant et étudiant toutes sortes de phénomènes. Elles sont réparties en onze catégories comme « Terre vivante », « Galerie de la Science », « Autoroute de l'information » et « Sport ». On peut se poser sur la Lune, voyager jusqu'au bout de l'Univers ou s'amuser à avoir les cheveux qui se dressent sur la tête grâce à l'accélérateur de Van de Graaff.

Black Creek Pioneer Village 30

à l'angle de Steeles Ave W. et Jane St. *(416) 736 1733. Jane, Finch. 35+, 36+. mai et juin : de 9 h 30 à 16 h 30 du lun. au ven., de 10 h à 17 h sam. et dim. ; de juil. à sept. : de 10 h à 17 h t.l.j. ; d'oct. à déc. : de 9 h 30 à 16 h du lun. au ven., de 10 h à 16 h 30 sam. et dim. de jan. à mai ; 25 déc.*

Au fil des ans, une quarantaine d'édifices du XIXe siècle ont été transportés de différentes régions de l'Ontario pour donner naissance à ce village au nord-ouest de la ville. Le résultat n'est bien sûr guère réaliste - aucun village d'Ontario n'a jamais ressemblé à celui-là -, mais c'est un amusant exemple d'histoire vivante. Des figurants en costume d'époque présentent des techniques artisanales : fabrication de chandelles, boulangerie, imprimerie. Parmi les édifices les plus intéressants figurent une élégante maison de médecin de 1860 et le magasin général Lasky Emporium, toujours en activité, où l'on peut acheter du pain. L'échoppe du ferblantier est tenue par des artisans qualifiés. Il y a aussi une loge maçonnique.

Quatre bâtiments sont attribués à Daniel Stong, un pionnier du XIXe siècle.

McMichael Art Collection 31

10365 Islington Ave, Kleinburg. *(905) 893 1121. Yorkdale. TTC37. t.l.j. 25 déc.* www.mcmichael.on.ca

À la périphérie de Kleinburg, à une trentaine de minutes de route du centre-ville vers le nord, Robert et Signe McMichael se firent construire une belle résidence en pierre et en rondin surplombant la vallée boisée de la Humber. Collectionneurs passionnés d'œuvres d'art canadien, les McMichael firent don de leur maison et de leurs peintures au gouvernement en 1965. Depuis, la collection s'est considérablement enrichie et, avec plus de 6 000 pièces, elle compte aujourd'hui parmi les plus importantes de la province.

Les créations du groupe des Sept *(p. 160-161)* occupent une place prépondérante : plusieurs salles montrent un choix éclectique de leurs œuvres. Les tableaux les plus accomplis ont pour thème les paysages sauvages et puissants des régions reculées du Canada, où chacun des membres du groupe avait choisi une zone d'étude. Tom Thomson et le talentueux Lawren Harris sont particulièrement bien représentés. Le musée possède aussi de passionnants départements d'art inuit et amérindien, et notamment *Bases Stolen from the Cleveland Indians and a Captured Yankee* (1989), sculpture du célèbre artiste contemporain Gerald McMaster (né en 1953).

***Shibagau Shard*, par Bill Vazan, McMichael Art Collection**

Façade en pierre et rondin de la demeure de Robert et Signe McMichael

OTTAWA ET L'EST DE L'ONTARIO

Réputé à juste titre pour son histoire et la beauté de ses paysages, l'est de l'Ontario est l'une des régions les plus touristiques du pays. Ses innombrables lacs et cours d'eau servaient autrefois de voies commerciales aux Amérindiens et aux explorateurs. Aujourd'hui, cet environnement superbe se prête admirablement aux loisirs de plein air : canotage, pêche, randonnée et ski. Au niveau de la petite ville de Kingston, le Saint-Laurent, l'un des plus grands fleuves de la planète, prend sa source dans le lac Ontario. Au nord de celui-ci s'étend le Bouclier canadien, dont les lacs très anciens, les roches cristallines et les forêts sont l'essence même du Canada. Le parc provincial Algonquin, extrêmement sauvage, connaît un grand succès auprès des vacanciers, tout comme la région pittoresque des lacs Kawartha. Dominant la rivière du même nom, Ottawa enfin, la capitale fédérale au riche passé et aux nombreux monuments, attire plus de 5 millions de visiteurs par an.

LA RÉGION D'UN COUP D'ŒIL

Villes historiques

Barry's Bay 13
Combermere 11
Eganville 12
Haliburton 10
Kingston 5
North Bay 15
Ottawa p. 190-197 1
Prescott 3
Upper Canada Village 2

Parcs nationaux et provinciaux

Parc provincial Algonquin p. 202-203 14
Serpent Mounds Park 8

Îles et cours d'eau

Canal Rideau 6
Lacs Kawartha 9
Prince Edward County 7
Les Thousand Islands 4

LÉGENDE

Aéroport international
Autoroute
Route principale
Voie ferrée

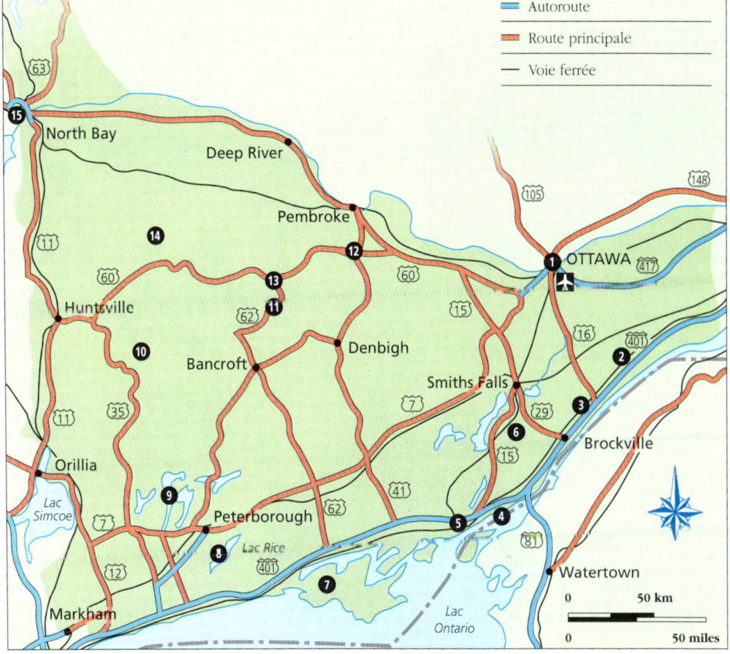

Canotage sur le canal Rideau, au pied de l'imposant parlement d'Ottawa

Ottawa pas à pas ❶

Le choix d'Ottawa comme capitale de la « province du Canada » en 1857 résulta d'un compromis dû en partie à la rivalité entre les Anglais et les Français et entre les villes de Toronto et Montréal. Depuis sa fondation en 1826, Ottawa a su se forger une identité. Sacrée capitale du dominion canadien en 1855, elle occupe un superbe site au bord de l'Ottawa (ou rivière des Outaouais) et de la rivière Rideau. Loin d'être uniquement une capitale politique, elle est devenue un creuset où voisinent anglophones et francophones. Ses édifices, modernes et historiques, et ses nombreux centres d'intérêt drainent 6 millions de visiteurs par an.

Un membre de la Police montée près du Parlement

Flamme du Centenaire
Allumée en 1967 pour commémorer le centenaire de la Confédération, une flamme y brûle en permanence.

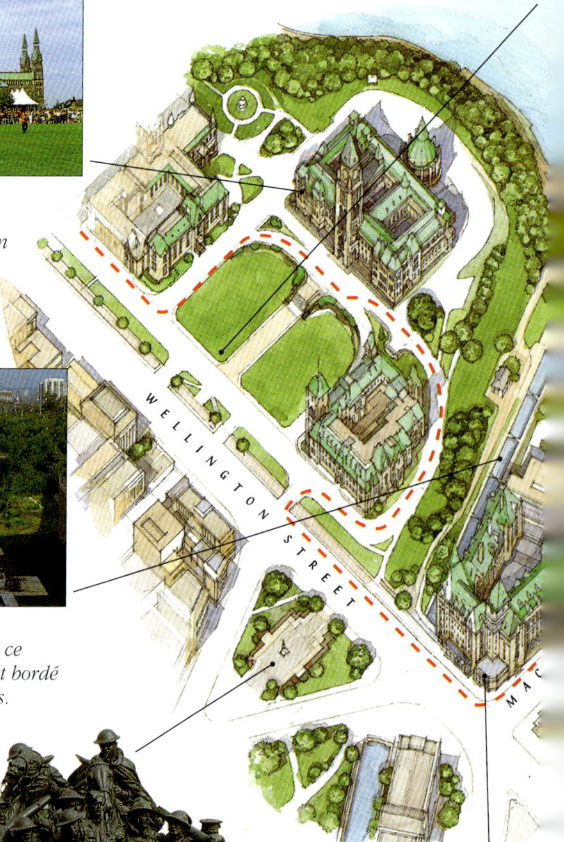

★ Le Parlement
La relève de la garde a lieu à l'extérieur tous les jours de juin à août. Ce cérémonial ajoute à la majesté du siège du gouvernement.

Canal Rideau
Creusé au début du XIXe siècle, ce canal aux rives verdoyantes est bordé de sentiers et de pistes cyclables.

Monument commémoratif de guerre du Canada
Une célébration du souvenir des vétérans canadiens a lieu le 11 novembre devant ce monument.

Fairmont Château Laurier est un hôtel de luxe, peut-être le plus célèbre du Canada. Depuis son ouverture en 1912, il offre aux personnalités canadiennes un cadre somptueux.

Point Nepean
Ce splendide point de vue est marqué par la statue d'un Amérindien placée au pied d'un monument à Samuel de Champlain (p. 41)*. Le panorama s'étend sur tout le centre d'Ottawa.*

MODE D'EMPLOI

315 000. 18 km au sud de la ville. 265 Catherine St. 200 Tremblay Rd. Canada's Capital Information Centre, 14 Metcalfe St (613) 239 5000. Winterlude (fév.), Canadian Tulipfest (mai). www.canadacapital.gc.ca

LÉGENDE

- - - Itinéraire conseillé

Musée canadien de la Monnaie
Cette pièce de 20 dollars ornée d'un skieur a été frappée pour commémorer les jeux Olympiques d'hiver de Calgary en 1986. La Monnaie (Mint) ne produit que des pièces de collection et en or.

Parc Major's Hill
est un havre de paix au cœur de la capitale animée.

★ Musée des beaux-arts du Canada
Première collection d'objets d'art, elle compte 25 000 pièces rassemblées dans un édifice en granit et verre construit en 1988.

À NE PAS MANQUER

- ★ Musée canadien de la Monnaie
- ★ Le Parlement

À la découverte d'Ottawa

Robe de poupée ancienne, Musée Bytown

Le centre de la capitale étant relativement peu étendu, les principales curiosités sont accessibles à pied. Au sud de la ville, le canal Rideau est un lieu de détente tant l'été, où l'on se balade en bateau, ou à pied sur ses berges, que l'hiver où, gelé, il sert de patinoire. Côté culture, le Centre national des arts accueille pièces de théâtre, opéras et ballets, et les férus d'histoire et d'art ont à leur disposition une multitude de musées et galeries. Ottawa est également une ville de festivals : Winterlude donne lieu à trois week-ends de festivités en février et, au printemps, la Canadian Tulipfest transforme la ville en un océan de fleurs, sans parler de la Fête nationale de la Confédération, le 1er juillet, qui attire des milliers de visiteurs.

La périphérie regorge de musées pour tous les goûts, notamment la Ferme expérimentale centrale et le musée de l'Aviation du Canada.

Caisse enregistreuse du XIXe siècle, Musée Bytown

Le parlement néogothique d'Ottawa surplombe majestueusement la ville

Le Parlement

Parliament Hill. ☎ *1 (613) 992 4793.* ○ *t.l.j.* ● *1er juil.*

Le Parlement domine majestueusement le centre d'Ottawa. Les toits vert-de-gris – ils sont en cuivre – des bâtiments est et ouest s'élèvent fièrement au-dessus des gratte-ciel qui ont surgi depuis qu'ils sont devenus le centre du pouvoir, il y a 150 ans. Cet ensemble d'édifices néogothiques en grès, achevé en 1860, occupe une colline qui surplombe de 50 mètres la rivière Ottawa. Par son style néogothique victorien et par sa situation, le Parlement rappelle incontestablement le palais de Westminster, à Londres. En partie détruit par le feu en 1916, il a aujourd'hui retrouvé toute sa splendeur.

Il se visite pendant les sessions du gouvernement, de la Chambre des communes et du Sénat. Grès et calcaire taillés à la main ornent les salles. L'été, la Police montée patrouille sur les pelouses impeccables devant le Parlement, où les visiteurs côtoient les hommes politiques.

Musée Bytown

Ottawa Locks. ☎ *(613) 234 4570.* ○ *de mai à oct. : t.l.j.*

Le nom initial de la capitale, Bytown, fut changé en Ottawa en 1855. Situé à l'est du Parlement, près du canal Rideau, dans le plus vieil édifice en pierre d'Ottawa (1827), le Musée Bytown est l'endroit idéal pour étudier l'histoire locale. Le colonel John By, officier chargé de la

Légende

P	Parc de stationnement
i	Information touristique
■	Ottawa pas à pas *p. 190-191*

construction du canal Rideau, y installa son quartier général en 1826. Pendant les travaux, on entreposa du matériel militaire et de l'argent dans ce bâtiment, appelé aussi Bytown. Le rez-de-chaussée abrite une exposition sur la construction du canal et donne un aperçu de la vie privée au début du XIXe siècle grâce à un large éventail d'objets domestiques.

Hôtel Fairmont Château Laurier, élégante retraite au cœur de la capitale

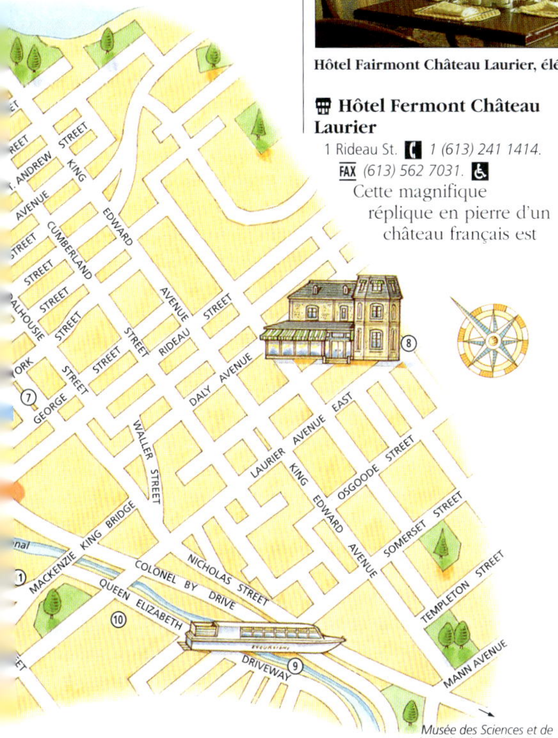

Hôtel Fermont Château Laurier

1 Rideau St. 1 (613) 241 1414. FAX (613) 562 7031.

Cette magnifique réplique en pierre d'un château français est représentative des grands hôtels construits par les compagnies de chemin de fer au début du XXe siècle. Situé en plein centre, au pied du Parlement, il attire les célébrités depuis son ouverture en 1912. Les grands salons à haut plafond sont décorés dans le style Louis XV. Pour ceux qui souhaitent voir des stars ou des hommes politiques en vue, une visite s'impose. Éclairé par une cour et orné de colonnes élancées, de stucs et de palmiers, Zoë's Lounge est un restaurant particulièrement agréable, de même que Wilfred's, dont la salle est plus grande.

Musée canadien de la Guerre

1 Vimy Pl. (819) 776 8600, 1 800 555 5621. *du 9 mai au 11 oct. : de 9 h à 18 h t.l.j. (de 9 h à 21 h jeu. ; de 9 h à 21 h ven. du 1er juil. au 6 sept.). gratuit le 1er juil.* *www.warmuseum.ca*

Malgré leur réputation de pacifistes, les Canadiens ont participé aux grands combats mondiaux. Ce musée, installé dans un étonnant bâtiment moderne proche du Parlement, est consacré à cet aspect de leur histoire. Il possède la plus grande collection militaire du pays. On y verra des objets relatifs aux premiers affrontements franco-britanniques sur le sol canadien, ainsi qu'à l'invasion américaine de 1812, à la guerre des Boers de 1899 et au rôle du Canada lors des deux guerres mondiales. La galerie LeBreton abrite une importante collection de matériel militaire, dont des véhicules et des armes. Une section présente des œuvres d'art inspirées par les deux conflits mondiaux. La salle de la Régénération, avec une vue étroitement encadrée de la tour de la Paix sur Parliament Hill, symbolise l'espoir en un avenir meilleur.

Panneau de démobilisation, Musée canadien de la Guerre

Ottawa d'un coup d'œil

- Canal Rideau ⑨
- Cathédrale Notre-Dame ⑥
- Centre national des arts ⑪
- Ferme expérimentale centrale ⑩
- Hôtel Fairmont Château Laurier ③
- Marché ByWard ⑦
- Maison Laurier ⑧
- Monnaie royale canadienne ⑤
- Musée Bytown ②
- Musée de la Monnaie de la Banque du Canada ⑫
- *Musée des Beaux-Arts du Canada (p. 196-197)* ④
- Parlement ①

Monnaie royale canadienne

320 Sussex Dr. (613) 993 8990. t.l.j. obligatoire.

Fondée en 1908 en tant que succursale de la Monnaie royale britannique, la Monnaie royale canadienne n'émet plus de monnaie fiduciaire, mais elle frappe de nombreuses pièces de collection et d'autres en or arborant la feuille d'érable. Elle traite aussi environ 70 % de l'or canadien dans sa raffinerie, l'une des plus grandes d'Amérique du Nord.

Des visites guidées de l'édifice totalement rénové sont proposées tous les jours, mais les passionnés devront réserver pour assister à la fabrication des brillantes pièces d'or.

L'imposante façade de la basilique Notre-Dame, à Ottawa

Basilique Notre-Dame

à l'angle de Sussex Dr. et St. Patrick St. (613) 241 7496. t.l.j.

Dans le quartier du marché Byward, Notre-Dame, construite en 1839, est avec ses tours jumelles l'église catholique la plus connue d'Ottawa. Le plafond de style néogothique est spectaculaire, de même que les fenêtres, les sculptures et les grandes orgues. Les boiseries d'acajou sont dues au sculpteur Philippe Parizeau (1852-1938), et les statues en bois des prophètes et des apôtres abritées dans des niches à Louis-Philippe Hébert (1850-1917). Ces dernières ont ensuite été peintes de façon à imiter la pierre. Devant la basilique se dresse la statue de Joseph Eugène Guiges, premier évêque d'Ottawa, qui veilla à l'achèvement des travaux.

Le quartier du marché Byward est l'un des plus vivants d'Ottawa

Marché Byward

Byward St. (613) 244 4410. t.l.j. 25 et 26 déc., 1er jan. partiel.

Le quartier du marché Byward est animé toute l'année : à l'extérieur l'été, à l'intérieur l'hiver. Situé à l'est du Parlement, de l'autre côté du canal Rideau, il fourmille de pittoresques magasins d'artisanat, de cafés, de boutiques, de bistros, de boîtes de nuit, mais aussi d'éventaires de maraîchers. Ne pas manquer les stands des artisans sur la promenade du marché Byward de George Street ni les cours pavées de Sussex Courtyards.

Maison Laurier

335 Laurier Ave. (613) 992 8142. de 9 h à 17 h du mar. au sam., de 14 h à 17 h dim. lun.

Aujourd'hui Lieu historique national, cette maison bourgeoise victorienne construite en 1878 a été la résidence principale de deux éminents Premiers ministres canadiens : sir Wilfrid Laurier et Mackenzie King. Magnifiquement meublée, elle contient souvenirs, documents et objets personnels de ces deux grandes figures nationales.

Canal Rideau

1 (800) 230 0016.

Le canal Rideau est une voie d'eau artificielle aménagée au milieu du XIXe siècle. Il rejoint Kingston *(p. 198)* en passant par les lacs et canaux d'Ottawa. Avec ses rives sillonnées de sentiers et de pistes cyclables, le canal prend des allures champêtres dans sa traversée de la ville. Utilisé jadis pour la navigation, il est aujourd'hui le cœur d'une zone de loisirs. L'été, ses rives se prêtent à la promenade, et l'hiver, il devient la patinoire municipale, très fréquentée pendant Winterlude.

La ferme expérimentale centrale

Experimental Farm Dr. (613) 991 3044. de 9 h à 17 h t.l.j. 25 déc.

Cette ferme est un centre national de recherche en agriculture et horticulture. C'est là que se tiennent les plus belles expositions florales du pays, notamment celle à la gloire du chrysanthème, tous les ans en novembre. L'arboretum compte plus de 2 000 variétés d'arbres et arbustes. Si la visite des étables à la rencontre du bétail ou des troupeaux d'animaux de concours enchante surtout les enfants, le tour des 500 hectares du domaine dans un chariot tiré par des chevaux de Clydesdale devrait plaire à tous.

À la ferme expérimentale, les enfants peuvent approcher les animaux

Le restaurant du Centre national des arts, au bord du canal Rideau

Centre national des arts

53 Elgin St. *(613) 947 7000.* *t.l.j.* *obligatoire.*
www.nac.cna.ca

Achevé en 1969, il est doté de trois scènes, d'un élégant restaurant donnant sur le canal et d'une terrasse utilisée l'été. Conçu par l'architecte canadien Fred Neubold, l'édifice se compose de trois hexagones qui s'interpénètrent et ouvrent sur l'Ottawa et le canal Rideau. De nombreux artistes canadiens et internationaux du monde de la danse, du théâtre et de la musique s'y produisent régulièrement, notamment l'orchestre du Centre national des arts. La salle d'opéra a une capacité d'accueil de 2 300 places, le théâtre, avec son avant-scène novatrice, de 950, et le Studio, superbe scène d'art et d'essai, de 350. Le Centre étant très réputé, il est conseillé de réserver longtemps à l'avance, surtout pour les manifestations de portée internationale.

Musée de la Monnaie de la Banque du Canada

245 Sparks St. *(613) 782 8914.* *de 10 h 30 à 17 h du lun. au ven., de 13 h à 17 h dim.*
www.currencymuseum.ca

Installé dans la Banque du Canada, ce musée est consacré à l'histoire de la monnaie, et plus particulièrement à celle du Canada. On y découvre des objets qui ont pu servir ici de monnaie d'échange au cours du temps : dents de baleine, perles de verre, céréales, papier et métal. On voit aussi le fonctionnement de la Banque nationale.

Musée des Sciences et de la Technologie du Canada

1867 St. Laurent Blvd. *(613) 991 3044.* *de mai à sept. : de 9 h à 18 h t.l.j. ; d'oct. à avril : de 9 h à 17 h du mar. au dim.*
www.sciencetech.technomuses.ca

Ce musée interactif vous montre le monde comme vous ne l'avez jamais vu : ses collections permanentes explorent l'histoire spatiale du Canada, les transports à travers les âges et l'évolution des techniques. On peut monter dans une locomotive à vapeur d'époque ou, dans un cadre plus moderne, manipuler les manettes de lancement d'une fusée imaginaire dans une minisalle de commande, ou encore participer à une mission de sauvetage d'une colonie sur Mars.

Musée de l'Aviation du Canada

Aviation et Rockcliffe Parkways.
(613) 993 2010. *de mai à sept. : t.l.j. ; d'oct. à avr. : du mer. au dim.*
www.aviation.technomuses.ca

Dans un vaste bâtiment proche de l'aéroport de Rockcliffe, le musée de l'Aviation du Canada abrite une centaine d'avions civils et militaires, dont le célèbre Silver Dart de 1909, une des premières machines volantes du monde, ou l'ogive de l'Avro Arrow, chasseur supersonique qui provoqua une crise politique au Canada quand le gouvernement mit fin à son exploitation dans les années 1950. Le Spitfire, vedette de la dernière guerre, côtoie des avions de brousse historiques, comme le Beaver, et les premiers avions de transport. Les exploits de héros de guerre canadiens, notamment Billy Bishop, as de la Première Guerre mondiale, y sont aussi évoqués.

Maquette de fusée au musée des Sciences et de la Technologie du Canada

Musée des Beaux-Arts du Canada

Inauguré en 1988, cet édifice spectaculaire conçu par l'architecte Moshe Safdie est à la hauteur de l'impressionnante collection d'objets d'art qu'il accueille. Situé près du cœur de la capitale, tout de verre et de granit rose, c'est une œuvre d'art à part entière. Le musée des Beaux-Arts est l'un des trois plus grands musées du pays, et le plus important pour ce qui est des beaux-arts, avec d'excellentes collections nationales et internationales. Il se trouve à quelques pas du canal Rideau et du parc Major's Hill.

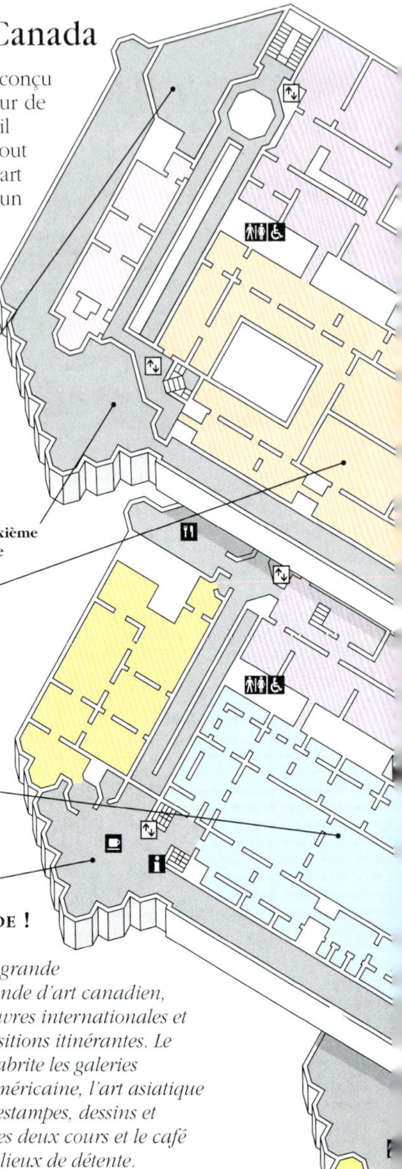

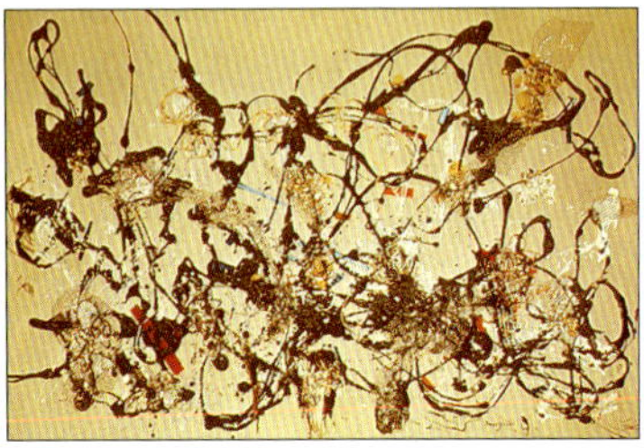

N° 29 *(1950)*
Cet exemple de « dripping », technique propre à Jackson Pollock, faisait partie d'une toile gigantesque découpée, d'où son titre, N° 29.

★ Chapelle de Rideau Street
Cette chapelle de 1888, vouée à la destruction, est désormais à l'abri dans une paisible cour intérieure.

SUIVEZ LE GUIDE !
Le premier étage accueille la plus grande collection au monde d'art canadien, ainsi que des œuvres internationales et les grandes expositions itinérantes. Le deuxième étage abrite les galeries européenne et américaine, l'art asiatique et la galerie des estampes, dessins et photographies. Les deux cours et le café sont d'agréables lieux de détente.

LÉGENDE

- Expositions temporaires
- Art canadien
- Art contemporain
- Art européen et américain
- Estampes, dessins et photographies
- Art inuit
- Locaux techniques

Sculpture inuit
Elle est représentée par des œuvres anciennes et modernes ; l'Aurore boréale décapitant un jeune homme *date de 1965.*

À NE PAS MANQUER

- **★ La chapelle de Rideau Street**
- **★ *Le Pin de Banks*, par Tom Thomson**

Façade
Outre les expositions de peintures, estampes, architecture et photographies, le musée organise régulièrement projections de films, conférences et concerts.

Mode d'emploi

380 Sussex Dr. (613) 990 1985. www.national.gallery.ca 3, 306. de mai à sept. : de 10 h à 17 h du ven. au mer., de 10 h à 20 h jeu. ; d'oct. à avr. : de 10 h à 17 h mer. et de ven. à dim., de 10 h à 20 h jeu. 25 déc., 1er jan. pour les expositions temporaires. dans certaines zones. à 11 h et 14 h.

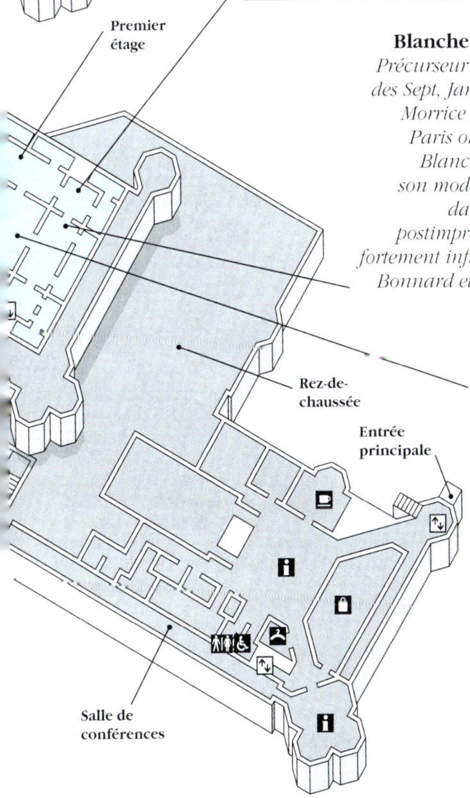

★ Le Pin de Banks *(1916)*
Père spirituel du groupe des Sept, ce mouvement artistique du début du XXe siècle, Tom Thomson se fit d'abord remarquer par ses tableaux impressionnistes des paysages de l'Ontario, comme cette huile aux couleurs vives représentant un arbre typique de la région au milieu d'une étendue déserte.

Blanche *(vers 1912)*
Précurseur du groupe des Sept, James Wilson Morrice se rendit à Paris où il peignit Blanche Baume, son modèle préféré, dans un style postimpressionniste fortement influencé par Bonnard et Gauguin.

Water Court
L'architecture contemporaine de cet espace aéré contraste avec les trésors du passé dont regorge le reste du musée. On y expose des sculptures.

Upper Canada Village ❷

Cornwall. Morrisburg, 1 800 437 2233.
www.uppercanadavillage.com

Cette petite ville de campagne a été déplacée pour échapper à la montée des eaux du Saint-Laurent lors de l'aménagement de la Voie maritime dans les années 1950. Désormais attraction touristique, c'est un témoignage de l'histoire sociale de la région, avec ses 40 édifices antérieurs à la naissance de la Confédération (1867). Des villageois en costume d'époque répètent les gestes des années 1860, avec des outils d'antan. La boulangerie, la fromagerie et le magasin général sont toujours en activité.

Il est aussi question d'histoire au **Battle of Crysler's Farm Visitor Centre**, mémorial aux victimes de la guerre de 1812.

Battle of Crysler's Farm Visitor Centre
Autoroute 401, sortie 758. (613) 543 3704. de mi-mai à mi-oct. : de 9 h 30 à 17 h t.l.j.

Prescott ❸

4 000. 360 Dibble St. (613) 925 1861.

Les attraits majeurs de cette ville du XIXe siècle résident dans son architecture et la présence du Saint-Laurent. Les quais de Prescott récemment rénovés et la marina constituent un agréable lieu de promenade au bord de l'eau. Le festival Shakespeare draine des spectateurs du monde entier, et les 22 épaves de ses fonds sous-marins attirent les amateurs de plongée. Très visité, le **Lieu historique national de Fort Wellington**, à l'est du centre-ville, a été initialement construit pendant la guerre de 1812 et rebâti en 1838. Une casemate en pierre transformée en musée militaire abrite le quartier des officiers, restauré.

À la marina de Prescott, le phare de 1838 veille sur les bateaux

Lieu historique national de Fort Wellington
Prescott. (613) 925 2896. de fin mai à mi-oct. : t.l.j.

Les Thousand Islands ❹

2 King St. East, Gananoque (613) 382 3250.

Le Saint-Laurent, l'un des plus grands fleuves du monde, est la voie d'accès aux Grands Lacs pour les navires de haute mer. Rares sont les endroits au long du parcours qui peuvent rivaliser en beauté avec les Thousand Islands. Cet archipel formé de plus de mille îlots minuscules s'étend du sud de Kingston aux villes riveraines de Gananoque, Brockville, Ivy Lea et Rockport. Entre autres curiosités, Boldt Castle est une folie bâtie sur l'une des îles par M. Boldt, hôtelier millionnaire, qui la laissa inachevée, désespéré par la mort de sa femme en 1904. Lors d'une réception estivale sur l'île, Oscar, son chef au Waldorf Astoria, inventa la sauce Thousand Islands.

Depuis l'embarcadère de Kingston, les possibilités de croisière sont nombreuses, et ceux qui n'ont pas le pied marin pourront apprécier le paysage depuis la Thousand Islands Parkway, une route reliant la jolie ville de Gananoque à Mallorytown Landing.

En voilier au milieu des Thousand Islands

Kingston ❺

141 000. 209 Ontario St. (613) 548 4415.
www.kingstoncanada.com

Cet ancien centre de construction navale et de traite des fourrures fut, l'espace de quelques années (1841-1844), la capitale du Canada-Uni *(p. 45)*. Les générations successives de constructeurs de bateaux firent élever de splendides demeures en pierre qui témoignent de ce passé. Kingston, où se déroulèrent les régates des jeux Olympiques de 1976, est toujours un grand centre de la navigation fluviale en Amérique du Nord et le point de départ de nombreuses croisières locales. C'est aussi la ville d'Ontario possédant le plus grand nombre de musées. Mondialement connu, **Old Fort Henry**, un bastion britannique restauré, est un musée de la vie militaire animé par des gardes vêtus de l'uniforme rouge de l'époque. Ils exécutent des manœuvres et des exercices d'artillerie au son du fifre et du tambour, comme dans les

Garde à Old Fort Henry

années 1860. La seule université militaire du Canada se trouve à Kingston et le Royal Military College Museum, installé dans une tour Martello de 1846, évoque l'histoire des élèves officiers.

À l'ouest du centre-ville, le **Marine Museum of the Great Lakes** évoque les Grands Lacs et les bateaux qui les ont sillonnés, notamment le premier navire construit ici en 1678. On admirera l'aménagement intérieur de l'*Alexander Henry*, un brise-glace de 3 000 tonneaux reconverti en *bed-and-breakfast*. La technologie moderne est en vedette à Kingston Mills, une écluse à l'extrémité sud du canal Rideau, où les bateaux franchissent un dénivelé de 4 mètres.

Old Fort Henry
Kingston. *(613) 542 7388.*
de mi-mai à fin sept. : t.l.j.
www.forthenry.com

Marine Museum of the Great Lakes
55 Ontario St. *(613) 542 2261.*
de juin à oct. : de 10 h à 17 h t.l.j. ; de nov. à mai : de 10 h à 16 h du lun. au ven. *www.marmuseum.ca*

Canal Rideau 6

34a Beckwith St. South, Smiths Falls (613) 283 5170.

À l'origine, ce canal de 200 kilomètres de long terminé en 1832 devait protéger le Canada des Américains. Ce chef-d'œuvre de la technique du XIXe siècle comporte 47 écluses et 50 barrages. C'est

Vue du canal Rideau à la hauteur de Westport

Demeure historique à Picton, dans la paisible baie de Quinté

en bateau que l'on apprécie le mieux cette belle voie d'eau étincelante, qui traverse de paisibles forêts, des terres agricoles et des lacs enchanteurs. Le parcours est jalonné de vieux villages. Une halte à Smith's Fall permet de visiter le **Canal Museum**. Au nord de Kingston, le canal traverse plusieurs parcs provinciaux se prêtant aux balades en canoë. Aussi apprécié des sportifs, le Rideau Trail est un sentier de randonnée de 400 kilomètres entre Kingston et Ottawa.

Canal Museum
34 Beckwith St. S. *(613) 284 0505.*
de mi-juin à mi-oct. : t.l.j. ; de mi-oct. à mi-juin : sam. et dim.

Prince Edward County 7

116 Main St., Picton. (613) 476 2421. *www.pec.on.ca*

Le temps s'écoule lentement dans le Prince Edward County, à l'hospitalité un peu désuète. Baigné par les eaux du lac Ontario et de la baie de Quinté, et parfois appelé « île de Quinté », il est réputé pour ses deux campings et les plages ensoleillées du parc provincial Sandbanks. Les eaux y ont formé un ensemble exceptionnel de dunes : certaines atteignent jusqu'à 25 mètres de haut.

Les loyalistes de l'Empire-Uni *(p. 42)*, installés sur l'île après la guerre d'Indépendance (1775), y fondèrent de petites villes attachantes et développèrent une agriculture intensive. Le vélo et la voiture sont les meilleurs moyens pour découvrir l'architecture historique locale en empruntant les petites routes et le Loyalist Parkway, et en s'arrêtant de temps à autre pour s'imprégner de la beauté des paysages.

Serpent Mounds Park 8

Highway 7. *(705) 295 6879.*
Coburg. *Peterborough.*
de mi-mai à mi-oct. : de 9 h à 20 h t.l.j.

Serpent Mounds est un ancien cimetière indien situé au bord du lac Rice. De vieux chênes ombragent neuf tumulus qui témoignent d'une présence humaine en ces lieux il y a plus de 2 000 ans. Le plus grand, unique en son genre au Canada, a une curieuse silhouette en zigzag censée évoquer un serpent en mouvement. Le site est toujours sacré pour les Indiens. Le lac Rice, à l'arrière-plan, entouré d'aires de pique-nique, est apprécié des pêcheurs.

Sur la minuscule Indian River, à 9 kilomètres, Lang Pioneer Village offre une image plus traditionnelle du passé canadien, avec 20 édifices du XIXe siècle restaurés, des jardins et des animaux de ferme. Remis en état, le vieux moulin fonctionne et des ouvriers en costume d'époque présentent des techniques d'antan. Forgerons et ferblantiers donnent volontiers des cours.

Joncs luxuriants autour d'un étang du parc provincial Petroglyphs

Lacs Kawartha 9

Peterborough (705) 742 2201.
Peterborough. *Cobourg.*
www.thekawarthas.net

Les lacs Kawartha font partie de la voie navigable Trent-Severn, longue de 386 kilomètres. Aménagée au XIXe siècle, elle relie le lac Ontario à la baie Géorgienne. C'est aujourd'hui une zone de loisirs, où l'on peut entre autres s'adonner à la pêche et à la navigation. Il est facile de louer une péniche dans l'un des villages riverains pour partir explorer les environs.

En plein cœur de la région, la petite ville accueillante de Peterborough est connue pour son université, ses agréables parcs au bord de l'eau et la plus grande écluse hydraulique du monde. À 37 kilomètres au nord, à la célèbre Whetung Gallery de la réserve indienne de Curve Lake, on trouvera les plus belles réalisations d'art et d'artisanat locales.

Le **parc provincial Petroglyphs**, à 30 kilomètres au nord de Peterborough, est appelé dans la région Teaching Rocks – les « pierres qui enseignent » –, à cause de plus de 900 sculptures vieilles de 500 à 1 000 ans taillées dans des affleurements de calcaire blanc par les autochtones. Redécouverts en 1954, ces symboles et images merveilleusement conservés d'animaux, de bateaux, d'esprits et d'humains ont en effet été tracés pour apprendre l'histoire du monde aux jeunes hommes de la tribu. Depuis 1984 des vitres les protègent des pluies acides. Pour les Indiens, le site est toujours sacré et respecté.

Parc provincial Petroglyphs
Northey's Bay Rd par l'autoroute 28.
(705) 877 2552. *de mai à oct. : de 10 h à 17 h t.l.j.*

Les Hautes-Terres de Haliburton 10

Haliburton (705) 286 1777.
www.haliburtoncounty.ca

Destination favorite des amoureux de plein air, les Hautes-Terres de Haliburton sont réputées pour leurs forêts, leurs lacs et leurs superbes paysages. L'été, des milliers de visiteurs viennent y canoter, pêcher et se baigner. En automne, les touristes affluent par cars entiers pour admirer les couleurs flamboyantes propres à cette saison, tandis que d'autres viennent chasser le cerf de Virginie. L'hiver, ils sont remplacés par les adeptes de ski, surf des neiges et motoneige.

Le village de Haliburton est proche de l'autoroute 35, une route touristique qui serpente à travers de superbes paysages, de Minden au village enchanteur de Dorset, au nord. De la tour d'incendie élevée sur une falaise surplombant le village, la vue du lac Bays et des environs est spectaculaire, surtout en automne, quand les arbres se parent d'une multitude de nuances de rouge et d'orangé.

***Vierge*, Pioneer Museum**

Combemere 11

250. *Ottawa Valley Tourist Association, 9 International Dr., Pembroke (613) 732 4364.*
www.ottawavalley.org

Au carrefour de routes menant à plusieurs parcs provinciaux de l'est de l'Ontario – Algonquin *(p. 202-203)*, Carson Lake et Opeongo River –, ce village est bien situé pour faire le plein de carburant et de provisions. À quelques kilomètres au sud de Combemere se trouve le **Madonna House Pioneer Museum**. Fondée par Catherine Doherty, la « maison de la Vierge », communauté catholique laïque ayant des missions partout dans le monde, est gérée par des bénévoles. Ils tirent leurs revenus d'une coopérative agricole et de la collecte de dons.

Madonna House Pioneer Museum
Autoroute 517. *(613) 756 3713.*
de mi-mai à mi-oct. : de 10 h à 17 h du mar. au sam.

Golfeurs admirant les paysages de la région de Haliburton

Les maisons des environs de Barry's Bay sont habitées par de nombreux artisans

Eganville ⓬

1 300. Ottawa Valley Tourist Association, 9 International Dr., Pembroke (613) 732 4364.

Avec ses petits restaurants et sa station-service, ce village sur l'autoroute 60, à seulement 8 kilomètres des **grottes de Bonnechere**, est bien pratique pour les visiteurs de cette région pittoresque. Il y a 500 millions d'années, les grottes étaient au fond d'un océan tropical, ce qui explique pourquoi elles sont recouvertes de fossiles de créatures primitives. Le site, privé, est ouvert aux visiteurs l'été.

Grottes de Bonnechere
(613) 628 2283. de mai à sept. : t.l.j. ; sept. et oct. : sam. et dim.

Barry's Bay ⓭

1 250. Ottawa Valley Tourist Association, 9 International Dr., Pembroke (613) 732 4364.

Cette ravissante petite ville a une communauté polonaise assez importante, de même que sa voisine, Wilno, qui fut le premier établissement polonais au Canada. Les nombreux artisans de la région vendent leurs produits dans les villages des environs. Barry's Bay est aussi connue par ses magasins d'équipement pour les loisirs de plein air et les sports nautiques. Les installations sportives du lac Kamaniskeg et des Redcliffe Hills, où l'on peut louer des bungalows, fonctionnent toute l'année. Au sommet d'une colline voisine, Wilno est fière de sa belle église et de sa grotte St. Mary's.

Parc provincial Algonquin ⓮

P. 202-203.

North Bay ⓯

56 000. 1375 Seymour St. (705) 472 8480.

À l'extrémité est du lac Nippissing, à 350 kilomètres au nord de Toronto, North Bay se proclame la « porte du Moyen Nord ». Les enfants les plus célèbres de la région sont incontestablement les sœurs Dionne, quintuplées nées en 1934. La modeste ferme de leurs parents a été déplacée et transformée en un musée très visité : le **Dionne Homestead Museum**.

Sur le lac Nippissing voisin, réputé pour la pêche et son cadre sauvage, des excursions sont organisées sur les traces des explorateurs français. North Bay est une bonne base pour visiter les nombreux camps de vacances de la région.

Dionne Homestead Museum
1375 Seymour St. *(705) 472 8480. de mi-mai à mi-oct. : t.l.j.*

Les sœurs Dionne

Un miracle de la nature se produisit le 28 mai 1934 dans le hameau de Corbeil avec la naissance de quintuplées chez Oliva et Elzire Dionne : Annette, Émilie, Yvonne, Cécile et Marie. À elles cinq, elles ne pesaient que 6,1 kilos à la naissance. Leurs poumons étaient si petits qu'il fallait leur donner chaque jour quelques gouttes de rhum pour les aider à respirer. Selon les spécialistes, il y avait une chance sur 57 millions de mettre au monde de vrais quintuplés. Les fillettes devinrent des célébrités internationales et attirèrent les foules à la fin des années 1930, donnant naissance à une véritable industrie. En 1985, la demeure des Dionne fut transportée à North Bay où les visiteurs sont replongés 60 ans en arrière et s'émerveillent à nouveau devant ce prodige.

Parc provincial Algonquin ⓮

« Passage d'orignal »

Avec ses luxuriantes forêts de sapins et d'érables, ses lacs miroitants et sa faune abondante, ce parc fondé en 1893 – le plus ancien d'Ontario – est pour de nombreux Canadiens un symbole national aussi important que les chutes du Niagara. Ses étendues sauvages couvrent 4 827 kilomètres carrés, où les visiteurs auront une chance de voir castors, orignaux et ours dans leur milieu naturel. Le parc résonne souvent du cri envoûtant du huart, répandu dans le nord de l'Ontario. En août, tous les jeudis, des soirées sont organisées pour appeler les loups : les participants tentent de provoquer leur réponse en imitant leur hurlement. Les activités de plein air sont innombrables, avec notamment 1 500 kilomètres de promenade en canoë à travers les forêts.

Killarney Lodge
Il existe plusieurs pavillons de ce type dans le parc. Offerts à la location, ils sont très appréciés en été et en automne.

À l'Algonquin Gallery sont exposées des œuvres de tous les pays, la majorité ayant un rapport avec la nature et la faune. Parmi les peintres représentés figure Tom Thomson, précurseur du fameux groupe des Sept *(p. 160-161).*

Orignal près de l'autoroute 60
Il est rare de passer un jour sans voir des orignaux, surtout près des lacs et des mares d'eau saumâtre en bordure des routes, qu'ils semblent affectionner.

Lac Canoë
Près de 1 500 kilomètres de voies navigables se prêtent à la pratique du canoë. Les itinéraires, balisés, sont très bien conçus. Ils vont du parcours de 6 kilomètres seulement pour débutants et familles à 70 kilomètres pour les plus chevronnés.

Lac Opeongo
Avec plus de 1 000 lacs, le parc Algonquin est sans conteste un paradis pour les pêcheurs. Le lac Opeongo, l'un des plus grands, est connu pour abonder en truites et achigans.

MODE D'EMPLOI

Autoroute 60. (705) 633 5572. t.l.j. de Toronto l'été. pour camper. dans certains pavillons. www.algonquinpark.on.ca

Centre d'accueil
Inauguré en 1993 pour célébrer le centenaire du parc, il abrite un musée sur sa faune et son histoire naturelle.

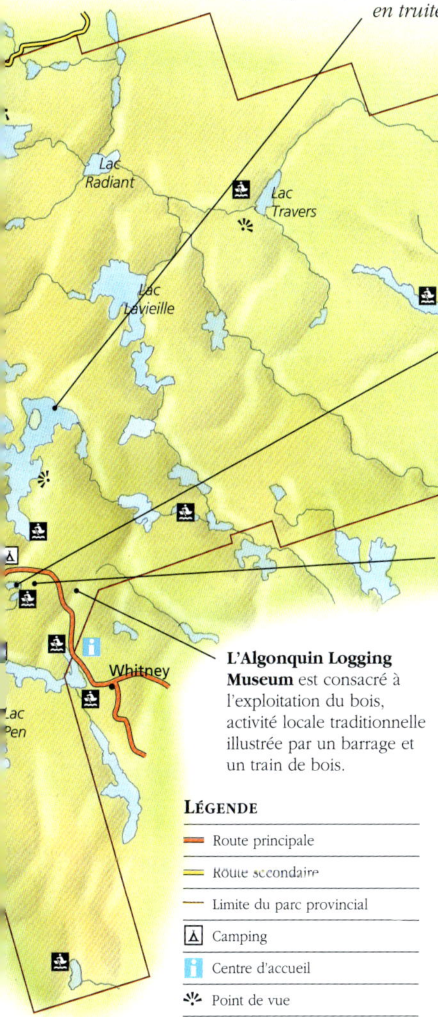

L'Algonquin Logging Museum est consacré à l'exploitation du bois, activité locale traditionnelle illustrée par un barrage et un train de bois.

LÉGENDE

- Route principale
- Route secondaire
- Limite du parc provincial
- Camping
- Centre d'accueil
- Point de vue
- Canoë

Lac Brewer
Ce pittoresque lac poissonneux est sur le chemin de l'autoroute 60 qui traverse le parc sur 56 kilomètres. Ceux qui désirent voir un maximum de sites en un minimum de temps emprunteront ce bel itinéraire.

LES GRANDS LACS

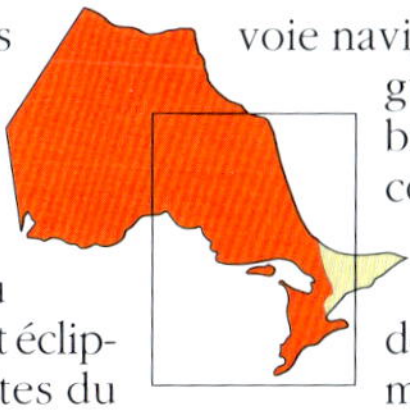

Les multiples attraits des Grands Lacs – petites villes agricoles tranquilles des rives du lac Érié, baies parsemées d'îles du lac Huron et étendues sauvages autour du lac Supérieur – sont trop souvent éclipsés par la renommée des chutes du Niagara. Ce site exceptionnel, l'un des plus célèbres au monde, est le fruit d'une dénivellation de 50 mètres entre les lacs Érié et Ontario. Les tribus indiennes tiraient autrefois leur subsistance des terres fertiles de cette région de lacs et de rivières, mais les négociants en fourrure y trouvèrent avant tout une voie navigable vitale. À la fin de la guerre de 1812, le Canada britannique obtint le droit de commercer sur la rive nord des lacs. Entre 1820 et 1850, les colons bâtirent des fermes et l'exploitation minière et forestière prospéra dans cette province qui était à l'époque la plus riche du Canada. La Transcanadienne longe le nord des lacs Huron et Supérieur sur plus de 1 000 kilomètres, traverse le parc Killarney et passe près de vieilles villes comme Sault Sainte Marie avant d'arriver au port de Thunder Bay.

LA RÉGION D'UN COUP D'ŒIL

Parcs provinciaux et nationaux

Parc national de la Pointe-Pelée 6

Parc national des Georgian Bay Islands 14

Parc provincial de Killarney 22

Villes historiques

Brantford 11

Goderich 17

Hamilton 1

Kitchener-Waterloo 10

London 8

Niagara-on-the-Lake 2

Orillia 12

Sainte-Marie-au-pays-des-Hurons p. 218-219 16

Sault-Sainte-Marie 24

Stratford 9

Temagami 23

Thunder Bay 26

Windsor 7

Sites naturels

Baie de Nottawasaga 15

Chutes du Niagara p. 210-211 3

Île Manitoulin 21

Lac Érié 5

Lac Huron 19

Lac Supérieur 25

Muskoka 13

Péninsule de Bruce p. 221 20

Sauble Beach 18

Welland et le canal Welland 4

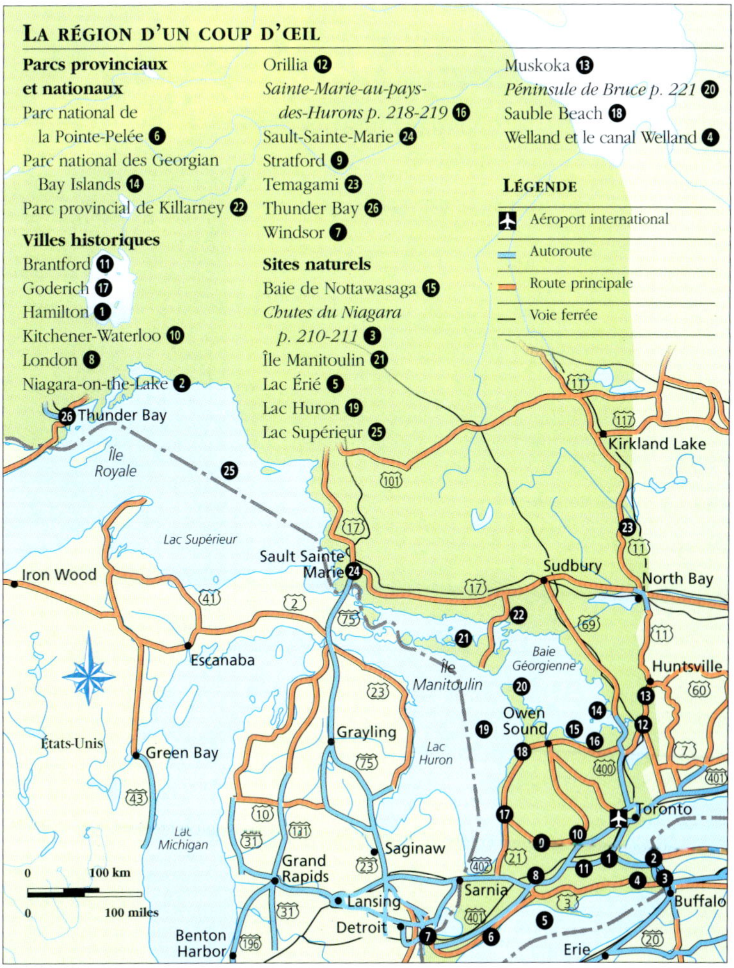

◁ **Les rives aux couleurs profondes du lac Cranberry, dans le parc provincial de Killarney**

L'imposante façade de Dundurn Castle, à Hamilton

Hamilton 1

324 000. 34 James St S. (905) 546 2666, 1 800 263 8590.
www.hamiltonundiscovered.com

À l'extrémité ouest du lac Ontario, à environ 70 kilomètres de Toronto, Hamilton vit avant tout de l'acier : ses usines traitent près de 60 % de la production totale du Canada. Mais Hamilton n'est pas qu'une ville industrielle. **Dundurn Castle**, une demeure Régence des années 1830 qui abrite une belle collection de meubles d'époque, compte au nombre de ses attraits. Elle a été construite par la famille McNab, l'une des plus influentes d'Ontario, à laquelle appartenait sir Allan Napier McNab, Premier ministre du Canada de 1854 à 1856.

Au nord du port de Hamilton, les **Royal Botanical Gardens** couvrent environ 1 093 hectares de forêts, marécages et petits lacs. Les sentiers qui serpentent sur les rives du lac aboutissent à plusieurs jardins à thème, notamment le jardin Laking, avec ses pivoines et ses iris, une belle roseraie et le jardin des lilas. Une grande serre est consacrée aux plantes poussant sous un climat méditerranéen.

En ville également, au Canadian Warplane Heritage Museum, sont présentés plus de 30 avions en état de marche, qui s'échelonnent de la Seconde Guerre mondiale à l'âge de l'avion à réaction.

Dundurn Castle
610 York Blvd. (905) 546 2872. de mi-mai à sept. : de 10 h à 16 h t.l.j. ; de sept. à mi-mai : de midi à 16 h du mar. au dim. partiel.

Royal Botanical Gardens
680 Plains Rd. West. (905) 527 1158. t.l.j. partiel.

Niagara-on-the-Lake 2

13 000. 26 Queen Street (905) 468 4263.
www.niagaraonthelake.com

Cette charmante petite ville aux élégantes demeures et aux rues ombragées est située à l'embouchure du Niagara dans le lac Ontario. Initialement nommée Newark, elle devint sous ce nom la capitale du Haut-Canada (appellation de l'Ontario à l'époque) en 1792. Cet honneur fut éphémère : quatre ans plus tard, les Britanniques transférèrent la capitale à York (actuelle Toronto), plus éloignée de la frontière avec les États-Unis. Ce fut une sage décision, car pendant la guerre de 1812 (*p. 42-43*), les Américains franchirent le Niagara et, en 1813, ils rasèrent Newark. Les Britanniques reconstruisirent leurs maisons, donnant naissance à la ville georgienne que l'on peut admirer de nos jours.

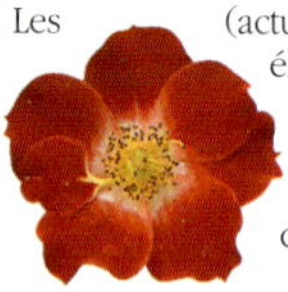

Rose des Royal Botanical Gardens

Il est très agréable de se promener à travers la ville, mais le principal centre d'intérêt reste **Fort George**. Construit dans les années 1790 au sud-est de la localité par les Britanniques, il a été soigneusement restauré. L'enceinte en terre et en bois circonscrit les reconstitutions de dix édifices, dont trois blockhaus, la caserne, un corps de garde et le quartier des officiers. Dans la poudrière, toutes les installations étaient en bois ou en cuivre et les hommes devaient porter des chaussures sans boucle pour limiter les risques d'explosion. Des guides en uniforme britannique du XIXe siècle font revivre les lieux.

Tous les ans, d'avril à novembre, Niagara-on-the-Lake accueille le Shaw Festival, une prestigieuse manifestation théâtrale consacrée aux pièces de George Bernard Shaw et d'autres dramaturges.

Fort George
Queen's Parade, Niagara Pkwy. (905) 468 4257. de 10 h à 17 h t.l.j.

Maisons du début du XIXe siècle à Niagara-on-the-Lake

Chutes du Niagara 3

P. 210-213.

Welland et le canal Welland 4

48 000. Seaway Mall, 800 Niagara St. (905) 735 8696.
www.wellandcanal.com

Welland, dont l'activité principale est la fabrication d'acier, est coupée en deux par le célèbre canal

Vue aérienne du petit village de Long Point, au bord du lac Érié

Welland, creusé au début du XIXe siècle pour résoudre le problème posé par les chutes du Niagara qui entravaient la circulation des bateaux entre le lac Ontario et le lac Érié. Les entrepreneurs locaux choisirent un tracé à l'ouest du Niagara, à travers l'isthme de 45 kilomètres qui sépare les lacs. Il fallait auparavant décharger les marchandises d'un côté des chutes et les transporter par roulage de l'autre côté, procédé long et coûteux.

Si le premier canal Welland était assez rudimentaire, des améliorations constantes ont abouti à la version actuelle à huit écluses géantes qui permettent de franchir une dénivellation totale de 99 mètres. Chef-d'œuvre technique, le canal peut livrer passage aux plus gros navires. Il est longé au nord par Government Road, une route menant du lac Ontario à Thorold ; sept des huit écluses sont sur le trajet. La plate-forme d'observation de l'écluse nº 3, dotée d'un centre d'information sur l'histoire du canal, offre une excellente vue.

Cargo sur le canal Welland, près de la ville du même nom

Lac Érié ❺

660 Garrison Rd., Fort Erie (905) 871 1332, 1 888 270 9151.

Ce lac porte le nom des peuples amérindiens qui en habitaient jadis les rives. Les Ériés – ou « peuple du chat » – étaient réputés pour leurs talents de pêcheur. Long de 400 kilomètres et large de 60 kilomètres en moyenne, le lac Érié est le moins profond des Grands Lacs et sépare le Canada des États-Unis. Sur sa rive nord, une des régions les plus paisibles d'Ontario, s'égrène un chapelet de petites villes rurales et de ports nichés dans une campagne vallonnée. Trois péninsules s'avancent dans le lac. L'une d'elles forme le parc national de Point Pelee (« de la Pointe pelée »). En partie couverte d'une forêt vierge, elle est peuplée de milliers d'oiseaux migrateurs au printemps et en été.

À une trentaine de kilomètres au sud des chutes, la petite ville de Fort Erie se trouve non loin du Niagara, à sa sortie du lac Érié, en face de Buffalo, sa tentaculaire voisine américaine, à laquelle elle est reliée par l'impressionnant Peace Bridge. **Fort Erie** est une réplique de l'un des plus imposants forts britanniques qui jalonnaient la frontière américano-canadienne – l'original a été détruit par les Américains pendant la guerre de 1812. Le pont-levis franchi, on trouve casernes, poudrière, quartier des officiers et corps de garde. Ce fort fut le théâtre d'une des plus sanglantes batailles de la guerre de 1812, celle qui eut lieu pendant son siège en 1814.

Fort Erie
350 Lakeshore Rd. *(905) 871 0540.*
de mi-mai à sept. : t.l.j.
partiel.

Parc national de la Pointe-Pelée ❻

(519) 322 2365. Windsor. Windsor. t.l.j.

Le parc national de la Pointe-Pelée (Point Pelee) occupe une longue langue de terre qui se projette sur 20 kilomètres dans le lac Érié et constitue la partie la plus méridionale du Canada. Il se compose d'habitats très variés : marécages, champs et très vieilles forêts de feuillus. Ces dernières sont exceptionnelles, car leurs arbres n'ont jamais été abattus.

La profusion d'essences différentes crée un épais sous-bois où noyers noirs d'Amérique, sassafras officinaux, caryers, platanes d'Occident et sumacs se disputent la lumière. Cette végétation attire des milliers d'oiseaux migrateurs au printemps et en automne.

Depuis les tours de guet et les chemins forestiers, on peut observer plus de 350 espèces. En automne, le parc est envahi de nuées de papillons monarques orange et noirs. Un trottoir en bois, ponctué de postes d'observation, traverse les marécages de Point Pelee. Il est possible de louer des vélos et des canoës au départ de cette promenade de planches pour aller explorer les lieux. Un peu plus loin dans le parc, un centre d'accueil fournit des informations sur la flore et la faune locales.

Une cascade marque l'entrée principale du casino de Windsor

Windsor ❼

191 450. 333 Riverside Drive W. (519) 255 6530, 1 800 265 3633.

Des centaines de véhicules à plaque américaine sortent chaque jour des usines de cette ville vivant de l'industrie automobile, comme Detroit, sa voisine américaine. Son casino, très à la mode, attire les foules jour et nuit.

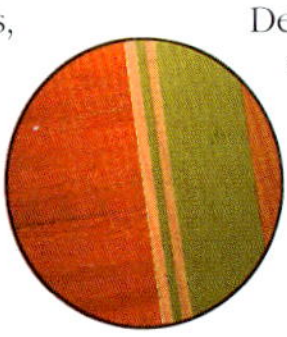

Art moderne à l'Art Gallery of Windsor

Bars et cafés animés ne manquent pas à Windsor. Les meilleurs sont ceux qui bordent les trois premiers pâtés de maisons de la rue principale, Ouellette. À côté, la très intéressante **Art Gallery of Windsor** accueille d'excellentes expositions itinérantes.

La visite guidée de la distillerie Hiram Walker évoque l'époque où la ville était le paradis des contrebandiers : pendant la prohibition, des millions de bouteilles d'alcool entrèrent clandestinement aux États-Unis en traversant la rivière Detroit.

À 20 kilomètres au sud de Windsor, en longeant la Detroit, on rejoint Fort Malden, construit par les Britanniques à Amherstburg. La caserne de 1819 est joliment restaurée et l'ancienne blanchisserie abrite un centre d'interprétation expliquant le rôle du fort dans la guerre de 1812 *(p. 42-43)*.

Art Gallery of Windsor

3100 Howard Ave. (519) 969 4494. *du mar. au dim.* *participation libre.*

London ❽

350 000. 267 Dundas St. (519) 661 5000, 1 800 265 2602. www.londontourism.com

London est la ville principale d'une des régions les plus fertiles d'Ontario. Elle abrite la respectable University of Western Ontario, qui possède une impressionnante galerie d'art moderne et un campus parsemé de dizaines de demeures victoriennes. Le centre-ville est particulièrement raffiné et bien entretenu. Les plus beaux édifices sont deux cathédrales du XIXe siècle : Saint Paul, anglicane, et Saint Peter, catholique. La première, en brique rouge et de style néogothique, a été construite en 1846, et la seconde, plus

Canotage au long du trottoir de planches du parc national de Point Pelee

ornementée, quelques années plus tard.

Au nord-ouest, le London Museum of Archeology est consacré à l'histoire des peuples qui se sont succédé dans la région pendant onze siècles. Non loin, Lawson Indian Village est la reconstitution d'un établissement occupé il y a cinq siècles par les Indiens neutres.

Une « maison longue » telle qu'il y a cinq siècles, à Lawson Indian Village

L'Underground Railroad

Ces mots ne désignent ni un chemin de fer *(railroad)*, ni un souterrain *(underground)*, mais une organisation créée dans les années 1820 par les abolitionnistes pour aider les esclaves du sud des États-Unis à s'enfuir au Canada ou dans les États libres du Nord. Elle agissait en secret, surtout dans le Sud, où les peines pour complicité de fuite étaient très sévères. Les activités de l'Underground Railroad durèrent jusqu'à la fin de la guerre civile américaine en 1865. Le révérend Josiah Henson, qui en bénéficia, fonda plus tard une école pour les anciens esclaves. *La Case de l'oncle Tom*, le roman de Harriet Beecher Stowe (1851), est inspiré de l'histoire de sa vie.

Le révérend Josiah Henson

Stratford ❾

28 000. 88 Wellington St (519) 271 5140.

En 1830, un aubergiste du nom de William Sargint ouvrit la « Shakespeare Inn » au bord d'une des pistes de campagne rocailleuses qui parcouraient alors le sud de l'Ontario. Les fermiers qui s'installèrent aux alentours baptisèrent la rivière locale « Avon » et la ville qui s'y développa « Stratford », comme la ville natale de Shakespeare.

En 1952, Tom Patterson, un journaliste local, décida d'organiser un festival Shakespeare. Depuis la première édition modestement tenue sous une tente, ce festival est devenu une des manifestations théâtrales majeures du Canada. De mai à début novembre, il attire plus de 500 000 visiteurs. Si la place d'honneur revient bien sûr aux pièces de Shakespeare, celles d'autres dramaturges sont aussi jouées, y compris des œuvres contemporaines.

Stratford est une ville charmante, et les touristes y sont plus que bienvenus : on y trouve plus de 250 pensions de famille et plusieurs restaurants excellents. Le centre d'accueil édite une brochure répertoriant tous les *bed-and-breakfast* de la ville, avec photos à l'appui. Il organise aussi des visites à pied à la découverte de son patrimoine architectural. Avec ses tours et tourelles, l'hôtel de ville victorien en est un bel exemple.

À Stratford, les Shakespearean Gardens qui bordent l'Avon sont dominés par les pignons du palais de justice

Les chutes du Niagara ❸

Le grondement des chutes a beau s'entendre à des kilomètres, leur découverte est toujours une surprise époustouflante : un grand arc d'eau sifflante dévale une falaise de 57 mètres de haut, créant un épais nuage d'écume emporté par le vent. Le fleuve tumultueux est divisé en deux cataractes par Goat Island, une minuscule île noyée d'embruns. D'un côté se trouvent les Horseshoe Falls, les chutes canadiennes, en « fer à cheval », de l'autre côté, les chutes américaines, plus petites. Elles sont particulièrement impressionnantes lorsque l'on s'en approche à bord du *Maid of the Mist*. Il est aussi possible de descendre par une série de tunnels creusés dans le rocher jusqu'à l'arrière des chutes canadiennes.

Chutes américaines
Le Niagara dévale les chutes américaines larges de 260 mètres.

Rainbow Bridge
Ce pont qui franchit la gorge séparant le Canada des États-Unis offre des vues panoramiques des chutes. Par temps ensoleillé, des arcs-en-ciel se forment à travers la brume.

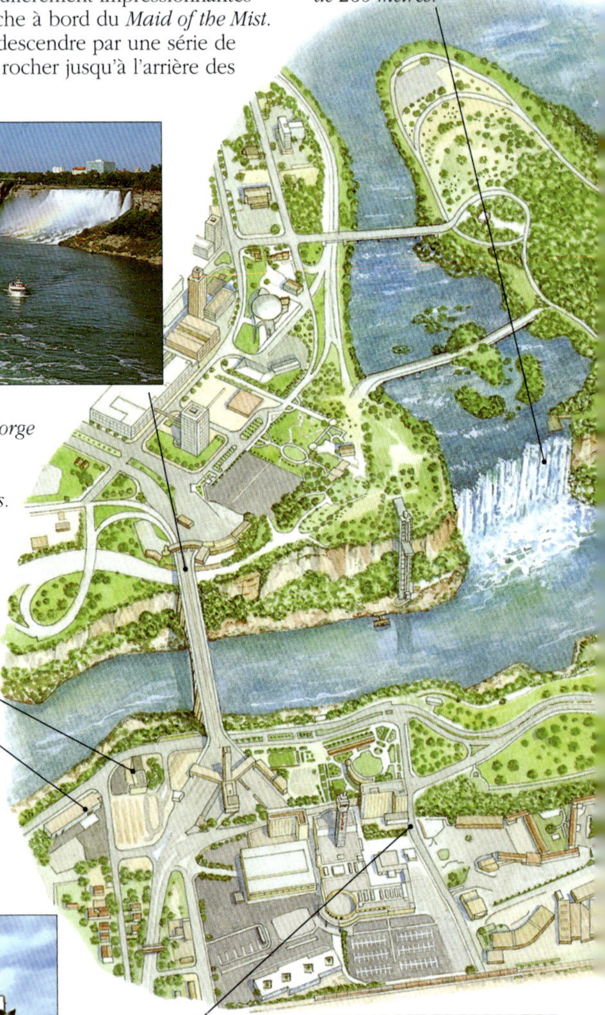

Douane

La Niagara Falls Aviary, seule volière couverte du Canada, accueille plus de 300 oiseaux exotiques.

Clifton Hill
Cette rue offre tout un choix d'attractions. Au Ripley's Believe it or Not Museum, on verra notamment un chien à dents d'homme.

À NE PAS MANQUER

★ **Les Horseshoe Falls**

★ **La promenade sur le *Maid of the Mist***

Mode d'emploi

130 km au sud-ouest de Toronto.
de Toronto.
de Toronto. *Niagara Falls Tourism, 5515 Stanley Ave, Niagara Falls (905) 356 6061 ou 1 800 563 2557.*
www.discoverniagara.com

★ Horseshoe Falls
En forme de fer à cheval, la plus importante des deux cataractes mesure 670 mètres de large et 57 de haut.

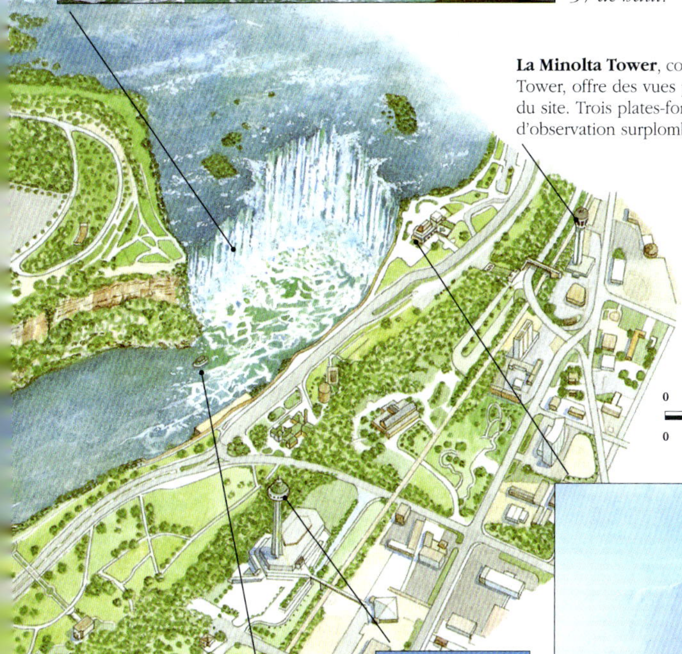

La Minolta Tower, comme la Skylon Tower, offre des vues panoramiques du site. Trois plates-formes d'observation surplombent les chutes.

0 250 m
0 250 yards

Excursion derrière les chutes
Un ascenseur puis plusieurs tunnels creusés dans le rocher permettent de descendre derrière les Horseshoe Falls ; le mur d'eau est si épais qu'il empêche la lumière du jour de passer.

★ Promenade sur le Maid of the Mist
Ce bateau n'hésite pas à s'approcher au plus près des chutes : sensations garanties !

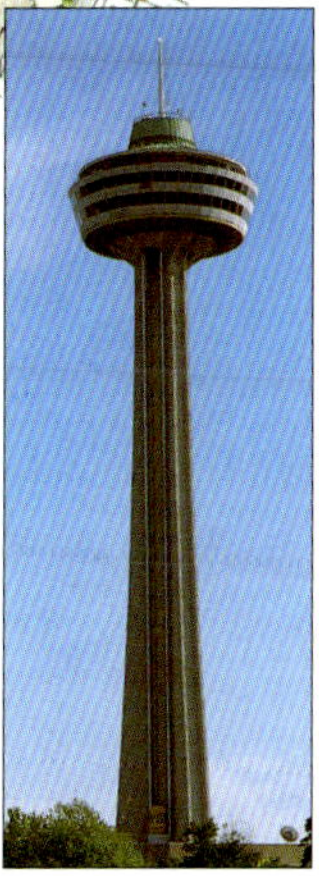

Skylon Tower
La plate-forme d'observation de la tour offre une vue générale du site. Comme elle est ouverte le soir, on peut admirer les chutes illuminées.

À la découverte de Niagara Falls

Niagara Falls est une petite ville accueillante qui s'étire le long du Niagara sur environ 3 kilomètres. Destination favorite des jeunes mariés, elle est bien équipée pour satisfaire les besoins de ses 14 millions de visiteurs annuels. Elle est divisée en trois secteurs : au sud, une mince bande d'espaces verts s'étend le long de la rivière depuis les chutes jusqu'à Clifton Hill, la rue la plus tapageuse d'Ontario, avec ses attractions voyantes. À l'ouest, Lundy's Lane est la rue des principaux motels. Au nord, dans Bridge Street, se trouvent le centre d'affaires et les gares routière et ferroviaire.

Horseshoe Falls

Ces chutes « en fer à cheval », qui doivent leur nom à leur forme, ont 800 mètres de large et 50 mètres de haut. Elles sont formées par les eaux tumultueuses du Niagara qui dévalent avec fracas une falaise semi-circulaire et achèvent leur chute dans un bouillonnement extraordinaire. Le Niagara franchit ainsi la dénivellation entre les lacs Érié et Ontario. Les chutes offrent un spectacle impressionnant, bien que le cours du fleuve soit contrôlé par des centrales hydroélectriques qui captent une bonne partie des eaux pour actionner leurs turbines. La vitesse d'érosion a ainsi été ramenée à 30 centimètres par an au lieu d'un mètre au début du XXe siècle.

À bord du *Maid of the Mist*

Maid of The Mist

River Rd. *(905) 358 5781.*
de mi-mai à oct. : t.l.j.
www.maidofthemist.com

La meilleure façon d'apprécier la puissance des chutes est d'embarquer sur le *Maid of the Mist*. Depuis la jetée au bas de Clifton Hill, le bateau remonte le courant jusqu'au pied des chutes. Pour cette promenade vivifiante (et arrosée), les imperméables sont fournis !

Enseignes dans la très commerciale Clifton Hill

Clifton Hill

Cette rue courte et raide est tout sauf raffinée. Elle remonte depuis le bord de la gorge du Niagara au milieu d'une ribambelle de fast-foods et d'attractions touristiques tapageuses. Néons et enseignes géantes signalent au passage le Guinness Book of World Records, la House of Frankenstein, That's Incredible Museum, Houdini's Museum et Ripley's Believe it or Not Museum, où l'on peut parler à un génie dans une bouteille de cristal et voir des phénomènes de foire comme un homme à plusieurs pupilles.

White Water Walk

4330 River Rd.
(905) 374 1221. *t.l.j.*
www.niagaraparks.com

C'est du fond du canyon que l'on apprécie le mieux la force

Les eaux tonitruantes des Horseshoe Falls forment un arc spectaculaire

Passerelle le long du Niagara vers le pied des chutes

phénoménale du Niagara. La Great Gorge Adventure permet de vivre cette expérience grâce à un ascenseur et à des tunnels qui descendent du sommet de la gorge à une passerelle au bord de la rivière. Les tourbillons et les rapides comptent parmi les plus spectaculaires, mais aussi les plus traîtres du monde.

The Old Scow

Juste au-dessus des chutes, échoué sur les rochers au milieu du Niagara, l'*Old Scow* est un chaland à fond plat naufragé en août 1918. Un remorqueur le halait pour traverser le fleuve quand les cordes cassèrent net. Le chaland fut alors emporté par le courant à moins de 750 mètres des chutes. Les deux hommes d'équipage semblaient perdus quand, par miracle, le bateau s'échoua au dernier moment sur le récif où il est encore aujourd'hui. Ils n'étaient pas au bout de leurs peines : il leur fallut attendre encore 29 heures avant d'être sauvés, hissés par un treuil.

Niagara Glen Nature Reserve

3050 River Rd. (905) 358 8333.
t.l.j.

Cette petite réserve naturelle se trouve à 7 kilomètres en aval des chutes. Cette partie de la gorge, couverte de buissons et d'arbres bas qui s'accrochent aux parois rocheuses, a été préservée. Tel était sans doute son aspect avant l'arrivée des Européens. Sept sentiers de randonnée, faciles à la descente mais raides à la montée, parcourent rochers et grottes au milieu des fleurs sauvages.

Téléphérique du Tourbillon

3850 River Rd. *(905) 371 0254.*
t.l.j. W *www.niagaraparks.com*

À 4,5 kilomètres environ en aval des chutes, le Niagara décrit un coude brusque et spectaculaire qui crée un violent tourbillon (Whirlpool Rapids). Cet endroit est l'un des plus meurtriers de toute l'Amérique du Nord. Le phénomène vient de ce que le fleuve, se heurtant au nord-ouest du canyon, est contraint de faire demi-tour. Le téléphérique du Tourbillon (Spanish Aero Car), aux couleurs vives, a été conçu tout spécialement pour offrir la vue la plus impressionnante des rapides.

Niagara Parks Botanical Gardens et Conservatoire de papillons

2565 River Rd. *(905) 358 0025.*
t.l.j. *pour la serre.*
W *www.niagaraparks.com*

À 9 kilomètres en aval des chutes, ce jardin botanique couvre plus de 40 hectares. Impeccablement entretenu, il est divisé en plusieurs secteurs, dont le plus beau est la roseraie, renfermant pas moins de 2 000 variétés. Dans le vaste espace consacré aux espèces rares du monde entier, des expositions florales sont organisées toute l'année. Il existe également un arboretum, où poussent notamment de beaux spécimens de hêtres, mûriers, ifs et magnolias.

Mais le Conservatoire de papillons est l'attraction la plus populaire. La visite commence par la projection d'un film expliquant le cycle de la vie du papillon : œuf, larve, etc. Dans un immense dôme chauffé, plusieurs milliers de papillons – l'un des ensembles les plus importants au monde – volettent au milieu d'une flore tropicale luxuriante. De multiples allées permettent aux visiteurs d'admirer leurs évolutions.

Papillon au Niagara Parks Botanical Gardens

C'est du téléphérique du Tourbillon que l'on voit le mieux les rapides

Les touristes peuvent voir de très près les eaux écumantes des Horseshoe Falls ▷

Le bureau d'Alexander Graham Bell au Bell Homestead, à Brantford

Kitchener-Waterloo ⓾

300 000. *185 King St W. (519) 745 3536, 1 800 265 6959.* *www.kwtourism.ca*

Initialement appelée Berlin par les immigrants allemands qui s'y installèrent dans les années 1820, la ville a été rebaptisée Kitchener (du nom du grand général de l'Empire britannique) pendant la Première Guerre mondiale. C'est aujourd'hui un centre de ravitaillement pour les agriculteurs des environs, notamment les membres de communautés religieuses comme les mennonites *(p. 217)*. Descendants des premiers immigrants, ils viennent faire leurs courses en ville en carriole, vêtus du costume traditionnel. Tous les ans, à l'occasion des neuf jours de l'Oktoberfest, ils célèbrent la culture allemande.

Brantford ⓫

86 000. *399 Wayne Gretzky Parkway (519) 751 9900.*

Cette ville industrielle modeste doit son nom à Joseph Brant (1742-1807), chef iroquois à la tête d'une confédération de tribus, les « Six Nations », qui s'installa ici en 1784. Pensant que l'intérêt de son peuple était de soutenir les Britanniques, il fit combattre ses guerriers aux côtés des soldats anglais pendant la guerre d'Indépendance (1775-1783). Il avait hélas choisi le camp des vaincus et, après la guerre, lui et ses hommes durent se réfugier au Canada, où les Britanniques leur concédèrent des terres à Brantford. Les Iroquois habitent toujours la région. Tous les ans, en août, ils organisent le grand pow-wow des Six Nations sur le territoire de la tribu. Lors de cette grande fête indienne, danses et exposition d'artisanat local sont au rendez-vous.

Vendeur de fruits à Brantford

Brantford est aussi connue pour ses liens avec le téléphone. En 1876, Alexander Graham Bell (1847-1922), qui avait émigré d'Écosse en Ontario en 1870, établit la toute première liaison interurbaine entre Brantford et le village voisin de Paris. Son ancienne maison, le **Bell Homestead National Historic Museum**, se trouve dans la campagne à la sortie de la ville. Deux bâtiments occupent le site : le manoir de Bell, meublé dans le style de l'époque et rempli d'objets évoquant ses inventions et l'histoire du téléphone, et le premier bureau de téléphone du Canada, transporté ici depuis Brantford en 1969.

Bell Homestead National Historic Museum
94 Tutela Heights Rd. *(519) 756 6220.* *de 9 h 30 à 16 h 30 du mar. au dim.* *25 déc., 1er jan.*

Orillia ⓬

29 000. *150 Front St S. (705) 326 4424.*

Cette agréable ville de campagne est la patrie de Stephen Leacock (1869-1944), romancier et humoriste. Ses *Sunshine Sketches of a Little Town* se moquaient des futilités de la vie provinciale en Ontario. Sa maison au bord du lac, devenue le **Stephen Leacock Museum**, renferme des meubles d'origine et divers documents sur sa vie.

Située sur une étroite bande de terre entre le lac Couchiching et le lac Simcoe – ancien lieu de pêche des Hurons –, Orillia est une bonne base pour canoter sur les deux plans d'eau. Au Centennial Park, doté d'une marina, une longue promenade de planches rejoint la plage de Couchiching.

Stephen Leacock Museum
50 Museum Drive, Old Brewery Bay. *(705) 329 1908.* *t.l.j.*

Bethune Memorial House, à Gravenhurst, Muskoka

Muskoka ⓭

55 000. *Gravenhurst.* *Huntsville.* *1342 Hwy 11 North RR#2, Kilworthy (705) 689 0660, 1 800 267 9700.*

Cette région de lacs au nord d'Orillia, entre les villes de Huntsville et Gravenhurst, s'anime l'été quand les citadins se pressent vers le nord pour rejoindre leurs résidences secondaires. Gravenhurst est une station balnéaire à l'extrémité sud du lac Muskoka où un petit musée est consacré au docteur Norman Bethune (1890-1939). Il organisa le service médical de l'armée communiste chinoise. Restaurée et meublée dans le style de la fin du XIXe siècle, sa maison natale est devenue la Bethune Memorial House.

LES MENNONITES

Cette communauté chrétienne anabaptiste a été fondée en Europe au début du XVIe siècle. Les mennonites furent bientôt persécutés parce qu'ils refusaient de prêter serment de fidélité à l'État et de participer à la guerre. Au XVIIe siècle, certains d'entre eux créèrent un groupe encore plus strict, les amish, qui émigrèrent aux États-Unis, puis en Ontario en 1799. Ils pratiquent la propriété collective et s'opposent à la civilisation moderne. Ils sont facilement reconnaissables, vêtus de costumes traditionnels.

Couple d'amish dans sa carriole

En planche à voile près de Turgean Bay Island, dans la baie Géorgienne

Parc national des Georgian Bay Islands ⓮

(705) 526 9804. *Midland.* *t.l.j.* *l'été.* *www.pc.gc.ca*

Les eaux d'un bleu intense de la superbe baie Géorgienne, qui communique avec le lac Huron, sont parsemées de centaines de petites îles, souvent un simple rocher piqué d'un pin fouetté par le vent. Soixante d'entre elles ont été réunies au sein du parc national des Georgian Bay Islands autour de Beausoleil Island, où l'on peut pratiquer de nombreux sports nautiques.

Beausoleil est sillonnée par des sentiers de randonnée touristiques, mais il est conseillé de prévoir un bon équipement, car on ne trouve rien dans ce lieu reculé. Le seul moyen pour rejoindre l'île est le bateau-taxi au départ du hameau de Honey Harbour. La traversée dure environ 40 minutes. On peut aussi faire des excursions d'une journée dans les îles.

Baie de Nottawasaga ⓯

Barrie. *Wasaga Beach.* *550 River Rd W., Wasaga Beach (705) 429 2247.* *www.wasagabeach.com*

La baie de Nottawasaga, qui fait partie de la pittoresque baie Géorgienne, est l'une des villégiatures les plus prisées de la région. À Wasaga Beach se déroulent des kilomètres de plages de sable doré, propices à la baignade et au bronzage. La station compte aussi de nombreux chalets et bungalows. Derrière la Beach Area 2, le musée du Lieu historique de Nancy Island abrite le *Nancy*, un des rares navires britanniques conservés de la guerre de 1812 *(p. 42-43)*.

À Penetanguishene, à l'est de la baie, l'histoire maritime est également évoquée : Discovery Harbour est une superbe reconstitution de la base navale britannique bâtie en 1817. Les deux grands voiliers amarrés dans le port, le *Tecumseh* et le *Bee*, ont été construits selon les normes en vigueur au XIXe siècle. L'été, des bénévoles proposent des sorties en mer, avec participation aux manœuvres.

De l'autre côté de la baie, Owen Sound, autrefois port actif des Grands Lacs, est un endroit tranquille. Son passé est évoqué au Marine-Rail Museum.

Discovery Harbour, base navale britannique restaurée, dans la baie de Nottawasaga

Sainte-Marie-au-pays-des-Hurons ⓰

Poterie iroquoise du XVIIe siècle

À 5 kilomètres à l'est de la ville de Midland, ce site, l'un des plus fascinants d'Ontario, est la reconstitution d'un établissement fondé par les Jésuites « au pays des Hurons » en 1639. Le village comprend deux grands secteurs : un pour les Européens avec chapelle et ateliers, l'autre pour les Hurons, avec deux « maisons longues » couvertes d'écorce. Marquant la limite entre les deux, la petite église Saint-Joseph, simple édifice en bois, a été construite par les Jésuites qui tentèrent de convertir les Hurons au christianisme. Leurs efforts suscitèrent des réactions diverses, et les relations complexes entre les deux cultures sont présentées ici.

Extérieur d'une « maison longue »
Les murs recouverts d'écorce reposaient sur une armature en cèdre incurvée.

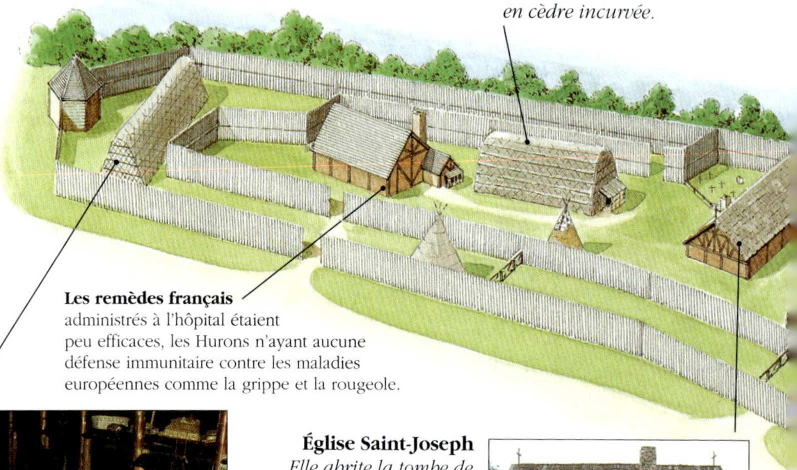

Les remèdes français administrés à l'hôpital étaient peu efficaces, les Hurons n'ayant aucune défense immunitaire contre les maladies européennes comme la grippe et la rougeole.

★ Réunions autour du feu
Dans la « maison longue », poissons, peaux et tabac étaient suspendus au plafond pour sécher grâce à un feu qui brûlait à ciel ouvert tout l'hiver. Sa fumée nuisait à la santé des Hurons.

Église Saint-Joseph
Elle abrite la tombe de Jean de Brébeuf et Gabriel Lalement, deux jésuites qui furent capturés et torturés par les Iroquois avant d'être tués.

Wigwam ojibwé
Il est voisin de la palissade en bois qui entoure la mission. Les Jésuites l'auraient construit pour que les Ojibwés de passage se sentent les bienvenus.

À NE PAS MANQUER

★ **Les réunions autour du feu**

★ **L'artisanat**

★ Artisanat
Les guides en costume d'époque ont été initiés aux techniques artisanales traditionnelles tant des Hurons que des Français, notamment la fabrication des canoës et le travail des métaux.

MODE D'EMPLOI

Autoroute 12 (5 km E. de Midland). *(705) 526 7838.* *de mai à oct. : de 10 h à 17 h t.l.j.* *www.hhp.on.ca*

La forge jouait un rôle essentiel, car les besoins étaient importants en articles de base tels que charnières et clous, souvent faits avec du fer recyclé.

Le charpentier disposait d'une importante réserve en bois local. Les Jésuites firent venir des artisans de France pour construire la mission.

Intérieur de la chapelle
La chapelle a été soigneusement reconstituée. La lumière qui filtre à travers les poutres permet de retrouver l'ambiance dans laquelle les prêtres disaient la messe chaque jour avant l'aube.

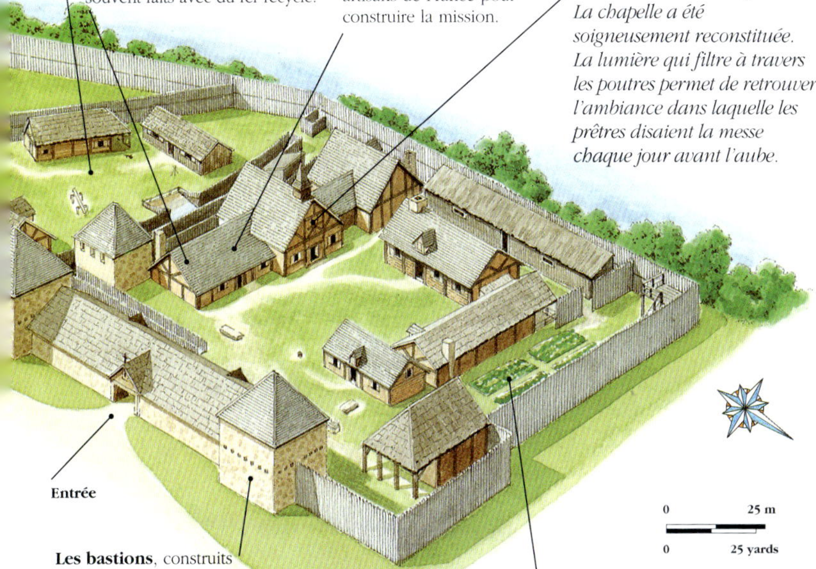

Entrée

Les bastions, construits en pierre pour arrêter les flèches et les balles de mousquet, protégeaient la mission contre les attaques et servaient de tours de guet.

Le jardin potager
Il est cultivé selon le système des Hurons : maïs, fèves et courges sont plantés en alternance. Ils disposaient ainsi de vivres toute l'année, et complétaient leur alimentation par de la viande et du poisson.

Goderich 17

7 500. à l'angle de Hamilton St et de l'autoroute 21. (519) 524 6600, 1 800 286 7637.

Cette charmante petite ville qui surplombe le lac Huron à l'embouchure de la Maitland a été fondée en 1825 par la Canada Company. Cette compagnie britannique avait persuadé le gouvernement d'Ontario de se défaire d'un million d'hectares de terres fertiles pour seulement 30 cents l'hectare, un prix tellement avantageux qu'elle fut soupçonnée de corruption. Désireuse d'attirer les colons, elle fit construire la Huron Road reliant Cambridge, à l'est, à Goderich. Goderich possède deux excellents musées. Le **Huron County Museum** abrite une importante collection de matériel agricole ancien dont une gigantesque batteuse à vapeur. Le musée inclut une galerie militaire et la reconstitution d'une rue du XIXe siècle avec ses devantures de magasins et une vraie locomotive. La **Huron Historic Jail,** construite entre 1839 et 1842, est une prison victorienne très bien conservée. La visite est passionnante, des cellules froides et humides à la maison du gouverneur, (XIXe siècle), en passant par les chambres des geôliers.

Huron Historic Jail

181 Victoria St N. (519) 524 2686. de mai à sept. : de 10 h à 16 h 30 du lun. au sam., de 13 h à 16 h 30 dim.

Huron County Museum

110 North St. (519) 524 2686. de mai à sept. : de 10 h à 16 h 30 du lun. au sam., de 13 h à 16 h 30 dim.

Sauble Beach est une longue plage de sable fin au bord du lac Huron

Sauble Beach 18

Owen Sound. RR1, Sauble Beach (519) 422 1262, de mai à sept. www.saublebeach.com

Sauble Beach, l'une des plus belles plages de tout l'Ontario avec son sable doré, s'étire sur 11 kilomètres le long du lac Huron. Derrière cette plage fréquentée, une bande longue et étroite est occupée par des terrains de camping, des cabanes et des bungalows. Au milieu du site, le minuscule village de Sauble Beach ne compte que 500 habitants. Ses petites rues tranquilles sont bordées d'auberges et de *bed-and-breakfast* accueillants. Le camping du parc provincial de Sauble Falls, au nord de la plage, est le plus calme.

Lac Huron 19

Sarnia, rive sud (519) 336 3232. Barrie, baie Géorgienne (705) 725 7280. Sault-Sainte-Marie (705) 945 6941, 1 800 263 7745. www.georgianbaytourism.on.ca

De tous les Grands Lacs, c'est celui dont les rives offrent les paysages les plus variés. Au sud, au niveau des villes de Sarnia et Windsor, essentiellement industrielles, il se rétrécit avant de se jeter dans le lac Érié. La rive sud-est, bordée de falaises de faible hauteur, marque la limite d'une des régions agricoles les plus fertiles d'Ontario. Plus au nord, la péninsule de Bruce, longue et étroite, qui s'avance dans le lac, marque un changement de paysage spectaculaire. Aux terres plates du sud succède le relief du Bouclier canadien, plus accidenté et râpé par les glaciers. La transition est très sensible aux alentours de la baie Géorgienne dont les rives superbes, ponctuées de lacs, forêts, plages et villages, attirent de très nombreux visiteurs. Parsemées d'îles, les eaux du lac se prêtent à la pratique des sports nautiques et des activités de plein air : natation, randonnée et pêche.

Magasins anciens dans la charmante ville de Goderich

La péninsule de Bruce ⓴

Longue de 100 kilomètres et séparant le bassin principal du lac Huron de la baie Géorgienne, elle offre certains des plus beaux panoramas de la région. Le parc national de Bruce Peninsula, sur la rive est, présente des caps escarpés et des falaises de calcaire parcourues de sentiers de randonnée. Au nord du port de Tobermory, le parc national marin de Fathom Five est connu des plongeurs en raison de ses eaux transparentes et de ses étonnantes formations rocheuses.

Carnet de route

L'itinéraire emprunte la route 9 et l'autoroute 6 que l'on rejoint depuis Owen Sound au sud ou Tobermory au nord. ***Itinéraire :*** *100 km.*
Où faire une pause ? *Pour faire de la plongée ou une excursion, le départ pour Flowerpot Island se fait de Tobermory, qui offre aussi de bonnes possibilités d'hébergement.*

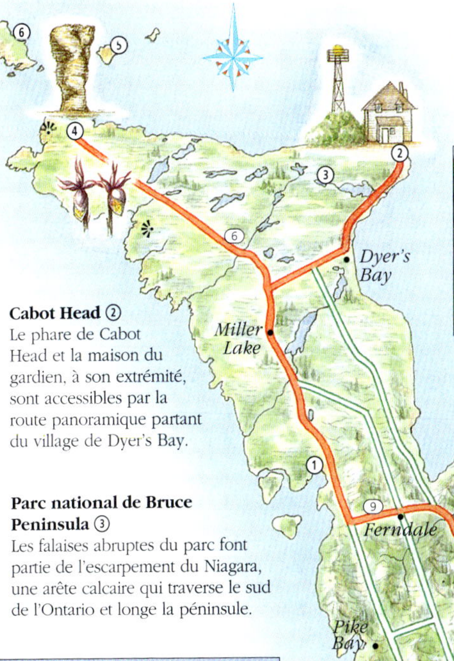

Stokes Bay ①
Excellent site de pêche, ce hameau typique aux plages de sable est proche des principales curiosités de la péninsule.

Parc national marin de Fathom Five ⑥
Regroupant 19 îles, il s'étend au large de l'extrémité nord de la péninsule. Des épaves gisent dans ses eaux cristallines.

Cabot Head ②
Le phare de Cabot Head et la maison du gardien, à son extrémité, sont accessibles par la route panoramique partant du village de Dyer's Bay.

Parc national de Bruce Peninsula ③
Les falaises abruptes du parc font partie de l'escarpement du Niagara, une arête calcaire qui traverse le sud de l'Ontario et longe la péninsule.

Tobermory ④
Tout au nord de la péninsule, ce petit village de pêcheurs est le centre touristique de la région et le point de départ du ferry pour Flowerpot Island.

Flowerpot Island ⑤
Seule île du parc marin de Fathom Five dotée d'infrastructures de base, elle est connue pour les colonnes rocheuses qui jalonnent ses côtes.

0 5 km
0 5 miles

Légende

- Itinéraire touristique
- Autre route
- Point de vue

Île Manitoulin ㉑

5 000. Little Current (705) 368 3021.

Parallèle à la rive nord du lac Huron, elle est, avec ses 2 800 kilomètres carrés, la plus grande île en eau douce du monde. Ses petits villages et ses champs vallonnés, ses bois et ses lacs sont bordés de longues plages désertes. Les eaux claires du North Channel, qui sépare l'île du continent, attirent l'été les plaisanciers, tandis que les randonneurs viennent explorer ses multiples sentiers.

Les Indiens Ojibwés, premiers habitants de l'île il y a plus de 10 000 ans, lui donnèrent le nom du Grand Esprit : Manitou. Les peuples des Premières Nations, qui constituent toujours plus d'un quart de la population insulaire, organisent tous les ans en août un des plus grands pow-wows du Canada appelé Wikwemikong (baie du Castor).

Sur la rive nord, Gore Bay compte cinq minuscules musées consacrés aux premiers habitants de l'île. La capitale, Little Current, est une ville paisible dotée de quelques motels et restaurants. De mai à septembre, le ferry *Chi-Cheemaun* relie l'île à Tobermory sur la péninsule de Bruce.

Gore Bay, sur l'île Manitoulin

Le lac George est l'un des nombreux lacs du parc provincial de Killarney

Parc provincial de Killarney ㉒

(705) 287 2900. Sudbury. t.l.j. pour certains services.

Le parc provincial de Killarney est une belle étendue sauvage de lacs bleus cristallins, de forêts de pins et de plaines marécageuses, sans parler des La Cloche Mountains, aux impressionnantes crêtes de quartzite blanc. Ce paysage a inspiré les artistes, notamment Franklin Carmichael, un membre du groupe des Sept *(p. 160-161)*, qui considérait le parc comme l'endroit le « plus stimulant et le plus plaisant » d'Ontario. Il faut entre sept et dix jours pour parcourir les 100 kilomètres de la La Cloche Silhouette Trail ; les randonneurs confirmés viennent en nombre pour profiter des vues des montagnes et de la baie Géorgienne. On peut aussi explorer le parc en canoë : le réseau de lacs et rivières est bien balisé.

Temagami ㉓

1 000. Chamber of Commerce, Lakeshore Rd (705) 569 3344.

Ce minuscule village et ses environs sauvages ont toujours attiré négociants en fourrure et trappeurs, peintres et écrivains. Le plus célèbre est Grey Owl *(p. 248)*, un Anglais peu ordinaire qui se fit passer pour un Indien. Temagami est au bord du lac éponyme, aux eaux profondes, qui se perd en une multitude de fjords et de baies. Il est semé de 1 400 îles offrant beaucoup

Le lac Temagami est un haut lieu du canotage

de circuits à découvrir à pied, en VTT et en canoë.

À l'ouest, le Lady Evelyn Smoothwater Wilderness Park est encore plus reculé. On ne peut l'atteindre qu'en canoë ou hydravion depuis Temagami, mais le paysage, époustouflant, vaut un tel effort. La tour d'incendie de Temagami, haute de 30 mètres et réservant une vue panoramique sur les pinèdes, de même que le parc provincial de Finlayson, idéal pour camper ou pique-niquer, sont beaucoup plus accessibles.

Sault-Sainte-Marie ㉔

81 500. à l'angle de Huron St et Queen St W. (705) 945 6941.

Sault-Sainte-Marie s'est développée près des rapides de la rivière Sainte-Marie – d'où son nom, « sault » étant une allusion aux chutes –, qui relie les lacs Supérieur et Huron. Cette ville fondée par les Français en 1688 fut l'un des premiers établissements européens d'Ontario.

À l'origine mission jésuite et poste de traite des fourrures, elle commença à prospérer en 1798, lorsque l'on creusa un canal pour contourner les rapides. Modernisé à maintes reprises, celui-ci livre aujourd'hui passage aux plus gros porte-conteneurs, continuant à favoriser l'économie locale.

Si des promenades en bateau sont régulièrement organisées sur le canal, la grande attraction touristique est l'**Algoma Central Railway**, un circuit en train d'une journée dans les contrées sauvages du nord jusqu'au spectaculaire Agawa Canyon. Là, une pause de deux heures est prévue pour le déjeuner.

En ville, le Roberta Bondar Pavilion est une gigantesque structure en forme de tente couverte de peintures illustrant l'histoire de la ville. Il porte le nom de la première femme astronaute du Canada, embarquée à bord de *Discovery* en 1992. Le pavillon accueille aussi concerts, expositions et un marché l'été.

Écluse du canal de Sault-Sainte-Marie

Algoma Central Railway
129 Bay St. *(705) 946 7300.* *de juin à mi-oct. : un départ quotidien.*

Lac Supérieur ㉕

Ontario Travel Information Centre, Sault Sainte Marie (705) 945 6941.

Avec une superficie de 82 000 kilomètres carrés, le moins pollué et le plus occidental des Grands Lacs est aussi la plus grande surface d'eau douce du monde. Il est connu pour ses tempêtes soudaines et violentes, longtemps redoutées des navigateurs. Sa côte nord est une vaste étendue sauvage soumise à la force des éléments, dominée par de spectaculaires affleurements de granit et par des forêts apparemment sans fin. Pour goûter pleinement la beauté de cette région, il faut visiter le parc national Pukaskwa ainsi que le parc provincial du lac Supérieur, tous deux desservis par la Transcanadienne (autoroute 17).

Thunder Bay ㉖

114 000. Terry Fox Information Centre, autoroute 11/17 E. (807) 983 2041, 1 800 667 8386.

Avec ses quais dominés par d'énormes silos, Thunder Bay est le troisième port en eau douce du Canada. Les céréales y sont acheminées depuis les prairies de l'Ouest, puis expédiées dans le monde entier en passant par les Grands Lacs. La ville, fondée en 1679 sur la rive nord du lac Supérieur, était à l'origine un comptoir français. Cette époque est évoquée à l'**Old Fort William**, avec des marchands, des explorateurs français et des Indiens en costume d'époque. En 1970, Fort William a été réuni à Port Arthur, localité voisine, pour donner naissance à Thunder Bay.

Old Fort William
Par Broadway Ave. *(807) 473 2333.* *de mi-mai à mi-oct. : de 9 h à 18 h t.l.j.*

Le lac Supérieur, la plus grande étendue d'eau douce du monde

Les Prairies

Présentation des Prairies

Les Prairies comprennent les provinces du Manitoba et de la Saskatchewan, ainsi que l'est de l'Alberta. C'est la première région agricole du Canada et la plus riche en ressources énergétiques. Dominée par la prairie, comme son nom l'indique, elle couvre une partie du Centre-Ouest aussi vaste que le Mexique. Mais ses paysages ne se limitent pas à des champs s'étirant à perte de vue, avec ses forêts de peupliers faux-trembles à l'ouest et au nord des plaines, sa toundra au nord du Manitoba et son désert rocheux des Badlands (mauvaises terres) au sud.

Broadway Bridge et le centre de Saskatoon se reflètent dans la South Saskatchewan

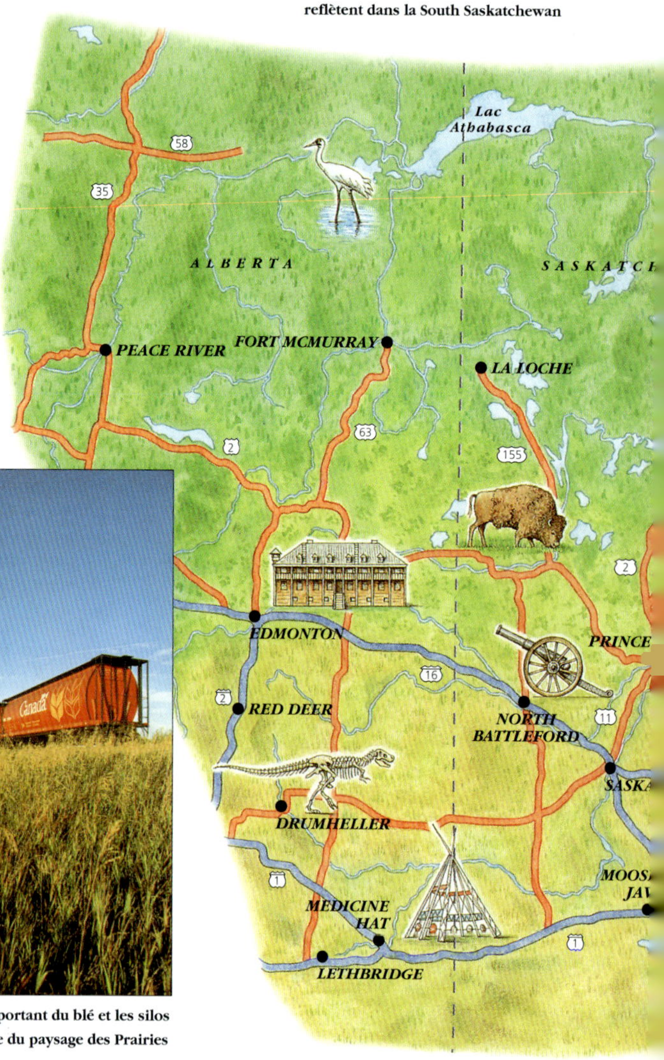

Les wagons transportant du blé et les silos à grain font partie du paysage des Prairies

CIRCULER

Les quatre villes principales de la région, Winnipeg, Edmonton, Regina et Saskatoon, sont bien desservies par les transports en commun. Des liaisons régulières sont assurées par avion, train et autocar avec la Colombie-Britannique et les autres provinces. Chaque ville a aussi un aéroport international. De Winnipeg, la Transcanadienne suit l'itinéraire tracé au XIXe siècle par le Canadian Pacific Railway jusqu'à Calgary, à 1 333 kilomètres à l'ouest. La Yellowhead Highway, plus touristique, part de The Forks à Winnipeg, traverse Yorkton et Saskatoon, arrive à Edmonton au bout de 1 301 kilomètres et continue à travers le parc national de Jasper et la Colombie-Britannique.

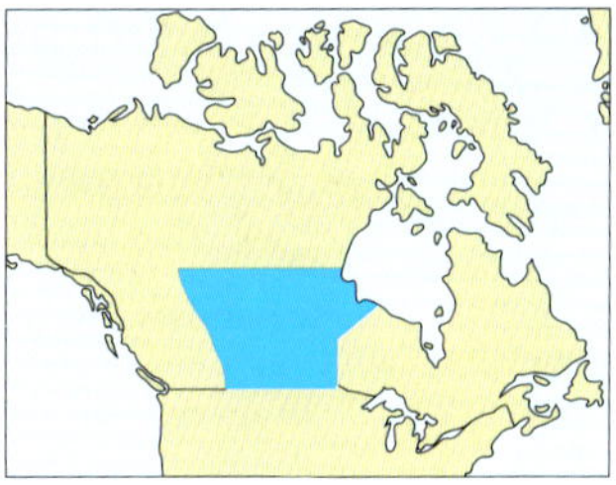

LÉGENDE

- Autoroute
- Route principale
- Cours d'eau
- Frontière provinciale

Le Manitoba est l'une des régions agricoles les plus riches du Canada

VOIR AUSSI

- ***Hébergement*** p. 352-353
- ***Restaurants et cafés*** p. 372-373

À l'époque des dinosaures

Les paysages désertiques de Red Deer Valley, dans les Badlands, font davantage penser aux bandits et aux coyotes qu'aux dinosaures. Pourtant, il y a 75 millions d'années, ces énormes reptiles ayant dominé la planète pendant 160 millions d'années peuplaient la région. Celle-ci était alors un marais tropical, comme les Everglades de Floride. Les changements climatiques radicaux qui l'ont transformée en un désert ont permis la conservation d'innombrables restes de dinosaures. Tous les spécimens retrouvés ici datent du crétacé (il y a 144 à 65 millions d'années). Aujourd'hui, le parc provincial Dinosaur figure sur la liste du Patrimoine mondial de l'Unesco.

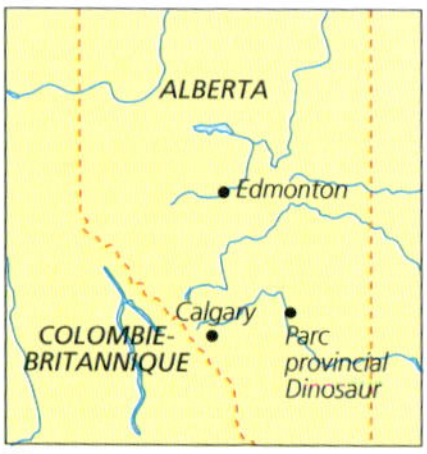

Carte de situation

***Sur ce crâne de tricératops**, le bouclier nucal qui protégeait son cou des attaques est bien visible. Ses deux cornes postfrontales faisaient un mètre de long. C'est dans l'Alberta qu'on a retrouvé le plus grand nombre de dinosaures à cornes.*

Le personnel qualifié creuse soigneusement un sillon autour de l'os toujours en terre. Une fois déterré, il sera soigneusement réuni à l'os voisin.

***Le magnolia** serait l'une des premières plantes angiospermes du monde ; il s'est beaucoup répandu au crétacé.*

***Le géologue Joseph Burr Tyrrell** découvrit les premiers fragments importants de squelette de dinosaure dans la Red Deer Valley (Alberta) en 1884. Il tomba sur le crâne d'un albertosaure vieux de 70 millions d'années alors qu'il inspectait des gisements de charbon. Les paléontologues se précipitèrent alors, à la recherche de fossiles.*

***Cette reconstitution artistique** d'un paysage du crétacé montre la flore de l'époque. Les fougères arborescentes, parfois hautes de 18 mètres, étaient prédominantes et formaient de grandes forêts.*

*À **Horseshoe Canyon**, le long de la Red Deer, les hautes collines érodées montrent des strates de sédiments très anciens. À l'ère glaciaire, les glaciers ont râpé les couches de vase et de sable qui recouvraient les restes de dinosaures et de plantes. L'érosion continue à modeler ce paysage lunaire aride.*

__Ce nid de dinosaure__ exposé au Royal Tyrrell Museum a été découvert à Devil's Coulee, dans l'Alberta, en 1987. Il contient plusieurs embryons et œufs d'hadrosaure, un herbivore.

__La Royal Tyrrell Field Station,__ ouverte en 1987 dans le parc provincial Dinosaur, présente des expositions sur les dinosaures de la région.

L'os de la patte d'un dinosaure à bec de canard se révèle complet. En dessous, un autre fragment d'os a été recouvert de bandes de plâtre qui le protégeront pendant son transport au laboratoire.

À la recherche des dinosaures

Le Royal Tyrrell Museum offre la possibilité de s'exercer à la fouille d'un gisement fossilifère. Avec l'aide de moniteurs scientifiques, les participants apprennent à manier les différents outils du paléontologue, à déterrer les fossiles, à cartographier leur position, à les envelopper de bandes de plâtre, ou encore à les identifier. Une excursion de 90 minutes dans les Badlands permet aux visiteurs de fouiller le sol à la recherche de fossiles.

__Le squelette d'un albertosaure__ domine la salle des dinosaures au Royal Tyrrell Museum. Premier dinosaure découvert dans la région, c'était un féroce prédateur. Malgré ses 8 mètres de long et son poids de 2 tonnes, il était capable de se déplacer à la vitesse de 40 km/h.

La Police montée canadienne

Mounty en uniforme

La Police montée, ou Gendarmerie royale canadienne (GRC), est un symbole de fierté au Canada. En 1873, sir John A. Macdonald, premier Premier ministre du Canada, fonda la North West Mounted Police en Ontario pour réprimer une flambée de violence entre trafiquants d'alcool et Indiens dans l'ouest du pays, qui avait culminé avec le massacre de Cypress Hills *(p. 245)*. Les « Mounties » atteignirent l'Oldman River dans l'Alberta, à 70 kilomètres à l'ouest de Cypress Hills, où ils construisirent Fort Macleod en 1874. Leur mission principale était d'instaurer de bonnes relations avec les Indiens des Prairies et de maintenir l'ordre parmi les nouveaux arrivants à la fin du XIXe siècle, ce qu'ils firent avec succès lors de la construction du chemin de fer (Canadian Pacific Railroad) et de la ruée vers l'or au Yukon dans les années 1890.

Les luxuriantes Cypress Hills *furent le cadre d'un massacre qui suscita la création de la North West Mounted Police.*

Lors de la marche vers l'Ouest*, une force de 275 hommes, avec 310 chevaux et du bétail, couvrit 3 135 kilomètres, de Fort Dufferin dans le Manitoba au sud de l'Alberta. Ils devaient arrêter là-bas des trafiquants de whisky. En dépit de conditions difficiles, les Mounties arrivèrent à l'Oldman River en 1874.*

La longue marche

Le chef sioux Sitting Bull

Les Mounties acquirent leur réputation de courage quand l'inspecteur James M. Walsh alla parlementer avec Sitting Bull, le chef des Sioux, accompagné de seulement six hommes. Les Sioux s'étaient repliés dans la région après avoir massacré le général américain Custer et ses hommes à Little Big Horn en 1876. Bien qu'ils fussent les ennemis traditionnels des tribus locales – Pieds-Noirs et Cris –, aucun incident ne se produisit après l'arrivée de la Police montée. Ayant réussi à faire régner l'ordre dans les Prairies, les forces de Walsh imposèrent le respect par leur diplomatie, notamment aux Indiens.

James M. Walsh

Les aventures des premiers Mounties *ont toujours inspiré écrivains et cinéastes. Avec sa mâchoire carrée et son uniforme rouge, le Mountie était le héros parfait. Le film le plus célèbre est* Rose Marie *(1936), avec en vedettes le chanteur de charme Nelson Eddy et Jeanette MacDonald.*

Les cavaliers de haut niveau du carrousel sont sélectionnés au bout de deux ans de service. Les officiers entament alors une formation intensive de sept mois.

Le carrousel musical

C'est un spectacle impressionnant lors duquel 32 cavaliers effectuent une série de figures au trot, au petit galop et au grand galop en musique. Celles-ci n'ont pas changé depuis leur première exécution par l'armée britannique il y a plus d'un siècle. Les Mounties se produisent ainsi tous les été au Canada et aux États-Unis.

Symbole du Canada*, l'image du Mountie est omniprésente : sur les timbres, les pièces de monnaie ou sur cette affiche publicitaire des années 1940 vantant les charmes du lac Louise, dans le parc national de Banff.*

Les 32 chevaux participant au carrousel musical, après deux ans d'entraînement, sont issus d'un croisement entre étalons pur-sang et juments noires de Hanovre.

Aujourd'hui*, la Police montée représente une force de police de 20 000 membres chargée de l'application des lois fédérales dans tout le Canada. Ils peuvent être amenés à compter les oiseaux migrateurs comme à lutter contre les trafiquants.*

Les Prairies

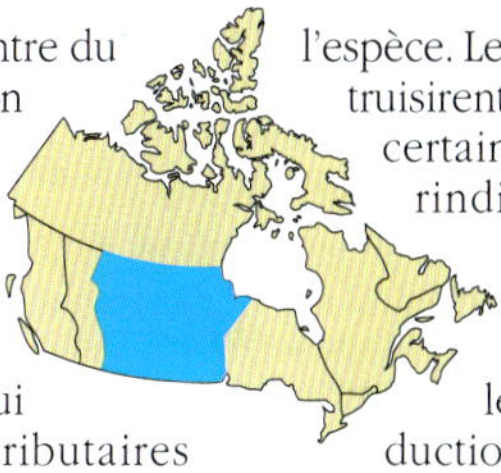

Ce terme désigne le centre du Canada, une vaste région de forêts boréales et de terres fertiles couvertes par la prairie comprenant le Manitoba, la Saskatchewan et une partie de l'Alberta. Les premiers Amérindiens qui l'habitaient jadis étaient tributaires du bison pour leur nourriture, leur toit et leurs outils. À la fin du XIXe siècle, la chasse avait quasiment exterminé l'espèce. Les colons européens construisirent des villes et des fermes ; certains épousèrent des Amérindiennes, créant un nouveau groupe culturel, les Métis. L'économie du XXe siècle repose sur le gaz, le pétrole et la production céréalière. Ponctuées de hauts silos, les Prairies sont réputées pour leurs paysages variés et pour le passé captivant de leurs villes.

La région d'un coup d'œil

Villes historiques

- Churchill 32
- Dauphin 8
- Duck Lake 29
- Edmonton 23
- Flin Flon 31
- Fort Qu'Appelle 10
- Gimli 5
- Lethbridge 18
- Lieu historique national de Batoche 28
- Maple Creek 16
- Medicine Hat 17
- Moose Jaw 12
- Portage La Prairie 6
- Red Deer 21
- Regina 11
- Saskatoon 13
- Selkirk 3
- Steinbach 2
- The Battlefords 27
- The Pas 30
- Vegreville 24
- *Winnipeg p. 234-237* 1
- Yorkton 9

Lac

- Lac Winnipeg 4

Parcs nationaux et provinciaux

- Parc interprovincial de Cypress Hills 15
- Parc national d'Elk Island 22
- Parc national de Riding Mountain 7
- Parc national de Wood Buffalo 25
- Parc national des Prairies 14
- *Parc national du Prince-Albert p. 249* 26
- Parc provincial Dinosaur 20

Musée

- *Royal Tyrrell Museum p. 246* 19

Légende

- Aéroport international
- Autoroute
- Route principale
- Voie ferrée

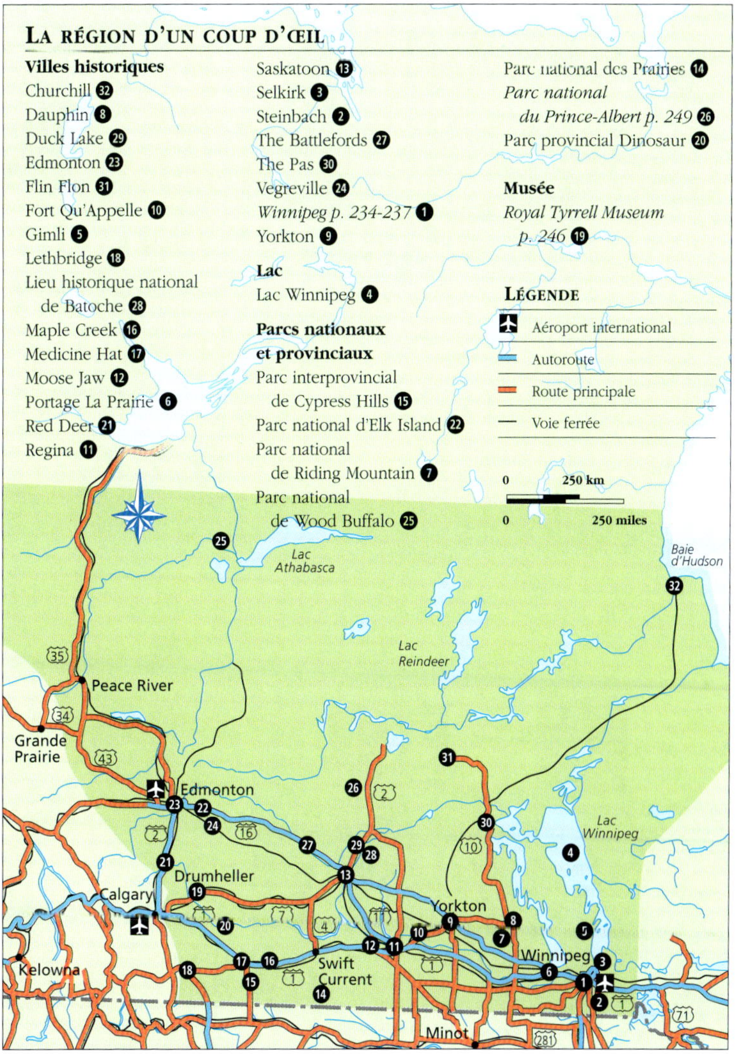

Une jeune Amérindienne de l'Alberta en costume traditionnel exécute une danse séculaire

Winnipeg ❶

Cette grande ville cosmopolite est située au centre géographique du Canada. Elle abrite plus de la moitié de la population du Manitoba, surtout dans les quartiers de la périphérie qui illustrent sa diversité ethnique. Le confluent de la rivière Rouge et de l'Assiniboine était déjà un carrefour commercial important pour les premiers Amérindiens il y a 6 000 ans. Au XVIIe siècle, les Européens y installèrent un poste de traite des fourrures. Dans les années 1880, les céréales devinrent la ressource principale de l'ouest du pays, grâce au chemin de fer qui passait par Winnipeg. La ville offre aujourd'hui un agréable séjour.

À la découverte de Winnipeg

La plupart des lieux à voir sont accessibles à pied depuis le centre-ville. L'excellent Manitoba Museum of Man and Nature et l'Ukrainian Cultural Centre se trouvent à l'est de l'Exchange District.

Au confluent de la rivière Rouge et de l'Assiniboine, The Forks est un lieu de détente familial consacré à l'histoire de la ville. Au carrefour de Portage Street et de Main Street s'alignent banques et centres commerciaux.

Saint-Boniface

Riel Tourism, 219 Provencher Blvd. *1 866 808 8338.* *du lun. au sam.*

Ce quartier historique est habité par l'une des plus grandes communautés francophones en dehors du Québec. Face à The Forks, de l'autre côté de la rivière Rouge, ce faubourg tranquille a été fondé en 1818 par des prêtres pour accueillir les Métis *(p. 45)* et les Français installés ici. En 1844, les « Sœurs grises » construisirent un hôpital qui abrite aujourd'hui le musée Saint-Boniface. Bien que ravagée par un incendie en 1968, la basilique du même nom a conservé son élégante façade blanche.

Manitoba Children's Museum

The Forks. *(204) 924 4000.* *t.l.j.*

Au sein du Lieu historique national The Forks, ce musée propose aux enfants de 3 à 11 ans des animations attrayantes. Dans la galerie All Aboard (« Tous à bord »), ils peuvent conduire un train avec la reconstitution d'une locomotive diesel de 1952 tout en s'instruisant sur l'histoire du chemin de fer canadien. Ils peuvent aussi produire une émission télévisée dans un studio.

L'entrée principale, très colorée, du Manitoba Children's Museum

Lieu historique national The Forks

201-One Forks Market Rd. *(204) 957 7618.* *site : t.l.j. ; bureaux : du lun. au ven.* *manifestations exceptionnelles.* *www.theforks.com*

Ce site à la gloire de l'histoire de la ville est un ancien terminus ferroviaire, jadis très actif, dont le port fluvial, les entrepôts et les écuries ont été restaurés. Ces dernières accueillent un grand marché où l'on trouve un large choix de spécialités culinaires, des produits frais, de la viande et du poisson. Bijoux et objets d'art populaire et de l'artisanat local sont vendus dans l'ancien grenier à foin.

Sur les 23 hectares de The Forks (« la

LÉGENDE

- Gare Rail
- Parc de stationnement
- Information touristique

On peut louer bateaux de plaisance et canoës sur le port de The Forks

fourche ») sont également situés un amphithéâtre de plein air et une tour de six étages offrant une vue spectaculaire sur les gratte-ciel de Winnipeg.

Dalnavert

61 Carlton St. (204) 943 2835. du mar. au jeu., sam., dim. lun., ven.

Bâtie en 1895, cette demeure victorienne superbement restaurée est un bel exemple du renouveau de l'architecture Queen Anne. L'élégante façade en brique rouge est précédée d'une longue véranda en bois. La maison, à l'ameublement cossu, a appartenu à sir Hugh John Macdonald, ancien Premier ministre du Manitoba et fils de John A. Macdonald, le premier Premier ministre du Canada.

Winnipeg d'un coup d'œil

Dalnavert ④
Exchange District et Market Square ⑦
Faubourg de Saint-Boniface ①
Legislative Building ⑤
Lieu historique national The Forks ③
Manitoba Children's Museum ②
Manitoba Museum of Man and Nature p. 237 ⑧
Ukrainian Cultural Centre ⑨
Winnipeg Art Gallery ⑥

Mode d'emploi

670 000. 12 km au nord-ouest de la ville. Gare Rail, à l'angle de Main St et Broadway. Gare Greyhound Canada, à l'angle de Portage Ave et Colony St. Destination Winnipeg, 285 Portage Ave. (204) 943 1970, 1 800 665 0204. The Red River Exhibition (juin) ; Folklorama (août) ; Festival Voyageur (fév.).

Le dôme du Legislative Building

Legislative Building

à l'angle de Broadway et Osborne. (204) 945 5813. visites guidées du lun. au ven.

Cet édifice est construit dans un calcaire rare et précieux, discrètement piqueté de fossiles. Il est entouré de 12 hectares de jardins magnifiquement entretenus, agrémentés de statues de poètes comme l'Écossais Robert Burns et l'Ukrainien Taras Ahevchenko, qui illustrent la diversité ethnique de la province.

Winnipeg Art Gallery

300 Memorial Blvd. (204) 786 6641. du mar. au dim. sauf le sam.

Elle possède la plus grande collection d'art inuit contemporain au monde avec plus de 10 000 sculptures, estampes, dessins et textiles. *Les Quatre Saisons de la toundra*, une remarquable tenture faite de tissus collés, est l'œuvre de l'artiste inuit Ruth Qaulluaryuk. On verra aussi des retables et des tapisseries gothiques et Renaissance.

Exchange District et Market Square

Albert St. (204) 942 6716. www.exchangedistrict.org

En 1881, le Canadian Pacific Railway ayant décidé de faire passer son chemin de fer transcontinental par Winnipeg, la ville connut un brusque essor qui entraîna la création de plusieurs bourses du commerce. Exchange District, qui doit son nom à celle des céréales, fut bientôt couvert d'une ribambelle d'hôtels luxueux, de banques, d'entrepôts et de théâtres. Aujourd'hui Lieu historique national, le quartier, restauré, a retrouvé sa gloire d'antan. Il abrite boutiques de mode, magasins d'artisanat, de meubles et d'antiquités, galeries d'art et ateliers d'artistes.

Au centre du quartier, Old Market Square sert souvent de cadre à des festivals locaux et à des concerts en plein air.

Ukrainian Cultural and Educational Centre

184 Alexander Ave E. (204) 942 0218. *de 10 h à 16 h du lun. au sam., de 14 h à 17 h dim.*

Installé dans un bel édifice des années 1930 dans l'Exchange District, ce centre culturel rend hommage au deuxième groupe ethnique du Canada.

Le musée, la galerie d'art et la bibliothèque de recherche sont réputés pour leurs tissus aux couleurs vives, leurs sculptures sur bois ; et pour leur collection d'œufs de Pâques *(pysanky)* au décor élaboré, souvent peint à la main. De nouvelles galeries devraient être bientôt ouvertes.

L'enceinte de Lower Fort Garry, du XIXe siècle, est d'origine

Lower Fort Garry

5981 Hwy 9. (204) 785 6050, 1 877 534 3678. *de mai à sept. : de 9 h à 17 h t.l.j.* www.pc.gc.ca

À 32 kilomètres au nord de Winnipeg, au bord de la rivière Rouge, Lower Fort Garry est le seul poste de traite des fourrures en pierre du Canada conservé dans son état d'origine. Il a été construit en 1830 par George Simpson, le gouverneur de la division nord de la Compagnie de la baie d'Hudson, dont la grande maison est aujourd'hui l'une des principales curiosités du fort.

Au centre d'accueil, un film est projeté sur le fort et les fourrures. Plusieurs bâtiments ont été restaurés, notamment les logements des employés et l'entrepôt de fourrures.

Royal Canadian Mint

520 Lagimodière Blvd. (204) 983 6429, 1 866 822 6724. *de sept. à mai : de 10 h à 14 h du lun. au sam. ; de mai à août : de 9 h à 17 h du lun. au ven.*

Installée dans un imposant édifice en verre rose, la Monnaie frappe annuellement plus de 4 milliards de pièces mises en circulation au Canada, et des monnaies étrangères pour 60 pays dont la Thaïlande et l'Inde.

Assiniboine Park

2355 Corydon Ave. (204) 986 5537. *t.l.j.*

Sculpture de Leo Mol, à Assiniboine Park

Occupant 153 hectares sur la rive sud de l'Assiniboine, c'est l'un des plus grands parcs urbains des Prairies. Les visiteurs viennent surtout pour admirer la cinquantaine de bronze du Leo Mol Sculpture Garden, Leo Mol étant un célèbre artiste local. Des expositions saisonnières de fleurs et d'arbustes ont lieu dans la serre tropicale. Le parc abrite aussi un jardin anglais, un chemin de fer miniature et un bel exemple de jardin à la française. L'ancienne buvette, devenue la Pavilion Gallery, est consacrée aux artistes locaux et à des concerts en plein air.

Au zoo d'Assiniboine Park vivent 275 espèces différentes. Pour la plupart, les animaux sont originaires des latitudes septentrionales et des régions de montagne, comme l'ours polaire, le couguar, l'orignal et le pygargue à tête blanche. Une grande statue de Winnie l'Ourson orne les lieux ; elle s'inspirerait du héros de A. A. Milne.

L'été, les multiples sentiers du parc se prêtent au cyclisme et à la randonnée, et l'hiver, on y pratique ski de fond, patinage et luge.

Une étonnante pyramide en verre rose abrite la Royal Canadian Mint

Le Manitoba Museum

Les collections exceptionnelles de ce passionnant musée sont présentées avec beaucoup d'originalité. Inauguré en 1970, il traite de la géographie et du peuplement de la région. Le parcours se fait en remontant le temps, depuis la préhistoire jusqu'à l'époque moderne. À chaque zone géographique correspond également une galerie. On part ainsi de celle de l'histoire de la Terre, qui contient des fossiles parfois vieux de 500 millions d'années, pour arriver à la reconstitution de Winnipeg dans les années 1920, avec une gare, un cinéma et un cabinet de dentiste.

MODE D'EMPLOI

190 Rupert Ave. *(204) 956 2830.* *11.* *mai-sept. : 10 h-17 h t.l.j. ; oct.-avr. : 10 h-16 h mar.-ven., 10 h-17 h sam. et dim.* *www.manitobamuseum.ca*

LÉGENDE

- Orientation
- Histoire de la Terre
- Arctique
- Forêt boréale
- Prairie
- Activités d'éveil
- Section urbaine
- *Nonsuch*
- Compagnie de la baie d'Hudson
- Bois et forêts
- Expositions temporaires
- Locaux techniques

Diorama des orignaux
Un orignal et son petit parmi les conifères de la forêt boréale sont présentés à côté d'Indiens Cris en train d'emmagasiner des vivres et de peindre des rochers.

Galerie du *Nonsuch*
Ce voilier à deux mâts, construit en Angleterre en 1968, est une réplique du ketch qui jeta l'ancre dans la baie d'Hudson en 1688.

SUIVEZ LE GUIDE !
Les galeries sont disposées sur deux niveaux, des escaliers donnant accès aux mezzanines. La collection sur la Compagnie de la baie d'Hudson est présentée dans un autre bâtiment, construit en 1999.

Chasse au bison
Ce Métis chassant le bison illustre l'intérêt porté par le musée à la relation entre l'homme et son environnement.

Chevaux de labour au Mennonite Heritage Village de Steinbach

Steinbach ❷

11 350. Autoroute 12 N. (204) 326 9566.

À environ une heure de route au sud-est de Winnipeg, Steinbach abrite une communauté très unie autour de ses impressionnantes entreprises de camionnage, ses imprimeries, manufactures et, surtout, concessions automobiles. Elles sont dirigées en majorité par les mennonites, réputés pour leur équité en affaires.

Après avoir fui les persécutions religieuses en Russie, ils sont arrivés à Steinbach en 1874 dans leurs carrioles. Bien qu'à l'écart des voies ferrées, la ville a prospéré car ils étaient de bons agriculteurs avant de se lancer dans la vente de voitures (qu'ils n'utilisent pas eux-mêmes).

Le **Mennonite Heritage Village** est la reconstitution d'une colonie mennonite du XIXe siècle avec quelques édifices d'origine, et une église et une école meublées dans le style de l'époque. Le restaurant sert une cuisine traditionnelle, et le magasin vend des produits de l'artisanat local.

Mennonite Heritage Village

Autoroute 12 N.

(204) 326 9661, 1 866 280 8741.

de mai à sept. : t.l.j.

www.mennoniteheritagevillage.com

Locomotive à vapeur au Mennonite Heritage Village

Selkirk ❸

9 800. Red River Tourism, 18 Main St (204) 482 2022, 1 800 894 2621. www.interlaketourism.com

La ville, qui doit son nom au cinquième comte de Selkirk, Thomas Douglas, dont la famille avait des intérêts dans la Compagnie de la baie d'Hudson, a été fondée en 1882 par des colons qui atteignirent la rivière Rouge. Elle est surtout connue aujourd'hui pour être un paradis de la pêche, ce que proclame la statue d'un poisson qui se dresse dans la rue principale.

Le Marine Museum of Manitoba expose six bateaux anciens restaurés, dont le *Keenora*, le plus vieux vapeur du Manitoba, qui date de 1897.

Lac Winnipeg ❹

Winnipeg. Winnipeg. Travel Manitoba (204) 945 3777, 1 800 665 0040.

www.travelmanitoba.com

Vaste étendue d'eau de plus de 400 kilomètres de long, le lac Winnipeg, et la Nelson qui s'en écoule, relie le sud du Manitoba à la baie d'Hudson, au nord. Aujourd'hui, ses rives sont bordées de stations balnéaires très fréquentées par les habitants de la région et les touristes.

La rive sud-est est une succession de plages. Winnipeg Beach, notamment, est réputée être l'une des meilleures pour la planche à voile. Là, dans un parc, se dresse une impressionnante tête d'Amérindien sculptée dans le bois par Peter « Wolf » Toth, un artiste de la région. Baptisée *Whispering Giant* – « Géant qui murmure » –, elle rend hommage aux premiers habitants du Manitoba : Ojibwés, Cris et Assiniboines.

Dans le **parc provincial de Grand Beach**, de longues plages de sable blanc côtoient d'énormes dunes couronnées d'herbe et hautes de plus de 8 mètres. Au-delà des plages s'étend l'un des trésors du parc : une lagune peuplée de nombreux oiseaux, entre autres le pluvier siffleur, une espèce menacée.

À l'ouest du lac, **Oak Hammock Marsh**, autre zone marécageuse, sert d'habitat à une riche faune, dont 280 espèces d'oiseaux.

Bateaux historiques devant le Marine Museum of Manitoba, à Selkirk

***Whispering Giant*, sculpture en bois de cèdre, à Winnipeg Beach**

Plus au nord, le **parc provincial de Hecla** regroupe plusieurs îles. Une chaussée relie Hecla Island, qui était habitée à l'origine par les Anishinabes (Ojibwés), au rivage. Les premiers colons européens, des Islandais, arrivèrent en 1875. Au bord du lac, le village de Hecla est aujourd'hui un splendide musée en plein air avec ses édifices du XIXe siècle remis en état. Plusieurs sentiers de randonnée et pistes cyclables menant à des points d'observation du gibier d'eau – notamment les grands hérons et le rare grèbe élégant – en partent.

Parc provincial de Grand Beach
Autoroute 12, près de Grand Marais.
(204) 754 5040. t.l.j. partiel.

Parc provincial de Hecla
Autoroute 8, près de Riverton.
(204) 378 2945. t.l.j.

Gimli 5

2 100. Centre St (204) 642 7974.

Sur la rive ouest du lac Winnipeg, Gimli possède la plus grande communauté islandaise hors d'Islande. En 1875, ayant obtenu le droit de s'établir, les colons arrivèrent non loin, à Willow Creek. Ils proclamèrent bientôt un État indépendant qui dura jusqu'en 1881. Le gouvernement insista alors pour que d'autres immigrants puissent s'installer à Gimli. Cette histoire hors du commun est expliquée au **New Iceland Heritage Museum**.

Gimli baigne dans une atmosphère résolument nautique avec ses trottoirs pavés qui descendent au port pittoresque et sa jetée en bois. Le festival islandais du Manitoba s'y tient tous les ans en août. On peut se déguiser en Viking, participer à des jeux, écouter de la musique folklorique et déguster des spécialités islandaises.

À environ 25 kilomètres à l'ouest de Gimli, la Narcisse Wildlife Management Area est une réserve pour des milliers de couleuvres à flancs rouges que l'on peut observer l'été sur une courte piste tracée à cet effet.

Statue de Viking au village de Gimli

New Iceland Heritage Museum
Betel Waterfont Centre, Unit 108, 94 First Ave. *(204) 642 4001.*
de 9 h à 17 h du mer. au ven., de 11 h à 17 h sam. et dim.

Portage la Prairie 6

13 400. 11 Second St N.E. (204) 857 7778

Cette ville rurale prospère se trouve au centre d'une riche région agricole où poussent blé, orge et colza. Son nom vient de ce qu'elle était un relais de portage entre le lac Manitoba et l'Assiniboine, voie navigable souvent empruntée par les premiers voyageurs. Le Fort La Reine Museum et Pioneer Village occupent l'emplacement du fort construit en 1738 par l'explorateur français La Vérendrye. Les outils et photos du musée évoquent la vie dans les Prairies au XIXe siècle. Une exposition très visitée sur le chemin de fer montre un fourgon dans lequel voyageaient les ouvriers, une cabane de gardien et le wagon personnel de sir William Van Horne, maître d'œuvre du Canadian Pacific Railroad. Quant au Pioneer Village, avec ses magasins d'époque et son église, il restitue bien l'ambiance d'une colonie du XIXe siècle.

Le Pioneer Village, sur le site de Fort La Reine, à Portage la Prairie

Parc national de Riding Mountain ❼

Autoroutes 10 et 19. *(204) 846 7275.* *t.l.j.* *partiel.*
www.pc.gc.ca

Vaste étendue sauvage de 3 000 kilomètres carrés, le parc national de Riding Mountain constitue l'un des principaux attraits de l'ouest du Manitoba. Les meilleurs sentiers de randonnée et certains des plus beaux paysages de la province se trouvent au centre du parc, un plateau boisé parsemé de lacs. À l'est s'étire une crête couverte d'une forêt de résineux – épicéas, pins et sapins –, domaine des wapitis et des orignaux. Un petit troupeau d'une trentaine de bisons vit près du lac Audy. Exterminés par les chasseurs à la fin du XIXe siècle, ils ont été réintroduits dans les années 1930.

Les alentours de la localité de Wasagaming sont le seul secteur avec quelques équipements : on y trouvera des informations sur le réseau de pistes cyclables, sentiers de randonnée et allées cavalières, ainsi que des canoës à louer pour explorer le lac Clear, le plus grand du parc.

Bison du petit troupeau du parc national de Riding Mountain

La localité de Wasagaming dispose également d'hôtels, restaurants et de camping.

Dauphin ❽

8 800. 3rd Ave *(204) 622 3140.*

Agréable ville aux rues bordées d'arbres, Dauphin a été baptisée en référence au fils aîné du roi de France par l'explorateur français La Vérendrye. Située au nord du parc national de Riding Mountain, elle constitue un centre d'approvisionnement pour les fermes de la fertile vallée de la Vermilion. En ville, le Fort Dauphin Museum est la reconstitution d'un poste de traite du XVIIIe siècle. On y verra un canoë en écorce de bouleau comme en utilisaient les trappeurs et plusieurs édifices essentiels pour les pionniers : une église, une école et une forge.

De nos jours, le dôme bulbeux caractéristique de l'église de la Résurrection révèle la présence de la communauté ukrainienne, dont les premiers représentants arrivèrent à Dauphin en 1891.

Yorkton ❾

17 000. jonction des autoroutes 9 et 16 *(306) 783 8707, 1 877 250 0454.*
www.tourismyorktown.com

Au centre de la Saskatchewan, Yorkton était à l'origine – en 1882 – une communauté rurale. L'architecture originale de églises reflète son patrimoine ukrainien, notamment l'église catholique Saint Mary's bâtie en 1914. Elle vaut la visite pour sa coupole de 21 mètres de haut, ses icônes et ses peintures étonnantes. La section locale du **Western Development Museum** est consacrée à l'histoire des immigrants de la région.

Western Development Museum
Yellowhead Hwy. *(306) 783 8361.*
de mai à mi-sept. : t.l.j.

La magnifique coupole de l'église catholique Saint Mary's à Yorkton

L'élégante façade de Motherwell Homestead

Fort Qu'Appelle ❿

2 000. *Regina (306) 789 5099.*

Cette ville pittoresque, située entre Regina et Yorkton sur l'autoroute 10, doit son nom à un poste de traite des fourrures de la Compagnie de la baie d'Hudson ouvert en 1864. **Fort Qu'Appelle Museum**, à l'emplacement du fort d'origine, englobe une petite dépendance qui en faisait partie. Il présente entre autres des objets amérindiens ornés de perles et une collection de photos de pionniers.

La Qu'Appelle, longue de 430 kilomètres, arrose les deux tiers du sud de la Saskatchewan. À Fort Qu'Appelle, la rivière s'élargit en un chapelet de huit lacs que bordent plusieurs parcs provinciaux. Les routes touristiques qui traversent la campagne sont un des nombreux attraits de la vallée.

À une trentaine de kilomètres à l'est de Fort Qu'Appelle, le **Lieu historique national de Motherwell Homestead**, ouvert au public, est une élégante maison de pierre entourée de vastes jardins d'agrément. Elle a été construite par William R. Motherwell, nommé ministre de l'Agriculture de la Saskatchewan de 1905 à 1918.

Fort Qu'Appelle Museum
à l'angle de Bay Ave et Third St.
(306) 332 6033. *mai à juin : du lun. au ven. ; juil. à août. : t.l.j. ; d'oct à avr. : sur RDV seul.* *partiel.*

Motherwell Homestead
Autoroute 22. *(306) 333 2116.*
de mai à oct. : t.l.j. *partiel.*

Regina 11

300 000. Autoroute 1 E. (306) 789 5099, 1 800 661 5099. www.tourismregina.com

La capitale de la Saskatchewan est accueillante et animée. La princesse Louise, fille de la reine Victoria et épouse du gouverneur général du Canada, la baptisa Regina en hommage à sa mère. Jusqu'en 1882, c'était un simple camp de tentes appelé Pile O'Bones, « tas d'os », car les Cris laissaient là les os de bison après la chasse.

Regina est aujourd'hui une ville moderne prospère dont les hautes tours contrastent avec les 350 000 arbres du Wascana Centre, 930 hectares d'espaces verts en pleine ville, avec un lac artificiel. Au milieu de celui-ci, Willow Island, desservie par un bateau, est idéale pour pique-niquer. Le parc est le refuge d'une soixantaine d'espèces d'oiseaux, notamment des bernaches du Canada. Il abrite par ailleurs le **Royal Saskatchewan Museum**. Cet intéressant musée traite de l'histoire des Amérindiens depuis leur arrivée jusqu'à nos jours au travers de conférences données par les anciens sur la terre et ses ressources, et de peintures murales, sculptures et tableaux d'artistes contemporains, originaires ou non de la province.

Peinture murale dans le centre-ville de Moose Jaw

Bernache du Canada à Wascana Centre

Le premier quartier général de la North West Mounted Police est situé à l'ouest du centre-ville. Maintenant, on y assure la formation de toutes les recrues du pays. On y trouve aussi le **RCMP Centennial Museum**. Il fournit des informations sur l'histoire de la Police montée depuis sa création après le massacre de Cypress Hills en 1873 *(p. 245)*. Il ne faut pas manquer les cérémonies et les manœuvres, notamment la parade du sergent-major, le carrousel musical et les cérémonies de retraite au coucher du soleil.

Royal Saskatchewan Museum
à l'angle d'Albert St et College Ave. (306) 787 2810. t.l.j. 25 déc. www.royalsaskmuseum.ca

RCMP Centennial Museum
Dewdney Ave W. (306) 780 5838. t.l.j. www.rcmpmuseum.com

Moose Jaw 12

34 500. 99 Diefenbaker Dr. (306) 693 8097, 1 866 693 8097.

Cette ville paisible a été fondée en 1882. Elle fut d'abord le terminus du Canadian Pacific Railroad, puis de l'American Soo Line en provenance de Minneapolis, dans le Minnesota. Un ensemble de peintures murales en hommage à la vie des premiers pionniers et colons du rail orne aujourd'hui 29 bâtiments du centre-ville, autour de First Avenue. Non loin, les hôtels et entrepôts des années 1920, concentrés dans River Street, témoignent de l'époque où Moose Jaw était la « cité du péché » : lors de la prohibition, des gangsters aussi célèbres qu'Al Capone faisaient passer de l'alcool fabriqué illégalement du Canada aux États-Unis.

La section locale du Western Development Museum est consacrée aux transports, en particulier au chemin de fer.

Parade des cadets de l'école de la Police montée à Regina

Danse traditionnelle lors d'un pow-wow à Saskatoon

Saskatoon ⓭

231 420.
6306 Idylwyld Dr. N. (306) 242 1206, 1 800 567 2444.
www.tourismsaskatoon.com

Ancienne communauté méthodiste fondée en 1882 par John Lake, originaire d'Ontario, Saskatoon est située au cœur des Prairies. C'est aujourd'hui un centre commercial et agricole très actif grâce aux nombreux éleveurs et cultivateurs de blé des alentours. On en saura plus sur l'histoire de la région en se rendant à la section locale du Western Development Museum : l'accent est mis sur l'essor urbain au cours du XXe siècle, au moyen de la reconstitution d'une rue animée d'une ville typique des Prairies.

La South Saskatchewan, rivière qui traverse la ville, est bordée de plusieurs parcs verdoyants, dont le magnifique **Wanuskewin Heritage Park** de 120 hectares, consacré à l'histoire des premiers Amérindiens. Ses nombreux sites archéologiques attestent la présence de communautés de chasseurs-cueilleurs il y a 6 000 ans. Certains chantiers de fouilles sont ouverts au public et les recherches en cours sont expliquées au laboratoire d'archéologie de l'excellent centre d'interprétation. Les peuples des plaines du Nord font office de guides. Des sentiers très praticables mènent à des cercles de tipis, à des pistes de bisons et à une « culbute à bisons » *(p. 294)*.

Situés au bord de la rivière, l'Ukrainian Museum of Canada présente des tissus traditionnels aux couleurs vives, et la Mendel Art Gallery, des collections de poterie et de verrerie des premiers Amérindiens et des Inuits.

Wanuskewin Heritage Park

par l'autoroute 11. *(306) 931 6767.* *t.l.j.* *ven. saint, 25 déc.* *partiel.* *www.wanuskewin.com*

Parc national des Prairies ⓮

jonction des autoroutes 4 et 18.
Val Marie (306) 298 2257.
Val Marie. *t.l.j.* *partiel.*
www.pc.gc.ca

Au sud-ouest de la Saskatchewan, le parc national des Prairies (Grasslands National Park) a été créé en 1988 pour protéger une des dernières prairies originelles d'Amérique du Nord. Il y règne des températures extrêmes : jusqu'à 40 °C l'été et - 40 °C l'hiver. Cet environnement recèle une faune rare, comme l'iguane pygmée à petites cornes et la buse rouilleuse. La rocailleuse vallée de la Frenchman est le dernier habitat du chien de prairie du Canada. On peut faire des randonnées et camper dans le parc, mais les équipements sont sommaires.

Chien de prairie

À l'est du parc, les **Big Muddy Badlands** offrent un paysage glaciaire impressionnant. Au début du XXe siècle, les cavernes de calcaire érodé et les ravins profonds servirent de cachette aux voleurs de bétail comme Butch Cassidy et Dutch Henry.

Big Muddy Badlands

par l'autoroute 34. *(306) 267 3312.* *Excursions l'été depuis Coronach.*

Les buttes isolées à sommet plat des Big Muddy Badlands, vues depuis le parc national de Grasslands

Parc interprovincial de Cypress Hills 15

Autoroute 41. (403) 893 3777. Maple Creek. t.l.j. partiel. www.cypresshills.com

À cheval sur la frontière de la Saskatchewan et de l'Alberta, le parc interprovincial de Cypress Hills offre de belles vues des plaines depuis ses sommets hauts de 1 400 mètres. Ses paysages ressemblent à ceux des contreforts des Rocheuses, couverts de fleurs sauvages et plantés de forêts de pins dont les Indiens faisaient les mâts de leurs tipis. Les randonneurs les plus chanceux pourront y observer wapitis, orignaux et caribous, ainsi que certaines des quelque 200 espèces d'oiseaux qui y font halte pendant la migration.

À l'est du parc, dans la Saskatchewan, le **Lieu historique national de Fort Walsh** est une reconstitution du fort bâti en 1875 par la Police montée pour éloigner les trafiquants de whisky qui semaient le désordre chez les Indiens. On a reconstruit à proximité les postes de traite de Farwells et Solomons, impliqués dans ce commerce illicite. Des guides en costume d'époque relatent l'histoire du massacre de Cypress Hills.

Lieu historique national de Fort Walsh

Parc interprovincial de Cypress Hills. (306) 662 2645. de mai à oct. : de 9 h à 17 h t.l.j.

Maple Creek 16

2 300. autoroute 1 (306) 662 2244.

À la lisière des Cypress Hills, Maple Creek, surnommée affectueusement le « vieux patelin », était un centre d'élevage à sa création en 1882. Encore aujourd'hui, ses rues pleines de camions et de caravanes où l'on croise des ranchers coiffés du Stetson donnent l'impression d'être au Far West. De nombreuses façades du XIXe siècle ont été conservées, comme celle du Commercial Hotel, dont le hall est dallé de marbre. Le plus vieux musée de la province, le Saskatchewan Old Timers' Museum, est fier de ses excellentes collections qui évoquent les événements marquants de la région.

Un pont métallique enjambe l'Oldman River à Lethbridge

Medicine Hat 17

52 000. 8 Gekring Rd S.O. (403) 527 6422, 1 800 481 2822. www.tourismmedicinehat.com

Dans la pittoresque vallée de la South Saskatchewan, cette ville fondée en 1883 est le centre de l'industrie du gaz en Alberta. Elle est célèbre pour Seven Persons Coulee, un important camp amérindien et « culbute à bisons », qui est un site archéologique majeur des plaines du Nord.
Les trouvailles – ossements, outils et pointes de flèche – attestent une présence humaine ici il y a plus de 6 000 ans. Des visites guidées sont organisées sur le site.

Lethbridge 18

72 000. 2805 Scenic Dr. S. (403) 331 0022, 1 866 213 4070. www.lethbridge.com

C'est sur le charbon, le pétrole et le gaz que repose la réussite de Lethbridge. La troisième ville d'Alberta, au bord de l'Oldman River, porte le nom de William Lethbridge, propriétaire de mines en 1885, mais le site a été habité par les Amérindiens, notamment les Pieds-Noirs, depuis la préhistoire.

Le célèbre Fort Whoop-up a été fondé en 1869 par les marchands de whisky John Healy et Alfred Hamilton dans le seul but de tirer profit de la vente illicite d'un whisky souvent meurtrier. Piégés par l'alcool, beaucoup d'Indiens furent empoisonnés ou même tués par la mixture à base de substances comme le tabac ou l'encre rouge. L'histoire du poste de traite est expliquée au centre d'accueil de la reconstitution du fort.

Le massacre de Cypress Hills

Deux Assiniboines, d'après une gravure de 1844

Le 1er juin 1873, un groupe de marchands de whisky attaqua un camp des Assiniboines, tuant femmes, enfants et guerriers, en représailles du vol présumé de leurs chevaux par les Indiens. Beaucoup d'entre eux étaient déjà morts pour avoir bu leur alcool frelaté, mêlé à de l'encre ou de la strychnine. Le massacre entraîna la création de la North West Mounted Police, dont le premier poste fut Fort Macleod en 1874, puis Fort Walsh en 1875. La Police montée mit fin au trafic du whisky.

Royal Tyrrell Museum ⑲

L'albertosaure sert de logo au musée

Inauguré en 1985, ce musée exceptionnel est le seul du Canada consacré à 4,5 milliards d'années d'histoire de la Terre. Les collections sont présentées en fonction de l'évolution, que l'on suit grâce aux dinosaures et aux fossiles de diverses périodes. Des présentations interactives sur ordinateur, des vidéos et des dioramas en trois dimensions ont permis de reconstituer des paysages préhistoriques précis et de faire revivre l'époque des dinosaures.

Mode d'emploi

A 838, 6 km au nord-ouest. de Drumheller. (403) 823 7707, 1 888 440 4240. Calgary. mai à oct. : t.l.j. ; nov. à avr. : du mar. au dim. www.tyrrellmuseum.com

Légende

- Salle du crétacé de l'Alberta
- Salle des seigneurs de la Terre
- Découvertes
- Burgess Shale
- Salle des dinosaures
- Bearpaw Sea
- Âge des reptiles
- Âge des mammifères
- Jardin du crétacé
- Paléozoïque terrestre
- Salle Discovery
- Galerie de l'âge de glace
- Locaux techniques

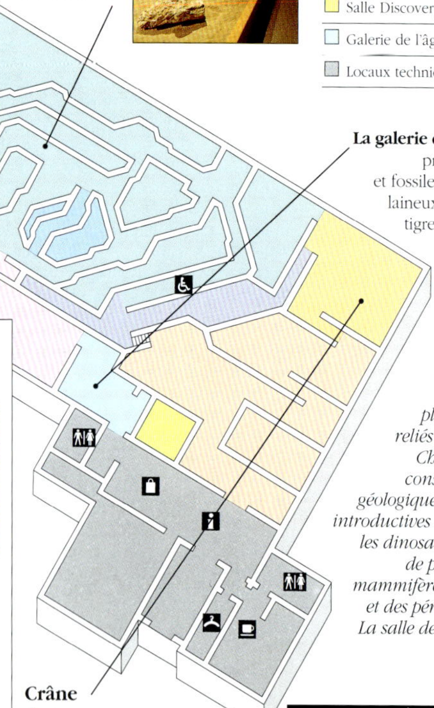

Salle des dinosaures

Un tyrannosaure domine près de 35 squelettes complets de dinosaures.

La galerie de l'âge de glace présente squelettes et fossiles de mammouths laineux, de bisons et de tigres à dent de sabre qui peuplaient l'Amérique du Nord.

Suivez le guide !

La collection est installée sur plusieurs niveaux reliés par des rampes. Chaque section est consacrée à une ère géologique. Les expositions introductives sur les fossiles et les dinosaures sont suivies de présentations des mammifères préhistoriques et des périodes glaciaires. La salle des dinosaures est la plus visitée.

Randonnées du musée

Excursion dans les Badlands

La plupart des restes de dinosaures du Royal Tyrrell Museum ont été découverts dans les Badlands de l'Alberta, un paysage aride de ravines et de promontoires abrupts. Le musée organise des visites guidées à la découverte du passé de l'Alberta. Les participants peuvent s'exercer aux fouilles.

Crâne de tyrannosaure

Ce tyrannosaure a été découvert dans la région de Crowsnest Pass, au sud-ouest de l'Alberta. La coloration noire est due à une réaction chimique survenue durant le processus de fossilisation.

Un sentier de randonnée très apprécié fait le tour du lac Astotin, le plus étendu du parc d'Elk Island

Parc provincial Dinosaur ⓴

Route 544. (403) 378 4342.
t.l.j. partiel.

À deux heures de route au sud-est de la ville de Drumheller, le parc provincial Dinosaur, créé en 1955 et inscrit au Patrimoine mondial de l'Unesco, contient l'un des gisements de fossiles les plus riches du monde. Situé dans la Red Deer Valley, il renferme des squelettes de dinosaures datant surtout du crétacé (il y a environ 67 millions d'années). Plus de 300 trouvailles d'importance ont été faites, et les spécimens sont exposés dans une trentaine d'instituts de par le monde.

La **Dinosaur Trail**, au départ de la localité de Drumheller, est un circuit de 48 kilomètres qui traverse la « vallée des dinosaures ». On verra des fossiles et divers objets relatifs à la préhistoire. Des points élevés comme Horseshoe Canyon offrent des panoramas étonnants des Badlands. Il est conseillé de réserver pour les circuits en bus et les randonnées.

Les *hoodoos*, ou cheminées de fée, sculptés par l'érosion

Dinosaur Trail
Drumheller (403) 823 1331.

Red Deer ㉑

72 000. Sport Hall of Fame, autoroute 2 (403) 346 0180.
www.tourismreddeer.com

À mi-chemin entre Calgary et Edmonton, cette localité animée, fondée en 1882 par des colons écossais, était à l'origine une ville d'étape. Moderne et dotée de bons équipements culturels et de loisirs, Red Deer est au cœur des espaces verts vallonnés du centre de l'Alberta. Elle possède quelques bâtiments intéressants comme l'église Saint Mary's et la Water Tower, surnommée l'« oignon vert ». La belle réserve de Waskasoo Park s'étend au bord de la rivière Rouge.

Parc national d'Elk Island ㉒

Autoroute 16. (780) 992 5790.
t.l.j. partiel.
www.pc.gc.ca

Créée en 1906, la première réserve faunique du Canada est devenue un parc national en 1913. Cet espace sauvage n'est qu'à une demi-heure de route d'Edmonton. Ses 194 kilomètres carrés offrent un habitat unique aux grands mammifères comme le wapiti, l'orignal, le bison des plaines et le bison des bois, plus rare et menacé. Alternance de prairies vallonnées, de bois de trembles et de zones humides, le parc possède l'un des écosystèmes les plus menacés d'Amérique du Nord.

Les trembles poussent surtout sur les collines, alors que baumiers, peupliers et bouleaux blancs préfèrent les terrains humides, tout comme les saules et les carex. Ces zones sont aussi le domaine d'une foule d'oiseaux, dont le bruant et la parutine jaune.

Excellent but d'excursion d'une journée au départ d'Edmonton, Elk Island est aussi appréciée des habitants de la région pour pique-niquer le week-end. Il existe 13 sentiers de randonnée de niveaux variés. Le parc offre un grand choix d'activités estivales et, l'hiver, le ski de fond est le sport le plus populaire.

Le palais des glaces à Edmonton

Edmonton ㉓

900 000. 9797 Jasper Ave (780) 496 8400, 1 800 463 4661. www.edmonton.com/tourism

Établie sur les deux rives de la North Saskatchewan, la capitale de l'Alberta a été fondée en 1795 avec d'autres postes de traite de la Compagnie de la baie d'Hudson. Elle est aujourd'hui au cœur de la florissante industrie pétrolière du Canada.

Dans le centre-ville, le gigantesque **West Edmonton Mall** renferme plus de 800 magasins et services, un parc d'attractions et un parc aquatique, une centaine de restaurants, un terrain de golf, un bowling, une patinoire et 27 salles de cinéma. Toujours dans le centre-ville et contrastant avec cette modernité, l'édifice raffiné de l'Alberta Legislature, inauguré en 1913, est le plus ancien de la province. Situé à l'emplacement de l'ancien Fort Edmonton, dominant la rivière, il est entouré d'un beau jardin.

Au sud-ouest du centre, à Fort Edmonton Park, où ont été reconstituées des rues de 1885 et 1920, le visiteur est replongé dans l'ambiance du fort originel de la Compagnie de la baie d'Hudson. On peut flâner parmi les boutiques d'antan, se promener en carriole, en train à vapeur ou en tramway. À l'ouest se trouve le Royal Alberta Museum, le musée d'histoire naturelle, et au nord-ouest l'Odyssium avec une salle Imax, un observatoire et le Star Theatre.

West Edmonton Mall

170th St et 87th Ave. (780) 444 5200. t.l.j.

Vegreville ㉔

5 300. au Pysanka géant (780) 632 6800 ou (780) 632 3100.

Sur la Yellowhead Highway, à l'est d'Edmonton, Vegreville est peuplée en majorité d'Ukrainiens. Les habitants sont réputés pour la fabrication d'œufs de Pâques richement décorés *(pysanki)*, dans la tradition ukrainienne. Un œuf gigantesque au décor fabuleux se voit nettement de la route : il est couvert de motifs élaborés en bronze, or et argent qui relatent l'histoire des colons ukrainiens et rend hommage à leur foi religieuse, à leurs abondantes moissons et à la protection que leur accorda la Police montée. Haut de 7 mètres, l'œuf se compose de plus de 3 500 morceaux d'aluminium.

Œuf de Pâques géant décoré dans la tradition ukrainienne à Vegreville

Parc national de Wood Buffalo ㉕

entrée principale : Fort Smith, Territoires du Nord-Ouest. (867 872 7900). t.l.j. www.pc.gc.ca

Avec une superficie de 44 807 kilomètres carrés, presque celle du Danemark, c'est le plus grand parc national du Canada. Les habitats variés qu'il offre à des espèces animales rares comme le bison des bois lui ont valu d'être inscrit en 1983 au Patrimoine mondial de l'Unesco.

On rencontre trois types d'environnements : de hautes terres boisées qui portent des traces d'incendie, un grand plateau mal drainé, parsemé de ruisseaux et de marais, et le delta de la Peace et de l'Athabasca, avec des prairies couvertes de carex, des étangs et des marécages. Il n'est pas rare de voir des faucons pèlerins et des grues blanches.

L'HISTOIRE DE GREY OWL

Le célèbre naturaliste connu sous le nom de Grey Owl – « Hibou gris » – se préoccupa d'écologie bien avant l'heure. Inspiré par Anahareo, son épouse mohawk, il écrivit en 1931 *Men of the Last Frontier*, le premier de ses livres à succès. La même année, il devint le naturaliste officiel du parc national du Prince-Albert. Il construisit sur les rives paisibles du lac Ajawaan une cabane d'où il gérait un programme pour la protection des castors. Quand il mourut d'une pneumonie en 1938, un journaliste fit sensation en révélant qu'il était anglais. Né à Hastings en 1888, Archibald Stansfield Belaney prit l'identité de Grey Owl quand il retourna au Canada après la Première Guerre mondiale. Il s'habillait de peaux de daim et tressait ses cheveux comme les Apaches. Son legs, la protection de la nature, est toujours bien vivant.

Grey Owl avec un castor

Parc national du Prince-Albert ㉖

Créé en 1927, le parc national du Prince-Albert couvre 3 875 kilomètres carrés d'étendues sauvages passant de la forêt de trembles des douces collines du sud aux épinettes et sapins de la forêt boréale au nord. La faune diffère en fonction de ces environnements : orignal, loup et caribou dans le nord, wapiti, bison et blaireau dans le sud. Les zones les plus accessibles sont le centre et les alentours des lacs Kingsmere et Waskesiu, sillonnés de sentiers de randonnée et de voies navigables pour les canoës. La ville de Waskesiu est le meilleur point de départ pour explorer le parc.

MODE D'EMPLOI

par l'A2. *(306) 663 4522.* *Nature Centre* *juil. et août : 10 h à 17 h t.l.j. ; juin et sept. : de 12 h à 16 h sam. et dim.* *www.parkscanada.gc.ca*

LÉGENDE

- Route principale
- Route secondaire
- Sentier de randonnée
- Cours d'eau
- Camping
- Aire de pique-nique
- Information touristique

La cabane de Grey Owl au bord du lac Ajawaan
Un sentier de randonnée de 40 km y mène.

Station balnéaire sur le lac Waskesiu
Le village de Waskesiu dispose de bonnes infrastructures d'accueil : magasins, hôtels et plage de sable.

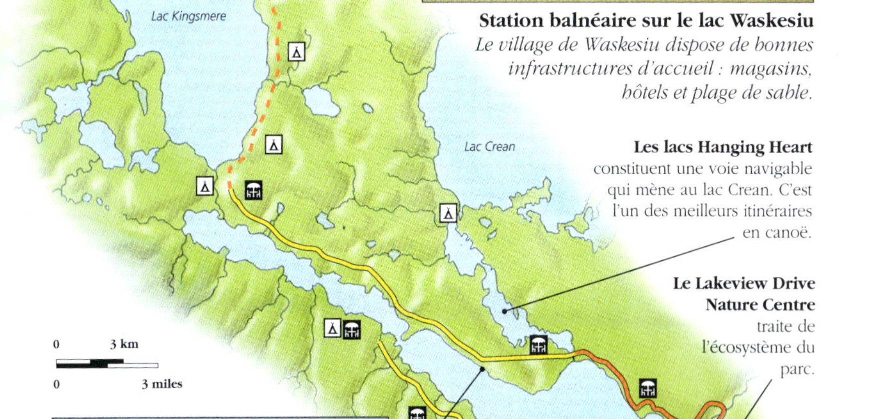

Les lacs Hanging Heart constituent une voie navigable qui mène au lac Crean. C'est l'un des meilleurs itinéraires en canoë.

Le Lakeview Drive Nature Centre traite de l'écosystème du parc.

Vue du lac Waskesiu
Le feuillage automnal de la forêt boréale autour du lac, vu de Kingsmere Road.

La Kingfisher Trail, sentier de 13 kilomètres longeant le lac Waskesiu, attire les promeneurs.

Affût de canon au Lieu historique national de Fort Battleford

The Battlefords 27

19 500. Centre d'accueil, jonction des autoroutes 16 et 40 (306) 445 2000, 1 800 243 0934. www.tourism.battlefords.com

Les villes de North Battleford et Battleford, qui se font face au bord de la North Saskatchewan, sont souvent appelées The Battlefords. Tirant son nom d'un gué de la Battle River, la région fut longtemps le théâtre de conflits entre les Pieds-Noirs et les Cris. L'un des premiers établissements d'importance à l'ouest, Battleford fut la capitale des Territoires du Nord-Ouest de 1876 à 1882. Aujourd'hui, c'est l'industrie qui fait vivre les deux villes, bien que la section locale du Western Development Museum soit consacrée à la vie rurale dans les Prairies.

Installée dans l'ancienne bibliothèque municipale, l'**Allan Sapp Gallery** expose des œuvres d'Allan Sapp, un artiste contemporain auteur de tableaux et de dessins colorés qui célèbrent les traditions du peuple Cri.

Entre les rivières Saskachewan et Battle se trouve le **Lieu historique national de Fort Battleford**, un fort de la Police montée restauré. La palissade entoure des bâtiments d'origine, avec le poste d'observation de la résidence du commandant et le quartier des officiers. Les baraquements, rénovés, abritent un musée. Des guides en costume d'époque évoquent la rébellion du Nord-Ouest, quand 500 colons se réfugièrent dans le fort.

Allan Sapp Gallery
1 Railway Ave. *(306) 445 1760.* *de 13 h à 17 h t.l.j.*

Lieu historique national de Fort Battleford
par l'autoroute 4. *(306) 937 2621.* *de mi-mai à mi-sept. : t.l.j. ; oct.-avr. : sur rendez-vous.*

Lieu historique national de Batoche 28

Route 225, par l'autoroute 312. *(306) 423 6227.* *de mai à oct. : t.l.j.*

En 1885, le village de Batoche fut le cadre de la dernière révolte des Métis menée par Louis Riel et Gabriel Dumont contre la garde nationale canadienne *(p. 45)*.

Dans l'Ouest, les marchands de fourrures avaient épousé des Amérindiennes dès le XVIIe siècle et adopté la langue et les coutumes des tribus.

Il en résulta une nouvelle communauté, les Métis, qui se soulevèrent dès 1869 dans la région de Winnipeg pour défendre les titres de propriété de leurs terres.

Quand le scénario se reproduisit en 1885, les Métis rebelles rappelèrent Riel de son exil dans le Montana pour proclamer un gouvernement provisoire à Batoche.

Les hostilités éclatèrent le 9 mai 1885, inaugurant la rébellion du Nord-Ouest. Riel se rendit, fut jugé pour trahison et pendu à Regina.

D'une superficie de 648 hectares, le parc historique national de Batoche occupe l'emplacement du village et du champ de bataille. Son centre d'interprétation présente un audiovisuel sur l'histoire de Batoche et la révolte des Métis.

L'église Saint-Antoine-de-Padoue et le presbytère au parc historique national de Batoche

Les ours polaires

« Seigneur de l'Arctique », l'ours polaire peut peser jusqu'à 700 kilos. En automne, les ours commencent à se regrouper autour de la baie à l'est de Churchill, en attendant que la glace se forme pour pouvoir chasser le phoque. Grâce à leur odorat développé, ils peuvent déceler la présence des phoques sous un mètre de neige et de glace et jusqu'à 32 kilomètres à la ronde.

À cette saison, il passe par Churchill jusqu'à 150 ours. Pour les observer en toute sécurité, le meilleur moyen est d'emprunter le buggy de la toundra, grand autocar chauffé et surélevé.

Le « seigneur de l'Arctique »

Duck Lake ㉙

670. 301 Front St (306) 467 2057. www.louisrieltrail.com

Un peu à l'ouest du petit village agricole de Duck Lake, une plaque commémore les premiers coups de feu tirés lors de la rébellion du Nord-Ouest. Le 26 mars 1885, une bagarre éclata entre un interprète de la Police montée et un émissaire Cri ; l'officier fut tué. L'incident fit 12 victimes chez les Mounties et 6 chez les Métis. C'est le thème des peintures murales du centre d'accueil de la ville.

The Pas ㉚

15 000. 324 Ross Ave (204) 623 7256.

Important poste de traite des fourrures il y a trois siècles, The Pas est aujourd'hui une plaque tournante pour la distribution et le transport dans le nord-ouest du Manitoba. Non loin, le parc provincial de Clearwater Lake tire ce nom de son lac qui serait si clair qu'on en verrait le fond, à 11 mètres. Un sentier de randonnée traverse les « grottes ». Ces énormes crevasses, servant d'abri à de nombreux animaux tels que l'ours noir, l'orignal, le loup et le renard, sont dues à un phénomène géologique ; les roches ont été détachées du littoral.

Flin Flon ㉛

7 200. Autoroute 10A (204) 687 4518.

Flin Flon doit ses rues en pente raide à ce qu'elle a été construite sur des roches du précambrien, contemporaines de la formation de la croûte terrestre, donc vieilles d'environ 3,8 milliards d'années. La région est célèbre pour sa néphrite, au vert remarquable. Des mines d'or et de cuivre sont également exploitées à Fin Flon, mais les visiteurs préfèrent les étendues sauvages du parc provincial de Grass River.

La Grass et ses affluents, qui s'élargissent en une multitude de lacs parsemés de chapelets d'îles, constituent depuis des siècles une voie commerciale utilisée par les Indiens, puis par les explorateurs et les marchands de fourrures européens pour se déplacer entre les forêts du nord et les Prairies. Des promenades guidées en canoë permettent de découvrir cet itinéraire historique, qui se prête également à la pêche au brochet, au touladi et au doré.

Churchill ㉜

1 100. 211 Kelsey Blvd (204) 675 2022.

À l'embouchure de la Churchill dans la baie d'Hudson, ce port a toujours l'allure d'une ville de pionniers rudimentaire, aux arbres rares, sans hôtels de luxe ni rues goudronnées. Le vaste paysage arctique est enneigé, sauf de juin à fin août. Churchill est accessible uniquement par avion ou train à partir de Winnipeg, Thompson et The Pas. Malgré son isolement, c'était un important point d'entrée au Canada pour les premiers explorateurs et marchands de fourrures européens au XVIIIe siècle. La Compagnie de la baie d'Hudson y installa un avant-poste en 1717.

Aujourd'hui, les visiteurs viennent observer les ours polaires, les bélugas et la splendide flore de la toundra. Au printemps et en automne, la couche de mousse, de lichen et de minuscules fleurs se transforme soudain en une symphonie de rouges, violets, et jaunes et l'été, les bélugas remontent le courant vers les eaux plus chaudes.

Panneau près de Churchill : danger, ours polaire

La Colombie-Britannique et les Rocheuses

Présentation de la Colombie-Britannique et des Rocheuses

Avec leurs forêts et lacs d'une beauté stupéfiante et leur grande variété de paysages, la Colombie-Britannique et les Rocheuses sont extrêmement touristiques. Les sommets pelés de ces dernières, au nord, contrastent avec les vergers et vignobles d'Okanagan Valley, au sud. Grâce à son climat tempéré, la Colombie-Britannique possède plus d'espèces végétales et animales que le reste du Canada.

Elle draine des milliers d'amoureux des loisirs de plein air. À l'ouest, l'île de Vancouver déploie ses charmes : une forêt pluviale très ancienne et l'impressionnant littoral du parc national de Pacific Rim. Entre l'océan Pacifique et la chaîne côtière, la ville de Vancouver est exceptionnellement attrayante. Elle est reliée par de bons moyens de transport au reste de la région, notamment à Calgary, à l'est.

La forêt pluviale séculaire du parc national de Gwaii Haanas, îles de la Reine-Charlotte

Éclairé par 3 000 ampoules, le parlement de Victoria, sur l'île de Vancouver, se reflète dans les eaux du port intérieur

VOIR AUSSI

- ***Hébergement*** p. 355-359
- ***Restaurants et cafés*** p. 375-379

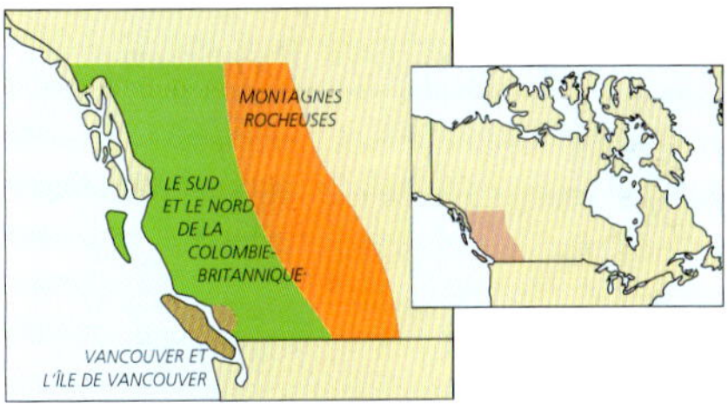

Le lac Émeraude, enchâssé dans les montagnes du parc national de Yoho, dans les Rocheuses

CIRCULER

La Transcanadienne (autoroute 1) est le seul grand axe entre Vancouver et le reste de la province. Elle traverse Fraser Canyon sur l'itinéraire de la ruée vers l'or et continue jusqu'en Alberta. Depuis Hope, trois routes desservent l'intérieur : la Coquihalla Highway mène à Kamloops ; l'autoroute 99 rejoint l'autoroute 97 qui va du nord au sud par Okanagan Valley ; l'autoroute 3 traverse la Colombie-Britannique d'est en ouest. VIA Rail suit un parcours touristique de Vancouver à Jasper et les autocars sillonnent toute la région.

0 100 km

0 100 miles

LÉGENDE

- Autoroute
- Route principale
- Cours d'eau
- Frontière provinciale

Les montagnes Rocheuses

Orchidée des Rocheuses

Les Rocheuses canadiennes sont une partie de la Cordillère nord-américaine, constituée il y a 120 à 15 millions d'années, large bande montagneuse qui s'étend du Mexique au Canada. On y trouve certains des plus hauts sommets du Canada, le champ de glace de Colombie (389 kilomètres carrés) et des lacs glaciaires. L'été, les fleurs sauvages tapissent les prairies alpines ; l'hiver, les pentes enneigées se prêtent aux sports d'hiver. La flore et la faune des Rocheuses canadiennes sont protégées dans plusieurs parcs nationaux. Les plus connus sont ceux de Banff, Jasper et Yoho *(p. 298-309)*, qui recèle les fameux fossiles des Burgess Shale.

Cartes de situation

Les Rocheuses canadiennes

Les sources chaudes de la rivière aux Liards se trouvent sur la fameuse Alaska Highway *(p. 260-261)*. Les eaux superficielles s'infiltrent dans les fentes et fissures jusqu'aux roches brûlantes de la croûte terrestre dont la température atteint 1 000 °C. La vapeur qui s'en dégage monte à la surface où elle se condense en eau.

***Les cheminées de fée**, nombreuses sur les hauteurs dénudées du parc provincial de Muncho Lake, à l'extrême nord des Rocheuses, sont des socles rocheux en forme de champignon sculptés par le vent et le sable.*

***De l'Icefields Parkway** (autoroute 93) – une route panoramique entre Jasper et Lake Louise, dans le parc national de Banff –, les sommets dentelés engendrés par la dernière phase de soulèvement, il y a 20 à 15 millions d'années, sont nettement visibles. Les chaînes plus anciennes, comme les Appalaches* (p. 19), *présentent un relief arrondi par une longue érosion.*

***Maligne Canyon** est une gorge de calcaire profonde de 50 mètres dans le parc national de Jasper. Elle a été formée par les eaux de fonte d'un glacier qui couvrait autrefois la vallée. La rivière Maligne se faufile aujourd'hui le long de cet étroit chenal creusé de plusieurs grottes souterraines.*

***Le Lewis Overthrust**, dans le parc national des Waterton Lakes, est un phénomène géologique dû à la poussée vers l'est des roches au cours de la formation des Rocheuses. Une masse faite de la couche sédimentaire inférieure des Rocheuses – appelée Lewis Thrust – se déposa alors sur les prairies.*

Les Burgess Shale dans le parc national de Yoho, lits de schiste argileux inscrits au Patrimoine mondial de l'Unesco, contiennent des fossiles du cambrien au permien, il y a 570 à 290 millions d'années. Les deux principales couches sont Walcott's Quarry et Mount Stephen, connu pour sa profusion de trilobites (crustacés du cambrien).

La formation des montagnes Rocheuses

Elle résulte de trois phénomènes principaux. Dans un premier temps, les plaques tectoniques se heurtèrent, provoquant un soulèvement de la croûte terrestre. Ensuite, la plaque pacifique, en s'enfonçant sous la plaque nord-américaine, provoqua la formation d'une chaîne de volcans à partir des roches en fusion de la croûte océanique. Enfin, suite à l'érosion due aux glaciations, aux rivières et au vent, des roches sédimentaires furent déposées sur la plaque nord-américaine, plissée par de nouveaux mouvements tectoniques il y a 50 à 25 millions d'années. Les sommets déchiquetés des Rocheuses témoignent de leur formation récente.

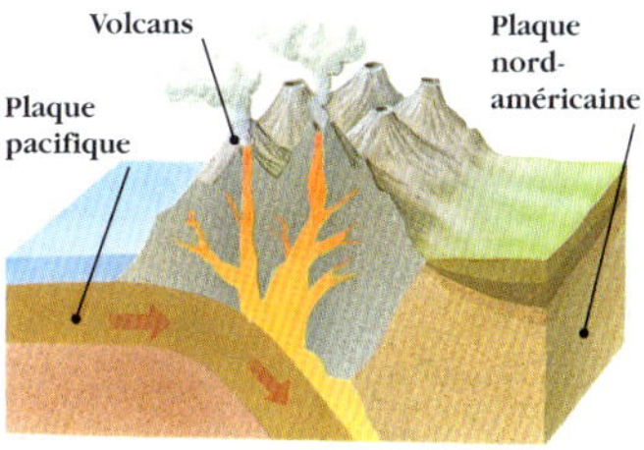

1 Il y a 150 millions d'années, la plaque pacifique, progressant vers l'est, s'est résorbée dans les roches en fusion des profondeurs de la plaque nord-américaine qui s'est soulevée pour créer la Cordillère.

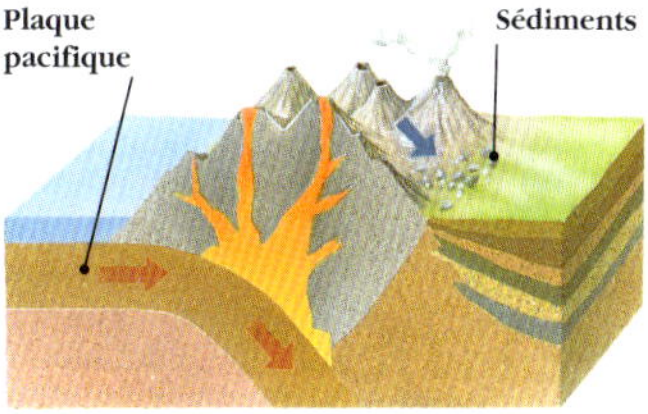

2 La Cordillère s'est érodée au cours de millions d'années et pendant les périodes glaciaires. Les sédiments ainsi formés se sont déposés à l'est de la chaîne de montagnes.

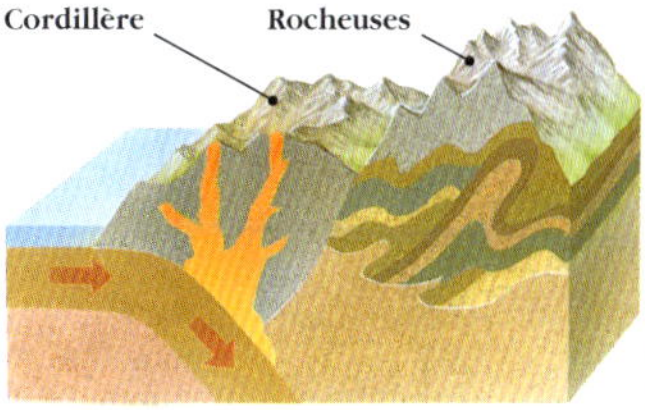

3 Il y a environ 50 millions d'années, la plaque pacifique, continuant son avancée, a repoussé la Cordillère vers l'est et comprimé les roches sédimentaires pour former les Rocheuses.

Forêts et faune du littoral de la Colombie-Britannique

Le cygne trompette *doit son nom à son cri claironnant. Il habite marais, lacs et rivières.*

De sa frontière avec les États-Unis, au sud, jusqu'à l'extrémité des îles de la Reine-Charlotte, au nord, le littoral de la Colombie-Britannique est une réserve naturelle fabuleuse. Le climat, tempéré par les eaux chaudes du Pacifique Nord, a permis le développement d'une forêt pluviale, domaine du cerf à queue noire, de l'ours noir et du couguar. Cette épaisse couverture d'arbres – les plus hauts du Canada (le douglas et l'épinette de Sitka peuvent atteindre 85 mètres) – s'étend aux nombreuses îles et autour des baies et criques, qui regorgent d'espèces végétales et animales.

LA FORÊT PLUVIALE TEMPÉRÉE
Les fortes précipitations et le climat doux ont favorisé l'émergence de luxuriantes forêts de thuyas, épinettes, pins, imposants douglas et épinettes de Sitka. Une grande variété de fougères, mousses et fleurs sauvages comme les orchidées couvrent le sous-bois ruisselant. Les écologistes font campagne pour protéger ces très vieilles forêts menacées d'abattage.

Le pygargue à tête blanche *est très répandu près des îles de la Reine-Charlotte où il fond sur les poissons dans l'océan. La région abrite la colonie la plus nombreuse de toute la Colombie-Britannique.*

L'ours argenté *ne vit que sur la côte de la Colombie-Britannique. Sous-espèce du baribal, il est agile pour attraper les saumons.*

L'arlequin plongeur *est petit et timide et le mâle porte des marques étonnantes. Bon nageur, il aime les rivières rapides et le ressac violent du Pacifique.*

Le cerf à queue noire*, le plus petit membre de sa famille, ne se rencontre que sur la côte du Pacifique Nord. Il est la proie du couguar dans la région.*

Le saumon

Cinq espèces de saumon du Pacifique vivent dans les eaux côtières de la Colombie-Britannique : rose, coho, chinook, nerka et kéta. Ils alimentent une des plus importantes pêcheries industrielles du monde. Les saumons du Pacifique ne frayent en rivière qu'une fois avant de mourir. Leur progéniture descend le courant jusqu'à la mer et s'y nourrit jusqu'à l'âge adulte, atteignant un poids allant de 7 à plus de 45 kilos. À la maturité, le saumon remonte le courant sur de longues distances pour retrouver la frayère où il est né.

***Le chinook** saute en remontant le courant à la saison du frai.*

***Le nerka**, à la chair ferme et savoureuse, est un produit vedette des pêcheries industrielles de Colombie-Britannique.*

Le littoral

Les eaux chaudes du Pacifique Nord abritent plus d'espèces que n'importe quelle autre zone côtière tempérée. Cette région se caractérise par ses milliers d'îles et de criques servant de refuges à des animaux de toutes sortes comme les baleines grises et à bosse, l'orque, la loutre de mer, le phoque et l'otarie de Steller.

***L'otarie de Steller** vit en colonies sur les côtes rocheuses de Colombie-Britannique. Ses membres antérieurs courts lui permettent de se mouvoir sur la terre.*

***Le goéland bourgmestre**, gros oiseau à dos gris, niche dans les falaises côtières et les nombreuses petites îles.*

***La loutre de mer**, chassée pour son épaisse fourrure, avait presque disparu. Elle est aujourd'hui très répandue au large de la Colombie-Britannique.*

***L'orque**, qui se nourrit d'autre mammifères, se plaît dans les eaux abritées à l'est de l'île de Vancouver et plus au nord, le long de la côte.*

La route de l'Alaska

Sa construction fut un véritable exploit. Une première route, qui serpentait sur 2 451 kilomètres à travers déserts, montagnes, tourbières et forêts, fut terminée en 1942, en 8 mois et 12 jours seulement. Reliant les États-Unis à l'Alaska en traversant la Colombie-Britannique, elle fut entreprise après l'attaque japonaise sur Pearl Harbor en 1941 pour assurer le ravitaillement militaire et défendre la côte nord-ouest de l'Alaska. La route d'origine, gravillonnée, est aujourd'hui remplacée par une autoroute à deux voies, en grande partie asphaltée. Les nombreux tournants étant peu à peu supprimés, sa longueur totale a diminué et elle couvre désormais 2 394 kilomètres.

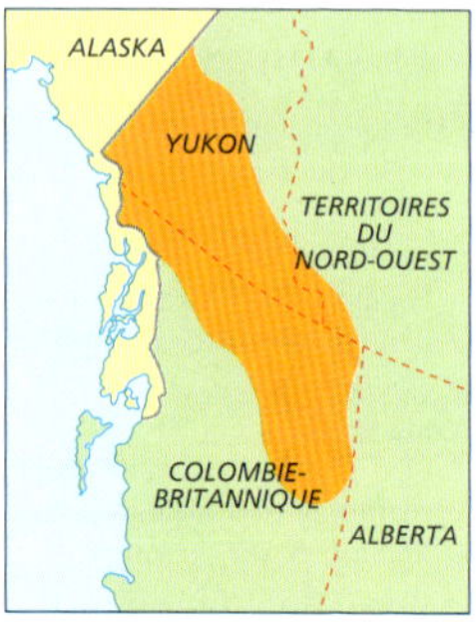

Carte de situation

Région couverte par la carte

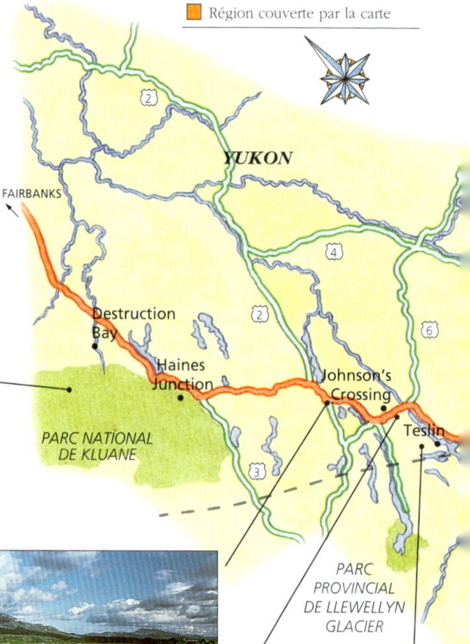

***Le parc national de Kluane**, à moitié couvert par les champs de glace, offre certains des paysages les plus spectaculaires au long de la route. Les monts Kluane comptent parmi les plus élevés du Canada.*

***Whitehorse**, au mile 910 de la route de l'Alaska, est la capitale du Yukon et le centre des industries forestière et minière de la province. Elle a gardé l'ambiance du temps des pionniers, avec les coyotes qui hurlent la nuit.*

Le mile historique 836 marque l'emplacement du projet Canol, un oléoduc construit le long de la route pour contribuer à l'effort militaire. Long de 965 kilomètres, il aboutit à une raffinerie à Whitehorse.

***Le lac Teslin**, dont le nom signifie « eaux longues et étroites » en tlingit, étire ses 130 kilomètres au pied des sommets enneigés que longe la route. La région attire chasseurs et pêcheurs de truites, ombles et brochets.*

***L'hiver**, la route de l'Alaska est souvent enneigée et endommagée par le gel. Des équipes d'entretien veillent à ce qu'elle soit praticable toute l'année.*

La construction de la route

La route de l'Alaska fut construite en moins de neuf mois par des hommes du génie militaire américain et des ouvriers canadiens du bâtiment. L'affiche de recrutement annonçait : « Ce n'est pas une partie de plaisir… Il faudra lutter contre les marécages, les rivières, la glace et le froid. Vous serez incommodés, voire blessés, par les mouches et les moustiques. Si vous n'êtes pas prêts à accepter ces conditions, NE VOUS PORTEZ PAS CANDIDAT. »

Les ouvriers logeaient dans des camps mobiles de l'armée qui avançaient avec le chantier. Quand une compagnie s'enlisait dans l'un des nombreux marécages, on plaçait des arbres entiers côte à côte sur lesquels on répandait du gravier pour la désembourber. Cinq couches furent parfois nécessaires.

Un camion enlisé attend la pose des rondins

Dans la vallée de la Peace, la route traverse des champs fertiles entre Dawson Creek et Fort St. John. Avant la construction du pont suspendu en 1943, les voyageurs franchissaient la rivière en bac.

Le mile historique 588 ou « Contact Creek » marque l'endroit où les deux équipes d'ouvriers, venues du nord et du sud, se rencontrèrent en 1942.

***Le premier des 10 000 panneaux** de la Sign Post Forest au lac Watson fut posé en 1942 par un G.I. nostalgique de Danville, sa ville natale dans l'Illinois.*

LÉGENDE

- La route de l'Alaska
- Autre route
- Parcs nationaux et provinciaux
- Frontière provinciale

VANCOUVER ET L'ÎLE DE VANCOUVER

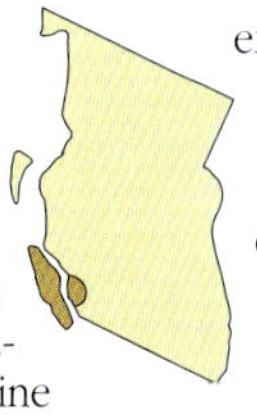

Faisant face aux eaux des détroits de Johnstone et Géorgie, Vancouver occupe un des plus beaux sites du monde. Les montagnes côtières offrent une majestueuse toile de fond à ses tours de verre et à ses gratte-ciel couronnés de cuivre. En 1778, le capitaine James Cook débarqua au détroit de Nootka sur l'île de Vancouver et revendiqua la région pour les Britanniques. Elle était habitée depuis plus de 10 000 ans par les Salishs de la côte, dont le patrimoine culturel est à l'honneur dans deux excellents musées : l'UBC Museum of Anthropology à Vancouver et le Royal BC Museum à Victoria. Fondée après qu'un incendie détruisit la toute jeune Granville en 1886, Vancouver ouvre aux visiteurs ses quartiers historiques et ses jardins luxuriants, ainsi que les parcs sauvages de ses environs. Sur l'île voisine de Vancouver, desservie par ferry, le parc national de Pacific Rim est mondialement connu comme un important centre d'observation des baleines au Canada.

LA RÉGION D'UN COUP D'ŒIL

VANCOUVER
(p. 264-277) 1-18

ÎLE DE VANCOUVER

Jardins et sites naturels
Butchart Gardens 20
Cowichan District 22
Port Renfrew 21
Telegraph Cove 29

Villes historiques
Campbell River 28
Chemainus 23
Gold River 26
Nainamo 24
Port Alberni 25
Victoria p. 278-283 19

Parc national
Parc national de Pacific Rim p. 286-287 27

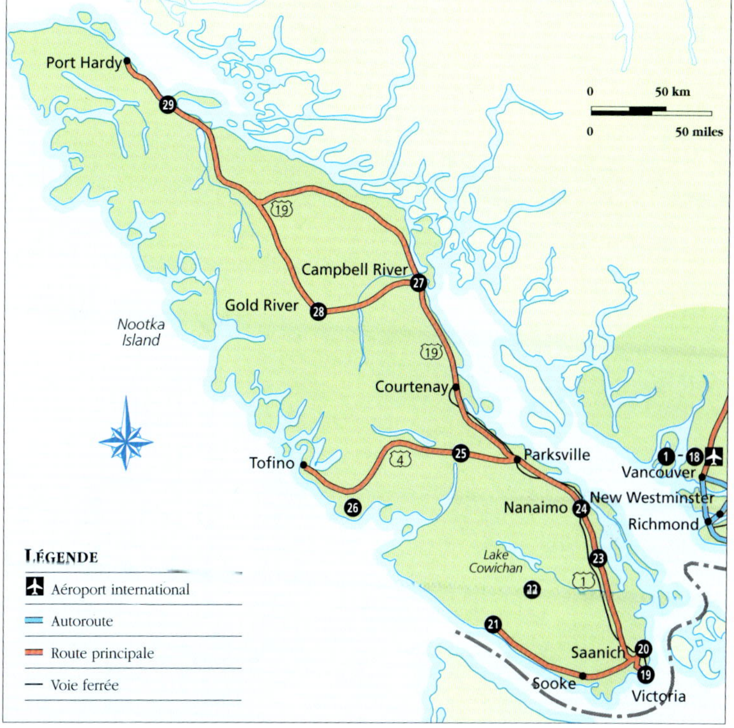

◁ **Serpent à deux têtes sculpté dans un mât totémique haida en bois de thuya, détail**

À la découverte de Vancouver

Le cœur de Vancouver bat autour de Robson Square, sur une mince langue de terre au milieu d'English Bay. Les 404,7 hectares de Stanley Park occupent l'extrémité de la péninsule, à côté du West End. Les quartiers historiques de Chinatown et Gastown sont proches de Main Street, l'axe nord-sud de la ville.

Vancouver d'un coup d'œil

Rues et édifices historiques

Chinatown 2
Old Hastings Mill Store 12

Parcs et jardins

Pont suspendu de Capilano 17
Dr. Sun Yat-Sen Chinese Garden 1
Grouse Mountain 16
Lighthouse Park 18
Lynn Canyon Park and Ecology Centre 15
Queen Elizabeth Park et Bloedel Conservatory 9
Stanley Park 13
Van Dusen Botanical Garden 10

Architecture moderne

BC Place Stadium 4

Musées et galeries

Maritime Museum 6
Science World 3
University of British Columbia Museum of Anthropology p. 274-275 11
Vancouver Art Gallery 5
Vancouver Museum et Pacific Space Centre 7

Achats

Granville Island 8
Lonsdale Quay Market 14

Légende

- Le port et Gastown p. 266-267
- Aéroport international
- Station du SkyTrain
- Gare routière
- Station du SeaBus
- Gare ferroviaire
- Information touristique
- Parc de stationnement
- Autoroute
- Route principale
- Rue piétonne

• ***Hébergement*** p. 355-357

• ***Restaurants et cafés*** p. 375-377

CIRCULER

Le centre-ville étant largement entouré par la mer, le vaste réseau de transports comprend le SeaBus, l'autobus et le SkyTrain, un métro automatique. Le SeaBus relie Lonsdale Quay (Vancouver Nord) à Waterfront Station (centre-ville), où la correspondance est assurée avec les autobus et le SkyTrain. Attention aux heures de pointe, car l'accès au centre-ville est limité à quelques ponts, comme le Lion's Gate Bridge, et les habitants de la périphérie sont nombreux à faire la navette en voiture.

Le port de Vancouver est dominé par les montagnes

Le port et Gastown pas à pas

Fermé par Columbia Street à l'est et Burrard Street à l'ouest, Gastown, l'un des plus vieux quartiers de Vancouver, fait face à l'anse de Burrard Inlet. Il s'est développé autour d'un saloon créé en 1867 par « Gassy » Jack Deighton, dont la statue se dresse dans Maple Tree Square. C'est aujourd'hui un charmant ensemble de rues pavées bordées de devantures et d'édifices restaurés du XIXe siècle. Boutiques et galeries élégantes se pressent dans les rues Powell, Carrall et Cordova, tandis que restaurants et cafés sont légion dans les ruelles, cours et passages. Un café très populaire occupe même la première prison de la ville. À l'angle de Water Street et Cambie Street, où se produisent les artistes de rue, l'horloge à vapeur siffle tous les quarts d'heure.

★ Canada Place
Sur le quai, cette merveille architecturale en verre aux toits en forme de voiles blanches abrite un hôtel, deux salles de congrès et un terminal pour les bateaux de croisière.

Le SeaBus
Offrant de magnifiques vues du port, ce catamaran relie Waterfront Station, dans le centre, et Lonsdale Quay, à Vancouver Nord, de l'autre côté du Burrard Inlet.

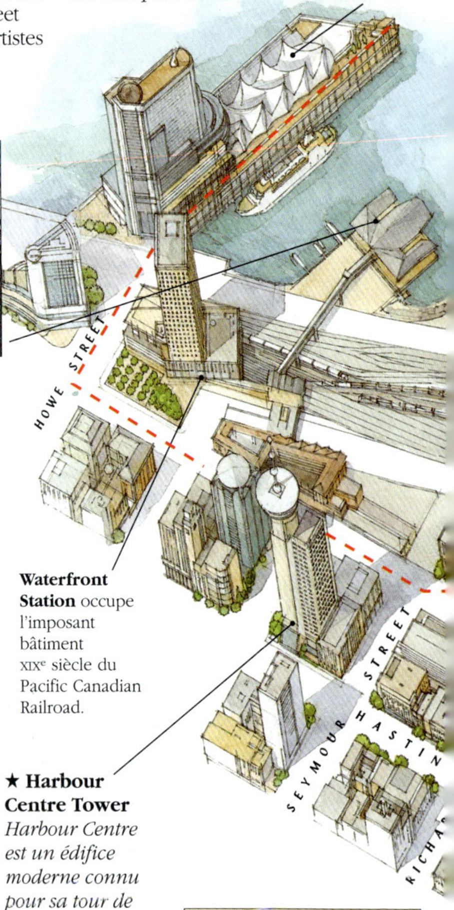

Waterfront Station occupe l'imposant bâtiment XIXe siècle du Pacific Canadian Railroad.

★ Harbour Centre Tower
Harbour Centre est un édifice moderne connu pour sa tour de 167 mètres. Par temps clair, la vue s'étend jusqu'à Victoria, sur l'île de Vancouver.

À NE PAS MANQUER

- **★ Canada Place**
- **★ La Harbour Centre Tower**

Water Street
Water Street, où s'alignent boutiques et cafés, donne un bon aperçu du charme désuet de Gastown avec ses lampadaires à gaz et ses pavés.

Carte de situation
voir carte p. 264-265

Horloge à vapeur
Fabriquée dans les années 1870, elle serait la première horloge du monde actionnée à la vapeur.

Statue de « Gassy Jack »
Gastown tire son nom du sobriquet donné à Jack Deighton, un marin anglais connu pour son abattage (gassy veut dire bavard), qui ouvrit ici un bar pour les ouvriers d'une scierie voisine.

La galerie d'art inuit de Water Street offre un excellent choix d'objets originaux tels que bijoux et peintures.

Powell Stret, remplie de petites galeries et de boutiques à la mode, est une rue très agréable pour « magasiner ».

Hotel Europe
À l'angle d'Alexander Street et Powell Street, cet étonnant bâtiment construit en 1908-1909 rappelle le Flatiron de New York. Hôtel à l'origine, c'est maintenant un immeuble résidentiel.

Légende

Itinéraire conseillé

Pavillon chinois du Dr. Sun Yat-Sen Classical Chinese Garden

Dr. Sun Yat-Sen Classical Chinese Garden ❶

578 Carrall St. *(604) 662 3207.* et *Gare centrale.* *19, 22.* *Terminus Downtown.* *de 10 h à 16 h 30 t.l.j* *lun., 25 déc., 1er jan.* *www.vancouverchinesegarden.com*

L'agitation du centre-ville semble loin dans cette reconstitution d'un jardin vieux de huit siècles de la dynastie Ming ouverte en 1986. Sa sérénité est fondée sur les vieux principes du taoïsme visant à l'équilibre harmonieux des forces opposées de l'homme et de la nature. Il a été construit par plus de 50 artisans qualifiés venus de Suzhou, la cité-jardin de la Chine ; ils n'employèrent que des techniques et des outils traditionnels. Tous les pavillons et les allées couvertes sont en matériaux importés de Chine. Le thé de Chine gracieusement offert met un point d'orgue au délassement. Plantes et arbres symbolisent les différentes vertus : le saule évoque la grâce féminine, le prunier et le bambou, la force virile.

Chinatown ❷

Pender St. *lignes d'East Hastings et East Pender St.*

Le quartier chinois de Vancouver est plus vieux que la ville elle-même. La première vague d'immigrants débarqua au Canada en 1858 lors de la ruée vers l'or. Dans les années 1880, les ouvriers chinois arrivèrent plus nombreux encore pour construire les voies ferrées du Canadian Pacific Railway. L'actuelle Chinatown, qui s'étend de Carrall Street à Gore Street, accueille toujours chaleureusement les nouveaux immigrants asiatiques.

Enseigne à Chinatown

Depuis que le quartier a été classé en 1970, ses maisons, remarquables par leurs toits sophistiqués et leurs balcons couverts, ont été restaurées. Pender Street, la rue principale, est idéale pour admirer les détails architecturaux des étages supérieurs, notamment les balcons de bois peints, très ornés. Les panneaux aux caractères chinois colorés renforcent l'authenticité de l'atmosphère.

Impossible d'échapper à la nourriture ! On peut acheter un canard appétissant, assister à la fabrication ultrarapide de pâtés épicés *(won ton)* ou déguster les nombreux plats offerts par tous les bons restaurants. La diversité des magasins est étonnante : boulangeries vendant de petits pains salés et sucrés, herboristeries traditionnelles, bijouteries spécialisées dans le jade. Les salons de thé seront des refuges appréciés à la foule, tout comme le Dr. Sun Yat-Sen Classical Chinese Garden : on y sert thé et pâtisseries, et les soirs d'été, des concerts hebdomadaires de musique chinoise y sont donnés à la douce lumière des lampions.

Science World ❸

1455 Quebec St. *(604) 268 6363.* *Gare centrale.* *Gare centrale.* *de 10 h à 17 h du lun. au ven., de 10 h à 18 h sam. et dim.* *25 déc.* *www.scienceworld.bc.ca*

Dominant les eaux de False Creek près de la gare ferroviaire de Main Street, le dôme miroitant de 47 mètres conçu pour Expo '86 par l'inventeur américain

Cette impressionnante sphère abrite Science World, un musée très interactif

R. Buckminster Fuller est l'un des monuments les plus frappants de la ville. Il symbolise la terre, et, depuis 1989, il abrite Science World. Les visiteurs peuvent exercer leurs talents d'inventeurs dans l'Eureka Gallery, s'envoler à bord du Vancouver Flyer, un manège mû par des hélices, faire un voyage tactile à travers les squelettes et fourrures d'animaux de la Sara Stern Search Gallery ou s'abandonner aux mirages optiques de l'Illusion Gallery. Quant aux 2 à 6 ans, ils adoreront l'espace ludique et pédagogique multicolore de la KidSpace Gallery.

Le musée est aussi réputé pour son cinéma Omnimax, situé en haut de la coupole. Il passe sur écran géant des scènes aériennes se déroulant dans les spectaculaires paysages de l'Everest ou du Grand Canyon.

BC Place Stadium ❹

777 Pacific Blvd. S. (604) 669 2300. Stadium. variable, en fonction des manifestations. de mai à oct. : du mar. au ven. www.bcplacestadium.com

Se détachant au-dessus des toits de Vancouver, le dôme de toile blanche du BC Place Stadium a souvent été comparé à une gigantesque guimauve. Lors de son inauguration en 1983, c'était le premier stade couvert du Canada, doté de la plus grande structure gonflable du monde. Réputé pour son adaptabilité, il peut en quelques heures passer d'un terrain de football d'une capacité de 60 000 spectateurs à une salle de concerts de 30 000 places.

La reine Élisabeth II et le pape Jean-Paul II font partie de ses visiteurs de marque. Lors d'une visite guidée des coulisses – vestiaires, terrain de jeu et salles de presse –, vous aurez peut-être la chance d'apercevoir quelques vedettes. Le stade comprend aussi le **BC Sports Hall of Fame and Museum**, consacré à l'histoire des grands sportifs de la région.

Le grand dôme blanc du British Columbia Place Stadium

BC Sports Hall of Fame and Museum

BC Place Stadium. (604) 687 5520. de 10 h à 17 h t.l.j.

Vancouver Art Gallery ❺

750 Hornby St. (604) 662 4719. Gare centrale. Gare centrale. 3. de 10 h à 17 h 30 lun., mer., du ven. au dim. ; de 10 h à 21 h mar., jeu. www.vanartgallery.bc.ca

Elle occupe l'ancien palais de justice de Colombie-Britannique, monument conçu en 1906 par Francis Rattenbury, l'architecte des édifices néogothiques du parlement de Victoria et de l'Empress Hotel *(p. 278)*. L'intérieur a été modernisé en 1983 par Arthur Erikson, un autre architecte de renom, à qui l'on doit l'UBC Museum of Anthropology *(p. 274-275)*.

La façade victorienne de la Vancouver Art Gallery

La Vancouver Art Gallery, dont le fonds permanent compte 8 000 œuvres, présente une impressionnante collection d'art canadien et international, dû aux pionniers comme aux figures majeures de l'art contemporain, et en particulier le plus grand ensemble au monde de peintures d'Emily Carr, native de Colombie-Britannique. Les visiteurs ont le choix entre conférences, visites guidées, sites d'interprétation, centres pédagogiques, avant de prendre un rafraîchissement à la cafétéria ou de faire leurs emplettes au Gallery Store.

Maritime Museum ❻

1905 Ogden Ave. (604) 257 8300. Gare centrale. de fin mai à août : t.l.j. ; de sept. à mi-mai : du mar. au dim. 25 déc. www. vancouvermaritimemuseum.com

Célébrant le passé de Vancouver comme port et centre de commerce, le Maritime Museum a pour vedette le *Saint-Roch*, une goélette de 1928 exposée en permanence. Destinée au ravitaillement des Mounties, elle fut dans les années 1940-1942 le premier bateau à traverser le passage du Nord-Ouest dans les deux sens.

La mémoire du capitaine britannique George Vancouver et des équipages du *Chatham* et du *Discovery* qui, en 1792, établirent la carte des anses du littoral de la Colombie-Britannique, est également évoquée. Au centre de découverte pour les enfants, un puissant télescope permet d'observer l'animation du port.

Les gratte-ciel de Vancouver, cernés par les montagnes, se reflètent dans les eaux de False Creek ▷

Sculpture en acier devant la façade caractéristique du Vancouver Museum

Vancouver Museum et Pacific Space Centre ❼

1100 Chestnut St, Vanier Park. (604) 736 4431. Gare centrale. Gare centrale. 22. de 10 h à 17 h du lun. au mer., du ven. au dim. ; de 10 h à 21 h jeu. www.vanmuseum.bc.ca

Situé dans Vanier Park près du Maritime Museum *(p. 269)*, le Vancouver Museum, construit en 1967, apporte sa note dans le paysage urbain : son toit convexe en béton blanc s'inspire de la forme d'une coiffure indienne.

À l'extérieur, du côté sud, une étonnante fontaine est formée d'une sculpture en acier ressemblant à un crabe géant. La galerie d'orientation renferme une exposition permanente sur le littoral rocheux et l'intérieur montagneux de la Colombie-Britannique, ainsi que sur l'histoire de Vancouver, depuis les cultures des Amérindiens de la région jusqu'aux premiers jours de la ville, montrés au travers de photos en noir et blanc. Le musée est réputé pour son évocation de la vie quotidienne, avec des pièces comme un wagon du chemin de fer Canadian Pacific des années 1880, des vêtements des années 1930 et la salle des années 1950, avec une Ford Thunderbird d'époque et un vrai Jukebox.

Le Pacific Space Centre, attenant, s'adresse surtout aux enfants et l'Archeological Discovery Center permet aux visiteurs de s'exercer à des fouilles archélogiques.

Granville Island ❽

1398 Cartwright St. (604) 666 5784. Gare centrale. Gare centrale. 51. marché : de 9 h à 18 h t.l.j. ; autres commerces : de 10 h à 18 h t.l.j. www.granvilleisland.bc.ca

Ce secteur autrefois défiguré par les usines est aujourd'hui un bel ensemble de magasins, galeries et ateliers d'artistes installés dans ses entrepôts et abris métalliques aux couleurs vives. L'incendie de 1886 qui détruisit presque entièrement la jeune ville de Vancouver chassa les habitants vers Granville Island ou au-delà. Beaucoup de bâtiments furent alors élevés sur des terres asséchées en 1915 pour accueillir les industries naissantes du bois et du fer.

Enseigne de la Granville Island Brewing Company

Si l'île n'a aucun grand magasin, ses petits commerces proposent un artisanat varié, original et de qualité – tapis, bijoux et textiles. Elle est aussi un foyer des arts du spectacle et s'enorgueillit de ses troupes de musiciens, danseurs et comédiens.

Le marché quotidien offre à profusion des denrées qui reflètent la diversité ethnique de Vancouver. Les cafés et restaurants se pressent au bord de False Creek, où se trouvaient autrefois plusieurs scieries.

Queen Elizabeth Park et Bloedel Conservatory ❾

Cambie St. serre (604) 257 8584. 15. serre : de 10 h à 17 h t.l.j. pour la serre.

Ce parc situé sur Little Mountain, la plus haute colline de Vancouver (152 mètres), offre de belles vues de la ville. Malgré leur situation sur deux anciennes carrières de pierre, les jardins sont perpétuellement en fleurs dès le début du printemps.

Juché au sommet de la colline, le Bloedel Conservatory est une serre où prospèrent plantes et arbres de diverses zones climatiques du monde – espèces de la forêt pluviale ou cactus du désert. Des oiseaux tropicaux colorés volent en liberté et les viviers sont remplis de carpes japonaises.

Le dôme en plastique de la Bloedel Conservatory, au Queen Elizabeth Park

Les somptueuses couleurs de l'automne ne sont que l'un des attraits de Stanley Park

Van Dusen Botanical Garden ⓾

5251 Oak St. (604) 878 9274. *Gare centrale.* *Gare centrale.* *17.* *t.l.j. ; se renseigner par téléphone.* www.vandusengarden.org

Les 22 hectares de ce jardin ouvert en 1975 s'étendent en plein centre. En 1960, le Canadian Pacific Railway, propriétaire du terrain, projetait d'y construire des tours d'habitation. Grâce à la campagne lancée par les riverains et à une donation de W. J. van Dusen, un riche homme d'affaires local, le site fut laissé à la nature. Les visiteurs peuvent admirer plus de 7 500 familles de plantes des quatre coins du monde dans cet espace ponctué de lacs et orné de statues en marbre. Au printemps, c'est un enchantement avec les narcisses, les crocus et les milliers de rhododendrons en fleur ; l'été, le Perennial Garden est rempli de roses, et septembre annonce les rouges et les oranges flamboyants de l'automne.

Sculpture des Botanical Gardens

University of British Columbia Museum of Anthropology ⓫

P. 274-275.

Old Hastings Mill Store ⓬

1575 Alma Rd. *(604) 734 1212.* *ligne de 4th Ave.* *juil. et août : de 11 h à 16 h du mar. au dim. ; de sept. à juin : de 13 h à 16 h sam. et dim.* *participation libre.*

L'Old Hastings Mill Store, premier magasin général et bureau de poste de Vancouver, est l'un des rares édifices en bois qui échappèrent au grand incendie de 1886. Construit en 1865, il fut transporté en péniche de son lieu d'origine, à Gastown, jusqu'aux rives de Jericho Beach en 1930, puis à son emplacement actuel dans Alma Street, à l'angle de Point Grey Road.

Cette jolie maison devait servir de Yacht Club, mais à partir des années 1940, des objets historiques donnés par les riverains y furent rassemblés, et elle devint un intéressant petit musée. La collection comprend diverses pièces victoriennes – fiacre, machines à coudre anciennes – et un riche ensemble d'objets amérindiens, notamment une impressionnante série de paniers tressés à la main.

L'Old Hastings Mill Store, l'un des édifices les plus vieux de Vancouver

Stanley Park ⓭

2099 Beach Ave. *(604) 257 8400.* *Gare centrale.* *Gare centrale.* *135, 123.* *Horseshoe Bay.* *t.l.j.*

Ces 404 hectares de nature sauvage à quelques centaines de mètres du centre-ville, pris sur les anciens territoires des Indiens musqueams et squamishs, furent transformés en parc en 1886 par le conseil municipal. On lui donna le nom de lord Stanley, gouverneur général du Canada. Ses attraits sont multiples : plages, sentiers pédestres, forêts de pins et de thuyas, merveilleuses vues du port, d'English Bay et des montagnes côtières. On peut louer un vélo à l'entrée pour se promener sur le sentier panoramique de 10 kilomètres qui longe la mer. Au **Vancouver Aquarium Marine Science Center**, dans le parc, des parois vitrées permettent d'observer les évolutions des orques et des bélugas.

Vancouver Aquarium Marine Science Center
Stanley Park. *(604) 659 3474.* *de juin à sept. : de 9 h 30 à 20 h t.l.j. ; d'oct. à avr. : de 9 h 30 à 17 h t.l.j.* www.vanaqua.org

University of British Columbia Museum of Anthropology ⓫

Fondé en 1947, ce musée exceptionnel possède l'une des plus belles collections au monde d'art amérindien de la côte nord-ouest. Il occupe un imposant édifice, conçu en 1976 par l'architecte canadien Arthur Erickson, et qui surplombe les montagnes et la mer. Les hautes colonnes et les immenses fenêtres du Great Hall, qui s'inspirent de l'architecture des maisons haidas, mettent en valeur les mâts totémiques, canoës et plats de banquet qui y sont présentés. À travers ses baies, les visiteurs ont vue sur la magnifique installation de l'artiste haida contemporain Bill Reid, qui comprend deux maisonnettes.

★ Le Great Hall
Vaste salle de verre et de béton, c'est un cadre idéal pour les mâts totémiques, les canoës et les sculptures.

Maisons haidas et mâts totémiques

Surplombant la baie, ces deux maisons haidas et cet ensemble de mâts totémiques sont fidèles à la tradition artistique des Haidas et autres tribus du Nord-Ouest comme les Salishs, les Tsimshans et les Kwakiutls. Des animaux et créatures mythiques symbolisant les clans sont sculptés sur ces poteaux et maisons en thuya exécutés entre 1959 et 1963 par Bill Reid, l'artiste haida contemporain favori de Vancouver, et par le Namgis Doug Cranmer.

Mâts totémiques sculptés en thuya géant

Créatures grimpeuses
Ces planches de thuya sculptées auraient décoré l'intérieur des maisons familiales des Premières Nations. Leur style dépouillé est typique de la sculpture des Salishs de la côte.

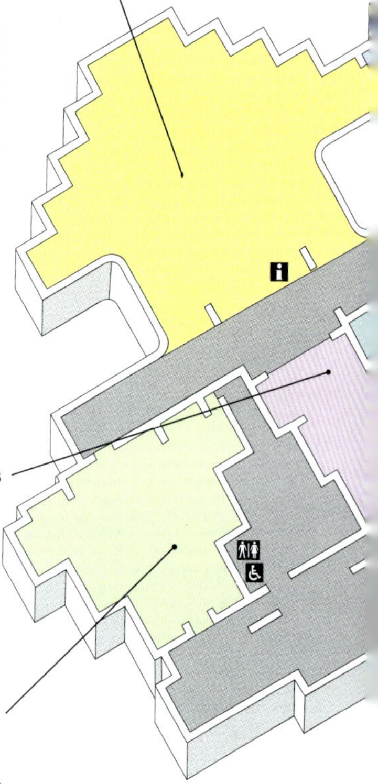

Cruche en céramique
Cette cruche au beau décor a été réalisée en Europe centrale en 1674 par des anabaptistes. Les motifs végétaux contrastent avec le tracé libre des animaux du registre inférieur.

À ne pas manquer

★ Le Great Hall

***★ Le Corbeau et les Premiers Hommes*, par Bill Reid**

★ Le Corbeau et les Premiers Hommes *(1980)*
Cette interprétation moderne d'un mythe haida de la création, de Bill Reid, montre le corbeau, sage et rusé, tentant de faire sortir les hommes d'un coquillage géant avec des paroles doucereuses.

MODE D'EMPLOI

6393 NW Marine Drive. *(604) 822 5087.* *4 UBC, 10 UBC.* *juin à sept. : 10 h-17 h du mer. au dim., 10 h-21 h mar. ; oct. à mai : 11 h-17 h du mer. au dim., 11 h-21 h mar.* *25 et 26 déc.* www.moa.ubc.ca

SUIVEZ LE GUIDE !

Le musée est de plain pied. La Ramp Gallery mène au Great Hall, où sont présentées les cultures des peuples des Premières Nations de la côte nord-ouest. La Visible Storage Gallery évoque d'autres cultures et la collection de céramiques européennes du XVe au XIXe siècle est installée dans la Koerner Ceramics Gallery.

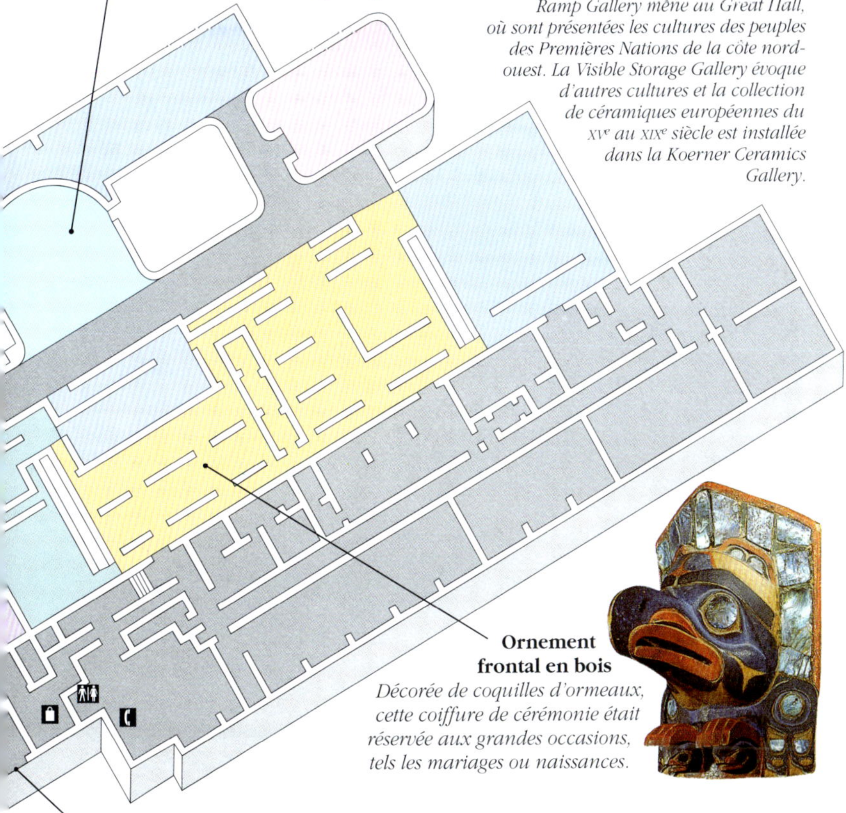

Ornement frontal en bois
Décorée de coquilles d'ormeaux, cette coiffure de cérémonie était réservée aux grandes occasions, tels les mariages ou naissances.

Portes sculptées en thuya géant
Ces remarquables portes (détail ci-contre) gardant l'entrée du musée ont été faites en 1976 par un groupe d'artistes amérindiens du centre culturel de 'Ksan, près de Hazelton. Elles représentent l'histoire des premiers habitants de la région de la rivière Skeena, en Colombie-Britannique.

LÉGENDE

- Ramp Gallery
- Great Hall
- Rotonde
- Visible Storage/Research Collection
- Galerie archéologique
- Koerner Ceramics Gallery
- Expositions temporaires
- Theatre Gallery
- Locaux techniques

Lonsdale Quay Market ⓮

123 Carrie Cates Ct, Vancouver Nord
(604) 985 2191. Lonsdale. de 9 h 30 à 18 h 30 du sam. au jeu., de 9 h 30 à 21 h ven. (20 h de nov. à mars). www.lonsdalequay.com

Inauguré en 1986, cet étonnant bâtiment de béton et de verre fait partie du terminal du SeaBus sur la rive nord. Un niveau y est consacré à l'alimentation : un vaste marché vend aussi bien du pain chaud que des bleuets (myrtilles), et de nombreux cafés et restaurants proposent toutes sortes de cuisines ethniques.

À l'étage, des boutiques offrent un large choix d'artisanat – bijoux, poterie et textiles et Kid's Alley est consacrée aux magasins pour enfants.

Bassin et fontaine moderne à Lonsdale Quay

Lynn Canyon Park and Ecology Centre ⓯

3663 Lynn Canyon Park Rd. *(604) 981 3103. Hastings. Lonsdale Quay, puis bus 228 ou 229. t.l.j.* **Ecology Centre**, *de juin à sept. : de 10 h à 17 h t.l.j. ; d'oct. à mai : de 10 h à 17 h du lun. au ven. ; de midi à 16 h sam., dim. et jours fériés. 25 et 26 déc., 1er jan. participation libre. www.dnv.org/ecology*

Situé entre Mount Seymour et Grouse Mountain, Lynn Canyon Park est connu pour ses forêts. Les fûts d'origine, haut de 90 m, furent abattus au début du XXe siècle. Quelques souches encore visibles dans le sol font jusqu'à 11 m de circonférence, certaines avec les traces des coups de hache des bucherons. Des itinéraires de randonnée balisés mènent les uns à travers le canyon vers des cascades et des falaises, d'autres, plus longs mais moins raides, vers le reste du parc.

La plupart sont d'agréables promenades au milieu des douglas, pruches de l'Ouest et thuyas géants. Des sentiers principaux, il est courant d'apercevoir écureuils, geais et pics, et aussi limaces géantes (jusqu'à 26 cm de long !), mais pour rencontrer ours noirs, couguars et cerfs à queue noire, il faut s'enfoncer dans la forêt. La vue est spectaculaire depuis le pont suspendu qui enjambe le canyon à 50 mètres de haut. À peu de distance se trouve 30 Foot Pool, populaire site de baignade, et à 40 minutes de marche la magnifique cascade de Twin Falls. Non loin, l'Ecology Centre propose des balades guidées, des projections de films d'histoire naturelle et d'intéressantes expositions sur l'écosystème de la région.

Panorama sur Vancouver depuis Grouse Mountain

Grouse Mountain ⓰

6400 Nancy Greene Way. *(604) 984 0661. Lonsdale Quay. 236. de 9 h à 22 h t.l.j.*

Du sommet de Grouse Mountain, le regard embrasse le paysage majestueux et spectaculaire de la Colombie-Britannique, dans lequel est serti Vancouver. Par temps clair, il porte jusqu'à l'île de Vancouver à l'ouest, à la chaîne côtière au nord et aux Columbia Mountains à l'est. Un téléphérique, le Skyride, mène en haut des 1 211 mètres de la montagne, que les plus courageux grimperont par un sentier de 3 kilomètres. L'été, nombre d'activités sont proposées, balades en VTT ou à pied, concours de deltaplane, et même sculpture sur bois à la tronçonneuse. L'hiver, tous les équipements d'une station de ski sont réunis, école, pistes (une douzaine, dont certaines illuminées en nocturne) et location de matériel, aussi pour le surf des neiges. Au Refuge for Endangered Wildlife, où sont recueillis deux grizzlys orphelins, sont données quotidiennement des conférences sur la vie sauvage. Enfin, le Theatre in the Sky vous donnera à contempler en vidéo la Colombie-Britannique vue du ciel.

Le Skyride de Grouse Mountain

Pont suspendu de Capilano 17

3735 Capilano Rd, Vancouver Nord. *(604) 985 7474. Highlands 246.* *t.l.j. (horaires variables selon la saison, téléphoner).* *25 déc.* *de mai à oct.* *www.capbridge.com*

Dès sa construction en 1889, ce pont a constitué une attraction touristique majeure. Attiré par la beauté sauvage des lieux, le pionnier écossais George Grant MacKay avait bâti une petite cabane surplombant les gorges de la rivière Capilano. Cette dernière étant quasiment inaccessible, MacKay aurait construit le pont pour que son fils, pêcheur passionné, puisse en atteindre les rives. Le pont actuel, le quatrième sur le site, date de 1956. Long de 137 mètres (c'est l'un des plus longs du monde), il domine le profond canyon de 70 mètres. Les amoureux de la nature viennent également nombreux pour les promenades à l'ombre des vieilles forêts jamais exploitées, les étangs à truites et une cascade de 61 mètres de haut. À ne pas manquer : the Big House, où des artistes indiens qui sculptent des totems expliquent leur savoir-faire traditionnel.

Le phare de Point Atkinson

Lighthouse Park 18

par Beacon Lane, Vancouver Ouest. *(604) 925 7200.* *de 6 h à 22 h t.l.j.*

Ce parc de 75 hectares est une zone vierge de forêts très anciennes et de côtes sauvages et rocheuses. Il doit son nom au phare *(lighthouse)* hexagonal construit à l'entrée du Burrard Inlet en 1910 pour guider les bateaux dans ce chenal par temps de brouillard. Les arbres n'ayant jamais été abattus, certains douglas majestueux ont plus de 500 ans.

Le parc est sillonné de sentiers pédestres. Certains mènent à un superbe panorama près du phare de Point Atkinson, haut de 18 mètres. Une randonnée typique de 5 kilomètres traverse en deux heures de très anciennes forêts, dans un terrain assez accidenté de ravines moussues et d'affleurements rocheux abrupts, qui sont autant de points de vue sur la mer. Prévoyez vêtements de pluie et bonnes chaussures de marche, et ne vous écartez pas du sentier balisé.

La route conduisant au parc, Marine Drive, est elle-même spectaculaire, accrochée à la côte rocheuse, jalonnée de plages de sable et de luxueux domaines immobiliers. Parmi les escales pittoresques, **Ambleside** et sa longue plage familiale, noire de monde les week-ends d'été, offrent de beaux points de vue sur Stanley Park et le Lion's Gate Bridge. De là, une jetée aménagée en voie pédestre mène à Dundavare Pier d'où l'œil embrasse de Vancouver jusqu'au détroit de Géorgie. La petite ville de **Dundavare** possède quelques jolis magasins, cafés et restaurants, et sa plage est moins fréquentée que celle d'Ambleside.

Le pont suspendu de Capilano franchit une gorge spectaculaire tapissée d'arbres

Victoria ⓳

Paisible et attrayante, la ville est réputée pour son charme de vieille station balnéaire, sensible surtout l'été, quand une profusion de fleurs déborde des paniers et des jardinières ornant réverbères, balcons et devantures. Le poste de traite des fourrures créé en 1843 par James Douglas pour la Compagnie de la baie d'Hudson connut des heures périlleuses durant la ruée vers l'or (1858-1863) : des milliers de prospecteurs fréquentaient alors la soixantaine de bars de Market Square. En 1871, Victoria devint la capitale de la Colombie-Britannique, mais elle fut vite dépassée par Vancouver, qui est aujourd'hui la plus grande ville de la province. Victoria n'en est pas moins restée son centre politique et l'un de ses principaux atouts touristiques.

Les bateaux de pêche et de plaisance se côtoient dans le port intérieur de Victoria

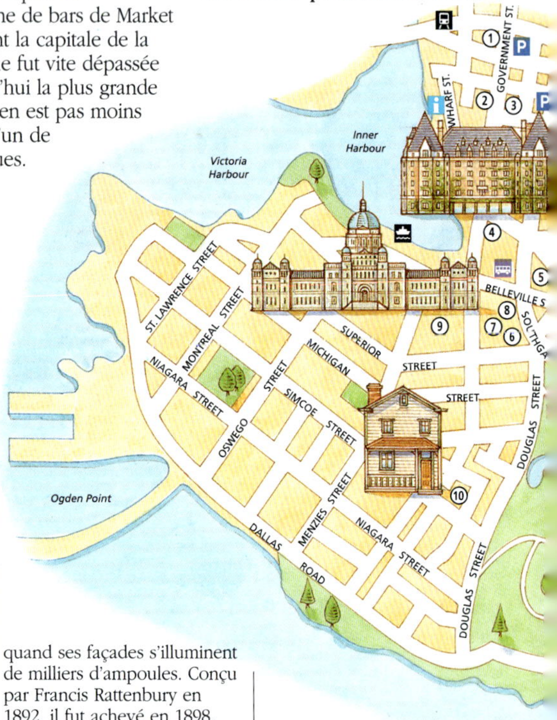

À la découverte de Victoria

Faire le tour du port intérieur (Inner Harbour) permet de découvrir les principales curiosités de la ville, comme le Royal British Columbia Museum qui présente la géologie et les cultures amérindiennes de la région. Deux édifices de la fin du XIXe siècle conçus par Francis Rattenbury, éminent architecte et fils adoptif de la ville, dominent le quartier : le Fairmont Empress Hotel et le Parlement. Entre Fort Street et View Street, Eaton Centre est un centre commercial de quatre niveaux. Avec ses restaurants et ses boutiques, Bastion Square s'étend à l'ouest de Market Square et de ses immeubles des années 1850 restaurés.

Parlement

501 Belleville St. *(250) 387 3046.* *de 8 h 30 à 17 h t.l.j.* *25 déc., 1er jan.*

Tourné vers le port intérieur, le Parlement aux dômes multiples est un monument impressionnant, surtout le soir quand ses façades s'illuminent de milliers d'ampoules. Conçu par Francis Rattenbury en 1892, il fut achevé en 1898. Cet architecte britannique de 25 ans arrivé en Colombie-Britannique un an auparavant remporta le concours régional lancé pour ce bâtiment. Parmi ses réalisations ultérieures

Les eaux du port scintillent sous les lumières du Parlement

Victoria d'un coup d'œil

Art Gallery of Greater Victoria ⑫
Bastion Square ②
BC Experience, The ⑤
Beacon Hill Park ⑪
Carr House ⑩
Craigdarroch Castle ⑬
Eaton Centre ③
Fairmont Empress Hotel ④
Government House ⑭
Helmcken House ⑥
Market Square ①
Parlement ⑨
Royal BC Museum p. 282-283 ⑦
Thunderbird Park ⑧

dans la province figurent le Fairmont Empress Hotel, voisin, et l'ancien Crystal Garden, devenu The BC Experience.

L'histoire de la Colombie-Britannique est rappelée partout dans l'édifice. Une statue de l'explorateur George Vancouver couronne le dôme central et à l'intérieur, de grandes peintures murales représentent des scènes historiques.

Fairmont Empress Hotel

721 Government St. *(250) 384 8111.* *t.l.j.*

Terminé en 1905 sur des plans de Francis Rattenbury, cette merveille néogothique couverte de lierre qui s'élève au-dessus des toits de Victoria est l'un de ses principaux centres d'intérêt. Proche du Parlement, l'hôtel surplombe le port intérieur. Les visiteurs sont invités à goûter le décor luxueux des bars et salons comme l'Empress Room et le Palm Court, coiffé d'une coupole en verre signée Tiffany.

Bastion Square

Government St. *(250) 952 5690.* *t.l.j.*

Face au port pittoresque, cette place joliment restaurée est bordée par certains des plus vieux édifices de la ville. Les bureaux et hôtels de luxe élevés pendant la vague de prospérité de la fin du XIXe siècle abritent aujourd'hui des boutiques. Leur restauration fut entreprise en 1963, quand on découvrit que Fort Victoria, un poste de traite des fourrures de la Compagnie de la baie d'Hudson, avait été créé en 1843 à cet endroit. Le bâtiment MacDonald Block, construit en 1863 dans un style italianisant, fait maintenant partie de la place. Dans l'ancien palais de justice, de 1889, se trouve le BC Maritime Museum. L'été, visiteurs et employés se retrouvent aux terrasses des cafés.

LÉGENDE

- Gare ferroviaire
- Gare routière
- Parc de stationnement
- Ferry
- Information touristique

MODE D'EMPLOI

71 500. Victoria Airport, 25 km au nord de la ville. Via Rail, 450 Pandora Avenue. Pacific Coach Lines, 700 Douglas St. Victoria Clipper / Blackball Transport. 812 Wharf Street. (250) 953 2033. Jazz Fest International (juin) ; Folkfest (juil.-août) ; First People's Festival, Royal BC Museum (août).

Bastion Square est très fréquenté à l'heure du déjeuner

Market Square

560 Johnson St. *(250) 386 2441.* *de 10 h à 17 h.* *25 déc., 1er jan.* *partiel.* *www.marketsquare.ca*

À deux pâtés de maison au nord de Bastion Square, à l'angle de Johnson Street, cette place est bordée par un saloon, un hôtel et des devantures de l'époque victorienne. La plupart des édifices datent des années 1880 et 1890, période de prospérité avec la ruée vers l'or du Klondike. Ils comptent au nombre des plus beaux de Victoria.

En 1975, après des décennies d'abandon, le secteur a bénéficié d'une rénovation indispensable. La place est désormais le paradis du shopping.

Imposants mâts totémiques dans Thunderbird Park

Thunderbird Park

à l'angle de Belleville St et Douglas St.

Dans ce parc peu étendu, à l'entrée du Royal British Columbia Museum *(p. 282-283)*, se dressent des mâts totémiques géants, peints pour certains. L'été, les artistes amérindiens de l'atelier de sculpture du parc sculptent ces totems devant les visiteurs. Ils sont ornés des légendes de plusieurs tribus de la côte nord-ouest, qui sont ainsi conservées.

Helmcken House

10 Elliot St. Square. *(250) 356 7226, 1 888 447 7977.* *de mai à oct. : de 10 h à 17 h t.l.j. ; de nov. à avr. : de midi à 16 h du jeu. au dim.*

Donnant sur Elliot Square, non loin du port intérieur, la demeure de John Sebastian Helmcken, médecin de la Compagnie de la baie d'Hudson, serait la plus vieille de Colombie-Britannique. Elle a été construite en 1852 avec des douglas abattus dans la forêt environnante. Simple mais élégamment conçue, elle a conservé une grande partie de son mobilier d'origine, notamment le piano, dont les visiteurs peuvent jouer. Ils admireront la collection de poupées anciennes et les objets personnels de la famille – vêtements, chaussures, articles de toilette et instruments médicaux.

The BC Experience

713 Douglas St. *(250) 953 2033 (Tourism Victoria).* *t.l.j.* *www.bcexperience.info*

À travers des expositions interactives, ce centre, dédié au multimédia, met en valeur la diversité géographique, historique et culturelle de la Colombie-Britannique. Il est installé dans l'ancient Crystal Garden, construit en 1925 par l'architecte Francis Rattenbury pour abriter une piscine d'eau de mer. On y trouve notamment une carte en trois dimensions de 372 mètres carrés de la Colombie-Britannique.

Perroquet à Crystal Garden

The Bay Centre

Government St. *(250) 952 5690.* *de 9 h 30 à 18 h lun., mar. et sam. ; de 9 h 30 à 21 h du mer. au ven. ; de 11 h à 17 h dim.*

À quelques minutes de marche du port intérieur, ce centre commercial est caché derrière les façades de plusieurs bâtiments historiques de Government Street. Le Driard Hotel, conçu en 1892 par John Wright, a échappé à la démolition grâce à une campagne publique, de même que les façades des immeubles du *Times* (1910) et de Lettice and Sears (XIXe siècle). Les magasins, qui s'étagent sur trois niveaux, vendent de tout : mode, cadeaux, chocolat artisanal et épicerie fine.

Carr House

207 Government St. *(250) 383 5843.* *de mi-mai à mi-oct. : de 11 h à 16 h t.l.j.* *lun. en mai et oct.* *www.emilycarr.com*

Emily Carr, une des plus célèbres artistes canadiennes *(p. 28-29)*, est née en 1871 dans cette charmante maison jaune en bois, construite en 1864 par les éminents architectes Wright et Saunders, selon les instructions de son père, Richard Carr. À quelques minutes de marche du port intérieur, la demeure et son jardin à l'anglaise sont ouverts au public. Toutes les pièces sont meublées comme il se doit dans le style de la fin du XIXe siècle avec quelques objets de famille d'origine. On visite la salle à manger où Emily donna ses premières leçons d'art aux enfants du quartier. Le dessin qu'elle fit de son père trône toujours sur la cheminée du salon où, à l'âge de 8 ans, elle traça ses premiers croquis.

Carr House, où naquit la célèbre artiste Emily Carr

Beacon Hill Park

Cook St. (250) 361 0600. t.l.j. www.beaconhillpark.ca

À la fin du XIXe siècle, ce joli parc servait pour mettre les chevaux au vert, jusqu'à ce que John Blair, un jardinier paysagiste écossais, le dote en 1888 de deux lacs et entreprenne un boisement d'envergure. Ces 74,5 hectares de tranquillité, qui étaient le repaire favori de l'artiste Emily Carr, sont renommés pour leurs arbres âgés – certains chênes de Garry, espèce rare, ont plus de 400 ans –, leurs pittoresques mares aux canards et un terrain de cricket vieux de cent ans.

Art Gallery of Greater Victoria

1040 Moss St. (250) 384 4101. *de 10 h à 17 h du dim. au mer., ven. et sam. ; de 10 h à 21 h jeu. ; de 13 h à 17 h dim.* www.aggv.bc.ca

Cette populaire galerie d'art, récemment rénovée, est installée dans le quartier historique de Rockland, à quelques centaines de mètres à l'ouest de Craigdarroch Castle. Les collections, éclectiques, comprennent des expositions d'art canadien contemporain, patrimoniales et itinérantes. Les tableaux de la célèbre artiste locale Emily Carr forment le cœur des expositions permanentes, ainsi que des extraits de ses écrits et ses photos d'archives ; ils évoquent les paysages de forêts des côtes du Nord-Ouest et la vie des Amérindiens. La galerie abrite aussi le seul sanctuaire shinto authentique d'Amérique du Nord.

Sanctuaire shinto de l'Art Gallery (détail)

Craigdarroch Castle

1050 Joan St. (250) 592 5323. *de juin à sept. : de 9 h à 19 h t.l.j. ; d'oct. à mai : de 10 h à 16 h 30 t.l.j.* *25 et 26 déc., 1er jan.* www.craigdarrochcastle.com

Achevé en 1889, Craigdarroch Castle était la marotte de Robert Dunsmuir, le très respecté magnat local du charbon. Bien que cette vaste demeure alliant styles roman et gothique n'ait de château que le nom, elle s'inspire de la demeure écossaise de ses ancêtres.

En 1959, Craigdarroch Castle étant menacé de démolition, les habitants du quartier, réunis en association, réussirent à le sauver. L'intérieur, restauré, abrite désormais un musée qui donne un aperçu du style de vie d'un riche chef d'entreprise canadien.

Le château possède une des plus belles collections de fenêtres Art nouveau en verre au plomb d'Amérique du Nord. De nombreuses pièces et vestibules ont conservé leurs parquets à motifs et leurs boiseries en chêne blanc, thuya et acajou. Toutes les pièces sont remplies de meubles victoriens opulents de la fin du XIXe siècle et décorées aux couleurs d'origine – vert et rose notamment. Plusieurs couches de peinture ont été retirées avec soin du plafond du salon pour dégager son décor ancien ; les motifs, entre autres lions et papillons, sont d'une extrême finesse.

Une tour de Craigdarroch Castle, dans le style d'un château gothique

Government House

1401 Rockland Ave. (250) 387 2080. *t.l.j. (jardins seulement).* www.ltgov.bc.ca

L'édifice actuel terminé en 1959 remplaça celui de 1903, réduit en cendres, qui était dû au célèbre architecte Francis Rattenbury.

Étant la résidence officielle du lieutenant-gouverneur de Colombie-Britannique, représentant de la reine dans la province, la maison ne se visite pas. Cependant, 5,6 hectares de jardins superbes sont ouverts au public : pelouses impeccables, bassins, jardin à l'anglaise et roseraie victorienne. Le regard embrasse toute la propriété depuis Pearke's Peak, une hauteur couverte de rocailles formée par les affleurements rocheux qui entourent le parc.

Government House, en granit bleu et rose, date de 1959

Royal British Columbia Museum

Ce musée qui traite de l'histoire naturelle, de la géologie et du peuplement de la région est considéré comme l'un des meilleurs du Canada pour la présentation étonnante de ses collections. Dans la galerie d'histoire naturelle, au deuxième étage, des dioramas très inventifs reproduisent l'aspect, les sons, voire même les odeurs de zones comme le littoral pacifique, l'océan et la forêt pluviale. Tous les détails sur l'histoire régionale sont donnés au troisième étage, notamment avec la reconstitution d'une ville du début du XXe siècle, dont un hôtel, une rue de Chinatown et un cinéma des années 1920 diffusant des films muets. On verra aussi une maison longue de cérémonie, clou de la superbe collection de pièces amérindiennes.

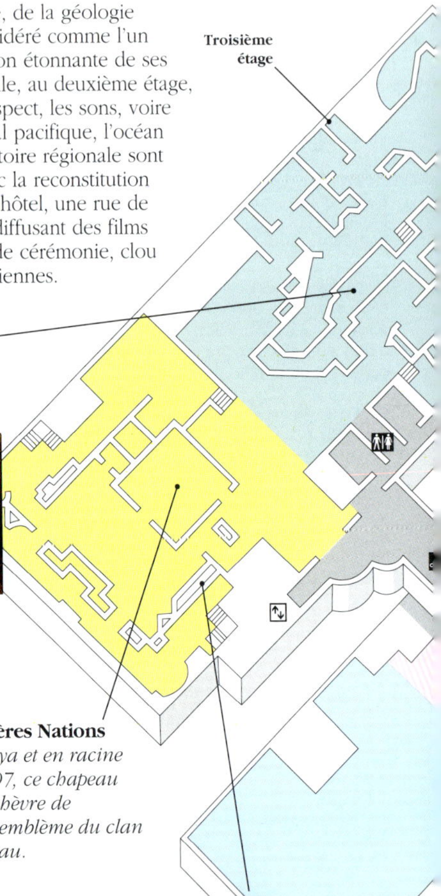

Quartier chinois du XIXe siècle
Dans le cadre d'un tableau de rue de 1875, cette herboristerie chinoise présente un beau choix d'ingrédients.

★ Galerie des Premières Nations
Fait en écorce de thuya et en racine d'épinette vers 1897, ce chapeau est orné de la chèvre de montagne, emblème du clan du corbeau.

Masques de cérémonie
La souris, le raton laveur et le martin-pêcheur sont sculptés sur ces masques de Mungos, qui les portaient pour danser lors de certaines cérémonies.

LÉGENDE

- Premières Nations
- Histoire moderne
- Collections permanentes
- Histoire naturelle
- Cinéma Imax du National Geographic
- Locaux techniques

Bâtiments du musée
Avant l'ouverture du bâtiment principal en 1968, les collections furent hébergées plusieurs années dans diverses salles du Parlement et des environs. Le musée abrite une salle d'archives.

Galerie d'histoire moderne
Plusieurs rues, magasins et bâtiments publics du début du XVIIIe siècle aux années 1990 y sont reconstitués. Ci-contre, le Grand Hotel est précédé d'un trottoir de bois authentique.

MODE D'EMPLOI

675 Belleville St. (250) 356 7226, 1 888 447 7977. 5, 28, 30. de 9 h à 17 h t.l.j. 25 déc., 1er jan. www.royalbcmuseum.bc.ca

★ Galerie d'histoire naturelle
Un mammouth grandeur nature garde l'entrée de cette galerie où plusieurs dioramas très vivants recréent les forêts côtières et la vie océane de la Colombie-Britannique depuis la dernière glaciation.

★ Diorama du littoral pacifique
Il recourt au son, à l'image, à la lumière et à des reproductions d'animaux réalistes comme cette otarie de Steller.

SUIVEZ LE GUIDE !
Les collections principales du musée sont présentées dans les étages. Dans la galerie d'histoire naturelle, au deuxième, se trouve la reconstitution de plusieurs environnements – de la vie océane à la forêt côtière. Les galeries des Premières Nations et d'histoire moderne sont au troisième.

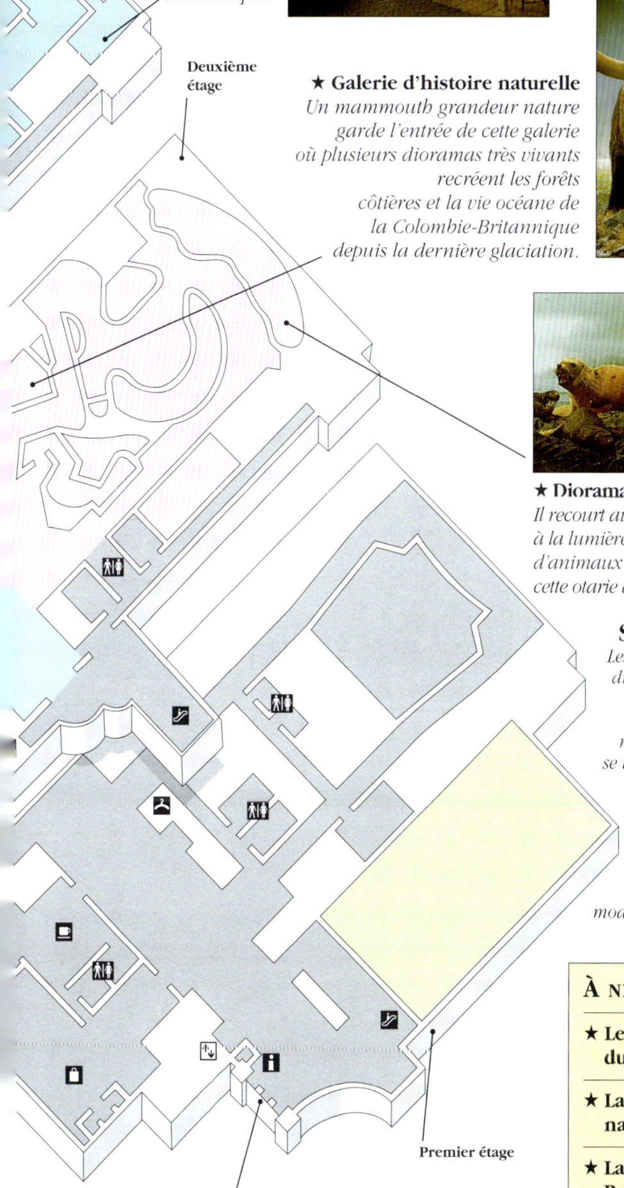

À NE PAS MANQUER

★ Le diorama du littoral pacifique

★ La galerie d'histoire naturelle

★ La galerie des Premières Nations

Le bassin aux nénuphars du jardin à l'italienne des Butchart Gardens

Butchart Gardens ⓴

800 Benvenuto Ave, Brentwood Bay. *(250) 652 4422, 1 866 652 4422. Victoria. Victoria. 9 h t.l.j. ; fermeture variable selon la saison.* *www.butchartgardens.com*

Leur aménagement remonte à 1904. Alors que son mari, fabriquant de ciment, entreprenait d'exploiter du calcaire un peu plus à l'ouest en direction de Victoria, Jennie Butchart décida de créer un nouveau jardin qui descendrait jusqu'au Tod Inlet. Une fois le gisement épuisé, elle intégra la carrière à son jardin florissant. Ce nouvel espace en contrebas a été depuis agrémenté d'un lac ombragé par des saules et d'autres arbres chargés de fleurs au printemps. Un énorme rocher resté dans la carrière a été transformé en une imposante rocaille. Du haut des marches de pierre, la vue est magnifique. De plus en plus populaires, les jardins se remplirent de milliers de plantes rares des quatre coins du monde rassemblées par Jennie Butchart.

Ils sont désormais divisés en plusieurs zones. Le jardin régulier à l'italienne s'orne d'un étang aux nénuphars doté d'une fontaine achetée en Italie par les Butchart en 1924. L'été, la roseraie est remplie du parfum de centaines de variétés différentes. Les soirs d'été, des concerts de jazz ont lieu dans les jardins illuminés.

Port Renfrew ㉑

300. 2070 Phillips Rd, Sooke (250) 642 6351.

Ce petit village de pêcheurs accueillant vivait jadis du bois. Occasion d'une excursion d'une journée depuis Victoria, il est situé près de Botanical Beach où l'on peut découvrir à marée basse une abondante vie marine.

Port Renfrew est célèbre pour ses randonnées sur les anciennes routes forestières. Traversant une plantation de douglas, la Sandbar Trail mène à une rivière ensablée où l'on peut se baigner à marée basse. Les 48 kilomètres de la Juan de Fuca Marine Trail jusqu'à China Beach sont plus ardus. Le parcours donne lieu à plusieurs formules, entre l'expédition de plusieurs jours et de courtes balades sur la plage. Port Renfrew est l'un des deux points de départ de la West Coast Trail *(p. 286-287)*.

Cowichan District ㉒

& de Duncan. 381A Transcanadienne, Duncan (250) 746 4636, 1 888 303 3337. *www.cowichan.bc.ca*

Située sur la côte à une soixantaine de kilomètres au nord de Victoria, la région de Cowichan englobe les deux vallées de Chemainus et Cowichan. Son nom signifie « terre chaude » dans la langue des Cowichans, l'une des tribus les plus importantes de Colombie-Britannique. Grâce à la douceur du climat, le lac Cowichan, la plus grande étendue d'eau douce de l'île, se prête à la baignade l'été. Le site est propice à la pêche, au canoë et à la randonnée.

Entre Duncan et le lac, la Valley Demonstration Forest, où des panneaux traitent de l'exploitation forestière, offre de beaux panoramas. Duncan est connue comme la ville des totems, car plusieurs mâts bordent sa rue principale. Au lieu historique de Cowichan Native Village, l'histoire des Cowichans est relatée au travers de films. Des produits artisanaux sont en vente à la boutique de souvenirs, notamment des pulls, et au grand atelier de sculpture, les artistes taillent les mâts en public, tandis qu'un guide explique le symbolisme des images.

Panorama exceptionnel sur le lac Cowichan

Chemainus ㉓

4 200. 9796 Willow St (250) 246 3944.

Quand sa scierie ferma en 1983, la pittoresque ville de Chemainus devint une curiosité car ses murs furent bientôt couverts d'immenses fresques racontant l'histoire de la région. Les artistes locaux poursuivirent le projet et aujourd'hui, plus de 34 peintures exécutées sur des murs d'immeubles retracent d'authentiques

Face-à-face avec les Amérindiens d'une peinture murale de Chemainus

Bateaux de pêche et de plaisance amarrés au port de Nanaimo

épisodes du passé de la ville. Ces images plus grandes que nature d'Indiens cowichans, de pionniers et de bûcherons ont redonné vie à la localité. Les visiteurs adorent chiner chez les antiquaires et se délasser aux nombreuses terrasses des cafés ou dans les salons de thé.

AUX ENVIRONS

À 70 kilomètres au sud de Chemainus, Swartz Bay est le port d'embarquement pour les Southern Gulf Islands, un archipel de 200 îles inhabitées pour la plupart, recherchées pour leur calme et leur beauté naturelle. En flânant sur les plages désertes, on a toutes les chances d'apercevoir un aigle ou un urubu à tête rouge. Des parties de pêche sont organisées pour les amateurs de saumon et de morue, ainsi que des sorties en kayak avec arrêts sur les rivages déserts pour observer loutres, phoques et oiseaux marins.

Salt Spring, avec près de 10 000 habitants, est l'île la plus peuplée. L'été, les visiteurs se promènent du côté de Ganges Village, dont la marina animée borde une jetée en bois, à côté de magasins, cafés, galeries et marchés colorés.

Nanaimo ㉔

75 000. 2290 Bowen Rd (250) 756 0106, 1 800 663 7337. www.tourismnanaimo.bc.ca

Ancienne cité charbonnière, Nanaimo a été fondée dans les années 1850 à l'emplacement de cinq villages de Salishs de la côte. Deuxième ville de l'île de Vancouver, elle regorge de commerces sur l'Island Highway, mais c'est le vieux quartier au centre-ville, sur le front de mer, qui attire surtout les visiteurs. Il compte de nombreux édifices du XIXe siècle, notamment le palais de justice, conçu par Francis Rattenbury en 1895. Le **Nanaimo District Museum**, à Piker's Park, abrite une reconstitution de la Chinatown du XIXe siècle de Victoria, avec ses trottoirs en bois, son magasin général, son salon de coiffure pour hommes et sa salle de classe. Il y a aussi une réplique d'une mine de charbon. Des objets amérindiens sont présentés dans le diorama d'un village.

Nanaimo District Museum

100 Cameron Rd. *(250) 753 1821.* *de 10 h à 17 h t.l.j.* *réserver.*

Port Alberni ㉕

26 800. Site 215, C10, RR2 (250) 724 6535.

La localité est située au fond de l'Alberni Inlet, bras de mer de 48 kilomètres débouchant sur la côte ouest. Elle doit sa fortune à l'exploitation forestière et à la pêche, notamment au saumon. Tous les ans, le Salmon Derby and Festival offre plusieurs milliers de dollars canadiens pour le plus gros poisson pêché pendant le dernier week-end d'août. L'été, un train tiré par une locomotive de 1929 part de la gare restaurée de Port Alberni (1912), et même jusqu'à la scierie à vapeur, le McLean Sawmill. Les croisières à bord du *Lady Rose*, vieux de 40 ans, et du *Frances Barkley* sont une autre attraction du lieu. Les deux bateaux distribuent le courrier au long du fjord et assurent des excursions à Ucluelet, à Bawfield, ainsi que près du parc national de Pacific Rim. Ils transportent aussi kayaks et canoës pour ceux qui souhaitent canoter dans l'archipel des Broken Islands *(p. 286)*.

Juste à l'est de Port Alberni, le parc provincial de MacMillan Cathedral Grove offre aux randonneurs le spectacle impressionnant de douglas et thuyas géants centenaires.

Aigle sculpté sur la jetée de Port Alberni

Une locomotive de 1929 longe le front de mer à Port Alberni

Gold River 26

1 900. Autoroute 28 (250) 283 2418.

Ce village vivant de l'exploitation forestière se trouve au bout de la pittoresque autoroute 28, près du Muchala Inlet. Avec plus de 50 grottes aux environs, c'est un paradis pour les spéléologues. À 16 kilomètres à l'ouest, les formations cristallines uniques des Upana Caves et les grottes plus profondes de White Ridge attirent chaque été des centaines de visiteurs.

L'été, l'*Uchuck III*, un dragueur de mines de la Seconde Guerre mondiale reconverti, conduit les visiteurs à Friendly Cove où les Amérindiens auraient vu pour la première fois un Européen en 1778 : le capitaine Cook. Gold River est une bonne base pour découvrir le **parc provincial de Strathcona**, aux paysages exceptionnels. Créé en 1911, c'est le plus ancien parc de Colombie-Britannique. Cependant, une grande partie de ses 250 000 hectares d'étendues sauvages accidentées au cœur de l'île n'est accessible qu'aux randonneurs confirmés.

Vue du parc provincial de Strathcona

Parc provincial de Strathcona

par l'autoroute 28. *(250) 337 2400. t.l.j. terrains de camping. partiel. juil. et août : se renseigner par téléphone.*

Campbell River 28

30 000. 1235 Shoppers Row (250) 286 1616, 1 800 463 4368.

www.campbellrivertourism.com

Sur la côte nord-est de l'île de Vancouver, Campbell River est un centre réputé de la pêche au saumon. Les eaux de

Parc national de Pacific Rim 27

S'étendant sur 130 kilomètres le long de la côte ouest de l'île de Vancouver, le parc est constitué de trois zones distinctes : Long Beach, la West Coast Trail et les Broken Group Islands. Il est internationalement connu pour l'observation des baleines, dont les évolutions sont suivies avec attention au Wickaninnish Interpretive Centre, près de l'autoroute 4. Long Beach regorge de possibilités de randonnées avec plusieurs accès à la plage et un parking situé au départ de chaque itinéraire. La plus fameuse est de loin celle qui suit les 77 kilomètres de la West Coast Trail entre Port Renfrew et Bamfield. Quant aux amateurs de kayak, les Broken Group Islands sont pour eux.

Broken Group Islands

Cet archipel d'une centaine d'îlots est apprécié des amateurs de kayak et de plongée.

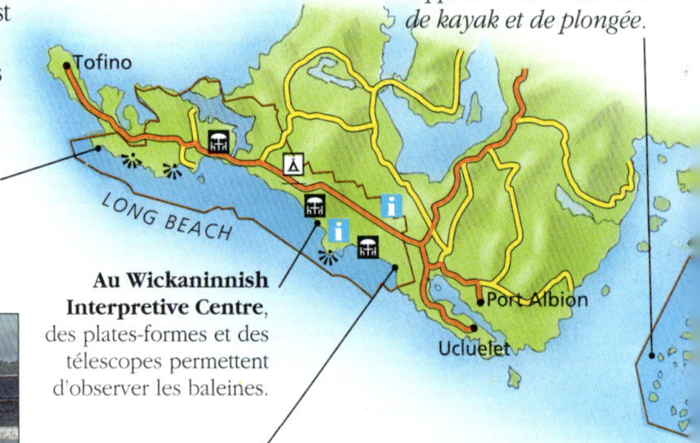

La Schooner Trail est l'une des neuf pistes panoramiques faciles qui longent les étendues de sable de Long Beach.

Au Wickaninnish Interpretive Centre, des plates-formes et des télescopes permettent d'observer les baleines.

Long Beach

Parsemée de débris de bois, cette plage battue par les vents où viennent s'écraser les rouleaux du Pacifique, qui font la joie des surfeurs, est d'une beauté farouche.

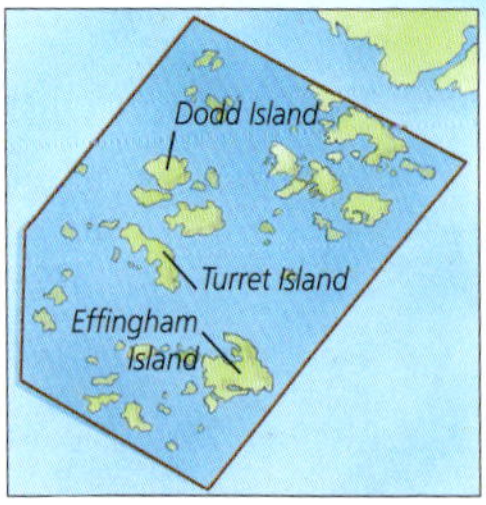

Les eaux rugissantes d'Elk Falls, sur la Campbell River

Discovery Passage sont sur le chemin de cinq grandes espèces de saumon, dont le chinook géant. Des sorties en bateau permettent de suivre les poissons remontant la rivière. On peut aussi louer un bateau de pêche ou tenter sa chance en ville depuis Discovery Pier, une jetée longue de 200 mètres.

À 10 kilomètres au nord-ouest de Campbell River, le parc provincial d'Elk Falls est couvert de vastes forêts de douglas émaillées de cascades, telles que les impressionnantes Elk Falls.

Telegraph Cove ㉙

100. Port McNeill. Port Hardy (250) 949 7622.

Tout au nord de l'île de Vancouver, Telegraph Cove est un petit village pittoresque avec ses hautes maisons de bois construites sur pilotis surplombant les eaux de Johnstone Strait. L'été, près de 300 orques attirées par les saumons migrateurs viennent se prélasser dans les eaux peu profondes de Robson Bight, une réserve écologique créée en 1982, et frotter leurs flancs contre les bancs de graviers. On peut observer leurs évolutions de la jetée du village ou lors d'excursions en bateau.

Orques dans les eaux pures de Johnstone Strait

La migration des baleines

Observation des baleines

Plus de vingt espèces de cétacés peuplent les eaux côtières de la Colombie-Britannique. Environ 17 000 baleines grises quittent chaque année l'océan Arctique pour aller se reproduire au large de la côte mexicaine. Elles évoluent en général près des côtes. À l'ouest de l'île de Vancouver, on peut les voir depuis la terre. De mars à août, des sorties en mer sont organisées depuis Tofino et Ucluelet.

Mode d'emploi

Autoroute 4. (250) 726 7721. de Port Alberni. t.l.j. mars-sept. www.pc.gc.ca

Légende

- Route principale
- Route secondaire
- West Coast Trail
- Limite du parc national
- Cours d'eau
- Camping
- Aire de pique-nique
- Information touristique
- Point de vue

West Coast Trail
Cette piste parcourt des paysages exceptionnels et emprunte de profonds couloirs rocheux.

Les Nitinat Narrows forment un joli bras de mer que les randonneurs de la West Coast Trail, ouverte de mai à septembre, traversent en ferry.

C.EX.&S

LES ROCHEUSES

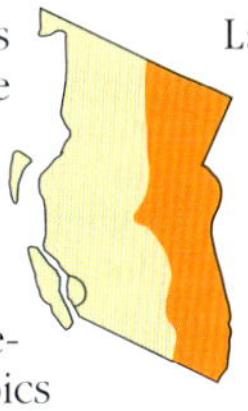

Les Rocheuses canadiennes appartiennent à une chaîne de montagne qui part du Mexique et passe par les États-Unis. Elles s'étendent sur une largeur de 800 kilomètres, couvrant les provinces de Colombie-Britannique et d'Alberta. Leurs pics dentelés spectaculaires, dont trente dépassent 3 048 mètres d'altitude, ont été façonnés il y a 100 à 65 millions d'années par le soulèvement lent mais puissant de la croûte terrestre.

La nature de cette magnifique région aux sommets enneigés, aux glaciers étincelants et aux lacs glaciaires miroitants est préservée dans plusieurs parcs nationaux. Celui de Banff, le premier du Canada, a été ouvert en 1883 par le gouvernement fédéral suite à la découverte de sources d'eau chaude. Depuis 1985, les parcs de Banff, Jasper, Yoho et Kootenay figurent au patrimoine mondial de l'Unesco.

LA RÉGION D'UN COUP D'ŒIL

Villes historiques

Calgary p. 290-293 ❶
Cranbrook ❼
Fernie ❺
Fort Macleod ❷
Fort Nelson ⓳
Fort St. John ⓲
Grande Prairie ⓱
Prince George ⓰
Radium Hot Springs ❿

Parcs nationaux et provinciaux

Parc national de Banff p. 298-301 ⓭
Parc national de Jasper p. 306-309 ⓯
Parc national de Kootenay ⓫
Parc national de Yoho p. 302-303 ⓮
Parc national des Waterton Lakes ❸
Parc national Glacier ❾
Parc provincial de Muncho Lake ⓴

Sites historiques et naturels

Crowsnest Pass ❹
Fort Steele Heritage Town ❻
Kananaskis Country ⓬
Purcell Mountains ❽

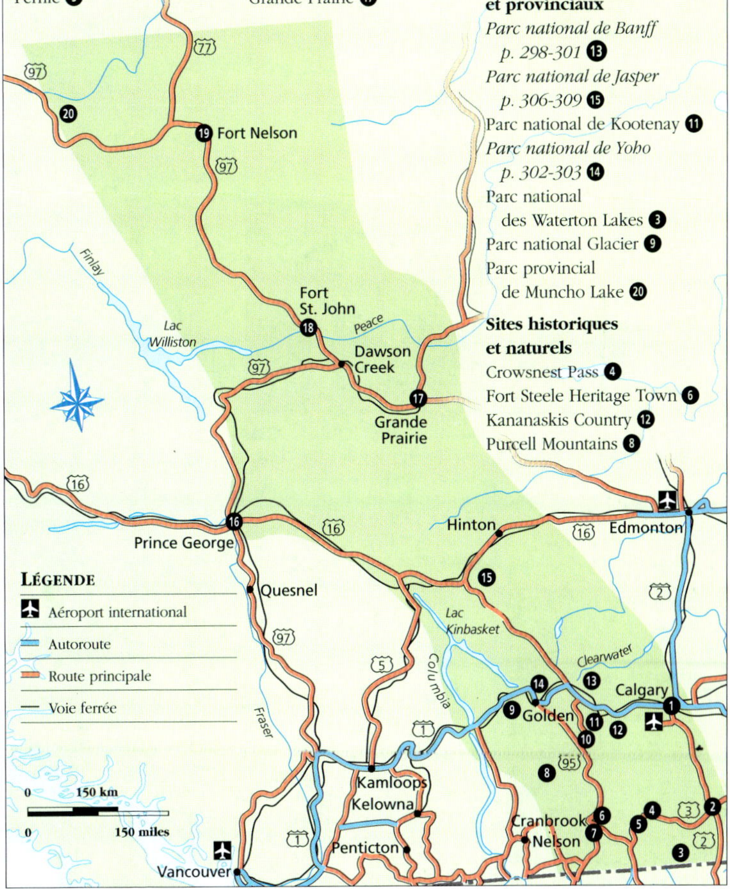

Calgary ❶

Chemise indienne, Glenbow Museum

Fondée en 1875, Calgary est connue pour avoir accueilli les jeux Olympiques d'hiver de 1988 et pour le Stampede, plus grand rodéo du Canada. Se déployant entre les contreforts orientaux des Rocheuses et les Prairies, c'est la ville la plus étendue d'Alberta. Elle a beau sembler sophistiquée avec ses gratte-ciel, ses galeries et ses théâtres, camionnettes et bottes de cow-boys n'y ont rien de déplacé. Ce côté Far West rappelle que son modernisme ne date que du boom pétrolier des années 1960. Apprécié pour sa proximité du parc national de Banff, le centre de Calgary, avec ses bureaux et ses magasins, est à 120 kilomètres à l'est de la touristique Banff *(p. 301)*.

La Calgary Tower, au milieu des gratte-ciel du centre-ville

Calgary Tower

9th Ave et Centre St S.W.
(403) 266 7171. t.l.j.
www.calgarytower.com

Ses 191 mètres la placent en troisième position des édifices les plus hauts de Calgary. Elle possède deux ascenseurs atteignant son sommet en 62 secondes et deux escaliers de secours de 802 marches chacun. En haut, deux restaurants et une plate-forme d'observation offrent aux visiteurs des vues imprenables sur les Rocheuses et, à l'est, sur les immenses plaines des Prairies.

Devonian Gardens

317 7th Ave S.W. (403) 221 4274. de 9 h 30 à 18 h t.l.j.

Ce jardin intérieur d'un hectare situé en plein centre-ville, au quatrième étage du complexe du Toronto-Dominion Square, est desservi par un ascenseur vitré depuis 8th Avenue. À l'heure du déjeuner, les employés de bureau apprécient son calme, comme les visiteurs venus faire du shopping dans le quartier. Agrémenté de cascades, de fontaines, de sculptures et d'expositions d'art mensuelles, il renferme plus de 135 variétés de plantes tropicales et locales.

Dans le calme des Devonian Gardens, au bord d'un bassin

Boutique de créateur à Eau Claire Market, dans le centre-ville

Eau Claire Market

au bout de 3rd St S.W.
(403) 264 6460. t.l.j.

Installé dans un entrepôt aux couleurs vives au bord de la Bow, face à Prince's Island Park, Eau Claire Market contraste agréablement avec les immeubles de bureau environnants du centre-ville. On y trouve de l'épicerie fine, des produits artisanaux, des vêtements, mais aussi de l'art contemporain, des cinémas, des cafés et des restaurants avec terrasse, animés par des artistes de rue. Le réseau d'allées est relié à une passerelle qui mène à Prince's Island Park.

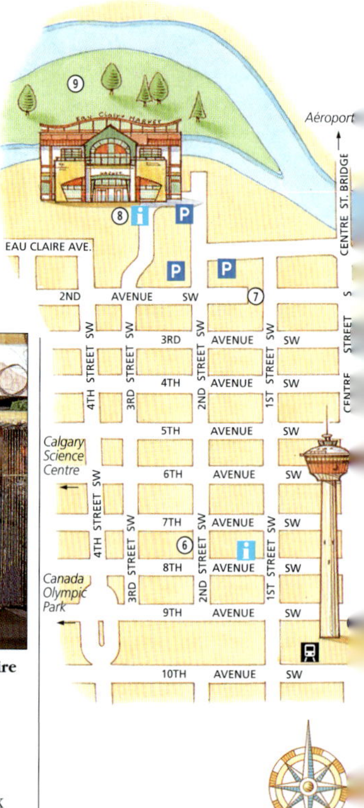

CALGARY D'UN COUP D'ŒIL

Calgary Chinese Cultural Centre ⑦
Calgary Tower ⑤
Devonian Gardens ⑥
Eau Claire Market ⑧
Epcor Centre for the Performing Arts ③
Fort Calgary ②
Glenbow Museum ④
Hunt House et Prince's Island Park ⑨
Saint George's Island ①

Prince's Island Park

Ce joli parc à deux pas du centre occupe une petite île au milieu de la Bow, à laquelle on accède par une passerelle au bout de 4th Street S.W. Dans la chaleur de l'été, visiteurs et habitants y pique-niquent à l'ombre fraîche des arbres et se promènent sur les sentiers et les pistes cyclables.

Calgary Chinese Cultural Centre

197 1st St S.W. *(403) 262 5071.* *t.l.j.* *pour le musée.* *www.culturalcentre.ca*

Le centre culturel chinois, situé au cœur de la ville, a été terminé en 1993. Il a été construit selon des techniques traditionnelles par des artisans venus de Chine sur le modèle du temple du Ciel à Pékin (1420), qui était réservé aux empereurs.

Avec son plafond haut de 21 mètres et sa coupole au décor de dragons et de phénix soutenue par quatre colonnes ornées de somptueux motifs dorés sur le thème des saisons, le Dr. Henry Fok Cultural Hall est le clou du complexe.

La coupole du Calgary Chinese Cultural Centre

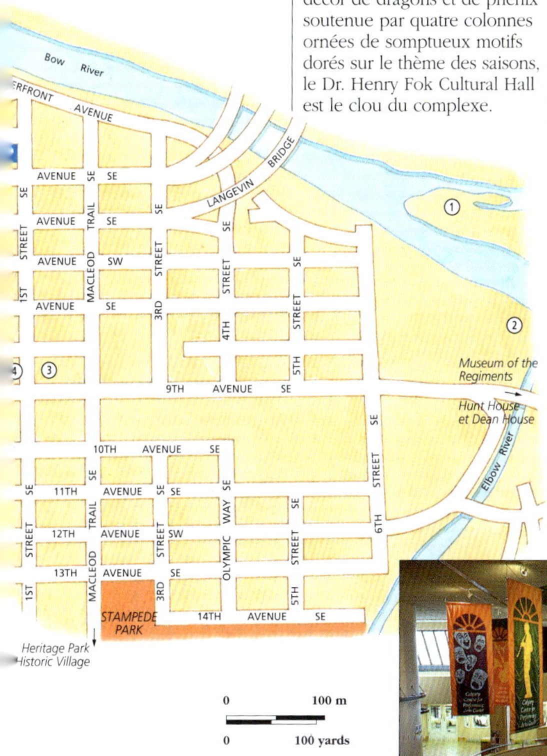

LÉGENDE

- Parc de stationnement
- Gare ferroviaire
- Information touristique

MODE D'EMPLOI

904 987. 17 km au nord-ouest de la ville. Greyhound Bus Station, 877 Greyhound Way S.W. Tourism Calgary 200, 238 11th Ave S.E. (403) 263 8510, 1 800 661 1678. Calgary Folk Festival (juil.) ; Calgary Stampede (juil.) ; Taste of Galgary (août). www.tourismcalgary.com

Glenbow Museum

130 9th Ave S.E. *(403) 268 4100.* *t.l.j.* *www.glenbow.org*

Ce musée en plein centre-ville est le plus grand des provinces de l'Ouest. Il possède un excellent ensemble d'œuvres européennes et contemporaines, ainsi qu'un éventail de pièces évoquant l'histoire de l'Ouest canadien, constituées d'objets ayant trait aux pionniers et aux Amérindiens. Les salles d'histoire militaire présentent entre autres des armures médiévales et des épées de samouraï. Une nouvelle salle, Nisitapiisini, retrace l'histoire du peuple pied-noir à travers des objets et des écrans interactifs.

Epcor Centre for the Performing Arts

205 8th Ave S.E. *(403) 294 7455.* FAX *(403) 294 7457.* *t.l.j.* *www.epcorcentre.org*

Inauguré en 1985, ce vaste complexe du centre-ville donnant sur Olympic Plaza abrite quatre théâtres et une salle de concerts, ainsi que cinq salles de conférences ouvertes à la location. Le centre organise des manifestations très diverses.

Le hall d'entrée de l'Epcor Centre for the Performing Arts

Chambre de Mountie à Fort Calgary Historic Park

Hunt House et Deane House

806 9th Ave S.E. *(403) 290 1875.* *Deane House : t.l.j.*

Hunt House est l'une des rares constructions conservées du premier établissement fondé sur le site de Calgary au début des années 1880.

À côté, Deane House a été construite en 1906 pour le capitaine Richard Burton Deane, commandant de Fort Calgary.

Un restaurant bénéficie aujourd'hui de ce cadre d'époque.

Fort Calgary Historic Park

750 9th Ave S.E. *(403) 290 1875.* *de mai à oct. : t.l.j.*

Fort Calgary a été élevé en 1875 à la conjonction des rivières Bow et Elbow par la Police montée. Un an après l'arrivée de la ligne du Grand Trunk Pacific Railway (compagnie du Grand Tronc, qui fusionna plus tard avec le Canadian Pacific Railway) en 1883, le petit établissement comptait plus de 400 habitants. En 1887, un incendie ayant ravagé les bâtiments importants, une nouvelle ville fut construite en grès, plus résistant. En 1914, le Grand Trunk Pacific Railway acheta le terrain et rasa le fort, dont des vestiges ont été découverts lors de fouilles en 1970. Le site, réhabilité, a été ouvert au public en 1978.

Le centre d'interprétation du fort reconstruit abrite un magasin de vivres et fournitures et un atelier de menuiserie. Les rives de la Bow se prêtent également à de jolies balades. On assistera à une spectaculaire évasion, jouée par les guides en costume.

Le Stampede de Calgary

Cet exubérant festival de dix jours sur le thème du Far West a lieu tous les ans en juillet à Stampede Park. Remplaçant une foire agricole créée en 1886, le Stampede attira pas moins de 14 000 spectateurs en 1912. L'une des attractions favorites, la course de chariots couverts, a fait son apparition dans les années 1920. Les animations spectaculaires présentées aujourd'hui reposent sur des épisodes de l'histoire de l'Ouest. Certaines se déroulent aussi à travers la ville, comme l'éblouissante parade d'ouverture. Les participants doivent ensuite chevaucher un taureau, capturer un veau au lasso et maîtriser une vache. Les principales épreuves sont le Half-Million Dollar Rodeo et la course de cantines ambulantes, dont les prix combinés s'élèvent à plus de 1,2 million de dollars canadiens.

Saint George's Island

Cette île de la Bow, non loin du centre-ville, recèle un magnifique zoo, des jardins botaniques et un parc préhistorique.

Le zoo, le deuxième du pays, se targue d'avoir reconstitué l'habitat naturel de chaque espèce. Ces environnements montrent la diversité du paysage canadien et de sa faune. Dans la forêt de peupliers faux-trembles, il est possible de voir le caribou des bois, et sur les chemins de la forêt boréale, la rare grue blanche, qui se nourrit dans les eaux peu profondes des marais.

Les jardins botaniques qui entourent le zoo comportent une vaste serre remplie de plantes poussant sous divers climats par le monde. Au parc préhistorique, les visiteurs pourront pique-niquer dans un paysage du mésozoïque reconstitué avec plantes et formations rocheuses typiques de l'Alberta, et au milieu de 22 dinosaures grandeur nature.

Majestueuse grue blanche au zoo de Calgary, sur Saint George's Island

Stampede Park

1410 Olympic Way S.E. *(403) 261 0125.* *t.l.j.* *pour certaines manifestations.*

Le célèbre site du Stampede de Calgary est équipé pour accueillir toute l'année loisirs, foires et conférences. Son hippodrome et ses deux stades de hockey sur glace sont en service toute l'année. L'un d'eux est situé dans l'impressionnant Saddledome, ainsi nommé à cause de son toit en forme de selle *(saddle)*.

Heritage Park Historic Village abrite plus de 80 bâtiments anciens

Parc provincial de Fish Creek

Bow Bottom Trail S.E. (403) 297 5293. t.l.j. partiel.

Créé en 1975, c'est l'un des parcs urbains les plus vastes au monde, avec ses 1 348 hectares de forêts et d'étendues sauvages dans la vallée de Fish Creek. Les guides vous diront tout sur l'écologie et l'histoire de la région à l'aide de diapositives qui passent en revue les différents sites archéologiques du parc, notamment les culbutes à bisons datant d'entre 750 av. J.-C. et 1800.

Les bois sont constitués d'épinettes blanches, de peupliers faux-trembles et de baumiers. Le parc est sillonné de sentiers de randonnée qui servent de pistes de ski l'hiver. C'est aussi un refuge été comme hiver pour la bernache du Canada, le grand héron et le pygargue à tête blanche.

Heritage Park Historic Village

1900 Heritage Drive S.O. (403) 268 8500. de mai à août : t.l.j. ; sept. et oct. : le week-end. de jan. à avr. www.heritagepark.ca

Au bord du réservoir de Glenmore, ce village compte plus de 150 bâtiments historiques allant de l'appentis à l'hôtel à un étage, apportés ici de tous les coins de l'Ouest canadien. Ils sont répartis suivant les époques, des années 1880, avec un poste de traite des fourrures, à 1900-1914, avec les maisons et les commerces d'une petite ville. La plupart des 45 000 objets ayant servi à l'aménagement des lieux – qu'il s'agisse de tasses à thé ou de trains à vapeur – ont été donnés par des habitants de Calgary et des environs. Parmi les plus étonnants figurent un parc d'attraction du XIXe siècle et trois locomotives à vapeur en état de marche. Une réplique du *Moyie*, un bateau à aubes, assure d'agréables promenades de trente minutes sur le réservoir de Glenmore. Mais l'une des attractions les plus populaires est de monter dans l'un des deux tramways allant jusqu'à l'entrée du parc. L'immersion dans le passé est renforcée par le claquement continuel des voitures à chevaux et par les odeurs et les bruits des échoppes, comme la boulangerie et la forge, animées par des guides en costume d'époque.

Fontaine victorienne à Heritage Park

Canada Olympic Park

88 Canada Olympic Rd S.W. (403) 247 5452. de 9 h à 22 h t.l.j.

C'est là que se déroulèrent en 1988 les XVe jeux Olympiques d'hiver. Bobsleigh et saut à ski figuraient parmi les disciplines et, aujourd'hui, les installations sont à la disposition des habitants comme des visiteurs à longueur d'année. Du haut du tremplin olympique de saut à 90 mètres, la vue sur les Rocheuses et Calgary est exceptionnelle.

On retrouvera les sensations données par la descente à ski et le bobsleigh grâce aux simulateurs de l'Olympic Hall of Fame and Museum.

Calgary Science Centre

701 11th St S.W. (403) 268 8300. de juin à sept. : t.l.j. ; de sept. à mai : du mar. au dim. www.calgaryscience.ca

Ce musée interactif populaire présente plus de 35 expositions scientifiques comme les ombres figées, les spectacles laser et les hologrammes. Grâce à la technologie multimédia dernier cri du Discovery Home, des images prennent vie sur un écran géant bombé. Des animations fascinantes portent sur les sujets les plus variés, du simple jardin au système solaire. Le vendredi soir, il est possible d'utiliser les puissants télescopes de l'observatoire pour admirer les étoiles.

Museum of the Regiments

4520 Crowchild Trail S.W. (403) 974 2850. de 10 h à 16 h t.l.j. mer. participation libre. www.museumoftheregiments.ca

Ouvert en 1990 et consacré à l'histoire des forces armées canadiennes, c'est le plus grand musée du genre dans l'Ouest canadien. Il met l'accent sur quatre régiments et présente avec réalisme des situations de combat réelles.

Char Sherman exposé devant le Museum of the Regiments

Le lac Waterton entouré de montagnes, dans le parc national des Waterton Lakes

Fort Macleod ❷

3 100. Fort Macleod Museum, 25th St (403) 553 4703. www.fortmacleod.com

Envoyée au poste de traite de Fort Whoop-up pour mettre fin au trafic de whisky, la North West Mounted Police fonda Fort Macleod non loin en 1874 *(p. 230)*. C'est le plus ancien établissement d'Alberta.

La ville actuelle a conservé une trentaine de bâtiments du passé et, derrière les palissades du fort, reconstruites en 1957, un musée retrace l'expédition des Mounties.

À 16 kilomètres au nord-ouest de Fort Macleod, **Head-Smashed-In-Buffalo Jump**, la culbute à bisons la plus vieille et la mieux conservée du monde, a été inscrite au Patrimoine mondial de l'Unesco en 1987. Cette méthode de chasse consistait à précipiter dans le vide les animaux rabattus par des hommes portant des peaux de bison, parfois au nombre de 500. Le site porte le nom d'un guerrier qui, assistant à la mise à mort du pied de la falaise, eut la tête défoncée.

Head-Smashed-In-Buffalo Jump
Route 785, par l'autoroute 2.
(403) 553 2731. t.l.j.

Parc national des Waterton Lakes ❸

Calgary. Park Info Centre, ouv. de mi-mai à sept. (403) 859 2224. t.l.j. partiel. www.pc.gc.ca

Moins connu que les autres parcs nationaux des Rocheuses, il possède pourtant des paysages tout aussi stupéfiants. Situé au sud-ouest de l'Alberta, à la frontière avec les États-Unis, le premier « parc international pour la paix » est contigu au parc national américain Glacier dont il partage l'écosystème.

Il doit sa beauté unique à un phénomène géologique qui s'est produit il y a plus d'un milliard d'années, avant la formation des Rocheuses : le chevauchement de Lewis. Les roches anciennes ont été poussées au-dessus des sédiments plus récents, d'où cette absence de transition entre les pics abrupts et l'étendue plate des Prairies.

Grâce à ses habitats – alpin et de plaine –, Waterton est le parc canadien qui abrite la faune la plus variée : ours, mouflon, gibier d'eau et espèces nidifiantes comme les pics.

Crowsnest Pass ❹

Frank Slide Interpretive Centre (403) 562 7388. www.frankslide.com

Sur l'autoroute 3 dans l'Alberta, près de la frontière de la Colombie-Britannique, le col de Crowsnest est cerné de montagnes enneigées comme la plupart des cols

Visite souterraine de Bellevue Mine à Crowsnest Pass

des Rocheuses. Dominée par l'industrie du charbon au début du XXe siècle, la région a subi la pire catastrophe minière du Canada. En 1903, un énorme rocher se détacha de Turtle Mountain, glissa dans la vallée où il détruisit une partie de la ville de Frank et, emportant arbres et rochers, fit 70 victimes. Le Frank Slide Interpretive Centre présente deux audiovisuels primés sur ce glissement de terrain, et un sentier guide les visiteurs à travers la vallée jusqu'aux traces laissées par le cataclysme. On peut se documenter sur le passé minier de la région à Bellevue Mine, où sont organisées des expéditions dans les galeries étroites qu'empruntèrent chaque jour les mineurs entre 1903 et 1961. On peut aussi visiter les captivantes Leitch Collieries, d'anciennes houillères.

Les Rocheuses surplombent les maisons de la ville de Fernie

Fernie ❺

4 877. Autoroute 3 et Dicken Rd (250) 423 9207. www.fernie.com

Cette ville attrayante aux rues bordées d'arbres entourée de sommets pointus est située en Colombie-Britannique, à l'ouest de Crowsnest Pass. Suite à un incendie qui la ravagea en 1908, les maisons furent reconstruites en brique et en pierre, lui donnant son élégance actuelle. Le palais de justice de 1911, unique dans la province par son style, vaut le coup d'œil. Réputée pour les sports d'hiver, Fernie posséderait la meilleure poudreuse des Rocheuses. La saison dure de novembre à avril. Dans la gigantesque station voisine de Fernie Alpine Resort, les remontées mécaniques ont une capacité horaire de 12 300 skieurs. L'été, le parc provincial de Mount Fernie offre un large choix de sentiers de randonnée dans un superbe paysage de montagne. Les attraits sont multiples, entre le canotage sur les lacs et rivières des environs et la pêche.

Plusieurs compagnies proposent le survol des montagnes en hélicoptère pour voir de près les formations et les falaises de granit propres à ce secteur des Rocheuses.

Fort Steele Heritage Town ❻

Autoroute 95. (250) 426 7352. t.l.j. www.fortsteele.bc.ca

C'est la reconstitution d'une ville de ravitaillement pour les pionniers fondée en 1864 quand on découvrit de l'or à Wild Horse Creek. Prospecteurs et hommes d'affaires affluèrent par la Dewdney Trail qui reliait Hope aux terrains aurifères. La ville reçut le nom de Samuel Steele, chef de la North West Mounted Police, arrivé en 1887

Barbier du XIXe siècle à Fort Steel Heritage Town

pour rétablir la paix entre des groupes d'Indiens ktunaxas et de colons européens. Elle connut une brève prospérité avec la découverte de plomb et d'argent, mais le tracé de la voie ferrée principale fut détourné sur Cranbrook, et au début du XXe siècle, Fort Steele était devenue une ville fantôme.

Une soixantaine de bâtiments reconstruits ou restaurés sont aujourd'hui animés par des guides en costume d'époque : magasin général, écurie pour chevaux de louage et quartiers des officiers de la Police montée, où des objets personnels donnent l'impression qu'ils sont encore habités. Plusieurs activités artisanales sont montrées au public, comme la fabrication de courtepointes ou de crèmes glacées. Lors d'une visite au Lieu historique voisin de Wild Horse Creek, vous pourrez vous essayer à trouver de l'or.

Le bison

Le bison d'Amérique du Nord est un bovidé à tête large ornée d'une épaisse crinière. Malgré sa masse (l'adulte pèse parfois 900 kilos), il est agile, rapide et imprévisible. Avant l'arrivée des colons européens dans les plaines de l'Ouest aux XVIIIe et XIXe siècles, 60 millions de bisons, selon les estimations, vivaient en immenses troupeaux de centaines de milliers de têtes. Les Indiens des plaines ne les chassaient que pour leurs besoins – ils en tiraient nourriture, abri et outillage. Mais les Européens les tuèrent pratiquement jusqu'au dernier. Vers 1900, il en restait à peine un millier. En 1874, un cow-boy du nom de Walking Coyote éleva un petit troupeau de 715 bisons des plaines dont les descendants peuplent aujourd'hui plusieurs parcs canadiens.

Bison des plaines d'Amérique du Nord

Luxueux wagon-restaurant au Museum of Rail Travel, à Cranbrook

Cranbrook 7

18 050. 2279 Cranbrook St N. (250) 426 5914.

Située entre les Purcell Mountains et les Rocheuses, Cranbrook est la plus grande ville du sud-est de la Colombie-Britannique. Ce carrefour essentiel pour la région est à deux pas de superbes forêts alpines et des vallées luxuriantes des contreforts des Rocheuses. Au long d'un des nombreux sentiers de randonnée, les plus chanceux apercevront wapitis, loups, couguars, ou grizzlis (c'est là qu'on en trouve la plus forte concentration).

La curiosité principale de la ville est le **Canadian Museum of Rail Travel**, installé dans la gare de 1900, restaurée. Des journaux anciens et des photos illustrant l'histoire du chemin de fer y sont conservés. En sortant, ne manquez pas de jeter un coup d'œil aux somptueux décors des trains d'époque.

The Canadian Museum of Rail Travel

57 Vanhorne St S. (250) 489 3918. d'avr. à mi-oct. : t.l.j. ; de fin oct. à avr. : du mar. au sam.

Purcell Mountains 8

Kamloops. Autoroute 95, Golden (250) 344 7125.

Ces monts déchiquetés sont séparés des Rocheuses par la large vallée de la Columbia. La région, une des plus reculées des Rocheuses, attire chasseurs et skieurs du monde entier, de même que les alpinistes, qui viennent se mesurer aux Bugaboos, une haute chaîne d'aiguilles granitiques. Au nord des Purcell Mountains, dans une des rares zones accessibles, la vaste Purcell Wilderness Conservancy est une réserve de 32 600 hectares. La chasse à l'ours, à la chèvre de montagne et au wapiti y est strictement réglementée.

De la jolie ville voisine d'Invermere, on rejoint l'Earl Grey Pass Trail, une des pistes les plus ardues du Canada qui traverse les monts sur 56 kilomètres. Earl Grey fut gouverneur général du Canada de 1904 à 1911. Il construisit dans les Purcell Mountains un cabanon de vacances pour sa famille en 1909, au bout d'une piste qu'empruntaient déjà les Indiens kinbaskets, des Premières Nations Shuswap. Le sentier qui a pris son nom est notoirement dangereux à cause des ours et des risques d'avalanche et de chute d'arbre. La randonnée, qui exige entraînement et expérience, est déconseillée aux débutants.

Parc national Glacier 9

Revelstoke/Golden. Revelstoke (250) 837 7500. t.l.j. www.pc.gc.ca

Il couvre 1 350 kilomètres carrés d'étendues sauvages dans la Selkirk Range des Columbia Mountains. Créé en 1886, son développement fut lié à celui du chemin de fer,

Les Purcell Mountains sont réputées pour leurs paysages sauvages

Illecillewaet Glacier, dans le parc national Glacier

qui franchit Rogers's Pass en 1885. Aujourd'hui, les sentiers les plus accessibles suivent les lignes désaffectées. D'autres chemins réservent des vues étonnantes des 420 glaciers du parc, notamment du Great Glacier, appelé maintenant Illecillewaet Glacier. Le parc est connu pour son climat très humide l'été et ses chutes de neige presque quotidiennes l'hiver, formant une couche de 23 mètres certaines années. En raison de sérieux risques d'avalanche, il est conseillé aux skieurs et alpinistes de s'informer au Roger Pass Center avant de se mettre en route.

La ligne par Roger's Pass fut abandonnée par le Canadian Pacific Railway au profit d'un tunnel à cause de la fréquence des avalanches. La Transcanadienne emprunte la route du col puis bifurque vers la jolie ville de Revelstoke, d'où l'on gagne les forêts et les pics escarpés du parc national de Mount Revelstoke.

Radium Hot Springs ⓾

1 000. Chambre de commerce (250) 347 9331, 1 800 347 9704. www.radiumhotsprings.com

Cette petite ville célèbre pour ses sources d'eau chaude est une bonne base pour la découverte du parc national voisin de Kootenay. L'été, des pots de fleurs décorent les devantures des cafés et pubs qui bordent la rue principale. La ville, où les chambres de motel sont plus nombreuses que les habitants, accueille chaque année 1,2 million de visiteurs venus se baigner dans les eaux curatives. Il y a un bassin chaud pour la détente et une piscine, plus fraîche. On peut louer vestiaire, maillot de bain, douche et serviette, et se faire masser. La découverte des Columbia Valley Wetlands, très proches, est une autre variante. Alimentée par les glaciers des Purcell Mountains et des Rocheuses, la Columbia serpente à travers ces vastes marécages, domaine de plus de 250 espèces migratrices de gibier d'eau comme la bernache du Canada et le cygne siffleur.

Cure thermale à Radium Hot Springs

Parc national de Kootenay ⓫

Banff. Park Info Centre, ouvert de mai à sept. (250) 347 9615. t.l.j. www.pc.gc.ca

Le parc national de Kootenay couvre 1 406 kilomètres carrés de terrains qui comptent parmi les plus variés des Rocheuses. La Kootenay Parkway (autoroute 93), traverse le parc du nord au sud sur 94 km.

Elle serpente vers l'ouest à travers Sinclair Canyon, une profonde gorge calcaire, longeant les célèbres Radium Hot Spring Pools, passe sous l'arche naturelle formée par les falaises orangées de Redwall Fault, atteint Sinclair Pass, puis emprunte la vallée de la Kootenay jusqu'à Hector Gorge et pénètre dans celle de la Vermillion River. Plus au nord, un court sentier mène aux Paint Pots, des bassins d'ocre formés par des sources souterraines ferrugineuses. Quelques kilomètres plus loin s'élèvent les flancs calcaires, hauts de 35 m, de l'impressionnant Marble Canyon, étroit défilé creusé par les eaux de fonte glaciaire du Tokumm Creek. Le long du sentier de Firemeed Trail, le massif forestier renaît des cendres des anciens incendies de forêts.

Les Paint Pots, des bassins d'ocre, au parc national de Kootenay

Kananaskis Country ⓬

Canmore. Suite 201, 800 Railway Ave, Canmore (403) 678 5508. www.kananaskisalberta.ca

Cette région verdoyante des contreforts des Rocheuses se compose de sommets montagneux, lacs, rivières et prairies alpines. Situés au sud-ouest de Calgary, à la limite du parc national de Banff, ces 5 000 kilomètres carrés d'étendues sauvages sont fréquentés par les randonneurs et les visiteurs venus observer la faune – aigle, loup et ours. Au centre de cette vaste zone de loisirs, la ville de Canmore offre de nombreuses possibilités d'hébergement et des informations sur les activités de plein air.

Parc national de Banff ⓭

Le plus connu des parcs nationaux des Rocheuses fut le premier créé au Canada, en 1885, après la découverte de sources d'eau chaude par trois ouvriers du Canadian Pacific Railroad en 1883. Des siècles avant l'arrivée du rail, les Indiens pieds-noirs, stoneys et kootenays vivaient dans les vallées environnantes. Dans les 6 641 kilomètres carrés du parc se déploient des paysages qui comptent parmi les plus sublimes du pays : sommets vertigineux, forêts, lacs glaciaires et rivières majestueuses. Environ 5 millions de visiteurs profitent chaque année de tout un éventail d'activités – randonnée et canoë l'été, ski l'hiver.

Lac Peyto
Une des plus agréables promenades de Banff part de l'Icefields Parkway, près de Bow Summit, et mène à un panorama sur les eaux bleues métalliques du lac Peyto.

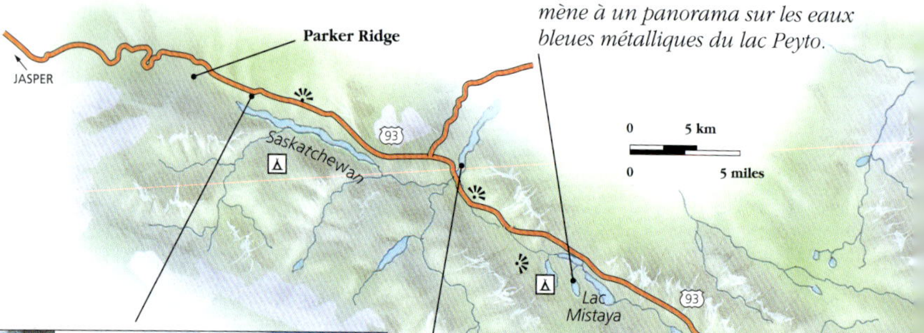

Icefields Parkway
Réputé pour ses vues exceptionnelles de pics élevés, forêts, lacs et glaciers, cet itinéraire de 230 kilomètres relie Lake Louise à Jasper.

Saskatchewan River Crossing se trouve au confluent de trois rivières, sur la route parcourue au XIXe siècle par l'explorateur David Thompson.

Valley of the Ten Peaks
Une route au départ de Lake Louise serpente jusqu'au lac Moraine, bordé de dix sommets qui dépassent tous 3 000 mètres.

ATTENTION AUX OURS !

Bien qu'on les voie rarement, grizzlis et ours noirs peuplent les parc nationaux des Rocheuses. Respectez les règlements affichés dans les terrains de camping par les gardiens. La brochure *The Mountain Guide* publiée par les services du parc donne des conseils de sécurité. Les principaux sont de ne pas approcher les animaux, ne pas les nourrir et ne pas courir. L'ours ayant un odorat très développé, les campeurs doivent enfermer nourriture et ordures dans un véhicule ou les déposer dans des poubelles spéciales.

Grizzli à Banff

Johnston Canyon

Cette gorge abrite deux cascades impressionnantes. L'une des pistes les plus populaires du parc l'emprunte. Accessible depuis Bow Valley Parkway (p. 300)*, elle se compose d'un sentier goudronné praticable pour les fauteuils roulants et de passerelles proches des chutes.*

Mode d'emploi

Autoroutes 1 et 93. *Banff Visitor Center, 224 Banff Ave, Banff (403) 762 8421. Brewster Bus Depot, 100 Gopher St. t.l.j.*

www.banfflakelouise.com

Légende

- Autoroute
- Route principale
- Cours d'eau
- Camping
- Information touristique
- Point de vue

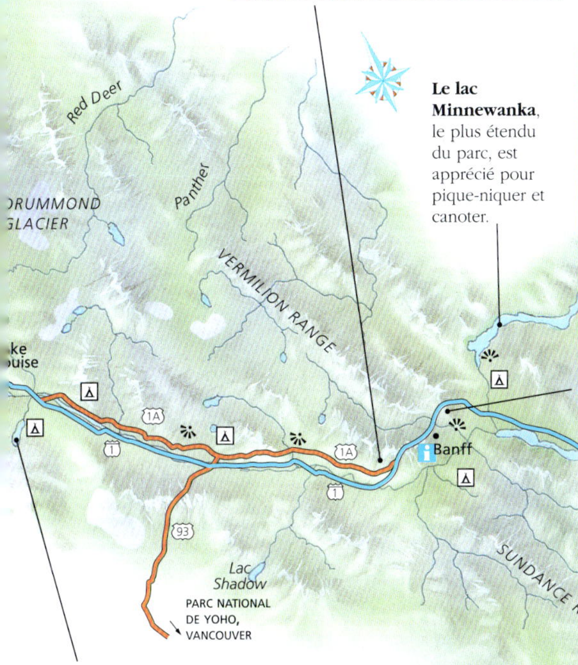

Le lac Minnewanka, le plus étendu du parc, est apprécié pour pique-niquer et canoter.

Bankhead

Un sentier de randonnée jalonné de photos anciennes guide les visiteurs dans cette ville fantôme et sa mine de charbon.

Lac Louise

Les eaux émeraude du lac Louise sont le symbole éternel de la beauté des Rocheuses. C'est l'un des lieux touristiques les plus anciens du parc. Le glacier Victoria s'avance jusqu'au bord du lac.

À la découverte du parc national de Banff

Chèvre de montagne

Nul ne peut traverser le parc national de Banff sans être impressionné. Près de 25 sommets de plus de 3 000 mètres se reflètent majestueusement dans les eaux turquoise de ses nombreux lacs. Excellente base pour la découverte des environs, la ville de Banff offre un large choix d'équipements et d'attraits, comme les sources d'eau chaude thérapeutiques qui furent à l'origine de la création du parc. La route elle-même est une merveille : l'Icefields Parkway (autoroute 93), qui part du célèbre lac Louise, serpente au milieu de paysages montagneux époustouflants entre Banff et le parc national de Jasper.

Icefields Parkway (autoroute 93)

Cette autoroute touristique de montagne zigzague sur 230 kilomètres au milieu des crêtes déchiquetées des Rocheuses. Le trajet est un enchantement, la surprise devant les vues extraordinaires en grimpant vers les cols entre le lac Louise et Jasper se renouvelant à chaque virage.

Construite pendant la crise des années 1930 pour créer des emplois, cette route panoramique a été prolongée dans les années 1960 et dotée de refuges pour permettre aux automobilistes d'admirer le paysage. Elle monte jusqu'à 2 068 mètres à Bow Summit. De là, une route secondaire mène vers le **lac Peyto**, entouré de pics enneigés qui se reflètent dans le bleu éclatant de ses eaux. Le regard porte aussi sur Crowfoot Glacier, masse de glace s'accrochant à la montagne, qui doit son nom de « patte de corbeau » à sa forme. Plus au nord, un sentier descend depuis un parking jusqu'à **Mistaya Canyon**, connu pour ses parois verticales, ses grottes et son imposante arche naturelle. L'autoroute passe tout près des champs de glace (à cheval sur le parc national de Jasper), et Athabasca Glacier se voit nettement de la route. Chèvres de montagne et mouflons sont souvent attirés au bord de la route par le sel répandu contre le verglas.

La Bow Valley Parkway longe les rives grandioses de la rivière

Bow Valley Parkway

Longue de 50 kilomètres, cette route est une alternative touristique à la Transcanadienne entre Banff et le lac Louise. Jalonnée de panneaux explicatifs et de points de vue, elle permet d'explorer la champêtre vallée de la Bow, qui abrite une riche faune. Vous apercevrez peut-être ours, wapitis ou coyotes.

À environ 19 kilomètres à l'ouest de Banff, un bon chemin relie en quelques minutes la route à un sentier goudronné menant à **Johnston Canyon** et à deux impressionnantes cascades. Le chemin de la chute inférieure est accessible aux fauteuils roulants ; la chute supérieure est un peu plus éloignée (2,7 kilomètres à pied). Une passerelle en bois réservant de belles vues de la vallée, non loin de l'endroit où la voie ferrée traverse la montagne, descend le long de la paroi rocheuse au fond du canyon. Là se trouvent les Ink Pots, dus à l'un des phénomènes naturels les plus étonnants du lieu : des bulles viennent éclater à la surface de ces bassins remplis d'une eau turquoise. Des panneaux expliquent la genèse de ce fascinant canyon.

Lake Minnewanka Drive

Formant une boucle de 14 kilomètres, la route, étroite et sinueuse, part de l'échangeur de Minnewanka sur la Transcanadienne. C'est une agréable promenade jusqu'à des aires de pique-nique, des sentiers de randonnée et trois lacs. Long de près de 20 kilomètres, le lac Minnewanka est le plus grand du parc.

Une piste très fréquentée mène rapidement à Bankhead, une mine de charbon désaffectée qui fut le premier établissement de Banff et connut son apogée dans la première moitié du XIXe siècle. Le sentier est ponctué de vieilles photos et de pancartes décrivant la vie des mineurs.

Le lac Minnewanka, le plus étendu de Banff, au milieu des montagnes

Le Banff Springs Hotel a été construit en 1888 dans le style baronial écossais

Banff

La ville de Banff s'est développée autour de sources d'eau chaude découvertes dans les années 1880. William Cornelius van Horne, président du Canadian Pacific Railway, voyant vite quel avantage il pourrait en tirer, fit construire le magnifique Banff Springs Hotel en 1888. Le lieu devint très populaire et la ville s'étendit pour recevoir le flot des visiteurs. Au pied de Sulphur Mountain, le **Lieu historique national Cave and Basin**, site de la source découverte en 1883 par les ouvriers du chemin de fer, est aujourd'hui un musée qui retrace le développement de Banff. La piscine d'**Upper Hot Springs**, également au pied de Sulphur Mountain, est idéale pour oublier ses courbatures dans les eaux riches en minéraux.

Sulphur Mountain domine la ville de ses 2 295 mètres. Un chemin de 5 kilomètres mène au sommet, que rejoint en huit minutes un téléphérique aux parois vitrées. Les plates-formes d'observation offrent de beaux panoramas des Rocheuses. Banff est une ville animée toute l'année. Aux sports d'hiver tels que ski et traîneau à chiens succèdent l'été randonnée, vélo et alpinisme. Le **Banff Park Museum** construit en 1903 conserve des spécimens d'animaux, entre autres d'oiseaux et d'insectes.

Banff Park Museum

93 Banff Ave. *(403) 762 1558.*
t.l.j. *25 déc., 1er jan.*

Un téléphérique monte jusqu'à Sulphur Mountain

Lac Louise

près de Samson Mall (403) 762 0270.

Attrait majeur du parc national de Banff, ce lac d'une beauté exceptionnelle est le joyau des Rocheuses. Il est réputé pour le bleu de ses eaux et les pics enneigés qui l'environnent, ainsi que pour la proximité de Victoria Glacier : il s'étire presque jusqu'au bord de l'eau. Les sentiers qui le longent sont dotés de panneaux expliquant sa formation il y a 10 000 ans, à la fin de la dernière période glaciaire. La couleur étonnante de ses eaux, comme celles des autres lacs du parc, est due à de très fines particules minérales en suspension juste sous la surface. L'imposant Château Lake Louise, hôtel construit en 1894, domine le paysage à son extrémité.

L'été, une télécabine monte à Whitehorn Mount d'où les vues sont extraordinaires sur le glacier et le lac. L'hiver, les amateurs de ski, escalade de glacier et surf des neiges viennent en foule. Le village de Lake Louise est un bon centre d'approvisionnement.

Lac Moraine

Moins connu que le lac Louise, le lac Moraine est pourtant tout aussi beau, avec ses eaux turquoise miroitantes. On trouvera hébergement, repas, mais aussi location de canoë dans la jolie cabane au bord de l'eau. Plusieurs sentiers partent du lac. L'un longe la rive nord sur 1,5 kilomètre, mais celui montant à Larch Valley-Sentinel Pass, l'un des cols les plus élevés du parc, offre des vues plus grandioses.

Parc national de Yoho ⓮

Gyroselle

C'est à la beauté de ses montagnes, lacs, cascades et formations rocheuses que la région doit son nom de Yoho, terme cri signifiant « crainte, respect et émerveillement ». Le parc s'étend sur le versant ouest des Rocheuses, en Colombie-Britannique, près des parcs nationaux de Banff et Kootenay. Il offre un large éventail d'activités : alpinisme, randonnée, canotage et ski. Mais il doit aussi sa renommée aux Burgess Shale, couches d'argiles exceptionnellement riches en fossiles de créatures marines de la période cambrienne (il y a plus de 500 millions d'années). L'accès au site se fait à l'issue de randonnées guidées comptant quinze participants maximum.

Lac Émeraude
À Emerald Lake Lodge (p. 357), une cabane au bord des eaux d'un vert intense, on trouvera les équipements nécessaires pour profiter de ce lieu paisible enclavé au milieu du parc, qui se prête au canotage, à la randonnée et à l'équitation.

Natural Bridge
À quelques minutes de marche de l'autoroute 1, au centre du parc, cette arche naturelle enjambant la Kicking Horse River est due à l'érosion qui, au cours des siècles, a creusé un chenal dans la roche massive.

Légende

- Autoroute
- Route principale
- Cours d'eau
- Camping
- Aire de pique-nique
- Information touristique
- Point de vue

Hoodoo Creek
L'érosion a façonné ces fascinantes colonnes rocheuses qui s'atteignent par un court sentier depuis l'autoroute.

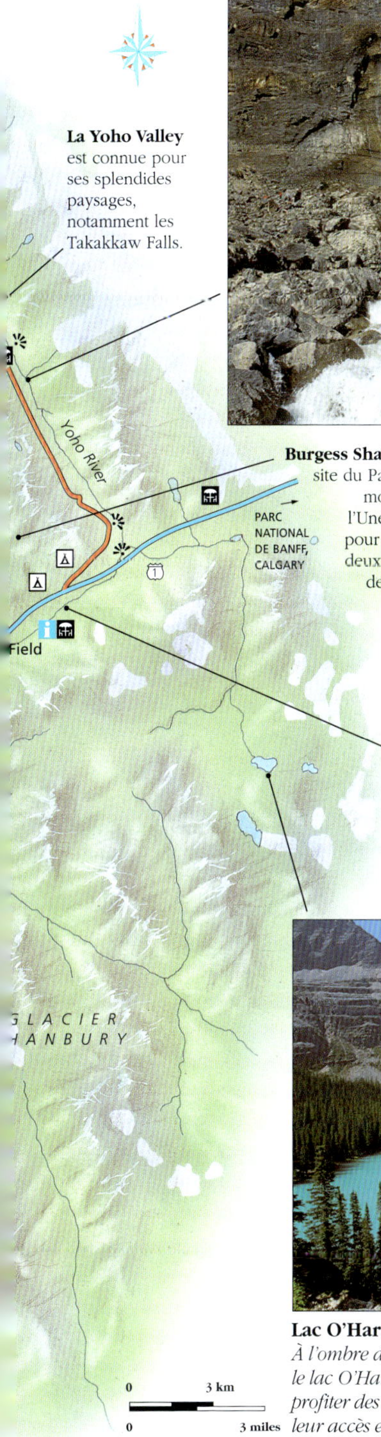

La Yoho Valley est connue pour ses splendides paysages, notamment les Takakkaw Falls.

Burgess Shale est un site du Patrimoine mondial de l'Unesco créé pour protéger deux couches de fossiles.

Takakkaw Falls
Dans la langue des Amérindiens, Takakkaw signifie « c'est magnifique ». Hautes de 254 mètres, ces chutes comptent parmi les plus impressionnantes du Canada. On y accède par la Yoho Valley Road.

MODE D'EMPLOI

Autoroute 1. Park Information Centre, Field (250) 343 6783. t.l.j. www.pc.gc.ca/yoho

Kicking Horse River
Cette rivière impétueuse longe la voie ferrée des années 1880. Celle-ci sert désormais au fret et au train touristique Rocky Mountaineer (p. 407).

Lac O'Hara
À l'ombre des sommets majestueux des monts Victoria et Lefroy, le lac O'Hara est d'une beauté exceptionnelle. Ceux qui voudront profiter des superbes sentiers des alentours devront réserver, car leur accès est limité pour protéger cet environnement fragile.

Le lac Moraine, niché au milieu des sommets de la Valley of the Ten Peaks ▷

Parc national de Jasper ⓯

D'une superficie de 10 878 kilomètres carrés, Jasper est le plus étendu et le plus septentrional des quatre parcs nationaux des Rocheuses, ainsi que le plus accidenté. Outre ses sommets élevés et ses vallées émaillées de lacs glaciaires, le parc renferme le Columbia Icefield – champ de glace de Colombie *(p. 308)* –, dont des coulées descendent jusqu'à plusieurs vallées. Vieille de 400 ans, la glace atteint par endroits une épaisseur de 900 mètres. Les sentiers de randonnée les plus faciles d'accès partent du lac et du canyon Maligne ou de la ville de Jasper. À peu près au centre du parc, la localité est le point de départ vers les sites les plus touristiques comme Miette Hot Springs.

Lac Pyramid
Les deux lacs voisins Pyramid et Patricia sont proches de la ville de Jasper.

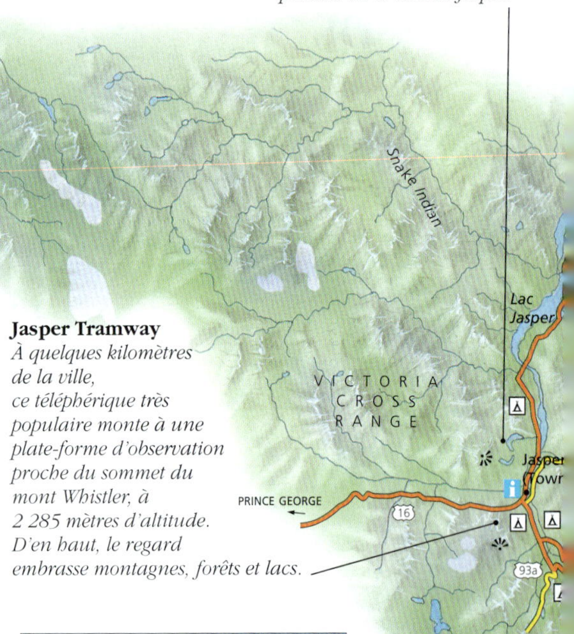

Jasper Tramway
À quelques kilomètres de la ville, ce téléphérique très populaire monte à une plate-forme d'observation proche du sommet du mont Whistler, à 2 285 mètres d'altitude. D'en haut, le regard embrasse montagnes, forêts et lacs.

0 — 20 km
0 — 20 miles

Légende

- Route principale
- Route secondaire
- Cours d'eau
- Camping
- Aire de pique-nique
- Information touristique
- Point de vue

Mount Edith Cavell
On peut monter en voiture jusqu'au lac Cavell, d'où le sentier continue vers Angel Glacier et les Cavell Meadows, couverts de fleurs.

Maligne Canyon
C'est l'une des plus belles gorges des Rocheuses. De nombreuses passerelles aménagées le long de ses parois à pic ou traversant le gouffre permettent d'admirer d'impressionnantes cascades.

MODE D'EMPLOI

Autoroutes 93 et 16. *409 Patricia St, Jasper (780) 852 3858. VIA Rail, Connaught St. Gare Greyhound. t.l.j. www.jaspercanadianrockies.com*

Miette Hot Springs
Les sources les plus chaudes des Rocheuses sont extrêmement relaxantes. Elles devraient leurs vertus curatives à leur haute teneur en soufre.

Lac Medicine
Réputé pour ses variations de niveau, le lac Medicine, l'un des plus beaux de Jasper, est drainé par une série de galeries et cavités souterraines.

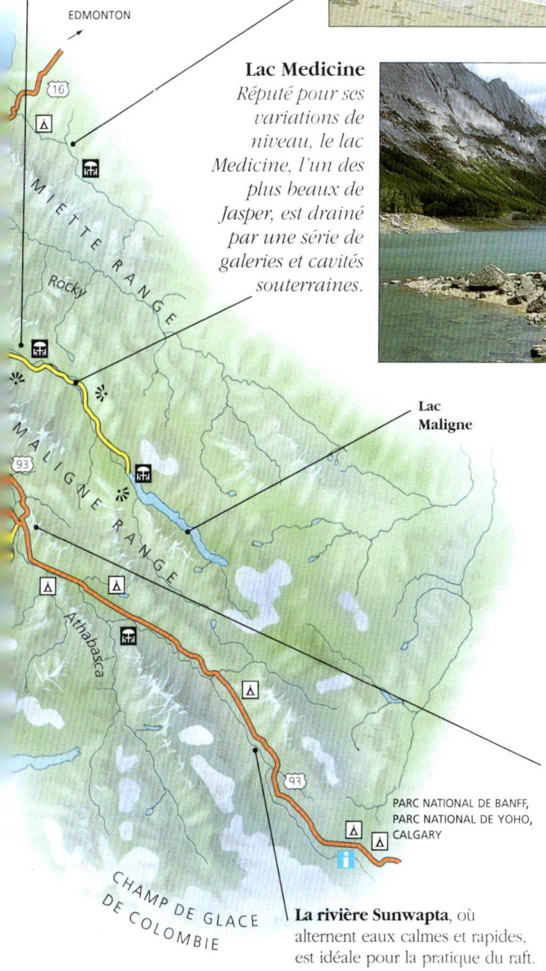

La rivière Sunwapta, où alternent eaux calmes et rapides, est idéale pour la pratique du raft.

Athabasca Falls
Ces chutes tumultueuses sont créées par la rivière Athabasca qui se fraie un passage dans une gorge étroite.

À la découverte du parc national de Jasper

Créé en 1907, le parc national de Jasper est d'une beauté extraordinaire, comme toute la région des Rocheuses, mais ses étendues sauvages sont encore plus difficiles d'accès que celles des autres parcs. La plupart ne se rejoignent qu'à pied, à cheval ou en canoë, et un permis délivré par le Park Trail Office est obligatoire pour les excursions de plus d'une journée. Autre particularité : c'est à Jasper que l'on a le plus de chance d'apercevoir ours, orignaux ou wapitis. Bien que la plupart des services du parc ne fonctionnent pas d'octobre à Pâques, les pistes de ski de fond sont ouvertes à ceux qui n'ont pas peur du froid. La pêche sous la glace, le ski alpin ou les randonnées guidées sur les rivières gelées sont d'autres alternatives. L'été, des excursions d'une journée sont possibles au départ de la ville de Jasper.

Le ski alpin, l'une des activités de plein air de la région

Le champ de glace de Colombie et l'Icefield Centre

Icefields Parkway. *(780) 852 6288.* *de mai à oct. : t.l.j.*
www.columbiaicefield.com

Avec ses 389 kilomètres carrés, le champ de glace de Colombie est la plus vaste étendue glacée des Rocheuses. À cheval sur les deux parcs nationaux de Banff et Jasper, il s'est formé pendant la dernière période glaciaire.

Il y a environ 10 000 ans, la glace a recouvert la région et sculpté de larges vallées, des parois montagneuses à pic et des crêtes acérées. Malgré le recul des glaciers, la glace couvrait encore la zone que traverse aujourd'hui l'Icefields Parkway au début du XXe siècle.

À l'Icefield Centre, un centre d'interprétation explique la période glaciaire et l'impact des glaciers sur le paysage des Rocheuses. Il tient une liste des sentiers à la disposition des visiteurs et propose des excursions en autoneige à Athabasca Glacier.

Athabasca Falls

Situées à la jonction des autoroutes 93 et 93A où la rivière Athabasca fait un plongeon de 23 mètres, ces chutes comptent parmi les plus spectaculaires du parc. Bien que le dénivelé soit modeste comparé à d'autres cascades des Rocheuses, les eaux de l'Athabasca forment un torrent puissant car elles s'engouffrent dans un étroit canyon.

Jasper

La ville fut créée en 1911 pour loger les ouvriers du Grand Trunk Pacific Railroad qui construisaient la voie ferrée dans la vallée de l'Athabasca. Comme à Banff, l'arrivée du chemin de fer s'accompagna du développement touristique du parc, et la ville se dota d'hôtels, de restaurants et d'un centre d'information touristique. Aujourd'hui, la plupart des attractions du parc sont proches de la ville, située en son centre sur l'autoroute 16 et sur l'Icefields Parkway (autoroute 93).

À 7 kilomètres de Jasper, un téléphérique très rapide, le Jasper Tramway, monte en sept minutes à **Whistlers Mountain**. Du terminus, à 2 285 mètres, où se trouvent un restaurant et une boutique

Avec ses eaux tumultueuses, l'Athabasca est appréciée des amateurs de rafting

de souvenirs, un sentier bien balisé mène au sommet, à 2 470 mètres. Par temps clair, la vue est incomparable. Les adeptes de la marche préféreront le sentier de 2,8 kilomètres qui offre des vues panoramiques des deux vallées de la Miette et de l'Athabasca. En juillet, les prairies sont couvertes de fleurs sauvages éclatantes.

Lacs Patricia et Pyramid

Au nord de Jasper, ces beaux lacs blottis au pied du mont Pyramid, haut de 2 763 mètres, sont l'occasion d'une excursion d'une journée depuis la ville. Ils se prêtent à la planche à voile et à la voile ; deux cabanes au bord du lac louent le matériel nécessaire.

Les eaux d'un bleu intense du lac Pyramid

Maligne Lake Drive

Cette route panoramique qui commence à 5 kilomètres au nord de Jasper se détache de l'autoroute 16 pour suivre le fond de la vallée entre les chaînes Maligne et Queen Elizabeth. Ponctuée de points de vue sur la vallée de la Maligne, elle dessert plusieurs sites magnifiques. L'un des plus spectaculaires est Maligne Canyon, accessible par un chemin balisé de 4 kilomètres doté de panneaux explicatifs sur la formation géologique particulière de la gorge. Ce canyon est l'un des plus beaux des Rocheuses avec ses parois calcaires à pic hautes de 50 mètres et ses nombreuses cascades visibles depuis des passerelles. La route se termine à l'imposant lac Maligne, le plus grand lac naturel des Rocheuses, long de 22 kilomètres et ceint de pics enneigés. Plusieurs sentiers panoramiques en font le tour ; l'un d'eux mène à Opal Hills, d'où les vues de la région sont merveilleuses. Des randonnées guidées sont organisées au départ de Jasper et matériel de pêche, canoës et kayaks peuvent se louer pour profiter du lac.

Croisière sur le lac Maligne, le plus grand lac naturel des Rocheuses

Lac Medicine

Également desservi par une petite route qui se détache de la Maligne Lake Drive, il est connu pour ses variations de niveau. En automne, il est presque à sec, et au printemps, les eaux montent, grâce à la tumultueuse rivière Maligne qui s'infiltre par un réseau étendu de cavités et galeries souterraines.

Miette Springs

(403) 866 3939, 1 800 767 1611.
de mi-mai à sept. : t.l.j.

Situées à 61 kilomètres au nord de Jasper sur la charmante Miette Springs Road, ces sources dont la température peut atteindre 53,9 °C sont les plus chaudes des Rocheuses. Pour les curistes, les eaux thermales ramenées à une température plus supportable de 39 °C sont censées être délassantes et salutaires – elles sont riches en calcium et en sulfates, avec des traces d'hydrogène sulfuré, qui donne une odeur d'œuf pourri.

La station de Miette Springs est aujourd'hui dotée de deux nouvelles piscines dont l'une destinée aux enfants. Les sources font partie d'un complexe de loisirs comprenant hôtels et restaurants.

Mount Edith Cavell

Ce mont qui porte le nom d'une infirmière héroïque de la Première Guerre mondiale est à 30 kilomètres au sud de Jasper. La route panoramique qui l'escalade mérite le déplacement. Elle se termine au lac Cavell, près du versant nord de la montagne, d'où une piste balisée mène à un petit lac au pied d'Angel Glacier. La randonnée de trois heures sur les versants du mont offre des vues sur une coulée du glacier.

Langue de glace d'Angel Glacier, vue depuis Mount Edith Cavell

Cuisine typique de la fin des années 1900 au Grande Prairie Museum

Prince George 16

70 000. ✈ 🚉 🚌
1198 Victoria St (250) 562 3700.
www.tourismpg.com

La plus grande ville du centre de la Colombie-Britannique est un centre régional très actif de ravitaillement et de transport. Deux grands axes la traversent : la Yellowhead (autoroute 16) et l'autoroute 97, qui devient l'Alaska Highway à partir de Dawson Creek. Fondée en 1807 sous le nom de Fort George, un poste de traite des fourrures au confluent des rivières Nechako et Fraser, la ville est idéalement située pour la découverte de la province.

Elle possède aujourd'hui tous les équipements d'une grande ville, notamment une nouvelle université spécialisée dans l'histoire et la culture des Premières Nations, ainsi qu'un orchestre symphonique et plusieurs galeries d'art. Le **Fort George Regional Museum** occupe le site du fort d'origine, à l'intérieur d'un parc de 26 hectares ; sa petite collection évoque les cultures amérindiennes, l'histoire des pionniers et des premiers colons de la région.

Un ensemble de visites gratuites des pulperies locales permet de découvrir une industrie essentielle de la ville : l'exploitation forestière. Toute la filière du bois est expliquée, depuis les parcelles de jeunes arbres aux monceaux de planches.

Fort George Regional Museum

20th Ave et Queensway. *(250) 562 1612.* *t.l.j.* *25 déc., 1er jan.* *participation libre.*

Grande Prairie 17

40 000. ✈ 🚌 *11330 106th St (780) 539 7688.* *www.northernvisitor.com*

Beaucoup de voyageurs pour Dawson Creek et l'Alaska Highway *(p. 260-261)*, au nord, font halte dans cette grande ville moderne du nord-ouest de l'Alberta entourée de champs fertiles. Carrefour de la région de la Peace River, avec ses centres commerciaux géants et ses nombreux magasins spécialisés du centre-ville, elle attire en outre les acheteurs par l'absence de taxe provinciale à l'achat *(p. 380)*.

Muskossepi Park déploie sa nature sauvage en plein centre. Ses 45 hectares sillonnés de sentiers, pistes cyclables et de ski de fond sont propices aux loisirs de plein air. Le canotage est largement pratiqué : on peut louer des embarcations pour une balade sur le Bear Creek Reservoir. Le **Grande Prairie Museum** est également installé dans le parc. Ses dix bâtiments abritent plus de 16 000 pièces anciennes, des reconstitutions d'édifices – école de 1911, bureau de poste rural, église – et un ensemble réputé d'os de dinosaures retrouvés dans la Peace Valley.

Bear Creek, qui coule à travers Muskoseepi Park, attire les ornithologues amateurs qui viennent y observer les aigles. Quant au rare cygne trompette, il niche dans les zones marécageuses de la Grand River, en particulier Crystal Lake, au nord-est de la ville.

Grande Prairie Museum

Angle de 102nd St et 102nd Ave. *(403) 532 5482.* *de mai à sept. : t.l.j. ; d'oct. à avr. : du dim. au ven.* *25 déc., 1er jan.*

Fort St. John 18

17 000. ✈ 🚌 *9923 96th Ave (250) 785 6037.*

Au milieu des collines de la Peace Valley, la localité se trouve au mile 47 de l'Alaska Highway, à la construction de laquelle elle doit un essor spectaculaire : en 1942, elle passa de 800 à 6 000 habitants. La route terminée, Fort St. John est devenu un centre de ravitaillement parfait pour les visiteurs qui explorent les environs, et le pivot du développement agricole

Champs fertiles de la Peace Valley, dans le nord de la Colombie-Britannique

Les eaux vertes du lac Muncho, dans un écrin de montagnes

régional. Mais sa croissance phénoménale vient surtout de la découverte dans les années 1950 d'un gisement de pétrole qui se révéla le plus riche de la province. La fierté que la ville tire aujourd'hui de son patrimoine industriel et pionnier est manifeste au musée local dédié à cette histoire récente, et dont l'entrée est signalée par un derrick de 43 mètres de haut.

Fort Nelson ⓳

6 000. 5319 50th Ave S. (250) 774 2541.

Malgré le développement des industries du pétrole, du gaz et du bois de construction dans les années 1960 et 1970, Fort Nelson a gardé l'ambiance d'une ville de pionniers. Avant la construction de l'Alaska Highway dans les années 1940, c'était une étape importante sur la route du Yukon et de l'Alaska, et jusqu'aux années 1950, elle n'avait ni téléphone, ni eau courante, ni électricité. Le commerce des fourrures fut l'activité principale jusqu'au boom énergétique, et maintenant encore, trappeurs indiens et blancs chassent le loup, le castor et le lynx. Aujourd'hui desservie par l'avion et l'autocar, la ville a un hôpital et de bons équipements touristiques – motels, restaurants et stations-service. Les habitants sont réputés pour leur hospitalité et l'été, en haute saison, ils proposent aux visiteurs un programme de conférences gratuites sur la vie dans le Nord. Un petit musée retrace la construction des 2 394 kilomètres de l'Alaska Highway avec photos et objets à l'appui.

Parc provincial de Muncho Lake ⓴

par l'autoroute 97. *de mi-mai à sept. : t.l.j.*

Avec Stone Mountain et Liard Hotsprings, c'est l'un des trois parcs provinciaux créés après la construction en 1942 de l'Alaska Highway, particulièrement pittoresque dans la région du lac Muncho. C'est là que se trouvent les pics dénudés du nord des Rocheuses, dont les pentes calcaires abruptes témoignent de milliers d'années d'érosion glaciaire avec leurs failles, dépôts alluviaux et cheminées de fées. La route suit la rive est du lac Muncho, long de 12 kilomètres, avant de traverser la rivière aux Liards, à la lisière de la chaîne des Mackenzie. Au début de l'été, les automobilistes verront sans doute des orignaux brouter dans les prairies parsemées de fleurs sauvages, ainsi que chèvres, mouflons et caribous attirés au bord de la route par les restes du sel ayant servi au déglaçage.

Lynx près de Fort Nelson

Dans le parc, un camping et des cabanes sont à la disposition des visiteurs souhaitant explorer ses 88 000 hectares. Les botanistes pourront hanter les marais à la recherche du cypripède jaune, une orchidée rare, et les pêcheurs trouver leur bonheur dans les eaux profondes du lac Muncho, riches en truites.

Le sud et le nord de la Colombie-Britannique

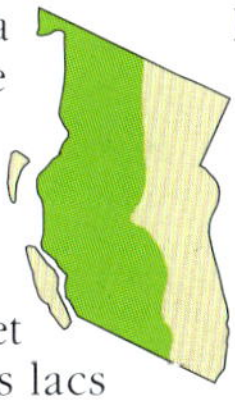

De Prince George à la frontière américaine, le sud de la Colombie-Britannique regorge de beautés naturelles : forêts et cascades du parc provincial de Wells Gray, vallées luxuriantes, vignobles et villes touristiques au bord des lacs d'Okanagan Valley. Le nord de la province, l'une des étendues sauvages les plus impressionnantes d'Amérique du Nord, est compris entre Prince Rupert au sud, la chaîne côtière à l'ouest, les Rocheuses à l'est et le Yukon. Il est parcouru par la Cassiar Highway, route passant des terrains volcaniques spectaculaires autour de Mount Edziza, marqués de coulées de lave et cônes de scories, aux forêts glacées du parc provincial d'Atlin. La traversée vers les îles de la Reine-Charlotte, archipel habité depuis plus de 10 000 ans par les Haidas, réputés pour leurs totems sculptés, permet de jouir de vues superbes.

La région d'un coup d'œil

Villes historiques

Castlegar 5
Hope 3
Kamloops 9
'Ksan Village 13
Nakusp 7
Nelson 6
Prince Rupert 14
Quesnel 12
Sicamous 8
Whistler 1

Parcs nationaux et provinciaux

Parc provincial de Bowron Lake 11
Parc provincial de Wells Gray 10
Parcs du Nord 16

Sites historiques et naturels

Le Fraser 2
Îles de la Reine-Charlotte 15
Okanagan Valley 4

Légende

Aéroport international
Autoroute
Route principale
Voie ferrée

◁ **Paysage hivernal boisé de Fraser Canyon, que traverse le fleuve du même nom**

La Transcanadienne suit le fleuve au-dessus de Fraser Canyon

Whistler 1

10 000. 4010 Whistler Way (604) 930 2769, 1 877 991 9988. www.tourismwhistler.com

C'est la plus grande station de ski du Canada. Nichée au milieu de la spectaculaire chaîne côtière, à 120 kilomètres à peine au nord de Vancouver, elle est divisée en quatre zones : Whistler Village, Village North, Upper Village et Creekside. L'enneigement est garanti l'hiver grâce au climat humide du Pacifique, et les monts Whistler et Blackcomb possèdent les pistes de ski les plus à pic d'Amérique du Nord. L'été, on peut y skier à Hortsman Glacier.

Quoique aménagée récemment – le premier remonte-pente date de 1961 –, la station de Whistler Village est très bien équipée et offre tous les types d'hébergement, du confortable *bed-and-breakfast* à l'hôtel cinq étoiles. Cafés accueillants et restaurants de toutes sortes se pressent autour de places pavées, où les magasins de vêtements de ski voisinent avec ceux

La station de ski du village alpin de Whistler, en Colombie-Britannique

Le Fraser 2

Vancouver (1 800 667 3306).

Ce cours d'eau majestueux de 1 368 kilomètres traverse certains des plus fabuleux paysages de Colombie-Britannique. Il prend sa source au lac Yellowhead près de Jasper et se jette dans le détroit de Géorgie près de Vancouver. Il emprunte le sillon des Rocheuses vers le nord, puis oblique vers le sud près de Prince George, longe la chaîne côtière, passe entre les parois abruptes de Fraser Canyon et arrose Yale et Hope avant de bifurquer vers l'ouest.

Fraser Canyon fut un obstacle presque insurmontable quand le légendaire explorateur Simon Fraser remonta le fleuve en 1808. Des milliers de prospecteurs n'en accoururent pas moins dans la vallée après la découverte d'or cinquante ans plus tard près de Yale. Dans cette petite ville de 200 habitants, le **Yale Museum** retrace cet épisode, ainsi que l'épopée de la construction de la ligne du Canadian Pacific dans le canyon. Cette partie du fleuve est idéale pour le rafting et peut faire l'objet d'excursions depuis la petite ville de Boston Bar. À Hell's Gate, le fleuve s'engouffre en grondant entre les parois du canyon, distantes de 34 mètres seulement.

Yale Museum
31187 Douglas St. *(604) 863 2324.*
de juin à sept. : de 10 h à 17 h t.l.j.
www.historicyale.ca

Hope 3

3 150. 919 Water Ave (604) 869 2021.

Située à l'extrémité sud de Fraser Canyon, Hope est traversée par plusieurs voies, dont les autoroutes 1 (Transcanadienne) et 3. C'est donc une excellente base pour explorer Fraser Canyon et le sud de la Colombie-Britannique, ainsi que plusieurs parcs provinciaux. Celui de Manning, avec ses lacs somptueux, ses montagnes et rivières, se prête aux activités de plein air : natation, randonnée, pêche et voile l'été, ski alpin et de fond l'hiver.

Excursion à Okanagan Valley ❹

Vin d'Okanagan

Composée en fait de plusieurs vallées reliées par un chapelet de lacs, Okanagan Valley s'étend sur 250 kilomètres d'Osoyoos, au sud, à Vernon, au nord. Ses villes principales sont situées sur l'autoroute 97 qui traverse les solitudes de la région d'Osoyoos avant d'atteindre les vergers et vignobles luxuriants qui ont fait la réputation du lieu. Avec ses hivers doux et ses étés chauds, Okanagan Valley est l'une des destinations les plus touristiques du Canada.

Carnet de route

Point de départ : *Vernon au nord ou Osoyoos au sud, sur l'autoroute 97.*
Itinéraire : *230 km.*
À ne pas manquer : *au printemps et en été, pendant les festivals des fleurs et des fruits, des étals chargés de fruits bordent la route.*

Kelowna ④
Sur la rive du lac Okanagan, entre Penticton et Vernon, la plus grande ville d'Okanagan Valley est la capitale des industries vinicole et fruitière.

Summerland ③
Localité petite mais charmante, Summerland possède plusieurs édifices du XIXe siècle et offre des vues splendides depuis le sommet de Giant's Head Mountain.

Penticton ②
Cette ville ensoleillée est réputée pour sa longue plage, les visites d'établissements vinicoles et son festival de la pêche en août.

Vernon ⑤
Entourée de fermes et de vergers, Vernon doit sa luxuriance aux travaux d'irrigation de 1908. Plusieurs petites stations bordent les lacs voisins.

O'Keefe Historic Ranch ⑥
Fondé en 1867 par les O'Keefe, ce ranch recèle des objets ayant appartenu à cette famille qui l'habita jusqu'en 1977. La cabane en rondins est d'origine, ainsi que l'église et l'entrepôt.

0 25 km
0 25 miles

Osoyoos ①
Les visiteurs sont attirés par les étés chauds, les eaux tièdes et les plages de sable du lac Osoyoos et le minidésert voisin.

Légende

- Itinéraire conseillé
- Autre route

Les superbes édifices historiques en pierre sont l'un des attraits de Nelson

Castlegar ❺

7 000. 1995 6th Ave. (250) 365 6313.

Au confluent des importantes rivières Kootenay et Columbia, cette plaque tournante au sud-est de la Colombie-Britannique est traversée par deux grandes voies, l'autoroute 3 et l'autoroute 22. Au début du XXe siècle, la ville accueillit un flot régulier de Doukhobors, dissidents religieux russes fuyant les persécutions. Au **Doukhobor Village Museum**, des costumes et outils traditionnels ainsi que des machines agricoles anciennes évoquent leur culture.

Tunique doukhobor traditionnelle

Doukhobor Village Museum
Jonction des autoroutes 3 et 3A.
(250) 365 6622.
de mai à sept. : t.l.j.

Nelson ❻

9 300. 225 Hall St.
(250) 352 3433.
www.discovernelson.com

Nelson est l'une des localités les plus attrayantes de la région. Grâce à l'arrivée du chemin de fer dans les années 1890, la ville minière fondée dans les années 1880 devint un centre prospère de transport de minerai et de bois. Elle doit son charme à sa situation au bord du lac Kootenay et aux nombreux bâtiments élevés entre 1895 et 1920.

En 1986, elle servit de décor au film *Roxanne*, une comédie avec Steve Martin. Francis Rattenbury *(p. 278)*, l'architecte le plus célèbre de la province, participa à la conception des édifices les plus prestigieux, comme l'élégant bâtiment construit en 1899 pour Patrick Burns, éleveur qui fit fortune dans le conditionnement de la viande. En 1908, il construisit aussi Nelson Court House, un bâtiment imposant en pierre doté de tours et pignons.

La ville est aujourd'hui un foyer culturel actif, surtout pendant l'été, avec de nombreux cafés, librairies et magasins d'artisanat. Ne pas manquer la petite promenade sur les quais à bord du Car 23, un tramway de 1906 restauré en 1992, qui fonctionna de 1924 à 1949.

Les visiteurs trouveront carte et itinéraire au centre d'information pour aller admirer les édifices du passé.

Nakusp ❼

1 700. 92 W. 6th Ave.
(250) 265 3689.

Jolie ville au-dessus du lac Upper Arrow, Nakusp se détache sur les sommets enneigés des Selkirk Mountains. Cet ancien centre minier est maintenant réputé pour ses sources d'eau chaude riches en sulfates, calcium et hydrogène sulfuré, censées soulager tous les maux, y compris arthrite et rhumatismes. Les stations thermales de Nakusp Hot Springs et Halcyon Hot Spings sont proches de la ville.

À une quarantaine de kilomètres au sud de Nakusp,

La ville de Nakusp domine le pittoresque lac Upper Arrow

dans la Slocan Valley, New Denver et Sandon, deux villes fantômes, vivaient autrefois de l'exploitation de l'argent. En 1892, à son apogée, Sandon avait 5 000 habitants, 29 hôtels, 28 saloons et plusieurs maisons closes et salles de jeux. Un incendie en 1900, le faible prix du métal et l'épuisement du minerai entraînèrent l'abandon de Sandon. Avec ses maisons et commerces soigneusement restaurés, elle est aujourd'hui classée site historique. New Denver, qui subit le même sort, est également connue pour avoir abrité un camp d'internement pendant la Seconde Guerre mondiale : quand le Japon déclara la guerre au Canada, plus de 20 000 Canadiens d'origine japonaise furent ainsi enfermés. Entouré d'un jardin japonais traditionnel, le Nikkei Internment Centre dans Josephine Street est seul au Canada à rappeler cette page d'histoire.

Sicamous ❽

3 166. 110 Finlayson Rd. (250) 836 3313.

On vient dans ce ravissant village au bord de l'eau pour ses 3 000 péniches et ses rues pavées abondamment fleuries. Entre les lacs Mara et Shuswap, à la jonction de la Transcanadienne et de l'autoroute 97A, la ville est idéalement située pour visiter les lacs et la ville de Salmon Arm, à l'extrémité nord d'Okanagan Valley *(p. 315)*. L'été, on peut profiter de plus de 250 bateaux à louer, de douze marinas et d'un magasin de ravitaillement. Des bateaux, la vue porte sur les anses et les paysages boisés du lac Shuswap, dont les rives sont peuplées d'animaux comme l'ours noir, le cerf, l'orignal, le coyote et le lynx. L'été, visiteurs et habitants de la région apprécient la belle plage du lac et l'agréable promenade sur un sentier balisé longeant la rive.

Bateaux amarrés aux pontons de Sicamous

Kamloops ❾

80 000. 297 1st Ave. (250) 828 6818, 1 888 526 5667. www.adventurekamloops.com

Dans la langue des Indiens secwepemcs, Kamloops signifie « Où les rivières se rencontrent ». Au confluent des branches nord et sud de la Thompson, la plus grande ville de l'intérieur est traversée par trois grandes artères – la Transcanadienne et les autoroutes 5 et 97 vers Okanagan Valley – et par les lignes du Canadian Pacific et Canadian National.

Les premiers colons européens arrivés en 1812 étaient des marchands de fourrures qui commerçaient avec les Amérindiens. Au **Museum and Native Heritage Park**, consacré à la culture des Secwepemcs, sont exposés, entre autres, un canoë en écorce de bouleau, du matériel de chasse et des ustensiles de cuisine. À l'extérieur, des sentiers parcourent les vestiges d'un village d'hiver des Shuswaps vieux de 2 000 ans, qui comprend quatre maisons semi-enterrées fidèlement reconstruites, un camp d'été et une cabane de chasse, un treillis pour le séchage du poisson et un fumoir. La boutique du musée vend des paniers en aiguilles de pin et en écorce de bouleau, des mocassins et un grand choix de bijoux de perles et d'argent.

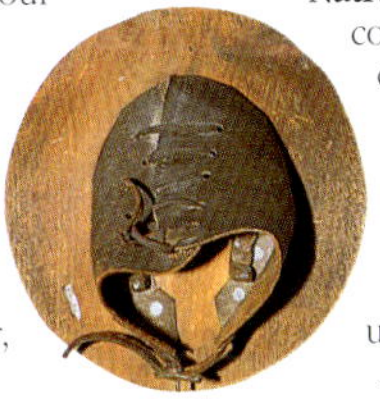

Protège-sabot exposé à Kamloops

Dans le centre, la collection petite mais superbe de l'Art Gallery comprend des croquis de paysages du peintre A. Y. Jackson, membre du célèbre groupe des Sept *(p. 160-161)*.

Museum and Native Heritage Park
355 Yellowhead Hwy. (250) 828 9801. de juin à sept. : t.l.j. ; de sept. à mai : de 8 h 30 à 16 h 30 du lun. au ven.

Parc provincial de Wells Gray ❿

(250) 674 2194. Clearwater. Clearwater. t.l.j. www.wellsgray.ca

Les trésors du parc provincial de Wells Gray, créé en 1939, valent largement ceux des Rocheuses : prairies alpines, cascades rugissantes et sommets couronnés de glaciers qui s'élèvent à 2 575 mètres d'altitude. La ligne du Canadian National et l'autoroute 5, qui suivent la rivière Thompson à la lisière est du parc, offrent de splendides panoramas.

Depuis la route de Clearwater Valley qui se détache de l'autoroute 5, on peut faire des balades tranquilles ou des randonnées plus ardues de deux jours dans des secteurs reculés. De la route, des petits chemins mènent en quelques minutes aux Dawson Falls, chutes spectaculaires.

Parc provincial de Bowron Lake ⓫

(250) 387 4550. Quesnel. Quesnel. t.l.j. (si le temps le permet). partiel.

À 120 kilomètres à l'est de Quesnel, sur l'autoroute 26, dans les Cariboo Mountains, le parc provincial de Bowron Lake est célèbre pour ses voies navigables. Elles forment un rectangle de 112 kilomètres composé de neuf lacs, de trois rivières, de ruisseaux, de petits lacs et de nombreux portages (sentiers contournant les rapides).

Des excursions d'une semaine en canoë sont organisées. Elles rassemblent au maximum 50 personnes munies d'un permis délivré au centre d'accueil, et sont l'occasion d'observer la faune en toute tranquillité. À la fin de l'été, les ours viennent pêcher le saumon nerka venu frayer dans la rivière Bowron.

Grizzli

Quesnel ⓬

25 000. 705 Carson Ave (250) 992 4922.

Quesnel est une ville forestière animée, née avec la ruée vers l'or entre 1858 et 1861. C'était la dernière des villes minières qui jalonnaient la piste vers l'or ou Cariboo Road (actuelle autoroute 97) jusqu'à Kamloops. Quesnel occupe un site superbe dans le triangle que forment le Fraser et la rivière Quesnel. Le Riverfront Park Trail System, un beau chemin de 5 kilomètres ombragé, longe leurs rives. À l'orée de la ville, le parc provincial de Pinnacle recèle une merveille géologique : des cheminées de fées façonnées il y a 12 millions d'années quand la surface volcanique a été érodée par les glaciers.

À 85 kilomètres à l'est de Quesnel par l'autoroute 26, **Barkerville** vit le jour quand l'Anglais Billy Barker trouva une poignée de pépites d'or en 1862. C'est un bon exemple de ville minière du XIXᵉ siècle parfaitement conservée, avec plus de 120 bâtiments restaurés ou reconstruits. Elle est animée par des guides en costume, dont un forgeron au travail et des danseuses de cabaret présentant un spectacle d'époque.

Voiture à chevaux du XIXᵉ siècle dans les rues de Barkerville

Barkerville

85 km E. de Quesnel par l'autoroute 26. (250) 994 3302. t.l.j.

'Ksan Village ⓭

(250) 842 5544. 1 877 842 5518. parc : toute l'année ; maisons : d'avr. à sept. t.l.j. www.ksan.org

À 290 kilomètres à l'est de Prince Rupert, un établissement amérindien de 1870 a été reconstitué dans les années 1950 pour préserver la culture des Gitxsans qui habitent la région depuis des milliers d'années. Dans les années 1850, leur mode de vie fut menacé par le flot de colons européens arrivés à Prince Rupert et qui, mineurs ou fermiers, s'établirent le long de la rivière.

Les Gitxans sont réputés pour leur talent à fabriquer masques sculptés et peints, totems et canoës. Ce savoir-faire est transmis aujourd'hui par les anciens aux jeunes générations à 'Ksan Village, où sept maisons longues abritent une école de sculpture, un musée et une boutique de cadeaux.

Mâts totémiques sculptés au village indien de 'Ksan

Prince Rupert ⓮

16 000. 100 1st Ave W. (250) 624 5637, 1 800 667 1994. www.tourismprincerupert.com

Cette cité portuaire trépidante sur fond de forêts et montagnes est la deuxième ville de la côte de la Colombie-Britannique. Située sur l'île Kaien, à l'embouchure de la Skeena, elle domine le superbe littoral échancré de fjords. Le port est le principal point d'embarquement pour les îles sauvages de la Reine-Charlotte et l'Alaska.

Comme beaucoup de villes de la province, Prince Rupert s'est développée grâce au chemin de fer. Dans la gare du Grand Trunk Railway de 1914, le Kwinitsa Railway Museum évoque l'homme d'affaires Charles Hay, dont les projets urbains ambitieux restèrent lettre morte car il disparut avec le *Titanic* en 1912.

Les Tsimshians étaient les premiers occupants de la région. Il y a 150 ans seulement, le port était bordé de leurs grandes maisons de thuya géant et de leurs totems sculptés. Consacré à l'histoire et à la culture autochtones, l'excellent **Museum of Northern British Columbia** propose des visites archéologiques, ainsi que des spectacles de danse et de théâtre tsimshian présentés dans une maison traditionnelle.

Museum of Northern British Columbia
100 1st Ave W. *(250) 624 3207. de juin à août t.l.j. ; de sept. à mai : du lun. au sam. 25 et 26 déc.*

Îles de la Reine-Charlotte 15

Prince Rupert. 3220 Wharf St, Queen Charlotte. (250) 559 8316, ouv. de mai à sept. www.qcinfo.ca

Aussi appelé Haida Gwaii, cet archipel de 150 îles en face de Prince Rupert adopte la forme d'un cône. Épargnées par la dernière période glaciaire, les îles possèdent un écosystème unique au Canada. Des espèces spécifiques de mammifères comme la musaraigne sombre et l'hermine vivent dans leurs forêts, et elles accueillent une importante colonie de pygargues à tête blanche. Au printemps, des centaines de baleines grises migrent le long des côtes.

Les îles sont habitées depuis des milliers d'années par les Haidas. Artistes habiles, leurs sculptures sur bois de thuya et argilite (pierre noire proche de l'ardoise qui n'existe que sur ces îles) sont très recherchées. Dans les années 1980, ils entreprirent des campagnes contre les compagnies forestières qui aboutirent en 1988 à la création du **parc national de Gwaii Haanas**. Cette réserve renferme une forêt pluviale séculaire, plantée d'épinettes de Sitka vieilles de 1 000 ans, de thuyas géants et de pruches de l'Ouest.

Le lac Atlin, dans le parc provincial du même nom

Parc national de Gwaii Haanas
(250) 559 8818. mai à sept.

Parcs du Nord 16

Mount Edziza, Spatsizi : autoroute 37. Atlin : autoroute 7. *(250) 387 4550.*

Les parcs provinciaux du nord de la Colombie-Britannique – Mount Edziza, Spatsizi Plateau et, plus au nord, Atlin – ne sont que solitudes, pics élevés, champs de glace et toundra.

Créé en 1972, le parc provincial de Mount Edziza se distingue par ses paysages volcaniques avec coulées de lave, plateaux basaltiques et cônes de scories. On y accède par une route secondaire depuis la Cassiar Highway (autoroute 37). Le parc n'étant pas carrossable, il faut marcher sur de longues pistes rocailleuses ou louer un hydravion pour rejoindre ses vastes prairies, ses forêts de bouleaux et ses ruisseaux.

De l'autre côté de la route, le parc provincial de Spatsizi Plateau, encore plus sauvage, renferme les pics enneigés des monts Skeena. Les alentours du petit lac Gladys, au centre du parc, forment une réserve écologique pour l'étude des mouflons et des chèvres de montagne. L'accès au parc se fait uniquement par une petite route depuis le village de Tatogga sur l'autoroute 37, où l'on peut trouver un guide et louer un hydravion.

Le parc provincial d'Atlin n'est accessible que depuis le Yukon par l'autoroute 7 qui part de l'Alaska Highway. Un tiers du parc est couvert de glaciers et de vastes champs de glace.

Massett, l'une des trois villes principales de Graham Island, la plus peuplée des îles de la Reine-Charlotte

Le nord du Canada

Présentation du nord du Canada

Comprenant le Yukon, les Territoires du Nord-Ouest et le Nunavut, le nord du Canada s'étend sur 800 kilomètres depuis le pôle Nord, entre l'Atlantique et le Pacifique, et couvre 37 % de la superficie du pays. Le paysage est excessivement rude : toundra, gelée la majeure partie de l'année comme les lacs et les rivières, forêt boréale, montagnes et glaciers. La faune est néanmoins abondante : bœufs musqués, caribous, ours polaires et phoques. Au cœur du bref été, le soleil ne se couche pas, et l'aurore boréale *(p. 335)* éclaire le sombre hiver de ses rubans lumineux. Les Premières Nations, arrivées il y a 25 000 ans, et les Inuits, vers 3000 av. J.-C., se sont installés dans les zones les moins inhospitalières, qui sont aussi les plus pittoresques et les plus variées. Le Grand Nord, terre spectaculaire et unique, reçoit 500 000 visiteurs par an.

Dans le nord du Yukon, le vert des conifères tranche sur l'orangé des feuillus

Circuler

Le maître mot de tout voyage dans le Nord est « coût ». Excursions, hébergement et même nourriture y sont beaucoup plus chers qu'ailleurs. Toutes les grandes villes du Yukon sont reliées par autocar, mais l'automobile reste le moyen de transport le plus souple. L'avion est idéal pour se rendre au Nunavut et dans les Territoires du Nord-Ouest, qui comptent 600 pistes d'atterrissage et petits aéroports. Les possibilités d'hébergement sont limitées, de nombreux villages n'ayant qu'un seul hôtel, mais les villes du Yukon sont mieux pourvues.

LÉGENDE

- Route principale
- Cours d'eau

0 250 km

0 250 miles

VOIR AUSSI

• ***Hébergement*** p. 359

• ***Restaurants et cafés*** p. 379

Les Inuits ont encore recours aux traîneaux à chiens

Art et culture inuits

Un mode de vie séculaire fondé sur la chasse a forgé la culture spécifique des Inuits. Leurs coutumes sont restées pratiquement inchangées dans les communautés de l'est et du centre, même si les formes artistiques traduisent certaines différences régionales. Encore aujourd'hui, la tradition orale l'emporte largement sur l'écrit. La production artistique des Inuits est étonnamment florissante, vu la rudesse de leur environnement et le peu de ressources naturelles. En fait, elle a été favorisée par ces conditions difficiles : les techniques utilisées pour la fabrication des outils, par exemple, ont servi pour la sculpture. Les Inuits vivent en symbiose avec la nature, source d'inspiration pour leur art et origine de nombreux mythes.

***Cette petite fille** face à un ours polaire, imprimée avec un tampon de bois, illustre une forme d'art créée dans les années 1950. Des modèles anciens sont aussi repris à la pierre gravée ou au pochoir.*

Les vêtements chauds, à la fois fonctionnels et décoratifs, sont souvent tissés à la main, essentiellement à partir de fourrure et de laine.

***Les perles et les bijoux inuits**, jadis en os et en ivoire, sont aujourd'hui en pierres colorées et perles. Les pièces, uniques, représentent des animaux, parfois des êtres humains. Or et argent sont aussi employés avec l'influence de l'Occident.*

***Cette sculpture sur stéatite** représente Inuk, héros d'un grand nombre de légendes inuits, avec un phoque, son fidèle compagnon.*

Femme inuit préparant un omble

Le terme d'« esquimau », signifiant « mangeur de viande crue » chez les Algonquins, est aujourd'hui dépassé, même si les Inuits ont coutume de ne pas cuire la viande, les régions arctiques étant dépourvues d'arbres et donc de bois à brûler. Caribou, ours polaire et poisson étaient séchés au soleil ou mélangés à des sauces à base de fruits et de baies. L'arrivée de la cuisinière et des carburants modernes a modifié le menu, mais les habitudes alimentaires sont encore très vivaces.

***Ces ornements sculptés** dans l'ivoire ou le fanon de baleine sont portés par les danseurs inuits lors des cérémonies. Comme pour l'habillement, les plumes sont utilisées pour la décoration.*

***Père et fils** sont vêtus de parkas fabriquées par les femmes de la famille avec la fourrure du caribou, du loup ou de l'ours polaire. Elles sont rehaussées de tissus occidentaux.*

***Les pêcheurs inuits** ont tiré le meilleur parti de ressources naturelles limitées, et leur subsistance repose largement sur la petite pêche.*

L'igloo traditionnel est de plus en plus délaissé pour des camps ou des logements collectifs.

La chasse et la pêche traditionnelles restent au cœur de la culture inuit bien que, dans les années 1960, le gouvernement fédéral ait tenté de mettre fin à ces pratiques anciennes.

MYTHE INUIT

Inuk luttant contre son esprit

Installés aux frontières du monde habitable, les Inuits se protégeaient de la famine grâce à des croyances fondées sur le respect des animaux qu'ils chassaient, en veillant à se prémunir contre le châtiment divin. Selon leurs mythes, toute créature vivante possède une âme, et le chaman du village doit voyager entre le monde céleste et le monde souterrain pour communier avec les esprits qui contrôlent la chasse et le temps pour les apaiser. Depuis les temps les plus reculés, les armes sont ornées de l'image sculptée de l'esprit protecteur concerné, et chanteurs et musiciens transmettent les légendes d'esprits marins et de héros humains.

***La danse au tambour** est une forme de musique traditionnelle, rythmant les grandes étapes de la vie : naissance, mariage, chasse fructueuse, décès. Le chant de gorge en est une autre. Il est habituellement exécuté par deux femmes face à face qui racontent une légende, un épisode de la vie ou un mythe.*

LE NORD DU CANADA

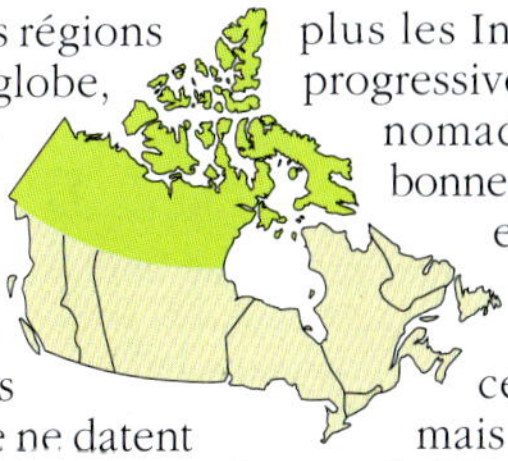

Bien qu'étant l'une des régions les plus reculées du globe, l'Arctique ouvre désormais ses terres encore vierges se prêtant aux défis les plus audacieux des voyageurs en quête d'aventure. La plupart des localités de cette frontière du monde ne datent que du XXe siècle. Les premières se sont développées autour d'avant-postes de la Police montée, envoyée sur place pour surveiller trappeurs, explorateurs et chasseurs de baleine en territoire canadien, et les plus récentes autour de postes de défense. Ces établissements attirent de plus en plus les Inuits qui abandonnent progressivement leur mode de vie nomade. Ils représentent de bonnes bases pour explorer les environs, d'une beauté stupéfiante. L'hiver, la température peut descendre jusqu'à – 50 °C, mais l'été, l'air chaud balaie la terre froide et la toundra se couvre de fleurs. Le dégel succède aux huit longs mois d'hiver où tout est recouvert d'un blanc manteau. Ce pays de plaines désertes et de pistes gelées, aux habitants à l'accueil chaleureux, mérite largement d'être découvert.

LA RÉGION D'UN COUP D'ŒIL

Villes historiques

Burwash Landing 5
Carcross 2
Dawson City 7
Fort Providence 11
Haines Junction 3
Hay River 12
Inuvik 8
Norman Wells 9
Stewart Crossing 6
Whitehorse p. 328-329 1
Yellowknife p. 336-337 13

Parcs nationaux

Parc national de Kluane 4
Parc national de Nahanni 10

Sites naturels

Baker Lake 15
Île de Banks et terre Victoria 16
Rankin Inlet 14
Terre de Baffin p. 338-339 17

LÉGENDE

Aéroport international
Autoroute
Route principale

Les mers gelées entourent les côtes de la terre de Baffin

Whitehorse ❶

La ville doit son nom de « cheval blanc » à la proximité de rapides du Yukon qui rappelaient aux chercheurs d'or la crinière du cheval Appaloosa. Elle se développa pendant l'hiver 1897-1898, quand 2 500 d'entre eux bravèrent à pied les pistes escarpées de Chilkoot et White Pass pour s'installer au bord des lacs Lindeman et Bennett. Les bateliers durent franchir les rapides plus de 7 000 fois au printemps 1898 avant qu'un tramway permette de les contourner. Au point d'embarquement vers les mines du Klondike et la vie nocturne trépidante de Dawson City au Yukon surgit une ville de tentes : Whitehorse était née. Malgré ses équipements modernes, cette capitale régionale, qui est la localité des Territoires du Nord-Ouest ayant connu l'essor le plus spectaculaire, n'a pas oublié son caractère sauvage.

MacBride Museum

1st Ave et Wood St. *(867) 667 2709.* *de mi-mai à sept. : t.l.j. ; de sept. à mi-mai : de midi à 17 h du jeu. au sam.* *www.macbridemuseum.com*

Dans cette cabane en rondins au bord du fleuve, l'histoire passionnante du Yukon est dévoilée dans toute sa gloire. Les galeries sont consacrées à la ruée vers l'or, à Whitehorse, à l'histoire naturelle, à la Police montée et aux Amérindiens. Ne pas manquer la locomotive du White Pass and Yukon Railroad, la cabane où sont diffusés des passages d'œuvres de Robert Service *(p. 31)*, un poète du Yukon, et, surtout, l'ancien bureau du télégraphe. Dans les années 1950, le musée a été organisé autour de cet édifice construit en 1900 et restauré.

Log Skyscrapers

Lambert St et Third Ave. *(867) 667 3084.*

Ils s'élèvent à deux pâtés de maisons de l'Old Log Church Museum, dans Elliott Street. Ces cabanes en rondins comptent deux ou trois niveaux et sont divisées en appartements et bureaux. L'une, actuellement occupée par la vente de souvenirs et des expositions, fut la demeure d'un député du Yukon. Elles méritent le détour car elles tranchent agréablement sur l'architecture fonctionnelle du reste de la ville.

Old Log Church Museum

Elliott St et Third Ave. *(867) 668 2555.* *de mai à août.*

En août 1900, le révérend R. J. Bowen, missionnaire anglican, fut envoyé à Whitehorse pour y bâtir une église. En attendant, il logeait dans une tente et disait la messe dans une autre. Le 17 octobre, l'église, en rondins, fut enfin consacrée, et l'hiver suivant s'éleva le presbytère, en rondins lui aussi. Ces deux édifices sont parmi les rares conservés de l'époque de la ruée vers l'or. En 1953, l'église devint cathédrale du Yukon – l'unique cathédrale en bois du monde. Elle abrite à présent des expositions interactives sur les cultures inuits et indiennes, et l'œuvre des missionnaires.

L'Old Log Church, construite intégralement en bois local

Le Klondike

au bout de 2nd Ave. *(867) 667 3910.* *de mi-mai à mi-sept. : de 9 h à 19 h t.l.j.* *www.pc.gc.ca*

Le *Klondike*, bateau à aubes de 1929, coula en 1936. Reconstruit à partir de l'épave, il effectuait chaque saison 15 voyages de ravitaillement vers Dawson City. Au début des années 1950, des ponts construits trop bas empêchèrent les bateaux de passer. Le *Klondike* cessa

Le centre-ville de Whitehorse est abrité dans la vallée du Yukon

Le *Klondike* est amarré en permanence à Whitehorse

de fonctionner en 1955 et fut amarré définitivement à Whitehorse.

Il a depuis été restauré dans les moindres détails, jusqu'aux numéros de 1937 de *Life* posés sur les tables et aux uniformes d'époque de l'équipage. Désormais hors d'usage, le bateau est un Lieu historique national qui fait l'objet de

Lac Laberge

Klondike Hwy. *(867) 668 3225.* *t.l.j. si le temps le permet.*

Le plus grand lac de la région est à 62 kilomètres de Whitehorse par la Klondike Highway. La température chutant à – 30 °C, il est gelé la moitié de l'année, mais il s'anime dès le dégel ; c'est une destination favorite l'été pour la baignade, la pêche et le nautisme. Il abonde en truites, qui étaient pêchées par tonnes autrefois pour nourrir les hordes de chercheurs d'or. Il est par ailleurs connu dans la région car Robert Service en fit le lieu du bûcher de Sam McGee, dans un poème inspiré de la vie de ce héros local.

Chèvre de montagne

Mode d'emploi

20 000. Gare routière Greyhound , 2191 2nd Ave. Whitehorse Visitor Reception Centre, 100 Hansen St (867) 667 3084, 1 800 661 0494. Yukon Quest, Yukon Sourdough, Frostbite Music Festival, Rendezvous (tous en fév.). www.touryukon.com

Yukon Wildlife Reserve

Takhini Hot Springs Rd. *(867) 633 2706* *t l j*

Cette belle réserve faunique créée en 1965 pour la recherche et l'élevage se trouve à 25 kilomètres de la ville par la Klondike Highway, sur la Takhini Hot Springs Road. Ses 280 hectares de forêts, herbages, prairies et zones humides sont peuplés de nombreux animaux du Grand Nord. On peut ainsi voir orignaux, bisons, wapitis, caribous, chèvres de montagne, cerfs, mouflons de Dall et bœufs musqués évoluer dans leur habitat naturel.

Whitehorse d'un coup d'œil

Klondike ④
Log Skyscrapers ②
MacBride Museum ①
Old Log Church Museum ③

Légende

- P Parc de stationnement
- i Information touristique

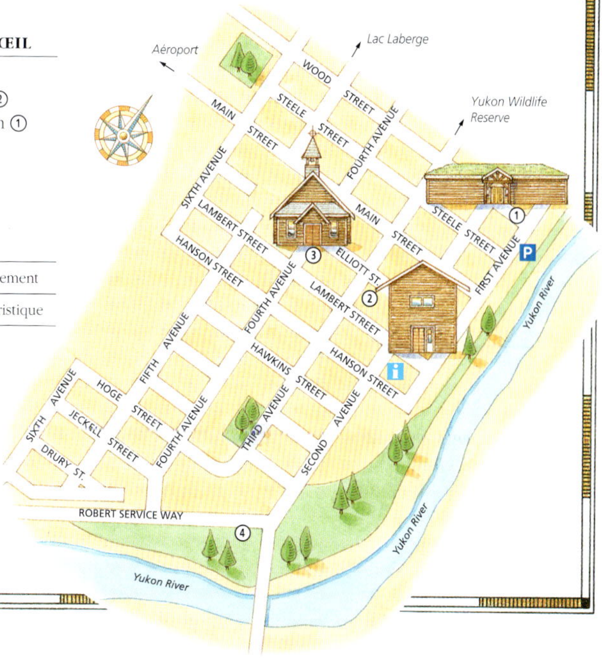

Caribou au repos près de Carcross, au cours de la migration

Carcross ❷

250. (867) 821 4431, 1 866 660 4629. de mi-mai à sept. : t.l.j.
www.southernlakesyukon.com

Ce petit village est situé au pittoresque point de rencontre des lacs Bennet et Tagish, à une heure de route au sud de Whitehorse, la capitale régionale du Yukon. Les premiers chercheurs d'or qui traversèrent le redoutable Chilkoot Pass en se rendant vers les mines du nord baptisèrent le site « Caribou Crossing », à cause des troupeaux de caribous qui s'engouffraient dans le col entre les deux lacs lors de leurs migrations semestrielles. La ville fut créée en 1898 à l'apogée de la ruée vers l'or avec l'arrivée de la ligne du White Pass and Yukon. Son nom fut abrégé officiellement en Carcross pour éviter les confusions avec des localités d'Alaska, de Colombie-Britannique et du Klondike.

La culture amérindienne est vivace à Carcross, jadis important terrain de chasse au caribou des Tagishs. Des guides tagishs travaillèrent ainsi pour les géomètres de l'armée américaine pendant la construction de l'Alaska Highway en 1942 *(p. 260-261)*.

À 2 kilomètres au nord, Carcross Desert est le plus petit désert du monde. Balayée par des vents violents, la plaine sablonneuse stérile est l'unique vestige d'un lac glaciaire asséché après la dernière période glaciaire.

Haines Junction ❸

862. Kluane National Park Visitor Information Centre (867) 634 7250.

Au carrefour des routes de Haines et de l'Alaska, Haines Junction est la bienvenue pour se ravitailler en carburant et en nourriture, sur le chemin du grandiose parc national de Kluane. La ville a une poste, un restaurant et des hôtels. Comme elle abrite les bureaux du parc, on peut y organiser des descentes en raft, canoë, et des randonnées. Haines Junction fut jadis un camp de base pour les hommes du génie de l'armée américaine qui construisirent en 1942 une grande partie de l'Alcan Highway (actuelle Alaska Highway) reliant Fairbanks, en Alaska, au sud du Canada. Les St. Elias Mountains dominent la ville. Il est possible de survoler ces solitudes glacées, hérissées de pics et glaciers.

Les St. Elias Mountains gardent la petite ville de Haines Junction

Le glacier Kaskawulsh domine les cimes du parc national de Kluane

Parc national de Kluane ❹

(867) 634 7250. Haines Junction. toute l'année.
www.pc.gc.ca

Cette zone magnifique de 22 000 kilomètres carrés au sud-ouest du Yukon est inscrite au Patrimoine mondial de l'Unesco. Le parc partage avec l'Alaska la chaîne des St. Elias Mountains, la plus haute du Canada, culminant au mont Logan (5 959 mètres), et englobe un des plus vastes champs de glace du monde en dehors des pôles.

Les deux tiers du parc sont glaciaires : vallées et lacs gelés toute l'année alternent avec la forêt alpine, la prairie et la toundra. C'est l'un des derniers environnements au monde restituant l'image d'un paysage de la période glaciaire, c'est-à-dire d'il y a 10 000 à 5 000 ans av. J.-C. Les nombreux sentiers balisés bien tracés, dont plusieurs partent de la route principale, sont l'occasion

Dans la région de la rivière Alsek, le parc national de Kluane se pare de couleurs éclatantes à l'automne

de belles randonnées. Des itinéraires moins précis suivent les vieilles pistes minières. Débutants et randonneurs chevronnés trouveront leur bonheur, entre la balade de deux heures et l'excursion avec guide de dix jours.

Le parc de Kluane est l'étendue sauvage la plus attrayante du Yukon car ses paysages impressionnants cachent une vie animale foisonnante – orignaux, mouflons de Dall et grizzlis. La plupart des excursions sont organisées depuis Haines Junction, la localité voisine. La plus grande prudence s'impose en raison de la météo incertaine, des animaux sauvages et de l'isolement.

Burwash Landing 5

88. (867) 841 5561.

À 124 kilomètres au nord-ouest de Haines Junction, ce petit village tout à l'ouest du lac Kluane se trouve à l'orée du parc national de Kluane sur l'Alaska Highway. Une communauté s'y installa en 1905 après la découverte d'or dans un ruisseau local. Burwash Landing dispose aujourd'hui de bons équipements et offre de superbes panoramas du lac Kluane au sud.

Le village est réputé pour son **musée**, essentiellement consacré à la vie animale – ne manquez pas la dent de mammouth –, à l'histoire naturelle de la région et au mode de vie traditionnel de la tribu des Tutchones du sud.

Kluane Museum

Burwash Junction. *(867) 841 5561.*
de mi-mai à mi-sept. : de 9 h à 21 h t.l.j.

Stewart Crossing 6

25. Whitehorse (867) 667 3084.

À environ 180 kilomètres à l'est de Dawson City *(p. 334)*, Stewart Crossing est une petite localité à la jonction de la Klondike Highway et de la Silver Trail qui dessert les villages miniers de Mayo, Elsa et Keno, célèbres jadis pour le commerce de l'argent. Pendant la ruée vers l'or, à la fin du XIXe siècle, on pouvait l'été extraire des alluvions des rivières suffisamment d'or pour financer les recherches de l'année suivante. Stewart Crossing, qui possède quelques commerces, sert de point de départ aux excursions en canoë sur la rivière Stewart. Fait rare dans ces terres sauvages, ces promenades, qu'il faut organiser à Whitehorse ou Dawson City, conviennent aux enfants et aux débutants.

Au-dessus du village, un point de vue pittoresque surplombe la spectaculaire vallée de la rivière Klondike et la Tintina Trench. Cette faille géologique longue de plusieurs centaines de kilomètres, dont le nom signifie « chef » chez les Amérindiens, est l'une des plus grandes du Yukon. Ses couches de roches millénaires à ciel ouvert, qui illustrent à merveille la théorie de la tectonique des plaques, suivent le tracé de la Klondike Highway, après un trajet parallèle au fleuve Yukon depuis le village de Fortymile.

Broad Valley, près de Stewart Crossing, non loin du fleuve Yukon

La beauté exceptionnelle d'une vallée du Yukon l'été ▷

Le Gaslight Follies Theatre à Dawson City

Dawson City 7

2 150. à l'angle de Front St et King St (867) 993 5575. www.dawsoncity.ca

Dawson City fut projetée sur le devant de la scène en 1898, avec la ruée vers l'or du Klondike *(p. 46-47)* : entre 30 000 et 40 000 personnes venues chercher fortune dans ce lieu où paissaient les orignaux le transformèrent en une métropole bouillonnante, le « Paris du Nord ».

Si l'exploitation de l'or continue, le tourisme est maintenant la source de revenus la plus sûre. L'époque de la ruée vers l'or est évoquée au **Dawson City Museum**, consacré au Klondike, et son ambiance restituée au populaire **Diamond Tooth Gertie's**, une salle de jeux avec piano bastringue et danseuses de french cancan.

Dawson City Museum
5th Ave. (867) 993 5291. *de mi-mai à sept. : de 10 h à 18 h t.l.j. ; de fin sept. à mai : sur r.-v.*

Diamond Tooth Gertie's
à l'angle de 4th Ave et Queen St. (867) 993 5575. *de mi-mai à mi-sept. : de 19 h à 2 h t.l.j.*

Inuvik 8

3 500. 2 Firth St (867) 777 8600. www.inuvik.ca

À 770 kilomètres au nord de Dawson City, Inuvik est située au cœur du delta du Mackenzie, tout au bout de la Dempster Highway, la route la plus septentrionale du Canada. Fondée dans les années 1950 comme centre de ravitaillement de l'armée dans les Territoires du Nord-Ouest, elle bénéficia du boom pétrolier des années 1970.

Son attrait réside plus dans son emplacement que dans son architecture, moderne et fonctionnelle. Ses quelques hôtels et magasins – véritable exploit pour une ville n'ayant qu'un feu de signalisation – en font une bonne base pour découvrir la région (excursions pour le Grand Nord).

Réputée pour l'artisanat inuit, c'est la ville la plus visitée du nord de l'Arctique.

Aux environs
Paulatuk, à 400 kilomètres à l'est, est l'une des plus petites communautés du territoire. Elle est bien située pour la chasse et la pêche, ses principales ressources depuis plusieurs siècles, et pour accéder aux grands espaces sauvages. Le tourisme se développe et des excursions guidées par des Inuits sont organisées pour découvrir la faune et la flore. On vient aussi admirer les Smoking Hills, ces étonnantes collines d'ardoise à forte teneur en soufre.

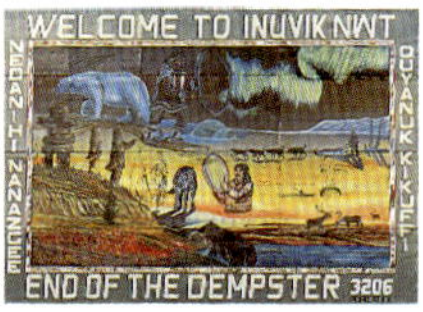

Bienvenue à Inuvik

Norman Wells 9

800. NWT Tourism Office, 52nd St, Yellowknife (1 800 661 0788). www.normanwells.com

En 1919, du pétrole brut fut découvert près d'un petit camp inuit. Son exploitation ainsi que la ville prirent leur essor pendant la Seconde Guerre mondiale, quand les Américains mirent en place un oléoduc pour approvisionner l'Alaska Highway alors en construction. Les puits ont fermé en 1996.

Norman Wells est aujourd'hui le point de départ de la Canol Heritage Route, une très longue piste désertique qui rejoint Canol Road, au-dessus de la rivière Ross au Yukon, reliée au réseau de la Yukon Highway. Avec ses très rares équipements, le sentier, l'un des plus éprouvants au monde, constitue un défi auquel viennent se mesurer les randonneurs chevronnés.

Parc national de Nahanni 10

Fort Simpson. *toute l'année.* Nahanni National Park Reserve, Box 348, Fort Simpson (867) 695 2713. www.pc.gc.ca

À cheval sur la rivière South Nahanni, entre la frontière du Yukon et le village de Fort Simpson, le parc fut le premier lieu au monde à être déclaré en 1978 site du

L'église d'Inuvik est en forme d'igloo pour protéger du froid

La nature intacte du parc national de Nahanni

Patrimoine mondial de l'Unesco. Cette région sauvage extraordinaire abrite quatre vastes canyons, des sources d'eau chaude et les chutes les plus spectaculaires d'Amérique du Nord : les Virginia Falls. Avec leurs 90 mètres, elles sont deux fois plus hautes que celles du Niagara, mais leur volume est moindre. La flore et la faune sont très riches, avec une douzaine d'espèces de poissons et plus de cent vingt espèces d'oiseaux. Loups, grizzlis et caribous des bois se promènent en liberté dans le parc.

Cependant, rafting et canotage l'emportent sur l'observation de la nature. L'été, les sports nautiques sont préférés à la randonnée à cause du dégel des rivières. Le parc est accessible par bateau depuis la Nahanni.

Fort Providence ⓫

750. NWT Tourism Office, 52nd St, Yellowknife (867) 873 72 00, 1 800 661 0788.

Les Dénés appellent ce village Zhahti Koe, ce qui signifie « maison de la mission ». Fort Providence était en effet une mission catholique au départ, avant que la Compagnie de la baie d'Hudson *(p. 158-159)* n'y ouvre un avant-poste au XIXe siècle. Attirés par les perspectives d'emploi, les Dénés s'installèrent de façon définitive et la ville est aujourd'hui un centre d'artisanat amérindien.

Juste au nord du village, au Mackenzie Bison Sanctuary, est protégé le plus grand troupeau de bisons des bois du monde, soit 2 000 têtes.

La réserve s'étend sur 100 kilomètres au nord, sur la rive du Grand Lac des Esclaves et, de la route, on peut voir les bisons.

Hay River ⓬

3 600. MacKenzie Hwy (867) 874 6522. de juin à sept.

Située au bord du Grand Lac des Esclaves, cette petite localité est le port principal des Territoires du Nord-Ouest. Elle est vitale pour les villes du Grand Nord comme Inuvik, qui s'y ravitaillent en produits de base. Les marchandises sont livrées par la rivière au dégel. La ville semble conçue à cet effet : sur les quais, barges et remorqueurs s'alignent à côté des bateaux de pêche.

Chose rare dans la région, l'histoire de Hay River est vieille d'un millénaire. Les Dénés s'installèrent il y a plusieurs siècles sur la rive sud du lac, zone stratégique pour la chasse et la pêche. Les attraits du lieu sont fournis par l'industrie locale – observation de l'activité du port – et l'ancien établissement déné. Situé au nord de la vieille ville, de l'autre côté de la rivière, c'est aujourd'hui un village de 260 habitants.

Les aurores boréales

Les aurores boréales sont le résultat de phénomènes de décharges électriques à grande échelle engendrés par l'interaction entre les vents solaires et le champ magnétique terrestre. Elles se produisent à une distance de 80 à 300 kilomètres d'altitude. Leurs effets sont visibles de nuit au Yukon, au Nunavut et dans les Territoires du Nord-Ouest, surtout entre mai et octobre. Certaines communautés inuits leur attribuent des significations religieuses, y voyant l'esprit des chasseurs morts. Au XIXe siècle, les chercheurs d'or les prenaient pour des vapeurs émises par les gisements de minerai. Indépendamment de toute croyance, ces arcs lumineux offrent un spectacle féerique.

Yellowknife ⓭

Cet ancien établissement de la tribu indienne des Dénés doit son nom aux couteaux de chasse en cuivre à lame jaune utilisés par ses premiers habitants. Ses bénéfices diminuant, la Compagnie de la baie d'Hudson y ferma son avant-poste en 1823, mais la ville se développa pourtant grâce aux mines d'or dans les années 1930, puis de nouveau après 1945. Avec l'amélioration du réseau routier, elle devint capitale régionale des Territoires du Nord-Ouest en 1967. Depuis les années 1960, les services administratifs et la découverte d'or de loin en loin assurent sa prospérité.

Maison flottante sur le Grand Lac des Esclaves

La vieille ville

À un kilomètre au nord du centre, la vieille ville occupe une île et une péninsule rocheuse au bord du Grand Lac des Esclaves. En 1947, Yellowknife s'étendit avec l'apparition d'une nouvelle ville dans la plaine sablonneuse au sud. Une communauté originale, dont la plupart des membres habitent des maisons flottantes de fortune, y vit en bordure de Yellowknife Bay. Une promenade autour de ce nouveau quartier résidentiel permet d'admirer l'architecture variée des édifices plus anciens. Les commerces se trouvent un peu plus au sud. À l'extrémité nord de Franklin Avenue, le Bush Pilot's Monument offre un bon point de vue.

MODE D'EMPLOI

8 000. The Northern Frontier Regional Visitors' Centre, 4804 49th St (867) 873 4262, 1 877 881 4262. The Cariboo Carnival (mars) ; Raven Mad Daze (juin) ; Folk on the Rocks (juil.). www.northernfrontier.com

Le Wildcat Café

Wiley Road. *(867) 873 8850.* *de juin à sept. : de 11 h à 21 h t.l.j.* Ouvert uniquement l'été, le Wildcat Café est une véritable institution. Fier d'afficher son ancienneté, le plus vieil établissement de Yellowknife

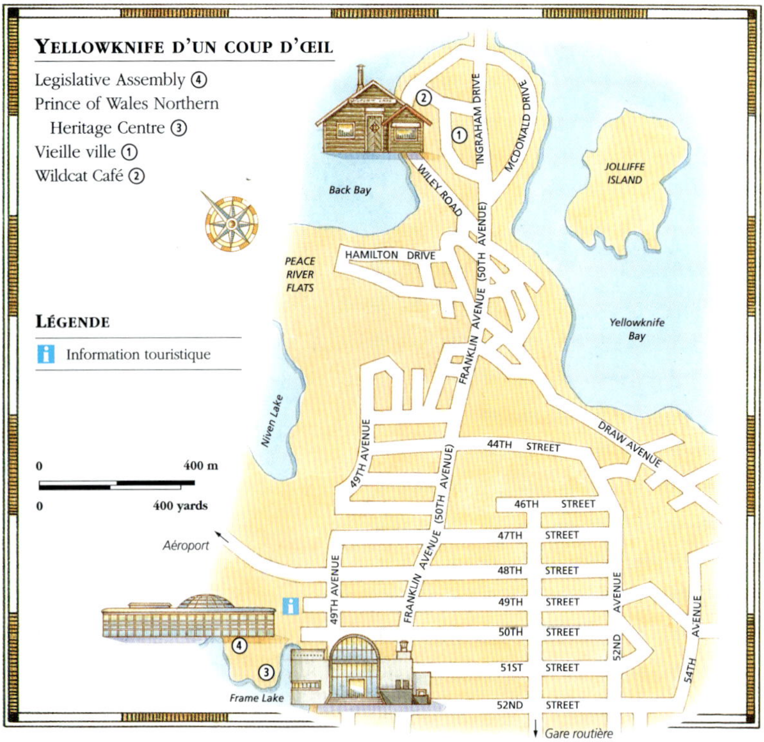

est aussi le plus photographié et fréquenté. La cabane en rondins délabrée située au pied de la vieille ville a été rénovée dans le style des années 1930. À l'intérieur, l'ambiance rappelle l'époque des pionniers qui y faisaient halte. On y sert de copieux ragoûts et des plats de poisson.

Le Wildcat Café, étape incontournable dans le Nord

Prince of Wales Northern Heritage Centre
49th St. (867) 873 7551. *t.l.j.* *jours fériés.*
Cet excellent musée local est une bonne introduction à l'histoire des Territoires du Nord-Ouest. Une exposition est consacrée au mode de vie des Dénés et des Inuits, une autre au développement de la région après l'arrivée des Européens. L'importance de l'aviation est aussi évoquée, avec des objets relatifs aux sciences naturelles.

Legislative Assembly
Frame Lake. *(867) 669 2230.* *du lun. au ven.* *juil. et août*
Le dôme du siège du gouvernement local, élevé en 1993, domine le quartier. La forme circulaire de la chambre, unique en son genre, symbolise l'égalité des droits de tous les groupes ethniques, comme sa grande table ovale. Décorée de peintures et d'œuvres d'art inuit, cette pièce est dotée d'une grande peau d'ours polaire en guise de tapis. Les salles officielles se visitent en dehors des sessions de l'assemblée.

Rankin Inlet ⓮

2 058. *(867) 979 4636.*

Fondée en 1955 quand la mine de nickel de North Rankin ouvrit ses portes, Rankin Inlet est la localité la plus importante du plateau rocailleux de Keewatin. Base touristique, c'est aussi le siège du gouvernement de cette région du Nunavut qui s'étend de l'est du Bouclier canadien à la baie d'Hudson, et dont la population, inuit à 85 %, vit essentiellement le long de la côte.

La région se caractérise par un mode de vie traditionnel et des paysages arctiques exceptionnels. À 10 kilomètres du centre-ville, **Meliadine Park** abrite un ancien camp de Thuléens (ancêtres des Inuits) restauré, avec des cercles de pierre servant à fixer les tentes, des entrepôts et des maisons d'hiver semi-enterrées.

Meliadine Park
10 km N.-O. de Rankin Inlet.
(867) 645 3838. *t.l.j., si le temps le permet.*

Baker Lake ⓯

1 385. *(867) 793 2456.*

Centre géographique du Canada, Baker Lake est l'unique établissement inuit à l'intérieur des terres. Le site de la source de la rivière Thelon a toujours été un lieu de réunion estival de différentes communautés inuits. C'est aujourd'hui un centre important d'art inuit, notamment de textiles. Plus à l'ouest, le **Thelon Game Sanctuary** est une réserve où l'on peut voir des troupeaux de bœufs musqués dans leur habitat naturel, entre autres animaux de ces latitudes.

Thelon Game Sanctuary
300 km O. de Baker Lake. *(867) 979 4636.* *t.l.j.*

Île de Banks et terre Victoria ⓰

(867) 979 4636.

L'île de Banks, dans l'océan Arctique, abrite les plus grands troupeaux de bœufs musqués du monde au **parc national d'Aulavik**, à son extrémité nord. L'endroit, l'un des plus reculés de la planète pour l'observation de la faune, n'est accessible que par avion. Comme souvent dans le Grand Nord, seuls les plus aisés et aventureux s'y risqueront.

La terre Victoria (Victoria Island) est divisée entre les Territoires du Nord-Ouest et le Nunavut, avec une ville de chaque côté : Holman pour les premiers, Cambridge Bay pour le second, où les Inuits venaient l'été pêcher l'omble et chasser le phoque et le caribou. C'est un centre de services pour la population locale et les visiteurs. Ours polaires, bœufs musqués, loups et oiseaux arctiques peuplent les alentours.

Parc national d'Aulavik
Sachs Harbour. *(867) 690 3904.* *t.l.j., si le temps le permet.*

Près de Baker Lake, les Inuits construisent encore les igloos traditionnels

La terre de Baffin ⓱

Saxifrage pourpre en été

La terre de Baffin (Baffin Island), qui appartient au Nunavut, est l'un des lieux les plus reculés d'Amérique du Nord. Avec ses 500 000 kilomètres carrés, c'est la cinquième île de la planète et plus de 60 % de sa superficie est au nord du cercle arctique. Faiblement peuplée, elle ne compte que 11 000 habitants dont 9 000 Inuits, vivant pour la plupart dans les huit villages éparpillés sur l'île. Le principal est Iqaluit, la capitale du Nunavut. Avec ses fjords profonds, ses glaciers étincelants et ses sommets acérés, la terre de Baffin se prête à tous les loisirs de plein air de l'Arctique. Canoë, kayak et randonnée prennent là-bas une autre dimension. Ces activités se pratiquent souvent au milieu d'une faune abondante, entre les ours polaires et les baleines.

Nanisivik accueille tous les 1er juillet le Midnight Sun Marathon. Le plomb et le zinc y furent exploités jusqu'en 2002.

Pond Inlet
Pond Inlet est un bijou posé sur la couronne scintillante du Nunavut. Les excursions en motoneige ou traîneau à chiens jusqu'au bord de la banquise à la rencontre d'une vie marine foisonnante sont inoubliables.

Parc national d'Auyuittuq

Troisième parc national du Canada avec ses 21 470 kilomètres carrés, c'est l'un des rares de la planète au nord du cercle arctique. Destination spectaculaire, il déploie ses immensités vierges de montagnes, vallées et fjords. Au printemps, avec le dégel, les prairies se couvrent soudain de fleurs sauvages. La faune est riche et variée, l'oie des neiges, le renard bleu ou encore l'ours polaire se partageant le vaste territoire. Même pendant le bref été, le temps peut être incertain avec risque de neige abondante. Les températures sont basses toute l'année. La ville voisine de Pangnirtung est un centre d'artisanat.

Fleurs sauvages au pied des pics gelés d'Auyuittuq

0 100 km
0 100 miles

Le cap Dorset présente un intérêt archéologique car les Thuléens et les Dorsétiens y ont vécu avant les Inuits.

Légende

- Cours d'eau
- Limite du parc national
- Point de vue
- Aérodrome

Pangnirtung

Cette petite ville de 1 100 habitants est à l'extrémité sud de Pangnirtung Fjord, le sentier de randonnée de 100 kilomètres le plus réputé de la terre de Baffin. Le col n'étant pas enneigé l'été, il est facile à franchir. Il offre des vues époustouflantes du fjord en contrebas.

Mode d'emploi

11 400. Nunavut Tourism, Iqaluit (1 866 686 2888)
www.nunavuttourism.com
Toonik Tyme (avr.), Iqaluit.

Se rendre dans le Nord du Canada

Malgré le développement constant du tourisme dans le Nunavut, les possibilités d'accès et de communication restent très limitées. Unique moyen d'atteindre ces localités reculées, l'avion est cher comparé aux tarifs des grandes lignes. La région compte toutefois plus de 600 aéroports et petites pistes d'atterrissage.

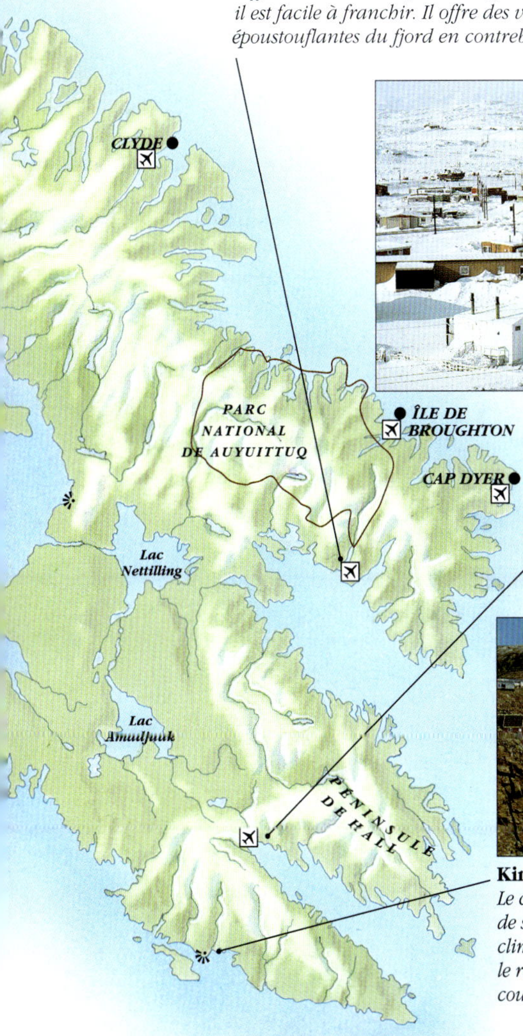

Iqaluit

Iqaluit est la porte de la terre de Baffin. Choisie comme capitale du nouveau territoire du Nunavut (p. 51), *la petite ville peuplée à 60 % d'Inuits possède de bons équipements.*

Kimmirut

Le centre de la fameuse industrie inuit de sculpture sur pierre bénéficie d'un climat légèrement plus chaud que le reste de l'île, où les prairies se couvrent de fleurs pendant le court été.

Les bonnes adresses

Hébergement

Comme on peut s'y attendre pour un pays de cette taille, le Canada offre un large éventail d'hébergements : du majestueux hôtel à la renommée internationale, tel le Château Frontenac à Québec, au *bed-and-breakfast* familial à la campagne, le choix est immense. Il existe aussi d'excellents lieux de séjour à prix moyen : auberges rurales, cottages pittoresques à louer, élégants studios de ville, gîtes, péniches ou motels, toujours pratiques et appréciés. Pour une étape d'une nuit ou une location de plusieurs semaines, le visiteur trouvera toujours son bonheur, parfois même sans avoir à réserver. La liste des pages 344 à 359 recense en détail des lieux de séjour pour toutes les bourses et pour tous les goûts.

Portier

Pavillon à louer dans le parc national de Banff

Classement des hôtels et services

Il n'existe pas de classement officiel des hôtels au Canada, mais celui, officieux, dit « Canada Select », est tout à fait fiable. À chaque établissement est attribué un certain nombre d'étoiles. Il va cependant de soi qu'un 4 étoiles dans une grande ville comme Toronto n'offrira pas les même services qu'un hôtel-château loin de tout.

L'Association canadienne des automobilistes (CAA) publie sa propre liste, comprenant surtout des hôtels et des motels situés le long des grands axes. Quoique également non officielle, son sérieux est largement reconnu. La climatisation est de règle en été, sauf dans les parcs nationaux ou les régions plus fraîches, sur la côte et dans le Nord. Inversement, le chauffage central fonctionne bien partout. Dans les chambres, vous trouverez souvent la télévision par câble, la radio, un nécessaire à repasser ou à faire le café, et une salle de bains particulière ; à la réservation, précisez « baignoire » ou « douche », de même que « lits jumeaux » ou « grand lit » le cas échéant.

Prix

La variété des prix reflète celle des hébergements. La suite présidentielle d'un hôtel de luxe peut dépasser 1 000 dollars canadiens la nuit, et une place en dortoir dans un gîte d'étape en coûter moins de 25. Comptez 50 à 75 dollars par nuit et par personne dans un hôtel modeste ou un *bed-and-breakfast*. Les prix peuvent aussi fluctuer selon la saison.

Réservations

Il est toujours préférable de réserver dans les grandes villes, où se succèdent festivals, congrès, rassemblements ou événements sportifs et musicaux *(p. 34-37)*. Les offices de tourisme régionaux et les compagnies aériennes locales *(p. 393)* peuvent vous conseiller et effectuer les réservations.

Voyager avec des enfants

C'est en général assez facile. Il est courant d'ajouter un berceau ou un lit d'enfant dans la chambre des parents. Les grands hôtels assurent souvent le baby-sitting. En raison des lois antikidnapping, un parent voyageant seul avec ses enfants doit être muni d'une autorisation écrite de l'autre parent.

Voyageurs handicapés

Légalement, tous les bâtiments publics récents ou rénovés doivent être accessibles aux fauteuils roulants. Vérifiez cependant lors de la réservation, car de nombreux hôtels ruraux datent du XIXe siècle.

La façade imposante du Royal York Hotel, à Toronto *(p. 351)*

Hôtels de luxe

Si les hôtels cinq étoiles sont rares au Canada, les grandes villes possèdent quelques établissements exceptionnels. Les hôtels-

Elmwood Inn, *bed-and-breakfast* sur l'île du Prince-Édouard *(p. 345)*

châteaux, spécialité canadienne, datent de l'âge du chemin de fer, à la fin du XIXe siècle. Aujourd'hui, la plupart d'entre eux, dont le Château Frontenac, sont gérés par les Canadian Pacific Hotels. Les chaînes d'hôtels de luxe – Four Seasons, Hilton, Radisson, Sheraton, Westin sont bien représentées à Toronto, Montréal, Calgary et Vancouver.

Chaînes hôtelières

Les chaînes d'hôtels ou de motels sont nombreuses. Prix et styles varient dans ces établissements fiables et confortables, manquant parfois de caractère. Moins luxueux, les Best Western, Comfort et Super 8 sont aussi moins chers. Appréciés des familles et des représentants, ces hôtels disposent de bureaux avec fax, courrier électronique et télégraphe. Tout y est généralement prévu pour les enfants.

Logements équipés

Il en existe de toutes sortes, sans compter les traditionnelles maisons de campagne à louer. Les camping-cars, qui peuvent se louer dans toutes les grandes villes, sont de plus en plus populaires. La plupart ont désormais la climatisation, un réfrigérateur, un four et un coin toilette. Le pays regorge de campings, des luxuriantes prairies des parcs nationaux, au sud, aux régions isolées, où vivent les Inuits, au nord. De plus en plus courus, ils offrent de nombreux équipements à un prix avantageux : branchement électrique, laverie automatique, épicerie, et loisirs de plein air pour tous les âges.

Cottages et pavillons sont pour beaucoup typiques du Canada. L'Ontario en possède de nombreux, eux aussi très bien équipés, à louer à la semaine, au mois ou à la saison, et toujours très bien placés pour les loisirs. Les parcs nationaux proposent aussi des gîtes et des terrains de camping.

Bed-and-breakfast

Le nombre croissant des *bed-and-breakfast* canadiens témoigne de leur succès. Auberges anciennes ou fermes, c'est l'endroit où sympathiser et parler avec les gens du pays, et trouver un accueil personnalisé. Ceux de l'est du Canada, souvent situés dans d'élégantes maisons victoriennes de villes historiques, sont renommés. Les offices de tourisme disposent de listes détaillées avec les prix. La plupart des *bed-and-breakfast* ont jusqu'à quatre chambres.

Taxes sur les hébergements

Pour presque tous les hébergements, deux taxes s'ajoutent au tarif de base. La première, la PST (Provincial Sales Tax ; taxe de vente provinciale ou TVP en français), varie de 5 à 12 % selon les provinces et concerne aussi les marchandises et les autres services. Dans l'Alberta, seuls les séjours à l'hôtel et en motel sont taxés ; les campings, *bed-and-breakfast* et pensions sont exonérés.

Dans tout le pays, une GST (Goods and Services Tax ; taxe sur les produits et services ou TPS) de 7 % frappe la plupart des hébergements. Certaines provinces regroupent GST et PST en une General Sales Tax d'environ 15 %. En Nouvelle-Écosse, au Nouveau-Brunswick et à Terre-Neuve-et-Labrador, une HST (Harmonized Sales Tax ; taxe de vente harmonisée ou TVH) de 14 % remplace la GST.

Les petits hôtels ne font pas toujours payer la GST : posez la question en arrivant.

Enfin, sachez que, depuis avril 2007, le GST Rebate Program (Programme de remboursement de la TPS) destiné aux non-résidents a été supprimé.

Un *bed-and-breakfast* dans les Rocheuses

Choisir un hôtel

Les hôtels suivants ont été choisis pour leur bon rapport qualité-prix, leur confort ou leur situation. Ils sont classés par région, identifiée par la couleur des onglets et reprenant l'organisation du reste du guide, ainsi que par ordre alphabétique de localité et par prix. Pour les restaurants, voir les pages 364 à 379.

	Nombre de chambres	Restaurant	Enfants bienvenus	Jardin ou terrasse	Piscine
TERRE-NEUVE-ET-LABRADOR					
GRAND FALLS : *Mount Peyton Hotel* \$\$ 214 Lincoln Rd, NL A2A 1P8. *(709) 489 2251.* FAX *(709) 489 6365.* W *www.mountpeyton.com* Hôtel accueillant, avec l'un des meilleurs restaurants de Terre-Neuve.	150	●			
HAPPY VALLEY-GOOSE BAY : *Labrador Inn* \$ 380 Hamilton River Rd, LAB AOP 1CO. *(709) 896 3351, 1 800 536 2763.* FAX *(709) 896 3352.* W *labradorinn.nf.ca* L'hospitalité est ici un maître-mot.	74	●			
L'ANSE AU CLAIR : *Northern Light Inn* \$\$ PO Box 92, NL A0K 3V0. *(709) 931 2332.* FAX *(709) 931 2708.* W *www.northernlightinn.com* Hôtel familial surplombant la baie. Le restaurant propose des spécialités locales, dont le caribou.	59	●			
NORRIS POINT : *Sugar Hill Inn* \$\$\$ 115-129 Sextons Rd, NL A0K 4N0. *(709) 458 2147, 1 888 299 2147.* FAX *(709) 458 2166.* W *www.sugarhillinn.nf.ca* Auberge de qualité au cœur du parc national du Gros-Morne. Fruits de mer au menu.	7	●			
ST. ANTHONY : *Haven Inn* \$ Goose Cove Rd, NL A0K 4S0. *(709) 454 9100, 1 877 428 3646.* FAX *(709) 454 2270.* W *www.haveninn.com* La vue sur le port est superbe depuis ce motel moderne à flanc de coteau. Cheminées dans le salon et la salle à manger.	29	●			
ST. JOHN'S : *Balmoral Inn* \$ 38 Queens Rd, NL A1C 2AS. *(709) 754 5721, 1 877 428 1055.* FAX *(709) 722 8111.* W *www.balmoralhouse.com* Belles chambres au mobilier ancien dans cet édifice à hauts plafonds de style Queen Anne.	3				
ST. JOHN'S : *Hotel Fairmont* \$\$\$ Cavendish Square, NL A1C 5W8. *(709) 726 4980, 1 866 540 4450.* FAX *(709) 726 2025.* W *www.fairmont.com* Belles vues sur Signal Hill et le port depuis cet hôtel de la chaîne Fairmount Hotels, doté de deux restaurants.	301	●	■		■
TRINITY BAY : *Campbell House* \$ High St, Trinity Bay, NL AOC 251. *1 877 464 7700.* FAX *(709) 464 3377.* W *www.campbellhouse.nf.ca* Deux de ces trois maisons du front de mer sont des monuments historiques.	5			●	
NOUVEAU-BRUNSWICK, ÎLE-DU-PRINCE-ÉDOUARD ET NOUVELLE-ÉCOSSE					
ANNAPOLIS ROYAL : *Milford House (Cottages)* \$\$\$ RR4, NS BAS 1A0. *(902) 532 2617, 1 877 532 5751.* FAX *(902) 532 2617.* W *www.milfordhouse.ca* Il n'y a pas de télévision dans les chambres, mais l'établissement possède une bonne bibliothèque.	27	●		●	
BAY FORTUNE : *The Inn at Bay Fortune* \$\$\$\$ RR4, Souris, PEI COA 2B0. *(902) 687 3745.* FAX *(902) 687 3540.* W *www.innatbayfortune.com* Une élégante auberge de bord de mer idéale pour s'isoler du monde, et l'un des meilleurs restaurants du Canada *(p.364).*	18	●		●	
BOUCTOUCHE : *Le Vieux Presbytère* \$\$ 157, chemin du Couvent, NB E4S 3B8. *(506) 743 5568, 1 866 743 1880.* FAX *(506) 743 5566.* Les jardins de cette charmante auberge acadienne, de 1880, donnent sur la rivière Bouctouche.	22	●		●	
BRIER ISLAND : *Brier Island Lodge* \$ Westport, NS B0V 1H0. *(902) 839 2300, 1 800 662 8355.* FAX *(902) 839 2006.* W *www.brierisland.com* Cette petite maison sur un îlot de la baie de Fundy est un point de départ idéal pour se promener ou observer les baleines.	39	●			

Catégories de prix pour une nuit en chambre double, petit déjeuner (quand inclus), taxes et service compris.

- $ moins de 100 $Can
- $$ de 100 à 150 $Can
- $$$ de 150 à 200 $Can
- $$$$ de 200 à 250 $Can
- $$$$$ plus de 250 $Can

RESTAURANT
Restaurant ou salle à manger de l'hôtel accessible aux non-résidents, sauf mention contraire.

ENFANTS BIENVENUS
Lits d'enfants disponibles et/ou possibilité de baby-sitting. Certains établissements proposent des menus enfants et des chaises hautes.

JARDIN OU TERRASSE
Hôtel avec jardin, cour ou terrasse, où il est souvent possible de prendre les repas.

PISCINE
Hôtel avec piscine couverte ou de plein air.

	Prix	Nombre de chambres	Restaurant	Enfants bienvenus	Jardin ou terrasse	Piscine
CAPE D'OR : *Cape d'Or Lighthousekeeper's Guesthouse* Phare de Cape d'Or, NS B0M 1S0. *(902) 670 0534, 1 866 727 9981.* W *www.capedor.ca* Ce phare isolé permet d'accéder aux falaises et aux chemins côtiers du Minas Basin. Chambres avec vue spectaculaire.	$	4	●			
CARAQUET : *Hotel Paulin* 143 Bd Saint-Pierre West, NB E1W 1B6. *(506) 727 9981.* FAX *(506) 727 4808.* W *www.hotelpaulin.com* Depuis trois générations, les Paulin tiennent cet hôtel de bord de mer historique, bâti en 1891.	$$	8	●			
CAVENDISH : *Kindred Spirits Country Inn and Cottages* Route 6, PEI C0A IN0. *(902) 963 2434, 1 800 461 1755.* FAX *(902) 963 2619.* W *www.kindredspirits.ca* Charmante auberge près de Green Gables House *(p. 76)*. Une oasis de paix dans ce haut lieu touristique. *de mai à oct.*	$$	39				■
CHARLOTTETOWN : *Elmwood Heritage Inn* 121 North River Rd, PEI P1A 3K7. *(902) 368 3310, 1 877 933 3310.* FAX *(902) 628 8457.* W *www.elmwoodinn.pe.ca* Célèbre *bed-and-breakfast* dans le quartier historique de Charlottetown ; mobilier et cuisine somptueux.	$$$	6			●	
CHARLOTTETOWN : *Delta Prince Edward Hotel* 18 Queen St, PEI C1A 8B9. *(902) 566-2222, 1 866 894 1203.* FAX *(902) 566 2282.* W *www.deltaprinceedward.pe.ca* L'hôtel donne sur la marina de Charlottetown et comporte trois restaurants, dont un café sur les quais.	$$$$$	213	●	■		■
EDMUNDSTON : *Howard Johnson Hotel and Convention Centre* 100 Rice St, NB E3V 1T4. *(506) 739 7321, 1 800 446 4656.* FAX *(506) 735 9101.* W *www.hojo.com* Hôtel sympathique à vocation familiale intégré à un complexe commercial et bien situé.	$$	103	●	■		■
GRAND TRACADIE : *Dalvay-by-the-Sea* PEI National Park, Box 8, York PEI C0A 1P0. *(902) 672 2048, 1 800 366 2955.* FAX *(902) 672 2741.* W *www.dalvaybythesea.com* Manoir construit par le magnat du pétrole Alexander MacDonald en 1895. Spécialités de fruits de mer au restaurant.	$$$$$	34	●	■		
HALIFAX : *Waverley Inn* 1266 Barrington St, NS B3J 1Y5. *(902) 423 9346, 1 800 565 9346.* FAX *(902) 425 0167.* W *www.waverleyinn.com* Cette auberge de caractère date de 1876. Elle n'est qu'à quelques minutes à pied du centre historique.	$$	32				
HALIFAX : *Delta Barrington* 1875 Barrington St, NS B3J 3L6. *(902) 429 7410, 1 877 814 7706.* FAX *(902) 420 6524.* W *www.deltahotels.com* Un hôtel haut de gamme, en plein centre historique.	$$$	200	●	■		
INGONISH BEACH : *Keltic Lodge* Middle Head Peninsula, NS B0C 1L0. *(902) 285 2880, 1 800 565 0444.* FAX *(902) 285 2859.* W *www.signatureresorts.com* Hôtel imposant sur un promontoire rocheux au-dessus du port. Un dîner complet est inclus dans le prix.	$$$$$	104	●	■	●	■
LOUISBOURG : *Cranberry Cove Inn* 12 Wolfe St, NS B0A 1M0. *(902) 733 2171 ou 1 802 929 0222.* FAX *(902) 733 2449.* W *www.louisbourg.com/cranberrycove* Situé dans une ancienne maison particulière de 1904, il propose aujourd'hui des prestations stylées et une cuisine européenne à base des meilleurs produits locaux.	$$	7	●			
LUNENBURG : *Lunenburg Inn* 26 Dufferin St, NS B0J 2C0. *(902) 634 3963, 1 800 565 3963.* FAX *(902) 634 9419.* W *www.lunenburginn.com* Construit en 1893, ce magnifique édifice victorien est situé en bordure de la vieille ville de Lunenburg.	$$	7				

Légende des symboles, voir rabat de couverture

Catégories de prix pour une nuit en chambre double, petit déjeuner (quand inclus), taxes et service compris.
- $ moins de 100 $Can
- $$ de 100 à 150 $Can
- $$$ de 150 à 200 $Can
- $$$$ de 200 à 250 $Can
- $$$$$ plus de 250 $Can

Restaurant
Restaurant ou salle à manger de l'hôtel accessible aux non-résidents, sauf mention contraire.
Enfants bienvenus
Lits d'enfants disponibles et/ou possibilité de baby-sitting. Certains établissements proposent des menus enfants et des chaises hautes.
Jardin ou terrasse
Hôtel avec jardin, cour ou terrasse, où il est souvent possible de prendre les repas.
Piscine
Hôtel avec piscine couverte ou de plein air.

Hôtel	Nombre de chambres	Restaurant	Enfants bienvenus	Jardin ou terrasse	Piscine
Margaree Valley : *Normaway Inn* $$$ 691 Egypt Rd, NS B0E 2C0. (902) 248 2987, 1 800 565 9463. FAX (902) 248 2600. W www.normanway.com Un hôtel des années 1920 situé sur 100 hectares. Pêche, musique traditionnelle, tennis et bonne cuisine. P	29	●	■	●	
Moncton : *Comfort Inn* $ 2495 Mountain Rd, NB E1G 2W4. (506) 384 3175. FAX (506) 853 7307. W www.choicehotels.com Motel offrant de meilleures prestations que la plupart des Comfort Inns. Proche de Magnetic Hill et de la Transcanadienne. TV P	59				
St. Andrews : *Algonquin Resort* $$$ 184 Adolphus St, NB E0G 2X0. (506) 529 8823, 1 800 257 7544. FAX (506) 529 7162. W www.fairmont.com Vue magnifique sur la baie de Passamaquoddy et nombreux équipements, dont un golf de 18 trous. TV P	238	●	■	●	■
St. Andrews : *Kingsbrae Arms, Relais & Châteaux* $$$$$ 219 King St, NB E0G 2X0. (506) 529 1897. FAX (506) 529 1197. W www.kingsbrae.com Hôtel au charme désuet avec chambres magnifiquement meublées à l'ancienne ; cuisine superbe. 24 TV P	8	●		●	■
Saint John : *Country Inn and Suites* $$ 1011 Fairville Blvd, NB E2M 5T9. (506) 635 0400, 1 888 201 1746. FAX (506) 635 3818. W www.countryinns.com On se sent comme chez soi dans ce décor rustique, avec un bon feu dans la cheminée. TV P	60				
Saint John : *Inn on the Cove* $$ 1371 Sand Cove Rd, NB E2M 4Z9. (506) 672 7799, 1 877 257 8080. FAX (506) 635 5455. W www.innonthecove.com Cette auberge de l'époque victorienne sur l'océan est une bonne base pour explorer la baie de Fundy. Excellente cuisine. TV	6	●			
Summerside : *Loyalist Country Inn* $$ 195 Harbour Drive, PEI C1N 5R1. (902) 436 3333, 1 800 565 7633.. FAX (902) 436 4304. Un hôtel familial, proche de la marina et à 20 minutes du pont de la Confédération. TV P	103	●			■
Wolfville : *Blomidon Inn* $ 127 Main St, NS B0P 1X0. (902) 542 2291, 1 800 565 2291. FAX (902) 542 7461. W www.blomidon.ns.ca Séparé de la rue par un jardin paysager, ce manoir victorien est un des meilleurs hôtels de Nouvelle-Écosse. P	26	●		●	

Montréal

Hôtel	Nombre de chambres	Restaurant	Enfants bienvenus	Jardin ou terrasse	Piscine
Centre-ville : *Hôtel de Paris* $ 901, rue Sherbrooke Est, QUE H2L 1L3. (514) 522 6861. FAX (514) 522 1387. Ce vieil édifice en pierre, avec sa tourelle fantaisiste, est à deux pas de la rue Saint-Denis, très animée le soir. Chambres confortables. TV P	39	●		●	
Centre-ville : *Hôtel Viger* $ 1001, rue Saint-Hubert, QUE H2L 3Y3. (514) 845 6058, 1 800 845 6058. FAX (514) 844 6068. W www.hotelviger.com Petit hôtel, simple et bon marché, proche du Vieux-Montréal et du quartier chinois. TV P	21				
Centre-ville : *Hôtel Château & Tour Versailles* $$ 1808, rue Sherbrooke Ouest, QUE H3H 1E5. (514) 933 8111, 1 888 933 8111. FAX (514) 933 6867. W www.versailleshotels.com Le « château » consiste en deux maisons victoriennes ; la « tour » est un bâtiment récent, de l'autre côté de la rue. Chambres confortables et excellente cuisine française. 24 TV P	181	●			
Centre-ville : *Le Nouvel Hôtel* $$ 1740, bd René-Lévesque Ouest, QUE H3H 1R3. (514) 931 8841, 1 800 363 6063. FAX (514) 931 3233. W www.lenouvelhotel.com Les comédiens amateurs testent leur talent au Comedy Nest, cabaret de cet hôtel récent à proximité du Centre canadien d'architecture. TV P	135	●	■	●	■

Hôtel	Chambres				
Centre-ville : *Clarion Hôtel & Suites* $$$ 2100, bd de Maisonneuve Ouest, QUE H3H 1K6. *(514) 931 8861, 1 800 361 7191.* FAX *(514) 931 7726.* W *www.clarionmontreal.com* Chaque suite a sa cuisine et son coin repas : idéal pour les familles et les longs séjours.	266	●	■		■
Centre-ville : *Delta Montréal* $$$ 475, av. Président-Kennedy, QUE H3A 1J7. *(514) 286 1986, 1 877 286 1986.* FAX *(514) 284 4342.* W *www.deltamontreal.com* Hôtel moderne aux grandes chambres confortables, non loin de la place des Arts et des magasins.	456	●	■		■
Centre-ville : *Hôtel du Fort* $$$ 1390, rue du Fort, QUE H3H 2R7. *(514) 938 8333, 1 800 565 6333.* FAX *(514) 938 3123.* W *www.hoteldufort.com* Tour récente aux chambres élégantes avec coin cuisine ; la plupart ont vue sur le port ou la ville.	124				
Centre-ville : *L'Hôtel de la Montagne* $$$ 1430, rue de la Montagne, QUE H3G 1Z5. *(514) 288 5656, 1 800 361 6262.* FAX *(514) 288 9658.* W *www.hoteldelamontagne.com* Entrée au décor flamboyant, piscine sur le toit et position centrale en font un hôtel apprécié.	134	●		●	■
Centre-ville : *Marriott Château Champlain* $$$ 1, place du Canada, QUE H3B 4C9. *(514) 878 9000, 1 800 236 2427.* FAX *(514) 878 6761.* W *www.marriott.com* Très belle vue sur le mont Royal et le port depuis cette haute tour blanche aux fenêtres en plein cintre.	611	●			■
Centre-ville : *Montréal Bonaventure Hilton* $$$ 900, place Bonaventure, QUE H5A 1E4. *(514) 878 2332, 1 800 445 8667.* FAX *(514) 878 3881.* W *www. hiltonmontreal.com* Aménagé aux étages supérieurs de la place Bonaventure, il s'articule autour d'un agréable jardin, avec piscine de plein air ouverte hiver comme été.	395	●	■	●	■
Centre-ville : *Renaissance* $$$ 3625, av. du Parc, QUE H2X 3P8. *(514) 288 6666.* W *www.renaissance-mtl.com* Les chambres, bois blond et tons pastel, donnent sur le parc Mont-Royal. Bar confortable.	459	●			
Centre-ville : *Residence Inn by Marriott-Montréal* $$$ 2045, rue Peel, QUE H3A 1T6. *(514) 982 6064, 1 888 999 9494.* FAX *(514) 844 8361.* W *www.residenceinn-mtl.com* Hôtel central, dont toutes les suites ont une cuisine équipée ; salon de lecture avec cheminée.	190	●		●	■
Centre-ville : *Hôtel Le Reine Elizabeth* $$$$$ 900, bd René-Lévesque Ouest, QUE H3B 4A5. *(514) 861 3511, 1 800 257 7544.* FAX *(514) 954 2256.* W *www.fairmont.com* Hôtel de congrès très animé, bien situé et confortable. Au rez-de-chaussée, le Beaver Club est une excellente table.	1050	●			■
Centre-ville : *Hôtel Ritz-Carlton* $$$$$ 1228, rue Sherbrooke Ouest, QUE H3G 1H6. *(514) 842 4212.* FAX *(514) 842 4907.* W *www.ritzcarlton.com* Cet hôtel de style édouardien accueillit l'un des deux mariages de Richard Burton et Elizabeth Taylor. En été, le jardin est parfait pour le thé, et le Café de Paris est un bon restaurant français.	229	●		●	
Centre-ville : *Loews Hôtel Vogue* $$$$$ 1425, rue de la Montagne, QUE H3G 1Z3. *(514) 285 5555.* FAX *(514) 849 8903.* W *www.loewshotel.com* Le hall élégamment décoré du Vogue donne sur une des rues les plus à la mode de Montréal. Bain à remous dans toutes les chambres, vastes et bien meublées.	142	●	■		
Centre-ville : *Omni Montreal* $$$$$ 1050, rue Sherbrooke Ouest, QUE H3A 2R6. *(514) 284 1110, 1 800 THEOMNI.* FAX *(514) 845 3025.* W *www.omnihotels.com* Superbe restaurant dans le hall en marbre de cet hôtel récent. Le bar donne sur la rue.	299	●			■
Plateau Mont-Royal : *Le Jardin d'Antoine* $$ 2024, rue Saint-Denis, QUE H2X 3K7. *(514) 843 4506, 1 800 361 4506.* FAX *(514) 281 1491.* W *www.hotel-jardin-antoine.qc.ca* Les chambres à l'arrière, plus luxueuses, donnent sur le « jardin d'Antoine », îlot de paix bienvenu après les bars et les boîtes de nuit de la rue.	25			●	
Plateau Mont-Royal : *Auberge de la Fontaine* $$$ 1301, rue Rachel Est, QUE H2J 2K1 *(514) 597 0166, 1 800 597 0597.* FAX *(514) 597 0496.* W *www.aubergedelafontaine.ca* Il s'agit de deux maisons mitoyennes typiques du quartier ; chambres au décor original.	21			●	

Légende des symboles, voir rabat de couverture

Catégories de prix pour une nuit en chambre double, petit déjeuner (quand inclus), taxes et service compris.
$ moins de 100 $Can
$$ de 100 à 150 $Can
$$$ de 150 à 200 $Can
$$$$ de 200 à 250 $Can
$$$$$ plus de 250 $Can

RESTAURANT
Restaurant ou salle à manger de l'hôtel accessible aux non-résidents, sauf mention contraire.
ENFANTS BIENVENUS
Lits d'enfants disponibles et/ou possibilité de baby-sitting. Certains établissements proposent des menus enfants et des chaises hautes.
JARDIN OU TERRASSE
Hôtel avec jardin, cour ou terrasse, où il est souvent possible de prendre les repas.
PISCINE
Hôtel avec piscine couverte ou de plein air.

Hôtel	Prix	Nombre de chambres	Restaurant	Enfants bienvenus	Jardin ou terrasse	Piscine
QUARTIER CHINOIS : *Holiday Inn Sélect Montréal Centre-Ville* 99, av. Viger, QUE H2Z 1E9. *(514) 878 9888.* FAX *(514) 878 6341, 1 800 315 2621.* W *www.holidayinn.com* Avec ses deux pagodes sur le toit, cet hôtel récent se fond dans le décor. Agrémenté de bassins miniatures et de jardins chinois, le restaurant Chez Chine domine le hall.	$$$	235	●			■
VIEUX-MONTRÉAL : *Auberge les Passants du Sans Soucy* 171, rue Saint-Paul Ouest, Ouest QUE H2Y 1Z5. *(514) 842 2634.* FAX *(514) 842 2912.* W *www.lesanssoucy.com* Entrepôt du XVIIIe siècle, avec poutres apparentes et antiquités ; l'entrée sert de galerie d'art.	$$	9				
VIEUX-MONTRÉAL : *Auberge du Vieux-Port* 97, rue de la Commune Est, QUE H2Y 1J1. *(514) 876 0081, 1 888 660 7678.* FAX *(514) 876 8923.* W *www.aubergeduvieuxport.com* Hôtel romantique du XIXe siècle donnant sur le Vieux-Port, avec terrasse sur le toit où prendre un verre.	$$$	27	●		●	
VIEUX-MONTRÉAL : *Hôtel Inter-Continental Montréal* 360, rue Saint-Antoine Ouest, QUE H2Y 3X4. *(514) 987 9900.* FAX *(514) 847 8730.* W *www.intercontinental.com* Ses tourelles l'aident à se fondre dans un ensemble d'édifices du XIXe siècle. Chambres élégantes et confortables.	$$$$$	357	●			■
VIEUX-MONTRÉAL : *Hôtel le Saint-James* 355, rue St-Jacques, QUE H2Y 1N9. *(514) 841 3111, 1 866 841 3111.* FAX *(514) 841 1232.* W *www.hotellestjames.com* Chaque chambre et sa suite sont originales dans cet élégant lieu historique. Nombreuses et luxueuses commodités.	$$$$$	61	●	■		
VIEUX-MONTRÉAL : *Hôtel Saint Paul* 355, rue McGill, QUE H2Y 2E8. *(514) 380 2222, 1 866 380 2202.* FAX *(514) 380 2200.* W *www.hotelstpaul.com* Étape historique, cet hôtel aux extérieurs remarquablement classiques présente un décor moderne et élégant plusieurs fois primé.	$$$$$	120	●			
VIEUX-MONTRÉAL : *Pierre du Calvet AD 1725* 405, rue Bonsecours, QUE H2Y 3C3. *(514) 282 1725.* FAX *(514) 282 0456.* W *www.pierreducalvet.ca* Hôtel historique avec cheminées, salles de bains en marbre, mobilier ancien et tapis d'Orient.	$$$$$	9	●		●	
QUÉBEC ET LE SAINT-LAURENT						
BAIE SAINT-PAUL : *Auberge La Maison Otis* 23, rue Saint-Jean-Baptiste, QUE G3Z 1M2. *(418) 435-2255, 1 800 267 2254.* FAX *(418) 435 2464.* W *www.maisonotis.com* Cette auberge cache une vieille maison en pierre avec sept chambres ravissantes, et l'un des meilleurs restaurants de la région.	$$$$	30	●	■	●	■
CÔTE NORD : *Hôtel Tadoussac* 165, rue du Bord-de-l'Eau, Tadoussac, QUE G0T 2A0. *(418) 235 4421, 1 800 561 0718.* FAX *(418) 235 4607.* W *www.hoteltadoussac.com* Hôtel bâti en 1942 pour ses passagers par la compagnie Canada Steamships. Petit déjeuner et dîner inclus dans le prix. *d'oct. à mai.*	$$$$	149	●	■	●	■
GASPÉ : *Le Gîte du Mont-Albert* Parc de la Gaspésie, QUE G0E 2G0. *(418) 763 2288.* FAX *(418) 763 7803.* W *www.sepaq.com* Cette auberge de montagne ressemble à un pavillon de chasse mis en valeur par un décor rustique. On peut aussi louer des petits cottages. *d'oct. à fév.*	$$	48	●		●	■
ÎLES DE LA MADELEINE : *Hôtel au Vieux Couvent* Havre-aux-Maisons, QUE G0B 1K0. *(418) 969 2233.* FAX *(418) 969 4693.* Ancien couvent dont les dortoirs ont été transformés en chambres, et la chapelle en restaurant de fruits de mer. *de sept. à juin.*	$	7	●		●	

Hôtel	Chambres				
LAC SAINT-JEAN : *Hôtel du Jardin* $$$ 1400, bd du Jardin, Saint-Félicien, QUE G8K 2N8. *(418) 679 8422, 1 800 463 4927.* FAX *(418) 679 4459.* Une bonne base pour explorer la région du lac Saint-Jean.	84	●			■
PERCÉ : *Hôtel-Motel La Normandie* $$$$ 221, Route 132 Ouest, Cap de Foi, QUE G0C 2L0. *(418) 782 2112, 1 800 463 0820.* FAX *(418) 782 2337.* W *www.normandieperce.com* La plupart des chambres donnent sur la mer et sur le rocher Percé. Bon restaurant de fruits de mer. ● *d'oct. à mai.*	45	●	■	●	
POINTE-AU-PIC : *Manoir Richelieu* $$$ 181, rue Richelieu, QUE G0T 1M0. *(418) 665 3703, 1 800 257 7544.* FAX *(418) 665 7736.* W *www.fairmont.com* Entouré de jardins, le manoir, et son casino, est édifié sur une falaise surplombant le fleuve.	405	●	■	●	■
QUÉBEC : *Hôtel Particulier Belley* $ 249, rue Saint-Paul, QUE G1K 3W5. *(418) 692 1694.* FAX *(418) 692 1696.* Taverne ancienne proche du marché du vieux port. Briques à nu et lucarnes dans certaines chambres.	8				
QUÉBEC : *Le Priori* $$ 15, rue Sault-au-Matelot, QUE G1K 3Y7. *(418) 692 3992, 1 800 351 3992.* FAX *(418) 692 0883.* W *www.hotellepriori.com* Petit hôtel au pied du cap Diamant ; pierre apparente et mobilier moderne y font bon ménage.	26	●	■		
QUÉBEC : *Hôtel Clarendon* $$$ 57, rue Sainte-Anne, QUE G1R 3X4. *(418) 692 2480 1 888 222 3304.* FAX *(418) 692 4652.* W *www.clarendon.com* L'intérieur de cet hôtel de 1870 est une merveille d'Art déco. Concerts de jazz dans le hall tous les soirs.	143	●			
QUÉBEC : *Hôtel Dominion* $$$ 126, rue Saint-Pierre, QUE G1K 4A8. *(418) 692 2224, 1 888 833 5253.* FAX *(418) 692 4403.* W *www.hoteldominion.com* Photographies anciennes aux murs et hauts plafonds caractérisent cet hôtel de 1912.	40			●	
QUÉBEC : *Château Frontenac* $$$$$ 1, rue des Carrières, QUE G1R 4P5. *(418) 692 3861, 1 800 257 7544.* FAX *(418) 692 1751.* W *www.fairmont.com* Sans doute l'hôtel le plus photographié de tout le Canada. Vastes couloirs, lambris et pierre ouvragée. Vue magnifique côté fleuve.	611	●	■	●	■
RIVIÈRE-DU-LOUP : *Hôtel Lévesque* $ 171, rue Fraser, QUE G5R 1E2. *(418) 862 6927.* FAX *(418) 867 5827.* Piscine, plage et vastes chambres, ainsi que deux restaurants, l'un plutôt simple, l'autre gastronomique.	91	●	■	●	■
SEPT-ÎLES : *Hôtel Sept-Îles* $ 451, av. Arnaud, QUE G4R 3B3. *(418) 962 2581, 1 800 463 1753.* FAX *(418) 962 6918.* Dans les années 1960-1970, le restaurant de cet hôtel attirait tous les employés de Sept-Îles, les mieux payés du Canada.	113	●			
LE SUD ET LE NORD (QUÉBEC)					
GATINEAU : *Auberge de la Gare* $ 205, bd Saint-Joseph, QUE J8Y 3X3. *(418) 266 2165, 1 866 778 8085.* Hôtel pratique et confortable en plein centre, proche du pont et des attractions d'Ottawa.	42				
LAURENTIDES : *Auberge de la Montagne-Coupée* $$ 1000, chemin Montagne-Coupée, QUE J0S 2S0. *(450) 886 3891, 1 800 363 8614.* FAX *(450) 886 5401.* W *www.montagnecoupee.com* Établissement moderne dont les baies vitrées donnent sur les montagnes. Petit déjeuner et dîner inclus dans le prix.	48	●	■	●	■
LAURENTIDES : *Hôtel Far Hills Inn* $$ Val-Morin, QUE J0T 2R0 . *(819) 322 2014, 1 800 567 6636.* FAX *(819) 322 1995.* W *www.farhillsinn.com* Cet hôtel dispose d'un lac, de courts de tennis et de 130 kilomètres de pistes de randonnée et de ski de fond.	70	●		●	■
LAURENTIDES : *Auberge Le Rouet* $$$ 1288, rue Lavoie, Val-David, QUE J02 2N0. *(819) 322 3221, 1 800 537 6838.* W *www.aubergerouet.com* Cabane parmi les pins et les pistes de ski de fond. Les tarifs incluent trois repas dans la salle à manger toute en rondins.	30	●		●	■

Catégories de prix pour une nuit en chambre double, petit déjeuner (quand inclus), taxes et service compris.
$ moins de 100 $Can
$$ de 100 à 150 $Can
$$$ de 150 à 200 $Can
$$$$ de 200 à 250 $Can
$$$$$ plus de 250 $Can

Restaurant
Restaurant ou salle à manger de l'hôtel accessible aux non-résidents, sauf mention contraire.
Enfants bienvenus
Lits d'enfants disponibles et/ou possibilité de baby-sitting. Certains établissements proposent des menus enfants et des chaises hautes.
Jardin ou terrasse
Hôtel avec jardin, cour ou terrasse, où il est souvent possible de prendre les repas.
Piscine
Hôtel avec piscine couverte ou de plein air.

	Nombre de chambres	Restaurant	Enfants bienvenus	Jardin ou terrasse	Piscine
Laurentides : *Château Mont-Tremblant* $$$$$ Station de ski Mont-Tremblant, QUE J0T 1Z0. *(819) 681 7000, 1 800 257 7544.* FAX *(819) 681 7644.* *www.fairmont.com* Cet hôtel de luxe apporte tout le confort urbain en pleine nature.	314	●	■	●	■
Magog : *Auberge l'Étoile sur le Lac* $$ 1150, rue Principale Ouest, QUE J1X 2B8. *(819) 843 6521, 1 800 567 2727.* FAX *(819) 843 5007.* *www.etoile-sur-le-lac.com* Nombreuses chambres avec balcon donnant sur le lac Memphrémagog. En été, les repas sont servis sur la terrasse, au bord du lac.	38	●		●	■
North Hatley : *Auberge Hovey Manor* $$$$ 575, Route 108 E. (chemin Hovey), QUE J0B 2C0. *(819) 842 2421.* FAX *(819) 842 2248.* *www.hoveymanor.com* Réplique de la maison de George Washington, en Virginie ; nombreuses chambres avec cheminée et lit à baldaquin.	40	●		●	■
Nunavik : *Auberge Kuujjuaq* $$$$$ Kuujjuaq, QUE J0M 1C0. *(819) 964 2903.* FAX *(819) 964 2031.* L'hébergement tend à être rare et cher dans le Grand Nord canadien. Mieux vaut réserver tôt dans ce petit hôtel.	22	●			
Outaouais : *Château Montebello* $$$$ 392, rue Notre-Dame, Montebello, QUE J0V 1L0. *(819) 423 6341, 1 800 257 7544.* FAX *(819) 423 5283.* *www.fairmont.com* Bâti pendant la Dépression, l'un des plus grands édifices en rondins au monde ; non loin de la rivière, avec golf, pistes équestres et courts de tennis.	211	●	■	●	■
Rouyn-Noranda : *Best Western Albert* $ 84, av. Principale, QUE J9X 4P2. *(819) 762 3545.* FAX *(819) 762 7157.* Rénové en 1997, cet hôtel désuet du centre-ville, aux grandes chambres confortables, a gardé certains éléments d'origine.	51	●			
Trois-Rivières : *Delta Trois-Rivières* $ 1620, rue Notre-Dame, QUE G9A 6E5. *(819) 376 1991, 1 877 814 7706.* FAX *(819) 372 5975.* *www.deltahotels.com* Un hôtel récent à deux pas du vieux quartier de Trois-Rivières et du Saint-Laurent.	159	●	■		■
Vallée du Richelieu : *Hostellerie Les Trois Tilleuls* $$$ 290, rue Richelieu, Saint-Marc-sur-Richelieu, QUE J0L 2E0. *(514) 856 7787, 1 800 263 2230.* *www.lestroistilleuls.com* Un hôtel Relais & Châteaux, à une heure en voiture de Montréal. Chambres avec balcon donnant sur la rivière Richelieu.	41	●		●	■
Toronto					
Aéroport : *Regal Constellation Hotel* $$ 900 Dixon Rd, ONT M9W 1J7. *(416) 675 1500.* FAX *(416) 675 4611.* *www.regal-hotels.com* Ce plaisant hôtel de chaîne, proche de l'aéroport, s'enorgueillit d'un magnifique hall vitré sur sept niveaux.	710	●			■
Aéroport : *Delta Toronto Airport Hotel* $$$ 801 Dixon Rd, ONT M9W 1J5. *(416) 675 6100, 1 877 814 7706.* FAX *(416) 675 4022.* *www.deltahotels.com* Hôtel moderne et bien tenu, offrant un accès facile à l'aéroport. Nombreuses tables au bord de la piscine.	250	●	■	●	■
Centre-ville : *Bond Place Hotel* $$ 65 Dundas St East, ONT M5B 2G8. *(416) 362 6061.* FAX *(416) 360-6406.* *www.bondplacehoteltoronto.com* À deux pas de l'Eaton Centre, cet hôtel simple est un fréquent point de chute des voyages organisés.	287	●			
Centre-ville : *Days Hotel & Conference Centre* $$ 30 Carlton St, ONT M5B 2E9. *(416) 977 6655.* FAX *(416) 977 0502.* Situé dans une tour au métro College ; prix compétitifs pour des chambres simples mais fonctionnelles.	538	●			■

CENTRE-VILLE : *Hotel Victoria* $$ 56 Yonge St, ONT M5E 1G5. *(416) 363 1666.* FAX *(416) 363 7327, 1 800 363 8228.* W *www.hotelvictoria-toronto.com* Hôtel de petite taille situé en plein cœur de la ville. Chambres agréables, quoique un peu exiguës. TV P	56				
CENTRE-VILLE : *Howard Johnson Yorkville* $$ 89 Avenue Rd, ONT M5R 2G3. *(416) 964 1220.* FAX *(416) 964 8692.* W *www.hojo.com* Hôtel modeste mais bien placé, à la périphérie de Yorkville. Les chambres, modernes, sont vastes et bien tenues. TV	71				
CENTRE-VILLE : *Delta Chelsea Inn* $$$ 33 Gerrard St W., ONT M5G 1Z4. *(416) 595 1975.* FAX *(416) 585 4302.* W *www.deltachelsea.com* Proche de l'Eaton Centre, c'est le plus grand hôtel de Toronto. Équipements de loisirs hors pair, chambres spacieuses et joliment meublées. 24 TV P	1591	●	■	●	■
CENTRE-VILLE : *Mariott Courtyard* $$$ 475 Yonge St, ONT M4Y 1WY. *(416) 924 0611.* FAX *(416) 924 8692.* W *www.marriott.com* Cet hôtel d'affaires convient parfaitement au voyageur de passage. TV P	575	●	■		■
CENTRE-VILLE : *Novotel Toronto Centre* $$$ 45 The Esplanade, ONT M5E 1W2. *(416) 367 8900.* FAX *(416) 360 8285.* W *www.novotel.com* Cet établissement stylé occupe un magnifique édifice Art déco rénové, proche d'Union Station. TV P	262	●			■
CENTRE-VILLE : *Quality Hotel Downtown* $$$ 111 Lombard St, ONT M5C 2T9. *(416) 367 5555.* FAX *(416) 367 3470.* Très propre et calme, cet hôtel sans prétention convient à merveille aux budgets un peu serrés. TV P	196				
CENTRE-VILLE : *Ramada Hotel and Suites* $$$ 300 Jarvis St, ONT M5B 2C5. *(416) 977 4823.* FAX *(416) 977 4830.* W *www.ramadahotelandsuites.com* Bien placé – dans une tour sur Jarvis Street, très animée –, à cinq minutes à pied à l'est de Yonge Street. TV P	102				■
CENTRE-VILLE : *Renaissance Toronto Hotel at SkyDome* $$$ 1 Blue Jay Way, ONT M5V 1J4. *(416) 341 7100.* FAX *(416) 341 5091.* W *www.renaissancehotels.com* Apprécié des amateurs de base-ball, cet hôtel ultramoderne fait partie du SkyDome *(p. 169)*. Certaines chambres donnent directement sur la pelouse. 24 TV P	348	●	■		■
CENTRE-VILLE : *Sutton Place Hotel* $$$ 955 Bay St, ONT M5S 2A2. *(416) 924 9221.* FAX *(416) 924 1778.* W *www.suttonplace.com* Hôtel branché attirant aussi bien les acteurs que les hommes politiques de passage ; chambres bien équipées. Le centre d'affaires est à deux pas. 24 TV P	294	●			■
CENTRE-VILLE : *Cambridge Suites Hotel* $$$$ 15 Richmond St E., ONT MSC 1N2. *(416) 368 1990.* FAX *(416) 601 3751.* W *www.cambridgesuitestoronto.com* Situé au cœur du quartier commerçant de Toronto, cet hôtel très spacieux ne possède que des suites composées chacune d'un séjour et d'un espace de travail high-tech. TV P	229	●	■		
CENTRE-VILLE : *Radisson Plaza Hotel Admiral* $$$$ 249 Queens Quay W., ONT M5J 2N5. *(416) 203 3333.* FAX *(416) 203 3100.* W *www.toronto.com/radissonadmiral* Hôtel prestigieux et ultramoderne, occupant un emplacement privilégié au bord du lac. Chambres élégantes et confortables. 24 TV P	157	●		●	■
CENTRE-VILLE : *Royal York* $$$$ 100 Front St W., ONT M5J 1E3. *(416) 368 2511, 1 800 257 7544.* FAX *(416) 368 9040.* W *www.fairmont.com* Lors de son achèvement, dans les années 1920, c'était le plus grand hôtel de l'Empire britannique. 24 TV P	1365	●	■		■
CENTRE-VILLE : *Sheraton Centre Toronto Hotel* $$$$ 123 Queen St W., ONT M5H 2M9. *(416) 361 1000.* FAX *(416) 947 4801.* W *www.sheratontoronto.com* Hôtel massif en plein centre de Toronto avec une piscine superbe. 24 TV P	1377	●	■		■
CENTRE-VILLE : *The Westin Harbour Castle* $$$$ 1 Harbour Square, ONT M5J 1A6. *(416) 869 1600.* FAX *(416) 361 7448.* W *www.westin.com* Hôtel de prestige au bord du lac Ontario, sur lequel donnent de nombreuses chambres, surmonté d'un restaurant tournant. 24 TV P	980	●	■	●	■

Légende des symboles, voir rabat de couverture

Catégories de prix pour une nuit en chambre double, petit déjeuner (quand inclus), taxes et service compris.
- $ moins de 100 $Can
- $$ de 100 à 150 $Can
- $$$ de 150 à 200 $Can
- $$$$ de 200 à 250 $Can
- $$$$$ plus de 250 $Can

Restaurant
Restaurant ou salle à manger de l'hôtel accessible aux non-résidents, sauf mention contraire.
Enfants bienvenus
Lits d'enfants disponibles et/ou possibilité de baby-sitting. Certains établissements proposent des menus enfants et des chaises hautes.
Jardin ou terrasse
Hôtel avec jardin, cour ou terrasse, où il est souvent possible de prendre les repas.
Piscine
Hôtel avec piscine couverte ou de plein air.

	Nombre de chambres	Restaurant	Enfants bienvenus	Jardin ou terrasse	Piscine
Centre-ville : *Four Seasons Hotel* $$$$$ 21 Avenue Rd, ONT M5R 2G1. *(416) 964 0411, 1 800 819 5063.* FAX *(416) 964 2301.* *www.fourseasons.com* Ce palace, situé dans les quartiers chic de Yorkville, au nord de Bloor Street, attire les célébrités de passage.	380	●	■	●	■
Centre-ville : *Hotel Intercontinental Toronto* $$$$$ 220 Bloor St W., ONT M5S 1T8. *(416) 960 5200.* FAX *(416) 960 8269.* *www.toronto.interconti.com* Au cœur de Yorkville, cet hôtel offre un très grand confort.	210	●	■		■
Centre-ville : *King Edward Hotel* $$$$$ 37 King St E., ONT M5C 1E9. *(416) 863 3131.* FAX *(416) 367 5515.* *www.lemeridien-hotels.com* Espaces d'accueil luxueux et chambres attrayantes pour cet hôtel élégant, dont les portiers sont les plus stylés de la ville.	294	●			
Centre-ville : *Toronto Marriott Eaton Centre* $$$$$ 525 Bay St, ONT M5G 2L2. *(416) 597 9200.* FAX *(416) 597 9211.* *www.marriott.com* Situé aux portes de l'Eaton Centre, c'est l'adresse idéale pour les inconditionnels du shopping.	459	●	■	●	■
York Nord : *Crowne Plaza Toronto Don Valley* $$$$ 1250 Eglinton Ave E., ONT M3C 1J3. *(416) 449 4111, 1 877 474 6835.* FAX *(416) 385 6700.* *www.cptdv.com* Hôtel plaisant, situé dans la Don River Valley, à deux pas de l'Ontario Science Centre. Les enfants bénéficient de repas gratuits et d'un hébergement à prix réduit.	298	●	■	●	■

Ottawa et l'est de l'Ontario

	Nombre de chambres	Restaurant	Enfants bienvenus	Jardin ou terrasse	Piscine
Brockville : *Royal Brock Hotel and Resort* $$ 100 Stewart Blvd, ONT K6V 4W3. *(613) 345 1400.* FAX *(613) 345 5402.* *www.hotelbook.com* L'un des meilleurs petits hôtels du Canada ; le restaurant, primé pour sa qualité, est tenu par un chef européen.	72	●			■
Haliburton : *Sir Sam's Inn* $$$ Eagle Lake, ONT K0M 1N0. *(705) 754 2188, 1 800 361 2188.* FAX *(705) 754 4262.* *www.sirsamsinn.com* Situé en pleine montagne, cet hôtel n'accueille pas les enfants. Le dîner est inclus dans le prix. *de mi-nov. à mi-déc., Pâques.*	25	●		●	■
Kingston : *Marine Museum of the Great Lakes at Kingston* $ 55 Ontario St, ONT K7L 2Y2. *(613) 542 2261.* FAX *(613) 542 0043.* *www.marmus.ca* Cabines de bateau simples et confortables. *d'oct. à avr.*	23				
Kingston : *Prince George Hotel* $$ 200 Ontario St, ONT K7L 2Y9. *(613) 547 9037.* FAX *(613) 547 0056.* *www.theprincegeorgehotel.com* À proximité de tous les centres d'intérêt, ancienne maison particulière de 1809 transformée en hôtel il y a plus de 150 ans.	28	●			
Kingston : *Hochelaga Inn* $$$ 24 Sydenham St, ONT K7L 3G9. *(613) 549 5534, 1 877 933 9433.* FAX *(613) 549 5534.* *www.hochelagainn.com* Au cœur du quartier historique, ce délicieux manoir victorien est l'endroit idéal pour se faire dorloter.	23				
Lacs Kawartha : *Eganridge Inn & Country Club* $$$ RR3 Fenelon Falls, ONT K0M 1N0. *(705) 738 5111, 1 888 452 5111* *www.eganridge.com* Cet ancien domaine du XVIII[e] siècle est aujourd'hui une élégante auberge au bord du lac Sturgeon, sur le Trent-Seven Waterway. *jan.*	23				
North Bay : *Pinewood Park Inn and Conference Centre* $$ 201 Pinewood Park Drive, ONT P1B 8J8. *(705) 472 0810.* FAX *(705) 472 4427, 1 800 461 9592.* *www.pinewoodparkinn.com* Ce motel bien tenu est situé à cinq minutes du Dionne Quints Museum *(p. 201)*.	102	●		●	■

OTTAWA : *Gasthaus Switzerland Bed & Breakfast Inn* $$ 89 Daly Ave, Ont K1N 6E6. *(613) 237 0335.* FAX *(613) 594 3327, 1 888 663 0000.* W *www.gasthausswitzerlandinn.com* Maison ancienne, à l'hospitalité suisse ; Rideau Street et Byward Market *(p. 194)* sont à deux rues de là, au nord.	22				
OTTAWA : *Lord Elgin Hotel* $$ 100 Elgin St , ONT K1P 5K8. *(613) 235 3333, 1 800 267 4298.* FAX *(613) 235 3223.* W *www.lordelginhotel.ca* Très bon rapport qualité-prix pour cet hôtel des années 1940, idéalement situé face au National Arts Centre. TV P	250				
OTTAWA : *Delta Inn* $$$ 361 Queen St, ONT K1R 7S9. *(613) 238 6000, 1 877 814 7066.* FAX *(613) 238 2290.* W *www.deltahotels.com* On l'apprécie pour ses grandes chambres modernes et sa cheminée dans l'entrée. TV P	328	●	■		■
OTTAWA : *Château Laurier Hotel* $$$$$ 1 Rideau St, ONT K1N 8S7. *(613) 241 1414, 1 800 257 7544.* FAX *(613) 562 7030.* W *www.fairmont.com* Célèbre établissement aux allures de château proche du Parlement, très fréquenté par les hommes politiques d'Ottawa. TV	428	●			■
PARC PROVINCIAL ALGONQUIN : *Arowhon Pines Hotel* $$$$ Par l'autoroute 60, parc provincial Algonquin, ONT P1H 2G5. *(1416) 483 4393 (en hiver).* FAX *(705) 633 5795.* W *www.arowhonpines.ca* Nourriture et service s'attirent ici des éloges dithyrambiques. Les prix comprennent trois repas par jour. *de nov. à avr.* TV P	50	●			

LES GRANDS LACS

BAYFIELD : *The Little Inn of Bayfield* $$$$$ Main St, ONT N0M 1G0. *(519) 565 2611, 1 800 565 1832.* FAX *(519) 565-5474.* W *www.littleinn.com* L'un des plus séduisants hôtels d'Ontario, dans un bâtiment du XIXe siècle en bois et brique, au bord du lac Huron. TV P	29	●	■	●	
MIDLAND : *Park Villa Motel* $ 751 Yonge St W., ONT L4R 2E1. *(705) 526 2219.* FAX *(705) 526 1346.* Les hébergements sont rares à Midland, mais ce motel passe-partout à 2 kilomètres du lac, aux chambres climatisées, est agréable. TV P	41				
NIAGARA FALLS : *Sheraton on the Falls* $$$ 5875 Falls Ave, ONT L2E 6W7. *(905) 374 4444.* FAX *(905) 371 0157.* W *www.niagarafallshotels.com* L'un des plus anciens hôtels du secteur, situé au pied de Clifton Hill ; établissement plaisant, dont les derniers étages offrent une vue spectaculaire sur les chutes. TV P	670	●			■
NIAGARA FALLS : *Oakes Hotel Overlooking the Falls* $$$$ 6546 Fallsview Blvd, ONT L2G 3W2. *(905) 356-4514.* FAX *(905) 356-3651.* W *www.niagarahospitalityhotels.com* Hôtel très soigné dans une tour moderne, gaie et animée, avec de superbes vues sur les chutes. TV P	241	●			■
NIAGARA FALLS : *Quality Inn Fallsway* $$$$ 4946 Clifton Hill, ONT L2E 6S8. *(905) 358 3601 ou 1 800 263 7137.* FAX *(905) 358-3818.* W *www.fallsresort.com* Chambres spacieuses dans cet établissement moderne aux allures de motel. On entend les chutes depuis l'hôtel. TV P	274	●			■
NIAGARA FALLS : *Sheraton Fallsview Hotel* $$$$$ 6755 Oakes Drive, ONT L2G 3W7. *(905) 374 1077.* FAX *(905) 374 6224.* W *www.fallsview.com* @ *sheraton@fallsview.com* Luxueux hôtel avec vue panoramique sur les chutes. Le restaurant est l'un des meilleurs de la ville. TV P	407	●	■	●	■
NIAGARA-ON-THE-LAKE : *Globetrotters Bed and Breakfast* $$ 642 Simcoe St, ONT L0S 1J0. *(905) 468 4021, 1 866 835 4416.* FAX *(905) 468 2382.* W *www.globetrottersbb.ca* Charmant *bed-and-breakfast* qui propose des chambres aux noms évocateurs tels que Moulin Rouge ou Tente du sultan. P	3			●	
NIAGARA-ON-THE-LAKE : *Prince of Wales Hotel* $$$$$ 6 Picton St, ONT L0S 1J0. *(905) 468 3246.* FAX *(905) 468 5521.* W *www.vintageinns.com* En plein centre, cet hôtel occupe un bâtiment ancien rénové avec goût. Belle décoration des chambres. TV P	108	●			■
SAULT-SAINTE-MARIE : *Quality Inn Bay Front* $$ 180 Bay St, P6A 6S2. *(705) 945 9264.* FAX *(705) 945 9766, 1 800 228 5151.* W *www.qualityinnssm.com* Hôtel sans prétention, bien placé dans le centre, à proximité de plusieurs bons restaurants et des principaux sites touristiques. TV P	110		■		■

Légende des symboles, voir rabat de couverture

Catégories de prix pour une nuit en chambre double, petit déjeuner (quand inclus), taxes et service compris.
$ moins de 100 $Can
$$ de 100 à 150 $Can
$$$ de 150 à 200 $Can
$$$$ de 200 à 250 $Can
$$$$$ plus de 250 $Can

RESTAURANT
Restaurant ou salle à manger de l'hôtel accessible aux non-résidents, sauf mention contraire.
ENFANTS BIENVENUS
Lits d'enfants disponibles et/ou possibilité de baby-sitting. Certains établissements proposent des menus enfants et des chaises hautes.
JARDIN OU TERRASSE
Hôtel avec jardin, cour ou terrasse, où il est souvent possible de prendre les repas.
PISCINE
Hôtel avec piscine couverte ou de plein air.

	NOMBRE DE CHAMBRES	RESTAURANT	ENFANTS BIENVENUS	JARDIN OU TERRASSE	PISCINE
SAULT-SAINTE-MARIE : *Holiday Inn Sault Ste. Marie Waterfront* $$$ 208 St Mary's River Drive, ONT P6A 5V4. *(705) 949 0611.* FAX *(705) 945 6972.* W *www.ichotelsgroup.com* Ce Holiday Inn, gai et animé, est à distance commode des principales attractions ; chambres modernes. TV P	195	●	■	●	■
THUNDER BAY : *Travelodge Airlane Hotel* $$ 698 W Arthur St, ONT P7E 5R8. *(807) 577 1181.* FAX *(807) 475 4852.* W *www.travelodgeairlane.com* Chambres claires et gaies. Récent et bien tenu, l'hôtel est proche d'Old Fort William *(p. 223)*, principale attraction touristique de la ville. TV P	154	●			■
TOBERMORY : *Blue Bay Motel* $ Bay St, Little Tub, ONT N0H 2R0. *(519) 596 2392.* FAX *(519) 596 2335.* W *www.bluebay-motel.com* Petit village de pêcheurs, Tobermory permet d'interrompre agréablement une longue étape ; chambres simples. TV P	16				
LES PRAIRIES					
DRUMHELLER : *Newcastle Country Inn* $ 1130 Newcastle Trail, AB T0J 0Y2. *(403) 823 8356.* FAX *(403) 823 2373.* W *www.virtuallydrumheller.com/ncil/* Établissement trois étoiles à proximité du centre-ville ; le prix de la chambre inclut un délicieux petit déjeuner.	11				
EDMONTON : *Glenora Bed & Breakfast* $$ 12327-102 Ave, AB T5N 0L8. *(780) 488 6766, 1 877 453 6672.* FAX *(780) 488 5168.* W *www.glenorabnb.com\index.html* Décor personnalisé dans les chambres meublées à l'ancienne. Proche du centre et de Victoria Promenade. TV	25	●			
EDMONTON : *Fantasyland Hotel* $$$ 17700-87th Ave, West Edmonton Mall, AB T5T 4V4. *(780) 444 3000, 1 800 RESERVE.* FAX *(780) 444 3294.* W *www.fantasylandhotel.com* Confort classique pour les chambres ordinaires ; celles à thème (Afrique, Hollywood, Igloo) disposent de jacuzzi. 24 TV P	355	●			
EDMONTON : *Union Bank Inn* $$$ 10053 Jasper Ave, AB T5J 1S5. *(780) 423 3600.* FAX *(780) 423 4623.* W *www.unionbankinn.com* En plein centre. Petit déjeuner et apéritif du soir compris dans le prix. Le restaurant est l'un des meilleurs du Canada. TV	34	●			
FORT QU'APPELLE : *Company House Bed & Breakfast* $ Près de l'hôtel de ville, Company Ave, SASK S0G 1S0. *(306) 332 6333.* FAX *(306) 332 6333.* Charmant édifice du début du siècle, avec salon pour la clientèle, deux cheminées et salles de bains communes.	3				
LETHBRIDGE : *Best Western Heidelberg Inn* $$ 1303 Mayor Magrath Drive, AB T1K 2R1. *(403) 329 0555.* FAX *(403) 328 8846.* Près du jardin japonais Nikka Yuko ; chambres décorées avec goût, service de blanchisserie et sauna. TV P	66	●			
MOOSE JAW : *Temple Gardens Mineral Spa Hotel* $$ 24 Fairford St East, SASK S6H 0C7. *(306) 694 5055.* FAX *(306) 694 8310.* W *www.templegardens.sk.com* Situé près des « Tunnels of Little Chicago », l'hôtel est relié à un centre thermal. TV P	181	●			■
PARC NATIONAL DE RIDING MOUNTAIN : *Clear Lake Lodge* $ Wasagaming, MAN R0J 2H0. *(204) 848 2345.* FAX *(204) 848 2209.* W *www.clearlodge.com* Le salon confortable a une cheminée et chacun dispose de son propre réfrigérateur dans la cuisine collective. *de nov. à avr.* P	16			●	■
REGINA : *Fieldstone Inn* $$ Près de Craven, PO Box 26038, SASK S4R 8R7. *(306) 731 2377.* FAX *(306) 731 2369.* W *www.sasktourism.com/fieldstone* Dans la Qu'Appelle Valley, cette ferme propose de nombreux sports nautiques. Transfert possible depuis Regina. 24 P	6	●	■	●	■

REGINA : *Radisson Hotel Saskatchewan Plaza* $$$$ 2125 Victoria Ave, SASK S4P 0S3. *(306) 522 7691.* FAX *(306) 522 8988.* W *www.hotelsask.com* Hôtel de luxe, bien équipé ; navette depuis l'aéroport. Bien situé pour les magasins du centre-ville.	224	●			
SASKATOON : *Delta Bessborough Hotel* $$ 601 Spadina Crescent East, SASK S7K 3G8. *(306) 244 5521, 1 877 814 7706.* FAX *(306) 645 7262.* W *www.deltahotels.com* L'hôtel donne sur la pittoresque South Saskatchewan. Populaire restaurant japonais.	225	●			■
WINNIPEG : *Fraser's Grove* $ 110 Mossdale Ave, MAN R2K 0H5. *(204) 661 0971.* W *www.bedandbreakfast.mb.ca/frasersgrove* Hôtel confortable et récent dans un quartier calme, près de la rivière, des golfs, du centre et des plages du lac Winnipeg.	3				
WINNIPEG : *Delta Winnipeg Downtown* $$$ 350 St. Mary Ave, MAN R3C 3J2. *(204) 942 0551, 1 877 814 7706.* FAX *(204) 943 8702.* W *www.deltahotels.com* Proche des grands magasins, un hôtel confortable avec salle de billard et restaurant.	392	●			■
WINNIPEG : *Fairmont Winnipeg* $$$ 2 Lombard Place, MAN R3B 0Y3. *(204) 957 1350.* FAX *(204) 949 1486.* W *www.fairmont.com* En plein quartier des affaires, c'est l'hôtel le plus réputé de la ville. Port modem, Nintendo et vidéo dans les chambres.	340	●	■		■
VANCOUVER ET L'ÎLE DE VANCOUVER					
MALAHAT : *The Aerie* $$$$$ 600 Ebadora Lane, BC V0R 2L0. *(250) 743 7115, 1 800 518 1933.* FAX *(250) 743 4766.* W *www.aerie.bc.ca* Élégante auberge avec terrasse, à flanc de coteau, offrant l'un des points de vue les plus incroyables de l'île. Chambres équipées de jacuzzi ; bassins et fontaines dans les jardins.	29	●		●	■
PORT ALBERNI : *Eagle Nook Resort* $$$$ Box 575, Port Alberni, BC V9Y 7M9. *(250) 728 2370, 1 800 760 2777.* FAX *(250) 728 2376.* W *www.eaglenook.com* Complexe accessible uniquement par bateau-taxi ou hydravion.	23	●		●	
SOOKE : *Sooke Harbour House* $$$$$ 1528 Whiffen Spit Rd, BC V0S 1N0. *(250) 642 3421.* FAX *(250) 642 6988.* W *www.sookeharbourhouse.com* Retraite idéale, cette auberge perchée sur un promontoire n'est qu'à 9 mètres de la mer et 35 kilomètres de Victoria.	28	●		●	
SURREY : *Aston Pacific Inn* $$ 1160 King George Hwy, BC V4A 4Z2. *(604) 535 1432.* FAX *(604) 531 6979.* W *www.pacificinn.com* Cet hôtel de style mexicain dispose de chambres donnant sur une cour couverte, avec piscine au centre.	150	●		●	■
TOFINO : *Clayoquot Wilderness Resort* $$$$ Par Osprey Lane, Chesterman's Beach, BC V0R 2Z0. *(250) 726 8235, 1 888 333 5405.* FAX *(250) 726 8558.* W *www.wildretreat.com* Auberge flottante, en pleine nature ; un paradis pour les adeptes du tourisme vert. Parmi les activités proposées : équitation, randonnée, observation des baleines.	16	●			
TOFINO : *Middle Beach Lodge* $$$$ 400 Mackenzie Beach Rd, BC V0R 2Z0. *(250) 725 2900.* FAX *(250) 725 2901.* W *www.middlebeach.com* Deux pavillons rustiques sur un domaine retiré de 16 hectares, en bordure de mer, avec plage privée. L'un est destiné aux familles avec de jeunes enfants, l'autre réservé aux adultes.	68		■	●	
TOFINO : *Wickaninnish Inn* $$$$$ Par Osprey Lane, Chesterman's Beach. Box 250, BC V0R 2Z0. *(250) 725 3100, 1 800 333 4604.* FAX *(250) 725 3110.* W *www.wickinn.com* Un hôtel de luxe à 3 miles au nord de Tofino par bateau. Chambres avec jacuzzi, cheminée et vue sur l'océan.	46	●		●	
VANCOUVER : *Best Western Sands Hotel* $$$ 1755 Davie St., BC V6G 1W5. *(604) 682 1831, 1 800 663 9400.* FAX *(604) 682 3546.* W *www.rpbhotels.com* Proche d'English Bay et Stanley Park. Avec ses boutiques et ses bistros, Davie Street est un paradis pour piétons.	119	●			
VANCOUVER : *Days Inn Downtown* $$$ 921 W Pender St, BC V6C 1M2. *(604) 681 4335.* FAX *(604) 681 7808.* W *www.daysinnvancouver.com* Hôtel à l'européenne proposant un tarif hors saison et un forfait pour le centre sportif de la YWCA, tout proche.	85	●			

Légende des symboles, voir rabat de couverture

Catégories de prix pour une nuit en chambre double, petit déjeuner (quand inclus), taxes et service compris.

- $ moins de 100 $Can
- $$ de 100 à 150 $Can
- $$$ de 150 à 200 $Can
- $$$$ de 200 à 250 $Can
- $$$$$ plus de 250 $Can

RESTAURANT
Restaurant ou salle à manger de l'hôtel accessible aux non-résidents, sauf mention contraire.

ENFANTS BIENVENUS
Lits d'enfants disponibles et/ou possibilité de baby-sitting. Certains établissements proposent des menus enfants et des chaises hautes.

JARDIN OU TERRASSE
Hôtel avec jardin, cour ou terrasse, où il est souvent possible de prendre les repas.

PISCINE
Hôtel avec piscine couverte ou de plein air.

	Nombre de chambres	Restaurant	Enfants bienvenus	Jardin ou terrasse	Piscine
VANCOUVER : *Georgian Court Hotel* $$$ 773 Beatty St, BC V6B 2M4. *(604) 682 5555.* FAX *(604) 682 8830.* W *www.georgiancourt.com* Petit hôtel intime, à l'européenne, doté de l'un des meilleurs restaurants de la ville, et proche des quartiers animés.	180	●			
VANCOUVER : *Quality Hotel Downtown* $$$ 1335 Howe St, BC V6Z 1R7. *(604) 682 0229, 1 800 663 8474.* FAX *(604) 662 7566.* W *www.qualityhotelvancouver.ca* Proche de tout, cet hôtel « boutique » a récemment été désigné « Hôtel de l'année » par Choice Hotels.	157	●		●	■
VANCOUVER : *Delta Vancouver Suite Hotel* $$$$$ 550 West Hastings St, BC V6B 1L6. *(604) 689 8188, 1 877 814 7706.* FAX *(604) 605 8881.* W *www.deltahotels.com* Décor d'esprit scandinave pour cet hôtel du centre-ville aux lignes contemporaines.	226	●			■
VANCOUVER : *Four Seasons* $$$$$ 791 West Georgia St, BC V6C 2T4. *(604) 689 9333.* FAX *(604) 684 4555.* W *www.fourseasons.com/vancouver* Au centre du quartier des affaires, proche des magasins du Pacific Centre, un hôtel classé cinq étoiles depuis 24 ans. On y trouve aussi le restaurant Chartwell.	376	●	■		■
VANCOUVER : *Hotel Vancouver* $$$$$ 900 West Georgia St, BC V6C 2W6. *(604) 684 3131, 1 800 257 7544.* FAX *(604) 662 1929.* W *www.fairmont.com* Véritable institution au cœur de la ville, cet hôtel au toit de cuivre vert propose un service de luxe depuis 1939.	556	●	■		■
VANCOUVER : *Hyatt Regency Vancouver* $$$$$ 655 Burrard St, BC V6C 2R7. *(604) 683 1234.* FAX *(604) 689 3707.* W *www.hyatt.com* Hôtel de congrès haut de gamme, proche des boutiques et des curiosités touristiques ; clientèle internationale et d'hommes d'affaires.	644	●		●	■
VANCOUVER : *Metropolitan Hotel Vancouver* $$$$$ 645 Howe St, BC V6C 2Y9. *(604) 687 1122.* FAX *(604) 602 7846.* W *www.metropolitan.com* Réputé pour son atmosphère intimiste, le Metropolitan est l'un des 107 membres au monde du réseau « Preferred Hotels & Resorts ».	197	●	■		■
VANCOUVER : *Pan Pacific Hotel Vancouver* $$$$$ 999 Canada Place, BC V6C 3B5. *(604) 662 8111.* FAX *(604) 685 8690.* W *www.panpac.com* Au bord de l'eau, près de Canada Place, hôtel attirant une clientèle internationale d'hommes d'affaires.	506	●	■	●	■
VANCOUVER : *Sutton Place Hotel* $$$$$ 845 Burrard St., BC V6Z 2K6. *(604) 682 5511.* FAX *(604) 682 5513.* W *www.suttonplace.com* Édifice imposant situé en plein centre, conçu pour les touristes comme pour les hommes d'affaires. Chambres luxueuses et restaurant excellent.	397	●	■		■
VANCOUVER : *Waterfront Hotel* $$$$$ 900 Canada Place Way, BC V6C 3L5. *(604) 691 1991, 1 800 257 7544.* FAX *(604) 691 1828.* W *www.fairmont.com* Hôtel contemporain de verre et d'acier, face au World Trade Centre. Équipements haut de gamme.	489	●		●	■
VANCOUVER NORD : *Thistledown House* $$$ 3910 Capilano Rd, BC V7R 4J2. *(604) 986 7173, 1 888 633 7173.* FAX *(604) 980 2939.* W *www.thistle-down.com* Bâtiment historique de 1920. Mobilier ancien dans les chambres, venu des quatre coins du monde.	5			●	
VICTORIA : *Days Inn* $$$ 123 Gorge Rd. East, BC V9A 1L1. *(250) 386 1422.* FAX *(250) 386 1254.* W *www.daysinn.com* Cette auberge est à cinq minutes en voiture du centre-ville. Les chambres sont confortables et paisibles.	94	●			■

VICTORIA : *Abigail's Hotel* $$$$$ 906 McClure St, BC V8V 3E7. *(250) 388 5363, 1 866 347 5054.* FAX *(250) 388 7787.* W *www.abigailshotel.com* Petit hôtel de style Tudor, des années 1930. Chambres aux meubles anciens, et feu de bois dans la bibliothèque.	23			●	
VICTORIA : *Empress Hotel* $$$$$ 721 Government St, BC V8W 1W5. *(250) 384 8111, 1 800 257 7544.* FAX *(250) 381 4334.* W *www.fairmont.com* Édifice majestueux de 1908 donnant sur le port, près du Parlement.	476	●	■	●	■
VICTORIA : *Humboldt House Bed & Breakfast* $$$$$ 867 Humboldt St, BC V8V 2Z6. *(250) 383 0152, 1 888 383 0327.* FAX *(250) 383 6402.* W *www.humboldthouse.com* Une retraite romantique. Succulents petits déjeuners servis dans les chambres avec jacuzzi et cheminée.	6				
VICTORIA : *Ocean Pointe Resort* $$$$$ 45 Songhees Rd, BC V9A 6T3. *(250) 360 2999, 1 877 814 7706.* FAX *(250) 360 5856.* W *www.orphotel.com* Sur le port intérieur, cet hôtel n'est séparé de l'eau que par la promenade en planches. Thermes et centre d'affaires de classe internationale sur place.	246	●		●	■
LES ROCHEUSES					
BANFF : *Rundlestone Lodge* $$$$ 537 Banff Ave, AB T0L 0C0. *(403) 762 2201.* FAX *(403) 762 4501.* W *www.rundlestone.com* Jacuzzi et cheminée dans certaines chambres de ce pavillon rénové en 1997 ; très bonne cuisine.	95	●			■
BANFF : *Banff Springs Hotel* $$$$$ 405 Spray Ave, AB T0L 0C0. *(403) 762 2211, 1 800 257 7544.* FAX *(403) 762 5755.* W *www.fairmont.com* Une institution, avec cheminées, courts de tennis, piscine, patinoire, golf, bain turc, boutiques et restaurants.	770	●	■	●	■
CALGARY : *Elbow River Inn* $$ 1919 Macleod Trail, AB T2G 4S1. *(403) 269 6771.* FAX *(403) 237 5181.* W *www.elbowrivercasino.com* Cette immense propriété est le seul hôtel-casino de l'Alberta ; chambres pour non-fumeurs.	75	●		●	
CALGARY : *Quality Inn Motel Village* $$ 2359 Banff Trail, AB T2M 4L2. *(403) 289 1973.* FAX *(403) 282 1241.* W *www.qualityinnmotelvillage.com.* Complexe récemment rénové ; restaurant au bord de la piscine, billards américains et fléchettes au pub.	105	●			■
CANMORE : *Quality Resort Château Canmore* $$$ 1720 Bow Valley Trail, AB T1W 1P7. *(403) 678 6699.* FAX *(403) 678 6954.* W *www.chateaucanmore.com* Château Canmore consiste en chalets et suites avec cheminée et micro-ondes.	93	●	■	●	■
CRANBROOK : *Kootenay Country Comfort Inn* $ 1111 Cranbrook St North, BC V1C 3S4. *(250) 426 2296, 1 800 862 2823.* FAX *(250) 426 3533.* W *www.country-comfort.com* Auberge très prisée des amateurs de pêche à la truite fréquentant le lac Premier, tout proche.	36				
FIELD : *Emerald Lake Lodge* $$$$$ PO Box 10, BC V0A 1G0. *(800) 663 6336.* FAX *(403) 410 7406.* W *www.emeraldlakelodge.com* Situé dans la parc national de Yoho *(p. 302-303)*, ce bastion isolé convient à ceux qui désirent découvrir les sauvages étendues canadiennes. C'est une accueillante et charmante retraite.	109	●	■		
FORT NELSON : *The Blue Bell Inn* $ 3907 50th Ave South, BC V0C 1R0. *(250) 774 6961.* FAX *(250) 774 6983.* W *www.bluebellinn.ca* Motel récent, animé, bien situé, avec sur place une épicerie ouverte 24 h sur 24, une laverie automatique et une station-service.	57	●			
LAC LOUISE : *Lake Louise Inn* $$$ 210 Village Rd, AB T0L 1E0. *(403) 522 3791.* FAX *(403) 522 2018.* W *www.lakelouise.com* À cinq minutes des pistes de ski et du lac Louise, hôtel rénové proposant des chambres simples ou haut de gamme.	232	●			■
LAC LOUISE : *Château Lake Louise* $$$$$ 111 Lake Louise Drive, AB T0L 1E0. *(403) 522 3511, 1 800 257 7544.* FAX *(403) 522 3834.* W *www.fairmont.com* Avec son élégance surannée, le Château accueille les aventuriers depuis 1890. On peut dîner et faire des achats sur place.	555	●	■	●	■

Légende des symboles, voir rabat de couverture

Catégories de prix pour une nuit en chambre double, petit déjeuner (quand inclus), taxes et service compris.

- $ moins de 100 $Can
- $$ de 100 à 150 $Can
- $$$ de 150 à 200 $Can
- $$$$ de 200 à 250 $Can
- $$$$$ plus de 250 $Can

RESTAURANT
Restaurant ou salle à manger de l'hôtel accessible aux non-résidents, sauf mention contraire.

ENFANTS BIENVENUS
Lits d'enfants disponibles et/ou possibilité de baby-sitting. Certains établissements proposent des menus enfants et des chaises hautes.

JARDIN OU TERRASSE
Hôtel avec jardin, cour ou terrasse, où il est souvent possible de prendre les repas.

PISCINE
Hôtel avec piscine couverte ou de plein air.

	NOMBRE DE CHAMBRES	RESTAURANT	ENFANTS BIENVENUS	JARDIN OU TERRASSE	PISCINE
LAC LOUISE : *Simpson's Num-Ti-Jah Lodge* $$$$$ Mile 22, Bow Lake Icefield Parkway, AB T0L 1E0. *(403) 522 2167.* FAX *(403) 522 2425.* W *www.num-ti-jah.com* Cabane en rondins historique, bâtie en 1937 sur la rive du lac Bow par le guide légendaire Jimmy Simpson. Exellent restaurant. P	25	●			
PRINCE GEORGE : *Economy Inn* $ 1915 3rd Ave, BC V2M 1G6. *(250) 563-7106.* FAX *(250) 561 7216.* W *www.economyinn.ca* Adresse très calme et bien située dans le centre. Chambres fumeurs ou non-fumeurs au choix. 24 TV P	30		■		■
RADIUM HOT SPRINGS : *The Springs at Radium Golf Resort* $$ 8100 Radium Golf Course Rd, Hwy 93/95, BC V0A 1M0. *(250) 347 9311, 1 800 667 6444.* FAX *(250) 347 6299.* W *www.radiumresort.com* Hôtel « boutique » sur trois niveaux, et vue sur la montagne ; les chambres donnent sur un des deux golfs. TV P	118	●		●	■
WATERTON LAKES : *Prince of Wales Hotel* $$$$ Parc national des Waterton Lakes, AB T0K 2M0. *(406) 892 2525.* FAX *(406) 892 1375.* W *www.glacierpark.com* Cet hôtel historique cadre bien avec la grandeur des Rocheuses. *d'oct. à avr.* P	37	●	■	●	
LE SUD ET LE NORD (COLOMBIE-BRITANNIQUE)					
BARKERVILLE : *Kelly House* $ 2nd St, BC V0K 1B0. *(250) 994 3328.* FAX *(250) 994 3312.* W *www.kellyhouse.ca* Chambres dans deux édifices classés. Parmi ses atouts : de délicieux petits déjeuners et la musique émanant du théâtre voisin. 24	6				
HOPE : *Manning Park Resort* $$ Parc provincial de Manning, BC V0X 1L0. *(250) 840 8822, 1 800 330 3321.* FAX *(250) 840 8848.* W *www.manningparkresort.com* Complexe accueillant familles et groupes et offrant pavillons, chalets et chambres. TV P	73	●	■		
KAMLOOPS : *Comfort Inn* $$ 1810 Rogers Place, BC V1S 1T7. *(250) 372 0987, 1 888 556 3111.* FAX *(250) 372 0967.* W *www.comfort.kamloops.com* Chambres spacieuses sur trois niveaux. Le toboggan aquatique fera le bonheur des enfants. TV P	128		■		■
KELOWNA : *Lake Okanagan Resort* $$$$$ 2751 Westside Rd, BC V1Z 3T1. *(250) 769 3511, 1 800 663 3273.* FAX *(250) 769 6665.* W *www.lakeokanagan.com* Cheval, golf, tennis et animations pour les enfants en été dans ce complexe familial en bordure de plage. TV P	134	●	■	●	■
PENTICTON : *Penticton Lakeside Resort* $$ 21 Lakeshore Drive West, BC V2A 7M5. *(250) 493 8221.* FAX *(250) 493 0607.* W *www.rpbhotels.com* Complexe récent sur le lac Okanagan. Plage privée, ponton, jet-ski et parachute ascensionnel sont appréciés des familles. 24 TV P	204	●	■	●	■
PRINCE RUPERT : *Prince Rupert Crest Hotel* $$ 222 W. 1st Ave, BC V8J 1A8. *(250) 624 6771, 1 800 663 8150.* FAX *(250) 627 7666.* W *www.cresthotel.bc.ca* L'unique hôtel quatre étoiles du Nord, jouissant d'une vue imprenable sur le port et situé à deux pas de Cow Bay. 24 TV P	102	●		●	
QUESNEL : *Becker's Lodge* $$ Parc provincial de Bowron Lake, 342 Kinchant St., BC V2J 2R4. *(250) 992 8864, 1 800 808 4761.* FAX *(250) 992 8893.* W *www.beckerslodge.ca* Campings, cabanes en rondins et repas simples. Canoës en location pour le circuit dans le parc *(p. 318)*. *d'oct. à déc.* P	10	●	■		
WELLS : *White Cap Motor Inn & RV Park* $ Ski Hill Rd, BC V0K 2R0. *(250) 994 3489, 1 800 377 2028.* FAX *(250) 994 3426.* W *www.whitecapinn.com* Suites avec kitchenette, aire de jeu, et terrain pour camping-cars. TV P	34		■	●	

WHISTLER : *Holiday Inn SunSpree Resort* $$$ 4295 Blackcomb Way, BC V0N 1V4. *(604) 938 0878, 1 800 229 3188.* FAX *(604) 938 9943.* W *www.whistlerhi.com* Au cœur de Whistler, cet hôtel propose des chambres avec bains à remous, kitchenette et cheminée. TV P	114				
WHISTLER : *Château Whistler* $$$$$ 4599 Château Boulevard, BC V0N 1V4. *(604) 938 8000, 1 800 257 7544.* FAX *(604) 938 2099.* W *www.fairmont.com* Au pied de Blackcomb Mountain, un hôtel aux chambres avec cheminée, jacuzzi et portier automatique. 24 TV P	556	●	■	●	■
WHISTLER : *Delta Whistler Resort* $$$$$ 4050 Whistler Way, BC V0N 1B4. *(604) 932 1982, 1 888 778 5050.* FAX *(604) 932 7332.* W *www.deltahotels.com* Prestations de luxe pour cet hôtel proche du téléphérique de Whistler et Blackcomb et d'un golf. 24 TV P	288	●		●	■
WHISTLER : *Pan Pacific Lodge Whistler* $$$$$ 4320 Sundial Crescent, BC V0N 1B4. *(604) 905 2999.* FAX *(604) 905 2995.* W *www.panpacific.com* Établissement de luxe avec de grandes baies vitrées. Vue spectaculaire sur les montagnes depuis la piscine de plein air. TV P	121	●			■
LE NORD DU CANADA					
DAWSON CITY : *Midnight Sun Hotel* $$ 3rd Avenue and Queen St, YT Y0B 1G0. *(867) 993 5495.* FAX *(867) 993 6425.* W *www.midnightsunhotel.com* Sur les lieux de la ruée vers l'or ! Séduisant patio et, à l'arrière, pavillons donnant sur le casino. TV P	44	●			
FORT PROVIDENCE : *Snowshoe Inn* $$ 1 Mackenzie St, NT X0E 0L0. *(867) 699 3511.* FAX *(867) 699 4300.* W *www.ssimicro.com/snowshoe* Kitchenettes et télévision par satellite contribuent au charme de cette auberge à l'ancienne. TV P	35	●			
FORT SIMPSON : *Nahanni Inn* $ Main St, Fort Simpson, X0E 0N0. *(867) 695 2201.* FAX *(867) 695 3000.* Central, cet hôtel offre des suites, des logements indépendants et un bar. Il est aussi connu pour ses bons petits plats. TV P	34	●	●		
HAINES JUNCTION : *Kluane Park Inn* $ Mile 1016, Alaska Highway. *(867) 634 2261.* FAX *(867) 634 2273.* Emplacement le plus pittoresque de la région ; spectaculaire paysage arctique depuis la terrasse, qui sert aux barbecues l'été. TV P	20				
HAY RIVER : *Caribou Motor Inn* $ 912 Mackenzie Highway, NT X0E 0R8. *(867) 874 6706.* FAX *(867) 874 6704.* Luxueux bains à remous ou saunas dans plusieurs chambres. TV P	29		■		
INUVIK : *McKenzie Hotel* $$$ 185 MacKenzie Rd, X0E 0T0. *(867) 777 2861.* FAX *(867) 777 3317.* W *www.inuvikhotels.com* @ *mac@permafrost.com* Personnel sympathique et attentif, ambiance détendue et chambres confortables en font un endroit très couru. 24 TV P	32	●			
TERRE VICTORIA : *Arctic Islands Lodge* $$$$$ 26 Omingnak St, Cambridge Bay, NT X0E 0C0. *(867) 983 2345, 1 888 866 6784.* FAX *(204) 697 1880.* W *www.cambridgebayhotel.com* Excellent hôtel, réputé pour ses équipements sportifs. Chasse avec guide. TV P	25	●			
WHITEHORSE : *Best Western Gold Rush Inn* $$ 411 Main St, YT Y1A 2B6. *(867) 668 4500.* FAX *(867) 668 7432.* @ *goldrush@yknet.yk.ca* Hôtel accueillant avec de nombreux souvenirs de la ruée vers l'or. TV P	106	●			
WHITEHORSE : *High Country Inn* $$ 4051 4th Ave, YT Y1A IHI. *(867) 667 4471, 1 800 554 4471.* FAX *(867) 667 6457.* W *www.highcountryinn.yk.ca* L'un des hôtels les plus stylés et les plus confortables de la province ; piano à queue et feu de bois ajoutent au luxe. TV	100	●			
YELLOWKNIFE : *Discovery Inn* $$ 4701 Franklin Ave, X1A 2N6. *(867) 873 4151.* FAX *(867) 920 7948.* W *www.discoveryinn.ca* Les chambres ont un coin cuisine, mais un très bon restaurant, servant des boissons alcoolisées, ouvre aussi le soir. TV P	41	●			
YELLOWKNIFE : *Explorer Hotel* $$$ 4825 49th Ave, X1A 2R3. *(867) 873 3531, 1 800 661 0892.* FAX *(867) 873 2789.* W *www.explorerhotel.nt.ca* Cet hôtel haut de gamme possède deux restaurants : le Berkeley, plutôt familial, et le restaurant japonais Sakura. TV P	128	●	■		

Légende des symboles, voir rabat de couverture

Restaurants et cafés

La cuisine canadienne se distingue par ses spécialités régionales : bœuf de l'Alberta, laquaiche aux yeux d'or du Manitoba, saumon de Colombie-Britannique, homard de Nouvelle-Écosse, tartes et pâtisseries du Québec.

Coquillages au menu, sur la côte atlantique

Le gibier, notamment le lièvre, le caribou ou le bison, autrefois base de l'alimentation des Amérindiens, est désormais un mets de choix dans les restaurants. La gastronomie française est toujours à l'honneur dans la plupart des villes importantes, surtout dans les grands hôtels. Mais le Canada est un pays d'immigrants, et des établissements allemands, grecs, chinois, thaïlandais, africains, italiens, etc. y ont ouvert, offrant un large éventail de saveurs et de prix.

Chaque région a ses spécialités, mais les produits locaux, entre autres les bières et les vins canadiens *(p. 363)*, sont proposés également dans la plupart des grandes villes.

Les restaurants des pages 364 à 379 ont été sélectionnés en fonction de leur variété, leur accueil et leur rapport qualité-prix.

Le luxe de Zoë's, au Château Laurier Hotel d'Ottawa *(p. 373)*

Types de restaurants

Au Canada, les prix sont étonnamment peu élevés, surtout comparés à l'Europe et au reste de l'Amérique du Nord. Pourquoi ne pas s'offrir un restaurant servant une cuisine haut de gamme, souvent à base de produits locaux ?

Les lieux de restauration sont très variés : salons de thé, bistros, brasseries et bars des théâtres rivalisent avec les cafés, restaurants et fast-foods. De nombreux pubs proposent aussi d'excellents en-cas pas très chers. Plus inhabituel, mais à essayer : le repas de homard typiquement canadien. L'île du Prince-Édouard en organise tout l'été, généralement près des églises, rassemblant autour de tables en bois de joyeux groupes de pêcheurs du lieu. Autre expérience unique, privée cette fois : le dîner inuit. Dans le Grand Nord, vous aurez peut-être la chance d'être invité par une famille inuit. Parmi les plats traditionnels, vous pourrez goûter au caribou séché avec sauce aux baies, ou au poisson de pays, fumé et séché. On ne boit normalement pas de boissons alcoolisées, et l'ambiance est animée.

Cuisine végétarienne

Il est de plus en plus rare que les restaurants ne proposent pas au moins un plat végétarien. Ceux qui mangent du poisson profiteront des fruits de mer, réputés. Le gouvernement a lancé dans les années 1990 un programme pour une alimentation plus saine. La carte des restaurants y souscrivant affiche un cœur, synonyme d'une cuisine allégée. Si vous êtes au régime, n'hésitez pas à demander que l'on supprime les ingrédients trop caloriques. Dans le Sud, on peut aisément obtenir des fruits, abondants et très frais dans les principales zones de production d'Ontario et d'Okanagan Valley. En été, fruits rouges et pêches y sont incomparables. Dans les Territoires du Nord-Ouest et le Nunavut, en revanche, la plupart des produits sont importés, en conserve ou congelés ; hormis le gibier chassé par les Inuits, les produits frais y sont rares et chers.

Restaurant en terrasse à Montréal *(p. 366-368)*

Arowhon Pines Lodge dans le parc Algonquin, Ontario *(p. 373)*

Boissons alcoolisées

L'âge minimum pour l'achat et la consommation d'alcool en public est de 18 ans au Québec, et de 19 ans dans le reste du pays. Le Canada produit de bons vins *(p. 363)*, de mieux en mieux distribués. Dans la plus grande partie du pays, le gouvernement provincial a le monopole de la distribution d'alcool, exclusivement vendu dans des magasins d'État offrant néanmoins un bon choix de vins et spiritueux, tandis que d'autres sont spécialisés dans les bières. Ces magasins ne sont pas ouverts le dimanche, d'où de longues files d'attente les veilles de longs week-ends et de jours fériés.

Heures des repas, réservations

Le déjeuner est habituellement servi de 12 h à 14 h, et le dîner de 18 h à 21 h ; dans les grandes villes, une réservation plus tardive est généralement acceptée. Réserver est d'ordinaire une bonne idée, et en cas d'annulation, on vous sera reconnaissant de prévenir.

Prix et pourboires

Il est possible au Canada de bien manger sans se ruiner. Pour un en-cas dans un café, comptez 5 dollars par personne ; pour un repas complet et une bouteille de vin dans un bon restaurant, de 25 à 50 dollars. On trouve même des menus gastronomiques à partir de 50 dollars. Le déjeuner revient généralement moins cher que le dîner ; la carte est souvent la même. L'addition comprend une Goods and Services Tax (GST) de 7 %, sauf dans l'Alberta. Dans certaines provinces s'y ajoute une taxe sur l'alcool. Au café et au restaurant, le service n'est généralement pas inclus, sauf parfois pour les groupes, et il est d'usage de laisser un pourboire de 10 à 15 %. C'est aussi la règle dans les bars et les boîtes de nuit. Comme partout, le montant du pourboire dépend du nombre des convives et de leurs exigences, et il est mal venu de pénaliser le personnel pour ses insuffisances.

Les enfants

Ils sont souvent les bienvenus. Les restaurants disposent en général de chaises hautes ou à rehausse. Dans un établissement élégant, la règle est de garder les enfants à table, et de sortir pour calmer les pleurs ou les cris.

Menus ou portions réduites pour les moins de huit ans sont courants.

Accueil des handicapés

Tous les restaurants récents ou rénovés sont accessibles aux fauteuils roulants. Les nouvelles constructions doivent obligatoirement être dotées de toilettes à large porte et ne pas comporter de marche entre l'entrée et les tables. Pour les bâtiments anciens, hors des villes, mieux vaut se renseigner à l'avance.

Tenue vestimentaire

Si vous êtes en vacances, sachez que la plupart des restaurants se contentent d'une tenue simple et correcte, surtout à midi ; chaussures de sport, jeans coupés ou vêtements sales ou déchirés risquent seuls de poser problème. En général, les exigences vestimentaires croissent avec le standing de l'établissement. Une tenue de soirée n'est quasiment jamais exigée.

Les fumeurs

Avec plus de 70 % de non-fumeurs, les règlements locaux pénalisent de plus en plus les rares irréductibles. Certaines villes, dont Toronto, interdisent le tabac dans les restaurants et cafés, et cet usage tend à se généraliser. Les cigares sont plutôt mal vus au restaurant ; évitez donc d'en allumer un sans y être autorisé. Pour éviter tout risque d'incendie, éteignez votre cigarette si vous pique-niquez dans un parc.

Les cafés en ville : une solution peu coûteuse et appréciée

Glossaire des spécialités canadiennes

Reflet d'un riche passé multiculturel, le patrimoine culinaire canadien est aussi divers qu'étonnant. Si on ne peut parler de cuisine nationale, les cuisines régionales ont, elles, une forte identité. Les grandes villes telles que Montréal et Toronto proposent des mets de tous les pays, de l'Italie aux Antilles en passant par l'Asie, et à tous les prix. Le Canada français pratique la grande cuisine dans les meilleurs restaurants du pays, à Québec et à Montréal.

Les spécialités provinciales permettent de goûter à prix modérés aux produits locaux – poisson, bœuf, fruits et légumes. Côte atlantique et Colombie-Britannique privilégient poissons et fruits de mer ; l'Alberta et la Saskatchewan, pays de ranchs, les steaks et hamburgers. La cuisine traditionnelle acadienne, proche de la cuisine française, se déguste au Nouveau-Brunswick et en Nouvelle-Écosse. En été, fruits et légumes d'Ontario mettent moins d'un jour à parvenir sur les tables. Dans le nord du Canada, les Inuits préparent le caribou séché et le poisson selon des recettes séculaires.

Produits de la mer

Bordé d'océans sur trois côtés, le Canada dispose de merveilleux produits de la mer, entre autres sur les côtes est et ouest. Ils sont extra-frais, moins de vingt-quatre heures séparant souvent le moment de la pêche et celui de la dégustation. **Huîtres**, **palourdes** et **pétoncles** dominent sur la côte est. Au Nouveau-Brunswick, on utilise en garniture des **crosses de violon** (fougères naines) et des **algues** sautées. L'île du Prince-Édouard est réputée pour ses **homards**, servis entiers, bouillis ou grillés, accompagnés d'épis de maïs, lors des nombreuses fêtes paroissiales estivales. Si vous n'aimez pas les crustacés, essayez le **saumon de l'Atlantique**.

En Colombie Britannique, **saumon du Pacifique**, **crabe**, **crustacés** et **crevettes** sont rois, de même que l'**omble chevalier de l'Arctique**, typique de ces latitudes. Parmi les mets originaux, qui font souvent appel à de très anciens procédés de conservation, citons le **Solomon Grundy** (un délicieux hareng mariné de Nouvelle-Écosse), la **langue de morue** ou la savoureuse **tourte aux nageoires de phoque** de Terre-Neuve. Les premiers explorateurs ayant été attirés ici par les richesses de la mer, rien de surprenant à ce que la **morue**, les **palourdes** et les **moules** soient toujours fort appréciées pour leur qualité, de même que le **thon** et les **sardines** grillés, depuis peu à la mode.

Homard à la québécoise

Avec ses 2 millions de lacs, le Canada abonde également en poissons d'eau douce, sauvages ou d'élevage. Dans l'ouest du pays, la **laquaiche aux yeux d'or** *(Winnipeg goldeye)*, à la chair tendre, la **truite** et le **brochet**, souvent cuits au feu de bois lors de pique-niques sur les berges, sont un régal typiquement canadien.

La viande

Le meilleur bœuf vient des ranchs de l'Alberta, près de Calgary. Les énormes **hamburgers** et **steaks** y sont vraiment exceptionnels. En zone rurale, le bœuf est souvent servi avec une simple salade et des pommes sautées, mais on apprécie aussi le ***Calgary beef hash***, corned-beef garni de haricots cuisinés et de pommes sautées. L'élevage d'agneaux et de bisons est secondaire. Yukon, Territoires du Nord-Ouest et Nunavut sont de gros producteurs de gibier : **caribou**, **bœuf musqué** et **orignal** sont exportés vers le sud pour y être cuisinés à l'européenne. Les habitants, surtout les Inuits, fument la viande pour l'hiver ; leur **caribou fumé** est délicieux. Réputés pour ne rien gaspiller des animaux tués, ils en tirent vêtements et nourriture.

Oies, **canards** et **poissons** sont eux aussi fumés ou séchés en prévision des longs hivers.

Pour conserver caribous et volailles, on les met à sécher sur des fils au soleil. La viande est servie accompagnée d'une sauce aux baies sauvages, plus ou moins sucrée.

Fruits et légumes

L'Ontario est le verger du Canada. Connu sur tout le continent pour son industrie vinicole naissante, il l'est aussi pour ses fraises et canneberges. Pêches et pommes y sont aussi

Marchand de primeurs chinois en costume traditionnel, à Toronto

Pommes de l'Ontario au marché de Muskoka

cultivées en grandes quantités, ainsi que les « bleuets » (myrtilles), également abondants en Nouvelle-Écosse et au Québec. On trouve encore de nombreuses baies sauvages en se promenant. L'Ontario et le Québec produisent du maïs, des haricots noirs et des gourdes, ainsi que des courgettes, d'énormes tomates et des herbes aromatiques.

Les desserts

Le Canada est célèbre dans le monde entier pour son sirop d'érable. Il accompagne d'ordinaire les crêpes américaines (au babeurre), ou les **trempettes** de pain poêlé, trempé dans le sirop et couvert de crème fraîche. On s'en sert aussi pour la pâtisserie et le pain. En fin de repas, on sert parfois du sucre d'érable avec le café, ou des caramels au sirop d'érable.

Les Québécois sont réputés pour leurs riches desserts : la **tarte au sucre** ou encore le **pudding au chômeur**, gâteau renversé dont le fond est caramélisé, sont très appréciés. On trouve de délicieuses tartes aux fruits au Québec.

Restauration rapide

La plupart des visiteurs seront familiers des classiques nord-américains : hamburgers, hot-dogs, frites, poulet frit, pizzas. Les plus aventureux essaieront une version typiquement québécoise de l'en-cas : la **poutine**. Il s'agit de frites couvertes de petits morceaux de fromage nappés d'une sauce brune.

Grâce à une récente explosion des cafés de dégustation, certains sont excellents ; la mode est aux divers arômes de *cappuccino* fraîchement infusé, accompagné d'un vaste choix de *muffins* et de *bagels*. Les « beignes » (beignets) de toutes sortes sont une tradition.

Cuisine québécoise

Le Québec est le haut lieu de la gastronomie à la française au Canada. Les plats évoquent les spécialités européennes, et Montréal se vante d'avoir toujours au moins deux chefs français de renom dans ses meilleurs restaurants. Les cuisiniers canadiens évoluent avec le temps. La plupart des chefs nord-américains les plus novateurs œuvrent à Montréal et à Québec, mêlant à des traditions centenaires la nouvelle cuisine plus légère d'Europe et d'Amérique. Dans les villes, on trouve aussi des spécialités québécoises plus traditionnelles, tels le **creton** (sorte de rillettes), la **tourtière** (garnie de porc ou de bœuf haché aux clous de girofle), et différentes pâtisseries. Autre spécialité locale : le **bœuf fumé**.

Les Provinces maritimes servent d'excellents plats acadiens, importés de France voici plusieurs siècles. Copieux, les menus comportent toutes à la viande, pâtés et ragoûts, mais aussi de riches desserts et gâteaux.

Le Canada compte plusieurs grands restaurants français, à Montréal et à Québec principalement. Le Vieux-Montréal regorge de bistros proposant les traditionnels **escargots au beurre d'ail** et **filets mignons**, et de délicates **tartes** et **pâtisseries**. La formule du menu à prix fixe est toujours intéressante. À Québec, on trouve des plats ruraux traditionnels, tels la **soupe aux pois** ou le **canard**, et de délicieux petits déjeuners à la française, avec café au lait, brioches et croissants locaux.

Sirop d'érable

Les boissons

Les deux bières favorites des Canadiens, deux blondes consommées très fraîches, la Molson « canadian » et la Labatt « bleue », sont réputées dans le monde entier. Si le premier vin canadien a été fabriqué en 1811, l'engouement pour ce breuvage est en fait récent. Le Canada produit d'excellents vins à partir de cépages hybrides, en grande partie grâce à des viticulteurs venus d'Europe avec leur savoir-faire. Les principaux vignobles sont situés dans une petite poche d'Okanagan Valley, dans le sud de la Colombie-Britannique *(p. 315)*, et sur les 55 kilomètres de la péninsule du Niagara, dans le sud de l'Ontario, la principale région viticole. On y cultive des cépages aussi renommés que le chardonnay, le riesling et le pinot noir. Sous le climat plus tempéré de la Colombie-Britannique, on distille en outre du whisky. Le Canadian Club est le plus populaire, mais il existe aussi des variantes locales.

La Molson, une bière très prisée

Choisir un restaurant

Ces restaurants, couvrant une vaste gamme de prix, ont été retenus pour leur table, leur rapport qualité-prix ou leur situation. Ils sont classés par région suivant l'organisation du reste du guide, par ordre alphabétique de localité et par prix. Les couleurs attribuées à chaque région dans le reste du guide sont reprises sur les onglets.

TERRE-NEUVE-ET-LABRADOR

Restaurant	Prix	Terrasse	Cuisine végétarienne	Bar	Menu à prix fixe	Enfants bienvenus
CORNER BROOK : *The Wine Cellar* Glyn Mill Inn, Cob Lane. *(709) 634 5181.* *www.glynmillinn.ca* Grill très fréquenté localement ; bœuf de l'Alberta et desserts aux baies sauvages de Terre-Neuve sont à retenir.	$$$$		●			●
L'ANSE-AU-CLAIR : *Northern Light Inn* 58 Main St. *(709) 931 2332.* Table sûre et copieuse, dans une région peu riche en restaurants ; spécialités de fruits de mer et de caribou du Labrador.	$$	●		■		■
PARC NATIONAL DE TERRA NOVA : *Clode Sound Dining Room* Terra Nova Park Lodge. *(709) 543 2525.* Restaurant familial proposant un vaste choix de pâtes, fruits de mer et steaks, et des plats traditionnels. *été seul.*	$$$	■	●	■		■
ROCKY HARBOUR : *Ocean View Hotel* Main St. *(709) 458 2730.* Vue spectaculaire sur Rocky Harbour depuis le restaurant. Au menu, fruits de mer frais et tartes maison.	$$$		●	■		■
ST. JOHN'S : *Cioppino's* 248 Water St. *(709) 739 6770.* Petit restaurant italien où tout, des saucisses au pain ou aux pâtes, est fait maison. Formidable tiramisù au dessert.	$$$		●	■	●	■
ST. JOHN'S : *Bianca's* 171 Water St. *(709) 726 9016.* Un des meilleurs restaurants sur l'Atlantique ; à la carte, carré d'agneau, bœuf musqué au four, saumon à la sauce chocolat douce-amère et strudel aux pommes.	$$$$	■	●	■		
SAINT-PIERRE-ET-MIQUELON : *Le Caveau* 2, rue Maître-Georges-Lefevre. *(508) 41 30 30.* Sans doute le meilleur restaurant de ce bastion français. Fruits de mer locaux et spécialité de brioche d'escargots à la sauce au roquefort.	$$$$	■	●	■		
WITLESS BAY : *The Captain's Table* Autoroute 10. *(709) 334 2278.* Idéal après une visite en bateau du fabuleux Witless Bay Bird Sanctuary. Un des meilleurs *fish and chips* de Terre-Neuve ; la recette de la bisque est un secret de famille.	$					■

NOUVEAU-BRUNSWICK, ÎLE-DU-PRINCE-ÉDOUARD ET NOUVELLE-ÉCOSSE

Restaurant	Prix	Terrasse	Cuisine végétarienne	Bar	Menu à prix fixe	Enfants bienvenus
ANTIGONISH : *Sunshine on Main* 332 Main St. *(902) 863 5851.* *www.sunshineonmain.ca* Goûtez le pot-au-feu marin : homard, crevettes, pétoncles, moules et églefin dans un court-bouillon au vin blanc et à la tomate.	$$$		●			■
BADDECK : *Telegraph House Inn* Chebucto St. *(902) 295 1100.* Cet imposant manoir victorien propose des recettes traditionnelles de homard, truite et saumon. *été seul.*	$$					■
BAY FORTUNE : *Inn at Bay Fortune* Autoroute 310. *(902) 687 3745.* *www.inatbayfortune.ca* Souvent cité parmi les meilleurs du Canada, ce restaurant sert du poisson frais de l'île, de l'agneau et du bœuf. Essayez la Table du chef, et dégustez sept spécialités surprises.	$$$$$		●		●	■

Catégories de prix pour un repas avec trois plats et une demi-bouteille de vin (le cas échéant), service compris.

- $ moins de 25 $Can
- $$ de 25 à 35 $Can
- $$$ de 35 à 50 $Can
- $$$$ de 50 à 70 $Can
- $$$$$ plus de 70 $Can

Terrasse
Quelques tables sur cour ou en terrasse.

Cuisine végétarienne
Au moins un menu offrant un choix de plats végétariens.

Bar
Restaurant avec bar proposant cocktails et autres boissons, et/ou plats rapides.

Menu à prix fixe
Menu à prix fixe comportant généralement trois plats, servi le midi et/ou le soir.

Enfants bienvenus
Portions réduites et/ou chaises hautes sur demande.

Restaurant	Prix	Terrasse	Cuisine végétarienne	Bar	Menu à prix fixe	Enfants bienvenus
Bouctouche : *Le Tire-Bouchon* 157, chemin du Couvent. *(506) 743 5568.* Une charmante auberge avec salle donnant sur le jardin. Bisque, pétoncles, homard, poisson frais, poulet et canard à la carte. *de juin à fin sept.*	$$$$			■	●	■
Caraquet : *Hotel Paulin* 143, bd Saint Pierre Ouest. *(506) 727 9981.* *www.hotelpaulin.com* Plats régionaux – truite et saumon frais notamment – au menu de cet hôtel familial. Goûtez aussi la traditionnelle tarte au sucre.	$$$					■
Charlottetown : *Piece A Cake* 119 Grafton St. *(902) 894 4585.* *www.pieceacake.pe.ca* Un bistro animé à la carte éclectique. La cuisine ouverte permet aux convives de voir le chef à l'œuvre.	$$		●			■
Charlottetown : *Sirenella* 83 Water St. *(902) 628 2271.* *www.sirenella.ca* Table italienne proche du plaisant Peake's Wharf. Essayez les gnocchi aux épinards maison, nappés d'une sauce au gorgonzola et au parmesan, ou le veau aux herbes grillé.	$$$	■	●		●	■
Dalhousie : *Manoir Adelaide* 385 Adelaide St. *(506) 684 5681.* Maillon de la chaîne Best Western, mais supérieur à la moyenne des restaurants d'hôtels. Poisson frais grillé, à la vapeur ou poché.	$$$$	■	●	■		■
Grand Tracadie : *Dalvay-by-the-Sea* Parc national de l'Île-du-Prince-Édouard. *(902) 672 2048.* *www.dalvaybythesea.com* Auberge historique dont le menu pêcheur a un petit goût australien, comme le saumon aux algues rôties, sauce salsa.	$$$$		●	■	●	■
Halifax : *Sweet Basil Bistro* 1866 Upper Water St. *(902) 425 2133.* *www.scanwaycatering.com/sweetbasil* Bistro audacieux et confortable face au quartier historique. Plats novateurs, tels les raviolis à la courge musquée et aux herbes fraîches, servis avec une sauce légère parmesan-noisettes.	$$$	■	●			
Halifax : *Da Maurizio* 1496 Lower Water St. *(902) 423 0859.* *www.damaurizio.ca* Élégant restaurant italien. Carte créative de pâtes accompagnées de sauces originales ; succulents desserts.	$$$$		●			■
Lunenburg : *The Lion Inn* 33 Cornwallis St. *(902) 634 8988.* Dans la vieille ville de Lunenburg, petit restaurant à la carte courte, mais excellente, avec un carré d'agneau de Nouvelle-Écosse. Réserver.	$$$$		●			
Mabou : *Duncreigan Country Inn* Autoroute 19. *(902) 945 2207.* Petite salle où Eleanor et Steven Mullendore revisitent les plats régionaux. Grand favori : le saumon frais grillé à la flamme, avec marinade de moutarde, citron et miel.	$$$$		●		●	
Montague : *Windows on the Water* 106 Sackville St. *(902) 838 2080.* Endroit charmant sur le port de Montague ; sandwichs imaginatifs et bisques de première classe.	$$$	■	●			■
Oyster Bed Bridge : *Café Saint-Jean* Route 6 à Oyster Bed Bridge. *(902) 963 3133.* Produits de la mer locaux avant tout au Saint-Jean – le homard frais provient d'un élevage voisin –, qui propose des plats traditionnels et cajuns. Les crêpes sont un régal. *de mi-juin à mi-oct.*	$$$$	■	●		●	■

Légende des symboles, voir rabat de couverture

Catégories de prix pour un repas avec trois plats et une demi-bouteille de vin (le cas échéant), service compris.
$ moins de 25 $Can
$$ de 25 à 35 $Can
$$$ de 35 à 50 $Can
$$$$ de 50 à 70 $Can
$$$$$ plus de 70 $Can

TERRASSE
Quelques tables sur cour ou en terrasse.
CUISINE VÉGÉTARIENNE
Au moins un menu offrant un choix de plats végétariens.
BAR
Restaurant avec bar proposant cocktails et autres boissons, et/ou plats rapides.
MENU À PRIX FIXE
Menu à prix fixe comportant généralement trois plats, servi le midi et/ou le soir.
ENFANTS BIENVENUS
Portions réduites et/ou chaises hautes sur demande.

	Prix	Terrasse	Cuisine végétarienne	Bar	Menu à prix fixe	Enfants bienvenus
PARRSBORO : *Harbour View Restaurant* 476 Pier Rd. *(902) 254 3507.* Les habitants l'apprécient pour ses bisques, *fish and chips*, cafés et tartes maison, le tout avec vue sur le port.	$	■			●	■
PRINCE WILLIAM : *King's Head Inn* Kings Landing Historic Settlement. *(506) 363 4999.* *www.kingslanding.nb.ca* Serveurs en costumes d'époque et recettes de 1855, date de sa construction, pour cet établissement des vieux quartiers. *le soir.*	$$	■	●	■		■
ST. ANDREWS : *L'Europe* 48 King St. *(506) 529 3818.* *www.leurope.ca* Après une journée sur les plages de la baie de Passamaquoddy, rien de mieux que les bons petits plats copieux, français, suisses et allemands, servis ici.	$$$			■		
SAINT JOHN : *Beaty and the Bistro* 60 Charlotte St. *(506) 652 3888.* *www.dineaid.com* Spécialité d'agneau rôti et farci de canneberge, noix de pécan, romarin et ail. Autre réussite : le poulet à la florentine, aux épinards et aux crevettes.	$$$		●			
SAINT JOHN : *Billy's* Old City Market. *(506) 672 3474.* *www.billysseafood.com* Vous choisissez à l'étal flétan, crevettes, huîtres et autres produits de la mer qui sont ensuite préparés le temps d'un apéritif.	$$$	■	●	■		
SHELBURNE : *Charlotte Lane Café and Crafts* 13 Charlotte Lane. *(902) 875 3314.* Formé en Suisse, le chef Roland Glauser prépare, entre autres délices, un poulet farci au camembert, asperges et ail.	$$$	■	●			■
SUSSEX : *Broadway Café* 73 Broad St. *(506) 433 5414.* Pour le déjeuner, un café novateur où les sandwichs appétissants voisinent avec les soupes maison. *dim.*	$$	■	●	■		■
WOLFVILLE : *Acton's Café* 268 Main St. *(902) 542-7525.* De formation allemande, le chef a créé une cuisine internationale utilisant les produits des fermes de la vallée d'Annapolis.	$$$$	■	●	■	●	
MONTRÉAL						
CENTRE-VILLE : *Schwartz's (Montreal Hebrew) Delicatessen* 3895, bd Saint-Laurent. *(514) 842 4813.* Grâce aux juifs d'Europe de l'Est, la poitrine de bœuf fumée, excellente ici, est très prisée à Montréal. Pas d'alcool.	$				●	
CENTRE-VILLE : *Brasserie Magnan* 2602, rue Saint-Patrick. *(514) 935 9647.* Ancienne taverne où rôti de bœuf, quiche au saumon et steaks attirent une clientèle variée. Bon choix de bières à la pression.	$$	■		■	●	■
CENTRE-VILLE : *Le Caveau* 2063, rue Victoria. *(514) 844 1624.* Ses salles à manger intimes occupent trois niveaux d'une vieille maison en brique, parmi les tours de verre et d'acier. Le gâteau à la praline est succulent.	$$		●	■	●	■
CENTRE-VILLE : *Phayathai* 1235, rue Guy. *(514) 933 9949.* Menu thaï classique, ambiance amicale. Fruits de mer, *galangai* (soupe au gingembre) et canard au curry ne vous décevront pas.	$$		●		●	■

CENTRE-VILLE : *L'Actuel* $$$
1194, rue Peel. (514) 866 1537.
Cette joyeuse brasserie « belge » sert quelques dizaines de variations sur le thème des moules-frites, et d'autres classiques comme le hareng saur aux pommes de terre.

CENTRE-VILLE : *Biddle's Jazz and Ribs* $$$
2060, rue Aylmer. (514) 842 8656.
Le jazzman Charlie Biddle a créé ce restaurant pour que ses amis aient un endroit où jouer en se régalant de côtes de porc sauce barbecue.

CENTRE-VILLE : *L'Orchidée de Chine* $$$
2017, rue Peel. (514) 287 1878.
À l'abri de petits boxes romantiques, dégustation de crabe, sauté d'agneau sauce piquante ou encore canard laqué croustillant.

CENTRE-VILLE : *Restaurant Julien* $$$
1191, avenue Union. (514) 871 1581.
Une grande terrasse sous auvent fait de ce restaurant français un lieu idéal pour l'été. Le magret de canard et la marquise au chocolat sont délicieux.

CENTRE-VILLE : *Café de Paris* $$$$
Hôtel Ritz-Carlton, 1228, rue Sherbrooke Ouest. (514) 842 4212.
En été, l'élégante salle à manger du Ritz-Carlton s'étend au jardin. À la carte, les grands classiques de la cuisine française.

CENTRE-VILLE : *Beaver Club* $$$$$
Hôtel le Reine-Elizabeth, 900, bd René-Lévesque Ouest. (514) 861 3511.
Ambiance feutrée et menu classique : röti de bœuf, saumon grillé, agneau ; les meilleurs martinis de la ville.

CENTRE-VILLE : *Chez la Mère Michel* $$$$$
1209, rue Guy. (514) 934 0473.
L'un des plus anciens bastions de la tradition française au Québec. La sole, meunière ou accomodée avec du homard, est une merveille.

CENTRE-VILLE : *Moishe's* $$$$$
3961, bd Saint-Laurent. (514) 845 3509. www.moishessteakhouse.com
Cette grande salle bruyante est le paradis des amateurs de viande. Voici cinquante ans que la famille Lighter propose ses steaks gargantuesques.

CENTRE-VILLE : *Nuances* $$$$$
Casino de Montréal, 1, av. du Casino. (514) 392 2708.
Au casino de Montréal, thon grillé avec polenta au basilic et agneau au vin et au thym sont aussi sensationnels que le panorama.

CENTRE-VILLE : *Le Passe-Partout* $$$$$
3857, bd Décarie. (514) 487 7750.
Le chef new-yorkais James MacGuire établit chaque jour son menu en fonction des arrivages. Parmi ses spécialités : espadon, terrine de canard, sauté de veau et le meilleur pain de tout Montréal.

CENTRE-VILLE : *Queue de cheval* $$$$$
1221, rue René-Levesque. (514) 390 0090. www.queuedecheval.com
Il est recommandé de réserver car le lieu est renommé pour ses grillades, son service et son ambiance chaleureuse.

CENTRE-VILLE : *Toqué !* $$$$$
900, Place Jean-Paul-Riopelle. (514) 499 2084. www.restaurant-toque.com
Voici plus de dix ans que la table de Normand Laprise et Christine Lamarche s'impose comme l'une des plus créatives de Montréal. Au menu, omble de l'Arctique, porcelet des Laurentides ou homard de la Nouvelle-Écosse, entre autres spécialités.

ÎLE SAINTE-HÉLÈNE : *Hélène de Champlain* $$$
200, chemin Tour-de-l'Isle. (514) 395 2424.
Au milieu du Saint-Laurent, une maison en pierre au décor de rêve ; table de bonne tenue.

L'Actuel		●	■	●	
Biddle's Jazz and Ribs	■		■		
L'Orchidée de Chine		●	■	●	■
Restaurant Julien	■	●	■	●	
Café de Paris	●	■	■	●	■
Beaver Club		●	■	●	
Chez la Mère Michel				●	■
Moishe's		●	■		■
Nuances			■	●	
Le Passe-Partout				●	
Queue de cheval	■		■		
Toqué !		●		●	
Hélène de Champlain	■	●	■	●	■

Légende des symboles, voir rabat de couverture

Catégories de prix pour un repas avec trois plats et une demi-bouteille de vin (le cas échéant), service compris.

- $ moins de 25 $Can
- $$ de 25 à 35 $Can
- $$$ de 35 à 50 $Can
- $$$$ de 50 à 70 $Can
- $$$$$ plus de 70 $Can

Terrasse
Quelques tables sur cour ou en terrasse.

Cuisine végétarienne
Au moins un menu offrant un choix de plats végétariens.

Bar
Restaurant avec bar proposant cocktails et autres boissons, et/ou plats rapides.

Menu à prix fixe
Menu à prix fixe comportant généralement trois plats, servi le midi et/ou le soir.

Enfants bienvenus
Portions réduites et/ou chaises hautes sur demande.

Restaurant	Prix	Terrasse	Cuisine végétarienne	Bar	Menu à prix fixe	Enfants bienvenus
Outremont : *Maiko Sushi* 387, rue Bernard Ouest. (514) 490 1225. www.maiko-sushi.com On n'y sert pas que des sushis, mais aussi un large choix de plats japonais. Agréable cadre dans les tons de bleu. Réservation conseillée.	$$	■	●	■		■
Plateau-Mont-Royal : *L'Anecdote* 801, rue Rachel Est. (514) 526 7967. Affiches de cinéma et chromes rappellent les années 1950 dans ce bar à hamburgers qui n'oublie pas les végétariens.	$		●			■
Plateau-Mont-Royal : *Café Santropol* 3990, rue Saint-Urbain. (514) 842 3110. www.santropol.com Quiches, gros sandwichs et superbes soupes dans une ambiance branchée. Pas d'alcool, mais riche carte des thés.	$	■	●		●	■
Plateau-Mont-Royal : *L'Express* 3927, rue Saint-Denis. (514) 845 5333. Bistro typique de Montréal. Ambiance animée, bonne cuisine et prix raisonnables.	$$$	■	●	■	●	■
Plateau-Mont-Royal : *Faros* 362, rue Fairmont. (514) 270 8437. Fruits de mer frais à la grecque dans ce restaurant confortable tout en coins et recoins.	$$$	■	●		●	■
Quartier chinois : *Maison Kam Fung* 11, rue Saint-Urbain. (514) 878 2888. Vaste et clair, ce restaurant sert le midi les *dim sum* les plus orthodoxes de la ville. Carte cantonaise classique au dîner.	$$				●	■
Vieux-Montréal : *Stash Café Bazaar* 200, rue Saint-Paul Ouest. (514) 845 6611. Une cuisine polonaise idéale pour combattre les rigueurs de l'hiver. Les bancs proviennent d'un ancien couvent.	$$$		●	■	●	
Vieux-Montréal : *Chez Delmo* 211, rue Notre-Dame Ouest. (514) 849 4061. Les habitués s'installent au bar en bois verni pour déguster ses produits de la mer – huîtres et homard.	$$$$					
Vieux-Montréal : *Les Remparts* 93, rue de la Commune Est. (514) 392 1649. Cave dont une partie des murs est constituée des anciens remparts de la ville. Entre autres régals, un lapin farci aux prunes.	$$$$$	■	●	■		■
QUÉBEC ET LE SAINT-LAURENT						
Baie-Saint-Paul : *Le Mouton Noir* 43, rue Sainte-Anne. (418) 240 3030. Donnant sur la rivière du Gouffre, ce petit restaurant alliant savoir-faire français et délices locaux cuisine poissons et volailles.	$$$	■		■	●	■
Charlevoix : *Auberge Petite Madeleine* 400, route Port-au-Persil. (418) 638 2460. Plats traditionnels, riches en baies du pays, sirop d'érable et herbes sauvages. Une cuisine à la française, du style, et de magnifiques vues sur le Saint-Laurent.	$$	■	●		●	■
Havre-Saint-Pierre : *Restaurant Chez Julie* 1023, rue Dulcinée. (418) 538 3070. Très couru et sans prétentions. De copieux menus pêcheurs, et une extraordinaire pizza aux fruits de mer à la béchamel.	$		●		●	■

ÎLE D'ORLÉANS : *Le Vieux Presbytère* $$$$
1247, av. Mgr-d'Esgly, Saint-Pierre. *(418) 828 9723.* *www.presbytere.com*
Cet ancien presbytère offre une jolie vue sur le Saint-Laurent. Bison et wapiti au menu, grâce à un élevage voisin.

ÎLES-DE-LA-MADELEINE : *La Saline* $$
1009, route 199, La Grave, Havre-Aubert. *(418) 937 2230.*
Restaurant tout simple servant un « pot-en-pot » crémeux de poissons, fruits de mer et pommes de terre sous une pâte feuilletée. *de mi-sept. à mi-mai.*

ÎLES-DE-LA-MADELEINE : *Auberge Marie Blanc* $$$$$
1112, rue Commerciale, Notre-Dame-du-Lac. *(418) 899 6747.*
Un industriel de Boston fit construire ce pavillon romantique sur les rives du lac Témiscouata pour sa belle maîtresse créole. Agneau, venaison, lapin et perdrix du pays. *de mi-oct. à mai.*

LAC SAINT-JEAN : *La Volière* $$$
200, 4e av., Péribonka. *(418) 374 2360.*
Essayez les spécialités : doré grillé, ouananiche (saumon d'eau douce) et tarte aux bleuets. Vue sur les rapides.

MÉTIS-SUR-MER : *Au Coin de la Baie* $$$$
1140, Route 132. *(418) 936 3855.*
Décor simple, laissant les regards se porter sur la baie de Métis. Pétoncles et filets de morue excellents. *de mi-sept. à mi-mai.*

PERCÉ : *Auberge du Gargantua* $$$
222, route des Failles. *(418) 782 2852.*
Le restaurant est tourné vers l'intérieur des terres ; rien d'étonnant, donc, à ce qu'il propose plusieurs spécialités de gibier venant de cette région sauvage. *de déc. à mai.*

QUÉBEC : *Le Cochon Dingue* $$
46, bd Champlain. *(418) 692 2013.*
Décor aussi dingue que le cochon et service alerte ; au menu, moules ou steak-frites, et des desserts diaboliques.

QUÉBEC : *À la Maison de Serge Bruyère* $$$$
1200, rue Saint-Jean. *(418) 694-0618.*
Cette vieille maison a été convertie en trois restaurants : de l'élégance à la française à l'animation d'une brasserie bavaroise.

QUÉBEC : *Aux Anciens Canadiens* $$$$
34, rue Saint-Louis. *(418) 692 1627.*
Venaison au vin de myrtilles et jambon au sirop d'érable sont servis dans cette maison du XVIIe siècle, la plus vieille de Québec.

SEPT-ÎLES : *Café du Port* $$
495, av. Brochu. *(418) 962 9311.*
Teintes douces, produits de la mer et personnel sympathique sont quelques-uns des atouts de ce petit restaurant.

LE SUD ET LE NORD (QUÉBEC)

HULL : *Café Henry Burger* $$$$
69, rue Laurier. *(819) 777 5646.* *www.cafehenryburger.com*
Pas de « burgers » dans ce café en dépit de son nom ; le chef, Robert Bourassa, sert de l'agneau au madère et un saumon délicatement assaisonné.

LANIEL : *Pointe-aux-Pins* $$$$
1955, chemin du Ski. *(819) 634 5211.*
Du jeudi au dimanche, les hôtes des chalets peuvent déguster un dîner en quatre plats, parmi lesquels cochon de lait aux pommes de terre et agneau au *pesto*. *du lun. au mer. et de mi-oct. à mi-mai.*

LAURENTIDES : *Rôtisserie au Petit Poucet* $$$
1030, route 117, Val-David. *(819) 322 2246.*
Un restaurant rustique en rondins apprécié pour ses copieux repas de jambon, porc ou caribou rôtis. Viande fumée maison.

LAURENTIDES : *Auberge des Cèdres* $$$$
26, 305e av., Saint-Hippolyte. *(450) 563 2083.*
Cette maison biscornue au bord du lac est l'ancienne résidence d'été d'un financier montréalais. Le canard est la spécialité du chef.

Légende des symboles, voir rabat de couverture

Catégories de prix pour un repas avec trois plats et une demi-bouteille de vin (le cas échéant), service compris.
- $ moins de 25 $Can
- $$ de 25 à 35 $Can
- $$$ de 35 à 50 $Can
- $$$$ de 50 à 70 $Can
- $$$$$ plus de 70 $Can

Terrasse
Quelques tables sur cour ou en terrasse.
Cuisine végétarienne
Au moins un menu offrant un choix de plats végétariens.
Bar
Restaurant avec bar proposant cocktails et autres boissons, et/ou plats rapides.
Menu à prix fixe
Menu à prix fixe comportant généralement trois plats, servi le midi et/ou le soir.
Enfants bienvenus
Portions réduites et/ou chaises hautes sur demande.

Adresse	Prix	Terrasse	Cuisine végétarienne	Bar	Menu à prix fixe	Enfants bienvenus
Laurentides : *L'Eau à la Bouche* 3003, bd Sainte-Adèle, Sainte-Adèle. *(450) 229 2991/227 1416.* Cuisines nouvelle et québécoise se combinent pour donner des merveilles signées par la chef Anne Desjardins.	$$$$$	■	●	■	●	■
Montérégie : *L'Auberge des Gallants* 1171, chemin Saint-Henri, Sainte-Marthe. *(450) 459 4241.* Au menu de cette auberge des hauteurs, figurent lapin et gibier, mais aussi homard et moules.	$$$$	■	●	■	●	■
North Hatley : *Auberge Hatley* 325 Virgin Hill Rd. *(819) 842 2451.* W *www.aubergehatley.com* Élu par quatre fois meilleur chef du Québec, Alain Labrie utilise les produits de son potager et cueille ses propres baies sauvages pour les sorbets. Vue sur le lac Massawippi.	$$$$$	■		■	●	
Outaouais : *L'Orée du Bois* 15, chemin Kingsmere, Chelsea. *(819) 827 0332.* W *www.oreeduboisrestaurant.com* Sous de grands arbres, près du parc de la Gatineau, ce restaurant se distingue par son pot-au-feu du pêcheur et ses rillettes de sanglier.	$$$$$	■	●	■	●	■
Rigaud : *Sucrerie de la Montagne* 300, rang Saint-Georges. *(450) 451 0831.* Dans cette grange rustique, on agrémente de sirop d'érable les fèves au lard, le jambon confit ou la tarte au sucre *(p. 146)*.	$$$		●		●	■
Rouyn-Noranda : *La Renaissance* 199, av. Principale. *(819) 764 4422.* Dans ce restaurant populaire, un agréable salon accueille après dîner les fumeurs de cigare et les amateurs de whisky.	$$$			■	●	
Sherbrooke : *La Falaise Saint-Michel* 100, rue Webster. *(819) 346 6339.* W *www.falaisestmichel.com* Très bon accueil et merveilleuses spécialités françaises ; le canard de Barbarie est particulièrement bon.	$$$		●	■	●	■
Trois-Rivières : *La Becquée* 3600, bd Royale. *(819) 372 1881.* Le décor charmant de La Becquée auréole les dîners d'un léger romantisme. La carte est délicieusement française.	$$$		●	■	●	■
TORONTO						
Bloor Street West : *Kensington Vegetarian Cafe* 460 Bloor St W. *(416) 534 1294.* Ce café exceptionnel ne sert que des mets biologiques et sans sucre, avec 14 variétés différentes de pain maison et de délicieux aliments diététiques en vente à toute heure.	$		●		●	■
Cabbagetown : *Real Jerk* 709 Queen St E. *(416) 463 6055.* Un des plus authentiques restaurants jamaïcains ; outre les traditionnels haricots rouges au riz, on y déguste des plats originaux.	$		●	■		■
Cabbagetown : *Margarita's Cantina & Tapas Mexicanas* 229 Carlton St. *(416) 929 6284.* Restaurant mexicain aux soirées animées servant des *tortillas* et des *fajitas* accompagnées de généreux *margaritas*.	$$	■	●	■	●	
Cabbagetown : *Rashnaa* 307 Wellesley St E. *(416) 929 2099.* Les restaurants sri-lankais sont très en vogue à Toronto. Cette adresse est l'une des plus populaires. Cuisine exceptionnelle.	$$	■	●		●	■

Centre-ville : *Ethiopian House* $$
4 Irwin Ave. (416) 923 5438.
Une bonne introduction à la cuisine éthiopienne, plutôt rare ; l'usage est d'utiliser un morceau de pain sans levain *(injera)* en guise de couvert.

Centre-ville : *Senator Diner* $
249 Victoria St. (416) 364 7517. www.thesenator.com
Ce magnifique restaurant central se prétend à juste titre le meilleur grill de la ville. Décor Art nouveau saisissant. Il est recommandé de réserver, surtout le dimanche.

Centre-ville : *Filet of Sole* $$
11 Duncan St. (416) 598 3256.
Parmi les nombreux restaurants de fruits de mer du centre de Toronto, c'est l'un des plus fréquentés : situé dans un ancien entrepôt, il ne lésine pas sur les quantités.

Centre-ville : *Shopsy's* $$
33 Yonge St E. (416) 365 3333.
Fondé peu après la Seconde Guerre mondiale, cet établissement est prisé pour ses délicieux sandwichs abondamment garnis et son agréable décor.

Centre-ville : *Café Nervosa* $$$
75 Yorkville Ave. (416) 961 4642.
Établissement chic dans le quartier huppé de Toronto. Carte légère, mêlant salades, pâtes, pizzas et fruits de mer.

Centre-ville : *Ematei Japanese Restaurant* $$$
1er étage, 30 St. Patrick St. (416) 340 0472.
Agréable et stylé, ce restaurant japonais juste à l'est de l'Art Gallery of Ontario *(p. 174-175)* excelle dans les sushis.

Centre-ville : *La Fenice* $$$
319 King St W. (416) 585 2377. www.lafenice.ca
Ce restaurant à l'élégant mobilier moderne sert d'exquis mets italiens mêlant de manière inventive sauces et épices.

Centre-ville : *Hard Rock Café SkyDome* $$$
1 Blue Jays Way. (416) 341 2388.
Ce bar à hamburgers et restaurant installé dans l'enceinte du SkyDome *(p. 169)* est envahi de supporters pendant les matchs.

Centre-ville : *Mata Hari Grill* $$$
39 Baldwin St. (416) 596 2832. www.mataharigrill.ca
Restaurant malaisien avec une ambiance sonore jazz et un bon choix de vins. Spécialités de *satay* et currys.

Centre-ville : *Nami* $$$
55 Adelaide St E. 416 362 7373.
C'est tout simplement l'un des meilleurs restaurants japonais de Toronto, dont la spécialité est l'anguille fumée.

Centre-ville : *Le Sélect Bistro* $$$
432 Wellington St W. 416 596 6406.
Un endroit florissant et agréable proposant une symphonie de délicieux plats français dans une ambiance bohème.

Centre-ville : *Wayne Gretzky's* $$$
99 Blue Jay Way. (416) 979 PUCK. FAX (416) 586 0099. www.gretzkys.com
Restaurant de style new-yorkais à la gloire du célèbre joueur de hockey sur glace Wayne Gretzky. On peut voir des crosses de la Stanley Cup, des magazines et d'autres souvenirs dans des vitrines.

Centre-ville : *Cava* $$$$
1560 Yong St. (416) 979 9918. www.cavarestaurant.ca
Chris Mcdonald, chef réputé à Toronto, propose ici sa propre charcuterie. Salle à manger rustique et vivante où l'on peut notamment déguster un assortiment éclectique de plus de vingt *tapas*.

Centre-ville : *Le Papillon* $$$$
16 Church St. (416) 363 3773. www.papillon.ca
La cuisine québecoise est rare à Toronto, mais les tartes et pâtisseries françaises de ce grand restaurant aident à combler ce vide.

Catégories de prix pour un repas avec trois plats et une demi-bouteille de vin (le cas échéant), service compris.

$ moins de 25 $Can
$$ de 25 à 35 $Can
$$$ de 35 à 50 $Can
$$$$ de 50 à 70 $Can
$$$$$ plus de 70 $Can

Terrasse
Quelques tables sur cour ou en terrasse.

Cuisine végétarienne
Au moins un menu offrant un choix de plats végétariens.

Bar
Restaurant avec bar proposant cocktails et autres boissons, et/ou plats rapides.

Menu à prix fixe
Menu à prix fixe comportant généralement trois plats, servi le midi et/ou le soir.

Enfants bienvenus
Portions réduites et/ou chaises hautes sur demande.

	Terrasse	Cuisine végétarienne	Bar	Menu à prix fixe	Enfants bienvenus
Centre-ville : *Rodney's Oyster House* $$$$ 469, King St O. *(416) 363 8105.* *www.rodneysoysterhouse.com* Huîtres à foison dans cet établissement ancien où se côtoient touristes et hommes d'affaires.			■		■
Centre-ville : *Canoe* $$$$$ Toronto-Dominion Tower, 66 Wellington St W. *(416) 364 0054.* *www.oliverbonachi.com* Produits canadiens frais sublimés, tels que l'omble chevalier ou le caribou, dans cet établissement situé au 54e étage de la Toronto-Dominion Tower. *du lun. au ven.*		●	■		
Centre-ville : *Lai Wah Heen* $$$$$ Metropolitan Hotel, 108 Chestnut St. *(416) 977 9899.* Chic et bien établi, le Lai Wah Heen propose une cuisine chinoise exceptionnelle, et une carte alliant style et originalité. Beaucoup ici ne jurent que par ses *dim sum*.		●		●	
Centre-ville : *Picante* $$$$$ 326 Adelaide St W. *(416) 408 2958.* *www.toronto.com/picante* Élégant restaurant espagnol en plein centre de Toronto. Ses points forts sont la paella et d'appétissantes *tapas*.		●	■		
Centre-ville : *Susur* $$$$$ 601 King St. W. *(416) 403 2205* Restaurant haut de gamme qui propose deux menus composés de sept plats différents. Chaque jour le menu n'est dévoilé qu'à partir de 17 h 30, ce qui permet au chef Susur Lee de s'approvisionner en produits du marché. *dim. ; août.*		●	■	●	■
Greektown : *Avli* $$$ 401 Danforth Ave. *(416) 461 9577.* *www.avlirestaurant.com* Excellent restaurant grec à l'est du centre servant de merveilleux ragoûts et des plats traditionnels.	■	●	■		
Centre-ville : *Pan on the Danforth* $$$ 516 Danforth Ave. *(416) 466 8158.* *www.panonthedanforth.com* Spécialisé dans la cuisine grecque avec une touche française, ce restaurant s'est bâti une solide réputation. Le menu est varié et les desserts tels que le baklava au chocolat sont discrets mais remarquables.	■	●	■	●	■
Harborfront : *Captain John's* $$$ 1 Queen's Quay, West. *(416) 363 6062.* FAX *(416) 363 6065.* Ce restaurant familial propose des spécialités de fruits de mer à bord du paquebot *Jardan*. Buffet raisonnable pour le déjeuner.			■		■
OTTAWA ET L'EST DE L'ONTARIO					
Kingston : *Candlelight Dining* $$$ Fort Henry. *(613) 530 2550.* *www.foodandheritage.com* Une expérience unique que ce dîner en plein cœur de Fort Henry *(p. 198)*, avec des serveurs en uniforme d'époque.		●	■	●	■
Kingston : *General Wolfe Hotel* $$$ Wolfe Island. *(613) 385 2611.* *www.generalwolfe.com* Le premier plaisir est de s'y rendre, gratuitement, à bord du bac de l'île Wolfe ; sur place, c'est le rendez-vous des gourmets.			■	●	■
Kingston : *Kingston Brewing Company* $$$ 34 Clarence St. *(613) 542 4978.* Restaurant de 65 couverts, magnifiquement équipé, avec terrasse. Bières artisanales.	■	●	■		■

North Bay : *Churchill's Prime Rib House* \$\$\$\$ — ● ■ — ■
631 Lakeshore Drive. *(705) 476 7777.*
Un lieu agréable au bord du lac, encensé par les amateurs de bonne viande agrémentées de légumes du pays.

Ottawa : *Royal Thai* \$\$ — ● ■ ● ■
272 Dalhousie St. *(613) 562 8818.*
L'enseigne dit tout : d'authentiques currys thaïs, à prix très raisonnables, et en plein centre-ville.

Ottawa : *Château Laurier Hotel* \$\$\$ ■ ● ■ ● ■
1 Rideau St. *(613) 241 1414.*
Ce célèbre hôtel *(p. 193)* est un *must*. Les deux restaurants, Zoe's et Wilfrid's, proposent une carte variée de première qualité.

Ottawa : *Irish Village* \$\$\$ ■ ● ■ — ■
67 Clarence St. *(613) 562 0674.*
Dans le quartier branché de Byward Market, ce pub joue la carte irlandaise. Concerts de musique celtique plusieurs soirs par semaine, bières et whiskies irlandais.

Ottawa : *Mamma Teresa Ristorante* \$\$\$ — ● ■ ● ■
300 Somerset St W. *(613) 236 3023.*
Pizzas croustillantes et plats italiens traditionnels. Idéal pour croiser députés, ministres ou vedettes des médias.

Ottawa : *Big Daddy's Crab Shack & Oyster Bar* \$\$\$\$ ■ ● ■ — ■
780 Baseline St. *(613) 228 7011.*
Très populaire auprès des jeunes ; on y déguste de nombreux plats cajuns ainsi que des préparations plus exotiques.

Ottawa : *The Ritz* \$\$\$\$ ■ ● ■ — ■
89 Clarence St. *(613) 789 9797.*
Joli décor XIXe et excellent service dans ce restaurant du populaire Byward Market ; on y croise des célébrités locales.

Parc provincial Algonquin : *Arowhon Pines* \$\$\$\$ — ● — ● ■
Par l'autoroute 60, parc provincial Algonquin. *(705) 633 5661ou (416) 483 4393 (en hiver)*
Même si vous ne logez pas sur place *(p. 352)*, le restaurant mérite le détour ; la vue depuis la salle hexagonale en rondins est à couper le souffle. Apportez votre propre vin. *de nov. à avr.*

Peterborough : *Parkhill on Hunter* \$\$\$ ■ ● ■ ● ■
180, Hunter. *(705) 743 8111.*
Avec ses bons gros sandwichs et ses *cappuccini*, le Parkhill fait l'unanimité des habitants et des visiteurs de Peterborough.

Les Grands Lacs

Bayfield : *The Little Inn of Bayfield* \$\$\$\$\$ ■ ● ■ — ■
Main St. *(519) 565 2611.* *www.littleinn.com*
Un des meilleurs restaurants de l'Ontario, dans un de ses meilleurs hôtels. Spécialité de poissons (perches et brochets) du lac Huron.

Goderich : *Robindale's Fine Dining* \$\$\$ — ● ■ — —
80 Hamilton St. *(519) 524 4171.*
La grande table de Goderich, jolie petite ville rurale, occupe une maison victorienne reconvertie avec goût. Variée, la carte fait appel à des produits locaux ; le bœuf met l'eau à la bouche.

Niagara Falls : *Capri* \$\$ — ● ■ — ■
5438 Ferry St. *(905) 354 7519.*
Ce restaurant familial, faisant figure d'institution locale, sert une excellente et abondante cuisine italienne.

Niagara Falls : *The Pinnacle Restaurant* \$\$\$ — ● ■ — ■
6732 Oakes Drive. *(905) 356 1501.*
Au sommet de la tour Minolta, ce restaurant offre une superbe vue sur les chutes. Les plats sont simples mais savoureux.

Niagara Falls : *Yukiguni* \$\$\$ — ● ■ — —
5980 Buchanan Ave. *(905) 354 4440.*
Ce restaurant japonais est une des meilleures tables en ville. Les plats grésillants sont servis avec style ; goûtez le *teriyaki* au saumon.

Légende des symboles, voir rabat de couverture

Catégories de prix pour un repas avec trois plats et une demi-bouteille de vin (le cas échéant), service compris.

- $ moins de 25 $Can
- $$ de 25 à 35 $Can
- $$$ de 35 à 50 $Can
- $$$$ de 50 à 70 $Can
- $$$$$ plus de 70 $Can

TERRASSE
Quelques tables sur cour ou en terrasse.

CUISINE VÉGÉTARIENNE
Au moins un menu offrant un choix de plats végétariens.

BAR
Restaurant avec bar proposant cocktails et autres boissons, et/ou plats rapides.

MENU À PRIX FIXE
Menu à prix fixe comportant généralement trois plats, servi le midi et/ou le soir.

ENFANTS BIENVENUS
Portions réduites et/ou chaises hautes sur demande.

Restaurant	Terrasse	Cuisine végétarienne	Bar	Menu à prix fixe	Enfants bienvenus
NIAGARA FALLS : *Skylon Tower* $$$$$ 5200 Robinson St. *(905) 356 2651.* *www.skylon.com* Le restaurant tournant de Skylon Tower, un des plus animés de la ville, offre une vue inégalée sur les chutes.		●	■	●	■
NIAGARA-ON-THE-LAKE : *Shaw Café and Wine Bar* $$$ 92 Queen St. *(905) 468 4772.* Nommé d'après le dramaturge George Bernard Shaw, ce café branché attire les amateurs de théâtre. Style bistro.	■	●	■		■
NIAGARA-ON-THE-LAKE : *The Oban Inn* $$$$ 160 Front St. *(905) 468 2165.* *www.vintageinns.com* Une adresse chic, aux serviettes joliment pliées et couverts rutilants. Bonne cuisine aussi ; on recommande le saumon poché.		●	■		■
NIAGARA-ON-THE-LAKE : *The Olde Angel Inn* $$$$ 224 Regent St. *(905) 468 3411.* *www.angel-inn.com* Cette ancienne auberge du XIXe siècle a une salle à manger et un pub. Spécialités de bœuf à la Guinness et de caneton rôti.		●	■		■
PENETANGUISHENE : *Blue Sky Family Restaurant* $ 48 Main St. *(705) 549 8611.* Traditionnel et familial, avec tabourets de bar, tables en Formica et menu de rigueur : œufs au bacon, muffins, etc.				●	■
SAULT-SAINTE-MARIE : *A Thymely Manner* $$$$ 531 Albert St. *(705) 759 3262.* *www.thymelymanner.com* Agneau de pays et délicieux poissons, notamment la truite, dans ce restaurant hors pair, de loin le meilleur en ville.		●			■
THUNDER BAY : *Hoito Restaurant* $ 314 Bay St. *(807) 345 6323.* Des centaines de Finnois ont émigré à Thunder Bay au début du XXe siècle ; Hoito propose une carte traditionnelle et abordable.			■	●	
WINDSOR : *The Park Terrace* $$$$$ Windsor Hilton Hotel, 277 Riverside Drive W. *(519) 973 4225.* La cuisine du Hilton, à base d'excellents produits locaux, s'accompagne d'une belle vue de Detroit, sur l'autre rive.		●	■	●	■
LES PRAIRIES					
EDMONTON : *Sherlock Holmes* $ West Edmonton Mall. *(780) 423 0202.* L'ambiance de la rue rappelle La Nouvelle-Orléans ; série de restaurants, dont le Sherlock Holmes (bonnes bières), l'Albert's (viandée fumée de Montréal) et le Hooters (serveuses en petite tenue).	■	●	■	●	■
EDMONTON : *Unheardof Restaurant* $$$$ 9602 82nd Ave. *(780) 432 0480.* *www.unheardof.com* Situé dans le quartier d'Old Strathcona, ce restaurant est notamment apprécié pour son filet de bison. ● *lun.*		●		●	■
GULL HARBOUR : *Viking Dining Room* $$$ Gull Harbour Resort, parc provincial de Hecla. *(204) 279 2041.* Au menu islandais, agneau Rulupsa avec pain bis à la mélasse, poisson frais du lac Winnipeg et *vinarterta* (tarte aux pruneaux) au dessert.	■	●	■		■
MEDICINE HAT : *Mario's Ristorante* $$$$ 439 5th Ave S.E. *(403) 529 2600.* Chez Mario, dans la vieille ville, pâtes, veau, steak, poulet et fruits de mer, le tout accompagné d'une chaleureuse ambiance à l'italienne.		●	■	●	

RED DEER : *Shauney's* $$$$
4909 48 th St. (403) 342 2404.
Élégance et confort sont au rendez-vous pour un dîner d'autruche, de bison, ou d'autres mets exotiques.

REGINA : *The Diplomat* $$
2032 Broad St. (306) 359 3366.
Au menu de cet élégant restaurant : steak, poisson et carré d'agneau. Au mur, portraits des Premiers ministres canadiens.

REGINA : *John's Place* $$
379 Albert St. (306) 545 3777.
Dans une maison en bois décorée de figuiers et d'objets ruraux, ce restaurant sert des entrecôtes et des produits de la mer.

SASKATOON : *The Granary* $$
2806 8th St. East. (306) 373 6655 www.thegranary.ca
Ce restaurant, style élévateur à grains, propose entrecôtes, fruits de mer, poulets et un généreux buffet de salades.

SASKATOON : *Wanuskewin Restaurant* $
Wanuskewin Heritage Park. (306) 931 9932.
Lieu historique national *(p. 242)*. Au menu : hamburgers de bison, soupe maison, pain bannock et tarte aux baies de Saskatoon.

SASKATOON : *Saskatoon Asian* $$$
136 2nd Ave South. (306) 665 5959.
Spécialité de plats vietnamiens, notamment les raviolis aux crevettes.

STEINBACH : *Livery Barn Restaurant* $
Mennonite Heritage Village, autoroute 12. (204) 326 9661.
De savoureux plats traditionnels mennonites dans un décor de pionniers. À la boutique, café moulu artisanal et bonbons à l'ancienne.

WINNIPEG : *Wagon Wheel Restaurant* $
305 Hargrave St. (204) 942 6695.
Réputé pour ses sandwichs copieux, milk-shakes et soupes maison.

WINNIPEG : *Restaurant Dubrovnik* $$$$$
390 Assiniboine Ave. (204) 944 0594.
L'un des meilleurs restaurants de la ville. Spécialité de porc avec chutney à la mangue et de homard. Réservation indispensable.

VANCOUVER ET L'ÎLE DE VANCOUVER

CAMPBELL RIVER : *Legends Dining Room* $$$$
1625 McDonald Rd. (250) 286 1102. www.oakbaymarinagroup.com
Menu de la côte ouest à déguster avec un œil sur Discovery Passage et les bateaux. Cognac au coin du feu dans le salon.

MALAHAT : *The Aerie* $$$$$
600 Ebedora Lane. (250) 743-7115. www.aerie.bc.ca
Savourez un excellent menu de viande et fruits de mer du pays tout en admirant la vue sur les fjords et les montagnes.

NANAIMO : *Wesley Street Café* $$$
321 Wesley St. (250) 753 6057.
Café intime pour ceux qui apprécient les saveurs fraîches et légères de la côte ouest d'aujourd'hui. Jazz *live* le week-end.

NANAIMO : *Mahle House Restaurant* $$$$
2104 Hemer Rd. (250) 722 3621. www.island.net/-mahle/
Ferme de 1904 entourée d'un jardin anglais ; le mercredi, menu « Aventure », avec cinq plats surprises concoctés par le chef.

SALT SPRING ISLAND : *Hastings House* $$$$$
160 Upper Ganges Rd. (250) 537 2362.
Vieille demeure anglaise donnant sur le port animé de Ganges. Cuisine locale. Restaurés, les bâtiments de ferme accueillent les hôtes de passage.

SOOKE : *Sooke Harbour House* $$$$$
1528 Whiffen Spit Rd. (250) 642 3421. www.sookeharbourhouse.com
Cette table réputée propose aussi bien des oursins que de la salicorne, et de nombreux plats accompagnés d'herbes et de légumes du jardin.

Restaurant	1	2	3	4	5
Shauney's		●	■	●	■
The Diplomat		●	■		■
John's Place			■		■
The Granary	■	●	■	●	■
Wanuskewin Restaurant	■	●	■	●	■
Saskatoon Asian		●		●	■
Livery Barn Restaurant	■	●		●	■
Wagon Wheel Restaurant					■
Restaurant Dubrovnik	■	●		●	■
Legends Dining Room	■	●	■		
The Aerie	■	●	■	●	
Wesley Street Café	■	●			■
Mahle House Restaurant	■	●			
Hastings House		●		●	
Sooke Harbour House		●			■

Légende des symboles, voir rabat de couverture

Catégories de prix pour un repas avec trois plats et une demi-bouteille de vin (le cas échéant), service compris.

- $ moins de 25 $Can
- $$ de 25 à 35 $Can
- $$$ de 35 à 50 $Can
- $$$$ de 50 à 70 $Can
- $$$$$ plus de 70 $Can

TERRASSE
Quelques tables sur cour ou en terrasse.

CUISINE VÉGÉTARIENNE
Au moins un menu offrant un choix de plats végétariens.

BAR
Restaurant avec bar proposant cocktails et autres boissons, et/ou plats rapides.

MENU À PRIX FIXE
Menu à prix fixe comportant généralement trois plats, servi le midi et/ou le soir.

ENFANTS BIENVENUS
Portions réduites et/ou chaises hautes sur demande.

Adresse	Prix	Terrasse	Cuisine végétarienne	Bar	Menu à prix fixe	Enfants bienvenus
TOFINO : *Wickaninnish Inn & Pointe Restaurant* Osprey Lane à Chesterman's Beach. (250) 725 3100. Splendide restaurant avec âtre circulaire et vue sur le Pacifique. Au menu, fruits de mer frais et vins du Nord-Ouest.	$$$$$	■	●	■	●	■
VANCOUVER : *The Old Spaghetti House* 53 Water St. (604) 684 1288. Adresse familiale et pleine de vie au cœur de Gastown ; le personnel est sympathique, le menu italien varié.	$	■	●	■	●	■
VANCOUVER : *Villa De Lupo* 869 Hamilton St. (604) 688-7436. Une alléchante carte italienne avec risotto à la ciboulette fraîche, poulet fermier farci ou tomates pochées aux olives.	$$		●			
VANCOUVER : *900 West Hotel Vancouver* 900 West Georgia St. (604) 669 9378. Possibilité de dîner au bar de la cuisine, ou à table dans la salle à manger. Bar réputé pour sa carte de plus de 60 vins.	$$$		●	■	●	
VANCOUVER : *Havana* 1212 Commercial Drive. (604) 253 9119. www.havana-art.com Authentique restaurant cubain important ses cocktails : La Havane dans un des quartiers animés de Vancouver.	$$$	■	●	■	●	■
VANCOUVER : *Cin Cin Restaurant* 1154 Robson St. (250) 688 7338. www.cincin.net Un décor italo-méditerranéen et le crépitement d'un grill au feu de bois ; le rendez-vous des amateurs de cinéma en semaine et des touristes le week-end.	$$$$	■	●	■	●	
VANCOUVER : *The Fish House* 8901 Stanley Park Drive. (604) 681 7275. www.fishhousestanleypark.com Vous y dégusterez du poisson au milieu des espaces verts de Stanley Park, avec vue panoramique sur English Bay.	$$	■	●	■		■
VANCOUVER : *Piccolo Mondo Ristorante* 850 Thurlow St. (604) 688 1633. Une cave de 480 vins italiens et des recettes familiales promettent un aperçu délicieux – et décontracté – de l'Italie du Nord.	$$$$		●			
VANCOUVER: *Tojo's Japanese* 777 West Broadway Suite, 202. (604) 872 8050. www.tojos.com Depuis son ouverture en 1988, Tojo sert une cuisine japonaise invariablement remarquable et récompensée. Clientèle de journalistes du quartier.	$$$$	■	●	■	●	■
VANCOUVER: *Bishop's* 2183 W. 4th Ave. (604) 738 2025. www.bishoponline.com Propriété du chef gallois John Bishop, ce restaurant renommé sert une cuisine de la côte ouest contemporaine et de saison.	$$$$		●	■	●	■
VANCOUVER: *C Restaurant* 2-1600 Howe St. (604) 681 1164. www.crestaurant.com Ce restaurant contemporain se targue d'avoir les meilleurs produits de la mer de la ville. Terrasse toute blanche.	$$$$$	■	●	■		
VANCOUVER: *Diva at the Met* Metropolitan Hotel, 645 Howe St. (604) 602 1122. Tables sur plusieurs niveaux et cuisine-bar créent un style décontracté.	$$$$$		●	■	●	■
VANCOUVER : *Gotham Steack House & Cocktail Bar* 615 Seymour St. (604) 605 8282. Grande variété de viandes et de fruits de mer servie dans une élégante salle au plafond haut. Mieux vaut réserver.	$$$$$	■		■		■

VANCOUVER : *Lumière* $$$$$
2551 W. Broadway. *(604) 739 8185.*
Un décor épuré, bois d'érable et acier, sert de cadre à une gastronomie combinant cuisine française, minimalisme asiatique et élégance nord-américaine. Tous les menus ont 8-12 plats.

VANCOUVER : *West* $$$$$
2881 Grandville St. *(604) 738 8938.*
La côte ouest joue la tradition dans ce restaurant primé, usant d'ingrédients bio d'une grande fraîcheur. Témoin le croustillant de lingue de Princess Island ou le magret de canard Wentzel mariné à l'orange et à la coriandre.
lun. et mar.

VANCOUVER NORD : *HiWus Feasthouse* $$$$$
6400 Nancy Green Way. *(604) 984 0661.* *www.grousemtn.com*
Une expérience unique dans une maison longue de Grouse Mountain *(p. 276)* : dîner-spectacle associant cuisine, chants et danses des Amérindiens de la côte pacifique.

VICTORIA : *Barb's Place* $
Fisherman's Wharf, Erie St Float. *(250) 384 6515.*
Dans les bassins du port de Victoria. La clientèle se régale de *fish and chips* et autres plats savoureux. *de nov. à avr.*

VICTORIA : *J & J Wonton Noodle House* $
1012 Fort St. *(250) 383 0680.* *www.jjnoodlehouse.com*
Grande salle confortable et pâtes fraîches maison réservées aux habitués et à quelques touristes ayant su s'égarer jusque-là.

VICTORIA : *Il Terrazzo* $$$$
555 Johnson St. *(250) 361 0028.* *www.ilterrazzo.com*
Dans un édifice de 1890 au cœur de la vieille ville, cette table revendique les meilleures spécialités italiennes de Victoria. Magnifique cour, réchauffée dix mois par an par six cheminées.

VICTORIA : *Empress Room* $$$$$
Empress Hotel, 721 Government St. *(250) 384 8111.*
Bonne table dans une salle édouardienne de 1908. Le soir, une harpiste crée un climat raffiné ; espadon au menu.

VICTORIA : *Lure Seafood* $$$$$
Ocean Pointe Resort, 45 Songhees Rd. *(250) 360 2999.*
Chandelles, vins fins, délices du Nord-Ouest et vue sur le port sont les atouts de cette excellente adresse.

LES ROCHEUSES

BANFF : *Giorgio's Trattoria* $$
219 Banff Ave. *(403) 762 5114.* *www.giorgiobanff.com*
Restaurant intime au cœur de la ville ; pâtes italiennes et pizzas au feu de bois.

BANFF : *Coyote's Deli and Grill* $$$
206 Caribou St. *(403) 762 3963.*
Petit, mais réputé, ce restaurant est voué aux délices de la gastronomie du Sud-Ouest américain. Ambiance provinciale soulignée par des gravures dans le style Far-West.

BANFF : *Buffalo Mountain Lodge Dining Room* $$$$
Tunnel Mountain Rd. *(403) 762 2400.*
Un peu excentrée, une salle aux poutres apparentes où déguster un menu des Rocheuses : venaison, caribou, cerf, agneau et bœuf.

CALGARY : *Ranchman's* $$
9615 McLeod Trail South. *(403) 253 1100.* *www.ranchmans.com*
Institution de Calgary, ce café de cow-boy et club de country s'orne de selles de rodéo et d'une cantine ambulante au-dessus de la scène. Au menu, bœuf et poulet fumés à la texane.

CALGARY : *Saltlik Steackhouse* $$
1018th Ave. S.W. *(403) 537 1160.*
Les portions de ce restaurant moderne haut de gamme sont notoirement copieuses et, bien sûr, les steaks y sont particulièrement succulents. Mieux vaut réserver. *sam. et dim midi.*

Catégories de prix pour un repas avec trois plats et une demi-bouteille de vin (le cas échéant), service compris.

- $ moins de 25 $Can
- $$ de 25 à 35 $Can
- $$$ de 35 à 50 $Can
- $$$$ de 50 à 70 $Can
- $$$$$ plus de 70 $Can

Terrasse
Quelques tables sur cour ou en terrasse.

Cuisine végétarienne
Au moins un menu offrant un choix de plats végétariens.

Bar
Restaurant avec bar proposant cocktails et autres boissons, et/ou plats rapides.

Menu à prix fixe
Menu à prix fixe comportant généralement trois plats, servi le midi et/ou le soir.

Enfants bienvenus
Portions réduites et/ou chaises hautes sur demande.

Restaurant	Prix	Terrasse	Cuisine végétarienne	Bar	Menu à prix fixe	Enfants bienvenus
Calgary : *Catch* 100 Stephen Ave. *(403) 266 0000.* Au 2e étage de l'immeuble historique de la Banque du Canada, ce restaurant sert de délicieux poissons et fruits de mer, comme le *gravlax* (saumon sauvage mariné au sel) aux pétoncles. *sam. et dim. midi.*	$$$	■	●	■	●	■
Calgary : *River Café* Prince's Island. *(403) 261 7670. www.river-cafe.com* Un restaurant bien canadien niché dans les bosquets d'un paisible jardin. Spécialité de gibier et produits locaux de choix. *jan.*	$$$$	■	●	■		■
Calgary : *Rouge* 1240 8th Ave S.E. *(403) 531 2767. www.rougecalgary.com* Maison de 1891 du pionnier de Calgary, A. F. Cross ; à la carte, omble chevalier, bison et de nombreux plats de poisson et de poulet.	$$$$	■	●			
Fauquier : *Mushroom Addition* 128 Oak St. *(250) 269 7467.* Les champignons sauvages entrent dans la composition de quasiment chaque plat. Bouquets de fleurs naturelles l'été.	$$	■	●			■
Kimberley : *The Old Bauernhaus* 280 Norton Ave. *(250) 427 5133.* Cette ferme bavaroise du XVIIIe siècle a été démontée puis reconstruite au Canada dans les années 1980. Le rez-de-chaussée est désormais un restaurant servant de copieux repas. *mar. et ven.*	$$$	■	●			■
Lac Louise : *Elkhorn Dining Room* Mile 22 Bow Lake Icefield Parkway. *(403) 522 2167.* Édifice historique bâti par l'artiste Jimmy Simpson, dont les aquarelles ornent les murs. Carte à dominante de gibier.	$$$$		●	■		■
Lac Louise : *Poppy Room* Chateau Lake Louise. *(403) 522 3511 ext 1189.* Toutes les tables ont vue sur le lac. Au menu, hamburgers, salades, pâtes ou poisson ; au petit déjeuner, buffet proposant des omelettes et des gaufres.	$$$$		●			■
Nelson : *The Outer Clove* 536 Stanley St. *(250) 354 1667.* Vieil édifice en brique aux couleurs vives. La cuisine utilise cinq livres d'ail par jour, jusque dans les desserts. *dim.*	$	■	●			■
Revelstoke : *The Peak's Lodge Resort* Transcanadienne (autoroute 1). *(250) 837 2176.* Vieux chalet aux meubles anciens au pied de Boulder Mountain. Bœuf de l'Alberta et saumon de Colombie-Britannique fumé sur place.	$$$	■	●	■		■

Le Sud et le Nord (Colombie-Britannique)

Restaurant	Prix	Terrasse	Cuisine végétarienne	Bar	Menu à prix fixe	Enfants bienvenus
Fort Langley : *Bedford House* 9272 Glover Rd. *(604) 888 2333.* Bonne table dans le cadre historique de Fort Langley ; ambiance détendue, personnel attentif et vins de qualité.	$$	■	●	■		
Kelowna : *Williams Inn* 526 Lawrence Ave. *(250) 763 5136.* Maison romantique sur deux niveaux ; carte européenne de gibier, steaks, agneau, fruits de mer, poulet et desserts maison.	$$$	■	●		●	
Kelowna : *Fresco Restaurant and Lounge* 1560 Water St. *(250) 868 8805. www.frescorestaurant.net* Rod Butters, chef réputé, a remporté de nombreuses récompenses pour ses menus élaborés à partir de produits locaux et de vins de l'Okanagan.	$$$$$		●	■		

Restaurant	Prix					
Osoyoos : *The Diamond Steak and Seafood House* 8903 Main St. *(250) 495 6223.* Trois salles aux spécialités grecques et italiennes : steaks, fruits de mer, pâtes, pizzas et une délicieuse entrecôte.	$$		●	■	●	■
Prince Rupert : *Smile's Café* 1 Cow Bay Rd. *(250) 624 3072.* Bâtiment des années 1930 sur les quais ; restaurant familial de fruits de mer.	$$	■				■
Whistler : *Black's Original Restaurant* 4270 Mountain Square. *(604) 932 6408.* *www.whistlerpubrestaurant.com* Restaurant situé au Westbrook Hotel, au pied des montagnes. Rôti de dinde le dimanche ; à l'étage, le pub britannique est spécialisé dans la Guinness.	$$$	■	●	■		■
Whistler : *Bear Foot Bistro* 4121 Village Green. *(604) 932 3433.* *www.bearfootbistro.com* Sols de ciment délavé à l'acide, fauteuils de cuir brun, jazz *live*, et un des plus importants choix de cigares cubains d'Amérique du Nord. Cuisine française novatrice.	$$$$$		●	■	●	■

Le nord du Canada

Restaurant	Prix					
Dawson City : *Bonanza Dining Room* Eldorado Hotel, 3rd St et Princess St. *(867) 993 5451.* Dans cet hôtel, deux restaurants rustiques servent des snacks simples. Plats du jour renouvelés quotidiennement.	$$$		●	■		
Dawson City : *Klondike Kate's* 3rd Ave et King St. *(867) 993 6527.* *www.klondikekates.ca* Ce café apprécié et sympathique qui doit son nom à une danseuse de cabaret de la ville sert les meilleurs petits déjeuners du Yukon. *hiver.*	$$$	■	●		●	■
Fort Providence : *Snowshoe Inn* 1 Mackenzie St. *(867) 699 3511.* Le plus grand restaurant de la ville met l'accent sur la cuisine maison et propose des fruits de mer raffinés.	$$			■		
Inuvik : *MacKenzie Hotel* 185 MacKenzie Rd. *(867) 777 2861.* Cet hôtel-restaurant permet de goûter la cuisine inuit, notamment l'omble chevalier et le caribou.	$$$$		●	■		■
Iqaluit : *Kamotiq In Restaurant* Wiley Rd. *(867) 979 5937.* Deux salles, dont l'une en forme d'igloo, proposent des mets de l'Arctique, des steaks, des fruits de mer et des plats mexicains.	$$$$$		●	■		■
Rankin Inlet : *Siniktarvik Hotel* 3500 Wiley Rd. *(867) 645 2949.* *sinik@arctic.ca* Ragoûts chaleureux et steaks généreux sont au menu de ce restaurant récemment remis à neuf.	$$		●			■
Whitehorse : *Yukon Mining Company* High Country Inn, 4051 4th Ave. *(867) 667 4471.* Chaque soir, un barbecue en plein air permet aux convives d'apprécier le paysage époustouflant alentour. Spécialité de saumon et de flétan, mais aussi de bières de la région.	$$$	■	●	■	●	■
Whitehorse : *The Cellar Dining-Room* 101 Main St. *(867) 667 2572.* Située à l'Edgewater Hotel, cette « cave » attire les gens du cru ; ambiance plaisante et nourriture excellente.	$$$$		●	■	●	■
Yellowknife : *Wildcat Café* 3506 Wiley Rd. *(867) 873 8850.* Un véritable aperçu de la vie dans le Grand Nord. Spécialité de plats régionaux, en particulier de soupes, et ragoûts copieux. *hiver.*	$$	■	●		●	■
Yellowknife : *The Prospector Bar and Grill* 3506 Wiley Rd. *(867) 920 7639.* Un site d'amarrage pour hydravion est à la disposition des clients estivaux.	$$$$$	■		■	●	

Magasins et boutiques

On trouve bien autre chose au Canada que des poupées folkloriques et des T-shirts à feuille d'érable. Le choix est large, de l'électronique aux vêtements ou aux bijoux, en passant par de nombreux produits typiquement canadiens tels que sirop d'érable au Québec, saumon fumé en Colombie-Britannique, bottes de cow-boy dans l'Alberta, etc. L'art amérindien s'inspire de traditions séculaires : sculptures dans l'Ouest, peintures ou tapisseries chez les Inuits. Chaque grande ville comporte un centre commercial couvert, des grands magasins et des boutiques spécialisées, des galeries d'art et des marchés. Dans les campagnes, l'artisanat local est souvent magnifique. N'oubliez pas que des taxes sur les ventes viennent s'ajouter au prix de nombreux articles.

Poupée de Charlottetown

Heures d'ouverture

Les horaires d'ouverture sont variables, mais dans les grandes villes, la plupart des magasins ouvrent vers 9 h pour fermer entre 17 h et 21 h. Certains magasins d'alimentation ou généralistes, voire certaines pharmacies, sont ouverts 24 h sur 24. Les magasins font souvent nocturne jusqu'à 21 h le vendredi, sauf dans les petites villes et les villages, où tout est fermé après 18 h, même les stations-service. Ils ouvrent de plus en plus le dimanche, généralement de midi à 17 h, avec des variations régionales. Vérifiez avant de vous déplacer, surtout à la campagne.

Modes de paiement

La plupart des magasins prennent les principales cartes de crédit, notamment VISA et MasterCard, en imposant parfois un montant minimum. Ils peuvent aussi en limiter l'usage pendant les soldes d'été ou d'hiver. Le paiement direct est très répandu, et la plupart des supermarchés et grands magasins sont équipés de terminaux pour cartes bancaires. Les chèques de voyage sont acceptés, à condition de pouvoir justifier de son identité ; passeport valide ou permis de conduire sont les plus demandés.

Outre les dollars canadiens, les dollars américains sont la seule monnaie acceptée par les grands magasins. Mais le taux de change peut y être jusqu'à 15 % plus faible que dans les banques. Certains d'entre eux ont un bureau de change sur place.

Taxes sur les ventes

Au Canada, il existe trois sortes de taxes : la Provincial Sales Tax (PST ; taxe de vente provinciale ou TVP en français), la Goods and Services Tax (GST ; taxe sur les produits et services ou TPS), fédérale, et la Harmonized Sales Tax (HST ; taxe de vente harmonisée ou TVH). Chaque province, sauf l'Alberta, utilise une TVP variant de 5 à 12 %. Le Yukon, les Territoires du Nord-Ouest et le Nunavut font exception et n'appliquent aucune taxe provinciale.

En Nouvelle-Écosse, au Nouveau-Brunswick et à Terre-Neuve-et-Labrador, une TVH de 14 % remplace la TVP et la TPS et fonctionne sur le principe de la TPS.

Les Canadiens détestent la TPS, actuellement de 7 %, qui frappe toutes les ventes au détail, à l'exception des aliments de base. Depuis avril 2007, le remboursement de la TPS pour les non-résidents a été supprimé.

Droits du consommateur

Renseignez-vous sur les modalités d'échange avant tout achat. Certains magasins remboursent les articles, d'autres proposent un avoir ; la plupart n'échangent ni ne remboursent les soldes. Une enseigne sérieuse reprendra un article défectueux, accompagné de la facture originale, pendant 28 jours. Compte tenu de la recrudescence des fraudes, évitez les achats par carte bancaire au téléphone.

Wayne Carlick, sculpteur amérindien, Colombie-Britannique

Cent pour cent canadiens

Il existe une grande diversité de produits canadiens. En vente dans tout le pays, ils sont souvent moins chers dans leur province d'origine. Sur la côte Atlantique, les pull-overs tricotés main et les poteries sont un bon choix, de même que les étains Seagull de Nouvelle-Écosse. Les provinces des Prairies sont spécialistes des tenues de cow-boy : ceintures « western », gilets, chapeaux et bottes. Plus à l'ouest, les artisans de Colombie-Britannique créent des sculptures raffinées, dont

Étal du marché artisanal de Lonsdale Quay, à Vancouver *(p. 276)*

des mâts totémiques. Les bijoux en jade local y sont également abordables. Au Québec et en Ontario, le sirop d'érable et ses dérivés sont rois. Les artisans québécois sont de fins sculpteurs sur bois, et la vannerie amérindienne de l'Ontario constitue un souvenir durable. Pour ceux qui ont besoin d'une valise supplémentaire pour leurs achats, les célèbres bagages Tilley sont fabriqués et vendus dans tout l'Ontario.

On trouve des sculptures inuits dans tout le Canada, et surtout dans le Grand Nord. Leur authenticité est garantie par le gouvernement fédéral ; elles portent une étiquette montrant un igloo et sont signées par l'artiste. Depuis les années 1950, les Inuits gravent des scènes traditionnelles, très appréciées, de même que leurs bijoux. Un magnifique anorak fait main, un panneau brodé ou des mocassins en daim souple font d'excellents cadeaux.

Dans tout le pays, l'art canadien contemporain est omniprésent dans les boutiques de cadeaux et galeries. Photographies et posters s'offrent aux bourses plus modestes. On trouve partout des disques de musique canadienne, et disques et cassettes sont au moins 50 % moins chers qu'en Europe.

Les vêtements de sport ou de plein air sont solides et bien coupés, et le matériel de camping, randonnée, plaisance ou pêche de belle qualité. Grâce à une longue tradition, on trouve d'ordinaire un grand choix d'articles, beaucoup moins chers qu'en Europe.

GRANDS MAGASINS

La principale chaîne est The Bay (La Baie au Québec), qui appartient à la Compagnie de la baie d'Hudson. On y trouve de bonnes affaires et des produits de qualité. Les dernières années du XXe siècle ont été difficiles pour les grands magasins canadiens, désormais confrontés à la concurrence des chaînes américaines comme Wal-Mart et les « discount », et des magasins-clubs, tel Costco (Club Price). Les chaînes comme Sears et Zeller's visent une clientèle plus modeste.

Poterie de Nouvelle-Écosse

CENTRES COMMERCIAUX

Sans être de hauts lieux culturels, les « malls » ou centres commerciaux canadiens valent parfois un détour. Au célèbre et moderne Eaton Centre de Toronto, fermé par un dôme de verre et d'acier, un troupeau d'oies sculpté survole les passants. Plus de 42 millions de visiteurs viennent chaque année admirer ce fleuron de l'architecture moderne. Le plus grand centre commercial du monde est le West Edmonton Mall, dans l'Alberta. Plus de 800 boutiques, 34 cinémas, un complexe aquatique, parc d'attractions, hôtel à thème, mini-golf, patinoire, zoo et dauphins font partie de ce paradis du consommateur.

Les magasins chic se concentrent à Toronto, capitale du commerce. Bloor Street et Yorkville Avenue sont bordées de grandes enseignes mondiales comme Tiffany, Holt Renfrew, Ralph Lauren ou Gucci. Vancouver et Montréal ont leurs propres représentants du luxe international. Montréal est la capitale canadienne de la fourrure ; les grands magasins ont en stock des fourrures d'hiver et d'été à prix raisonnables. Si vous ne pouvez aller dans le Grand Nord, vous trouverez de nombreux objets d'art inuit dans les boutiques d'artisanat.

La ville souterraine, avec ses centaines de boutiques, à Montréal

SE DISTRAIRE AU CANADA

Le Canada offre à la fois les distractions sophistiquées d'un grand pays d'Amérique du Nord et de séduisantes productions locales. Outre des manifestations grand public de classe internationale à Ottawa et dans les grands centres, il propose des spectacles d'avant-garde ou traditionnels, notamment de musique folk. Des concerts de haut niveau, classiques ou modernes, sont donnés dans tout le pays ; dans les grandes villes, théâtre, danse et cinéma sont de très bonne qualité, de même que les nombreux spectacles musicaux et festivals de cinéma.

Danseuse du Royal Winnipeg Ballet

RENSEIGNEMENTS

Les quotidiens sont la source la plus fiable ; les plus lus, le *Vancouver Sun*, *Journal de Montréal*, *Journal de Québec*, *Ottawa Citizen* et *Toronto Star*, publient une liste des spectacles au moins une fois par semaine. Le *Globe & Mail* de Toronto, en vente dans tout le pays, a une bonne rubrique culturelle, avec des critiques des derniers spectacles. Autre source d'information : les offices du tourisme *(p. 393)*, qui assurent parfois les réservations. Centres d'information et halls d'hôtels disposent de guides des spectacles hebdomadaires, tel *Where* pour Vancouver. Au Québec, *Le Soleil*, *La Presse* et *Le Droit* couvrent aussi les manifestations en français. L'hebdomadaire national *Macleans* comporte une rubrique culturelle.

VENTE DES BILLETS

Pour les principales salles du pays, elle est assurée par **Ticketmaster**, présent dans de nombreux centres commerciaux, et par **Admission Network** au Québec. Dans chaque ville, d'autres agences couvrent divers sports et spectacles. On peut aussi acheter son billet sur place.

PERSONNES HANDICAPÉES

Les grandes salles canadiennes sont en général très bien équipées pour les fauteuils roulants, avec rampes et accès aux toilettes à l'intérieur, et places de parking réservées à proximité. La plupart des grands centres, dont le Centre national des arts d'Ottawa *(p. 195)*, ont un système d'aide auditive – vérifiez sa disponibilité à l'avance – en plus des rampes et ascenseurs extérieurs.

THÉÂTRE

Le Canada possède quatre grandes scènes dramatiques : Toronto, Ottawa, Vancouver et Montréal, où productions locales ou importées d'Europe et des États-Unis (la plupart en anglais) se côtoient. Comédies musicales et théâtre classique sont de qualité dans l'ensemble. Shakespeare fait recette, mais l'éventail des productions est large ; un des grand succès de la fin des années 1990 à Toronto a été une reprise de *Fame*, triomphe des années 1980. Dans les grands théâtres, la saison va de novembre à mai, mais les animations estivales se multiplient. Spectacles musicaux ou historiques attirent toujours les familles, tel *Anne... La maison aux pignons verts*, donné tous les ans à Charlottetown depuis les années 1950.

CINÉMA

Les superproductions hollywoodiennes ont un public tout trouvé au Canada, où les films sortent souvent en même temps qu'aux États-Unis, ce qui permet parfois aux étrangers de les voir en avant première. Dans les grandes villes, notamment Ottawa et Hull, on trouve des cinémas Imax et Omnimax, avec parfois jusqu'à vingt écrans.

L'histoire du cinéma au Canada est riche : le documentaire y est né, et ses films d'art et d'essai ont récemment trouvé un public. Montréal, Vancouver et Toronto sont le siège des nouvelles tendances. Robert LePage, producteur de théâtre et de cinéma canadien, a un public international de connaisseurs.

Autre célébrité : David Cronenberg, réalisateur d'*eXistenz* (1999). Le Québécois Denys Arcand est l'auteur de *Jésus de Montréal* (1986), encensé malgré quelques scènes controversées. Tous les ans,

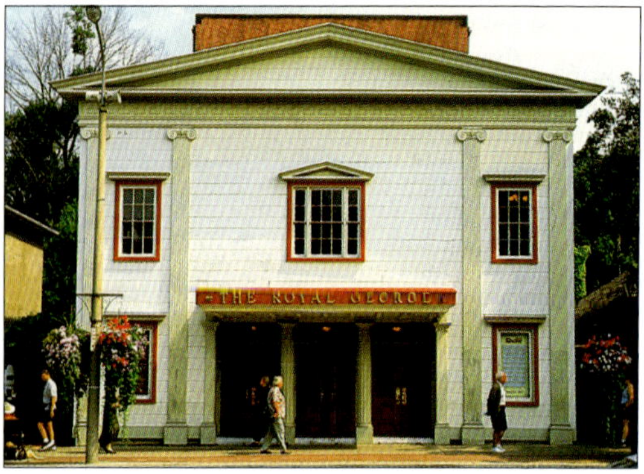

Façade du Royal George Theatre, à Niagara-on-the-Lake

Le cinéma Imax de l'Ontario Place à Toronto

l'Office national du film sélectionne et produit entre autres une œuvre amérindienne – long métrage, film d'animation ou documentaire.

Découvreur de jeunes talents, le festival du film de Toronto, attire chaque année de nombreux cinéphiles.

Musique classique, danse, opéra

Comme le montre la qualité des interprètes et des salles, la musique classique et l'opéra drainent un large public au Canada. Le **Hummingbird Centre for the Performing Arts** de Toronto *(p. 176)* est le siège des compagnies nationales d'art lyrique, dont le répertoire va de Mozart au contemporain chanté en anglais, et de danse, rivale du **Royal Winnipeg Ballet** ; classiques et œuvres expérimentales sont à l'affiche. Le théâtre d'avant-garde est à l'honneur chaque été à Toronto, avec 400 spectacles sélectionnés par tirage au sort. Plus de 100 000 personnes vont chaque année salle Jack Singer, à l'**EPCOR Centre for the Performing Arts**, pour écouter le Calgary Philharmonic Orchestra. Le **Vancouver Symphony Orchestra** se produit à l'**Orpheum Theatre** de la ville.

Rock, folk, variétés

Au cours des années 1990, la variété canadienne a acquis une crédibilité qui lui faisait défaut jusque-là. La superstar québécoise Céline Dion se produit souvent au **Centre Bell** de Montréal et dans tout le pays. Alanis Morrisette, digne héritière de la tradition rock-folk de son pays, mène une carrière internationale.

Le Canada est connu en particulier pour sa musique folk, tradition séculaire, dont les principales vedettes sont Leonard Cohen, Neil Young et Joni Mitchell, et, côté francophone, Félix Leclerc ou Gilles Vigneault *(p. 24)*. Reflet des populations rurales, la chanson canadienne s'incarne dans les mélodies solitaires celtes de la côte est comme dans les jodels des cow-boys de l'Ouest. Le Canada atlantique regorge de petites salles sans prétention d'un excellent niveau musical. Le violon accompagne souvent les dîners de homard sur l'île du Prince-Édouard, et le Nouveau-Brunswick organise un festival de musique et de danse folk. Au Yukon, l'époque de la ruée vers l'or revit à Whitehorse dans un vaudeville du XIXe siècle, interprété par des danseuses au son d'un piano de bastringue.

Céline Dion, une star internationale

Carnet d'adresses

Vente de billets

Admission Network
1 800 361 4595.
(613) 755 1111 Ottawa.
(514) 790 1245 Montréal.
(416) 861 1017 Toronto.

Ticketmaster
(416) 870 8000 Toronto.

Grandes salles

Calgary Philharmonic Orchestra
(403) 571 0270.

Centre Bell
(514) 932 2582.

EPCOR Centre for the Performing Arts
(403) 294 7455.

Hummingbird Centre for the Performing Arts
(416) 872 2262.

National Ballet of Canada
(416) 345 9686 Toronto.

Newfoundland Symphony Orchestra
(709) 753 6492.

Orpheum Theatre
(604) 665 3050.

Royal Winnipeg Ballet
(204) 956 0183.

Vancouver Symphony Orchestra
(604) 876 3434.

Loisirs de plein air

Sentier de randonnée

La diversité et l'immensité de ses paysages encore intacts sont un des principaux attraits du Canada. Ses trente-neuf parcs nationaux, dont plusieurs sont classés au patrimoine mondial par l'Unesco, et, surtout, ses immenses espaces naturels se prêtent idéalement à de multiples activités : courses en traîneau et motoneige avec des guides inuits dans le Grand Nord, croisières au printemps au milieu des Thousand Islands fertiles et fleuries en Ontario, traversée touristique des Rocheuses en train, pêche à la truite dans des lacs limpides et reculés, ou bien encore randonnées aventureuses seront des souvenirs inoubliables.

Randonnées

Le Canada est un paradis pour les randonneurs ; très bien équipé, il offre des parcours pour débutants et marcheurs chevronnés. Cela va de deux heures de balade à plusieurs jours de randonnée sportive dans des régions d'une beauté sauvage.

Les points de départ habituels sont clairement signalés dans les parcs nationaux. On peut faire étape dans des chalets ou des gîtes à l'intérieur des parcs, apporter sa tente ou en louer une en ville. Des cartes détaillées de tout le pays, notamment des parcs nationaux ou provinciaux, sont disponibles auprès de **Canadian Topographical Series** à Ottawa.

Les balades les plus populaires demandent souvent peu de préparation ou d'entraînement. L'Alberta et la Colombie-Britannique, avec leurs quatre célèbres parcs – Kootenay, Yoho, Jasper et Banff –, sont les régions les plus réputées, ce que justifie la variété des paysages, des rondes et luxuriantes collines de Calgary aux sommets escarpés des Rocheuses. Au centre, les Prairies offrent un éventail surprenant de promenades, des Badlands arides du pays des dinosaures, dans l'Alberta, aux étendues sauvages du parc national du Prince-Albert. À l'est, nouvelles montagnes avec les Laurentides et la nature intacte des monts Chic-Chocs en Gaspésie.

Plus difficiles, les randonnées du Grand Nord sont tout aussi gratifiantes. On ne peut guère marcher qu'entre avril et août, époque où la température s'élève un peu, même si des – 30 °C n'ont rien d'inhabituel. Au mieux, le temps reste imprévisible. La Chilkoot Pass, de 53 kilomètres, suit la piste qu'empruntèrent les premiers chercheurs d'or, à la fin du XIXe siècle, entre Bennett, au nord de la Colombie-Britannique, et Dyea, en Alaska. Relativement facile pour la région, elle donne un bon aperçu des paysages nordiques. Plus difficile, pour ne pas dire dangereux, la mémorable Pangnirtung Trail traverse le sud-est de la terre de Baffin, recouverte d'une calotte glacière même en été. Les guides inuits organisent des randonnées à la demande.

Des parcours d'observation de la nature sont parfois proposés, traversant le désert de glace sur des traîneaux à chiens jusqu'à des sites reculés. L'expérience est inoubliable mais onéreuse, en raison des distances et du moyen de transport.

Le lac O'Hara dans le parc national de Yoho, paradis des randonneurs

Près de Weasel River, parc national d'Auyuittuq, terre de Baffin

Mesures de sécurité

Entraînement et respect des consignes sont essentiels. Demandez conseils et itinéraires à l'office de tourisme du parc ou de la province avant le départ. Même si une rencontre paraît peu probable, un animal sauvage, et surtout un ours *(p. 298)*, peut toujours être dangereux. Prémunissez-vous contre les mouches noires et les moustiques, capables de vous gâcher le voyage. Même si elle est claire, ne buvez jamais l'eau des rivières sans l'avoir fait bouillir ; elle peut contenir un parasite intestinal provoquant la « fièvre du castor » ou giardiasis.

Les températures glaciales du Grand Nord rendent la prudence impérative. Informez toujours quelqu'un de votre itinéraire et de votre heure probable d'arrivée. Renseignez-vous sur la faune et les itinéraires auprès des gardiens et emportez un équipement adéquat. Soyez préparé à une chute soudaine de température, même en été. Ne vous aventurez pas hors des sentiers battus sans un guide professionnel ou les conseils des gens du pays.

Équipement

Tente ou vêtements contre le froid se louent facilement dans les régions de randonnée. Vous devrez apporter, ou acheter sur place, de bonnes chaussures de marche, un équipement contre la pluie et des vêtements de rechange. N'oubliez pas une trousse de secours, avec anti-insectes et antihistaminique. Prévoyez des vêtements et des médicaments contre l'insolation ou l'hypothermie. Pour une longue marche, emportez des aliments énergétiques ou du chocolat.

Gîte d'étape au bord du lac Émeraude, parc national de Yoho

Les parcs nationaux

Les trente-neuf parcs nationaux canadiens couvrent les plus splendides montagnes, lacs, rivières, forêts et côtes du pays. Havres de paix, ils permettent d'allier plein air, sports et loisirs, voire de profiter des sources naturelles. Les zones de montagne les plus célèbres sont dans les quatre grands parcs d'Alberta et de Colombie-Britannique, Kluane dans le Yukon, et la toundra du parc national d'Auyuittuq, au sud de la terre de Baffin.

L'organisme gouvernemental **Parcs Canada** gère la plupart des parcs. Les guides du centre d'information touristique, souvent incollables sur la région, renseignent sur les promenades, la randonnée et le canoë, et délivrent les permis de pêche, obligatoires dans tous les parcs. Chasse et armes à feu sont strictement interdites, de même que nourrir les animaux sauvages ou abîmer les arbres et les plantes. Les parcs sont souvent équipés de campings ou de pavillons et cabanes. Ces services sont généralement payants. Un droit d'accès au parc, journalier, hebdomadaire ou annuel, est presque toujours perçu. On peut acheter un abonnement dans les parcs ou aux bureaux de Parcs Canada, à Hull.

Radium Hot Springs, dans les Rocheuses

Canotage sur le lac Wapizagonke, parc national de la Mauricie

CANOË

Autrefois vitales pour les Amérindiens, les multiples voies d'eau du pays sont aujourd'hui l'un de ses principaux terrains de loisir. Dans les parcs provinciaux et nationaux semés de lacs et de rivières, les adeptes du canoë (canot au Québec) peuvent faire du portage pour atteindre des endroits moins fréquentés.

Avec plus de 250 000 lacs et 35 000 kilomètres de voies navigables, l'Ontario est la destination la plus accessible. Dans les parcs Algonquin, Killarney et Quetico, il est possible de parcourir plus de 25 000 kilomètres de rivières et de lacs. Les 190 kilomètres du canal Rideau permettent de visiter Ottawa, la capitale, et la ville historique de Kingston, avec sa myriade d'îlots, ainsi que les hectares de vergers qui le bordent. À proximité des îles, attention aux autres usagers. Le canal rejoint la Voie maritime du Saint-Laurent, le cours d'eau intérieur au plus fort tirant d'eau du monde, et les règles de navigation sont strictes. Les petites embarcations doivent parfois céder le passage aux pétroliers.

Canoës, mais aussi combinaisons, pagaies et gilets de sauvetage peuvent se louer à la journée, à la semaine ou au mois dans la plupart des villes voisines. Grâce à la popularité des sports nautiques au Canada, le matériel, de bonne qualité, est souvent moitié moins cher qu'en Europe ou aux États-Unis.

RAFTING

Il se pratique dans les parcs nationaux de Colombie-Britannique. Au nord, et au travers des Territoires du Nord-Ouest, le système fluvial du Mackenzie offre des sensations fortes aux amateurs de rafting et de canoë. Le Grand Nord est en général réservé aux plus chevronnés. Les 300 kilomètres de la South Nahanni River, près de Fort Simpson, dans les Territoires du Nord-Ouest, sont très rudes. Grâce à de nouvelles routes, le redoutable système fluvial du Yukon est de plus en plus fréquenté.

Si vous n'avez guère l'expérience de la navigation ou du rafting, profitez des stages d'initiation de deux semaines organisés dans tout le pays. Dans le parc provincial de Wells Gray, le canotage permet d'admirer les lacs de façon plus détendue.

Planche à voile, un des nombreux sports nautiques du lac Ontario

AUTRES SPORTS NAUTIQUES

Malgré une courte saison, la voile a toujours beaucoup d'adeptes en été. La proportion de voies navigables intérieures est très importante au Canada,

Descente en eau vive sur l'Athabasca, parc national de Jasper, dans les Rocheuses

Motoneige dans la poudreuse fraîche, en Ontario

où le nombre de bateaux par habitant est, dit-on, le plus élevé au monde. Voile et planche à voile se pratiquent surtout sur les Grands Lacs et sur les côtes est et ouest de mai à septembre. Par temps chaud, les baigneurs profitent de l'eau tiède et des plages sablonneuses des îles du Prince-Édouard et du Cap-Breton, ou bien, dans les terres, des lacs de l'Ontario, comme le lac Huron. En été, les habitants de Toronto nagent parfois dans le lac Ontario.

La pêche

Près de 8 millions de kilomètres carrés de lacs et de rivières contribuent à faire du Canada un paradis pour pêcheurs. On y trouve de nombreuses espèces *(p. 21)*, sans compter le saumon, que l'on peut pêcher en mer. Presque tous les parcs, avec leurs lacs et rivières limpides, se prêtent à la pêche. N'oubliez pas de demander un permis au bureau principal du parc. Si la plupart des touristes pratiquent la pêche en été, il est possible de le faire en hiver sans trop d'inconfort, dans une petite hutte en bois, souvent chauffée, posée au-dessus d'un trou dans la glace. Pourquoi ne pas acheter cannes et moulinets sur place ? Le choix est large, le matériel de très haute qualité et le prix d'ordinaire très raisonnable.

Ski, surf des neiges et motoneige

Ce n'est pas pour rien que l'on appelle parfois le Canada le Grand Blanc, car c'est un des meilleurs domaines skiables au monde. À l'est, les Laurentides comptent de très bonnes stations au mont Tremblant et au mont Sainte-Anne. Le ski de fond se pratique dans le massif des Laurentides, le parc de la Gatineau et tous les cantons de l'Est au Québec. À l'ouest, les stations internationales de Whistler, Lake Louise et Banff offrent des pistes spectaculaires et inoubliables. Au sommet des Rocheuses, la poudreuse attend les aventuriers, et l'héliski (les skieurs sont héliportés jusque sur les pentes immaculées) permet d'atteindre les cimes désertes au nord. L'altitude des pistes est souvent plus élevée que dans les Alpes, en particulier à Banff et à Lake Louise, où ont été organisées de grandes compétitions, comme les jeux Olympiques en 1976. Les grandes stations de ski sont toutes suffisamment proches des grandes villes pour que l'on puisse y passer la journée et revenir dîner en ville.

Planche de snowboard

Le surf des neiges est de plus en plus populaire. Dans le nord du Canada, certains hôtels, repérables aux rangées de planches à l'extérieur, se sont spécialisés dans l'accueil de ses adeptes.

Carnet d'adresses

Cartes

Canada Map Office
1 800 465 6277.

Canadian Topographical Series
1 800 214 8524.

Librairie Ulysse
4176, rue Saint-Denis, Montréal
(514) 843 9447.

Rand McNally (cartes)
1 800 333 0136.

Open Air Books and Maps
25, Toronto St, Toronto
(416) 363 0719.

Organismes utiles

Association canadienne des paraplégiques
(613) 723 1033.

Association cycliste canadienne
(613) 248 1353.

Parcs Canada
1 888 773 8888.

Agences de voyages

American Express
1 800 668 2639.

Cosmos/Globus
1 800 556 5454.

Questers Worldwide Nature Tours
1 800 468 8668.

Trek America
1 800 221 0596.

Vacances Air Canada
(905) 615 8000 Toronto.
(514) 876 4141 Montréal.

L'Ontario, avec près de 50 000 kilomètres de pistes pour motoneiges, propose de nombreuses formules de week-ends en hiver. En deux jours, un motoneigiste expérimenté peut couvrir jusqu'à 500 kilomètres. La motoneige a aussi conquis les grandes stations de ski de Colombie-Britannique. Voyagez plutôt en groupe, en profitant des nombreux points de ravitaillement très fréquentés. Ces « auberges des neiges » proposent souvent des forfaits.

QUEEN OF SURREY

Renseignements pratiques

LE CANADA MODE D'EMPLOI

Le Canada attire de nombreux visiteurs et sait marier attraits urbains et joies du grand air. L'accueil touristique est généralement excellent. Hébergement et restaurants sont de classe internationale *(p. 342-379)*, les transports en commun fiables *(p. 400-409)*, et il y a presque partout des offices du tourisme. Vous trouverez dans les pages qui suivent des renseignements qui pourront se révéler utiles quel que soit le type de séjour, sur les précautions à prendre pour votre santé et votre sécurité *(p. 394-395)*, et sur les banques, la monnaie et le change *(p. 396)*.

Observation des baleines

Une section est consacrée au fonctionnement des services du téléphone et de la poste au Canada.

QUAND PARTIR

Climat et géographie sont à prendre en considération lors de tout voyage au Canada. Le pays est si vaste que chaque visite est généralement centrée sur une des grandes villes – Montréal, Toronto, Ottawa ou Vancouver –, même s'il est possible de séjourner dans des régions isolées, par exemple dans les villages inuits éparpillés à l'ouest et au nord de la baie d'Hudson.
De manière générale, le climat est tempéré sur les côtes ouest et est, et plus rude dans le centre du pays ; dans la Saskatchewan, le Manitoba et l'Alberta, l'été est beau mais l'hiver long et difficile. Juillet et août sont les mois les plus cléments dans le nord du Canada : le sol dégèle en surface et on peut espérer des températures positives.

Côte atlantique, Nouvelle-Écosse, Nouveau-Brunswick et île du Prince-Édouard ont quatre saisons distinctes : un hiver enneigé, un printemps doux et un long automne vif ; l'été reste la meilleure saison.
Au Québec et en Ontario, l'été est chaud et humide, l'hiver froid, avec de la neige jusqu'à fin mars. Malgré leur brièveté, printemps et automne sont souvent les plus agréables.

Au nord-est, Terre-Neuve et la côte du Labrador présentent les températures les plus extrêmes : entre 0 °C et – 50 °C en hiver à St. John's, sur la côte ouest de Terre-Neuve. La Colombie-Britannique et les Rocheuses offrent un des meilleurs domaines skiables au monde en hiver. Le climat y est tempéré, mais le printemps et l'automne peuvent être très humides, les dépressions du Pacifique venant se masser sur les montagnes.

VISAS ET PASSEPORTS

La période de validité du passeport doit dépasser celle du séjour envisagé.
Les voyageurs en provenance du Royaume-Uni, des États-Unis, de l'Union européenne ou du Commonwealth n'ont pas besoin de visa. Un visa touristique leur est remis à l'arrivée sous réserve qu'ils puissent justifier d'un billet de retour non périmé et de ressources suffisantes pour la durée du séjour. Celle-ci est de trois mois. Elle peut être renouvelée pour trois

Enfants jouant au Kids' Village du parc d'attractions d'Ontario Place, à Toronto

autres mois. Pour cela, s'adresser à Citoyenneté et Immigration Canada, à Ottawa, avant l'expiration du visa. La réglementation étant sujette à modifications, il est prudent de s'adresser au consulat, à l'ambassade ou au haut-commissariat le plus proche avant son départ.

Les moins de 18 ans non accompagnés par un adulte doivent être munis d'une autorisation écrite signée par un de leurs parents ou par leur tuteur légal.

Informations touristiques

Réputés, les offices du tourisme canadiens proposent aussi bien des cartes du pays que la réservation des hôtels, *bed-and-breakfast* ou campings. On y trouve des circuits à thème : camping sauvage, fouilles archéologiques ou observation de la vie sauvage. Tous les parcs provinciaux et nationaux ont un centre d'accueil *(visitor's center)*, distribuant en général des cartes détaillées pour la randonnée ou le canotage.

Outre la **Commission canadienne du tourisme** à l'échelon national, chaque province a sa propre direction du tourisme. La plupart des petites villes ont un office du tourisme en saison, donnant des cartes bien faites et une foule de renseignements. Dans les grandes villes, comptoirs et kiosques complètent le bureau principal l'été. Les comptoirs des aéroports et des offices régionaux assurent souvent la réservation des hébergements.

« La petite pomme », point tourisme en Ontario

Horaires et prix d'entrée

La plupart des musées, parcs et autres centres d'intérêt sont payants. Les prix sont très variables ; familles, enfants et personnes âgées bénéficient souvent de tarifs réduits. Les brochures des offices du tourisme et les journaux locaux comportent aussi des bons de réduction.

Galeries et musées sont parfois gratuits un jour ou une soirée par semaine, ou une heure avant la fermeture. Les horaires varient selon la période de l'année. Ouvertes plus longtemps en été, certaines attractions sont parfois totalement fermées en hiver. Musées et galeries ferment d'ordinaire un jour par semaine, le lundi ou le mardi, mais pas le week-end. Si certaines attractions ferment les jours fériés, comme Noël ou le jour de l'an, une étonnante proportion d'entre elles reste ouverte toute l'année. Les vacances scolaires d'été durent de juin à la fête du Travail, célébrée le premier lundi de septembre. Cette fête marque aussi la fin de l'été et le début des horaires d'hiver. Quelle que soit la période, les horaires d'ouverture sont généralement plus restreints en campagne qu'en ville.

Troisième âge

Au Canada, les plus de 60 ans bénéficient de nombreuses réductions sur les places de cinéma, les transports, les droits d'entrée et parfois au restaurant. La compagnie VIA Rail leur accorde 10 % de réduction. Dans certains cas, une réduction de 10 à 50 % est accordée aux personnes âgées de plus de 55, 60 ou 65 ans, selon les provinces et les attractions. Si les réductions ne sont pas affichées, n'hésitez pas à demander.

L'association à but non lucratif **Routes to Learning** organise des voyages culturels pour les seniors, avec hébergement économique de qualité dans les universités. Au programme : conférence le matin, visite guidée l'après-midi et dîner en commun.

Les fuseaux horaires

Le Canada couvre six fuseaux horaires, avec quatre heures et demie de décalage entre les deux côtes. De Vancouver à Halifax, il y a cinq zones : Pacifique, Rocheuses, Prairies, Est et Atlantique ; notez la demi-heure de décalage entre Terre-Neuve et l'Atlantique. Toutes les provinces sauf la Saskatchewan pratiquent l'heure d'été du premier dimanche d'avril au dernier dimanche d'octobre pour économiser l'énergie. Il faut retarder sa montre d'une heure en octobre et l'avancer d'une heure en avril.

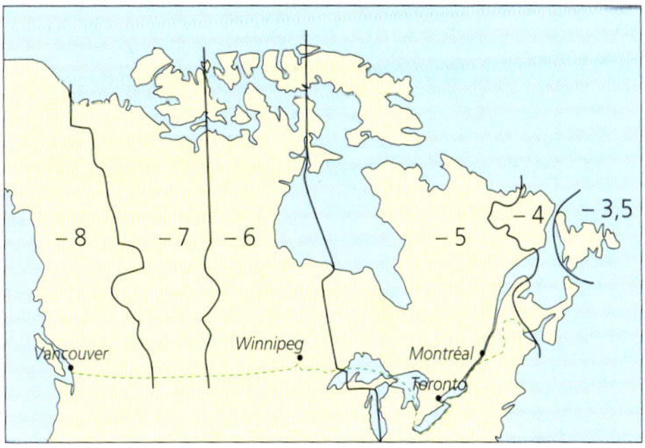

Fuseau horaire	Décalage	Fuseau horaire	Décalage
Pacifique	– 9	*Est*	– 6
Rocheuses	– 8	*Atlantique*	– 5
Prairies	– 7	*Terre-Neuve*	– 4,5

Touristes devant les chutes du Niagara

Voyager avec des enfants

S'il y a moins de parcs d'attraction qu'aux États-Unis, plages, parcs et centre des villes ouvrent leurs portes aux petits et aux grands. Les hébergements précisent généralement s'ils acceptent les enfants. Ceux-ci peuvent souvent partager gratuitement la chambre de leurs parents. Les hôtels disposent normalement de petits lits et de chaises hautes, et parfois d'un service de baby-sitting.

La plupart des restaurants acceptent les enfants, proposant menu spécial, chaise haute, aire de jeux parfois, et réchauffage des biberons et petits pots. Téléphonez avant d'emmener des enfants dans un restaurant chic.

Sur un vol intérieur ou international, un enfant bénéficie souvent de réductions, et de la gratuité avant 2 ans s'il voyage sur vos genoux. Dans les transports publics, gratuité jusqu'à 5 ans, et tarif réduit jusqu'à 12 ans. Si vous louez une voiture *(p. 411)*, vous pouvez réserver un ou deux sièges pour enfants.

Savoir-vivre

Nation multiculturelle *(p. 22-23)*, le Canada accueille et respecte les personnes et les cultures étrangères. « Indien » et « Esquimau » sont des termes du passé ; les Amérindiens sont désormais appelés « Premières Nations » dans le premier cas, et « Inuits » dans le second.

Le caractère détendu et informel des Canadiens se retrouve dans leur tenue vestimentaire, avant tout pratique et adaptée au climat. La tendance est aux jeans et aux sweat-shirts, ainsi qu'à la superposition de différentes couches faciles à ôter ou à remettre en hiver lorsque l'on passe de la rue à un centre commercial bien chauffé. Une tenue plus élégante est cependant de règle en ville, notamment dans les restaurants chic ou les théâtres. Même dans un restaurant simple, il n'est pas rare de lire : *« No shoes, no shirt, no service »* (« Pas de chaussures, pas de chemise… pas de service »). Bronzer seins nus est généralement mal vu.

Il est illégal de boire de l'alcool en dehors des établissements « licenciés », ou d'avoir une bouteille entamée dans sa voiture. Les bus et les trains, les taxis et tous les lieux publics, y compris les bars et les restaurants sont non-fumeurs. La législation antitabac est moins stricte dans certaines provinces – Colombie-Britannique, Alberta, Île-du-Prince-Édouard, Yukon –, où il est possible de fumer dans des zones désignées. Renseignez-vous en réservant une table ou une chambre.

Du moment où le service n'est pas inclus dans l'addition, le pourboire est d'environ 15 %. Le tarif est le même dans les taxis. Chez le coiffeur, comptez environ 10 % du total, et 1 dollar canadien par bagage pour les porteurs des gares et aéroports, le personnel des vestiaires, les portiers et concierges des hôtels ; n'oubliez pas non plus les femmes de chambre des hôtels et les serveurs des bars et boîtes de nuit. Si vous êtes nombreux, calculez votre pourboire largement.

Les étudiants

Une carte d'étudiant internationale vous permettra d'obtenir des réductions importantes au cinéma, dans les galeries, les musées, ainsi qu'un grand nombre d'autres attractions. Achetez-la avant le départ. Cars et trains offrent également de nombreuses réductions ; Go Canada propose par exemple un Accommodation and Coach Pass, avec des tarifs réduits sur les cars et les auberges de jeunesse ; on peut se le procurer auprès des agences spécialisées dans les voyages pour jeunes et étudiants. Le forfait Canrail Pass de VIA Rail permet des trajets illimités sur toutes les lignes de train du Canada pendant une période donnée.

Carte d'étudiant internationale

Pendant les vacances scolaires, les campus universitaires des grandes villes proposent un hébergement économique. On trouve aussi de nombreux gîtes et auberges de jeunesse confortables dans tout le pays. Sachez également qu'il est possible faire un bon repas sans dépenser une fortune.

Électricité

Le Canada utilise des prises américaines ; la plupart des prises femelles acceptent indifféremment deux ou trois fiches. Le courant est du 110 volts alternatif : un adaptateur-transformateur est donc nécessaire. Les piles sont universelles et faciles à trouver, pour tout type d'appareil. N'oubliez pas qu'un appareil électrique rapporté du Canada devra être modifié pour être utilisé en Europe.

Prise standard

Personnes handicapées

Le Canada est l'un des pays les mieux équipés au monde pour les voyageurs handicapés. Les édifices publics et les transports des grandes villes sont de plus en plus largement accessibles aux fauteuils roulants. Tous les bus de Vancouver ont une plate-forme basse, et les trains de VIA Rail des places pour fauteuils roulants. Basée à Ottawa, l'**Association canadienne paraplégiques (ACP)** indiquera aux conducteurs handicapés la réglementation en usage dans chaque province ; elle peut aussi fournir des adresses de location de voitures ou camping-cars spécialement équipés, et procurer une carte de stationnement (contre des frais de dossier, modiques, et un certificat médical).

Beaucoup d'hôtels peuvent accueillir les personnes handicapées, notamment les chaînes comme Best Western ou Holiday Inn, certains hôtels de luxe et auberges de jeunesse. L'ACP vous indiquera les attractions les mieux équipées. Les parcs nationaux et provinciaux ont souvent des centres d'interprétation et des sentiers de découverte accessibles aux fauteuils roulants.

Table de conversion

De l'impérial au métrique

1 pouce (inch) = 2,54 cm
1 pied (foot) = 30 cm
1 mille (mile) = 1,6 km
1 once (ounce) = 28 g
1 livre (pound) = 454 g
1 pinte (pint) = 0,6 l
1 gallon (gallon) = 4,6 l

Du métrique à l'impérial

1 centimètre = 0,4 inch
1 mètre = 3 feet, 3 inches
1 kilomètre = 0,6 mile
1 gramme = 0,04 ounce
1 kilogramme = 2,2 pounds
1 litre = 1,8 pint

Carnet d'adresses

Immigration

Ambassade du Canada
Service d'immigration
35, av. Montaigne, 75008 Paris.
☎ *01 44 43 29 00.*

Citoyenneté et Immigration Canada
Jean Edmonds Towers,
365 Laurier Ave W.,
Ottawa, ON K1A 1L1.
☎ *(613) 954 9019.*
W *www.cic.gc.ca.*

Informations touristiques

Commission canadienne du tourisme
55 Metcalfe St,
Ottawa, ON K1P 6L5.
☎ *(613) 946 1000.*
W *www.canada.travel.ca*

Ambassade du Canada
Direction du tourisme
35, av. Montaigne, 75008 Paris.
☎ *01 44 43 29 00.*

Offices de tourisme provinciaux

Travel Alberta
PO Box 2500,
Edmonton, AB T5J 2Z4,
☎ *1 800 252 3782.*

Tourism British Columbia
865 Hornby St, 8th floor,
Vancouver, BC V6Z 2G3.
☎ *1 800 435 5622.*

Travel Manitoba
155 Carlton St, 7th floor,
Winnipeg, MB R3C 3HB.
☎ *1 800 665 0040.*

Tourism New Brunswick
PO Box 12345,
Campbellton, NB E3N 3T6.
☎ *1 800 561 0123.*

Travel Northwest Territories
PO Box 610, Yellowknife,
NWT X1A 2N5.
☎ *1 800 661 0788.*

Nova Scotia Tourism
PO Box 456, 1800 Argyle
St, Suite 605, Halifax,
NS B3J 2R5.
☎ *1 800 565 0000.*

Nunavut Tourism
PO Box 1450,
Iqaluit, NU X0A 0H0.
☎ *(867) 979 6551,*
1 866 686 2888.

Ontario Travel
900 Bay St, 10th floor,
Hearst Block,
Toronto,
ON M7A 2E1.
☎ *1 800 268 3736.*

Tourisme Québec
CP 979,
Montréal,
PQ H3C 2W3.
☎ *(514) 873 2015,*
1 877 266 5687.

Tourism Prince Edward Island
PO Box 940,
Charlottetown,
PEI C1A 7N8
☎ *1 800 887 5453.*

Tourism Saskatchewan
1922 Albert St,
Regina,
SK S4N 7M4.
☎ *1 877 237 2273.*

Newfoundland and Labrador
Department of Tourism,
PO Box 8700, St. John's,
NF A1B 4J6.
☎ *1 800 563 6353.*

Tourism Yukon
PO Box 2703, Whitehorse,
Yukon, Y1A 2C6.
☎ *1 800 661 0494.*

Personnes âgées

Routes to Learning
4 Cataraqui St, Kingston,
Ontario, K7K 1Z7.
☎ *(613) 530 2222.*

Étudiants

STA Travel Canada
☎ *1 888 427 5639.*

Personnes handicapées

Association canadienne des paraplégiques
National Office
1101 Prince of Wales Dr.,
Suite 230, Ottawa,
Ontario, K2C 3W7.
☎ *(613) 723 1033.*

Santé et sécurité

Avec son taux de criminalité relativement bas, le Canada est une destination sans problème. Contrairement à celles des États-Unis, les rues des centres-villes sont sûres, et jamais désertes la nuit. La prudence impose néanmoins d'éviter les quartiers les moins bien famés, ainsi que les parcs après la tombée de la nuit, et de toujours fermer sa voiture à clef. Dans les régions reculées, la sécurité tient à quelques règles de bon sens. Pour éviter les dangers liés à la nature et au climat, suivez les conseils donnés par les gens du pays. En cas de problème grave, appelez les secours au numéro indiqué ci-contre.

Sécurité personnelle

Les villes canadiennes sont assez sûres grâce à une présence visible de la police jusque dans les quartiers les plus délabrés, moins dangereux la nuit que bien des banlieues. L'hôtel, l'office du tourisme ou la police vous diront quels lieux éviter. Dans le cas, rare, d'un vol dans une chambre, l'hôtel ne peut être tenu pour responsable ; déposez donc vos valeurs dans le coffre.

Chaque fois qu'il y a foule, lors de rassemblements publics ou dans les lieux très touristiques, prévenez les vols à la tire en portant votre appareil photo ou votre sac en bandoulière. Évitez d'être vu avec une somme importante en liquide ; rangez séparément les grosses coupures et la monnaie. Ne gardez pas votre passeport avec votre argent liquide ou vos chèques de voyage. Au restaurant, n'accrochez pas votre sac au dossier de votre chaise ; posez-le par terre, la bandoulière coincée sous votre pied ou votre chaise. Ne tentez pas les voleurs en ayant un portefeuille dans la poche arrière de votre pantalon. Dans tous les cas, un sac « banane » est l'option la plus sûre.

Ordre public

Le Canada dispose de plusieurs forces de police : Police montée dans la plus grande partie du pays, police provinciale en Ontario et au Québec, police municipale, et police autochtone dans les réserves. Les policiers se distinguent souvent par leur serviabilité. Sécurité, bombes, armes ou terrorisme sont des sujets tabous dans les aéroports, par exemple, où l'on peut se faire arrêter pour un propos irréfléchi (ou une plaisanterie). La conduite en état d'ivresse est également sévèrement punie, et il est interdit d'avoir une bouteille entamée dans sa voiture. Les consommateurs de drogue risquent des poursuites judiciaires et l'expulsion.

Policiers canadiens en service

En cas de vol ou de perte

Déclarez les objets perdus au poste de police et communiquez le numéro du procès-verbal à votre compagnie d'assurances. S'il s'agit d'une carte de crédit, faites aussitôt opposition en appelant le numéro fourni par votre banque. Déclarez immédiatement le vol ou la perte de vos chèques de voyage à leur émetteur ; si vous avez noté leur numéro, ils seront remplacés sans difficulté, éventuellement en 24 heures.

Si vous perdez votre passeport, contactez l'ambassade ou le consulat le plus proche. On vous y établira un document temporaire, suffisant si vous retournez directement chez vous ; si vous poursuivez votre voyage à l'étranger, un nouveau passeport devra être établi. Une photocopie du permis de conduire et de l'acte de naissance et une copie certifiée conforme du passeport sont utiles en cas de séjour prolongé.

Assurance-voyage

Il est indispensable d'avoir une assurance-voyage couvrant les dépenses de santé, l'annulation ou l'interruption du voyage, la perte ou le vol d'objets précieux.

Les services de santé canadiens sont excellents, mais chers sans assurance. Si vous avez une assurance-santé personnelle, vérifiez qu'elle couvre tous les soins et hospitalisations d'urgence, les consultations, les médicaments et les soins infirmiers. En cas de maladie grave, le déplacement d'un proche à votre chevet ou le retour d'un véhicule loué doivent faire l'objet d'une clause. Soins dentaires en urgence, dépenses imprévues et remboursement du prix du voyage font aussi l'objet de clauses spéciales. Prenez conseil auprès de votre assureur ou de votre agent de voyage ; attention aux exclusions concernant les affections préexistantes.

Soins médicaux

Les lieux de soin varient selon la gravité de votre état. Une pharmacie est souvent de bon conseil pour un problème bénin. En ville, les dispensaires reçoivent assez rapidement. Dans les petites communes, ou en cas de problème plus grave, allez aux urgences de l'hôpital le plus proche, mais l'attente est souvent longue. Pour un cas très grave, appelez les secours au 911, ou composez le 0 pour l'opérateur.

Si vous avez un traitement en cours, emportez suffisamment de médicaments pour la durée du voyage et une copie de l'ordonnance. N'oubliez pas une trousse de secours, avec aspirine ou paracétamol, antihistaminique (piqûres d'insectes et allergies), médicament contre le mal des transports, antiseptique, pansements et bandes, lotion contre les coups de soleil ou les insectes, surtout si vous allez dans des régions isolées ou arctiques. Une crème antibiotique peut être utile lors des randonnées.

Dans chaque capitale provinciale, une clinique dentaire accueille les urgences. Les pages jaunes de l'annuaire répertorient par région les dentistes, opticiens et autres professions de santé.

Panneau pour automobilistes

Dangers naturels

À certaines époques, la prolifération des moustiques et mouches noires incite les orignaux et les cerfs à fuir la forêt. Les insectes sont une vraie plaie pour les touristes en zone rurale, surtout pendant la période de reproduction, de la fin du printemps au milieu de l'été, et toute l'année dans le Nord. Pour éviter d'être dévoré, faites une cure de vitamine B – réputée diminuer les risques de piqûre – deux semaines avant le départ. Évitez les vêtements de couleurs sombres, qui attirent les insectes, et optez pour des manches longues et un pantalon glissé dans le haut des chaussures ou dans les chaussettes. Si vous partez pour une région déserte en pleine saison de reproduction, investissez dans une moustiquaire protégeant la tête et le cou.

Le Canada est réputé pour ses hivers froids, mais ils ne présentent guère de dangers pour les touristes. Les médias diffusent des bulletins météo quotidiens, particulièrement détaillés en cas de risque de gel. Prévoyez plusieurs couches de vêtements et un couvre-chef. Un écran solaire est nécessaire en été, même par temps couvert.

Ours

Les parcs nationaux, surtout dans les Rocheuses, indiquent quelles précautions prendre *(p. 298)*, mais, à moins de camper ou de vous promener en forêt, vous ne risquez guère de rencontrer d'ours. Évitez de laisser de la nourriture ou une poubelle près de votre tente, voiture ou camping-car, de porter du parfum, et faites du bruit en vous promenant (coups de sifflet par exemple) ; l'ours attaque surtout quand il est surpris. Si vous en voyez un, évitez de crier, de courir (l'ours est très rapide) ou de grimper aux arbres (c'est sa spécialité). Restez immobile, parlez à voix basse et posez un sac à terre pour détourner son attention.

Ours polaire près d'un buggy de la toundra dans le nord du Manitoba

Carnet d'adresses

Services d'urgence

Police, pompiers, secours
Presque partout au Canada et dans les grandes villes, faites le 911 ; ailleurs, le 0.

Consulats

France
1, place Ville-Marie, Bureau 2601, Montréal. ☎ *(514) 878 4385.*

1130 West Pender St, Suite 1100, Vancouver. ☎ *(604) 681 4345.*

Belgique
999, bd de Maisonneuve Ouest, Suite 850, Montréal. ☎ *(514) 849 7394.*

2 Bloor St West, Suite 2006, Toronto. ☎ *(416) 944 14 22.*

Suisse
1572, rue du Docteur-Penfield, Montréal. ☎ *(514) 932 7181.*

World Trade Centre, 790-799 Canada Place, Vancouver. ☎ *(604) 684 2231.*

Banques et devises

Banque royale du Canada

La devise canadienne utilise le système décimal, avec 100 cents par dollar. Les pièces de 25 cents et de 1 dollar vous permettront de téléphoner et d'utiliser les distributeurs, de journaux notamment. Dans les grandes villes, vous en aurez besoin dans les transports publics, car les chauffeurs de bus n'ont souvent pas de monnaie. Prévoyez 50 ou 100 dollars en liquide pour votre arrivée au Canada, et suffisamment de pièces pour les taxis et les pourboires. Sinon, privilégiez les chèques de voyage en dollars canadiens.

Facade en grès de la Bourse de Toronto

Les banques

Banque royale du Canada, Banque de Montréal, Toronto-Dominion, Banque canadienne impériale de commerce (CIBC), Banque de Nouvelle-Écosse et Banque nationale du Canada sont les principaux établissements. On peut en général y utiliser sa carte bancaire. Vérifiez néanmoins avec votre banque avant le départ. Magasins d'alimentation, centres commerciaux, stations-service, gares routières ou ferroviaires et aéroports ont aussi des distributeurs automatiques.

Les banques ouvrent généralement du lundi au vendredi, de 9 h à 17 h, parfois plus tard le vendredi, et parfois le samedi matin. Dimanches et jours fériés, elles sont toutes fermées.

Logo de la Scotiabank

Les chèques de voyage

Les chèques de voyage en dollars canadiens sont probablement la façon la plus sûre et la plus pratique d'emporter de l'argent en vacances : on peut facilement obtenir leur remplacement en cas de perte ou de vol, et ils peuvent tenir lieu d'argent liquide dans un bon nombre de stations-service, magasins, restaurants et hôtels. Prenez des chèques d'un faible montant (20 dollars, par exemple), car les commerçants n'aiment pas avoir à rendre beaucoup de monnaie. Changez-les de préférence dans une banque ne prélevant pas de commission ; ainsi la Banque royale du Canada n'en prend-elle pas sur les chèques American Express en dollars canadiens. Munissez-vous d'une pièce d'identité, passeport ou autre, indispensable pour changer vos chèques dans les banques ou les bureaux de change **American Express** ou **Thomas Cook**.

Les cartes de crédit

Elles sont très utilisées au Canada. American Express, Diner's Club, MasterCard/Access et Visa sont largement acceptées. Elles peuvent servir à justifier de son identité, ou éviter d'avoir à verser une caution importante en liquide, lors de la location d'une voiture par exemple. Certains hôtels demandent aussi un paiement d'avance par carte. Elles permettent enfin d'obtenir une avance en liquide, mais les intérêts courent à partir de la date du retrait.

Transferts d'argent

Si vous êtes à court d'argent, ou en cas d'urgence, vous pouvez obtenir en quelques minutes un transfert à partir de chez vous. Adressez-vous à American Express, à **Travelex** ou à **Western Union**, qui a 22 000 agences en Amérique du Nord.

Logo de la Western Union

Pièces et billets

Les pièces canadiennes ont une valeur faciale d'un cent (« sou noir » ou *penny*), de 5 cents *(nickel)*, de 10 cents *(dime)* ou de 25 cents *(quarter)*, de 1 dollar (baptisé *loonie* ou « huard », parce qu'on y voit un plongeon huard) et, depuis 1996, de 2 dollars (« polar » ou *toonie*), en remplacement de l'ancien billet de banque.

Les billets sont de 5, 10, 50, 100, 500 ou 1 000 dollars. Les grosses coupures, de 50 ou 100 dollars, sont parfois accueillies avec méfiance dans les petits magasins, ou même dans les cafés et les stations-service, où elles ne sont guère utilisées.

Carnet d'adresses

Bureaux de change, transferts d'argent

American Express
Remplacement de chèques, Canada
1 800 221 7282.

Thomas Cook, Mastercard
Perte ou vol
1 800 223 7373.

Travelex
1 877 643 7778.

Visa
1 800 732 1322.

Western Union
Transferts d'argent, Canada
1 800 235 0000.

Communications et médias

Pays d'adoption d'Alexander Graham Bell, inventeur du téléphone, le Canada possède aujourd'hui l'un des réseaux de communications les plus développés au monde. On trouve partout des cabines téléphoniques à pièces ou à cartes : cafés, bars, édifices publics, stations-service, bureaux de poste. Si le prix d'un appel local est dérisoire, téléphoner à l'étranger peut revenir cher. On peut aussi recourir aux télégrammes et fax, ou à Intelpost pour l'envoi de documents par satellite. La poste canadienne, quoique réputée pour sa lenteur, est très fiable. Le courrier peut aussi être acheminé en exprès contre paiement d'un supplément.

LE BON NUMÉRO

INDICATIFS PROVINCIAUX

Alberta – *403 et 780.*
Colombie-Britannique – *604 et 250.*
Manitoba – *204.*
Nouveau-Brunswick – *506.*
Territoires du Nord-Ouest – *867.*
Nouvelle-Écosse – *902.*
Terre-Neuve et Labrador – *709.*
Ontario – *416 et 905 (Toronto).*
705 (Prairies et Nord-Est).
519 (péninsule Sud-Ouest).
613 (région d'Ottawa).
807 (Nord-Ouest).
Île-du-Prince-Édouard – *902.*
Québec – *514 et 540 (Montréal).*
819 (Nord)
418 (Est).
Saskatchewan – *306.*
Yukon et Nunavut – *867.*

LES TÉLÉPHONES PUBLICS

Ils fonctionnent avec des pièces de 25 cents, mais de plus en plus de cabines acceptent les cartes bancaires ou de téléphone. Les tarifs sont en général réduits de 18 h à 8 h et le week-end.

Une communication locale coûte 25 cents (gratuite pour les abonnés). Pour les appels nationaux et internationaux, l'opérateur indique la somme initiale à payer, puis intervient chaque fois qu'il faut remettre de l'argent. Pour un appel lointain, choisissez un téléphone à carte, qui évite les provisions de pièces.

On trouve partout des cabines téléphoniques au bord des routes

LES SERVICES POSTAUX

En dehors de l'Amérique du Nord, tout le courrier est expédié par avion et met de trois à sept jours. À l'intérieur du pays, il faut parfois plusieurs jours aussi, mais votre courrier ira plus vite si vous indiquez le code postal. L'enseigne Postes Canada signale les bureaux de poste, y compris dans les centres commerciaux.

TÉLÉPHONES PORTABLES ET E-MAILS

Vous pouvez louer un portable sur place ou faire régler le vôtre en fonction des réseaux locaux. Pour un e-mail, pensez aux grands hôtels et aux nombreux cybercafés installés en ville.

FAX ET SERVICES TÉLÉGRAPHIQUES

Dans la majorité des villes, des boutiques assurent l'envoi de fax. Pour les télégrammes, s'adresser à Canadian National Telecommunications (CNT) ou à Canadian Pacific (CP) ; deux grands services : Telepost, pour un envoi urgent, et Intelpost, pour l'envoi de documents à l'étranger par satellite.

MÉDIAS

Il n'existe pas de quotidien national à proprement parler, mais le *Globe and Mail* de Toronto est vendu dans tout le pays. *Maclean's* est un hebdomadaire national. La plupart des villes et régions ont leur propre quotidien, voire plusieurs, comme à Toronto. Les hebdomadaires des villes et régions sont utiles pour connaître les événements locaux.

La télévision nationale canadienne (CBC, ou SRC pour les Québécois) fonctionne 24 h sur 24. Ses programmes sont à 80 % produits localement. CBC est aussi une excellente radio et, pour les touristes, une mine d'informations sur la météo et les spectacles en région. Les programmes nationaux sont diffusés en français et en anglais.

POUR EN SAVOIR PLUS

Postes Canada Service à la clientèle
1 800 267 1177.

APPELS INTÉRIEURS ET EXTÉRIEURS

- Pour appeler une autre région : **1**, puis indicatif local et les sept chiffres du correspondant. (À Toronto, composez l'indicatif de la région pour tous les appels locaux.)
- Pour appeler l'étranger : **011**, puis indicatif du pays (France, **33**, Belgique, **32**, Suisse, **41**), indicatif de la ville ou de la région (sans le **0**) et le numéro. Pour appeler les États-Unis, composez l'indicatif de la région, puis le numéro.
- Pour obtenir l'opérateur international : **0**.
- Pour les renseignements téléphoniques locaux : **411**
- Pour les renseignements nationaux : **1**, puis code provincial, puis **555 1212**.
- L'appel des numéros commençant par **800, 877** ou **888** est gratuit.

Aller et circuler au Canada

La plupart des voyageurs arrivent au Canada par avion, à l'un des trois principaux aéroports internationaux du pays : Vancouver, Toronto et Montréal. Il existe également des vols directs pour les principales grandes villes du pays.

Feuille d'érable, logo d'Air Canada

Le pays est si vaste que les vols intérieurs sont appréciés pour circuler d'une région à une autre. Ainsi, si vous effectuez un bref séjour, l'avion est sans doute le seul moyen pour voir à la fois Toronto et Montréal, à l'est, et les montagnes Rocheuses, à l'ouest. On peut aussi parcourir une grande partie du Canada en train, grâce au réseau national de VIA Rail et à ses liaisons entre la plupart des grandes villes ; le car est une autre façon, agréable et souvent plus économique, de sillonner le pays. De courtes excursions en bateau et ferry vous feront découvrir également des paysages spectaculaires. La voiture est aussi un bon moyen pour se rendre dans certains lieux plus difficilement accessibles.

Air Canada est la principale compagnie aérienne du pays

Arrivée par avion

Le Canada est desservi par de nombreuses compagnies aériennes internationales, et le principal transporteur du pays, **Air Canada**, est en liaison avec des compagnies du monde entier. Toutes les grandes compagnies européennes ont des vols pour Toronto et Montréal, tandis que Vancouver accueille les transporteurs d'Extrême-Orient, tels Cathay Pacific ou Quantas. Les liaisons sont multiples avec les États-Unis, notamment New York, Los Angeles, Dallas, Chicago et Atlanta.

Vols internationaux

Il faut de sept à neuf heures pour relier l'Europe et le Canada en avion. Le Canada a treize aéroports internationaux ; les plus importants sont ceux de Toronto, Montréal et Vancouver. Il existe des vols directs pour Calgary, Halifax, Edmonton, Ottawa, St. John's, à Terre-Neuve, et Winnipeg.

Toutes les grandes villes ont des liaisons avec les États-Unis. Plusieurs grandes compagnies offrent la possibilité d'arriver dans un aéroport nord-américain et de repartir d'un autre.

Air France et Air Canada assurent des vols quotidiens pour Montréal et Toronto au départ de Paris. L'été, Air Canada propose des vols sans escale Paris-Vancouver, ainsi que **Zoom Airlines**, qui dessert aussi Calgary, Montréal, Halifax et Toronto. Air Transat *(p. 401)* relie Paris à Montréal, Québec, Ottawa et Toronto.

Tarifs

Les vols pour le Canada à partir de l'Europe ou des États-Unis sont parfois assez chers, surtout pendant les périodes les plus chargées :

Aéroport	Renseignements
St. John's	(709) 758 8500
Halifax	(902) 873 4422
Montréal (Dorval)	(514) 394 7377
Montréal (Mirabel)	(514) 394 7377
Ottawa	(613) 248 2100
Toronto	(416) 247 7678
Winnipeg	(204) 987 9402
Calgary	(403) 735 1200
Edmonton	(780) 890 8382
Vancouver	(604) 207 7077

Noël, nouvel an ou l'été, entre juillet et mi-septembre.

La plupart des grandes compagnies aériennes, dont Air Canada, accordent un tarif réduit si l'on réserve au moins une semaine à l'avance (formule Apex). Ces billets imposent certaines restrictions : durée minimale (de l'ordre de sept jours) et maximale (de trois à six mois) de séjour, et dates de voyage non modifiables ; une assurance annulation peut donc être utile.

Les vols charters permettent parfois d'économiser jusqu'à 20 % sur certains billets. Les formules « tour du monde » sont de plus en plus populaires, de même que les forfaits vacances ; on en trouve de toutes sortes, depuis le couplage avion-location de voiture à tarif réduit jusqu'aux voyages organisés, où tout est compris.

Voyages-sncf propose ses meilleurs prix sur les billets d'avion, hôtels, location de voitures, séjours clé en main ou Alacarte®. Vous avez aussi accès à des services exclusifs : l'envoi gratuit des billets à domicile, Alerte Résa qui signale l'ouverture des réservations, le calendrier des meilleurs prix, les offres de dernière minute et promotions. www.voyages-sncf.com

À L'ARRIVÉE

Avant l'atterrissage, on vous remettra des bordereaux pour l'immigration et les douanes. Ils vous seront demandés lors du passage aux différents contrôles, en même temps que votre passeport.

Indications très claires pour l'aéroport

À l'aéroport, vous trouverez au minimum boutiques, services médicaux et postaux, bureaux de change, kiosques à journaux, loueurs de voiture, navettes et cars pour le centre-ville. La plupart des terminaux sont équipés pour les handicapés.

CARNET D'ADRESSES

COMPAGNIES AÉRIENNES

Air Canada
CAN : 1 888 247 2262.
F : 0 825 880 881.
B : 70 220 100 ; S : 0848 247 226.
www.aircanada.com

Air France
F : 3654.
CAN : 1 800 667 2747.
www.airfrance.fr

Brussels Airlines
B : 0902 51 600 .
CAN : 1 866 308 2230.

Swiss Int'l Airlines
S : 0848 700 700.
CAN : 1 877 359 7947.

Zoom Airlines
CAN : 1 866 359 9666.
F : 0 800 213 266.

Les voyageurs en transit devront récupérer leurs bagages et passer à la douane avant d'embarquer sur leur second vol. Réglez le problème du transfert sur le vol intérieur dès la réservation des billets, et n'hésitez pas à vous renseigner auprès du personnel de la compagnie aérienne : dans certains grands aéroports comme Pearson International, à Toronto, il y a trois terminaux différents.

DISTANCE DU CENTRE	PRIX MOYEN EN TAXI	NAVETTE (DURÉE)
8 km (5 miles)	16 CAN$	—
42 km (26 miles)	35 CAN$	30-45 min
22 km (14 miles)	28 CAN$	25 min
55 km (34 miles)	69 CAN$	40-55 min
18 km (11 miles)	20 CAN$	20-30 min
24 km (15 miles)	35 CAN$	45-55 min
10 km (6 miles)	15 CAN$	20 min
16 km (10 miles)	25 CAN$	30 min
31 km (19 miles)	35 CAN$	45 min
15 km (9 miles)	25-30 CAN$	25-45 min

Vols intérieurs

Le pays est si grand que les Canadiens recourent facilement à l'avion pour leurs déplacements. De nombreuses compagnies locales, souvent liées à Air Canada, couvrent le réseau. Les petits transporteurs assurent les liaisons à l'intérieur des provinces ou vers des régions reculées, la plupart étant accessibles uniquement par avion. Il existe 125 destinations locales au total. On peut réserver un vol intérieur avant son départ, auprès d'une agence de voyages, sur place ou sur Internet. Ces vols, sur les lignes les plus fréquentées, sont devenus meilleur marché. Des réductions sont souvent proposées dans la presse locale, et il existe des forfaits pour les touristes étrangers. Fréter un avion de tourisme permet la découverte fascinante, mais coûteuse, de régions lointaines comme la terre de Baffin.

Un Dash-7 dans le Grand Nord canadien

Lignes et compagnies aériennes

Grâce à un impressionnant réseau de vols intérieurs, presque tous les pôles urbains du pays sont desservis par des lignes régulières au départ des métropoles régionales (Vancouver, Toronto et Montréal essentiellement). Les réservations peuvent s'effectuer par l'intermédiaire du principal transporteur, **Air Canada**, auquel sont rattachées la plupart des petites compagnies. On trouve surtout des vols Est-Ouest, reliant les petites villes comprises entre Halifax, sur la côte est, et Vancouver, à l'ouest, *via* Montréal, Toronto, Ottawa, Winnipeg, Calgary et Edmonton. Du sud vers le nord, les avions pour le Yukon ou les Territoires du Nord-Ouest partent généralement d'Edmonton ou de Winnipeg.

Dans le Grand Nord, l'avion de tourisme est le meilleur moyen d'accéder aux régions isolées comme la terre de Baffin (accessible en bateau uniquement par beau temps) ; seule Churchill, dans le Manitoba, est desservie par le train.

Vols Apex et autres réductions

Au Canada même, plusieurs types de billets à prix réduit sont proposés, et la concurrence a forcé des compagnies à bas coûts telles que **Westjet** à baisser leurs tarifs. Il n'y a guère de différence entre les vols des compagnies charter comme **Air Transat** et les lignes régulières, mais les billets sont souvent jusqu'à 20 % moins chers et peuvent être achetés auprès des voyagistes. Pour obtenir le tarif Apex, vous devez réserver de 7 à 21 jours à l'avance : plus vous réservez tôt, plus la réduction est importante. Ces prix réduits s'accompagnent généralement de restrictions quant à la durée du séjour, aux horaires ou aux dates de voyage. Les billets sont rarement remboursables et les dates de voyage non modifiables.

Certaines compagnies proposent aussi des soldes *(seat sales)* sur certaines destinations populaires pendant les périodes creuses. Ces billets à prix réduit sont toutefois très peu souples et obligent à voyager pendant une période donnée.

Air Canada propose aux touristes étrangers des forfaits pour parcourir le pays ou continuer vers les États-Unis. Ils ne sont en vente qu'en dehors de l'Amérique du Nord. Valables de 7 à 60 jours, ils se composent généralement de coupons équivalant à autant de vols sur le continent ou au sein d'une région.

Forfaits avion-voiture

Ils permettent de visiter le Canada dans les meilleures conditions et incluent toujours une forte réduction sur la location de voiture. Celle-ci peut être prise à un endroit et rendue à un autre : prenez-la à Toronto, visitez l'Ontario, puis rendez-la à Ottawa, par exemple, avant de gagner Vancouver, à l'ouest, en avion. Sachez cependant que les frais d'abandon peuvent être élevés : comptez 200 dollars canadiens entre Toronto et Ottawa. Les agences de voyages proposent toute une gamme de forfaits.

Bagages autorisés

Si vous bénéficiez d'un tarif réduit sur un vol intérieur, la quantité et le poids des bagages sont soumis aux règles de la compagnie, variables selon le type d'appareil. Sur un avion de tourisme, seuls les bagages à main sont en général autorisés. En général, les passagers ont droit à deux valises d'environ 30 kilos chacune.

Les bagages à main doivent pouvoir être glissés sous les sièges ou enfermés dans les coffres. Les housses à vêtements sont parfois acceptées à bord, à condition d'être souples et de respecter les dimensions maximales (longueur : 112 cm, épaisseur : 11 cm) ; vérifiez avec l'agence de voyages ou la compagnie au moment de l'achat du billet.

Enregistrement

En raison des mesures de sécurité aujourd'hui nécessaires, la procédure d'embarquement est parfois longue. Présentez-vous à l'enregistrement au moins 30 minutes avant le départ pour un vol intérieur ; comptez 90 minutes pour les États-Unis et au moins deux heures pour un vol international. Sur les vols intérieurs, les étrangers doivent présenter leur passeport pour justifier de leur identité.

Notez en outre que les principaux aéroports canadiens connaissent une affluence accrue tous les jours entre 7 h et 9 h, et entre 15 h et 20 h, mais aussi pendant les vacances d'hiver, en mars, et pendant l'été ; prévoyez donc plus de temps pour le stationnement, l'enregistrement et les divers contrôles de sécurité.

Logo de Westjet

Carnet d'adresses

Compagnies intérieures

Air Canada
1 888 247 2262.
www.aircanada.ca
www.flytango.com
www.4321zip.com
www.flyjazz.ca

Air North *(Yukon)*
(867) 668 2228, 1 800 661 0407. www.flyairnorth.com

Air Transat *(Montréal)*
(514) 636 3630, 1 877 872 6728. www.airtransat.com

Bearskin Airline
(Thunder Bay, Ontario)
(807) 577 1141, 1 800 465 2327. www.bearskinairlines.com

First Air
(Ottawa, vols pour le Grand Nord)
1 800 267 1247.
www.firstair.ca

Porter Airlines *(Toronto)*
1 888 619 8622.
www.flyporter.com

SkyService *(Toronto, Ontario)*
(416) 679 5700.
www.skyserviceairlines.com

WestJet *(Calgary, Alberta)*
1 800 538 5696.
www.westjet.com

Principales lignes intérieures

Air Canada, la plus grande compagnie canadienne, couvre un réseau très complet de lignes intérieures avec l'aide de transporteurs régionaux. Westjet couvre la plus grande partie des destinations à l'ouest du pays.

CIRCULER DANS LES GRANDES VILLES

Malgré la popularité de la voiture, les transports en commun en ville sont réputés pour leur rapidité, leur fréquence et leur efficacité. En général, le mieux est de visiter à pied, et de n'utiliser les transports en commun qu'en cas de besoin. Les rues étant propres et sûres, il est agréable de flâner dans les différents quartiers. Les transports municipaux ne sont le plus souvent pas trop chers et proposent des carnets de tickets ou des cartes journalières à prix réduit. Circuler dans le centre-ville en voiture peut être éprouvant, surtout aux heures de pointe ; les places de parking sont rares et chères.

Bus touristique à Toronto

On trouve généralement dans les stations et les offices du tourisme des plans gratuits des principales lignes. Les transports de Vancouver, Toronto et Montréal *(plans en pages de garde)*, ainsi que ceux des autres capitales provinciales et villes les plus touristiques sont détaillés ci-après.

MONTRÉAL

Bus et métro utilisent les mêmes tickets et bénéficient d'un système de correspondances. Un « transfert » permet de traverser toute la ville pour le prix d'un seul ticket. Le métro est propre et sûr, avec air conditionné en été et chauffage en hiver. En ville, c'est de loin le mode de transport le plus rapide et le moins cher *(voir pages de garde)*. On peut se procurer un plan gratuit à n'importe quel guichet, et acheter une carte touristique d'un ou trois jours dans les grands hôtels et les offices du tourisme du centre.

La circulation est si dense et le stationnement si difficile, surtout dans la vieille ville, qu'il est plus prudent de laisser sa voiture à la périphérie. On peut prendre un taxi n'importe où dans la rue. Un signal blanc ou orange allumé sur le toit signifie qu'il est libre.

De nombreuses pistes cyclables ont été aménagées ; un guide gratuit du Grand Montréal à vélo est disponible à l'office du tourisme. On peut prendre le métro avec son vélo, sauf aux heures de pointe, de 7 h à 10 h, et de 17 h à 19 h environ en semaine. Certaines pistes sont très agréables, notamment le long du canal historique de Lachine, ou en direction des îles, par le pont de la Concorde.

Plusieurs boutiques de cycles proposent des locations à la journée ou à la semaine ; prévoyez une caution d'au moins 250 dollars.

TORONTO

La **TTC (Toronto Transit Commission)** gère un immense réseau de correspondances entre métro, bus et tramway, desservant toute la ville. C'est l'un des plus sûrs et des plus propres au monde. Les deux lignes principales du métro totalisent une soixantaine de stations *(voir pages de garde)*. Demandez un Transfer Pass si vous voulez poursuivre votre voyage en bus ou en tramway.

Piste cyclable le long du fleuve à Québec

Pour ces derniers, il faut avoir l'appoint. Sinon, vous pouvez acheter un ticket ou un jeton à l'entrée et dans les boutiques du métro. Le guide *Pick up a Ride*, distribué à la plupart des guichets de métro, indique comment accéder en transports en commun aux principaux sites touristiques. La ligne Light Rapid Transit relie le centre-ville et le bord du lac (Harbourfront), et va de Union Station à la station Spadina/Bloor.

Les taxis peuvent être facilement hélés dans la rue, demandés par téléphone ou pris devant un hôtel. Plusieurs boutiques louent des vélos, mais la circulation est si dense dans le centre qu'il vaut mieux se limiter aux parcs. La piste cyclable Martin Goodman, bien balisée, offre de jolies vues le long du lac.

Prévoyez l'appoint pour le bus. Le tarif plein adulte est de 2,75 dollars sur tout le réseau, et permet des changements pendant une heure. En cas de séjour prolongé, pensez à un MetroPass mensuel, ou achetez dix tickets ou jetons pour 21 dollars. Il existe aussi des forfaits journaliers (Day Pass) pour 8,50 dollars.

Une station de taxis à Toronto

Les Toronto Islands sont desservies par un pont et par un ferry circulant tard dans la soirée, plusieurs fois par heure en cas d'affluence l'été.

VANCOUVER

Les transports de Vancouver, SkyTrain, bus et ferries, sont efficacement gérés par **BC Transit**. Kiosques à journaux et offices du tourisme proposent à un prix dérisoire un guide du réseau (Transit Guide) avec un plan de la ville et toutes les lignes. La voiture est à éviter, car la circulation est dense et le stationnement difficile. On peut aussi profiter du système *park-and-ride* pour laisser son véhicule à la périphérie.

Le SkyTrain est un métro automatique reliant le centre de Vancouver aux banlieues de Burnaby, New Westminster et Surrey. Son trajet est tantôt souterrain, tantôt aérien. La station principale est Waterfront Station, au bas de Seymour Street. Les bus permettent une découverte agréable des principales curiosités, à condition toutefois d'éviter les heures de pointe. Ils s'arrêtent vers minuit, mais un service minimum – Night Owl – est maintenu la nuit.

Le bateau est une des meilleures façons de circuler à Vancouver. Le SeaBus, un catamaran de 400 places, relie Lonsdale Quay, à Vancouver Nord, et Waterfront Station, dans le centre. Le trajet prend à peu près 15 minutes et offre de magnifiques vues sur les montagnes et la ville. Les Aquabus Ferries stoppent à False Creek, Granville Island, Stamp's Landing et au dock de Hornby Street.

Pour trouver un taxi, appelez l'une des grandes compagnies (Black Top ou Yellow Cab), car il est rare de pouvoir en arrêter un dans la rue. Avec ses nombreuses pistes cyclables, dont 10 kilomètres dans Stanley Park, Vancouver est la ville du vélo. Comme pour une voiture, on peut le laisser aux abords du centre-ville pour continuer en transports en commun.

Un même tarif s'applique aux bus, SkyTrain et Seabus. Les adultes bénéficient d'un tarif réduit après 18 h 30, ainsi que les samedis, dimanches et jours fériés, toute la journée. Le prix du billet varie aussi selon le nombre de zones traversées (de 1 à 3). En zone 1, le tarif réduit est de 2,25 dollars pour un adulte. Un carnet de dix tickets (FareSaver) ou un forfait journalier reviennent moins cher. Jusqu'à 4 ans, les enfants voyagent gratuitement ; de 5 à 13 ans, ils bénéficient d'un tarif réduit, comme les étudiants porteurs d'une GoCard valide et les plus de 65 ans. Un Transfer Ticket permet de changer gratuitement de transport pendant 90 minutes.

Le SkyTrain traversant l'un des ponts de Vancouver par un soir d'été

Superbe vue sur le Château Frontenac, à Québec, réservée aux piétons

Ottawa

Les principales attractions touristiques de la capitale sont par chance proches de la colline du Parlement. Les trottoirs d'Ottawa sont larges et propres, et la ville se découvre en grande partie à pied, ou en transports en commun pour les sites plus éloignés. **OC Transpo** exploite un réseau de 130 lignes de bus dans la région d'Ottawa-Carlton. Parmi les plus chers du Canada, ses tarifs sont plus élevés aux heures de pointe (3 dollars le ticket). Prévoyez l'appoint ou achetez vos tickets à l'avance, dans les kiosques à journaux ou les boutiques au coin des rues. Si vous devez changer de bus, demandez un « transfert », valable une heure. Il existe aussi des transferts, un peu plus chers, valables sur le réseau de bus indépendant de Hull, de l'autre côté de la rivière. Toutes les lignes passent par Rideau Centre, et la couleur des panneaux varie selon la ligne.

Les automobilistes trouveront plusieurs parkings municipaux abordables, signalés par un *P* vert. Les taxis se demandent par téléphone ou se prennent devant les grands hôtels.

Le vélo permet aussi de découvrir la ville, dotée de 150 kilomètres de pistes cyclables.

Traversant Ottawa du nord au sud, le canal Rideau est bordé de voies piétonnes et cyclables très agréables.

Calgary

Calgary est desservie par le bus et par le tramway, appelé C-Train. Un même ticket à prix fixe, de 2,25 dollars, permet de passer de l'un à l'autre ; un forfait journalier à 6,50 dollars peut être avantageux si vous voulez visiter plusieurs lieux en une journée. Le C-Train dessert l'université et l'aéroport au nord, et le Macleod Trail au sud. Il est gratuit (les bus ne le sont pas) dans le centre, entre 10th Street et l'hôtel de ville. Vous trouverez plans et tickets aux bureaux de la compagnie **Calgary Transit**. On peut aussi acheter des tickets de tramway dans des distributeurs placés aux différents arrêts.

Logo du C-Train à Calgary

Le meilleur moyen de visiter le centre est à pied ou en transports en commun. Mais Calgary s'étend loin (c'est la deuxième ville canadienne par la superficie), et mieux vaut avoir une voiture pour aller à la périphérie. Plusieurs loueurs sont représentés, dont les grandes compagnies ; comptez 50 dollars par jour ou profitez des tarifs économiques du week-end. Les taxis sont chers ; on ne peut pas les héler dans la rue ; il faut téléphoner ou les prendre devant les hôtels.

Winnipeg

La plupart des attractions du centre-ville se concentrent dans un rayon de vingt minutes à pied autour du carrefour de Portage Street et de Main Street. Le réseau des bus de **Winnipeg City Transit** est efficace pour gagner des lieux plus éloignés. Le ticket à prix fixe vaut 2 dollars, ou 18,50 dollars par carnet de dix, en vente au Transit Service Centre, situé en sous-sol au carrefour de Portage et Main Street. (Si vous changez de bus, demandez au chauffeur un ticket de transfert, valable une heure.) Le Centre est ouvert en semaine de 8 h 30 à 16 h 30 et fournit renseignements détaillés et plans des bus gratuits. Plusieurs voies cyclables permettent de traverser la ville et de gagner la périphérie en vélo.

Québec

La vieille ville, avec ses rues étroites et pleines de charme, se visite de préférence à pied, d'autant que les lieux historiques occupent un petit périmètre à l'intérieur des remparts. Deux ascenseurs et vingt-huit esclaliers facilitent la circulation entre la basse et la haute-ville. Les bus, fréquents et fiables, permettent d'aller plus loin, par exemple au musée du Québec. Le plus économique est d'acheter son ticket à l'avance, dans les épiceries, à 2,50 dollars par personne. Il existe aussi des forfaits journaliers à 5,80 dollars. La gare routière est dans la basse-ville, boulevard Charest Est. Les principales lignes passent presque toutes par la place d'Youville, dans la vieille ville.

Les stations de taxi sont situées devant les principaux hôtels et la mairie. On peut aussi visiter la vieille ville en calèche, à raison de 50 dollars les quarante minutes.

Halifax

Peu étendue, Halifax se visite de préférence à pied ou en louant une bicyclette à la journée ou à la demi-journée. Circuler en voiture est difficile, et le stationnement rare et cher. Le plus économique pour aller en banlieue est de prendre les bus du **Halifax Metro Transit**. Le tarif fixe est de 2 dollars en ville, et les carnets de vingt tickets reviennent à 32 dollars. Du lundi au samedi, un service de bus gratuit, appelé « Fred », fait le tour du centre-ville toutes les vingt minutes environ.

Charlottetown

Depuis l'achèvement du pont de la Confédération en 1997, l'île du Prince-Édouard est aisément accessible en bus et en voiture. De mai à novembre, on peut aussi prendre un ferry à partir de New Glasgow, en Nouvelle-Écosse. Un bus assure la liaison entre Halifax et l'île par le ferry. Les transports en commun de l'île se limitent à un service de bus à Charlottetown, assuré uniquement pendant l'été par **Trius Tours**. La voiture reste le moyen de transport privilégié des touristes : pour en louer une en juillet et août, mieux vaut réserver. Plusieurs compagnies proposent des circuits en autocar, à pied ou en vélo.

Le pont de la Confédération, vers l'île du Prince-Édouard

St. John's, Terre-Neuve

Stationner est plus facile à St. John's que dans bien d'autres villes du Canada. On pourra se procurer des cartes de parking grâce à plusieurs distributeurs automatiques bien situés. Prévoyez des pièces de 25 cents et 1 dollar. La location de voiture, proposée par de nombreuses compagnies, y est aussi moins chère.

Le service de bus dépend de **Metrobus** ; les tickets, valables pour un voyage, coûtent 2 dollars, ou 18 dollars par carnet de dix. On peut découvrir la ville de façon très économique en combinant deux lignes : l'une desservant le centre-ville, l'autre la banlieue.

Carnet d'adresses

Renseignements sur les transports urbains

Vancouver
British Columbia Transit
(604) 521 0400.

Toronto Transit Commission (TTC)
(416) 393 4636.

Montréal
STCUM et AMT
(514) 288 6287.

Ottawa
OC Transpo
(613) 741 4390.

Calgary
Calgary Transit
(403) 262 1000.

Winnipeg
Winnipeg City Transit
(204) 986 5700.

Québec
STCUQ
(418) 627 2511.

Halifax
Halifax Metro Transit
(902) 490 6600.

Charlottetown
Trius Tours
(902) 566 5664.

St. John's (Terre-Neuve)
Metrobus
(709) 570 2020.

Car traversant Harbour Bridge à New Brunswick

Circuler en train

Le réseau ferroviaire canadien est géré par un organisme d'État, VIA Rail. À partir de la fin des années 1980, de nombreuses liaisons ont été supprimées. En revanche, le *Canadian*, célèbre train des années 1950 magnifiquement restauré, relie toujours Toronto et Vancouver, et sa traversée des Rocheuses permet de découvrir des paysages époustouflants entre Jasper et Kamloops.

Les Canadiens prennent de plus en plus l'avion pour les longs parcours, et la voiture pour les petites distances. Pour les touristes, le train demeure un merveilleux moyen de voir une grande partie du pays, surtout quand il dispose d'un wagon panoramique au toit vitré. Les réseaux locaux, autour des grandes villes, sont aussi très utiles pour explorer une région en détail.

Le *Rocky Mountaineer* permet la découverte des Rocheuses

Le réseau ferroviaire canadien

VIA Rail Canada gère le réseau national des trains de voyageurs. En dépit de la fermeture de plusieurs lignes, 400 trains continuent chaque semaine à couvrir 13 000 kilomètres entre Vancouver et Toronto, et jusqu'à Montréal, Québec et Halifax. En combinant les différentes liaisons, on peut traverser le pays en cinq jours. La plus longue ligne, entre Vancouver et Toronto, est parcourue par le *Canadian*, luxueux train des années 1950 comportant des wagons restaurant et panoramique. Certains endroits inaccessibles par route, comme Churchill, au nord du Manitoba, dépendent du rail. La ligne Winnipeg-Churchill est surtout fréquentée en octobre par les touristes désirant voir les ours polaires *(p. 251)*.

Outre les grandes lignes de l'Est et l'Ouest, VIA Rail gère les connexions entre les grands centres du couloir de l'Ontario, de Québec à Windsor *via* Kingston, Montréal, les chutes du Niagara, Ottawa et Toronto. Elles sont assurées par des trains express.

Il est facile de continuer vers les États-Unis, VIA Rail étant relié au réseau ferroviaire américain Amtrak à Montréal et à Vancouver. Les deux compagnies exploitent conjointement les lignes Toronto-New York, *via* les chutes du Niagara, et Toronto-Chicago, *via* Sarnia/Port Huron. Quelques kilomètres séparent la gare VIA Rail à Windsor de celle d'Amtrak à Detroit.

Réseaux secondaires

VIA Rail n'est pas la seule compagnie à assurer le service voyageurs, toutes les grandes villes ayant un réseau de banlieue fort utile. À Vancouver, **BC Rail** exploite le *West Coast Express* pour Prince Rupert, Go Transit dessert les alentours de Toronto jusqu'à Milton, Bradford, Richmond Hill et Stouffville, et Montréal a l'AMT *(p. 405)*.

Lignes touristiques

Plusieurs lignes permettent de découvrir le Canada à bord de trains confortables, souvent luxueux. Une des meilleures, entre Sault-Sainte-Marie et Hearst, en Ontario, est exploitée par l'**Algoma Central Railway** *(p. 223)*. De début juin à octobre, un train pour l'Agawa Canyon part de Sault-Sainte-Marie et traverse des paysages spectaculaires. Tous les week-ends, de fin décembre à début mars, on peut aussi y prendre le Train des neiges.

L'**Ontario Northland Railway** transporte marchandises et voyageurs sur sa principale ligne, de North Bay à Moosonee. Le *Polar Bear Express* est un train touristique permettant de découvrir le Grand Nord jusqu'à Moosonee en été. Au sud de North Bay, la ligne voyageurs continue jusqu'à Toronto.

Le parcours le plus spectaculaire est sans doute celui proposé par **Rocky Mountaineer Railtours** en Colombie-Britannique, de mi-mai à début octobre. Empruntant le tracé originel du Canadian Pacific Railroad, le *Rocky Mountaineer* relie en deux jours Vancouver et Calgary, *via* Banff ou Jasper. Tout le voyage s'effectue de jour, le forfait comprenant une nuit à Kamloops et les repas. Un wagon panoramique permet de profiter des paysages.

Pour un voyage plus long, on pourra préférer le Golden/Crowsnest Tour six jours/cinq nuits du **Royal**

Canadian Pacific Luxury Rail Tours, qui, depuis Calgary, fait traverser les vastes prairies de Lethbridge jusqu'à Fort McLeod, puis aborder les Rocheuses par le Crowsnest Pass, avec un commentaire des meilleurs naturalistes et historiens sur l'Ouest canadien.

Les classes

Sur les grandes lignes, les trains comportent des places « Economy » et des wagons-lits au tarif VIA 1. On trouve en classe économique de confortables sièges inclinables et des couvertures et oreillers pour les voyages de nuit ; les allées sont larges, les fenêtres aussi. Un wagon-bar ou restaurant est généralement accessible. En wagon-lit, on peut choisir entre couchettes simples et doubles, et une chambre pour deux personnes se transformant en un luxueux salon dans la journée. Le *Canadian* et certains autres trains VIA de l'Ouest comportent des wagons de première classe Silver & Blue donnant accès à un wagon panoramique et à un luxueux wagon-restaurant.

Billets et réservations

Pour réserver sa place dans le train, adressez-vous aux agences de voyages ou à VIA Rail. Plusieurs types de réductions s'appliquent aux allers-retours et aux réservations anticipées, en classe économique comme en wagon-lit. Pour en bénéficier sur les lignes du couloir de l'Ontario, il faut réserver cinq jours à l'avance (contre sept jours sur la plupart des autres lignes). Des tarifs réduits sont aussi consentis en période creuse, d'octobre à décembre et de janvier à fin mai.

VIA Rail Canada

Feuille d'érable sur le logo VIA Rail

Le forfait Canrailpass permet douze jours de trajets illimités en classe économique sur une période de trente jours. Il suffit de montrer son *pass* chaque fois que l'on achète un billet. Le *pass* est valable sur toutes les lignes VIA et permet de s'arrêter aussi souvent qu'on le désire. On peut acheter jusqu'à trois jours de plus de voyage, soit dès le départ, soit pendant les trente jours de validité. Le quota de places Canrailpass étant limité, mieux vaut réserver en été. Sur tout le réseau VIA, les plus de 60 ans bénéficient de 10 % de réduction supplémentaire sur leurs billets.

Carnet d'adresses

VIA Rail
(416) 366 8411 (Toronto et la plupart des autres provinces).
W *www.viarail.ca*

Algoma Central Railway
(705) 946 7300, 1 800 242 9287.

Ontario Northland Railway
1 800 461 8558.

Rocky Mountaineer Railtours
(604) 606 7245.
W *www.rockymountaineer.com*

Royal Canadian Pacific
(403) 508 1400.

Principales lignes ferroviaires

Le trafic voyageurs est en grande partie assuré par VIA Rail. Tous les grands centres d'intérêt du pays sont accessibles en train, et des compagnies locales desservent les alentours de la plupart des villes.

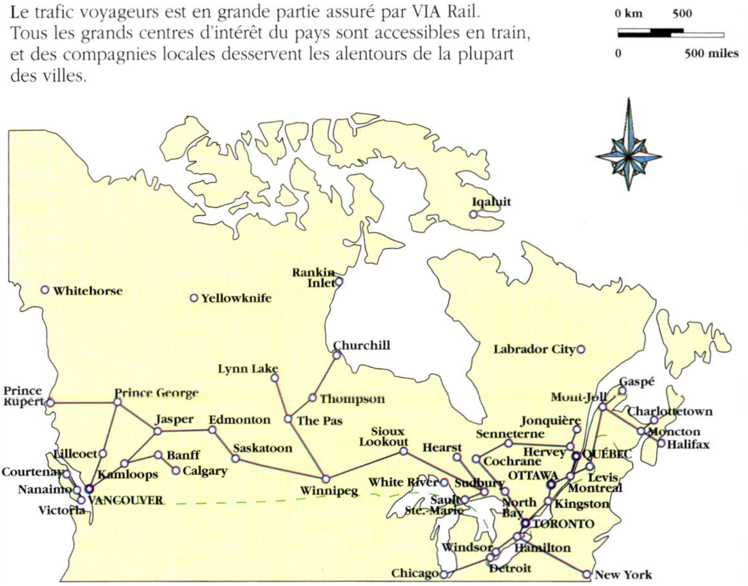

Circuler en voiture

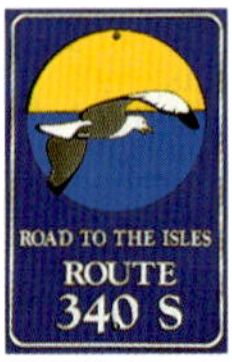

Itinéraire touristique

Si les différents moyens de transport sont utiles en ville, ou d'une ville à l'autre, une fois arrivé dans une région reculée, la voiture s'impose. C'est le cas si l'on veut explorer la sauvage Gaspésie, au Québec *(p. 140-141)*, ou Okanagan Valley, en Colombie-Britannique *(p. 315)*. Le Canada apparaît à l'évidence comme un pays de conducteurs : le réseau routier est excellent et très bien entretenu, et d'immenses centres commerciaux ont été construits à l'extérieur des villes. Dans le centre de Toronto, Vancouver, Montréal ou Ottawa, en revanche, la circulation est si dense qu'il est plus rapide et plus économique de prendre les transports en commun.

Arriver en voiture

Beaucoup de gens arrivent en voiture des États-Unis. Cette frontière est la plus longue au monde et comporte treize postes frontière, les plus fréquentés étant ceux de Detroit-Windsor et des chutes du Niagara.

Beaucoup d'autoroutes entrant au Canada sont reliées à la Transcanadienne (autoroute 1), la plus longue autoroute du pays avec quelque 5 000 kilomètres de Victoria (Colombie-Britannique) à St. John's (Terre-Neuve). À la douane, on vous demandera votre nationalité, lieu de résidence et durée de séjour envisagée. On peut aussi vous demander passeport et visa *(p. 390-391)*. Faites le plein aux États-Unis, où l'essence est moins chère. On peut aussi arriver au Canada par la célèbre route de l'Alaska *(p. 260-261)*, qui traverse le Yukon pour aboutir à Dawson City (Colombie-Britannique).

Permis de conduire

En général, un permis national valide permet de conduire pendant trois mois maximum au Canada ; en Colombie-Britannique, au Québec et au Nouveau-Brunswick, cette durée passe à six mois, à quatre sur l'île du Prince-Édouard, et à un mois seulement au Yukon. Il est conseillé de se munir en outre d'un permis international, en cas de problème avec les agents de la circulation ou la police.

Assurance

Que vous conduisiez un véhicule de location ou le vôtre, vous devez être obligatoirement assuré. S'il s'agit de votre véhicule, vérifiez que votre assurance est valable au Canada, ce qui revient moins cher. Sa couverture doit être au minimum de 200 000 dollars, sauf au Québec (50 000 dollars). La plupart des compagnies de location proposent une assurance contre les accidents matériels, et contre les accidents corporels sur paiement d'un supplément. Le mieux est d'avoir les deux. Si vous conduisez un véhicule qui ne vous appartient pas, munissez-vous d'une autorisation du propriétaire. Dans le cas d'une voiture de location, ayez avec vous la documentation officielle de la compagnie. En été, il est prudent de s'occuper à l'avance de la location et de l'assurance.

En camping-car à travers les montagnes et les forêts du parc national de Banff, Alberta

Location de voitures

On trouve des voitures à louer presque partout au Canada. Les principaux loueurs – **Hertz**, **Avis** ou **National** – ont des comptoirs dans les aéroports et la majorité des villes du pays. Le plus économique est d'acheter un forfait avion-voiture dans son propre pays, ou de réserver à l'avance pour obtenir une réduction. Les prix sont très variables selon la saison, le type de véhicule et la durée de la location ; faites préciser le montant des frais d'abandon et des taxes (taxe provinciale sur les ventes et GST). En allant prendre la voiture, munissez-vous de votre passeport et de votre billet d'avion retour. L'âge minimum requis est de 25 ans, parfois de 21 ans. Prévoyez une carte de crédit pour la caution ; à défaut, il vous sera quasiment impossible de louer une voiture au Canada. Pour les enfants de moins de 18 kilos, un siège fixe équipé d'une ceinture est obligatoire. D'habitude, les loueurs en fournissent quand on les prévient à l'avance. Les grandes compagnies offrent un large choix de véhicules, du modèle économique à trois portes au modèle de luxe à cinq portes, le plus souvent avec autoradio et climatisation. L'embrayage automatique est la règle, mais certaines grandes compagnies disposent de véhicules à commandes manuelles pour les handicapés. Autre option, quoique plus coûteuse : la location de camping-car, à prévoir longtemps à l'avance en été.

Stations-service et carburants

Le carburant est beaucoup moins cher qu'en France, surtout en ville ; il est souvent plus cher à la campagne. On ne trouve que du carburant sans plomb et du gasoil. Sauf exception, les voitures de location sont fournies avec le plein ; l'essence se paie d'avance ou au retour. Vu le nombre de libres-services, il peut être difficile de trouver un mécanicien. Les stations-service ouvrent parfois 24 h sur 24 dans les grandes villes, mais ferment souvent à 18 h et sont rares en campagne, surtout dans le Nord. Mieux vaut donc faire le plein avant de partir. Cartes de crédit et chèques de voyage sont largement acceptés.

Code de la route

Les routes canadiennes sont bien entretenues, à deux voies pour la plupart, prévues pour tous les temps, et clairement signalées et numérotées. Les panneaux sont souvent en anglais, parfois bilingues, et en français au Québec. Adressez-vous aux clubs automobiles comme l'**Association canadienne des automobilistes (CAA)**, en réseau avec nombre d'autres clubs dans le monde, pour obtenir une bonne carte routière, indispensable, et vous informer des variations provinciales du code de la route.

Danger : orignaux !

On roule à droite au Canada. Sauf au Québec, on peut tourner à droite au feu rouge. La vitesse est limitée à 30-40 km/h dans les agglomérations, et à 80-100 km/h sur route. Dans certaines provinces, les phares doivent rester allumés bien après l'aube et l'être bien avant le crépuscule (sur les modèles récents, ils s'allument au démarrage). La ceinture de sécurité est obligatoire pour les passagers comme pour le conducteur.

Dans le nord du pays, des précautions particulières sont à prendre : le verglas rend les routes très dangereuses, et on ne peut guère y circuler qu'en été.

Carnet d'adresses

Location de voitures

Avis
1 800 331 1212.
www.avis.com

Hertz
1 800 263 0600.
www.hertz.com

National
1 800 227 7368.
www.nationalcar.ca

Clubs automobiles

Association canadienne des automobilistes (CAA)
(613) 247 0117.
www.caa.ca

Assistance routière 24 h/24
1 800 222 4357.

Conduite hivernale et sécurité

Les hivers canadiens sont rudes : vérifiez l'état des routes et la météo avant de partir. Congères et verglas sont fréquents en hiver et dans le Nord. Si vous allez dans des lieux isolés, faites le plein et prenez couvertures, sable, pelle et aliments de secours (barres chocolatées) au cas où vous seriez bloqués. Pensez aussi aux câbles de démarrage, car un froid extrême peut rapidement décharger la batterie. Les pneus cloutés sont très utiles l'hiver et sont autorisés dans presque toutes les provinces. Renseignez-vous à l'office de tourisme.

En été, des animaux comme les ours ou les orignaux peuvent représenter un danger, surtout en Colombie-Britannique. Au printemps et en été, il leur arrive de surgir sur la route, chassés des bois par les mouches noires. Redoublez de vigilance lorsque des panneaux signalent la présence d'animaux sauvages, car ils sont implantés aux endroits de plus fort danger.

Index

Les numéros de page en **gras** renvoient aux entrées principales

A

B

D

E

F

S

T

Y

Z

Remerciements

Dorling Kindersley remercie les personnes suivantes pour leur contribution et leur aide à la préparation de cet ouvrage :

Auteurs

Paul Franklin a récemment achevé un guide de voyage sur la Nouvelle-Écosse, où il vit, à la demande du gouvernement de cette province. Il est auteur de textes et de photographies pour des guides de voyage canadiens et internationaux.

Sam Ion et **Cam Norton** résident et travaillent à Burlington, Ontario. Spécialisés avec succès dans les voyages, ils écrivent à « quatre mains » pour des journaux, revues et brochures touristiques. Récemment, ils ont rendu hommage à leur province en réalisant le site internet du millénaire pour le gouvernement de l'Ontario.

Philip Lee est spécialisé dans le tourisme depuis plus de dix ans. Il a écrit de nombreux articles et guides de voyage sur plusieurs pays à travers le monde. Après avoir longtemps résidé et voyagé aux États-Unis et au Canada, il est désormais installé à Nottingham, Royaume-Uni.

Lorry Patton vit et travaille en Colombie-Britannique. Elle a récemment dirigé la rubrique touristique de la revue *BC Woman*. Elle s'occupe actuellement d'une revue touristique en ligne consacrée notamment à la Colombie-Britannique et vit sur les îles du Golfe, près de Vancouver.

Geoffrey Roy a été primé pour ses articles et ses photographies touristiques. Travailleur indépendant, il vit dans le Surrey, au Royaume-Uni, et a consacré de nombreux articles au Nord canadien.

Donald Telfer vit dans la Saskatchewan. Spécialiste du voyage, il écrit depuis plus de 20 ans sur les Prairies et publie régulièrement dans différents journaux et revues canadiens et internationaux.

Paul Waters est journaliste et vit à Montréal. Il a résidé et travaillé dans de nombreuses villes du Québec et a beaucoup écrit sur cette province. Il dirige actuellement la rubrique touristique de *The Gazette*, quotidien montréalais de langue anglaise.

Collaborateurs

Alan Chan, Michael Snook.

Photographies d'appoint

James Jackson, Gunter Marx, Cylla von Tiedmann, Matthew Ward.

Illustrations d'appoint

Stephen Conlin, Eugene Fleury, Steve Gyapay, Chris Orr, Mel Pickering, Peter Ross.

Cartographie

ERA-Maptec Ltd, Dublin, Irlande.

Correcteur

Sam Merrell.

Établissement de l'index

Hilary Bird.

Collaboration artistique et éditoriale

Gillian Allen, Emily Anderson, Ilona Biro, Louise Bolton, Julie Bond, Vivien Crump, Joy Fitzsimmons, Emily Green, Jessica Hughes, Marie Ingledew, Steve Knowlden, Kathryn Lane, Mary Ormandy, Marianne Petrou, Mani Ramaswamy, Lee Redmond, Ellen Root, Anna Streifert, Geordie Telfer.

Contributions spécialisées

Canada Map Office, Ontario ; Canadian Tourism Office, Londres, Royaume-Uni ; Claude Guérin et Danielle Legentil, musée d'Art contemporain de Montréal ; Jim Kemshead, Tourism Yukon ; Wendy Kraushaar, RCMP Museum, Regina, Saskatchewan ; 'Ksan Historical Indian Village & Museum, Hazleton, Colombie-Britannique ; Leila Jamieson, Art Gallery of Ontario, Toronto ; Antonio Landry, Village historique acadien, Nouveau-Brunswick ; Mary Hickie, Royal Tyrrell Museum, Drumheller, Alberta ; Mary Mandley, Information Office, Sainte-Marie among the Hurons ; National Air photo Library, Ottawa, Ontario ; Liette Roberts, Manitoba Museum of Man and Nature, Winnipeg ; Mark Sayers, Ernest D. Scullion, Aeriel Photography Services, Scarborough, Ontario ; Visit Canada Office, Londres, Royaume-Uni ; Jennifer Web, UBC Museum of Anthropology, Vancouver, Colombie-Britannique.

Autorisations de photographier

L'éditeur tient à remercier tous ceux et celles qui l'ont aidé et autorisé à photographier leur établissement.

Abréviations utilisées : h = haut ; hg = en haut à gauche ; hgc = en haut à gauche au centre ; hc = en haut au centre ; hdc = en haut à droite au centre ; hd = en haut à droite ; cgh = au centre à gauche en haut ; ch = au centre en haut ; cdh = au centre à droite en haut ; cg = au centre à gauche ; c = au centre ; cd = au centre à droite ; cgb = au centre à gauche en bas ; cb = au centre en bas ; cdb = au centre à droite en bas ; bg = en bas à gauche ; b = en bas ; bc = en bas au centre ; bcg = en bas au centre à gauche ; bcd = en bas au centre à droite ; bd = en bas à droite ; (d) = détail.

Les œuvres d'art ont été reproduites avec l'autorisation des détenteurs des droits de reproduction suivants : © Henry Moore Foundation : 172c ; © Bill Vazan Shibagua Shard, 1989, granit sablé, 187c.

L'éditeur remercie les particuliers, sociétés et bibliothèques qui l'ont aimablement autorisé à reproduire leurs photographies :

Air Canada : 49b, 398c/t ; AKG, Londres : 47b ; Bryan and Cherry Alexander : 16c, 20h, 21cd, 23c/cd/bg, 26h, 37h, 51c/b, 153h, 321c, 322, 324cb, 324-325, 325c, 332-333, 334h, 338h, 339h/c ; Allsport : Scott Halleran 32b ; Jed Jacobson 33h ; Jamie Squire 35b ; Rick Stewart 32c ; Anchorage Museum of History and Art, Anchorage, Alaska : B74.1.25 46h ; avec l'aimable autorisation de The Anne of Green Gables Museum, Silver Bush, Park Corner, île du Prince-Édouard : 79b ; Art Gallery of Ontario : Karoo Ashevak, Inuit canadien (1940-1974), *Chaman aidé par un esprit*, 1972, fanon de baleine, ivoire, pierre grise, tendon, 47,7 x 23,6 x 16,6 cm, don de Samuel et Esther Sarick, Toronto 1996 © Palaejook Eskimo Co-op Ltd. 175ch ; Pieter Brueghel le Jeune (1564-1638), *La Danse de la mariée*, s. d., huile sur bois, 36,2 x 44,2 cm 175cb(d) ; Paul Gauguin (1848-1903), *Hina et Fatu*, vers 1892, bois de tamanu, H. 32,7 cm, don du Volunteer Committee Fund, 1980 174hg ; Lawren H. Harris (1885-1970), *Au-dessus du lac Supérieur*, vers 1922, huile sur toile, 121,9 x 152,4 cm, don de Ruben and Kate Leonard Canadian Fund 1929 © Mrs. James H. Knox 160b ; J. E. H. MacDondald (1873-1932), *Chutes, rivière de Montréal*, 1920, huile sur toile, 121,9 x 153 cm, acquisition 1933 Acc nº 2109, cliché Larry Ostrom 161h ; Henry Moore (1898-1986), *Draped Reclining Figure*, 1952-1953, plâtre original 100,4 x 160,4 x 68,6 cm, don de Henry Moore, 1974. L'œuvre en page 174ch est reproduite avec l'autorisation de la Henry Moore Foundation ; Robert Gray Murray (né en 1936), *To 1963*, aluminium peint, 2 éléments, colonne tubulaire, H. 271,1 cm, colonne plane, 275 cm, don du Junior Women's Committee Fund 1966 65/60.1-2 29cb ; Claes Oldenburg (né en 1929), *Floor Burger*, 1962, toile bourrée de caoutchouc et de boîtes en carton, peinte au latex et au liquidtex, 132,1 x 213,4 m, acquisition 1967 174cb ; Photographic Resources 28b ; Tom Thomson (1887-1917), *Vent d'ouest*, 1917, huile sur toile 120,7 x 137,2 cm, don du Canadian Club of Toronto 1926 175h ; E. P. Taylor Research Library and Archives 160hg ; *Axiom* : Chis Coe 3c, 18c, 22hg, 23hd, 45bc, 84c, 203b, 232, 235h/c, 237c/bd, 240c, 245h, 252-253, 275h, 276h, 308h, 315h, 330c/b, 361b.

BATA SHOE MUSEUM, Toronto : 179bl ; BRIDGEMAN ART LIBRARY, Londres : Art Gallery of Ontario, Paul Kane (1810-1871), *Indian Encampment on Lake Huron* 6-7, Emily Carr (1871-1945), Skidgate, *Graham Island, Colombie-Britannique*, 1928, huile sur toile, don de la J. S. Mclean Collection par Canada Packers Inc. 1990 29h, Maurice Galbraith Cullen (1866-1934), *Sur le Saint-Laurent*, 1897, huile sur toile, don du Reuben and Kate Leonard Canadian Fund, 1926 28c ; portulan de la British Library, de Pierre Descaliers, Canada : *Voyages de Jacques Cartier (1491-1557) et successeurs*, vers 1534-1541 40c, *Jacques Cartier* (1491-1557), gravure d'après un portrait de Saint-Malo 40b ; lieutenant Smyth de la Hudson Bay Company (XIXe siècle), *Incidents on Trading Journey: HMS Terror Making Fast to an Iceberg in Hudson's Strait, 18 août 1836* 159h ; collection particulière : *British Boys learn how to own your farm in Canada! Decide on Canada now* 26b, médaille commémorant la prise de Québec par les Britanniques, 1759, bronze 43b ; gravure de Jean Antoine Théodore Gudin (1802-1880), *Jacques Cartier (1491-1557) sur le Saint-Laurent*, 1535-1537 ; gravé par Charles Maurand (XIXe siècle), Indiens Delaware chassant le bison dans les années 1860, cliché Ken Welsh 225c ; lithographie de Howard Pyle (1853-1911), *The Capitulation of Louisbourg*, extrait de *Colonies and Nation* de Woodrow Wilson, publié dans *Harper's Magazine*, 1901 43h ; Benjamin West (1738-1820), *William Penn's Treaty with the Indians in November 1683*, huile sur toile 22hd ; Stapleton Collection, gravé par Carl Vogel (1816-1851), *Indian Hunting the Bison*, planche 31 du volume 2, *Travels in the Interior of North America*, 1844, aquatinte de Karl Bodmer (1809-après 1893) 22bd ; gravé par Charles Geoffroy (1832-1882), *Assiniboin Indians*, planche 32 du volume 2, *Travels in the Interior of North America 1832-1834*, 1844, aquatinte de Karl Bodmer (1809-après 1893) 245b ; British Columbia Archives : Province of B.C. Photo 43cb.

Avec l'aimable autorisation de CALGARY TRANSIT : 404c ; CEPHAS : Fred R. Palmer 98hd ; Pascal Quittemelle 98b ; TOP/Hervé Amiard 24b ; BRUCE COLEMAN LTD. : John Cancalosi 243c ; JEAN-LOUP CHARMET : 42h ; COLORIFIC! : Randa Bishop 395b ; Terence LeGoubin 223h ; John Moss 262 ; Black Star/Richard Olsenius 68b ; Jeff Perkell 60 ; Michael Saunders 99b ; Geray Sweeneyt 19b ; Focus/Eric Spiegelhalter 319h ; CORBIS : 25h, 29b, 44b, 46c, 53c, 59bd, 159bd, 207, 209hg, 230bg, 248bg ; Craig Aurness 230-231 ; David Bartruff 325b ; Bettman 45bg, 47c, 48b ; Bettman/Upi 201b ; Peter Harholdt 324b ; collection Hulton Deutsch 50cd/bg/bd ; Wolfgang Kaehler 324ch ; Lake County Museum 231c ; Library of Congress 41h/cb, 155c ; Wally McNamee 121c ; New York Public Library Picture Collection 40h ; collection PEMCO-Webster & Stevens, Museum of History and Industry, Seattle 47hg ; Upi 31c.

ADRIAN DORST : 254c, 286c, 287b.

EMPIC LTD : Sportschrome 17c ; ROBERT ESTALL PHOTO LIBRARY : 73b, 98-99, 100c, 152b ; Mary Evans Picture Library : 43c, 47hd, 95c, 158hd, 253c, 341c, 389c. P. M. FRANKLIN : 19h, 21hg, 56ch, 59hd/c, 70, 82-83, 91h ; WINSTON FRASER PHOTOS : 8-9, 64b, 69b, 98c, 99c, 101hd, 226b, 136b, 248h, 334b, 397, 399 ; Black Star 153c ; Canada In Stock 217hd ; Ivy Images/Don Mills 36c, 56bd, 58h, 59hg, 68c, 69h, 147c, 227, 238-239 ; Ivy Images/Don Mills/© Gilles Daigle 74h, /© Sylvain Gradadam 387h,/© Tony Mihok 34b,/© Dan Roitner 77b ; T. Klassen Photography 236c, 240h, 251h.

Avec l'aimable autorisation de GREYHOUND CANADA : 408h. LYN HANCOCK : 336, 338b, 339b, 384b ; ROBERT HARDING PICTURE LIBRARY : 21cg, 23hg, 256cg ; Charles Bowman 103 ; Philip Craven 34h ; Robert Francis 388-389 ; Jeff Greenberg 260cb ; Norma Joseph Frgs 231b ; Maurice Joseph Frgs, Arps 34c, 409 ; Paolo Kotch 101c ; R. McLeod 319b ; Roy Rainford 176h ; Walter Rawlings 303c ; Geoff Renner 229hg ; Ian Tomlinson 35h, 288, 292b ; Dr. A. C. Waltham 328b ; Tony Waltham 214-215 ; Explorer 152h ;/Patrick Lorne 140b ; Publiphoto Diffusion 20cg ;/Paul G. Adam 136h ;/Yves Marcoux 116-117, 139h ; Bild Agenteur Schuster GMBH 94-95 ; DAVID HOUSER : 68h, 69c, 139b, 141bg ; © Steve Cohen 95, 337h ; HUDSON BAY COMPANY ARCHIVES, TORONTO : 158hg ; Provincial Archives of Manitoba 158b, 159c ; HULTON GETTY COLLECTION : 50h, 91b, 100cb.

INUIT ART FOUNDATION, Ontario : Sarah Joe Quinuajua, Puvirnituq, *A Polar Bear Meets* a *Woman* QC1985, gravure sur pierre noire 324h.

JASPER TOURISM AND COMMERCE : 306h ; Hugh Levy 307hd.

WOLFGANG KAEHLER : 140h, 141bd ; ROBIN KARPAN : 15h, 27b, 224-225, 226h, 229c/b, 230hd, 234b, 236b, 241b, 242c/b, 243b, 244h/c/b, 247h/b, 248c, 249cg/cd/b, 329h, 337b ; JOSEPH KING : 265, 270-271, 273h, 318b ; KOBAL COLLECTION : 17b, *Rose Marie*, MGM 231hd ; *Anne of Green Gables*, RKO 30c.

FRANK LANE PICTURE AGENCY : Dembinsky 20bd ; Michael Gore 57cdb ; John Hawkins 57bd ; FotoNatura/F. Hazelhoff 2-3 ; David Hosking 228cb, 258h, 295b ; Maslowski 20bcd ; C. Mullen 139c ; Mark Newman 21cdb, 258cb ; C. Rhodes 21bd ; M. Rhode 72c ; Leonard Lee Rue 21cgb, 152c, 311b ; Sunset/Brake 72h, 338c ; /T. Leeson 258bg ; John Watkins 56bch ; L. West 302h ; David Whittaker 258ch ; Terry Whittaker 20bg ; LEISURAIL/VIA RAIL CANADA : 407.

Avec l'aimable autorisation du MANITOBA MUSEUM OF MAN AND NATURE : 237bg ; ARNOLD MATCHTINGER : 184b ; MUSÉE MCCORD D'HISTOIRE CANADIENNE, Montréal : Notman Photographic Archives 49h ; MCMICHAEL CANADIAN ART COLLECTION : cliché Arthur Goss/Arts & Letters Club 161b ; A. V. Jackson (1882-1974), *L'Érable rouge*, 1914, huile sur panneau, 21,6 x 26,9 cm, don de Mr. S. Walter Stewart 1968.8.18 160hd ; avec l'aimable autorisation de MOLSON COMPANIES : 363b ; MUSÉE D'ART CONTEMPORAIN DE MONTRÉAL : Natalie Roy, *Les Dentelles de Montmirail*, 1995 (détail), soutiens-gorge et jupon sous acrylique et bois, 32 x 300 x 35 cm, Denis Farley et Natalie Roy Du Compagnonnage de juin à septembre 1999 112h ; Richard Long, *Niagra Sandstone Circle*, 1981, 32 pierres de grès © Richard Long 112c ; MUSÉE DES BEAUX-ARTS DE MONTRÉAL : Laurent Arriot, Teapot, cliché Christine Guest 1952 DS 41 114b ; Le Greco, *Homme de la maison de Leiva* 1945.885 115c ; Rembrandt, *Portrait d'une jeune femme*, 1949-1006 114cg ; avec l'aimable autorisation du MUSEUM OF ANTHROPOLOGY, University of British Columbia, Vancouver, Canada : cliché Bill McLennan 274cb, 274b, mâts totémiques en cèdre rouge à Great Hall, Haida et Tsimshian (Canada) 274h, don de Walter et Marianne Koerner 13c ; parement en bois, Bella Bella (Canada), acquisition H. R. MacMillan 275c.

NATIONAL ARCHIVES OF CANADA : C-011371 45h, C25739 261hd ; NATIONAL BALLET OF CANADA : C. von Tiedmann 382h ; NATIONAL GALLERY OF CANADA, Ottawa : 196c, Davidialuk Alasua Amittu (1910-1976), *The Aurora Borealis Decapitating a Young Man*, vers 1965, acquisition 1992 © La Fédération des Coopératives du Nouveau-Québec 196b ; James Wilson Morris (1865-1924), *Blanche*, vers 1912, acquisition 1948 197cb ; Jackson Pollock (1912-1956), *N° 29*, vers 1950, acquisition 1968 © Ars, *Ny* et *Dacs*, Londres, 2000 196h ; Tom Thomson (1877-1917), *Le Pin de Banks*, vers 1916-1917, acquisition 1918 197h ; Natural History Photographic Agency : Brian and Cherry Alexander 57cgb, 320-321 ; Dan Griggs 19, 159bc ; Stephen Krasemann 20bcg, 56h, 259bd, 330h, 331h ; David E. Myers 14b ; T. Kitchen et V. Hirst 21hd/bg, 56cb, 259hg/hd/cb, 260h, 287ch ; Jean-Louis Le Moigne 259bg ; Dr. Eckart Pott 258bc ; Kevin Schafer 56bg, 329b ; John Shaw 57bg, 258bd, 298b, 318c ; Eric Soder 256h ; NorbertWu 287cb ; Naturpress : Roberto Olivas 335h ; Peter Newark's American Pictures : 22cd/cg/bg, 38, 42-43, 42cg/b, 43hd, 44h, 45bd, 46b, 48h/c, 49c, 58c/b ; New Brunswick Tourism : 74b ; Northern British Columbia Tourism Association : 310b.

Oxford Scientific Films : Tui DeRoy 57cdh ; Breck P. Kent 57cgh ; Richard Herrmann 259 bc. Parc olympique, Montréal : 120hd ; Parcs Canada : Claude Picard, Acadians working the fields, commande du Canadian Heritage 59-59 ; Pictures Colour Library : 148-149, 400, 403b ; Provincial Archives of Manitoba : nég. n° CT16 45c ; Publiphoto : 51h ; Y. Beaulieu 25c ; J. P. Danvoye 137bd, 141h ; Claude A. Girouard 137bg, 138b ; Jean Lauzon 50cg, 140c ; D. Oullette 138h ; M. E. F./Boulion 137c ; S. Clement 24cd ; G. Zimbal 24h, 25b.

Régie des installations olympiques : 121t ; Retna Pictures : Steve Granitz 383b ; Phil Loftus 31b ; Micheal Putland 30b ; Richard Reyes 17hd ; Rex Features : 31t ; Courtesy of Royal Bank of Canada 396t ; image avec l'aimable autorisation du Royal British Columbia Museum : 282h/cg, 283h/ch/cb ; © Peter and Mabel Fox 282cd ; avec l'aimable autorisation du Royal Canadian Mounted Police Museum, Regina : 230c/bd ; Royal Ontario Museum, manteau en peau de caribou : 182bg ; Royal Tyrell Museum, Drumheller : Alberta Tourism Parks, Recreation and Culture 228ch/bd, 228-229, 229hd, 246h/ch/cb/bd.

Avec l'aimable autorisation du musée de Sainte-Anne-de-Beaupré : 135bl/hg ; cliché avec l'aimable autorisation de Sainte-Marie-au-pays-des-Hurons : 218hg ; Courtesy of Scotiabank 396 bg ; Spectrum Colour Library : 331b, 334c ; Spectrum Stock : 188, 204 ; Ottomar Bierwagen 36hg ; Ron Erwin 222h/b ; Henry Kalan 222c ; Norman Piluke Photography 223b ; Tony Stone Images : Wayne R. Bilenduke 323, 335b ; Cosmos Condina 13b, 124, 298bd ; Richard Elliot 261b ; John Edwards 169b ; Suzanne et Nick Geary 230hg, 410b ; Sylvian Grandadam 101hg ; David Hiser 251b, 325hg ; Susan Lapides 102 ; R. G. K. Photography 326 ; Paul Souders 261hg ; Jess Stock 33b ; Chris Thomaidis 162.

Tate Gallery, Londres : The Honorable John Collier, *Last Voyage of Henry Hudson*, huile sur toile © 1988 41c ; Donald L. Telfer : 20cd, 52-53, 236h, 240b, 241h/c, 242h, 243h, 250h/b ; Travel Alberta : 299c, 310t. avec l'aimable autorisation de la Toronto-Dominion Bank : 396hg/b ; Travel Alberta : 299c, 310h.

University of Toronto : J. B. Tyrrell Papers, Thomas Fisher Rare Book Library MS Collection 26 228bg.

Vancouver Public Library, Special Collections : 13220 46-47 ; Victoria University, Université de Toronto, Canada : Lawren S. Harris, *Automne Algoma*, 1920 160-161 ; Village historique acadien : 75hg/hd/bg.

Collection de la Winnipeg Art Gallery, Canada : Frank H. Johnston, *Orée de la forêt*, 1919, aquarelle, détrempe sur panneau de fibres, 52,2 x 62,8 cm L26 Ernest Mayer 160c ; avec l'aimable autorisation de Western Union Money Transfer : 396c ; Westjet : 401c ; World Pictures : 1c, 16h, 37b, 55b, 57h, 89bd, 128h, 256b, 257h/c, 260b, 299h, 311h, 312, 318h, 325hd, 406, 408b.

Yukon Government Communities : 328h.

Première page de garde : photographie de commande à l'exception de Axiom : Chris Coe bcg ; Colorific! : John Moss bg, Jeff Perkell hc ; P. M. Franklin : hdc ; Robert Harding Picture Library : Ian Thomlinson cg ; Spectrum Stock : bc, bcd ; Tony Stone Images : Cosmo Condina c ; Susan Lapides hd ; R. G. K. Photography hgc ; Chris Thomaidis bd ; World Pictures : hg.

Couverture
Première de couverture : Christian Heeb/hemis.fr (visuel principal) ; Sime/Photononstop (détourage bc)
Dos : Christian Heeb/hemis.fr
Quatrième de couverture : Philippe Renault/hemis.fr (hg).

Toutes les autres illustrations © Dorling Kindersley.
Pour plus d'informations : www.dkimages.com

NOUILLORC
HEUREUSEMENT,
ON NE VOUS PROPOSE
PAS QUE LE TRAIN.
NEW YORK,
TOUTE L'AMERIQUE
ET LE RESTE DU MONDE.
Voyages-sncf.com
Voyages-sncf.com, première agence de voyage sur Internet avec plus de 600 destinations dans le monde, vous propose ses meilleurs prix sur les billets d'avion et de train, les chambres d'hôtel, les séjours et la location de voiture. Accessible 24h/24, 7j/7.

LE MÉTRO DE MONTRÉAL

C'est le meilleur moyen d'éviter les embouteillages. Un seul ticket suffit pour le métro et le bus. En semaine, le service commence très tôt, et dure jusque vers 1 heure du matin ; un peu moins de rames le week-end, et s'arrêtant plus tôt. Les stations sont signalées en surface par une grande flèche bleue (voir ci-dessous).

LE SKYTRAIN

Le SkyTrain circul
de minuit en sem
Prévoyez l'appoin
pas de monnaie,
les kiosques et b
peut servir dans l
tickets de ferry sc

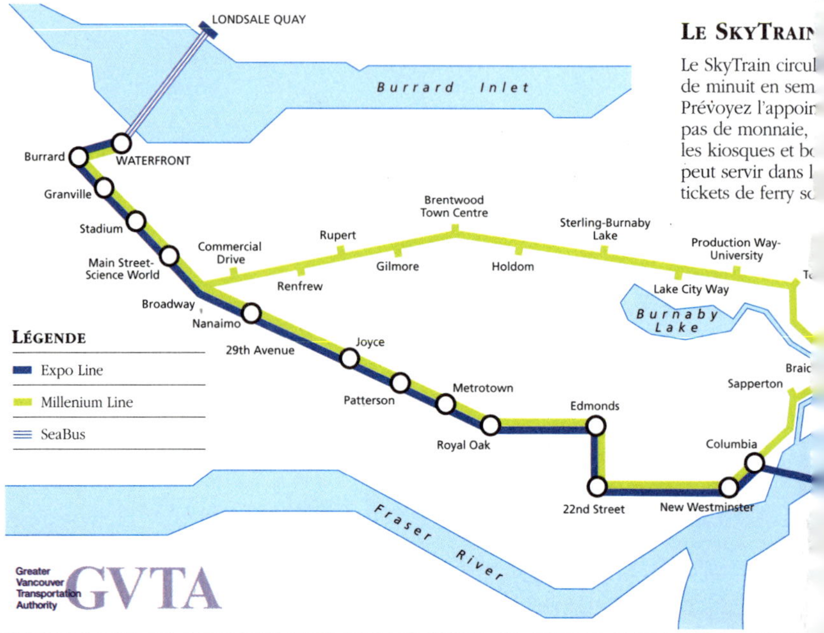